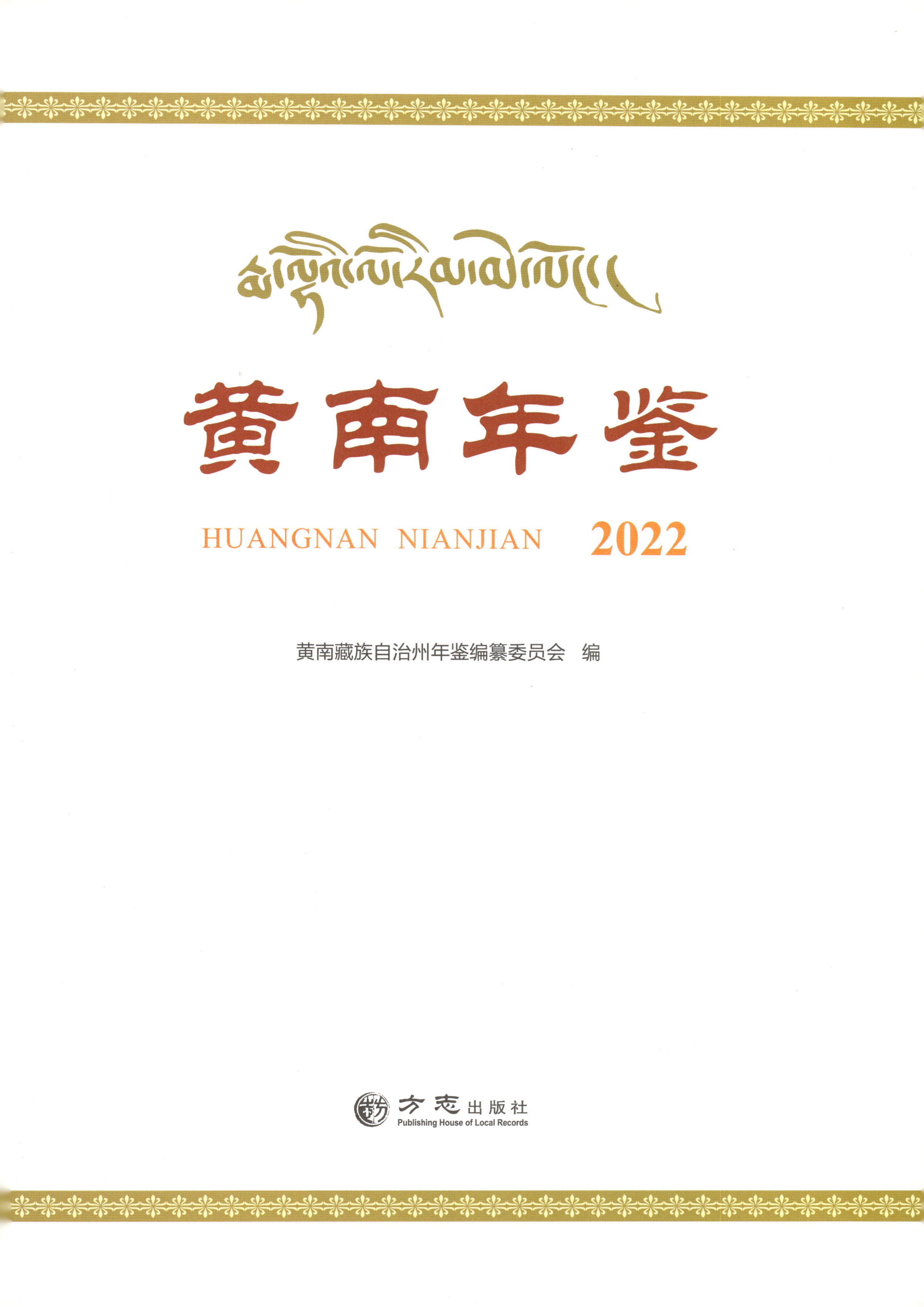

黄南年鉴

HUANGNAN NIANJIAN 2022

黄南藏族自治州年鉴编纂委员会 编

方志出版社
Publishing House of Local Records

图书在版编目（CIP）数据

黄南年鉴．2022 / 黄南藏族自治州年鉴编纂委员会编．—北京：方志出版社，2022.12
ISBN 978-7-5144-5494-9

Ⅰ．①黄…　Ⅱ．①黄…　Ⅲ．①黄南藏族自治州—2022—年鉴　Ⅳ．①Z524.42

中国版本图书馆 CIP 数据核字（2022）第 241149 号

责任编辑：王娜
责任校对：刘玉霞
责任印制：梅中英
出 版 者：方志出版社
地　　址：北京市朝阳区潘家园东里 9 号（国家方志馆 4 层）
邮　　编：100021
网　　址：http://www.zgfzcb.cn
发　　行：方志出版社图书营销中心（010-67110500）
印　　刷：成都市兴雅致印务有限责任公司
开　　本：889 毫米 ×1194 毫米　1/16
印　　张：37
字　　数：948 千字
版　　次：2022 年 12 月第 1 版
印　　次：2022 年 12 月第 1 次印刷
定　　价：368.00 元

《黄南年鉴》编纂委员会

主　　任	扎西才让			
副 主 任	肖顺琛	何　杰		
委　　员	汪　智	敏通宫	张春生	王晓虎
	拉龙当周	张　浩	万玛尖措	郑立新
	杨　坤	李海波	芦光辉	华　志
	阚广宏	张海渊	昂　智	史冬芸
	胡伟东	贾明安	李桂珍	朱宇莹
	党　飞			

《黄南年鉴（2022）》编辑部

主　　编	贾明安			
副 主 编	旦正才让	韩　麒		
编　　辑	旦正才让	韩　麒		
工作人员	毛　婕	海晨梅	李加先	闫明月
	王海荣			

2021
数字黄南

- 全州面积：1.82 万平方千米
  - 耕地面积：2.16 万公顷
  - 林地面积：94.98 万公顷
  - 草原面积：164.97 万公顷
  - 可利用草原面积：157.8 万公顷
  - 湿地面积：8.11 万公顷
  - 自然保护区面积：293299 公顷
- 总人口：27.85 万人
  - 城镇常住人口：11.86 万人
  - 少数民族人口：25.97 万人
- 民族自治州：1 个
  - 市：1 个
  - 县：3 个
  - 乡：21 个
  - 镇：12 个
  - 社区居委会：30 个
  - 村（牧）民委员会：262 个
- 年平均气温：4.2℃
- 年平均日照时数：2360.15 小时
- 年平均降水量：477.2 毫米
- 地区生产总值：110.45 亿元
  - 第一产业增加值：30.83 亿元
  - 第二产业增加值：25.73 亿元
  - 其中工业增加值：14.26 亿元
  - 第三产业增加值：53.89 亿元
- 三次产业比重：27.9 ∶ 23.3 ∶ 48.8
- 地方财政公共预算收入：4.86 亿元
- 地方财政公共预算支出：110.21 亿元
- 社会消费品零售总额：15.63 亿元
- 居民消费价格涨幅（同仁市）：1.3%
- 全体常住居民人均可支配收入：19992 元
  - 城镇常住居民人均可支配收入：37093 元
  - 农村常住居民人均可支配收入：11679 元
- 公路通车里程：5834 千米
- 邮电业务总量：2.38 亿元
- 接待国内外游客：758.77 万人次
- 旅游总收入：26.74 亿元
- 金融机构人民币各项存款余额：169.47 亿元
- 金融机构人民币各项贷款余额：76.24 亿元
- 医疗机构床位：1765 张

2021年是“十四五”规划和全面开启社会主义现代化建设新征程的开局之年，黄南州争做习近平新时代中国特色社会主义思想的忠诚信仰者和坚定实践者，以承前启后、继往开来的时代担当，围绕《黄南州国民经济和社会发展第十四个五年规划和二〇三五年远景目标纲要》绘就的宏伟蓝图，书写黄南高质量发展的崭新历史。这一年，黄南州委、州政府围绕打造共同富裕黄南样板，按照“六富”（精神富有、物质富裕、文化富集、生态富养、生活富庶、人心富足）要求，在政治、经济、文化、社会、生态各领域取得新突破。

换届选举

2021 年是黄南州大选之年。8 月 5—7 日，召开中国共产党黄南藏族自治州第十三次代表大会，应到代表 271 人，实到代表 263 人，选举产生中共黄南州第十三届委员会委员 39 人、候补委员 7 人。在 7 日召开的中共黄南州委十三届一次全体会议上，选举王耀春、扎西才让、李晓燕、力本嘉、肖顺琛、刘强、宋辉、余华勇、吴树荣、旦增、刘建昱、何杰为中共黄南州第十三届委员会常务委员会委员；选举王耀春为中共黄南州委书记，扎西才让、李晓燕、力本嘉为副书记。8 月 12—15 日，黄南藏族自治州第十六届人民代表大会第一次会议召开，选举新一届人大常委会委员，主任、副主任、秘书长；选举州政府州长、副州长，监委会主任；选举法院院长、检察院检察长。8 月 11—14 日，政协第十四届黄南藏族自治州委员会第一次全体会议召开，选举产生政协第十四届黄南藏族自治州委员会主席、副主席、秘书长、常务委员。

2021 年 8 月 5 日，中国共产党黄南藏族自治州第十三次代表大会在州会议中心召开

2021 年 8 月 12 日，黄南藏族自治州第十六届人民代表大会第一次会议在州会议中心召开

2021 年 8 月 11 日，中国人民政治协商会议第十四届黄南藏族自治州委员会第一次全体会议在州会议中心召开

2021 年 1 月，全州 292 个村（社区）完成“两委”换届选举任务，全部一次性选举成功，所有候选人均全票或高票当选。3—4 月，州委连续召开 3 次全州市县乡领导班子换届工作领导小组会议，部署相关工作。6 月 18—19 日，四市（县）同步完成市（县）乡人大代表和乡镇换届选举工作。其中，同仁市选举产生乡级人大代表 522 名、市级人大代表 156 名，选举产生乡镇人大主席 11 名、乡镇长 11 名、副乡镇长 36 名；泽库县选举产生乡级人大代表 331 名、县级人大代表 155 名，选举产生乡镇人大主席 7 名、乡镇长 7 名、副乡镇长 25 名；尖扎县选举产生乡级人大代表 444 名、县人大代表 151 名，选举产生乡镇人大主席 9 名、乡镇长 9 名、副乡镇长 30 名；河南县选举产生乡级人大代表 296 名、县级人大代表 135 名，选举产生乡镇人大主席 6 名、乡镇长 6 名、副乡镇长 20 名。至此，全州市（县）乡、村换届工作全部完成。

2021 年 4 月 7 日，全州市县乡领导班子换届工作领导小组第二次会议召开

2021 年 1 月 14 日，尖扎县昂拉乡德吉村在全县乃至全州、全省率先完成村“两委”换届选举工作任务。图为昂拉乡德吉村 2021 年村民委员会换届选举大会现场

2021 年 1 月 21 日，隆务镇青年路社区居民委员会换届选举大会召开

2021 年 1 月 21 日，河南县多松乡多松村村民委员会选举大会在多松村党群服务中心召开

2021 年 6 月 15 日，中国共产党泽库县和日镇第二次代表大会召开

2021 年 6 月 19 日，同仁市保安镇第二届人民代表大会第一次会议召开

2021 年 7 月 7 日，中国共产党同仁市第一次代表大会第一次全体会议召开

2 党史学习教育

2021年，按照中央、省委安排部署，黄南州创新“红色教育+”载体，各级党组织推动学史明理、学史增信、学史崇德、学史力行。在建党100周年之际，开展“两优一先”评选表彰、颁授“光荣在党50年”纪念章，营造“党的盛典·人民的节日”浓厚氛围；开展“迎党百年华诞”“永远跟党走”等主题党日活动。

2021年3月4日，黄南州党史学习教育动员会召开

2021 年 4 月 7 日，州委常委会党史学习教育第一次集体学习会召开

2021 年 6 月 18 日，“铭记百年辉煌史　开启奋斗新征程”党史学习教育知识竞赛总决赛竞赛现场

2021 年 6 月 29 日，全州优秀共产党员、党务工作者表彰大会召开

2021 年 6 月 25 日，州委教育工委、州教育局党委庆建党百年“为党育人 向党汇报”主题活动在热贡文化广场举行

2021 年 4 月 27 日，州委老干部局组织部分离退休干部赴福建古田举办“铭记党史、坚守初心——从古田再出发”党性党史学习教育培训班

3 政法队伍教育整顿

2021 年，按照省委、州委安排部署，全州政法队伍教育整顿全面铺开，各市（县）和州直各政法部门成立专门组织，各司其职，共同推进整顿工作，努力打造一支党和人民信得过、靠得住、能放心的政法铁军，为建设更高水平的平安黄南、法治黄南提供组织保障，以优异成绩庆祝建党 100 周年。

2021 年 3 月 24 日，在政法队伍教育整顿期间举办全州政法系统“庆建党百年华诞　展黄南政法风采”主题演讲比赛

2021 年 4 月 27 日，黄南州政法队伍教育整顿领导小组办公室主任会议暨州直政法单位教育整顿工作例会召开

2021 年 6 月 24 日，黄南州法检司系统开展“初心如磐 使命在肩”喜迎建党百年华诞主题党日活动

4 乡村振兴

2021年是全面打赢脱贫攻坚战，转战乡村振兴的头一年，黄南州委率先部署，修编《黄南州乡村振兴战略规划》并付诸实施，推动脱贫攻坚向全面推进乡村振兴平稳过渡，实现有效衔接，促进乡村产业、人才、文化、生态、组织全面振兴，加快农业农村现代化，带领广大群众向着生活富庶的目标奋勇前进。在推进乡村振兴战略中，高原美丽乡村、农村环境综合整治等项目投资力度空前，德吉村、东干木村、扎毛村等成为全省美丽乡村的引领者，农牧民危旧房改造、居住条件改善工程惠及8.2万人，全州城乡面貌和人居环境发生翻天覆地的变化。尤其是尖扎县成效明显，6月18—19日，国家乡村振兴重点帮扶县工作会议在贵州省毕节市召开，尖扎县作为青海省唯一县级参会地区作大会交流发言。

2021年2月25日，省委书记、省人大常委会主任王建军（右三），省委副书记、省长信长星（左三）在北京人民大会堂与获全国脱贫攻坚先进个人尕玛德青（左一）等人合影

2021年6月1日，黄南藏族自治州乡村振兴局挂牌成立。图为新成立的州乡村振兴局领导班子合影

2021年11月17日，全州乡村振兴领导小组暨巩固脱贫成果后评估安排部署会召开

2021年，黄南州实施乡村振兴战略，以“十大行动计划”（特色产业发展、人居环境整治、乡村生态保护、文明乡风塑造、乡村治理提升、乡村民生改善、农村脱贫攻坚、人才科技支撑、农村改革创新、农村党建引领）为抓手，推动乡村产业、人才、文化、生态和组织振兴，加快农业农村现代化，以期绘就农村美、农业强、农民富的美好图景。为此，全州各级领导干部、专家学者在各地考察学习取经，谋划乡村振兴举措思路，部署安排乡村振兴工作。

2021年6月26日，州科技局在尖扎县康杨镇巷道村发放阉鸡，助力乡村产业发展

2021年9月1—6日，同仁市乡村振兴农畜产业发展专题研讨班学员在西宁市、海南州等地考察学习。图为全体学员在大通县牦牛育种与繁殖实验站合影

2021年4月20日，尖扎县马克唐镇麦什扎村满吉奶牛养殖有限责任公司特色养殖业

“授之以渔”——泽库东格尔基层培训点生态搬迁群众技能培训现场

青南最大易地搬迁社区——泽库东格尔社区

共建美丽家园——同仁市曲库乎乡多哇村美丽乡村建设现场

同仁市高原最美乡村扎毛乡

5 生态文明

2021年，深入践行习近平生态文明思想，拓展延伸“绿水青山就是金山银山、冰天雪地也是金山银山”的新理念，落实省委打造“八个新高地”部署，坚定生态立州战略，坚持人与自然和谐共生、保护与发展并重、污染防治与环境提升并举，“山水黄南”建设取得明显成效，生态安全屏障更加牢固。

黄南州光伏发电——助力绿色发展

2021 年 10 月 14 日，在云南昆明举办的《生物多样性公约》第十五次缔约方大会生态文明论坛上，生态环境部授予黄南州第五批“国家生态文明建设示范区”称号。同时，授予河南县第五批“‘绿水青山就是金山银山’实践创新基地”称号

国家生态文明建设示范区奖牌

2021 年 10 月 12 日，同仁市扎毛河河道治理完工

2021 年 12 月，同仁市隆务河两岸环境综合整治完工

2021 年 4 月 13 日，州直及同仁市干部职工在同仁市曲库乎乡多哇村开展植树造林活动

草天相接——泽库县国家湿地公园

河南县洮河源国家湿地公园黑颈鹤

河南县洮河源国家湿地公园黑鹳

2021 年 6 月 11 日，尖扎黄河绿色走廊

2021 年 7 月 31 日，黄河之滨“小三亚”——尖扎县德吉村

2021 年 6 月 8 日，同仁市城区一角

6 经济发展

2021年，黄南州以招商引资、承接产业转移为重点，以天津援青为支撑，一批重大产业项目落地投建；参加“青洽会”、全国糖酒交易会、生态博览会等大型经贸活动，展出特色商品，向外界推介黄南品牌。黄南区域合作实现新突破，对外开放水平实现新提升。

2021年3月25日，2021年天津市对口支援黄南州项目集中开工仪式在尖扎县坎布拉镇吉利村举行

2021年7月22日，天津市对口支援黄南州工作座谈会暨签约仪式在州政府举行

2021 年 4 月 28 日，泽库县 2021 年建设项目集中开复工

2021 年 3 月 15 日，同仁市在城北新区举行重大项目开复工仪式

2021 年 9 月 15 日，同仁市浪加水库面板衬砌完成

2021 年 6 月 30 日，尖扎县坎布拉镇古日羊玛村村民庆祝马康公路通车

2021 年 6 月，总投资 5.4 亿元、装机 40 万千瓦的李家峡扩能建设 5 号机组项目开工

李家峡 5 号机组扩机工程现场

尖扎工业园区一角

青海聚能瀞度饮料股份有限公司车间生产线

青海西北弘有机资源开发有限公司牛羊肉加工现场

2021 年 7 月 23 日，第 22 届中国·青海绿色发展投资贸易洽谈会黄南州专场签约仪式举行

2021 年 10 月 19—21 日，第 105 届糖酒会举行。图为天津市副市长李树起（前排左二）、州长扎西才让（前排左一）一同巡馆，为黄南州金黄果饮料点赞

2021 年 7 月 27 日，绿色有机农畜产品示范省创建暨牦牛产业发展现场观摩会总结大会在河南县召开

7 社会生活

2021 年，黄南州坚持以人民为中心的发展思路，加强普惠性、基础性、兜底性民生建设，不断提高各族群众幸福指数。

2021 年 11 月 2 日，河南县新时代文明实践中心完成布展

2021年6月3日，黄南州城乡环境卫生整治“洁净美”专项行动“最美村庄”命名表彰大会后，获奖代表将绿色电动车开回村

2021年10月12日，天津“名医进黄南”大型义诊活动启动仪式在热贡文化广场举行

2021 年 1 月 11 日起，黄南州全面启动新冠疫苗接种工作

2021 年 6 月 1 日，州委领导在同仁市隆务镇寄宿制学校与小朋友同庆“六一”儿童节

2021 年 7 月 31 日，中国铁人三项运动协会授予尖扎县“高原铁三之城”称号

2021 年 3 月，州公安局开展“警民零距离，携手创和谐”警营开放日活动

8 文化旅游

2021 年，持续推进热贡文化生态保护区建设，大型传统藏戏《意卓拉姆》入选“庆祝中国共产党成立 100 周年舞台艺术精品创作工程”，同仁市被中国舞蹈家协会认定为“中国藏族热贡神舞之乡”。通过举办国际唐卡艺术展、藏戏艺术展演等多项大型宣传活动，带动文创产品产业链全面提升。传统文化业成为富民强州的新兴朝阳产业。

2021 年 7 月 27 日，“大美青海·神韵黄南”第三届青海热贡文化旅游节开幕

2021 年 7 月 29 日，同仁市被中国舞蹈家协会认定为“中国藏族热贡神舞之乡”

2021 年 4 月 24 日，由黄南藏族自治州民族歌舞剧团表演的《意卓拉姆》在青海大剧院演出

“蒙旗第一锅”

2021 年 12 月，同仁市年都乎乡村民表演“於菟舞”

2021 年 4 月 21 日，由州政府、州文体旅游广电局主办，同仁市文体旅游广电局、州文化馆、同仁市文化馆承办的黄南州庆祝中国共产党建党 100 周年活动在热贡文化广场举办

2021 年 6 月 10 日，尖扎达顿宴和河南县蒙古包营造技艺正式被列入第五批国家级非物质文化遗产代表性项目名录。图为尖扎达顿宴表演现场

2021 年 7 月 7 日，同仁市庆祝中国共产党成立 100 周年“民族团结杯”传统赛马大会在多哇镇大南曼草原举行

同仁市年都乎村传统村落

编辑说明

一、《黄南年鉴》是在中共黄南藏族自治州委、黄南藏族自治州人民政府的领导下，由黄南藏族自治州地方志编纂委员会主持，黄南藏族自治州年鉴编纂委员会编纂出版的年度资料性文献。《黄南年鉴》作为权威的地情信息载体，全面、系统、准确地记述全州自然、政治、经济、文化、社会、生态文明建设等方面的综合情况，为广大读者了解和研究黄南提供基本资料。

二、《黄南年鉴（2022）》坚持以马克思列宁主义、毛泽东思想、邓小平理论、“三个代表”重要思想、科学发展观、习近平新时代中国特色社会主义思想为指导，坚持辩证唯物主义和历史唯物主义的正确观点和方法，紧紧围绕州委、州政府中心工作，全面客观地反映各级党委、政府的主要工作和各地区、各部门、各行业取得的重大成就。力求做到观点正确、框架科学、资料翔实、记述准确、编写规范、特色鲜明，突出时效性，讲求实用性。

三、《黄南年鉴（2022）》主要收录2021年1月1日至12月31日发生在黄南行政区域内的大事要闻，突出反映黄南州优势、特点和各地区、各部门深化改革、扩大开放的新举措、新进展。在正文主体前，设置以黄南州十大新闻为中心，拓展年度各领域突出成就的图照专辑。为增加信息量、增强实用性，各栏目尽可能多地使用相关数据资料；结合部分版块实际，个别资料、照片相应上溯，个别照片适当下延。内文多数栏目插入具有重要现实意义和存史价值的随文图片。全书共有照片265张、条目990条，文字90余万字。

四、《黄南年鉴（2022）》设图照专辑、特载、专记、大事记、州情概览、中共黄南州委、黄南州人民代表大会、黄南州人民政府、政协黄南州委员会、中共黄南州纪委 黄南州监委、群众团体、法治、军事、经济管理、农牧水利、工业和建筑业、信息化建设、商贸服务业、旅游业、金融业、城建 交通 邮政、生态环保、科技 教育 体育、文化、卫生健康、安全应急救灾、社会生活、市县概览、附录、索引。年鉴总体结构按类目、分目、条目3个层次编排，各层次标题所用字体、字号均有所区别。条目标题统一用黑体字加“【 】”表示。

五、《黄南年鉴（2022）》表述形式有条目文字、图片、表格等。行文中文字数字、计量单位、标点符号严格执行国家标准规范。

《黄南年鉴（2022）》撰稿人员名单

中共黄南州委办公室（黄南州档案局）

马秀花　冶　功

黄南州人大常委会办公室

周毛才让

黄南州人民政府办公室（黄南州信访局、黄南行政审批制度改革办公室、黄南外事办公室）

桑杰吉　桑　杰　梁勇先　羊　鹏　多杰措　海永隆　钱秀芬　石　虹　马国庆　仁青加　夏吾周拉　仁青多杰

政协黄南州委员会办公室

梁　虹

中共黄南州纪律检查委员会、黄南州监察委员会

吴　峰

中共黄南州委组织部（黄南州公务员局、黄南州非公经济组织和社会组织工作委员会）

党成琳

中共黄南州委宣传部（黄南州政府新闻办公室、黄南州精神文明建设指导委员会办公室）

王有全　杨成霞

黄南州党史学习教育领导小组

马青云

中共黄南州委统战部（黄南州民族宗教事务委员会）

郭晓敏

中共黄南州委政法委员会

张学剑

中共黄南州直属机关工作委员会

马智亮

中共黄南州委机构编制委员会

李国章

中共黄南州委政策研究室

蒋　静

中共黄南州委老干部局

马　莉

中共黄南州委机要和保密局

张景瑞

中共黄南州委党校

范　静

黄南报社

郝青宁

黄南州党史研究室（黄南州地方志办公室）

毛　婕

中共黄南州委巡察工作领导小组办公室

习　超

黄南州发展和改革委员会（黄南州粮食局）

王　强　辛东涛

黄南州教育局

扎西东智

黄南州科技局（黄南州科学技术协会）

李　军

黄南州工业商务和信息化局（黄南州招商局、黄南数字经济发展局）

赵延入　马　燕

黄南州国有资产监督管理委员会

周　毛

黄南州公安局

赵文广

黄南州民政局

刘月玲

黄南州司法局
韩　伟
黄南州财政局（黄南州金融工作办公室）
多吉恒茂
黄南州人力资源和社会保障局
陈昊星
黄南州自然资源局（黄南州移民安置局）
索南东智
黄南州生态环境局
周亚男
黄南州住房和城乡建设局
李光凯
黄南州交通运输局
李艳凤
黄南州水利局（黄南州河湖长制办公室）
张　祎　桓林邦
黄南州农牧局
薛永峰
黄南州文体旅游广电局（黄南州热贡艺术传承保护管理局）
刘　伟
黄南州卫生健康委员会
斗拉加
黄南州退役军人事务局
多杰才让
黄南州应急管理局
才旦多杰
黄南州审计局
斗毛吉
黄南州林业和草原局（三江源自然保护地黄南州管理局）
王宏钰
黄南州市场监督管理局（黄南州知识产权局）
周胡才尼
黄南州统计局
周　靖
黄南州乡村振兴局
阿源兴
黄南州医疗保障局
李　峰
黄南州州直机关事务管理局
柴晖栋
黄南州政务服务监督管理局
孟良得
黄南州坎布拉景区管理委员会
敏超宫
黄南州民族语文工作中心
多杰加
黄南州住房公积金管理中心
白　洁
黄南州防震减灾局
张　斌
黄南州总工会
吴美伶
共青团黄南州委员会
旺秀措
黄南州妇女联合会
白琼卓玛
黄南州残疾人联合会
王海萍
黄南州文学艺术界联合会
王建军
黄南州红十字会
辛　丽
黄南州工商业联合会
仁青加
黄南州中级人民法院
刘　磊
黄南州中级人民检察院
马维忠
黄南州森林警察支队
赵文广
国家税务总局黄南州税务局
刘涿宁
黄南州热贡文化生态区管理委员会
殷廷华
国家统计局黄南调查队
祁文忠
人民银行黄南州中心支行
仓拉毛卓玛

黄南州气象局

缐得娟　邢子毅

黄南州烟草专卖局、青海省烟草公司黄南州公司

洛　焱

青海银保监局黄南银保监分局

辛连兄

黄南州大数据中心

扎　西

青海省无线电管理办公室黄南管理处

窦宗强

黄南州水电开发有限责任公司

赵青斌

黄南州信息通信发展办公室

周　毛

黄南州邮政管理局

公巴扎西

中国邮政集团公司黄南州分公司

吉慧香

中国电信股份有限公司黄南分公司

任德婷

中国移动通信集团青海有限公司黄南分公司

马倩文

中国联合通信集团青海有限公司黄南分公司

田占伟

中国铁塔股份有限公司青海省分公司黄南州办事处

郎　斌

青海同仁农村商业银行股份有限公司

旦智项杰

中国农业银行股份有限公司黄南分行

康学蓓

中国邮政储蓄银行黄南州支行

张玉梅

中国建设银行黄南州分行

李肖芹

中国农业发展银行黄南州分行

马彦平

中国人民财产保险股份有限公司黄南州分公司

周学斌

中国人寿保险股份有限公司同仁支公司

许秀玲

国家电网黄化供电公司

陈　媛

中国石油青海黄南销售分公司

樊有霞

青海省黄南公路段

苏　霞

黄南州供销合作社联合社

高石平

同仁市

才让卓玛

尖扎县

任喜元

泽库县

完德多杰

河南蒙古族自治县

杨太多尖参

目 录

特 载

专 记

大事记

州情概览

中共黄南州委

黄南州人民代表大会

黄南州人民政府

政协黄南州委员会

中共黄南州纪委　黄南州监委

群众团体

法 治

军 事

经济管理

农牧水利

工业和建筑业

信息化建设

商贸服务业

旅游业

金融业

城建　交通　邮政

生态环保

科技　教育　体育

文　化

卫生健康

安全应急救灾

社会生活

市县概览

附　录

特载

中共黄南州委关于制定国民经济和社会发展第十四个五年规划和二〇三五年远景目标的建议

"十四五"时期是全州谱写高质量发展新篇章、开启社会主义现代化建设新征程的关键时期。中国共产党黄南州第十二届委员会第十一次全体会议，认真学习贯彻党的十九届五中全会和省委十三届九次全体会议精神，认真分析发展新形势，不断深化州情认识，结合本州实际，就制定国民经济和社会发展"十四五"规划和二〇三五年远景目标提出以下建议。

一、全面建成小康社会，开启全面建设社会主义现代化新征程

1. 决胜全面建成小康社会取得决定性成就。"十三五"时期是全面建成小康社会决胜阶段。面对艰巨繁重的改革发展稳定任务特别是新冠肺炎疫情冲击，在以习近平同志为核心的党中央的亲切关怀和省委的坚强领导下，州委紧紧围绕推动习近平总书记视察青海时提出的"四个扎扎实实"[①]重大要求在黄南全面落实这条主线，全面贯彻党中央和省委决策部署，坚持从全局谋划一域、以一域服务全局，团结带领全州广大党员和各族干部群众创新思路、锐意进取、强化举措、攻坚克难，主动适应经济社会发展的新形势、新变化，从容应对经济下行压力和各类风险挑战，不断深化对黄南发展阶段和发展规律的认识，审时度势作出"打造山水黄南、高质量推进三区建设"等一系列事关当前和长远发展的重大决策部署，统筹推进稳增长、促改革、调结构、惠民生、防风险、保稳定工作，较好完成了"十三五"规划确定的主要目标和重点任务，推动经济社会各项事业迈上了大台阶，与全国同步全面建成小康社会。五年里，综合实力实现重大跨越，全州经济结构持续优化，经济运行总体平稳，生产总值和财政支出突破百亿元大关，固定资产投资连续多年保持两位数增长，圆满实现"两个翻一番"目标，与兄弟州市的发展差距逐步缩小。生态文明建设取得重大成就，"绿水青山就是金山银山"理念深入人心，三江源二期等一批重大生态工程扎实推进，山水林田湖草沙系统治理力度不断加大，森林覆盖率和草原综合植被覆盖度明显增加，造林面积和森林质量有了历史性突破。水、大气、土壤污染防治行动计划稳步实施，中央生态环境保护督察反馈问题全面整改，污染防治力度空前加大，区域生态环境得到极大改善，河南县获得国家生态文明建设示范县称号，山水黄南建设开启新篇章。基础设施条件得到重大提升，一批水电路通信基础设施项目稳步实施，公路总里程达到5834千米，告别了没有高等级公路的历史，城乡饮水安全取得重要成果，提前三年实现"全光网州"建设目标。同赛高速、扎毛水库灌溉、浪加水库、隆务河水生态综合治理、西山滑坡群治理、州医院整体搬迁、天然气入州等重大项目开工建设或发挥效益，发展后劲全面增强。融入国家和全省战略取得重大进展，同仁实现撤县设市，同仁市、尖扎县成功纳入国家兰西城市群规划、青海泛共和盆地城镇区建设，实现从研究地方发展到融入国家战略的转变。西成铁路过境段、黄南机场、通用机场等重大工程项目前期工作扎实推进，交通、信息、产业等互联互通水平极大提高，与周边联动发展的趋势更加明显。城乡面貌

发生重大变化，同仁市、尖扎县城北新区建设全面提速，河南、泽库两县高原美丽新城建设日新月异。全州城镇基础设施项目总投资达61.56亿元，是“十二五”时期投资额的7.1倍，城镇化率由31%提高到40%。乡村振兴战略扎实推进，高原美丽乡村、农村环境综合整治等项目投资力度空前，德吉村、东干木村、扎毛村等成为全省美丽乡村的引领者，农牧民危旧房改造、居住条件改善工程惠及8.2万人，全州城乡面貌和人居环境发生翻天覆地的变化。经济转型出现重大转变，黄南国家农业科技园区申报成功，成为全省唯一入选地区。泽库县成功创建国家现代农业产业园，“拉格日”模式成为全省推广的典型，在全省率先启动绿色有机农畜产品示范州创建工作。文化旅游基础设施建设力度持续加大，旅游人数、旅游综合收入连续多年增长20%以上，“西域胜境·神韵黄南”品牌进一步打响，文化旅游融合发展步伐加快。产业园区建设规模不断扩大，生态水、中藏医药、光伏发电、电子商务等新产业、新业态、新动能不断发展壮大。人民生活得到重大改善，公共财政用于民生支出的比例多年保持在80%以上，教育、卫生等社会事业加快发展，群众收入连续多年实现9%以上高速增长，就业状况持续改善，教育布局进一步优化，义务教育基本实现均衡发展，基本医疗保险、基本养老保险实现全覆盖，基本公共服务体系逐步健全，2.87万贫困群众通过易地扶贫搬迁工程过上好日子。新冠肺炎疫情防控实现“零输入”。脱贫攻坚取得重大成果，累计减贫5.01万人，105个贫困村退出，一市三县全部脱贫摘帽，历史性消除绝对贫困，谱写了黄南反贫困历史上的辉煌篇章。改革开放迈出重大步伐，司法体制、生态文明、医药卫生三大“国字号”改革取得新成效，农村牧区、财政金融和“放、管、服”等重点领域和关键环节改革不断取得新成果，并形成一些特色和亮点。落实天津市及国家部委、央企等各类援助资金7.78亿元，对口支援实现升级加力。青甘川滇交界地区区域合作机制进一步建立。招商引资成效显著，多个亿元级重大招商项目落地实施。地方治理实现重大突破，意识形态工作全面加强，精神文明建设取得新进展。成功创建全国民族团结进步示范州。法治黄南、平安黄南建设成效显著，成功化解与海东市、海南州长达二十多年的地界纠纷，形成地方治理“一核三治”[②]黄南模式，社会更加和谐稳定。巡察利剑震慑作用充分发挥，党风政风和政治生态日益优化，全面从严治党取得明显成效。一市三县全部进入农村基层组织示范市（县）行列，新时代党的建设全面加强。

“十三五”时期，我们办成了一批多年来想干而未干成的大事，实施了一批多年来想建而未能建成的重大工程项目，解决了一批基层和老百姓多年来努力求解而没有解决的难事，是生态保护与建设力度最强、发展质效最好、城乡面貌变化最大、群众获得实惠最多、社会最和谐稳定、体制机制创新最优和融入国家战略基础最实的历史时期。

取得的成绩来之不易，积累的经验弥足珍贵，为“十四五”时期高质量发展和现代化建设奠定了坚实基础。发展启示我们，在现代化建设新征程中，要始终把领袖思想作为奋勇前进的根本指引，将党的领导作为战胜困难的制胜法宝，紧跟习近平总书记步伐、紧扣党中央和省委节拍，以“四个扎扎实实”和“一优两高”[③]引领新黄南建设行稳致远。必须立足州情实际，深刻分析发展阶段性特征，认真面对新形势、新任务和新挑战，把用足用活国家政策作为推动发展的最好机遇。必须坚定生态立州战略，扎扎实实推进生态环境保护，把生态文明建设作为推动发展的最大潜力。必须坚持问题导向，立足全州高质量发展的需要和人民高品质生活的需求，把补齐补强基础短板弱项作为推动发展的最强支撑。必须加快绿色发展、循环发展，积极转变发展方式，把实现三生共赢作为推动发展的最优路径。必须以人民至上作为一切工作的价值取向，始终扎扎实实保障和改善民生，把凝聚人心工作作为推动发展的最大体现。必须坚定战略定力，积极主动融入国家和全省战略，进一步扩大开放，把深化改革作为推动发展的最佳动力。必须牢记初心使命，继续抓好脱贫攻坚巩固提升，逐步实现共同富裕，把乡村全面振兴作为推动发展的最牢根基。必须坚持党建引领，加强和创新社会治理，把维护民族团结和社会稳定作为推动发展的最强保证。

2. “十四五”时期我州发展环境的基本特征。综观内外形势，经过长期积累特别是“十三五”时期的长足发展，全州综合经济实力和发展水平有了较大提升，基础条件极大改善，发展空间不断拓展，黄南发展站在了新的历史起点上，但处于社会主义初级阶段较低层次的基本州情没有变，经济社会蓄势待发、加快发展的总体态势没有变。对黄南州而言，总体上时和势于我有利，压力与动力共生，机遇大于挑战。从有利条件看，我国发展仍然处于重要战略机遇期，已转向高质量发展阶段，以国内大循环为主体、国内国际双循环相互促进的新发展格局逐步形成。尤其是中央深入实施“一带一路”[④]、推动西部大开发形成新格局、黄河流域生态保护和高质量发展、兰西城市群、乡村振兴、对口援青和省委“一优两高”“四种形态”“五个示范省”建设等系列重大发展战略，国家和省上的各种政策红利继续叠加释放，互联互通重大基础设施项目加快实施，州委州政府以“打造山水黄南，高质量推进三区建设”为己任，突出抓重点、补短板、强弱项、提质量，发展思路更加清晰，发展基础不断夯实，发展空间不断拓展，这些必将为黄南州生态保护优先、经济社会高质量发展、人民高品质生活创造有利条件。从不利因素看，我国经济社会发展深刻变革，发展不平衡不充分问题仍然突出，面临诸多矛盾叠加、风险隐患增多的严峻挑战。与全省大体一致，我州在推进高质量发展、面向现代化建设中，仍然存在许多短板和不足，主要表现在：传统产业转型升级步伐缓慢，新型产业尚在起步阶段，园区建设起步晚、趋同化；投资和经济社会重大需求不对称，消费外流趋势加强，开拓市场空间不足，出口能力弱，新的经济增长点培育难；资源约束趋紧，发展空间小，生态保护与环境治理任务仍然很重；基础设施底子薄、覆盖面不广，特色小（城）镇尚在培育中，区域城乡间基本公共服务差异较大；互联互通基础还相对薄弱，对外开放水平还不够高；就业创业渠道有待拓宽，持续增加城乡居民收入难度不小，社会保障水平有待进一步提高；创新驱动不足，人才短板制约明显；制约发展的体制机制障碍仍然存在，深化改革任务艰巨；社会不稳定不和谐因素仍然存在，突发公共事件应对能力仍然不足，基层基础有待进一步强化。

综合判断，“十四五”期间，我州将处于巩固提升全面小康社会成果，深度融合国内大循环和国内国际双循环，为现代化建设积蓄力量的重要阶段，呈现出“五期”叠加的特点：生态文明建设的攻坚期、重大基础设施的建设期、产业转型升级的关键期、区域竞争优势的重塑期、改革开放的深化期。面向现代化新黄南建设，全州上下必须统筹中华民族伟大复兴战略全局和世界百年未有之大变局，立足“两个没有变”的历史阶段性特征，准确把握战略机遇期内涵的深刻变化，增强机遇意识和风险意识，保持战略定力，树立底线思维，发扬斗争精神，更加积极应对各种风险、挑战，抢抓机遇、励精图治、奋勇前进，着力将优势放大、将短板补齐，在新的历史起点上开辟高质量发展、高品质生活的新境界。

二、“十四五”时期经济社会发展指导思想、主要目标和二〇三五年远景目标

1. 指导思想。高举中国特色社会主义伟大旗帜，深入贯彻党的十九大和十九届二中、三中、四中、五中全会精神，坚持以马克思列宁主义、毛泽东思想、邓小平理论、“三个代表”重要思想、科学发展观、习近平新时代中国特色社会主义思想为指导，全面贯彻党的基本理论、基本路线、基本方略，统筹推进“五位一体”总体布局，协调推进“四个全面”战略布局，坚定不移地贯彻新发展理念，坚持稳中求进工作总基调，以高质量发展为主题，以深化供给侧结构性改革为主线，以改革创新为根本动力，以满足人民日益增长的美好生活需要为根本目的，统筹发展和安全，加快建设现代化经济体系，与时俱进把握“四个扎扎实实”重大要求，贯彻省委“一优两高”战略部署，以“全面建设山水黄南，高质量推进‘三区建设’，实现乡村全面振兴”为牵引，积极融入新发展格局，推进地方治理制度创新和治理能力建设，实现经济行稳致远、社会和

谐稳定，为全面建设社会主义现代化黄南开好局、起好步，奋力建设富裕文明和谐美丽新黄南。

2. 重大原则和重要关系。

（1）重大原则：

——必须把坚持党的全面领导作为推动高质量发展的根本保证。坚持和完善党领导经济社会发展的体制机制，提高适应新时代新要求抓改革、促发展、保稳定的水平和专业化能力，为实现高质量发展提供根本保证。

——必须把坚持生态保护优先作为高质量发展的首要职责。牢固树立绿水青山就是金山银山理念，以生态文明统筹经济社会发展全局，全面建设山水黄南，促进经济社会发展全面绿色转型，筑牢生态安全屏障。

——必须把坚持新发展理念作为高质量发展的行动指南。把新发展理念贯穿发展全过程和各领域，构建新发展格局，转变发展方式，推动质量变革、效率变革、动力变革，实现更高质量、更有效率、更加公平、更可持续、更加安全的发展。

——必须把坚持增进民生福祉作为推动高质量发展的根本目的。坚持人民主体地位，坚持共同富裕方向，始终把保障和改善民生作为一切工作的出发点和落脚点，兜住民生底线，办好民生实事，补齐民生短板，不断实现各族群众对美好生活的向往。

——必须把坚持深化改革开放作为高质量发展的强大动力。坚持以改革红利弥补发展劣势，坚定不移扩大对外开放，主动融入国家和全省重大战略，推进地方治理现代化建设，破除制约高质量发展的体制机制障碍，强化重大改革开放举措，持续增强发展动力和活力。

（2）重要关系：遵循好上述重大原则，必须进一步处理好以下六个方面的重要关系：

——保护和发展的关系。立足“三个最大”省情定位，牢固树立保护生态环境就是保护生产力、改善生态环境就是发展生产力的理念，守住生态文明红线，久久为功抓好环境保护，巩固提升绿色发展优势，真正实现生态改善与经济发展双赢，让黄南在绿水青山之中，有发展空间，有质量效益，有美好未来。

——速度和质量的关系。遵循习近平总书记提出的发展速度理念，正确处理增长速度与质量效益的关系。在速度上进中求稳，使经济实现可持续增长，实现追赶发展；在质量、效益上稳中求进，使总量增加、结构优化、实力增强。二者统筹兼顾，使经济增长更有效益、更有质量、更可持续。

——重点和区域的关系。在经济社会发展整体推进的基础上，从打通对外大通道、建设区域交通枢纽中心、加快产业布局调整、发展壮大新兴城市等方面进行重点突破，不断壮大综合实力和区域影响力，更高质量地融入国家、省级区域发展战略，提高黄南分量。一市三县既要注重发展壮大县域经济实力，又要坚持全州“一盘棋”，服从和服务于全州发展大局。

——市场和政府的关系。立足“两个大循环”[⑤]，进一步明确划分政府和市场的行为边界，进一步发挥好市场在资源配置中的决定性作用，政府的宏观调控作用，通过“有形”“无形”两只手的共同发力，使经济更有活力、社会更加公平、运行更有效率。

——自我和借力的关系。立足黄南独特的资源优势，大力发展特色产业，培育新兴产业，发展壮大实体经济，小微企业和民营经济实现量和质的提升，加快补齐发展的短板弱项。同时，借力对口支援帮扶、对外合作交流等，拓宽发展新空间，提高对外发展新水平。在“自我发展”和“借力发展”的同向共振中，厚植高质量发展的基础。

——发展和稳定的关系。树立新发展理念，把群众对美好生活的向往作为发展的最终目的和归宿，让发展成果惠及各族人民，不断增强群众的获得感、幸福感和安全感。推进多层次、多领域依法治理，进一步提高地方治理体系和治理能力现代化水平，促进民族团结进步，保持社会安定团结，为高质量发展提供和谐稳定的大环境。

3. 总体布局。全面加强“山水黄南”建设，高质量建成“三区建设”（全省有机农牧业示范区、全省文化旅游融合发展示范区、全省涉藏社会治理示范区），实现乡村全面振兴，为各族人民创造更加高品质的幸福生活。确定这样的总体布局，既是省委对黄南的明确要求和殷切期望，又保证了政策的连续性、稳定性，也充分体现了州委一茬接着一茬干、办好黄南自己事情的决心、恒心和使命担当，有力彰显了黄南发展的比较优势和发展潜力，积极回应了人民群众对过上美好幸福生活的期盼，必将引领黄南经济社会发展形成新的格局。

落实好以上总体布局，必须准确把握省委对黄南的定位要求，深刻分析州情阶段性特征，充分发挥特色优势，抢抓重大历史机遇，着力打造“六大支撑平台”，牵引和推动经济社会高质量发展。

着力建设生态安全屏障。加大重大生态工程建设力度，打造全省山水林田湖草沙综合治理样板区，推进全域无垃圾示范州和“无废黄南”建设，积极融入国家公园示范省建设，大力发展净土经济、绿色经济，形成绿色生产和生活方式，建立健全生态文明体制机制，全面建设山水黄南，推动实现绿色富州、绿色惠民。

着力构建区域交通枢纽。依托高等级公路、西成铁路、黄南机场等重大交通工程以及高铁物流园区建设等，打通对外大通道，扩展发展新空间，着力将州府同仁市打造成全省区域性交通枢纽中心，将我州建成兰西城市群与成渝城市群双城经济圈、大西北与大西南联通“一带一路”建设通道上的重要连接点，青海省向东南开放的“桥头堡”。

着力打造绿色发展基地。充分发挥独特的人文、自然资源、有机农牧业资源等优势，加快现代农牧业、绿色新型工业和现代服务业发展，着力打造全省有机农牧业示范区、文化旅游融合发展示范区，做大做强做优中藏医药、生态水、饲草料、高原特色食品等产业。推进园区改革升级发展，在全省率先建成绿色有机农畜产品示范州，将我州打造成兰西城市群重要的绿色有机农畜产品生产、加工基地，推动资源优势向经济优势转化。

着力加快文化强州进程。依托黄南州丰富的文化资源，统筹推进国家级热贡文化生态保护区建设，做好保护、活态传承、展示、创新和利用等工作，挖掘好游牧文化、屯垦文化等，实现一核带动、多频共振、相互促进。推动好文化事业，发展好文化产业，推动文化旅游深度融合，促进文化发展繁荣，建设文化强州。

着力优化转型发展环境。以统筹经济社会高质量发展为目标，以统筹城乡区域发展为手段，以巩固提升脱贫攻坚成果、推进乡村全面振兴为重点，推进新型城镇化，加快经济结构、产业结构、区域结构、城乡结构、动力结构转型升级，营造高质量发展的良好环境，加快实现富民强州。

着力提升地方治理水平。巩固提升社会治理“黄南模式”，打造党建引领地方治理升级版，全面提升地方治理现代化水平，城市精细治理、农村精美治理、牧区精进治理取得明显成效，民族团结进步示范州成果提质增效，更高标准打造全省涉藏社会治理示范区，为经济社会高质量发展和人民群众安居乐业创造良好的社会环境。

4. 主要目标。

（1）二〇三五年远景目标。展望二〇三五年，全州经济发展水平、科技进步水平、创新发展能力、综合实力将大幅跃升，经济总量和城乡居民人均收入迈上新的大台阶；基本实现新型工业化、信息化、城镇化、农业现代化，建成具有黄南特色的现代化经济体系；社会治理模式进一步创新，基本实现地方治理体系和治理能力现代化，人民平等参与、平等发展权利得到充分保障，基本建成法治黄南、法治政府、法治社会；民族文化、教育、体育、健康事业发展水平得到新的提升，人才短板问题得到根本性解决，全民素质和社会文明程度达到新高度；广泛形成绿色生产生活方式，生态保护与建设取得重大成果，区域生态环境根本好转，“山水黄南”建设高质量推进；基础设施短板补齐补强，互联互通互融基础更加扎实，主动融入国家、省级重大战略和区域发展的水平明显增强，对外开放水平极大提升，参与对外经济合作和竞争新优势形成；人均国内生产总值达到全省平均水平以上，创业就业渠道进一步拓宽，基本公共服务实现均等化，城乡区域发展差距和居民生活水平差距显著缩小；全国民族团结进步示范州和全省涉藏社会治理示范区成果进一步巩固提升，平安黄南建设达到更高水平；脱贫攻坚成果和全面小康得到全面巩固提升，人民群众过上高品质生活，人的全面发展、全体人民共同富裕取得更为明显的实质性进展，与全国同步基本实现社会主义现代化。

（2）“十四五”时期主要目标。对标党的十九大擘画的基本实现社会主义现代化的宏伟蓝图，综合考虑全国全省的发展趋势和我州发展条件，坚持目标导向和问题导向相结合，坚持守正和创新相统一，聚焦落实省委“12345”总体布局[⑥]，提出我州“十四五”发展的主要目标为：到2025年，“山水黄南”建设全面加强，“三区建设”（全省有机农牧业示范区、全省文化旅游融合发展示范区、全省涉藏社会治理示范区）高质量建成，实现乡村全面振兴，为各族人民创造更高品质的幸福生活。

在此基础上，今后五年经济社会发展要努力实现以下“七个更高”的新目标要求。

——经济发展质量更高。在质量效益明显提升的基础上实现经济持续健康发展，增长潜力充分发挥，经济结构更加优化，经济总量不断增加，创新能力进一步提升。高质量建成全省有机农牧业示范区和文化旅游融合发展示范区。产业发展基础夯实、产业链条升级，实体经济发展壮大，财税金融支撑引领作用进一步增强，城乡区域发展协调性明显增强，对口支援实现升级加力，现代化经济体系基本建立。

——生态文明成效更高。全州国土空间开发保护格局得到优化，三江源三期、山水林田湖草沙综合治理等重大项目取得重大进展，生产生活方式绿色转型成效显著，主要污染物排放总量控制在省定目标之内，力争碳达峰、碳中和工作走在全省前列，区域生态环境持续改善，城乡人居环境明显提升，生态补偿机制建立健全，生态安全屏障更加牢固，“山水黄南”建设取得明显成效。

——基础建设水平更高。交通、水利、信息、能源等基础设施建设步伐加快，路网结构进一步改善，实现县市（县）通高速，西成铁路过境段、黄南机场、通用机场等进入实质性建设，现代立体综合交通网络基本形成，对外大通道进一步打开，信息基础设施得到跨越式提升，清洁能源得到进一步利用，水利建设实现新的更大进展，为经济社会高质量发展和人民高品质生活提供有力支撑保障。

——人民生活品质更高。实现更加充分、更高质量就业。居民收入增长和经济增长基本同步。教育布局调整更加优化，全民受教育程度不断提升。卫生健康体系更加完善，主要健康指标接近全省平均水平。城乡基本公共服务均等化水平明显提高，多层次社会保障体系更加健全。高原美丽城镇建设取得新进展，人居环境和居住品质明显改善。脱贫攻坚成果巩固拓展，乡村振兴战略全面推进，各族群众对美好生活的向往进一步满足。

——改革开放水平更高。重点领域和关键环节的改革取得新的进展，重大基础设施互联互通水平进一步提高，州府同仁市对周边地区的辐射带动作用更强，融入国家和全省战略的步伐进一步加快。现代企业制度进一步建立，市场体系进一步健全，市场主体更加充满活力，产权制度改革和要素市场化配置改革取得重大进展，公平竞争制度更加健全，营商环境不断改善。人文交流更加频繁，对外交流合作的平台进一步构建、渠道进一步拓宽，“走出去、请进来”的力度更大，招商引资取得重大成果，对外开放基础更加坚实。

——社会文明程度更高。社会主义核心价值观深入人心，中华民族共同体意识更加牢固，中国梦黄南篇章更加绚丽。人民思想道德素质、科学文化素质和身心健康素质明显提高，各民族团结奋斗、守望相助，各民族像石榴籽一样紧紧抱在一起，凝聚力进一步增强。以热贡文化为核心的文化产业体系进一步健全。州县乡村四级公共文化服务体系更加健全，基层群众精神文化生活更加丰富，优秀传统文化有效传承和弘扬，文化品牌影响力持续扩大。

——地方治理效能更高。法治黄南、平安黄南建设水平进一步提升，社会公平正义进一步彰显，地方行政体系更加完善，政府作用更好发挥，行政效率和公信力显著提升，社会治理特别是城镇、基层治理水平明显提高，防范化解重大风险体制机制不断健全，突发公共事件应急能力显著增强，自然灾害防御水平明显提升，发展安全保障更加有力。

三、坚持生态优先，全面建设山水黄南

必须深入贯彻习近平生态文明思想，坚持“绿水青山就是金山银山”理念，尊重自然、顺应自然、保护自然，全面建设“山水黄南”，为协力保护好“三江源”，用心守护“中华水塔”，共同呵护好地球“第三极”贡献黄南力量。

1. 推动生态系统治理。树立绿色政绩观，提高绿色发展指标权重。高水平建设洮河源、泽曲河湿地等7个国家（湿地、沙漠、森林、地质）公园，将坎布拉丹霞峰林打造成世界地质公园，建立自然保护地分级管理新体制，优化设置各级各类管理机构，创新生态保护与发展机制，全面融入以国家公园为主体的自然保护地体系示范省建设，力争将我州打造成国家公园示范省先行区。实施新一轮生态功能提升行动，系统推进三江源生态保护和建设三期、天保工程和坎布拉、麦秀林场连通等重大生态工程，加快林草大数据平台建设，实施生物多样性保护重大工程，科学推进荒漠化、水土流失、地质灾害等生态修复治理，建设河南县草博物馆、泽库县生态文明博物馆。推行草原森林河流湖泊休养生息，健全耕地休耕轮作制度，完善自然保护地、生态保护红线监管制度，开展生态系统保护成效监测评估，全面提升草原、森林、湿地、河湖、荒漠等生态功能和自然生态系统稳定性，打造全省山水林田湖草沙综合治理样板区。

2. 加快黄河流域黄南段高质量发展。坚持生态优先、绿色发展，坚持量水而行、节水为重，积极争取尖扎县、河南县纳入黄河流域生态保护和高质量发展试点县，推动发展规划落地。严格河湖长制，统筹“上下游、左右岸、干支流”，实施水生态保护与修复重大工程，加强黄河尖扎河南段、隆务河、泽曲河、洮河等流域综合治理，加强李家峡、扎毛水库、洮河源等重要湖泊湿地生态保护治理，强化加强主要河流水质水量动态监测基础设施和能力建设，完善水生态空间保护管控力度。开展大规模国土绿化行动，建好坎布拉至东果林场、麦秀林场至隆务峡两条绿色廊道。充分挖掘热贡文化、蒙旗文化、昂拉红色文化内涵，讲好“黄河故事”，传承黄河文化。

3. 持续改善环境质量。实行最严格的环境保护制度和最严厉的法治，增强全社会生态环保意识，深入打好蓝天碧水净土保卫战，让黄南的天更蓝、地更绿、水更清。实施清洁替代和集中供热工程，推广新能源汽车，进一步减少环境污染。开展城乡生活环境治理行动，加快农村分散式污水处理基础设施建设，推进城镇污水管网、垃圾处理设施全覆盖并稳定运行。继续实施化肥农药减量增效行动，加快历史遗留矿山生态修复整治力度，推进土壤污染治理。巩固提升白色污染治理成果，打造全域无垃圾示范区。推进“无废黄南”建设，推行垃圾分类和减量化、资源化，将河南县打造成全省“全域无废”示范县，努力创建“全域无废”示范州。全面落实生态环境行政执法事项目录和执法监督“正面清单”，积极推进环境污染第三方治理，开展重大产业布局环境影响评价和重大环境政策经济社会影响评价。

4. 加快推动绿色发展。完善国土空间基础信息平台，强化国土空间规划和用途管控，落实生态保护、基本农田、城镇开发等空间管控边界，减少人类活动对自然空间的占用。树立绿色政绩观，提高绿色发展指标权重。大力发展森林旅游、乡村花海、林下经济等富民产业，因地制宜推进经济林带建设。推进清洁生产，发展环保产业，推进重点行业和重要领域绿色化改造。推动天然气、光伏、风电等清洁能源安全高效利用。强化绿色发展的法律和政策保障，发展绿色金融，支持绿色技术创新。开展绿色生活创建活动，创建节约型机关、绿色学校、绿色社区、绿色家庭和绿色市场，促进绿色消费。探索推进碳汇交易。

5. 推进生态文明制度改革。实施节水行动，建立水资源刚性约束制度。全面实行排污许可制，推进排污权、用能权、用水权市场化交易。健全自然资源资产产权、资源有偿使用制度，完善市场化、多元化补偿机制，推动草原、森林、湿地、荒漠等生态补偿全覆盖，完成泽库县生态综合补偿试点任务，积极争取开展洮河流域横向生态补偿试点，探索建立生态产品价值实现机制。完善生态绩效评价考核、公益诉讼、损害赔偿、责任终身追究等制度，构建产权清晰、多元参与、激励约束并重、系统完整的生态文明制度体系，努力打造全省第一个生态文明示范州。

四、推动转型升级，加快建立现代产业体系

着眼于“两个大循环”，围绕“四种经济形态”和“五个示范省”建设，依托资源优势和发展基础，坚持全州“一盘棋”，加

快发展符合自身实际的产业体系，推动经济体系优化升级，提高经济质量效益和竞争力。

1\. 建成全省有机农牧业示范区。以省上建设绿色有机农畜产品示范省为契机，坚持以“高原、有机、绿色”为主攻方向，加快构建现代畜禽养殖、动物防疫和加工流通体系，不断增强畜牧业质量效益和竞争力，形成产出高效、产品安全、资源节约、环境友好、调控有效的高质量发展新格局，高质量建成全省有机农牧业示范区。组建南部两县牦牛（藏羊）产业、畜牧业技术服务、畜产品营销联盟，高标准建设牦牛、藏羊标准化养殖加工基地。稳妥推进北部两市县农牧区半舍饲养殖模式，大力发展标准化专业合作社和企业专属牧场、家庭牧场等，构建以南北联动发展的“农畜互补、种养结合”模式，建设全省农区畜牧业示范区。加快发展冷链物流，大力发展电子商务和“互联网+”。抓好绿色有机品牌建设。坚持耕地红线，开发和合理利用荒山荒坡，稳步推进黄果、中药、藏药、有机饲草料种植基地建设，培育休闲农业、观光农业等新业态，探索发展高海拔（极地）果蔬种植，适度发展冷水鱼养殖，构建全省东部现代农业延伸带，打造全省全域绿色有机农畜产品示范州。

2\. 建成全省文化旅游融合发展示范区。加大对外宣传推介，统一规划，合理布局，着力构建全州“两核三廊道八大板块”空间布局⑦，高质量建成全省文化旅游融合发展示范区。推动文化旅游与农牧业、工业、中藏医药以及教育、科技、金融、体育等领域深度融合，培育发展影视动漫、演艺娱乐、研学教育等新兴业态，加快构建文旅融合新格局。持续用力盘活坎布拉景区，打造世界地质公园。加快国家热贡文化生态保护区、国家级历史文化名城和最美大草原等文化旅游精品景区基础设施及配套设施建设，建好外联通道、旅游风景道和旅游航道，形成黄河源青南大峡谷、黄河小三峡、青春瀑布、洮河—吉岗山生态旅游区等旅游大环线。做好国家全域旅游示范区、国家级特色小镇、乡村旅游示范村创建工作，打造一批名人故居、红色教育基地。培育“热贡艺术节”“六月会”“那达慕”“五彩神箭”等文化旅游节庆产业，加快乡村旅游发展。实施文化旅游龙头企业培育、引进工程，以大企业牵引资源大整合、开拓文旅大市场，争取将同仁历史文化名城打造成国家 AAAAA 级旅游景区，将同仁市打造成世界唐卡艺术之都，将我州打造成青海省一流的自驾车旅游目的地、国家级生态文化旅游目的地和国家级全域旅游示范区。

3\. 建成全国知名藏医药之乡。保持和挖掘我州藏医药特色优势，加快藏医药事业高质量发展，引进和培育产业化龙头企业，加快建设规范化、标准化药材种植基地。全力推动院内制剂提档升级，力争藏药饮片、藏药成药等实现新突破，争取建设黄南州藏医药产业园、藏医药文化博物馆和藏医技能培训职业技术学校。建设覆盖全州 95% 以上乡镇的藏药服务业，培养名医、打造名院、建设名科，加快构建一批综合健康养生圈和休闲养生养老基地，探索推进藏医药健康养生旅游示范区建设，完善公共服务体系。力争到 2025 年，实现药材种植规范化、藏药研发系统化、生产流通集约化、藏医服务特色化，中藏医疗与保健、科研、教育、产业、文化等各领域全面协调发展，“一基地一窗口一中心”基本打造完成，建成全国知名的藏医药之乡。

4\. 打造全省综合性生态水产业集群。利用“三江源”的金字招牌，立足品质优良的生态水资源禀赋，突出规划布局、强化市场推介、加强配套建设，加大以瀞度为重点的生态水产业扶持、培育和开发力度。大力发展冰川矿泉水、天然含气苏打水等高端矿泉水产业。加快构建包括现代仓储物流、产品质量检验检测、研究开发设计、知识产权在内的天然饮用水产业现代服务体系。发展印刷、包装、配送等重点协作配套产业，不断完善生态水产业的产业链体系。“十四五”期间，力争全州生态水在基础建设、产品开发、服务体系建设、国内外市场开拓、产量效益提升等方面实现新突破，打造集研发、生产、物流、销售、服务于一体的综合性饮用水产业集群。

5\. 建成有机饲草料基地。充分发挥泽库作为青南牧区饲草料生产贮运中心的区位优势，探索发展“有机牧草”经济，加大饲草料基地建设，提升饲草青贮技术与设施水平。充分利用同仁市、尖扎县光热、水资源和种植技术优势，发展饲草种植、加工产业，加快构建种养结合、草畜联动循环发展模式，建成以泽库县为中心的有机饲草料基地。推进饲草料专业化生产，加强饲草料加工、流通、配送体系建设。促进秸秆等非粮饲料资源高效利用。建立健全饲料原料营养价值数据库，全面推广饲料精准配方和精细加工技术。

6. *积极培育绿色经济*。稳固提升水电产业，以黄河尖扎段为重点谋划建设全省水光互补微网示范基地。全面提高牛羊肉、中药、藏药、冷水鱼精深加工、饲草料生产和民族用品等传统产业的产品技术、工艺装备、效能环保等水平，培育和引进一批建链、补链、延链、强链的重大工程项目，促进工业产品创新升级。实施好分散式光伏、风力发电、生物制品生产等重大工程项目，着力培育新能源、新材料、生物医药等新兴产业。培育发展节能环保、信息应用、饮料等新产业、新业态，加快以乳制品、热贡馍馍、藏茶制品、精品果蔬、冷水鱼为主的高原生态特色食品加工业发展。以提升企业规模和综合实力为重点，实施“百户领军企业打造工程”，加快形成一批主业突出、核心竞争力强的优势企业、龙头企业，培育发展一批规模以上企业。实施“千户小微企业培育工程”，支持同质化企业兼并重组，促进小微企业和民营企业高质量发展。综合考虑资源环境综合承载力、产业发展基础和潜力，打破行政区域限制，对一市三县工业园区进行整合优化，稳妥加快有机畜牧业和绿色轻工业两个专业化大园区建设，统一规划建设、统一招商引资、统一开拓市场、统一打造品牌，推动优质资源、产业、人才、重大项目向大园区集中，形成资源共享、空间互补、协调发展的产业园区体系。

7. *加快发展现代服务业*。把加快服务业发展作为全州经济转型升级的战略支点，高起点谋划现代服务业布局，依据一市三县的资源禀赋、产业基础和功能定位，在同仁市、尖扎县高铁新区规划建设高标准现代服务业集聚区，在泽库、河南两县建设适度规模的物流园区。积极发展冷链、绿色等特色物流。加快现代金融服务发展，健全多层次、广覆盖、有差异的金融市场体系，丰富金融业态和产品，推广普惠金融，着力加强对中小微企业等金融服务，提高服务实体经济效能。推动生活性服务业向高品质和多样化升级，加快发展健康、养老、育幼、文化、旅游、体育、家政、物业等服务业，加强公益性、基础性服务业供给。

8. *大力发展数字经济*。抢抓“两新一重”建设机遇，拓宽信息基础设施保障领域，扎实推进5G通信基础设施和智慧黄南等数字化重点建设，推动互联网、大数据同实体经济深度融合，加快区块链在成熟领域深度应用，全面提升产业网络化、数字化、智能化水平。发展数字化服务业，鼓励直播电商发展，推动新一代信息技术在教育、医疗、养老、文旅、商贸等领域的广泛应用。加快智慧生态、智慧市政、智慧交通、智慧能源、智慧教育、智慧民生、智慧党建、智慧医疗、智慧消防等基础设施建设，加强数字社会、数字政府建设，提升公共服务、社会治理等数字化智能化建设，带动发展质量全面提升。

五、坚持改革创新，增强高质量发展的动力和活力

坚持改革创新在现代化建设全局中的核心地位，把科技创新作为高质量发展的战略支撑，根据全州经济社会发展和民生需求，加快形成促进改革创新的体制机制，不断激发市场活力和社会创造力。

1. *深化经济领域重点改革*。深化国资国企改革，完善州属国有企业主业和投资项目负面清单动态调整机制，集中资源做强做精主业，做优做大国有资本和国有企业，增强企业经济活力、影响力。加快完善现代企业制度，深化国有企业混合所有制改革，健全国有企业违规经营投资责任追究制度和风险防控化解机制。加强国有企业党建工作。进一步优化民营经济发展环境，构建亲清政商关系。持续深化“放管服”改革，全面实行政府权责清单制度，最大限度减量提质、减时增效，全面落实减税降费政策。深化商事制度改革，全面实施“不见面审批”“最多跑一次”。深化农村土地制度和农村集体产权制度改革。深化预算管理制度改革，完善政府预算体系，改进年度预算控制方式，建立跨年度预算平衡机制，强化中期财政规划管理，进一步提高财政资金的使用效率，增强基层公共服务保障能力。提升金融科技水平，支持中小银行和农商银行持续健康发展。加快推动地方金融管理体制创新，提高金融监管透明度和法治化水平。

2. 构建和完善创新生态。发挥科技创新在全面创新中的引领作用，加大科技创新投入，健全政府投入为主、社会多渠道投入机制，培育创新主体，实施若干支撑高质量发展的重大科技项目，加大实用科学技术的推广应用。改进科技项目的组织管理方式，实行“揭榜挂帅”等制度。实施高新技术企业和科技型中小企业培育计划。强化企业创新主体地位，鼓励和支持企业加强科技创新平台建设，建立产业技术创新联盟。发挥企业家在技术创新中的重要作用，鼓励企业加大研发投入，对企业投入基础研究实行税收优惠。加强知识产权保护，大幅提高科技成果转移转化成效。弘扬科学精神和工匠精神，加强科普工作，提高全民科学素养。

3. 激发各类市场主体活力。加大政策支持力度，进一步提升规模以上企业竞争力，促进中小微企业茁壮成长，加快培育发展创新企业，为经济社会高质量发展积蓄力量。健全国有企业法人治理结构和经营机制，做优做强国有企业。实施百项中小微企业培育工程。优化民营经济发展的市场环境。努力发展绿色信贷，进一步扩大金融对“三农”发展、乡村振兴等领域的推动作用，增强金融服务实体经济的能力。支持地方融资平台改革创新发展。

4. 提升人才战略性支撑。坚持“党管人才、市场导向、改革创新、引领发展”原则，培育本土人才、引进外来人才、用好现有人才。加大人才投入和培养力度，通过校园引才、项目引才、技术引进、订单培养等灵活方式，刚柔并举精准引进各类急需紧缺的专业技术人才和团队。加快创新型、技术型、实用型党政人才、专业技术人才、企业经营管理人才、技能人才、农村实用人才、社会工作者六支人才队伍的培养和使用。充分发挥援青人才的专业特长优势。鼓励引导各类人才向基层一线流动、在基层一线创业。建立黄南州拔尖人才、领军人才、高端人才培养、引进计划，加快人才公寓、疗养基地等基础设施建设，下放人才使用和管理权限，健全人才服务和激励机制，消除人才发展体制机制障碍，营造有利于人才潜心研究、创新创业的良好环境，充分激发各类人才创新创业的活力。

5. 加快促进发展动能创新。坚持扩大内需这个战略基点，立足内外市场，进一步优化全州各类要素配置，激发创新创业活力，释放新需求，创造新供给，加快实现发展动力转换，夯实促进“两个大循环”的基础。拓展投资空间，优化投资结构，保持投资合理增长，发挥投资对优化供给结构的关键作用。加快补齐基础设施、市政工程、农业农村、公共安全、生态环保、公共卫生、物资储备、防灾减灾、民生保障等领域短板，推动企业设备更新和技术改造。推进新型基础设施、新型城镇化、交通水利等重大工程建设，争取实施有利于城乡区域协调发展的重大项目建设。实施西成铁路过境段、黄南机场、同赛高速、李家峡南干渠二期等重大工程，推进重大生态系统保护修复、公共卫生应急保障、防洪减灾等一批强基础、增功能、利长远的重大项目建设。增强消费对经济发展的基础性作用，顺应消费升级趋势，提升传统消费，培育新型消费，适当增加公共消费。稳定住房、家装、家电等居民传统大宗消费，引导清洁能源汽车消费。以质量品牌为重点，促进消费向绿色、健康、安全发展，鼓励消费金融、网络购物、绿色出行、社会养老、医疗保健等消费新模式、新业态发展。多方位增加文化、旅游、康养等领域高水平供给，开拓省外消费市场。健全现代流通体系，培育、发展无接触交易服务，降低企业流通成本，促进线上线下消费融合发展。支持各市（县）打造商圈和特色商业街区，推行社区（街道）便民网点建设，大力发展假日经济、夜间经济等，开拓城乡消费市场。落实带薪休假制度，扩大节假日消费。改善消费环境，强化消费者权益保护。培育、发展外向型企业，打开国际、国内两个市场，实现出口质和量的双突破。

六、加强基础设施建设，提升推动高质量发展支撑保障能力

围绕发展薄弱领域，统筹加强交通、水利、能源、信息化等

基础设施建设，通过构建大交通、大水利、大能源、大信息化格局，全面增强基础设施对经济社会高质量发展的保障和支撑作用。

1. 构建综合立体交通运输网络。把交通建设作为全州高质量发展的突破口，加快实施同仁至赛尔龙、同仁至贵德、同仁至夏河、河南至玛沁等高等级公路，构建“一纵三横”高速公路网骨架体系，实现县市（县）通高速。以优化路网结构和提高服务水平为重点，加大G213同仁过境段改线、S307羊智沟至青海湖尖扎段等国省干线公路升级改造力度，实施一批市政道路连接线、快速通道、互通立交、重大桥梁等交通枢纽联通工程和区域性互联互通交通建设项目，促进与兰西城市群、泛共和盆地城镇区的便捷联通。加快西成铁路过境段建设，争取尽早开工建设黄南机场，加快符合条件市（县）通用机场建设，畅通对外大通道。加强坎群、昂拉等码头水运设施建设。加大农村公路建设力度，推进“四好农村路”建设，争取有条件的地区实现农村道路“黑色化”。加快汽车客运总站、高铁新区客运站等场站枢纽建设，新建一批多功能一体乡镇综合服务站，推进城乡客运一体化建设。到“十四五”时期末，基本建成布局合理、功能完善、衔接顺畅、便捷高效的“两纵五横一环”综合交通运输网络。

2. 加强水利基础设施建设。把解决水利瓶颈问题作为全州可持续发展的重要保障，实施隆务河水生态二期治理、中小流域治理、乡村河道治理、水土保持、国土绿化配水等水生态保护与修复工程，进一步提高水源涵养能力。加快推进赛康寺、擦马沟、玉龙、石哈龙、和日等一批城乡供水小型水库工程，推进同仁尖扎城北新区、工业园区供水工程和河南县城提水工程等建设，合理优化配置水资源，全面提升城乡供水安全保障能力。加快推进扎毛水库、李家峡南干渠二期灌溉工程续建配套和现代化升级改造、浪加水库农田及生态灌溉工程建设，开展水库、灌区、农村饮水安全提能达标补短板工程，提高民生水利保障能力。开展引泽入隆等引调水工程前期研究工作，推进水系互通互补。大力实施黄河干流综合防洪工程、泽曲河、隆务河等防洪减灾工程，加快推进中小河流治理，全面提升水旱灾害防御的能力和水平。

3. 强化清洁能源基础保障。把推进清洁能源建设作为全州绿色发展的重要基础，积极推进宁木特水电站前期工作，加快实施一批水电改造升级项目，实施新一轮农村电网升级改造，建设同仁市、泽库县330千伏变电站，进一步提高电网运行的安全稳定性。因地制宜推进光伏发电，加快集中式光伏电站项目建设，发展分散式和分布式光伏发电。进一步做好全州风能、地热能资源详查和评估分析工作，有序推进风力发电、地热资源的开发。加快天然气入州步伐，推动实现一市三县县城及重点城镇天然气利用。推广城乡清洁取暖，推进三江源清洁供暖工程。加快新能源汽车充电桩等基础设施建设。

七、优先发展农业农村，全面推进乡村振兴

坚持把解决好“三农”问题作为工作重中之重，以“十大行动计划”为抓手，全面实施乡村振兴战略，推动乡村产业、人才、文化、生态和组织振兴，加快农业农村现代化，绘就农村美、农业强、农民富的美好图景。

1. 提高农牧业质量效益。适应确保国计民生要求，以保障粮食安全为底线，健全农牧业支持保护制度。坚持最严格的耕地保护制度，深入实施藏粮于地、藏粮于技战略，加大农牧业水利设施建设力度，实施高标准农田建设工程，强化农牧业科技和装备支撑，提高农牧业良种化水平，健全动物防疫和农作物病虫害防治体系，建设智慧农牧业。强化绿色导向、标准引领和质量安全监管，加快推进泽库县国家（牦牛）现代农业产业园、河南县国家农村产业融合发展示范园等建设。推动农牧业供给侧结构性改革，优化农牧业生产结构和区域布局，加强粮食生产功能区、重要农畜产品生产保护区和特色农畜产品优势区建设。保障重要农畜产品供给安全，加强粮食、蔬菜、肉类等物资储备库建设，提升物价调控和应急能力。开展粮食节约行动。大力发展县域经济，推动农村牧区一、二、三产业融合发展，丰富乡村牧区经济业态，拓展农牧民增收空间。

2. 实施乡村建设行动。强化县城综合服务能力，明确各乡镇定位，把乡镇建成服务农牧民的

区域中心。统筹县域城镇规划建设，分类梯次推进行政村建设，保护传统村落和乡村风貌。完善乡村水、电、路、通信、广播电视、物流等基础设施，提升房屋建设质量。加快“无废乡村”建设，因地制宜推进农村改厕、生活垃圾处理和污水治理，实施河湖水系综合整治，改善农村牧区人居环境，打造高原美丽乡村升级版。建立市场化多元化生态补偿机制，增加农牧业生态产品和服务供给，推动乡村自然资本加快增值，实现百姓富、生态美的统一，让百姓收获更多“生态福利”。大力推动乡村旅游、畜禽养殖、民族手工艺制作等展现地区特色、体现乡村价值、乡土气息浓厚的乡村产业，建设一批农牧业产业强镇，打造“一村一品”示范乡村。培育一批家庭工场、手工作坊、乡村车间，以产业兴旺为乡村振兴提供强有力支撑。加强农村干部队伍建设，培育一批乡土人才，为乡村发展注入“新鲜血液”。加强乡村文化建设，培育文明乡风、良好家风、淳朴民风，不断提高乡村社会文明程度。

3. 深化农村牧区改革。健全城乡融合发展机制，推动城乡要素平等交换、双向流动，增强农业农村发展活力。落实第二轮土地承包到期后再延长三十年政策，落实好农村集体经营性建设用地入市制度，探索宅基地“三权分置”[⑧]实现形式。保障进城落户农民土地承包权、宅基地使用权、集体收益分配权，鼓励依法自愿有偿转让。加快培育农（牧）民合作社、家庭农场等新型农牧业经营主体，健全农牧业专业化社会化服务体系，发展多种形式适度规模经营，实现小农（牧）户和现代农业有机衔接。深化农村集体产权制度改革，继续扩大农牧区集体产权制度改革试点，以整乡推进形式大力推广“拉格日”模式，鼓励通过资产租赁、农牧业开发、生产服务、乡村旅游、光伏扶贫、联合经营等形式发展新型农村集体经济，全面增强村集体经济实力。

4. 实现巩固拓展脱贫攻坚成果同乡村振兴有效衔接。做好五年过渡期内领导体制、工作体系、发展规划、政策措施、考核机制等的衔接。保持财政投入力度总体稳定，接续推进脱贫地区发展。推动产业扶贫向产业振兴提升，推动农牧业、乡村旅游、民族手工等特色产业可持续发展。有序提档升级脱贫地区基础设施和公共服务水平。健全防止返贫监测和帮扶机制，做好易地扶贫搬迁后续帮扶工作，加强扶贫项目资金资产管理和监督。健全农村社会保障和救助制度。争取乡村振兴重点帮扶县建设，增强巩固脱贫成果及内生发展能力。坚持和完善东西部协作和对口支援、社会力量参与帮扶等机制，增强自我造血功能。加大以工代赈实施力度，带动农牧区群众依靠劳动就业增收。加强脱贫群众培训引导，因人因需精准提供就业援助服务，不断提高自我发展能力。

八、改善人民生活品质，提高社会建设水平

坚持把实现好、维护好、发展好最广大人民根本利益作为发展的出发点和落脚点，尽力而为、量力而行，健全基本公共服务体系，扎实推动共同富裕，不断增强人民群众获得感、幸福感、安全感，促进人的全面发展和社会全面进步。

1. 强化就业优先政策。坚持经济发展就业导向，实施更加积极的就业政策，扩大就业容量，提升就业质量，促进充分就业，保障劳动者待遇和权益。统筹城乡就业政策体系，支持民营经济增强吸纳就业的能力，建立企业稳岗扶持政策，持续优化夜间经济、假日经济、网络经济等发展环境。进一步做强文创产品、乡村旅游、有机食品等产业，促进农牧区富余劳动力转移就业。精准施策落实各类创业扶持政策，加强州市（县）创业孵化基地和实训基地建设，加大职业技能培训力度，加快提升劳动者技能素质，精准抓好高校毕业生、退役军人就业创业和困难群体就业。完善重点群体就业支持体系，统筹公益性岗位安置，帮扶残疾人、零就业家庭成员就业。健全就业公共服务体系、劳动关系协调机制、终身职业技能培训制度。完善促进创业带动就业、多渠道灵活就业的保障制度，支持和规范发展新就业形态，健全就业需求调查和失业监测预警机制，努力实现更加充分、更高质量的就业。

2. 建设高质量教育体系。全面贯彻党的教育方针，坚持立德树人，加强师德师风建设，培养德智体美劳全面发展的社会主义建设者和接班人。健全学校家庭社会协同育人机制，提升教师教

书育人能力素质，增强学生文明素养、社会责任意识、实践本领，重视青少年身体素质和心理健康教育。坚持教育公益性原则，深化教育改革，建立健全城乡一体化的学校布局、师资配置、经费保障、学校管理和督导评估机制，系统推进教育评估改革，完善学前教育、特殊教育等保障机制，努力让每个孩子都能享受公平而有质量的教育。发展更加充裕普惠优质的学前教育，推动义务教育均衡发展和城乡一体化，鼓励高中阶段学校多样化发展，提高黄南州中等职业技术学校的规模和质量，深化产教融合、校企合作，筹办热贡艺术学院。推进教育信息化 2.0 行动计划，加快智慧校园建设，建立互联互通的数字教育资源服务体系。健全完善教育对口支援机制，加大异地办学办班规模。加大国家通用语言推广力度。支持和规范民办教育发展，规范校外培训机构。

3. 全面推进健康黄南建设。落实国民健康促进政策，织牢公共卫生防护网，为人民提供全方位全周期健康服务。加大医疗卫生项目建设力度，州藏医院、尖扎县人民医院、河南县人民医院整体搬迁、同仁市中医院等重大工程项目建成并发挥效益。提升州市（县）医院临床救治能力，加强社区医院、乡镇卫生院和村卫生室服务能力建设，加大全科医生和中藏医药人才培养力度，进一步提升基层服务能力和质量。加快州市（县）P2 水平实验室建设，改善各级疾控机构及传染病科（病区）设施设备条件，不断提高州市（县）传染病防控和救治能力。健全医疗救治、科技支撑、物资保障体系，提高应对突发公共卫生事件能力。深化医药卫生体制改革，加快建设分级诊疗体系，构建综合性医疗卫生服务体系，规范发展县域内紧密型医共体建设，健全基层公共卫生服务体系。深化公立医院综合改革，加强公立医院建设，完善现代医院管理制度，加快推进医疗服务价格、人事薪酬、药品和耗材集中采购使用等改革。完善医疗保障制度，建立重大疫情医疗救治费用保障机制等。支持社会办医，强化医疗卫生行业综合监管。加快“互联网+医疗健康”发展。建设全民健康教育中心，提升健康教育、慢病管理和残疾康复服务质量。深入开展爱国卫生运动，完善全民健身公共服务体系。加快发展健康产业。

4. 促进人口长期均衡发展。实施更加积极有效的人口政策，增强生育政策的包容性，健全生育服务和家庭发展支持体系，降低生育、养育、教育的成本。积极开发老龄人力资源，发展银发经济。推动养老事业和养老产业协同发展，加强州县养老基础设施建设，健全基本养老服务体系，发展普惠型养老服务和互助性养老，支持家庭承担养老功能，培育养老新业态，积极培养本土居家养老机构，构建居家社区机构相协调、医养康养相结合的养老服务体系，健全养老服务综合监管制度。鼓励发展普惠性婴幼儿照顾服务，支持幼儿园提升托幼服务。优化青少年成长环境，促进青少年全面发展。

5. 健全多层次社会保障体系。健全覆盖全民、统筹城乡、公平统一、可持续的多层次社会保障体系。贯彻落实好社会保障制度改革任务，推进社保转移接续，健全基本养老、基本医疗保险筹资和待遇调整机制，稳步推进划转部分国有资本充实社保基金，建立老年人意外伤害保险、护理保险、失独老人保险制度，完善失业和工伤保险覆盖范围。健全灵活就业人员社保制度。健全重大疾病医疗保险和救助制度，落实异地就医结算。健全分级分类的社会救助体系。建好黄南州荣誉军人休养院，健全退役军人服务保障体系。坚持男女平等基本国策和儿童优先原则，保障妇女儿童合法权益。健全老年人、残疾人关爱服务体系和设施，完善帮扶残疾人、孤儿等社会福利制度。完善住房制度，租购并举、因城施策，促进房地产市场平稳健康发展，有效增加保障性住房供给，建立农牧民住房安全保障长效机制。

6. 提高人民收入水平。坚持按劳分配为主体、多种分配方式并存，提高劳动报酬在初次分配中的比重，完善工资制度，健全工资合理增长机制，着力提高低收入群体收入，扩大中等收入群体。完善按要素分配政策制度，健全各类生产要素由市场决定报酬的机制，探索通过土地、资本等要素使用权、收益权增加中低收入群体要素收入。健全政策支撑体系，多渠道增加城乡居民财产性收入。完善再分配机制，加大税收、社保、转移支付等调节力度和精准性。积极发展慈善事业，广泛开展社会救济和社会互助、志愿服务活动。

九、优化国土空间布局，推进区域协调发展和新型城镇化

坚持实施区域重大战略、区域协调发展战略、主体功能区战略，健全区域协调发展体制机制，完善新型城镇化战略，构建高质量发展的国土空间布局和支撑体系。

1. 构建国土空间开发保护新格局。立足资源环境承载能力，发挥各地比较优势，逐步形成城镇化地区、农畜产品主产区、生态功能区三大空间格局，优化重大基础设施、重大生产力和公共资源布局。支持城镇化地区高效集聚经济和人口、保护基本农田和生态空间，支持农畜产品主产区增强农业生产能力，支持生态功能区把发展重点放到保护生态环境、提供生态产品上，支持生态功能区的人口逐步有序转移，形成主体功能明显、优势互补、高质量发展的国土空间开发保护新格局。

2. 积极融入区域协调发展布局。深入研究通道、产业等开放融入的新渠道新路径，加快实施一批促进互联互通的项目，加强产业合作、人文交流等，主动融入兰西城市群、泛共和盆地城镇区建设。充分发挥西成铁路及站场枢纽作用和经济带通道作用，加快物流等高铁经济，以同仁市、尖扎县重点城镇和产业园区为载体，促进特色产业、现代服务业、现代农业、文化旅游业在西成铁路沿线集聚，打造高铁经济带，将同仁市打造成全省区域次中心城市，将尖扎县打造成泛共和盆地“一心两翼多节点”⑨的节点城镇，将泽库、河南两县打造成以生态有机畜牧业为重点支撑的高原产城融合示范区。

3. 推进以人为核心的新型城镇化。坚持先规划后建设、先地下后地上的原则，大力实施一批市政道路、给排水、供热供气、污水垃圾处理、综合管廊（沟）等市政设施提档升级项目，加强城镇老旧小区改造，建设海绵城市。加快“新城建”建设，建设智慧化城市基础设施，强化物业管理，推进智慧社区建设。推进保安、昂拉高铁新区建设，加快同仁市、尖扎县城北新区建设，力争建成全省新区建设样板。做好同仁市高原美丽城镇试点建设，实施同仁历史文化名城形象重塑工程，保护历史文化名镇名村，彰显特色风貌。综合设置城市执法机构，提高整体治理水平。深化户籍制度改革，加快农牧业转移人口市民化。做好隆务镇等重点城镇区划调整，完成昂拉、尖扎滩、赛尔龙、多禾茂、王家、兰采等撤乡建镇工作，加快城市化管理。建成同仁唐卡艺术小镇、坎布拉运动休闲小镇等一批特色小（城）镇，推动三江源核心区及环境恶劣地区人口逐步向条件适宜的县城、乡镇和公路沿线集中，有效提升城镇综合承载力和发展品质。

十、建设文化强州，推动民族文化发展繁荣

坚定文化自信，坚持以社会主义核心价值观为引领，以改革创新为动力，以满足人民群众需求为宗旨，着力繁荣发展文艺创作生产，推动文化事业和文化产业发展，加强文化强州建设，为基本建成现代化黄南提供强有力的思想保障、精神力量、道德滋养、文化条件。

1. 提高社会文明程度。深入开展习近平新时代中国特色社会主义思想学习教育。推动理想信念教育常态化制度化，加强党史、新中国史、改革开放史、社会主义发展史教育，加强爱国主义、集体主义、社会主义教育，加强社会主义核心价值观教育，大力弘扬“新青海精神”⑩。推进公民道德建设，实施文明创建工程，拓展新时代文明实践中心建设，做强州级新型媒体，建强用好县级融媒体中心。健全志愿服务体系，广泛开展志愿服务关爱行动。弘扬诚信文化，推进诚信建设。提倡艰苦奋斗、勤俭节约，开展以劳动创造幸福为主题的宣传教育。加强家庭、家教、家风建设。加强网络文明建设，发展积极健康的网络文化。积极创建全国文明城市。

2. 提升公共文化服务水平。实施文艺作品质量提升工程，繁荣民族文艺精品创作生产。加强智慧广电工程建设推进城乡公共文化服务体系一体建设，创新实施文化惠民工程，推动公共文化数字化建设。州群艺馆、图书馆、科技馆和州博物馆、黄南剧院、传媒中心、数字化电影院等一批重点文化项目建成投用，建成具有黄南特色的文化建筑群。推进基层综合文化服务中心提档升级，实现县乡村公共文化服务全覆盖。开展乡镇文化礼堂、村史馆等建设试点。传承弘扬中华优秀传统文化，加强文物古迹保护、研究、利用，强化热贡文化、坎布拉丹霞峰林等重要文化和自然遗产、非物质文化遗产系统性保护，加强各民族优秀传统手工艺保护和传承，建设热贡国家文化公园。加强游牧、屯垦、中藏医药等文化的挖掘、保护。广泛开展全民健身运动，增强人民群众体质。继续办好赛马、徒步、射箭和铁人三项等重要赛事，将我州打造成全省乃至全国少数民族体育赛事重要承办地。

3. 健全现代文化产业体系。深化文化体制改革，完善文化产业规划和政策，加强文化市场体系建设，扩大优质文化产品供给。实施文化产业数字化战略，加快发展新型文化企业、文化业态、文化消费模式。规范发展热贡文化产业园区，推动热贡、草原两个区域文化产业带建设。推动文化旅游融合发展，重点加强坎布拉景区、热贡历史文化名城和黄河上游最美草原旅游区开发建设，打造同仁历史文化名城隆务老街、热贡文化一条街等文化特色鲜明的街区。发展乡村旅游，打造一批田园综合体。挖掘红色文化资源，加快昂拉千户府红色旅游景点开发，将昂拉千户府打造成全国知名的红色文化旅游基地。抓好同仁市国家消费城市建设。以讲好黄南故事为着力点，创新推进对外传播，加强对外文化交流。

十一、加快交流合作，推进更高水平对外开放

紧抓国家实施兰西城市群、新一轮西部大开发和对口援青等重大战略机遇，发挥优势，突出重点，促进合作，全面提升黄南州对外开放水平。

1. 打开对外开放融入新通道。实施高等级公路、铁路、机场、通用机场和高铁物流场（站）等一批重大基础设施，积极参与西部陆海新通道等建设，打通对外交通“大动脉”，通过承东启西、南接北连的快速交通优势、枢纽节点地位，将州府同仁市打造成青海省区域性交通枢纽中心和商贸物流分中心，将同仁市、河南县建成全省对外开放的新门户，为扩大对外开放、加强交流合作创造条件、开辟空间。

2. 拓宽对外交流合作新领域。积极融入“一带一路”建设，在条件成熟的国家和地区设立对外合作联络窗口，积极争取建立2—3个友好缔约城市，加强人才、产业等多方面的交流与合作。组织国家级和省州级工艺美术大师、非遗传人走出国门开展人文和民间交流，支持文化演出团体赴境内外进行交流演出，举办“西域胜境·神韵黄南”主题国际摄影展、中国藏戏艺术节等重大对外艺术交流活动，推动热贡艺术、藏戏等特色文化精品项目走向世界。因地制宜承办射箭、赛马等各类少数民族体育赛事，提升对外开放度。加强对外卫生医疗交流合作，开展疾病防控合作。加强在荒漠化防治、湿地保护、流域生态保护和综合治理、碳汇交易、林业产业等方面的交流和合作。争取与甘南州、阿坝州等联合打造世界级湿地公园。打造热贡艺术节、生态水大会、中藏医药大会、有机农牧业发展大会等一批具有黄南特色的专业性、国际性展会，形成展会经济，不断扩大国际知名度，提升黄南参与对外合作交流的层次和影响。

3. 提高产业对外发展新水平。坚持“非禁即入”，除国家法律、法规明令禁止外，所有领域都向外来投资者开放。推动与省内外园区或企业加强载体合作，共同谋划打造黄河上游“生态产业发展示范区”，促进产业做大做强，提高参与区域产业合作水平和能力。加强与省内外各兄弟市州合作，加快旅游外联大通道建设、共同开发一批精品旅游线路，打造一批旅游知名品牌，打造国家藏羌彝文化产业走廊黄金旅游目的地。加强外向型企业培育、扶持，将生态水、特色农畜产品、民族手工艺品等打入国际国内市场。探索建设出口产品直销基地，提高境外经营能力和水平。鼓励具备条件的市（县）自主发展跨境电商。

4. 拓展区域合作发展新空间。以招商引资、承接产业转移为重点，积极引进一批亿元级重大产业项目和国内民营企业500强及行业龙头企业。大力发展“平台经济”，适度承接中东部产业转移，进一步调整优化产业结构，提高特色产业集群发展整体协同性。积极融入兰西城市群、泛共和盆地城镇区建设，不断推进重大项目协商推进和长效管理机制，在互惠互利、合作共赢的

框架下，共同策划、实施一批跨区域融合发展的重大项目，把我州建成兰西城市群绿色生态有机农畜产品的生产、加工基地。充分利用滇川藏青交界涉藏地区州（市）长联席会议等重要平台，加强与毗邻地区合作，促进资本、资源、技术等要素跨区域流动，实现互动协作发展。

5. 推进对口支援合作新升级。继续加强与对口支援方和相关国家部委及中央企业的交流和合作，创新援助形式，丰富援助内涵，优化援助结构，提高援助效益，促进对口支援帮扶工作向长期互利合作共赢转变，形成多级互动、广泛参与、扩围提质、升级加力新局面。促进教育、卫生健康、产业、科技、文化、生态等领域的帮扶合作，谋划储备一批强基础、惠民生、管长远的援助项目。完善和规范对口支援规划编制和评估调整机制，健全援建项目资金管理制度，做好帮扶工作双向评价和绩效综合评定工作。促进对口支援工作向更加注重人才科技智力、观念理念提升、信息技术引进、帮扶等方面转变。推动合作范围向经济发达省市、关联合作省市延伸、扩展。

十二、完善地方治理体系，促进社会和谐稳定

坚持系统治理、依法治理、综合治理、源头治理，构建共建共享的社会治理格局，高质量建成全省涉藏社会治理示范区，进一步夯实社会和谐稳定的根基。

1. 铸牢中华民族共同体意识。加强党对民族工作的领导，坚持和完善民族区域自治制度，全面贯彻党的民族政策，深入推进“民族团结进步+”融合发展，不断增进各族群众的“五个认同”[11]，促进各民族共同团结奋斗、共同繁荣发展。全面融入全国民族团结进步示范省创建大局，实现全国民族团结进步示范县创建全覆盖，巩固提升全国民族团结进步示范州创建成果。全面贯彻党的宗教工作基本方针，依法加强宗教事务管理，健全“主体在县、延伸到乡、落实到村、规范到点”的基层宗教工作网络，构建党委统一领导的宗教事务一核多元共治新格局，引导宗教与社会主义社会相适应。

2. 建成全省涉藏社会治理示范区。坚持党建引领，打造地方社会治理“一核三治”黄南模式升级版，全面建成全省涉藏社会治理示范区。加快推进市域社会治理，提升市（县）乡三级社会治理政府部门运作效率和快速响应能力，强化基层社会治理和公共服务职能，2025年底达到全国试点验收标准。加强基层社会治理队伍建设，构建网格化管理、精细化服务、信息化支撑、开放共享的基层管理服务平台，推动社会治理重心向基层下移，向基层放权赋能。推进“智慧小区”建设，打造信息化、智能化社区新型治理单元，建立“大防控”治安格局，提升州县乡村四级综治中心平台管理服务职能和水平。建立完善政法大数据中心，打造智慧治理新模式。建立健全扫黑除恶长效机制。加强对精神病人、流浪乞讨、刑满释放等特殊人群管理。探索建立城管、公安协调联动机制，形成“警城联动”威慑力。

3. 维护社会和谐稳定。健全完善县级矛盾纠纷调解中心，推广“两法+特邀”调解模式，构建矛盾纠纷多元化解机制，畅通和规范群众诉求表达、利益协调、权益保障通道，构建源头防控、排查梳理、纠纷化解、应急处置的社会矛盾综合治理机制，推动“枫桥经验”本地化。建立群团组织参与社会治理工作机制，畅通和规范市场主体、新社会阶层、社会工作者和志愿者等参与社会治理途径。坚持专群结合、群防群治，加强社会治安防控体系建设，打造“雪亮工程”升级版。持续创建平安乡镇（街道）、平安村（社区）、平安寺庙、平安学校，完善社会治安防控网，积极有序发展网格员、保安员、楼栋长等多种形式的群防群治队伍，动员社会各方面力量参与社会治理。坚决防范和打击暴力恐怖、黑恶势力、新型网络犯罪，保持社会和谐稳定。完善青甘川三省交界地区平安与振兴工程长效机制。

4. 推进法治黄南建设。全面落实习近平法治思想，坚定维护宪法尊严和权威，深入推进严格执法、公正司法、全民守法。坚持党的领导、人民当家作主、依法治州有机统一，提高运用法治思维和法治方式深化改革、推动发展、化解矛盾、维护稳定、应对风险能力。完善党委领导、人大主导、政府依托、各方参与的地方立法工作格局，稳步推进地方法规立改废释，不断提高立法

质量和效率。深化司法体制综合配套改革，促进司法公平。建立完善各级政府权力清单，增强依法行政水平，建设法治政府和服务型政府。全面深化村（社区）法律顾问工作，强化均等普惠的现代公共法律服务体系建设。扎实推进“八五”普法，严格落实“谁执法、谁普法”主体责任，强化全民法治教育，持续提升法治观念和法律素质。

十三、统筹发展和安全，建设更高水平的平安黄南

坚持总体国家安全观，实施国家安全战略，强化全社会的安全意识，把安全发展贯穿地区发展各领域和全过程，防范和化解影响我州现代化进程的各种风险，维护社会稳定，筑牢安全屏障。

1. 加强安全体系和能力建设。完善维护国家安全的领导体制，严格落实党委（党组）国家安全责任制，贯彻落实国家安全法治体系、战略体系、政策体系、人才体系和运行机制。严格落实国家安全审查和监管制度，加强国家安全执法。

2. 坚决维护政治安全。严格落实党委（党组）意识形态工作责任制，加强宣传思想文化阵地建设和管理，全面加强网络安全保障体系和能力建设，做好网络意识形态工作。完善国防动员体系，加强国防动员能力建设。加大电信诈骗等网络犯罪打击力度。深入抓好政治安全风险隐患排查化解，严密防范和严厉打击敌对势力渗透、破坏、颠覆、分裂活动。深化维稳区域协作，全面提升应急处突能力。依法处置非法宗教活动，全面遏制宗教极端思想渗透。

3. 确保国家经济安全。加强经济安全风险预警、防控机制和能力建设，实现重要产业、基础设施等关键领域安全可控。确保粮食安全，保障能源安全。维护水利、电力、供水、油气、交通、通信、网络、金融等重要基础设施安全，提高水资源集约安全利用水平。维护金融安全，守住不发生系统性风险底线。

4. 切实保障公共安全。坚持人民至上、生命至上，把保护人民生命安全摆在首位，全面提高公共安全保障能力。完善和落实安全生产责任制，实行党政同责、一岗双责、失职追责，继续加强学校、医院、商场等公共场合和公共服务部门以及储存、运输易燃易爆物品行业的应急管理。建立交通、建筑施工、消防等安全隐患排查机制，加强安全生产监管执法，有效化解安全生产风险，有效遏制重特大安全事故。提高食品药品等关系人民健康产品和服务的安全保障水平。提升洪涝干旱、森林草原火灾、地质灾害、地震等自然灾害防御工程标准，加快李家峡等病险水库除险加固。完善应急管理体系，健全应急联动机制，加强应急物资储备，提高防灾、减灾、抗灾、救灾能力。

十四、加强党的全面领导，形成推动实现宏伟蓝图和远景目标的强大合力

实现全州“十四五”规划和二〇三五年远景目标，必须坚持党的全面领导，充分调动一切积极因素，广泛团结一切可以团结的力量，形成推动发展的强大合力。

1. 加强党的集中统一领导。贯彻党把方向、谋大局、定政策、促改革的要求，推动全州上下深入学习贯彻习近平新时代中国特色社会主义思想，增强“四个意识”、坚定“四个自信”、做到“两个维护”，完善上下贯通、执行有力的组织体系，确保党中央和省委决策部署有效落实。落实全面从严治党主体责任、监督责任，提高党的建设质量。全面贯彻新时代党的组织路线，加强党的各级组织建设，加强干部队伍建设，落实好干部标准，提高各级领导班子和干部抓改革、促发展、保稳定水平和专业化能力，加强对敢担当善作为干部的激励保护，以正确用人导向引领干事创业导向。完善人才工作体系，培养德才兼备的高素质人才。加强意识形态工作，更加有针对性地做好舆论引导工作，传播正能量。把严的主基调长期坚持下去，锲而不舍落实中央八项规定及其实施细则精神，持续纠治形式主义、官僚主义，切实减轻基层负担。完善党委、政府监督体系，加强政治监督，强化对公权力运行的制约和监督。坚持无禁区、全覆盖、零容忍，一体推进不敢腐、不能腐、不想腐，为经济社会高质量发展营造风清气正的良好政治生态。

2. 推进社会主义政治建设。坚持党的领导、人民当家作主、依法治州有机统一，不断巩固和发展民主团结、生动活泼、安定和谐的政治局面。坚持和完善人民代表大会制度，加强人大对“一府一委两院”的监督，保障人民依法通过各种途径和形式管理各项事务。加强人民政协专门协商机构建设，发挥社会主义协商民主独特优势。健全基层群众自治制度，增强群众自我管理、自我服务、自我教育、自我监督实效。发挥工会、共青团、妇联等人民团体作用，扩大基层民主，健全民主制度，丰富民主形式，凝聚各方面力量。完善大统战工作格局，巩固和发展大团结大联合局面。广泛开展“心连心、鱼水情”教育活动，健全退役军人荣誉激励机制，推动“双拥”工作落到实处。

3. 健全规划制定和落实机制。按照州委十二届十一次全体会议部署，制定全州和各市（县）“十四五”规划纲要和专项规划，形成定位准确、边界清晰、功能互补、统一衔接的规划体系。强化规划实施的权威性，发挥总体规划的统领作用，明确规划实施责任，健全政策协调和工作协同机制，完善规划实施监测评估机制，确保州委关于“十四五”发展的决策部署落到实处。

实现“十四五”规划和二〇三五年远景目标，意义重大，任务艰巨，前景光明。全州广大党员干部和各族人民要紧密团结在以习近平同志为核心的党中央周围，在省委、省政府和州委、州政府的坚强领导下，不忘初心、牢记使命，开拓创新、团结奋斗，夺取全面建设社会主义现代化黄南新胜利！

名词解释：

①“四个扎扎实实”：扎扎实实推进经济持续健康发展，扎扎实实推进生态环境保护，扎扎实实保障和改善民生，扎扎实实加强规范党内政治生活。

②“一核三治”：以党的基层组织建设为核心，以法治、德治、自治为基础的社会治理“黄南模式”。

③“一优两高”：以生态保护优先，推动高质量发展、创造高品质生活。

④“一带一路”：是“丝绸之路经济带”和“21世纪海上丝绸之路”的简称，2013年9月和10月由中国国家主席习近平分别提出建设“新丝绸之路经济带”和“21世纪海上丝绸之路”的合作倡议。

⑤“两个大循环”：逐步形成以国内大循环为主体，国内国际双循环相互促进的新发展格局。

⑥省委“12345”总体布局：以生态保护优先，推动高质量发展、创造高品质生活，共同守护好地球“第三极”，培育发展生态经济、循环经济、数字经济、飞地经济“四种经济形态”，创建国家公园、国家清洁能源、绿色有机农畜产品、高原美丽城镇、民族团结进步“五个示范省”。

⑦“两核三廊道八大板块”空间布局：即围绕热贡文化生态保护实验区、坎布拉景区两大文化旅游融合发展核心区，着力打造黄河黄金水岸、金色谷地、青海最美草原三个廊道，培育体验世界非遗之旅、坎布拉度假休闲游、黄金水岸观光游、古镇古堡古村游、游牧文化体验游、宗教文化探秘游、健康保健养生游、自驾徒步健康游八大板块为内容的文化旅游空间发展布局。

⑧“三权分置”：是指形成所有权、承包权、经营权三权分置，经营权流转的格局。

⑨“一心两翼多节点”：以共和县为中心，同仁市，海晏县为两翼，贵德，尖扎，贵南等县为节点的泛共和盆地城镇区建设格局。

⑩“新青海精神”：站在昆仑之巅、守望全国和世界的登高望远精神；交往交流交融、不断融入全国和世界发展格局的自信开放精神；维护民族团结、保护绿水青山、造福全国和世界的团结奉献精神；把握新时代新要求、激励新担当新作为的不懈奋斗精神。

⑪“五个认同”：认同伟大祖国；认同中华民族；认同中华文化；认同中国共产党；认同中国特色社会主义。

州委书记王振昌在州委十二届十一次全会第一次全体会议上关于州委常委会工作的报告

（摘要）

（2021 年 1 月 6 日）

现在，我受州委常委会委托，向全会作工作报告，请审议。

2020 年，是黄南发展历史上极不平凡的一年。面对肆虐全球的新冠肺炎疫情、面对错综复杂的国际国内环境、面对期待已久的全面小康梦想，州委常委会坚持以习近平新时代中国特色社会主义思想为指导，全面贯彻党的十九大、十九届中央历次全会和省第十三次党代会、十三届省委历次全会精神，统筹推进“一优两高”“建设‘五个示范省’[①]”“培育‘四种经济形态’[②]”“保护‘地球第三极’”等战略部署落地黄南，团结带领全州广大干部群众共克难关、共同奋斗，在“打造山水黄南、高质量推进‘三区建设’”的生动实践中，推动改革发展稳定各项事业保持了向上向好态势，为“十三五”圆满收官、“十四五”平稳开局，确保黄南与全国全省同步建成全面小康社会打下了决定性基础。

一年来，常委会旗帜鲜明讲政治，加强理论学习、突出思想引领，在把方向、谋全局、抓大事中充分发挥了领导核心作用。

常委会认为，推动党的创新理论成果学习贯彻工作走深走实，推动党中央和省委各项决策部署在黄南落地落细，是全州改革发展稳定事业行稳致远的根本保证。总书记指示批示什么、党中央关注关心什么、省委部署要求什么，黄南就必须认真地学习贯彻什么，确保做到方向一致、目标一致、步调一致。

（一）学深悟透党的创新理论，形成了政治引领新常态。常委会把加强政治理论学习摆在首位，示范带动习近平新时代中国特色社会主义思想的学习贯彻工作贯穿始终、全面覆盖，引导全州上下坚定不移听党话、跟党走。全面推行“第一议题”制度。每次常委会会议组织学习必学《习近平谈治国理政》相关章节。第一时间学习贯彻习近平总书记最新发表的重要讲话、指示批示以及中央和省委召开的会议、出台的文件等精神，准确领会、坚决落实。分层次组织学习培训，多维度开展宣传报道，常委会班子各成员带头讲党课、作辅导，推动党的创新理论进村入户，引导各级党组织和广大党员干部群众在思想上政治上行动上始终同党中央保持高度一致。全面聚焦“三个最大”[③]定位。突出围绕习近平生态文明思想，注重把学习贯彻党的创新理论与习近平总书记“四个扎扎实实”重大要求结合起来、与省委王建军书记的“三问”[④]结合起来，组织 8 次专题集中学习、开展 3 次专题交流研讨，引导全州上下进一步提升对生态保护这一“国之大者”的责任意识和担当意识，将生态优先理念贯穿经济社会发展全过程，做到了政治上更清醒、思想上更统一、行动上更自觉。

（二）紧跟中央省委决策部署，完善了追赶发展新战略。常委会自觉把中央和省委重大决策部署及时转化为推动发展的实际行动，深入研究新理论、新任务、新要求，全面谋划新战略、新思路、新举措，推动上级精神更加精准地落地黄南，推动黄南更加有效地融入国家和省上发展战略。

健全完善新战略。深入学习贯彻党的十九届四中全会和省委十三届七次、八次全会精神，围绕加快追赶发展步伐，在州委十二届九次全体会议上明确了“打造山水黄南、高质量推进‘三区建设’”战略部署；围绕提升地方治理水平，在州委十二届十次全体会议上作出了“巩固提升社会治理‘黄南模式’，奋力打造党建引领地方治理创新样板”的决策部署，推动经济发展和地方治理的战略体系更趋成熟、更加完善，成为全州凝聚共识、引领发展的最强大引擎。加紧谋划新蓝图。着眼黄南“十四五”发展，努力找准党的十九届五中全会、中央第七次西藏工作座谈会以及省委十三届九次全会等会议精神，与黄南改革发展稳定事业的结合点、切入点、着力点，坚持把贯彻上级精神与深化州情认识、加强顶层设计与广泛问策于民紧密结合起来，注重挖潜力、扩优势，补短板、强弱项，进一步找准定位和路径，明晰方向和思路，科学谋划黄南“十四五”发展蓝图，与时俱进地推动黄南在新起点上谋划新发展，进一步增强全州上下建设更加富裕文明和谐美丽新黄南的信心和决心。

（三）加大探索创新实践力度，打造了地方治理新模式。常委会主动顺应创新地方治理的新形势新要求，系统总结黄南由乱到治，从粗放到精细、应急到常态、治标到治本的根本性转变中形成的经验做法，不断深化地方治理实践。坚持党建引领。依托“抓乡促村”等项目化党建，促进各级党组织工作更加规范，推动党的理论优势、政治优势、制度优势、群众优势转化为社会治理效能，不断提升党组织在地方治理中的政治领导力、思想引领力、群众组织力。坚持依法治理。切实把法治的理念、思维、方式、手段贯穿经济社会发展全过程，依法打击犯罪，树牢法治权威，稳步提升网格化管理和信息化建设水平，加快建设各族群众更有安全感、更高满意度的平安黄南、法治黄南。坚持德治教化。突出思想教育引导，健全德治体系，强化德治约束，激发德治能量，努力推进以德育人、化风成俗，具有黄南特点、彰显时代精神的德治体系初步建成。坚持自治支撑。基层各类议事、监督、管理等制度逐步健全，新修订的村规民约、居民公约发挥作用，实现了政府治理、社会调节、群众自治的良性互动。在有效的地方治理中，探索形成了党建引领为核心，法治、德治、自治相融合的“一核三治”地方治理体系，为全省地方治理提供了“黄南模式”和“黄南方案”。省委十三届八次全会对黄南“一核三治”经验做法给予充分肯定，《中国法制报》《青海改革动态》《青海日报》等多家媒体刊物先后登载，相关领域工作还得到中央主要领导批示肯定。

（四）坚持问题导向狠抓整改，展现了作风建设新成效。常委会深刻汲取木里矿区非法开采事件经验教训，持续用力抓好中央和省委巡视督导反馈各类问题，坚持以问题整改为导向，以作风整顿为突破，推动工作大落实、作风大转变。深入开展作风突出问题集中整治专项行动、重点领域问题大排查大整治活动和“人员大培训、岗位大练兵、环境大整治”活动，制定推动工作落实“三项机制”[⑤]，树牢了抓落实、见行动的鲜明导向。常委会全面履行第一责任，带头学习研讨、带头检视问题、带头整改落实；常委会班子各成员深入联点地区和分管部门把关定向、严抓督导，始终以严的作风、严的措施、严的纪律，带动全州各级党组织和党员干部真抓实干、争先进位。突出把集中整治形式主义和官僚主义作为政治任务来抓，大力精简文件会议，规范督查检查考核，优化目标责任考核办法，查处了一批违反中央八项规定精神的典型案件，整治了一批不作为、乱作为、损害群众利益的问题，进一步巩固了勠力同心的干群关系、风清气正的政治生态。

一年来，常委会始终不渝抓重点，汇集全民力量、应对困难挑战，在负重前行中增强了全社会的凝聚力、向心力。

常委会认为，当前面临的困难多、挑战大，更要保持“越是艰险越向前”的担当和勇气，汇集各方力量解决好群众关注、牵引全局、影响长远的重点工作，提升全社会的信心和决心。

（一）脱贫攻坚赢得了民心。常委会坚持精准方略不动摇、最后决战不松劲，深化“九大脱贫后续巩固行动”[⑥]，细化“补针点睛”[⑦]工作，推动返贫监测预警和精准防贫保机制有效运行，脱贫攻坚“清零”成果进一步巩固。全力做好脱贫成效提升与乡村振兴战略有效衔接，多元化选育产业助推村集体经济发展，村集体经济“破零”后的基础更加稳固，农牧民人均可支配收入连续保持9%以上的增速，将突破万元大关。全面完成中央、省委巡视和成效考核反馈问题整改，脱贫攻坚顺利通过了中央专项巡视、国家专项普查、省际交叉考核等22轮次的督导考核评估，并得到高度评价。尖扎县通过产业帮扶让易地扶贫搬迁群众捧上“金饭碗”典型做法被国务院通报表扬，泽库县易地搬迁模式、泽库县产业扶贫模式、尖扎县德吉村易地搬迁安置区入选全国典型案例，州扶贫开发局入选全国“十三五”时期易地搬迁工作担当有为集体。通过这场消除绝对贫困的“终极大考”，干部群众发自内心地为我们点赞喝彩，让我们进一步赢得了民心，夯实了黄南后发追赶的最大根基。

（二）疫情防控坚定了信心。常委会牢牢坚持人民至上、生命至上，坚决服从全国全省防控大局，举全州之力、全民之力坚决打好新冠肺炎疫情防控的人民战争、总体战、阻击战。我们全面落实重大突发公共卫生事件一级响应，建立落实联防联控机制和每日例会、日报告、零报告、信息统一发布等制度，第一时间取消大型集会等，关闭旅游景区，坚决守住“零输入、零扩散、零感染”的底线，全州4月初就转为常态化防控管理。我们坚持疫情防控和复工复产“两手抓、两不误、两促进”，扎实做好“六稳”[⑧]工作、全面落实“六保”[⑨]任务，尽最大努力将疫情带来的影响和损失降到最低，生产生活秩序迅速恢复，经济社会发展逆势而上，多项指标呈现出争先进位的良好态势，取得了疫情防控和经济发展双胜利。在应对疫情的“全民大考”中，各级党组织闻令而动、广大党员身先士卒、各族群众共克时艰，构筑了全民抗“疫”的坚实防线，涌现出了一批先进典型。同时让我们深切感受到了中国特色社会主义制度的巨大优越性，也空前凝聚起了全州上下团结一心、众志成城的共识和力量。

（三）协调各方实现了齐心。常委会历来高度重视民主政治建设，加强对人大、政府、政协、群众团体、武装工作的领导，支持各方依法依规开展工作，定期听取汇报并提出指导性意见和建议，巩固发展了团结一致的政治局面。先后召开州委人大、政协工作会议，出台党委加强人大、政协工作的措施和意见，全力推动人大、政协工作高质量发展。支持政府依法行政、简政放权，加快推进服务型、法治型政府建设，更好的提升工作效能。支持各民主党派、无党派人士和人民团体聚焦中心建言献策，支持群团协同化建设，全面履行党管武装政治责任，引领支持省驻州各单位、各企业齐心协力开展工作。一年来，常委会真谋事、真干事，各大班子讲团结、讲大局，一切服从州委安排，一切服务州委中心工作，进一步画好了推动追赶发展的最大同心圆。

一年来，我们集中精力谋发展，围绕既定战略、全力推进落实，在接续发力中进一步推动经济发展转型升级、提质增效。

常委会认为，发展不足是黄南最大的实际，加快发展是解决所有问题的关键。打造山水黄南、高质量推进“三区建设”是当前推动发展最强大的引擎、最有力的抓手，要一以贯之纵深推进。

（一）坚定不移保护生态，在标本兼治中提升环境质量。常委会坚决扛起生态保护政治责任，全力打造山水黄南。坚持高位推进。积极融入国家公园示范省建设，高质量编制黄河流域生态保护和高质量发展、国土空间等重点规划，持续抓好“五大公园”[⑩]保护建设，泽曲国家湿地公园试点建设通过“国字号”评估验收，坎布拉世界地质公园申报工作加快推进，国家级公园总数达到7个。加强生态建设。颁布施行《黄南州草原保护条例》，全面推行“林草长制”，统筹实施山水林田湖草沙生态保护修复工程，着力加快草原退化治理、国土绿化和人工造林，空气优良率等主要生态指标持续提升。泽库县被评为全省农牧区人居环境整治示范县，河南县荣获国家生态文明建设示范县、全国村庄清洁行动先进县称号，德吉村、德洪村等5个村先后荣获“国家森林乡村”称号，隆务镇被评为省级森林城镇。全力整改问题。坚决打好蓝天、碧水、净土保卫战，全面完成两轮中央生态环境保护督察反馈问题整改工作，一市三县生活污水处理厂达标排放，矿山废渣污染治理、土壤修复等历史遗留问题得到全面整治，坚决守住了不发生污染事件的底线。

（二）坚持不懈打造品牌，在提质增效中培育壮大产业。常委会注重把绿色有机作为生态产业化、产业生态化的主攻方向，全力打造全省生态有机畜牧业示范区。着眼提档升级。全面启动厅州共建全省绿色有机农畜产品示范州工作，与中国绿色食品发展中心建立国家绿色有机农畜产品示范州共建机制，泽库县农业产业园入选国家现代产业园，河南县获批国家级科技园区，均为我省唯一入选园区和科技园，河南县还成为全省首个实现牦牛藏羊原产地信息可追溯县。着眼提质增效。严格保护耕地和永久基本农田，基本实现有机肥代替化肥、农牧业废弃物资源化综合利用和农牧业保险全覆盖。深入实施“拉格日”模式推广三年行动计划，“四个万亩”[①]特色种植基地初具规模，万头牛场和万头生猪两个规模养殖项目加快推进，全州农畜产品达70余种。蔬菜、水果等农产品逐步实现“带证上市”，开启了农畜产品质量监管新模式。县乡村三级物流体系初步建成，电商直播带货等新业态不断培育壮大。着眼打造品牌。全州国家地理标志产品总数达到20种、占全省总量的近三分之一，全州有机认证获证产品数量达到43个、占全省总量的近四分之一，区域公用品牌数量持续增长。成功举办有机牦牛产业发展高峰论坛，绿色有机农畜产品宣传片在中央电视台播出，有机农牧业品牌更加鲜亮。着眼绿色发展。扶持壮大水电、光伏等清洁能源产业，稳步发展生态水、民族手工业、畜产品加工等绿色工业，支持发展电子商务、数字经济等新兴产业，新型工业趋于绿色多元。

（三）锲而不舍补齐短板，在深度融合中擦亮金字招牌。常委会坚持把加快文化旅游融合发展作为培育增长新动能的关键举措，全力打造全省文化旅游融合发展示范区。文化产业蓬勃发展，建成一批文化产业基地，以热贡艺术、石刻技艺、文创产品、特色工艺品为主体的文化旅游产业集群初步形成。在全国率先实施“唐卡区块链”项目和热贡唐卡质量信息追溯体系建设。大型藏戏《意卓拉姆》被文化和旅游部确定为“庆祝中国共产党成立100周年舞台艺术精品创作工程”重点作品，入选“第六届全国少数民族文艺汇演”参演剧目。基础建设提速升级。高水平建设俄家台旅游服务基地，努力“盘活”坎布拉景区。积极融入丝绸之路黄金旅游目的地建设，历史文化名城保护利用设施、智慧旅游景区、“旅游+扶贫”等项目稳步实施，同仁市自驾车营地、尖扎古浪青春瀑布、坎布拉游客服务中心等项目扎实推进，文旅融合发展的基础更加坚实。全域旅游步伐加快。积极打造青海·热贡文化旅游节品牌，成功举办青海人游黄南发车仪式和唐卡艺术之都千人徒步文化体验游活动，同仁市成功创建全省全域旅游示范区。黄河“小三峡”旅游线路设计初步成形，德吉村、花儿沟等6家景区被认定为国家AAA级旅游景区，德吉村、和日村成功入选全国乡村旅游重点村，第三季度黄南州TPI指数（大众关注度、网上点击率）涨幅高居全国第二位，我州还入选第一批国家文化和旅游消费试点城市名单，“西域胜境·神韵黄南”品牌影响力持续提升。非遗保护卓有成效。搜集整理和评审认定第四批州级非遗代表性项目名录，尖扎县达顿宴和河南县蒙古包营造技艺入选国家级非遗代表性项目名录推荐项目名单。186名工艺美术大师晋升省级工艺美术大师、民间工艺大师，晋升总数全省第一，文化传承群体和文化从业人员不断壮大。

（四）持之以恒深化治理，在巩固提升中增强治理能力。常委会围绕地方治理制度创新和治理能力建设，以“一核三治”为重点，持续推进“枫桥经验”“班玛经验”黄南化，全力打造全省社会治理示范区。致力维护政治安全。坚决打好扫黑除恶专项斗争收官战，持续推动深挖根治和长效常治，社会风气明显转变。推动社会治理创新。全面启动市域社会治理现代化试点，着力破解流动人口管理、“城市病”等治理难题，州县乡村四级综治中心标准化建设、实体化运行和实战化应用走在了全省前列。深化法治黄南建设，顺利完成省“七五普法”考核验收。注重发挥精神文明建设春风化雨的作用，深化“五星级文明户”评选等文明实践活动，提升村规民约约束力，着力整治陈规陋习，乡村文明焕发新气象。巩固提升民族团结。持续加强党的民族理论学习以及民族团结进步教育，推动“爱国感恩团结法治”教育活动常态化全覆盖，持续铸牢中华民族共同体意识。认真落实寺庙属地管理政治责任，依法管理宗教场所。

一年来，我们全力以赴打基础，聚焦重点领域，统筹谋划攻坚，在补短板、强弱项中持续做好利当前、管长远的工作。

常委会认为，推动高质量发展、创造高品质生活，必须要解决好基础薄弱、后劲不强的问题，突出围绕重点领域和关键环节持续发力，推动经济社会实现更有质量、更可持续的发展。

（一）改善基础设施条件。采取领导干部联系重点项目、项目集中开复工等措施，实施投资“审批破冰”工程和项目审批“直通车”制度，加大项目争取和落地力度，年内实施各类项目609项，基础设施和公共服务设施建设进一步提速。西成铁路黄南段、天然气入州、沿黄高速、张汶高速同仁至赛尔龙段、循同二级公路等重大项目开工建设，同仁南至西卜沙段高速、马康公路、330千伏输变电工程等重点项目加快实施，“四馆一院一中心”[12]、州职校等一批基本公共服务项目全力推进，隆务河水生态治理一期项目建成投用，4G网络率先在全省实现行政村全覆盖，全州水、电、路、讯等设施保障能力明显提升。

（二）统筹区域协调发展。着眼于区域优势互补、城乡融合发展，加快新型城镇化建设，同仁撤县设市，列入全省高原美丽城镇示范省建设试点地区。同仁市、尖扎县城北新区和泽库县、河南县美丽生态草原新城建设稳步推进，唐卡艺术小镇等特色小城、王家乡等高原美丽城镇加快建设，宁木特镇荣获全省高原美丽城镇建设优秀奖第一名。成功申报国家级传统村落集中连片保护利用示范州，获得中央财政资金补助1.5亿元。打造拉格日村等7个省级乡村振兴示范试点村，东干木等13个村被认定为第一批省级“清洁村庄”。大力开展城乡“洁净美”环境整治专项行动，深入实施厕所、垃圾、风貌三大专项整治，城镇污水和生活垃圾无害化处理率大幅提升，城乡面貌发生明显变化。

（三）释放改革开放活力。实施改革驱动战略，全年推进重要改革事项155项，基本涵盖全州各领域。持续深化“放管服”改革，加快“一网通办、一事通办”和“一站式”政务服务体系建设，建成全省首个县级“互联网+不动产登记”信息平台。推进尖扎县紧密医共体建设国家试点，全州二、三级公立医院全部启动医共体建设。开展全省“互联网+区块链+精准扶贫资金代理记账”试点，农牧区集体产权制度改革和小型水利工程管理体制改革通过省级验收。寺庙财税监管改革试点和“智慧消防”成效经验得到中央领导和省委领导的批示肯定。泽库县农村集体产权改革成为全国典型。实施开放合作战略，积极参加青洽会等招商活动，推进昊航复合管业和光伏支架生产加工两个“飞地项目”落地实施。开展援青“十周年”系列活动，通过召开表彰大会、举办成就展等形式，推动对口援青升级加力。

（四）提升群众幸福指数。树牢以人民为中心的发展思想，公共财政进一步向城乡弱势群体、基础薄弱行业、民生滞后领域倾斜。全面实施稳就业措施和阶段性社保政策，城镇新增就业、高校毕业生就业、农牧区劳动力转移提速增效。教育布局调整基本完成，国家统编教材使用工作扎实推进，学前教育和职业教育有序发展。加快实施州藏医院和尖扎县、河南县人民医院整体搬迁项目，同仁县中医院项目开工建设，全州中藏医馆实现全覆盖，医疗机构综合服务能力加快提升。统筹推进社会救助、社会福利、优抚安置等工作，提高养老、失业等社保标准，织密扎牢民生保障网。深入实施“邮政快递村村通”工程，快递服务实现乡镇全覆盖。开工建设荣誉军人休养院，泽库县获得“全国双拥模范城”荣誉。普惠性、保基本、均等化、可持续的民生政策，让各族群众拥有了更多获得感幸福感。

一年来，常委会始终不渝强党建，忠诚履职尽责，主动担当作为，在全面从严管党治党中不断提升党的建设质量。

常委会认为，党的建设是关乎根本、关乎长远的大事，是黄南各项事业行稳致远的根本保证，必须树牢“抓好党建是最大政绩”理念，努力把各级党组织建设得更加坚强有力。

（一）围绕政治功能，建强基层组织。推行“2+10”党建例会制度[13]，健全州县乡村四级党建工作联述联评联考机制，完善了书记抓、抓书记的基层党建工作格局。深化“组织体系建设三年行动”，落实“一表一册一规范”[14]，各领域党支部建设更加趋于精细化标准化。开展机关党建提质增效行动，打造模范政治机关。建立机关社区“党建联盟”，“支部进网、党员联户”形成常态。“黄南先锋”智慧党建平台上线运行，实现895个基层党组织“三会一课”、主题党日网上全程管理、实时预警全覆盖。持续推进抓乡促村，全州85%的乡镇和73%的村达到“六化”“六个基本”[15]创建标准。认真谋划村（社区）“两委”换届工作，出台“十严禁十一律”规定[16]和“六不准”纪律，制定关心关爱离任村（社区）干部“七项措施”“五项机制”[17]，换届工作高效有序推进。

（二）围绕正确导向，择优选人用人。坚持党管干部原则，紧紧围绕中心工作和发展大局选干部、配班子，年内提任66名县级领导干部。全面落实公务员职务与职级并行制度，684名干部享受了职级晋升。出台《激励疫情防控一线党员干部担当作为的十条措施》，39名表现优异的干部和53名扶贫驻村第一书记、工作队员得到提拔重用。实施干部队伍建设总体规划和年轻干部“123”培养工程[18]，年内提拔任用40岁左右县级干部20名，构建了年轻干部选育长效机制。做深做细干部监督工作，严格执行个人有关事项报告制度，加大容错纠错力度，各级干部队伍更具活力。持续关心关爱干部，率先在全省市州一级建立干部保健委员会，提高干部职工体检标准和覆盖率，关爱干部工作更有成效。

（三）围绕创新驱动，引进培养人才。坚持把人才工作放在全州大局中谋划推进，召开全州人才工作会议，出台推进人才工作高质量发展的《实施意见》，重点围绕“156”发展思路[19]，制定真金白银的育才引才措施，推动形成与经济社会发展相适应的人才发展体系。借势首届“智汇三江源·助力新青海”人才项目洽谈会平台精准对接引才，通过援青资源结对帮扶、项目帮扶、产业帮扶平台柔性引进各类人才，实现高层次人才引进质量和数量“双突破”。实施五大人才工程，开展“人才+项目+脱贫”行动，推广“景区带村、能人带户、合作社+贫困户”扶贫模式，实现了人才政策与产业政策的有效对接。

（四）围绕意识形态，唱响时代旋律。及时通报意识形态领域情况，突出强化对媒体、网络、宗教等重点领域的管理，牢牢把握意识形态工作的领导权、主动权。常态化开展中心组学习、大讲堂、研讨交流、实践教学、移风易俗、道德讲堂，引导干部群众牢记党的恩情、衷心爱戴领袖。加大文化建设投入，新建黄南剧院等文化惠民工程。建立网络综合治理体系，制定网络风险业态清单，促进网络安全与信息化工作全面发展。《筑牢意识形态安全防线，维护民族团结稳定大局》一文入选中宣部2020年宣传思想文化工作案例，是全国3个意识形态领域典型案例之一。

（五）围绕从严治党，压实“两个责任”。坚决扛好全面从严管党治党政治责任，建成州级党性教育基地和廉政警示教育中心，加强《问责条例》专题辅导和预防职务犯罪巡回宣讲，实现党员领导干部和重点岗位人员廉政警示教育全覆盖。围绕疫情防控、落实“六稳”“六保”任务强化专项治理，开展监督检查206次、问责34人。组织开展州委第七轮、第八轮常规巡察，创新开展专项巡察、交叉巡察、提级巡察和“机动式”巡察，州级巡察覆盖面达到89%。立行立改各类问题244个，发现和反馈各类问题542个，移交问题线索13件15人。乡镇和村级监督执纪执法一体化设施建设实现全覆盖。州委巡察工作经验在中央巡视巡察内部参考、中国纪检监察报、中纪委网站刊发。

（六）围绕自身建设，做好示范引领。常委会始终把政治建设放在首位，带头增强“四个意识”、坚定“四个自信”、做到“两个维护”，努力为全州做出示范。带头严守纪律规矩，坚决执行民主集中制，凡是“三重一大”问题一律提交集体研究讨论，不断提升决策的民主化科学化水平。带头改进工作作风，密切联系群众，深入调查研究，保持清正廉洁，自觉接受各方面监督。常委会班子成员率先垂范、以身作则，严格履行全面从严治党政治责任，模范遵守党章党规，坚持按制度办事、按程序办事，在推动决策落实、持续改进作风、保持廉洁自律等方面为党员干部做好表率，营造了全州上下团结协作、干事创业的良好氛围。

同志们，盘点2020年工作，在“十三五”收官之年、小康社会圆梦之年这样一个特殊年份，我们在任务重、困难多、挑战大的情况下，取得一系列显著成绩，全州有30多项工作得到国家和省上的通报表彰，更加显得难能可贵，更能提振各族干部群众的士气和自信，更能增强全州上下的凝聚力和向心力。透过这些成绩，让我们对黄南明年乃至更长时期的发展，充满了信心和底气。所有这些，都得益于党中央国务院和省委省政府的坚强领导与亲切关怀，得益于州四大班子的精诚团结与齐心协力，得益于各级党组织和广大党员干部群众的真抓实干与克难奋进，也得益于全体州委委员、候补委员的恪尽职守和勤勉工作。在此，我代表州委常委会，向在座的同志们以及全州广大党员干部群众和社会各级各界人士表示衷心的感谢，并致以崇高的敬意！

过去一年的开拓进取，让我们体会到：干好黄南的事情，政治统领是根本，必须时时刻刻讲政治、认认真真讲政治，自觉向党中央和总书记看齐，坚决落实好中央和省委各项重大决策部署，确保黄南各项事业始终在正确道路上阔步前行。生态优先是支撑，必须深入实施生态立州战略，让生态资源优势转化为产业优势、经济优势，使黄南的天更蓝、山更绿、水更清，让各族群众在“绿水青山”的美景中享受“金山银山”的实惠。加快发展是主题，必须把发展作为解决所有问题的关键，扎扎实实做好抓基层、打基础的工作，让各族群众共享改革发展成果，才能使社会更加和谐，改革发展稳定的基础更加牢固。社会治理是基础，必须珍惜好、巩固好、发展好当前来之不易的稳定局面，依靠群众打好主动仗、把握主动权，创新地方治理的机制模式，让黄南的环境更优、底气更足、社会更和谐。激情干事是动力，必须永葆干事创业的激情，以各级干部“人一之、我十之”的苦干实干精神，带动全州上下“充满正能量、盛行好风气”，把方方面面的共识和力量凝聚到抓发展、谋幸福上来。党的建设是保证，必须以党建统领改革发展稳定全局，夯实基层基础，持续正风肃纪，为黄南各项事业提供坚强的政治保证。以上这几条经验，是实践的积累、智慧的结晶，我们要一以贯之地坚持好、发展好。

同志们，以上是我代表州委常委会所作的工作报告，请大家提出意见建议，帮助我们更加有效地干好工作、推动发展、服务人民！

名词解释：

①“五个示范省”：国家公园示范省、国家清洁能源示范省、绿色有机农畜产品示范省、高原美丽城镇示范省、民族团结进步示范省。

②“四种经济形态”：生态经济、循环经济、数字经济、平台经济。

③“三个最大”：最大的价值在生态、最大的责任在生态、最大的潜力也在生态。

④“三问”：不保护好生态，青海在全国还有什么地位？不履行好责任，青海怎么向党和人民交代？不发掘好潜力，青海的未来有何出路？

⑤“三项机制”：责任管理”机制、“效率管理”机制、“精准督查”机制。

⑥“九大脱贫后续巩固行动”：强化产业、就业、教育、健康、住房安全、基础设施、环境整治、低保救助、精神脱贫等脱贫攻坚后续巩固行动。

⑦“补针点睛”：“补针”就是补短板、强弱项；“点睛”就是点要害、再加强。关键是做好教育住房医疗三保障、基础设施建设、产业就业扶贫、贫困监测、扶贫基础、脱贫攻坚长效机制等六项重点工作。

⑧“六稳”：稳就业、稳金融、稳外贸、稳外资、稳投资、稳预期。

⑨“六保”：保居民就业、保基本民生、保市场主体、保粮食

能源安全、保产业链供应链稳定、保基层运转。

⑩“五大公园”：坎布拉国家森林公园、麦秀国家森林公园、洮河源国家湿地公园、泽曲国家湿地公园、和日国家沙漠公园。

⑪“四个万亩”特色种植基地：中药、藏药材、晶黄果、绿色果蔬、核桃“四个万亩”特色产业种植基地。

⑫“四馆一院一中心”：州图书馆、州群艺馆、州博物馆、州科技馆，黄南剧院，新闻传媒中心。

⑬“2+10”党建例会制度：每季度随机抽取2个市县、10个州直机关单位听取抓基层党建工作情况汇报。

⑭“一表一册一规范”：《主题党日安排表》《党支部标准化建设工作手册》《党支部工作规范》。

⑮“六化”“六基本”：乡镇“六化”，内部设置标准化、工作运行规范化、为民服务高效化、干部考评精细化、日常管理信息化、党建队伍专业化。村（社区）“六基本”，激活基本组织、建强基本队伍、完善基本制度、抓实基本活动、开展基本服务、落实基本保障。

⑯“十严禁十一律”规定：严禁拉票贿选，对直接或指使他人用金钱、购物卡或吃请、旅游等手段，以及通过帮扶、赠与等名义变相赠送财物实施拉票贿选的，一律排除出人选名单或取消候选人资格，并视情节给予纪律处分或依法处理。严禁许愿承诺，对竞选人、候选人违背党章党规、法律法规、政策要求或侵犯他人人身权利、民主权利、合法财产权利等做出竞职承诺的，一律排除出人选名单或者取消候选人资格，并视情节给予相应处理。严禁违规竞争，对民主推荐和选举中伪造、使用虚假身份证明，托关系、打招呼、串联、拉帮结派等搞不正当竞选手段参选助选的，一律取消资格或宣布无效，并视情节严肃查处。严禁非组织活动，对策划、指使他人利用宗教、宗族、家族势力或境内外敌对势力干扰、操纵、破坏选举，以及避会抵制、跟踪监视、虚假委托、分发传单、集体“吃咒”等非组织活动的，一律坚决严厉打击。严禁干扰换届，对以暴力、胁迫、欺骗或伪造选票等手段干扰、破坏和阻挠选举，以及寻衅滋事或煽动、串联他人非正常上访的，一律严肃查处，涉嫌违法犯罪的移送司法机关处理。严禁散布有害信息，对利用手机、网络媒体或其他方式发表、编造、传播、散布干扰换届选举有害信息的，一律进行诫勉谈话，并视情节给予相应处理。严禁诬陷诽谤，对用造谣、诬告、诽谤等手段对其他竞选人进行侮辱、陷害、恶意中伤、人身攻击的，一律取消其竞选或候选人资格，并视情节给予相应处理。严禁打击报复，对换届选举中蓄意打击、报复正当检举人、控告人的，一律严肃查处。严禁违规用钱，对借换届之机突击花钱、私分公款财物，滥发补贴、奖金或纪念品等，隐瞒、截留、坐支、挪用集体资金以及低价处理集体资产的，一律严肃查处。严禁逃避责任，对换届工作履职不到位、指导把关不严、组织领导不力、消极应付、处置不当，引发重大群体性事件，造成恶劣影响的，一律严肃追究有关责任人的责任。

⑰“七项措施”“五项机制”：七项措施，举行荣退仪式、颁发离任证书、表彰优秀干部、发放岗位聘书、安排健康体检、订送党报党刊、兑现离任补贴。五项机制，建立联系帮扶机制、建立学习培训机制、建立走访慰问机制、建立座谈列席机制、建立情况通报机制。

⑱年轻干部“123”培养工程：五年内选拔40岁左右县级干部100名、35岁左右正科级干部200名、30岁左右副科级干部300名。

⑲“156”发展思路：一个发展总目标，健全五大人才发展机制，完善六大人才工作保障措施。

政府工作报告

——在黄南藏族自治州第十六届人民代表大会第一次会议上

州　长　扎西才让

（2021年8月12日）

各位代表：

现在，我代表州人民政府向大会报告工作，请予审议，并请各位政协委员和列席会议的同志提出意见。

一、过去五年工作回顾

州十五届人大一次会议以来的五年，是黄南发展进程中具有里程碑意义的五年。面对复杂严峻的发展环境、艰巨繁重的工作任务和新冠肺炎疫情的严重冲击，我们坚持以习近平新时代中国特色社会主义思想为指导，在省委、省政府和州委的坚强领导下，全面贯彻落实省第十三次党代会和州第十二次党代会精神，坚持稳中求进工作总基调，贯彻新发展理念，统筹疫情防控和经济社会发展，全面建设山水黄南，高质量推进“三区建设”，胜利完成“十三五”规划，顺利实施“十四五”规划，如期交出了全面建成小康社会的满意答卷。

这五年，综合实力增势强劲。全州地区生产总值、地方财政一般公共预算支出和总财力在突破百亿元大关的基础上稳健增长，分别达到109.4亿元、119.6亿元和125.3亿元，年均分别增长5.5%、11.6%和12.1%。累计完成全社会固定资产投资376亿元，年均增长19.1%。地方一般公共财政预算收入和社会消费品零售总额分别达到4.74亿元和14.5亿元，年均分别增长6.4%和7.5%。全体居民人均可支配收入增速高于经济增速，达到18331元，年均增长9.6%，实现了比2010年翻一番的目标。金融机构存贷款余额分别比五年前增加49.7亿元、37.2亿元，年均增长7.8%和14.9%。全州经济总量显著扩大、质量效益不断提升，为实现更高质量发展奠定了坚实基础。

这五年，三大攻坚成效显著。全面落实“1+8+10”脱贫攻坚政策体系，累计投入扶贫资金近90亿元，实施易地扶贫搬迁7374户28685人，贫困地区基础设施条件明显改善，“两不愁三保障”全面实现，全州4个贫困市（县）整体脱贫摘帽、105个贫困村全部退出，累计减贫5.01万人，千百年来的绝对贫困问题历史性得到解决，脱贫攻坚取得全面胜利。坚决向污染宣战，聚力打好蓝天、碧水、净土保卫战，两轮次中央环保督察问题整改任务全面清零，空气、水、土壤环境质量持续提升，隆务地区空气质量优良天数比例达到97.9%，黄河出境断面水质和集中式饮用水水源地水质达标率100%，城镇污水和生活垃圾无害化处理率分别达到89.7%、94.8%。防范化解金融风险工作成效明显，累计化解政府债务6.23亿元、清欠民营企业账款1.5亿元，金融机构运行稳健有序，牢牢守住了金融安全底线。三大攻坚战在不断闯关夺隘中取得了决定性成就。

这五年，山水黄南更加美丽。积极融入国家公园示范省建设，全面完成生态保护红线评估调整和自然保护地整合优化工作，新添国家级自然公园试点建设2个、省级自然公园试点建设2个。大力开展国土绿化提速三年行动，累计完成国土绿化面积215.21万亩，年均新增植绿6万亩以上，植绿规模和速度引领全省，森林覆盖率由“十二五”末的19.22%提高到29.43%。全面实行草畜平衡，颁布实施《黄南州草原保护条例》，草原禁牧1341万亩，完成重点草原建设4623.4万亩，草原综合植被覆盖度达到68.65%。建立健全四级“河湖长制”体系，全面推行“林草长制”，落实生态保护公益性岗位10233个，打造了全国绿化模范县、全国村庄清洁行动先进县、国家生态文明建设示范县、国家森林乡村等一批生态文明建设样板，天空蓝、河湖清、草原绿成为黄南最形象的代言。

这五年，三区建设成果丰硕。全力打造全省生态有机农牧业示范区，扎实推进绿色有机农畜产品示范州建设，成功创建泽库县国家现代农业产业园，创新推出在全省具有典型示范意义的“拉格日”模式，实现化肥减量增效、牦牛藏羊原产地质量追溯、农牧业废弃物资源化利用和农牧业保险四个全覆盖，“四个万头”规模养殖项目加快建设，“四个万亩”特色种植基地①初具规模，培育国家地理标志产品20个，有机认证产品数量达到43个，绿色农牧成为黄南的金字招牌。全力打造全省文化旅游融合发展示范区，热贡文化生态保护实验区通过国家验收，正式成为国家级文化生态保护区，成功申报国家级非遗代表性项目2项，新增国家级非遗代表性传承人2名、国家级工艺美术大师2名、省级工艺美术大师和民间工艺大师186名，创造万幅唐卡展、千人同绘唐卡等世界纪录7项②，打造3A级旅游景区6个，组织开展青海·热贡文化旅游节等一系列丰富多彩的文旅活动，黄南文化旅游知名度和影响力明显提升，全州文化旅游从业人员达到4.17万人，文化和旅游产业营业收入、旅游总人数和综合收入年均增速保持两位数增长，文化旅游业成为富民强州的新兴朝阳产业。全力打造全省涉藏社会治理示范区，探索形成具有黄南特色的“一核三治”社会治理模式③，成功创建全国民族团结进步示范州，“七五”普法全面完成，扫黑除恶专项斗争圆满收官，尖扎与化隆地界纠纷、同仁与贵德草山纠纷等一批困扰多年的历史遗留问题得到解决，安全生产形势稳定向好，“舌尖上的安全”保障更加有效，防震减灾、应急救援、气象服务能力整体提升，各族群众的安全感满意度与日俱增。

这五年，城乡面貌日新月异。牙同高速、泽同公路、河鄂公路、马康公路建成投用，西成铁路、同赛高速、尖共高速、瓜什则至大角满公路等项目开工建设，实现行政村“通公路”和“通客车”全覆盖，全州公路里程新增940公里，总里程达到5834公里。李家峡南干渠一期建成通水，黄河干流防洪工程一期、隆务河水生态治理一期全面竣工，扎毛水库灌渠、浪加水库加快建设，巩固提升饮水安全26.76万人。330千伏输变电、天然气入州等一批重大能源支柱项目开工建设，大电网实现全覆盖。同仁成功撤县设市、宁秀成功撤乡建镇，投资37亿元实施市（县）城区功能提升和老城区风貌改造，同仁、尖扎两个城北新区已具雏形，泽库、河南城镇建设协同推进，建设美丽城镇8个、特色小镇2个，城镇基础设施、公共服务日臻完善，城镇建成区面积达18.9平方公里，常住人口城镇化率达到41.57%。争取城乡建设用地增减挂钩跨省调剂指标3930亩，落实指标交易资金12.6亿元，耕地保护工作连续四年受到省政府表彰。建设高原美丽乡村105个，实施国家级传统村落保护项目29个，打造全国文明村镇6个、最美宜居村庄2个，“厕所革命”、农牧区人居环境综合整治等工作成效明显，城乡面貌发生质的改变，重塑了黄南新形象。

这五年，改革开放活力迸发。不断深化“放管服”改革，累计取消调整行政审批事项416项，成为全省保留行政审批事项最少的地区之一。实现“证照分离”全覆盖，企业开办时间压缩至3个工作日内，市场活力充分激发，累计新增市场主体13553户，总量达到2.3万户。组建州政通发展集团有限公司和州仁合投资有限责任公司，并已实现规范化经营。不断深化农牧区改革，“互联网+区块链+精准扶贫资金代理记账”模式等改革举措成为全省样板。供销社改革纵深推进，建成乡镇供销社19家、村级综合服务中心26家、服务网点80个。加大走出去步伐，积极参加“青洽会”“津洽会”等重大经贸活动，在北京、天津、广州、深圳、杭州、成都等国内一线城市多次成功举办招商推介会，招商引资累计到位资金73.3亿元。援建工作持续升级加力，落实援建资金7.8亿元，为黄南发展注入强大力量。

这五年，民生福祉持续增进。民生总支出达381亿元，占财政一般公共预算支出的82.9%，一大批惠民举措落地实施。就业规模不断扩大，累计新增城镇就业9061人，实现农牧区劳动力转移就业15.01万人次。民生保障更加有力，城乡居民基本医疗保险参保人数达25.2万人，社会保险各险种参保人数大幅增加，覆盖城乡的社会保障体系持续完善。落实社会救助资金12.4亿元，救助困难群众808.6万人次。教育事业均衡发展，投资10.29亿元实施新一轮教育布局调整，全州178所中小学校优化调整至113所，州职业技术学校新校区基本建成，各类教育普及程度及平均受教育年限持续提高，科技宣传和普及工作不断加强，公民素质和社会文明程度明显提升。疫情防控有力有效，坚决打赢新冠肺炎疫情防控阻击战，持续抓好常态化疫情防控工作，核酸检测实验室实现州县两级全覆盖，疫苗接种有序推进，疫情防控安全防线更加坚固。健康黄南加快建设，综合医改持续深化，藏医药传承创新发展，行政村村级卫生室标准化建设实现全覆盖，州县乡三级远程诊疗系统基本建成，公共卫生服务能力明显提升，人民群众健康保障水平进一步提高。文体事业繁荣发展，公共文化服务和广播电视网络覆盖城乡，率先实现乡镇、村社、寺院公共文化活动场所及健身器材全覆盖，“四馆一院一中心”[④]加快建设。通信服务全面升级，4G网络实现全覆盖、5G网络加快布局。住房条件不断改善，累计实施城乡住房改善1.3万户，受益群众6.5万人。妇女儿童、老龄慈善、残疾人、红十字等事业取得长足进步。各族群众生活更加殷实、更加美满、更加幸福。

这五年，政府效能显著提升。扎实推进“两学一做”学习教育常态化制度化，深入开展“不忘初心、牢记使命”主题教育和党史学习教育。大力推进廉洁政府建设，驰而不息纠治“四风”，特别是形式主义、官僚主义，不断提升督查效能，充分发挥审计监督作用，“三公”经费累计下降16.1%，风清气正的政治生态和干事创业的社会氛围越来越浓厚。坚持依法行政，推进综合执法改革，深化政务公开，政务服务网上可办率达到93%。自觉接受人大及其常委会的法律监督和工作监督、政协民主监督及社会各方面监督，高度重视人大代表建议、政协委员提案办理工作，专门成立领导小组，层层细化分解办理任务和责任，持续加大督查问效力度，高质量办理代表建议311件、委员提案231件。提请州人大常委会审议地方性法规5件，制定修订政府规章1项，制发规范性文件42件，法治政府建设成效明显。工青妇等群团作用有效发挥，志鉴“两全目标”[⑤]如期实现，外事侨务、退役军人、双拥优抚、国防动员和后备力量建设等工作取得新业绩，各项事业欣欣向荣、蓬勃发展。

经过五年的努力，黄南的城乡面貌发生了翻天覆地的变化，黄南的经济社会发展已经站在了新的历史起点上。这些成绩的取得，最根本的是得益于以习近平同志为核心的党中央坚强领导，得益于党中央、国务院和省委、省政府的特殊关怀，得益于历届州委州政府打下的良好基础，得益于州人大、州政协和社会各界的支持监督，得益于全州各族干部群众的艰苦奋斗，得益于天津市和国家有关部委、中央企业的真情帮扶。在此，我代表州人民政府，向全州各族人民，向人大代表、政协委员和离退休老同志，向工商联、人民团体和社会各界人士，向省驻州单位、解放军、武警官兵、公安干警和应急救援队伍，向对口支援黄南的天津市和国家有关部委、中央企业，向关心支持黄南发展的社会各界朋友，表示衷心感谢和致以崇高敬意！

各位代表，习近平总书记对青海知之深、爱之切，五年来，习近平总书记两次参加全国人代会青海代表团审议，又先后两次来青海考察指导工作，对青海工作作出一系列重要指示，这是我们极为宝贵的精神财富，是我们富民强州的根本遵循，是我们奋勇前行的力量源泉。我们深切体会到，做好黄南的工作，必须坚定不移维护以习近平同志为核心的党中央权威和集中统一领导，树牢“四个意识”，坚定“四个自信”，坚决维护和捍卫习近平总书记在党中央和全党的核心地位，坚决在思想上政治上行动上同以习近平同志为核心的党中央保持高度一致，始终确保全州工作沿着正确政治方向前进。必须坚定不移以习近平新时代中国特色社会主义思想统领各项工作，坚持把习近平总书记的战略思想和对青海的重要指示，作为最根本的政治引领、最强大的思想武器、最重要的行动指南，始终坚持用习近平新时代中国特色社会主义思想武装头脑、指导实践、推动工作。必须坚定不移践行以人民为中心的发展思想，始终把人民群众放在心中最高位置，以人民对美好生活的向往为奋斗目标，以造福人民为最大政绩，以人民的获得感、幸福感、安全感为检验发展质量的试金石，努力打造共同富裕的黄南样板，让人民生活更加幸福美满。必须坚定不移履行筑牢生态安全屏障政治责任，始终把生态文明建设作为"国之大者"放在首位，牢固树立绿水青山就是金山银山理念，持续加强生态保护与建设，承担好维护生态安全、保护三江源、保护"中华水塔"的重大使命，努力把生态资源优势转化为产业优势、经济优势。必须坚定不移贯彻落实新发展理念，牢牢扭住发展第一要务，坚定推进高质量发展，持续深化供给侧结构性改革，不断推动全州经济社会发展实现"量"的合理增长和"质"的稳步提升，努力实现更高质量、更有效率、更加公平、更可持续的发展。必须坚定不移夯实民族团结进步基础，坚决贯彻新时代党的民族理论和民族政策，铸牢中华民族共同体意识，深入持久开展民族团结进步创建活动，巩固创新社会治理机制模式，努力维护好、巩固好、发展好当前来之不易的稳定局面。必须坚定不移贯彻全面从严治党要求，坚持党对一切工作的领导，严守政治纪律和政治规矩，自觉贯彻落实州委决策部署，深入推进政府系统党风廉政建设和反腐败工作，从严治政，担当尽责，扎扎实实干好工作。这些弥足珍贵的经验体会，也是必须长期坚持的原则要求，必须倍加珍惜、坚定遵循。

各位代表！过去五年的奋斗历程，已经载入史册，美好的明天正在向我们走来。告别过去拥抱未来，我们必须始终保持忧患意识，安不忘危、稳不忘忧，始终清醒认识到黄南仍处于社会主义初级阶段的较低层次，经济发展不平衡不充分，发展质量和效益有待提高，社会发育和文明程度有待提升，社会治理能力和水平有待增强，这些仍是我们面临的突出矛盾。创新能力不强，市场活力不足，非公经济发展水平不高，生态保护任重道远，乡村振兴任务繁重，民生改善和社会保障短板较多，社会和谐、风险防控底板不牢等问题，这些仍是我们需要应对的挑战。我们必须直面这些矛盾和挑战，以更加努力的工作、更加扎实的举措化解应对，决不辜负全州各族群众的殷切期盼！

二、今后五年的总体要求和目标任务

今后五年，是在全面建成小康社会、实现第一个百年奋斗目标之后，乘势而上开启全面建设社会主义现代化国家新征程、向第二个百年奋斗目标进军的第一个五年，在黄南发展史上至关重要。这既是黄南改革开路、开放引领、创新驱动，破解发展难题、破除前进障碍，促进经济社会高质量发展的动能提升期；也是黄南保持定力、埋头苦干、夯实根基，缩小发展差距、跟上全省前进步伐，实现长远发展的格局再造期；更是黄南抓住机遇、扬长补短、彰显特色，把短板拉长补齐、把优势做强放大，加快增强区域发展竞争力的优势再创期。我们要思全局、观大势、谋方略，进一步找准方位、明确方向，下定决心、坚定信心，着力加快发展步伐，努力实现追赶跨越。

根据州第十三次党代会安排部署，今后五年政府工作的总体要求是：高举中国特色社会主义伟大旗帜，坚持以习近平新时代中国特色社会主义思想为指导，紧密团结在以习近平同志为核心的党中央周围，增强"四个意识"、坚定"四个自信"、做到"两个维护"，紧紧围绕"五位一体"总体布局和"四个全面"战略布局，全面贯彻党的十九大和十九届二中、三中、四中、五中全会、省十三次党代会和省委十三届历次全会精神，深入学习领会习近平总书记关于建党百年和青海工作重要讲话、指示批示精神，坚决落实新时代党的治藏方略，始终坚守稳定底线、严守生态红线、突出发展主线，深入实施"十四五"发展规划，立足新发展阶段，贯彻新发展理念，构建新发展格局，不忘初心、牢记使命，深入推进省委"一优两高"、贯彻落实"六富"要求[⑥]、巩固提升"一核三治"，全面建设山水黄南，高质量推进"三区建设"，推动乡村全面振兴，为打造共同富裕的黄南样板而努力奋斗！

今后五年政府工作的奋斗目标是：一是经济发展质量显著提升。经济运行更加稳健，地区生产总值年均增速保持在6.5%以上，三次产业增加值分别年均增长4.6%、6.2%和7.7%以上，地方财政公共预算收入年均增长5%，固定资产投资年均增长6.5%，社会消费品零售总额年均增长5%。优势产业不断壮大，生态有机农牧业加快成长，绿色有机农畜产品加工转化率达65%；文化旅游融合发展格局加快形成，文化和旅游产业营业收入、旅游总人数和综合收入年均增速分别保持在8%、10%和10%以上；绿色工业加快发展，清洁能源产业规模进一步扩大，工业增加值年均增长6%以上。科技创新水平持续提高，科技进步贡献率达48%。二是生态环境质量显著提升。森林覆盖率达到30%，草原综合植被覆盖度达到68.7%。能源资源利用效益大幅提高，主要污染物排放总量控制在省定目标以内。全州空气质量优良天数比例达到95%以上，黄河出境断面水质和集中式饮用水水源地水质达标率100%，城镇污水和生活垃圾无害化处理率分别达到88%、95%。三是城乡发展质量显著提升。加强重大基础设施建设，公路通车总里程达到6500公里以上，实现县县通高速目标，新增供水能力760万立方米，基本实现县城和重点乡镇5G全覆盖。加快优化城镇发展布局，美丽城镇建设覆盖率达100%，常住人口城镇化率达45%。深入开展乡村建设行动，高原美丽乡村建设覆盖率达100%。四是改革开放质量显著提升。加快完善新时代社会主义市场经济体制，创新政府管理和服务方式，促进市场主体活力不断增强、营商环境不断优化，非公经济占比达到38%以上。加大招商引资力度，优化投资结构。深化对口支援帮扶，争取落实帮扶资金4.4亿元以上。五是人民生活质量显著提升。实现新增城镇就业6000人、农牧区劳动力转移就业7.5万人次，全体居民人均可支配收入年均增长6.5%。教育发展主要指标力争达到全省平均水平，劳动年龄人口平均受教育年限达到10年，每千人拥有执业医师数达到2.5人，城乡居民基本养老保险参保率达100%，人均预期寿命达到75岁，广播电视人口综合覆盖率达到100%。六是社会稳定质量显著提升。落实总体国家安全观，建设更高水平法治黄南、平安黄南，社会治安防控体系建设进一步提升，村级党群服务中心覆盖率达到100%，全国民族团结进步示范县覆盖率达到100%，法治教育普及率达100%，村（社区）法律顾问覆盖率达100%，乡镇综治中心标准化率达100%，亿元GDP生产安全事故死亡率下降30%。

各位代表，展望五年之后的黄南，生态环境将更加友好，经济发展将更有质量，人民生活将更具品质，一个体制重构、生态重建、形象重塑，一个富有实力、充满活力、独具魅力的新黄南将展现在世人面前。这是党中央和省委的殷切期望，这是黄南人民的热切期盼，这是需要我们放手一搏才能完成的工作任务、奋力一跃才能实现的发展目标。我们要树雄心、立壮志，敢担当、勇拼搏，倍道兼程、奋起直追，以力举千钧的拼劲、力拔头筹的干劲，拼出一片新天地、干出一个新黄南！

实现上述预期目标，我们必须重点抓好以下八个方面工作。

（一）坚决扛牢政治责任，着力打造生态文明新高地。深入践行习近平生态文明思想，坚持生态环境富养，聚焦打造"八个新高地"[⑦]，全力推进国家生态文明示范州建设，努力打造山水黄南生态样板。

全力打造国家公园示范省先行区。积极融入国家公园示范省建设，深入实施建立以国家公园为主体的自然保护地体系示范州建设三年行动计划，成功申报坎布拉世界地质公园，持续抓好"七大国家自然公园"和"两个省级自然公园"[⑧]保护建设，力争蒙旗阿木赫、措日更国家草原自然公园和兰采省级森林公园、吉岗山省级风景公园试点建设通过验收，积极推动条件成熟的自然资源保护地申报国家和省级自然公园试点建设，争取再申报1至2

个国字号自然公园，加快建设具有黄南特色的自然公园集群。建立健全自然保护地管理体制，组建综合管理机构和执法队伍，着力提高管护能力和水平，努力实现科学、系统、精准管理，力争为打造国家公园示范省新高地提供黄南经验。

着力增强洁净水源涵养功能。统筹推进山水林田湖草沙冰综合治理、系统治理、源头治理，加强雪山冰川、江源流域、湖泊湿地、草原草甸、沙地荒漠等生态治理修复，全面提升生态功能和自然生态系统稳定性。不断筑牢生态安全屏障，继续实施三江源保护和建设、天保工程等重点生态工程建设，开展大规模国土绿化巩固提升行动，加快建设坎布拉至东果林场、麦秀林场至隆务峡两条绿色长廊和尖扎大南山、隆务东西山“三个城市后花园”，完成国土绿化252万亩，加强交通沿线、河道两岸、街道庭院绿化工作，努力打造一批“森林城镇”和“森林乡村”，不断提高城乡绿色空间占比。实施草原生态保护治理工程，加强退化草原治理，巩固提升“林草长制”，推动草畜平衡，提高草原植被综合覆盖度。强化“源头责任”和“干流担当”，深入实施黄河流域黄南段生态保护和高质量发展规划，加强黄河、隆务河、泽曲河、洮河等流域综合治理，争取隆务河流域山水林田湖草生态保护修复项目落地建设，加强李家峡、扎毛水库、洮河源等重要湖泊湿地生态保护治理，稳步推进江河湖库渠水系连通工程建设，抓好小流域水土流失综合治理工作，治理水土流失面积270平方公里以上，稳固提升水源涵养能力，确保一江清水向东流。

积极构建人与自然和谐发展新格局。强化人与自然生命共同体意识，牢固树立尊重自然、顺应自然、保护自然的理念，坚持按自然法则谋事、办事、行事。纵深推进蓝天、碧水、净土保卫战，深入研究论证、科学编制实施碳达峰行动方案，积极实践碳中和[9]，加快推进清洁能源替代工程，加大城镇扬尘综合整治力度，推动实施煤改电、煤改气等工程，严格执行高排放车辆限行制度，健全空气质量监测监管网络体系，确保大气质量持续改善。严格落实水资源“三条红线”[10]，全面推行全域节水，巩固提升“河湖长制”，深入开展河湖“清四乱”行动[11]，实施黄河流域黄南段五年禁捕和“清废行动”[12]，坚决抓好黄河水污染防治审计发现问题整改，扎实推进“千吨万人”水源地[13]环境和排污口问题整治，确保所有问题全部整改到位。加快推进黄河沿线污水处理设施和同仁、尖扎农村生活污水集中处理设施建设，积极推动泽库、河南牧区生活污水分散处理，做好加强截流纳管工作，加强河流水质水量动态监测基础设施和能力建设，严禁污水直排。加强土壤污染管控和修复，建立土壤污染源头预防和风险管控体系，抓好剩余废弃矿山恢复治理，推进农村面源污染、规模畜禽养殖土壤污染防治，确保土壤环境安全稳定。扎实开展全域垃圾治理工作，持续加强城乡环境卫生治理，集中整治垃圾填埋不规范的问题，加快推进城镇、农牧区生活垃圾分类和处置工作，继续实施农牧区垃圾填埋、收集运转、资源化利用等工程，实现道路沿线、旅游景区及周边、重要湖库、城乡结合部等区域垃圾及时清扫收集，有效处理，非正规垃圾堆放点整治巩固率达到100%，成功创建“全域无废”示范州。

深入践行生态文明理念。加快推行生态文明制度改革，健全生态文明目标体系，深入推进自然资源有偿使用和资源高效利用制度、排污许可制、生态补偿机制、生态环境损害赔偿、综合行政执法等改革，进一步构建产权清晰、多元参与、激励约束并重、系统完整的生态文明制度体系。全方位开展生态环保和绿色价值观教育，坚持用自然之道保护生物多样性，严格落实禁捕、禁猎、禁采等措施，让山水黄南成为草木生灵的乐园。积极培育发展生态经济，开发新业态、开拓新路径，推动生态与特色产业、康养服务等有机融合。持续开展生态文明示范县、“两山”基地[14]等创建工作，进一步提升国家生态文明建设示范州创建成色。

（二）坚决落实发展要务，着力培育经济发展新动能。坚持把推进产业培育和结构调整作为夯实高质量发展基础的关键举措，主动对接建设和打造“四地”[15]部署要求，加快构建具有黄南特色现代经济体系，努力提高发展质量效益。

推动农牧业提质增效。围绕

打造绿色有机农畜产品输出地，推进绿色有机农畜产品示范州建设，以“增量、提质、补链、扩输”为路径，推进繁养育、产加销一体化，做大做强生态有机农牧产业，着力推动农畜产品标准化绿色化生产、优质化特色化输出，努力在整体打造“生态青海、绿色农牧”区域品牌上争得先机。全面启动规模经营主体标准化生产示范县创建工作，继续总结提升“拉格日”模式，推广打造一批“拉格日”模式升级版农牧民专业合作社。高质量建成“四个万头”规模养殖项目，打造一批千头牦牛生产示范基地、千头藏羊标准化养殖示范场和草畜配套生态示范牧场，以产业基地化带动生产标准化规模化。稳步推进冷水鱼养殖带建设，建设陆基养殖生产基地，培育高原渔村，提升渔业规模化、标准化、产业化水平。加强原产地畜种保护工作，加快推进黑牦牛、藏羊、欧拉羊和雪多牦牛四大畜种保种繁育基地建设。大力推进食用农产品电子合格证制度，扎实开展国家农产品质量安全县创建工作。加快农畜产品质量安全追溯管理信息平台建设，力争率先在全省实现农畜产品原产地质量追溯全覆盖。开展绿色农业增效行动，推动化肥农药减量增效由重数量向求质量转变，高水平建成“四个万亩”特色种植基地。实施闲置老旧温棚升级改造工程，提高设施农业种植率，推动小块农业种植模式向精细化、集约化、规模化转变。补好产业发展链条，将同仁市绿色产业园区升格为黄南州绿色有机农畜产品输出地产业示范园区，全力推进泽库县国家现代农业（牦牛）产业园、尖扎县三江源生态扶贫产业园等园区建设，着力引进实施一批补链、强链、延链项目，研发生产精深加工和高附加值产品，积极支持龙头企业和农畜产品加工园区推进副产品资源的综合开发利用，大力培育一批高标准屠宰场和农畜产品仓储冷链物流中转基地，扶持发展农畜产品加工龙头企业和农牧业经营大户，提高市场竞争力，努力延长产业链、优化供应链、提升价值链。大力发展智慧农牧业，强化农技推广服务体系建设，积极培养一批实用性农牧业技术人才，努力提高农业生产机械化生产水平。做强特色优势品牌，培育国家地标产品 22 个、商标 30 个，认证绿色食品 35 个，主动对接央视等有影响力的宣传媒体以及展会推介载体和援建平台，强化品牌宣传推介，扩大品牌知名度和影响力，拓宽对外销售渠道，提升绿色有机农畜产品输出能力。

推动文化旅游深度融合。围绕打造国际生态旅游目的地，稳步推进热贡文化生态保护区建设，加大文创企业发展扶持力度，建成国家级文化产业示范基地 1 家、省级文旅产业示范基地 5 家、州级文化产业示范基地 10 家，带动提升文创产品创意、设计、生产、销售产业链，推动非遗传承保护和提升经济效益实现双赢。积极融入国际生态旅游目的地建设，加快推进国家级全域旅游示范区创建，着力推动旅游向全域均衡发展。下决心“盘活”坎布拉景区，努力实现对景区的自主经营，解决景区体制机制不畅的问题，进一步完善景区道路、客运码头等配套设施，提升景区品位。加大对同仁国家级历史文化名城、昂拉千户府等历史文化名城名镇名村和历史文化街区、名人故居和城市特色风貌区的保护利用，鼓励利用现有城区、老建筑、文化遗存、景观风貌等发展文化和旅游项目，加快推动黄河源青南大峡谷、黄河三峡、青春瀑布、洮河吉岗山生态旅游区等景区景点及黄河尖扎段水上运动的开发，建成 AAAAA 级景区 1 家、AAAA 级景区 3 家、AAA 级景区 10 家、省级旅游度假区 2 家。加快旅游服务中心、游客集散中心、自驾车营地、休闲度假区等设施建设，支持发展旅行社、旅游协会等，提升旅游服务品质。鼓励发展乡村游、冬春季游、民俗文化游、节庆游及中医药、藏医药文化体验游等新业态，精心谋划一批集观光体验为一体的文化旅游精品线路，强化旅游宣传营销，不断丰富青海·热贡文化旅游节系列活动内容和形式，提升黄南文化旅游知名度和影响力，确保全州年接待游客达到 1200 万人次、旅游总收入达到 40 亿元。

推动绿色产业加快发展。坚持绿色发展道路，大力发展生态水产业，不断扩大生态水产能，支持开发功能性、个性化高端水产品，提高资源开发质量，打造矿泉水产业群，建设水上主题生态园，加快完善生态水产业链，努力打造集研发、生产、销售、物流、服务于一体的综合性饮用水产业集群。按照统一规划、错位发展的原则，着力发展一批特色农畜产品精深加工、民族手工艺品生产等加工制造业，打造特色工业板块。积极引进绿色工业入驻黄南，推动生物制品、新型建材等产业发展，开创结构合理、优势互补的绿色工业发展新局面。积极培育壮大本土建筑企业，增强行业竞争优势，带动建筑业快速发展。加快推进中医药、藏医药传承创新发展，加快规范化、标准化药材种植基地建设，种植中药、藏药材 3 万亩，争取落实中医药、藏医药产业园、藏医药文化博物馆和中医、藏医技能培训学校建设，加强中医药、藏医药产品研发，努力把黄南打造成全国知名的中医药、藏医药文化之乡。积极推进数字经济发展，加大 5G 网络、大数据中心、区块链、物联网等新型基础设施建设力度，打造一批数字化车间、智能生产线，努力培育经济增长新动能。

推动现代服务业创新发展。坚持把加快服务业发展作为推动全州经济转型升级的战略支点，瞄准新需求新业态，大力发展生产性、生活性服务业。加强现代物流业发展，结合高铁、高速公路建设，布局建设现代物流园区，建成一批商品配送中心和营销网点，打造县乡村三级物流网络。加快现代金融服务发展，丰富金融业态和产品，着力提高金融服务实体经济的效能。积极发展电子商务，持续推进电商平台建设，发挥好电子商务服务中心的作用，力争电子商务交易额年均增长 10%。鼓励发展健康体检、健康咨询、体育健身等多样化健康服务，巩固发展传统商贸业，大力推进住宿餐饮业连锁化、品牌化发展，规范外卖、快递服务，提升物业、家政服务水平，推进生活性服务向高品质转变。

（三）坚决补齐短板弱项，着力实现基础建设新跨越。坚持把抓项目、扩投资作为发展的第一推动力，在保持投资力度的同时，优化投资结构，提高资金效益，努力走出一条以项目扩投资、补短板、促升级的固本强基之路。

加大有效投资力度。积极跟进国家“十四五”规划、支持涉藏地区发展等重大项目规划，加强沟通协调和衔接工作，争取国家和省上重大项目和政策更多地向黄南倾斜。立足比较优势，选准投资方向，借智借脑，精心谋划，推出一批起点高、带动作用强的重点投资板块，加大项目储备和滚动推进力度。盯紧有利于调结构、补短板、惠民生的项目，拓展资金来源，用好用活中央和省级预算内资金以及地方政府债券，增强政府投资的精准性和有效性。全面放宽民间投资的领域范围，稳妥推进政府和社会资本合作等投融资模式。大力加强诚信体系建设，努力营造良好投资环境，依靠改革的“力度”、暖商的“温度”，来提升民间投资的“热度”。

加快构建综合交通运输体系。建成张汶高速同仁至赛尔龙段，实施同仁至贵德、同仁至夏河、河南至玛沁等高等级公路，加快构建“一纵三横”高速公路网骨架[⑯]。实施好 G213 同仁过境段改线、S307 羊智沟至青海湖尖扎段等国省道升级改造，进一步优化路网结构。加快建设昂拉黄河大桥、麦什扎黄河大桥、郭麻日大桥，实施一批市政道路连接线、快速通道、互通立交、重大桥梁等交通枢纽联通工程，着力提升互联互通水平。加强“四好农村路”建设，争取有条件的地区实现通村道路“黑色化”，打造一批集客运、物流、商贸、邮政、快递等多种服务功能于一体的乡镇综合服务站，着力推进城乡交通运输一体化。加快建设西成铁路黄南段，争取开工实施黄南机场建设，推进航运和码头建设，打造高速、高铁、航运、航空综合式立体交通体系。

加强水利基础设施建设。加快推进擦玛沟、玉龙、石哈龙、和日等一批城乡供水小型水库工程前期工作，实施同仁、尖扎城北新区和河南县城镇供水工程建设，全面提升城乡供水安全保障能力。加快扎毛水库灌渠、浪加水库建设，争取落实李家峡南干渠二期、浪加水库灌渠项目，开展水库、灌区、农村饮水安全提能达标补短板工程，进一步增强民生水利保障。大力实施黄河干流综合防洪工程和泽曲河、隆务河防洪减灾工程，全面提升水旱灾害防御能力和水平。

强化清洁能源基础保障。围绕打造国家清洁能源产业高地，加快编制清洁能源发展布局规划，坚持建设运行生态化、供给消费绿色化发展方向，大力发展光伏、风电、水电、地热等清洁能源。加强与能源央企合作，发挥央企资源优势，加大清洁能源产业投资力度。推广农光、牧光、光伏治沙等融合发展模式，争取建设生态牧光互补产业园区3个。推进黄河上游水电开发和既有水电站扩容改造，加快开展宁木特水电站项目建设前期工作，完成李家峡水电站扩容改造。做大做强清洁能源产业，力争新能源发电装机容量达到200万千瓦以上、清洁能源发电总装机容量达到460万千瓦以上。加快实施同仁泽库330千伏变电站、天然气入州、电能替代、清洁取暖等项目，实施新一轮农村电网升级改造，稳步推进光伏系统、微电网建设，高质量解决偏远、散居农牧民用电问题。

（四）坚决做好巩固接续，着力激发乡村振兴新活力。坚持巩固拓展脱贫攻坚成果同乡村振兴有效衔接，全面实施乡村振兴战略规划，着力激发乡村振兴发展的巨大潜力，努力打造产业兴旺、生态宜居、乡风文明、治理有效、生活富裕的美丽新乡村。

全面巩固脱贫攻坚成果。承接五年脱贫巩固期政策，严格落实“四个不摘”要求[17]，保持主要帮扶政策和财政投入力度总体稳定。健全完善防止返贫动态监测和帮扶机制，推动扶贫、民政两项制度有效衔接。强化易地搬迁后续扶持，完善易地搬迁配套建设和公共服务，加强扶贫项目资金资产管理和监督。加强农村低收入人口常态化帮扶，持续加大产业、就业帮扶力度，继续发展壮大村集体经济，培育一批特色产业示范合作社、产业化联合体，打造“一村一品”，建设一批农牧业产业强镇，增强特色产业带动能力，引导农牧区群体依靠劳动和技能就地增收，构建解决相对贫困的长效机制。以乡村振兴接续推进脱贫地区发展，促进乡村产业、人才、文化、生态、组织全面振兴，加快农业农村现代化，带领广大群众向着生活富庶的目标奋勇前进。

深入实施乡村建设行动。深入实施“百乡千村”示范工程[18]，大力开展乡村振兴示范乡村建设行动，建设完成州级示范村54个、县级示范村97个、乡级示范村104个，全力打造一批高品质示范乡村。深入推进国家级传统村落集中连片保护利用示范州建设，实施州级传统村落保护建设37个村、高原美丽乡村建设111个村。加强农村公共服务供给，完善乡村水、电、路、通信、广播电视、物流等基础设施，推动市政公用设施向城镇郊区、中心镇和乡村延伸，促进公共教育、医疗卫生、文化资源、社会保障、养老设施等资源向农村牧区倾斜。实施农村人居环境整治提升五年行动，完成人居环境改善150个村。持续改善农牧民住房条件，保障群众住房安全。积极推进移风易俗，加大乡村文脉保护传承力度，丰富乡村文化生活，深入开展文明创建行动，力争县级及以上文明乡镇、文明村创建率达80%以上，让乡村更加充满热度、富有朝气。

持续深化农业农村改革。巩固拓展农村承包地确权登记成果，落实好第二轮土地承包到期后再延长30年的政策，抓好宅基地“三权分置”[19]和农村集体产权制度改革，统筹推进集体林权、国有林场、供销社等各领域改革。深入实施藏粮于地、藏粮于技战略，建设高标准农田9万亩，确保粮食种植面积稳定在12万亩。加强耕地保护与质量提升，严守耕地红线，以“长牙齿”的硬措施，落实最严格的耕地保护制度，继续开展农地“非农化”“非粮化”治理，适度发展种子产业，努力实现稳产高产。加大种植养殖大户、合作社带头人等的培育力度，培养一批爱农村、懂技术、善经营的新型职业农牧民。深入开展“百企兴百村”行动，引导各类资金、人才、资源要素向乡村集聚，着力增强乡村振兴发展内生动力，使乡村成为托起农牧民新生活的广阔天地。

（五）坚决推进城镇发展，着力增强区域竞争新优势。坚持以提高新型城镇化建设质量为抓手，充分依托区域优势、产业优势和城镇发展基础，推动形成优势互补的城镇高质量发展格局，努力走出一条具有黄南特色的新型城镇化道路。

优化城镇发展布局。坚持以高水平规划引领城镇高质量发展，深入实施《黄南州新型城镇化指导意见》，高起点高水平高质量编制新型城镇化发展规划，科学确定城镇发展规模、空间布局、开发强度和特色特质，加快形成州县乡（镇）“三维一体”的规划体系和制度体系。加快完善规划评估监督机制，动态管控建设进程，统筹城镇布局的经济需要、生活需要、生态需要和安全需要，统筹地上地下空间综合利用，统筹各类基础设施建设，系统推进重大工程项目，建立健全“一年一体检、五年一评估”的城镇体检评估制度，制定年度建设和整治行动计划，确保一张蓝图实施不走样、不变形。做好同仁撤县设市后的区划调整工作，积极推进条件成熟的乡撤乡建镇。扎实推进部省共建高原美丽城镇示范省同仁试点建设，加快推进同仁、尖扎两个城北新区建设，实现新区水、电、暖、通讯等基础设施互联互通，推动建成项目尽快投入使用。建成唐卡艺术小镇、坎布拉运动休闲小镇，实施蒙藏医药小镇、石刻小镇等一批特色小镇建设，启动实施昂拉、保安两个高铁新区规划建设，不断优化城镇建设布局，进一步构建城镇化空间发展新格局。

提升城镇建设品质。推进城市更新行动，全面优化基础设施和公共服务布局，加快城镇基础设施补短板和更新改造及体系化建设，大力实施一批市政道路、综合管廊、给排水、供热供气、污水垃圾处理、公厕、停车场等市政设施提档升级项目，加快推进一市三县城镇建设风貌提升改造工程，改造老旧小区1.4万户，加强婴幼儿照护机构、幼儿园、养老服务机构、社区足球场等设施建设，争取实施同仁市系统化全域海绵城市建设项目，着力完善城镇功能，优化公共设施供给，增加公共活动空间，增强城镇韧性，全面提升城镇公共设施和服务水平。实施城镇生态修复工程，加强城镇公园和绿地建设，建设一批城镇森林公园、湿地公园、社区公园、街头游园，着力扩大城镇生态空间，形成保障城镇发展生态绿网。切实做好主要城镇主干道、商业区、沿街楼体、公共服务设施等的亮化工作，持续提升城镇“颜值”。加大“新城建”投入力度，推动城镇智慧化建设，实施传统基建的“智能+”，加强对基础设施、城镇环境、城镇交通和社区智慧化建设管理，增强基础设施服务能力。加大保障性租赁住房和共有产权住房分配管理力度，规范租赁市场秩序。积极引进省内外知名房产企业来黄南投资兴业，增强房地产市场发展活力，不断提升城镇综合承载能力和城镇品位。

强化城镇精细管理。深化户籍制度改革，全面取消城镇落户限制，保障入城农民住房、子女上学等合法权益，让更多有条件的农牧民真正融入城镇。推动美好环境共建共治共享，积极探索建立决策共谋、发展共建、建设共管、效果共评、成果共享的城镇建管长效机制，严格执行《黄南州城镇市容和环境卫生管理条例》，加大城镇法律法规执行情况监督检查，全面规范城镇管理执法行为，下沉公共服务和社会管理资源，动员群众更广泛参与社区治理，构建社区生活圈，着力解决城镇“脏、乱、差”问题和群众身边的实事小事。深入推进城镇网格化、信息化、精细化管理，建立健全城镇基础设施、公共服务设施运营管理和社会管理长效机制。依法建立社区公共事务准入制度，探索推进城乡社区服务社会化运作，提升基本公共服务规范化优质化水平，抓好住宅小区物业管理改革，积极引进优质物业服务企业入驻我州，提升物业服务质量。深入开展“创城”行动，扎实推进国家园林城市、卫生城市、优秀旅游城市、文明城市、双拥模范城市、无障碍城市等创建工作，推动黄南城镇形象全面提升。

（六）坚决破除瓶颈制约，着力构建改革开放新格局。坚持改革为要、开放为上，在改革开放中着力破解影响黄南发展的瓶颈制约，不断积蓄高质量发展的持久动力。

持续优化营商环境。深入推进商事制度改革，全面落实减税降费政策，严格执行公平性竞争审查制度，进一步治理涉企收费，让市场主体安心经营、轻装上阵。进一步加大“放管服”改革力度，推进政务行政审批标准化建设。继续实施投资“审批破冰”工程，大力推行“一网通办”“不见面审批”，提高项目投资落地效率。认真落实促进非公经济、中小微企业和个体工商户发展政策，引导中小企业走“专精特新”之路，持续开展亲商暖商爱商护商活动，积极帮助企业解决实际困难，构建“亲清”政商关系。强化“双随机、一公开”监管，健全知识产权保护制度体系建设，大力推进政务诚信、商务诚信、消费诚信、社会诚信和司法公信建设，让黄南真正成为企业家投资兴业、干事创业最安心、最暖心和最舒心的地区。

深化重点领域改革。持续深化三大“国字号”改革[20]，力争改有所进、改有所成。继续防范化解风险，加强政府债务规模预算和限额管理，逐步化解隐性债务存量。深化财税体制改革，落实财政事权和支出责任划分改革措施，加快建成全方位、全过程、全覆盖的预算绩效管理体系，继续加大财政存量资金盘活力度，不断优化支出结构，推广“互联网+区块链+代理记账”模式，提高资金使用效益。持续做好政府性债务化解工作，深入开展金融领域风险排查，守牢金融安全底线。做好自然资源确权登记工作，抓好全民所有自然资源资产有偿使用制度改革。深入推进国企改革，做大做强政通、仁合等国有企业，强化国有资产监管，实现国有资产保值增值，不断积蓄支撑地方发展的物质财富。

不断扩大开放融入。主动融入“一带一路”合作交流，落实好推进西部大开发形成新格局战略部署，深度参与西部陆海新通道建设。结合高铁、机场、高速公路建设，打通与周边地区连接通道，将同仁打造成全省区域性交通枢纽中心和商贸物流中心，推动黄南向东西南北开放融入。加强与周边地区的交流交往交融，促进资本、资源、技术等要素跨区域流动，实现区域互动协作发展。借助省内外各类交流展示平台，组织企业、协会等广泛开展经济文化、特色产业等交流，加大宣传推介力度。充分利用青洽会、津洽会及特色产业推介会等平台，以市场衔接、政策互惠、产业协作、人才交流和文化融通为纽带，开展精准招商，提升招商层次和水平。深化与对口援建地区和单位的交流合作，丰富和拓展援助形式及内容，推动援建工作全方位、多层次、宽领域“升级加力”。

（七）坚决树牢宗旨意识，着力创造幸福美好新生活。坚持以有效举措落实以人民为中心的发展思想，围绕物质相对富裕，加强普惠性、基础性、兜底性民生建设，不断提高各族群众幸福指数。

坚持就业优先。围绕生活力争富庶，落实积极的就业创业政策，突出抓好高校毕业生、下岗失业人员、零就业家庭、退役军人等重点群体就业创业工作，确保高校毕业生就业率保持在85%以上，城镇登记失业率控制在4.2%以内，城镇调查登记失业率控制在5.5%以内。深入开展职业技能提升行动，加强州县实训基地建设，培训城乡劳动力3万人次。大力开发公益性岗位，确保零就业家庭动态清零。认真落实城镇居民多元化增收政策，大力发展第三产业和劳务经济，建立健全根治欠薪长效机制，多渠道促进城乡居民增收。

提高教育质量。坚守为党育人、为国育才，进一步加强学校党的建设，推进新时代铸魂育人工程，强化师生思政教育，推进习近平新时代中国特色社会主义思想进校园、进课堂、进头脑，落实立德树人根本任务。进一步优化教育资源配置，加强教育基础设施建设，新改扩建普通高中6所、义务教育学校105所、幼儿园182所，继续推进义务教育学校标准化建设，着力改善薄弱学校办学条件。加强高质量教师队伍建设，逐步解决教师结构性缺编问题，建立完善教师队伍合理配置和流动机制、按需培训机制、科学考核奖惩机制，提升教育教学能力和水平。继续推广普及统编“三科”教材[21]和国家通用语言文字，抓好教育信息化、异地办班、天津教育援建等工作，让更多黄南学子享受优质教育资源，力争全州义务教育巩固率达到96.5%，学前教育毛入园率达到96%，高中阶段毛入学率达到90%。实施好校园安全工程，统筹抓好学校维稳、食品安全、消防等工作，提升校园安全保障能力。推动职业学校特色化发展，争取州职业技术学校升格为热贡艺术学院。实施特殊教育规范化建设工程，完成州特殊教育学校升级改造任务。实施全民科学素质行动，加强科普设施建设，建立科普人才激励机制，推动形成崇尚科学、追求知识、科技致富、文明生活的良好社会风尚，力争公民具备科学比例达到5%以上。

建设健康黄南。统筹推动“健康黄南2030”行动，纵深推进医药卫生体制改革，拓展“五医联动”[22]，推动医共体和医联体建设扩面提质，加快形成分级诊疗新格局。稳步推进“互联网+医疗健康”和全民健康信息化建设，争取落实智慧医疗信息化平台建设，提升远程医疗等健康服务模式。加快完善医疗卫生基础设施，完成州藏医院、尖扎县人民医院、河南县人民医院搬迁等项目建设，加强基层卫生机构标准化建设，力争乡镇卫生院、村卫生室标准化建设率达到100%。实施好新一轮改善医疗服务行动计划，强化全科医生队伍建设，基本实现每个乡镇卫生院配备2名全科医生、城镇社区每万人拥有2名全科医生的目标。加强疾病预防控制和重大公共卫生服务体系建设，进一步完善公共卫生应急管理体系，做好常态化新冠肺炎疫情防控工作，深入开展爱国卫生运动，着力加强妇幼健康服务、中小学健康促进、老年人健康服务及职业病、心脑血管疾病、地方病防治和传染病防控工作，广泛普及健康知识，关心关爱残疾预防和残疾人康复工作，不断提高群众健康水平。

繁荣文体事业。大力弘扬社会主义核心价值观，加强公共文化服务体系建设，创新实施文化惠民工程，建成投用“四馆一院一中心”，保护传承优秀传统文化，推动文化多元富集。积极促进全民健身和全民健康深度融合，加快推进体育设施建设，争取建设黄南州体育中心项目，建成一批足球场、射箭场、健身步道和室内体育场馆。加快推进广播电视媒体深度融合发展，抓好新闻、史志、档案等工作。深入开展群众性文体活动，办好“五彩神箭”国际民族传统射箭邀请赛、黄河铁人三项、那达慕等赛事，不断丰富人民群众精神文化生活，使老百姓精神更富有、思想更充实。

兜牢民生底线。紧盯群众在社会保障方面的烦心事、操心事，继续推进社保、医保提标扩面工作，积极推行门诊异地就医直接结算。规范发展第三支柱养老保险，建设居家社区机构相协调、医养康养相结合的养老服务体系，支持社会力量发展普惠养老服务，新建老年人活动中心4个、社区日间照料中心15个、农村互助幸福院203个，进一步规范已建成养老等民生服务设施运行，发挥好功能效益。统筹做好社会救助、社会福利等工作，健全社会救助制度，实现应保尽保。健全农民工、灵活就业人员、新业态就业人员参加社会保险制度，做好城乡特困老人、孤儿、残疾人等群体帮扶，着力改善城乡低收入群体生活。落实优抚安置政策，实现退役军人服务保障规范化，扎实推进国防动员、双拥共建。支持工会、共青团、妇联、红十字会等人民团体更好发挥作用。

（八）坚决提升治理效能，着力开创社会稳定新局面。牢固树立稳定压倒一切的意识，坚持自治、法治、德治多管齐下，创新社会治理体系建设，巩固拓展民族团结、宗教和顺、社会和谐的良好局面。

提升社会治理能力。巩固提升“一核三治”社会治理模式，全面构建市域社会治理体系，加快《黄南州城乡社区治理条例》立法进程。加快推进“雪亮工程”[23]升级，加强治安防控“五张网”[24]建设。深入开展“八五”普法，优化公共法律服务供给，完善公共法律服务体系，提高全民法律意识和法治观念。坚持发展新时代“枫桥经验”[25]，扎实开展矛盾纠纷排查化解，完善信访积案和矛盾纠纷多元化解机制，努力维护人民群众合法权益。巩固拓展政法队伍教育整顿成果，深入推进反分裂斗争，加强突发事件处置演练，常态化开展扫黑除恶专项斗争，严厉打击、严密预防各类违法犯罪，构筑起维护安全稳定的铜墙铁壁。

夯实和谐稳定基础。巩固全国民族团结进步示范州创建成果，实施“民族团结进步+”融合发展行动，持续做好民族团结进步示范创建工作，力争所有市（县）都建成全国民族团结进步示范市（县），打造全国民族团结进步教育基地2个以上、全省民族团结进步教育基地6个以上和示范乡镇、示范村（社区）、青少年示范点各10个以上，州级民族团结进步示范单位覆盖率80%以上、示范村（社区）覆盖率达100%，创建复检复验巩固率达95%以上。坚持宗教中国化方向，依法加强民族宗教事务管理，深入推进寺庙财税监管改革，实施寺院“智慧消防”扩面工程，建成寺院敬老院8所，积极引导宗教与社会主义社会相适应。围绕人心必须富足，持续加强意识形态工作，大力开展爱国主义教育，强化“三个离不开”“五个认同”[26]思想基础，促进各民族共同团结奋斗、共同繁荣发展。

守住安全发展底线。坚持人民至上、安全第一，加快健全完善新型应急管理体系，加强事故灾害预防和应急保障能力建设，实施好应急避难场所、应急物资储备库及信息化管理平台等项目建设，提高应急反应效能。扎实开展自然灾害普查治理工作，实施好隆务西山地质灾害避险搬迁工程，做好防汛抗旱、防震减灾等安全防范工作。严格落实安全生产责任制，健全安全生产隐患排查治理和安全防控体系，加强安全生产行政执法队伍建设，提升安全生产依法监管能力。实施质量强州战略，加强民生计量器具检定和产品质量安全监管，着力提升监管效能。全面落实食品药品安全“四个最严”要求[27]，加快建立食品药品安全现代化治理体系，实现“智慧监管”全覆盖，全力保障人民群众生命健康安全。

三、全面加强政府自身建设

完成宏伟目标，实现美好愿景，我们必须牢记职责使命，加强政府改革创新，加快构建职责明确、依法行政的政府治理体系，努力建设讲政治、讲法治、讲廉洁、讲担当的服务型政府。

着力打造政治过硬、本领高强的政府。旗帜鲜明讲政治，持之以恒用习近平新时代中国特色社会主义思想武装头脑、指导实践、推动工作，增强“四个意识”、坚定“四个自信”、做到“两个维护”，坚持把党的全面领导贯穿于政府工作各领域、全过程，始终对“国之大者”了然于胸，严格执行重大事项请示报告制度，不断提高政治判断力、政治领悟力、政治执行力，坚决推动党中央、国务院和省委、省政府及州委各项决策部署在黄南落地生根、取得实效。

着力打造依法行政、治理高效的政府。加快建设法治政府，坚持按法定权限履行职责，提高运用法治思维、法治方式推进工作的能力。更加自觉接受人大法律监督、工作监督和政协民主监督，以认真负责的态度，高质量办理代表建议和委员提案。全面深化政务公开，主动接受社会和舆论监督，确保权力在阳光下运行。加强重点领域政府立法和制度性建设，着力将政府工作全面纳入法治轨道。全面落实行政执法责任制和问责制，严格规范公正文明执法，使崇尚法治、遵循法治真正成为政府各级工作人员的行动自觉。

着力打造清正廉洁、纪律严明的政府。坚定落实全面从严治党要求，严格履行“一岗双责”，纵深推进政府系统党风廉政建设和反腐败斗争，严肃查处侵害群众利益的突出问题。严格落实中央八项规定精神及其实施细则，持之以恒纠治形式主义、官僚主义，深入开展节约型机关创建行动，降低行政运行成本。进一步严肃财经纪律，严格财经制度执行，规范工资津贴补贴管理，严厉惩治财务造假。坚决落实过“紧日子”要求，非刚性支出年均压减 15%，“三公”经费年均压减 5%，把有限的财力更加高效地用在推动发展、改善民生上。深化廉政风险防控，严防权力滥用和设租寻租，加强对财政资金使用、公共资源交易、国有资产管理等重点领域的监督管理。坚持无禁区、全覆盖、零容忍，支持纪检监察机关依法依规履行职责，推进审计管理体制改革和审计监督全覆盖，严肃认真做好审计发现问题整改工作，推动干部清正、政府清廉、政治清明。

着力打造勤政为民、敢于担当的政府。牢记为民宗旨，始终把全州人民对美好生活的向往作为奋斗目标，时刻把群众最急最忧最怨的问题记在心上、抓在手上，夙夜在公，勤政为民，始终同人民想在一起、干在一起，对人民负责、受人民监督、让人民满意。强化担当意识，遇到矛盾不回避、面对困难不退缩，在攻坚克难中诠释忠诚、在推动发展中体现担当。大力营造愿作为、敢担当的风气，旗帜鲜明为那些勇于担当、踏实做事的干部鼓劲撑腰，激励广大干部职工尽职尽责、苦干实干，创造出无愧于时代、经得起实践和历史检验的业绩！

各位代表，每一代人都有每一代人的长征路，每一代人都要走好自己的长征路。在黄南这片热土上，我们的前辈曾经创造了许多骄人的业绩和辉煌。现在，推动黄南高质量发展的历史重任落在了我们肩上，这是我们义不容辞的神圣使命，这是我们这一代黄南人必须走好的长征路。我们一定要继承前辈的光荣传统，万众一心，接续奋斗，勇往直前。

各位代表，道阻且长，行则将至；行而不辍，未来可期。新的目标激励我们承前启后、继往开来；新的征程需要我们开拓进取、拼搏奋进。站在黄南发展新的历史起点上，让我们更加紧密地团结在以习近平同志为核心的党中央周围，在省委、省政府和州委的坚强领导下，紧紧依靠全州各族人民，齐心协力、真抓实干，为全面打造共同富裕的黄南样板而不懈奋斗！

名词解释：

①“四个万头”规模养殖项目、“四个万亩”特色种植基地：万头（只）生猪、牦牛、犏牛、藏羊规模养殖项目；万亩黄果、核桃、果蔬与中药、藏药材特色种植基地。

②7项世界纪录：最大规模的唐卡展示、最多人同时画唐卡创造吉尼斯世界纪录。世界最长的唐卡长卷、世界上绘制人物形象最多的唐卡长卷、世界最大的手写金书、世界最大的木结构四合院、世界最大土烧馍获世界纪录协会认证。

③“一核三治”社会治理模式：以党建引领为核心，以自治、法治、德治为基础的社会治理模式。

④“四馆一院一中心”：州图书馆、州群艺馆、州博物馆、州科技馆，黄南剧院，州新闻传媒中心。

⑤志鉴“两全目标”：完成州县两级规划志书编纂出版、综合年鉴编纂出版两大目标任务。

⑥“六富”要求：精神应该富有、物质相对富裕、文化多元富集、生态环境富养、生活力争富庶、人心必须富足。

⑦“八个新高地”：习近平生态文明思想实践新高地、生态安全屏障新高地、绿色发展新高地、国家公园示范省新高地、人与自然生命共同体新高地、生态文明制度创新新高地、山水林田湖草沙冰综合治理新高地、生物多样性保护新高地。

⑧“七大国家自然公园”和“两个省级自然公园”：坎布拉国家森林公园、麦秀国家森林公园、洮河源国家湿地公园、泽曲国家湿地公园、和日国家沙漠公园、蒙旗阿木赫国家草原公园、措日更国家草原公园和兰采省级森林公园、吉岗山省级风景公园。

⑨碳达峰、碳中和：“碳达峰”即在某一个时间节点，二氧化碳排放量达到历史最高值，之后逐步回落。“碳中和”即通过植树造林、节能减排等形式，抵消自身产生的二氧化碳排放量，实现二氧化碳相对“零排放”。

⑩水资源“三条红线”：水资源开发利用控制红线、用水效率控制红线、水功能区限制纳污红线。

⑪河湖“清四乱”行动：对乱占、乱采、乱堆、乱建等河湖管理保护突出问题开展专项清理整治行动。

⑫黄河流域“清废行动”：重点排查整治黄河流域固体废物非法转移和倾倒等违法犯罪行为，及时消除环境安全隐患，保障黄河流域生态环境安全。

⑬“千吨万人”水源地：供水人口在1万人或日供水量1千吨以上的集中式饮用水水源地。

⑭“两山”基地：“绿水青山就是金山银山”实践创新基地。

⑮建设和打造“四地”：建设世界级盐湖产业基地，打造国家清洁能源产业高地、国际生态旅游目的地、绿色有机农畜产品输出地。

⑯“一纵三横”高速公路网骨架：“一纵”为张汶高速同仁至赛尔龙段，“三横”为同仁至贵德、同仁至夏河、河南至玛沁高速公路。

⑰“四个不摘”要求：摘帽不摘责任、摘帽不摘帮扶、摘帽不摘政策、摘帽不摘监管。

⑱“百乡千村”示范工程：选择100个左右乡镇开展乡村振兴示范试点，在1000个左右村庄和游牧民定居点实施环境综合整治。示范工程主要包括乡村振兴示范试点、人居环境整治和“厕所革命”、美丽乡村建设、基础设施建设和居住条件提升、特色产业振兴、农牧业绿色发展、乡村治理和集体经济发展、乡村文化振兴和农牧民思想道德教育、农牧民培训和大学生创新创业、促增收和民生改善十大专项行动。

⑲宅基地“三权分置”：所有权、承包权、经营权分置并行。

⑳三大“国字号”改革：生态文明制度建设、司法体制改革、医药卫生体制综合改革。

㉑统编“三科”教材：教育

部统一组织编写的义务教育道德与法治、语文、历史教材。

㉒“五医联动”：统筹医学、医疗、医保、医药、医院五医联动改革。

㉓“雪亮工程”：以县、乡、村三级综治中心为指挥平台、以综治信息化为支撑、以网格化管理为基础、以公共安全视频监控联网应用为重点的“群众性治安防控工程”。

㉔治安防控“五张网”：社会面治安防控网、重点行业和重点人员治安防控网、乡镇和村（社区）治安防控网、机关和企事业单位内部安全防控网、视频监控和信息网络防控网。

㉕新时代“枫桥经验”：党政动手，依靠群众，预防纠纷，化解矛盾，维护稳定，促进发展。

㉖“三个离不开”“五个认同”：汉族离不开少数民族，少数民族离不开汉族，各少数民族之间也相互离不开。对伟大祖国的认同，对中华民族的认同，对中华文化的认同，对中国共产党的认同，对中国特色社会主义的认同。

㉗食品药品安全“四个最严”要求：最严谨的标准、最严格的监管、最严厉的处罚、最严肃的问责。

专记

落实“六富”要求　打造共同富裕黄南样板

一、打造共同富裕黄南样板的亮点

“十三五”以来，持之以恒落实省委“五四战略”，积极探索落实“一优两高”黄南路径，实现了跨越进步、追赶发展，“三区建设”显现出巨大引领力和带动力，经济社会“稳”的基础牢固，“进”的势头明显，在全省发展大局中展现了“黄南速度”、体现了“黄南担当”。

——主动追赶发展中找到了好路径。全面贯彻落实中央和省委决策部署，不断完善“打造山水黄南、高质量推进三区建设”思路，确保了追赶发展正确的政治方向。2020年八项主要经济指标中地区生产总值、第二产业、第三产业、全体居民人均可支配收入增速在全省中排名第一，第一产业、规模以上工业增加值增速位居全省第二，全州经济运行平稳，综合实力实现重大跨越，圆满完成“两个翻一番”目标，成为全省发展速度最快、综合实力提升最明显地区之一。

——生态保护优先中树立了好形象。大力推进三江源二期、天保二期等重大生态工程建设，狠抓城乡环境治理，加大污染防治力度，全省率先推行“林草长制”，建设国家级公园七个，创建了一批国家森林乡村和省级森林城镇，中央生态环境保护督察反馈问题全面整改落实，融入国家公园示范省建设步伐加大。森林覆盖率达29.43%，草原综合植被覆盖度达68.64%。

——扩大有效投资中打下了好基础。累计完成固定资产投资376亿元，牙同高速、黄河干流防洪、李家峡南干渠、隆务河水生态治理一期等一批强基固本的项目建成投用，西成铁路、同赛高速、天然气入州等重大工程开工建设。同仁撤县设市并列入省部共建高原美丽城镇示范试点地区。全州城镇建成区面积达18.88平方千米，常住人口城镇化率达40%。

——实现脱贫“清零”中创造了好条件。累计投入扶贫资金89.38亿元，易地搬迁贫困群众2.87万人，一市三县的105个贫困村5.01万人脱贫，书写了消除绝对贫困的新篇章。民生支出占财政总支出80%以上，住房、教育、医疗、文化、就业、养老等民生事业全面发展，基本实现了住有所居、学有所教、病有所医、劳有所得、老有所养。

——培育特色品牌中融入了新格局。全省率先创建绿色有机农畜产品示范州，培育国家地理标志产品20个，有机产品认证43个，“拉格日”模式被农业农村部作为草地生态畜牧业生产经营方式改革的典型在全国推广。热贡文化生态保护区顺利通过国家验收，同仁市成功创建省级全域旅游示范区，我州入选国家文化和旅游消费城市。文化旅游从业人员突破4万人，旅游人数、旅游综合收入连续保持20%以上的双增长。

——推进社会治理中贡献了好样板。意识形态责任制不断落实，中华民族共同体意识进一步增强，探索形成“一核三治”社会治理“黄南模式”，建成更高质量、可持续、能巩固的平安黄南，成功创建全国民族团结进步示范州，一市三县全部进入农村基层组织示范市县行列，新时代党的建设全面加强，各民族和衷共济、团结奋进、社会和谐稳定的大好局面得到进一步巩固发展。各级领导班子创新实干，引领了干部新精神、群众新自觉，带出了团结干事的好风气，想干事、能干事、干成事的氛围日益浓厚，思稳定、谋发展成为各族干部群众的思想共识。

二、打造共同富裕黄南样板的难点

经过多年发展，黄南经济有量的增加、质的提升，社会各项事业取得长足进步，但发展上不充分、不平衡的问题仍在存在，主要表现在：

一是经济结构单一，一产不壮、二产不强、三产不活。一产增长空间有限，特色农牧业规模偏小，集约化、组织化、产业化程度低；二产发展层次不高，工业结构偏粗偏短，水电产业独大。全州规模以上企业只有17家。各市县园区建设起步晚、趋同化，建筑企业仅18家，当地企业占全州建筑业市场份额不足10%，税收和劳务受限。三产基础薄弱，总量规模小，发展速度慢，非营利性服务业占主导地位，消费“外流”趋势加大。行业服务企业不到位，融资难问题突出，营商环境层次低。

二是全州生态环境脆弱，轻度以上水土流失面积2745平方千米，草原鼠虫害发生面积达1458.6万亩，全州60%的天然草原不同程度存在退化，其中中度以上草原退化面积783.5万亩，生态保护与建设任务重。县城及乡村垃圾、污水处理设施建设滞后。如，同仁市城区常住人口5万余人，市级污水处理厂、垃圾填埋场、垃圾中转站各1座，3个乡镇无垃圾填埋场，村级无规范化垃圾、污水处理设施。

三是脱贫攻坚任务完成后，发展后劲不足，经济增长后续乏力成为明显短板。财源型项目少，地方财政增收空间狭窄。水电路等基础设施历史欠账多，全州58个行政村公路是砂砾路面，196个自然村组不通公路，3658户地处偏远群众大电网不通电，尖扎、泽库、河南三县均为单一水源供水，泽库西部、同仁浅脑山等中心集镇间歇性缺水，偏远牧区季节性缺水。城镇公厕、停车场等建设滞后，“如厕难”“停车难”问题突出，“蜘蛛网”“电杆林”“井盖阵”仍然存在。

四是生态有机畜牧业、文化旅游业等传统产业转型升级难度大。生态有机畜牧业产供销一体的产业链未完全形成，兽医、农牧等服务体系不全，合作社规范化标准化程度不高，龙头企业带动力不强，产品附加值不高。文旅产业融合不深，旅游产业要素市场不完善、不均衡，自然景点开发少，食宿配套不充分，农家乐发展慢，群众参与度低，旅游服务企业少，景区景点之间点线面关联不够，旅游线路设计外围不明朗、内线不清晰，未形成州域内外双循环格局。

五是教育、就业、健康、养老等民生保障水平与基层群众对高品质生活的需求有差距。教育资源不够均衡，教师队伍素质和教育教学质量有待提高。如，同仁市教育布局调整有差距，仍保留教学点20个，造成教师总量超编和专业教师不足两方面问题。泽库县现有高中学生880人，在编在岗教师仅13人。尖扎县在编教师45岁以上217名，占31.4%，教师队伍“老化”严重。乡镇卫生院专业医生少，医疗设备闲置情况普遍存在。农牧民劳动技能培训质量不高，劳务经纪人缺少，劳务输出没有突破性作为。基层养老机构规范化建设和运转问题亟待研究解决。

六是社会治理精细化不够，维护国家政治安全任务艰巨。个别村支书“双带”能力不强，部分村党群服务中心设施利用率不高，服务群众不够。村集体经济发展不平衡，“破零”质量不高。对乡镇、社区等基层干部的关怀激励办法不多，节假日、带薪休假等制度落实不到位，没有真正做到为基层减负。

三、打造共同富裕黄南样板的重点

“十四五”期间，黄南将处于巩固提升脱贫攻坚成果，深度融入国内大循环和国内国际双循环的重要阶段，也是追赶发展的关键期。打造共同富裕黄南样板，必须以习近平新时代中国特色社会主义思想为指导，以习近平总书记对青海工作的“三个最大”定位、“四个扎扎实实”重大要求和在青海考察时“打造四地”等重要指示为遵循，自觉站位新发展阶段，全面贯彻新发展理念，主动融入新发展格局，推动高质量发展。

（一）加快追赶发展，夯实物质富裕基础。坚持发展第一要务，突出县域经济联动发展、投资和消费驱动、特色城镇建设、培育壮大民营经济、扩大开放融入等重点工作，全力推动高质量发展。一是推动南北区域联动发展。加快新型城镇化建设，积极融入兰西城市群和泛共和盆地城镇区发展，打造青南宜居宜业城市。充分利用热贡文化生态保护区非遗名录资源，纵深打造自然山水、林湖温泉、古村落等新景点，推动文旅产业成为富民产业。用好隆务河谷和黄河河谷光热条件，组建农区大联合社，壮大产业联结度，发展高原现代特色农牧业，着力打造草畜联动、川山循环、农牧互补的农区生态有机畜牧业。继续做好保护绿水青山、绿色有机畜牧业、草原游牧生态游三篇文章，扶持壮大龙头企业，完善国家农业科技示范园机制，提升绿色有机畜产品品牌影响力，打造全省水生态重要涵养地、有机畜产品输出地和青甘川旅游大环线重要支撑点。二是发挥投资、消费“两驾马车”作用。对标西部大开发构建新格局、共建“一带一路”机遇，谋划储备实施一批打基础、利长远的重大工程项目。加快推进西成铁路黄南段、黄南机场、天然气入州、同赛高速等重大项目建设，切实提升追赶发展能力。积极推进乡村客运站点建设、水系联通工程建设、农村电网升级改造力度、分散式光伏电站建设，下气力解决群众急难愁盼问题。稳定住房、家装、家电等居民传统消费，鼓励金融消费、网络购物、绿色出行、社会养老、家政托育、医疗保健、电商企业等消费新模式新业态发展，积极开拓农牧区消费市场。三是做大村级合作社和鼓励民营企业发展。以建设特色有机农畜产品示范州为契机，大力推广“拉格日”模式和牲畜保险，加强合作社规范化建设，坚持和完善好统分结合、因地制宜的畜牧业发展路子，探索形成合作社为主，家庭牧场补充的生态畜牧业养殖新格局。设立小微企业和民营经济发展专项基金、争取上级帮扶项目支持等措施，推动民营经济增量上档、转型提质。深入开展“双基联动”，引导金融机构创新推出各类金融产品，加强“政银企”对接力度，持续加大对民营经济的信贷支持力度。四是进一步加大改革创新。加快推动与省内外园区、企业在生态有机农畜产品、文化旅游业、中藏医药、生态水产业和能源建设等方面的合作，提高参与区域产业合作水平和能力。积极承接中东部转移产业，培育发展文化旅游、节能环保等产业，优化全州经济结构。支持市县省级农业科技园区提档升级，打造一批科技企业孵化基地和众创空间，培育发展一批创新企业，让创业创新成为时代潮流。实施“青蓝”工程、乡土人才、技能人才三大培育行动，激发人才活力。

（二）促进文旅融合，拓宽文化富集路径。以点带线、以线促面，全面激活文旅核心区节点旅游，形成州内小循环和州外大循环的“双循环”旅游发展格局，加快文化旅游融合发展、全域发展。一是畅通州内旅游小循环。以历史文化名城为核心，以唐卡小镇和隆务老街为关键节点，设置精品线路，着重解决各景点纵深延伸中吃、住、看、赏、游等需求，稳定客源量，带动文化外溢。加快坎布拉国家公园开发建设，盘活俄家台旅游服务区，谋划建设沿黄三镇黄金水岸旅游带，打造“黄河三峡”景区。发挥“南望九寨”区位优势，引进有带动力的文化旅游企业，联合打造青海最美大草原。二是融入区域大循环。加强与省内各兄弟市州和甘南州、阿坝州等地区的区域旅游合作，加快外联通道、专线公路、旅游风景道、旅游航道等建设，畅通连接省内及青甘川旅游大通道，开发一批精品旅游线路，主动融入全省河湟文化生态旅游协作区、青甘川风情生态旅游协作区和“大九寨”旅游区发展。三是引进民营企业和吸引群众参与开发。办好热贡文化旅游节等节庆活动，落实各项文化旅游扶持政策，吸引社会资金参与文旅产业开发与经营。举办文化旅游产品创新、研发展示大赛，激励市场主体研发特色文旅产品，着力繁荣发展具有黄南特色的文艺精品创作生产。四是提升旅游服务质量。加快完善旅游公路、厕所、停车场、游客服务中心等旅游服务基础设施，抓好旅游安全生产、旅游市场监管，加强全州旅游管理人员、从业人员专业水平和实践能力培训，团队化建设运作“智慧旅游”平台，一网容纳全州旅游要素。

（三）建设山水黄南，厚植生态富养根基。坚持生态优先理念，积极融入国家公园示范省建设，正确处理好保护生态与富民利民关系，坚决走好生产发展、生活改善、生态良好的文明发展道路。一是融入生态高地。深入践行习近平生态文明思想，全面落实省委打造“八个新高地”部署，坚持以生态优先、绿色低碳发展为导向，加快建立绿色生产和消费的法律制度、政策导向，以科学的态度推动技术创新，以有效的制度管山治水、护蓝增绿，用科技创新和法治保障守护自然生态安全。加强生态文明宣传教育，倡导低碳、健康、绿色出行，增加绿色产品和服务供给，更好引领生态文明新风尚。二是稳固生态屏障。统筹推进山水林田湖草沙冰系统治理，加快“七大国家公园”“两个省级公园”建设步伐，建立河湖、湿地、林地、草原为一体的自然保护地体系，打造黄河上游生态文明建设示范区和国家公园示范省先行区。实施新一轮生态功能提升行动，系统推进三江源生态保护和建设三期、森林质量精准提升等重大生态工程，大规模开展国土绿化，深入打好蓝天碧水净土保卫战，加快创建“全域无废”示范州。加快黄河流域黄南段高质量发展，统筹推进重点流域水环境保护、水生态修复、水污染治理，完善“河湖长”制，加快智慧河湖建设。三是完善生态体系。严格执行国土空间规划，统筹划定生态保护红线、永久基本农田、城镇开发边界三条控制线，进一步优化生态、生产、生活空间布局。推行草原森林河流湖泊休养生息，实施耕地休耕轮作，全面落实生态环境行政执法事项目录和执法监督“正面清单”，构建产权清晰、多元参与、激励约束并重、系统完整的生态文明制度体系，全力创建生态文明示范州。四是强化生态法治。加快打造生态文明高地立法工作，科学、民主、依法立法，有序、有力、有效修法。持续强化生态保护执法司法规范化建设，加强生态公益诉讼法律监督，加强生态法治观念普及和行政执法力度，认真做好生态法庭建设，做到普法有人抓、守法有人管、违法有人究，用全民守法、严格执法、公正司法守护生态环境，打造共建共治共享的生态文明高地。

（四）改善民生福祉，实现生活富庶愿景。尽力而为、量力而行，巩固提升脱贫攻坚成果，办实办好社会事业，实现好、维护好、发展好全州各族人民的最根本利益，进一步增强群众的获得感、幸福感和安全感。一是落实好“四个不摘”政策。注重巩固提升村集体经济培育，发展合作经济，在产业培育上有新提升；注重保护好建设好山水林田湖草沙冰生态基础，在生态宜居水平上有新提升；注重村民德治自治，在遵纪守法、执行村规民约，依法治村、依法理事上有新气象；注重创建五星级文明户、文明村镇，在乡风文明建设中有新作为；注重村有好产业、家有好房子、人有好习惯，在高品质生活中有新提高。二是办好社会事业。加强群众普通话和劳动技能培训，实施大学生返乡创业工程，加强州市县就业孵化基地建设，加快劳动力转移就业。着力加强紧密型医共体建设，持续做好“三个一批、六减免四优先，双签约”等重点工作。坚持科技特派员制度，组建州县两级科技服务专业队伍，参与基层生产服务和实体经济管理。因地制宜建设一批社区日间照料中心、乡镇敬老院、农村互助幸福院等，建立多元养老服务体系，规范县乡养老机构运营管理。三是抓好教育事业。加强校园党团组织建设，强化德育教育，培养合格接班人。优化全州城乡学校布局，加大对薄弱学校、农村学校的倾斜力度。探索建立县域内义务教育学校教师、校长交流（轮岗）制度，加大异地办班和智慧校园建设力度，全面推广使用国家通用语言文字，推进教育现代化建设。

（五）提升治理效能，打造精神富有高地。认真贯彻落实新时代党的治藏方略，增强忧患意识，坚持底线思维，倍加珍惜并巩固和发展好民族团结、社会稳定的良好局面。一是维护国家安全。全面贯彻总体国家安全观，始终保持对敌斗争的高压态势，高举法治旗帜，坚决依法打击一切分裂破坏活动。多谋长远之策，多行固本之举，继续以防患于未然为原则做工作、以防止出大事做准备，不断提高应对重大挑战、抵御重大风险、解决重大矛盾的能力。二是深化地方治理。巩固提升“一核三治”地方治理黄南模式，健全村（社区）“两委”班子成员联系群众机制，发挥州县乡村四级综治中心一网贯通、五级联动的重要作用，加强群防群治、联防联治。加快推进市域社会治理，依法赋予乡镇街道综合管理权、统筹协调权和应急处置权，增强乡镇平安建设和应急管理能力，全面打造网格化管理、精细化服务、信息化支撑的基层管理服务平台，加快形成共建共治共享的社会治理新格局。三是倡导全民守法。抓好“八五”普法，深化“法律七进”，着力提升公民遵法学法守法用法意识。普及村（社区）法律顾问和法律服务志愿者，健全覆盖城乡、便捷高效、均等普惠的现代公共法律服务体系。完善社会矛盾排查预警和“三调联动”调处化解机制，强化党组织领导的村民自治，从源头上减少和化解不稳定因素。四是依法管好宗教。健全“主体在县、延伸到乡、落实到村、规范到点”的基层宗教管理体系。持续开展百寺千讲、绿色寺庙、联谊交友等工作，深入推进“和谐寺庙”创建和“六进”活动，旗帜鲜明管好宗教场所、人员、活动，依法妥善处置宗教领域矛盾纠纷。加快改善寺庙公共服务，落实惠民政策，支持宗教团体更好发挥积极作用。五是打造精神高地。毫不放松抓好意识形态和宣传思想工作，不断夯实各族人民群众共同团结奋斗的思想基础。大力弘扬新青海精神，激励干部担当作为、激情干事。坚持以社会主义核心价值观为统领，强化教育引导、作风养成、制度保障。创新丰富“五星级文明户”等道德实践活动，用好新时代文明实践中心，推动形成适应新时代要求的思想观念、精神面貌、文明风尚、行为规范，教育群众移风易俗、诚实守信。

（六）全面从严治党，凝聚人心富足合力。坚定不移全面从严治党，持续加强党的建设，抓实基层党建，凝聚起打造山水黄南、加快“三区建设”、促进高质量发展的强大合力。一是夯实基层基础。坚持“一切工作到支部”的鲜明导向，推动各级党组织全面进步、党员队伍全面过硬。认真落实“三会一课”、组织生活会、民主评议党员等制度，深化基层党建标准化建设，统筹推进各领域党支部工作，打造模范政治机关。准确运用“四种形态”，严格监督执纪，进一步提振干部信心，依法办事、廉洁从政。二是壮大集体经济。探索推进村党支部书记、村委会主任和村集体经济组织法人“一肩挑”，全面加强对村集体经济发展的领导和支持。采取“支部建在农村产业上、党员示范岗建在致富项目上”模式，注重培育党员致富带头人，充分发挥党组织在引领农村产业发展中的核心作用。三是减轻基层负担。确立基层行政事务清单，明确乡镇、社区、村社职责边界，避免行政事项过度“下沉基层”，切实减轻基层负担。加大对干部的关怀激励，落实好带薪休假、高海拔地区干部职工关怀保护等制度，出台夫妻两地工作、老人重病等特殊关爱措施，增强干部职工工作荣誉感。认真落实干部容错纠错机制，激励干部担当尽责，最大限度保护干部工作积极性。

（州委政策研究室供稿）

黄南州生态文明建设综述

近5年来，黄南州生态文明建设取得了长足的进步，也在不断地遭遇困难和挑战。十九大后，黄南州以习近平生态文明思想为引领，将青海省委提出的“一优两高”战略部署融入当地经济、政治以及文化和社会建设的全过程，争取早日实现“美丽黄南”的建设目标。

一、黄南州生态文明建设的成效

（一）草原和森林生态保持良好。首先通过实施退牧还草、草原生态保护补助奖励政策等进行草原保育。80年代中期，黄南州的草地总面积为159.24万公顷，其中可利用草地面积147.96万公顷。截至2017年底，黄南州草原面积164.97万公顷，其中可利用草原面积157.80万公顷，人均可利用草场面积12.53万公顷，草地生态系统稳定向好。其次提高森林覆盖率，从森林面积以及林木储蓄和树木类型方面增强森林的生态恢复功能。截至“十二五”末，全州有林业用地52.58万公顷，森林38.18万公顷，森林蓄积量478.25万立方米，全州的森林覆盖率达到19.32%。1988年全州林地面积18.90万公顷、森林覆盖率8.23%，与其相比较，林地面积增加了33.67万公顷，森林覆盖率提高了11.09个百分点。

（二）水环境与水质量得到明显改善。首先大力提高水质量。黄南州加强水环境综合整治工作，城镇集中式饮用水水源地水质达标率为100%；四县污水处理厂建成运行，城镇生活污水处理率为77%；辖区内黄河一级支流隆务河、泽曲河、黄河监测断面水质逐年改善，达到水环境功能区Ⅲ类或优于Ⅲ类水质的环境目标。治理水土流失面积620.25平方千米。其次，提升土壤功能。黄南州土壤环境总体处于自然本底状态。耕地土壤重金属元素含量优于国家一级土壤标准。投资1996万元治理同仁市多哇镇金矿废渣污染土壤、夏卜浪铅锌矿废渣污染土壤和泽库县拉依沟金矿废渣污染土壤，重点治理历史遗留矿废渣污染土壤问题。生态工程、围栏封育等措施也促进了土壤有机碳、土壤水分、土壤微生物环境等性状改善。最后改善大气环境。黄南州2017的年空气质量优良天数为298天，达标率为98.70%，PM10均值为50.50微克/米^3，PM2.5均值为30.70微克/米^3，比2016年同期分别下降43.22%和31.24%；2017年共淘汰老旧车和黄标车75辆，超出年度任务50%。

（三）重点生态工程初见成效。首先重点生态工程初见成效。随着天然林保护工程、退耕还林（草）工程、三江源自然保护区生态保护与建设工程等重点工程的实施，黄南州生态环境明显改善，生态系统服务功能逐步提升，生态屏障功能日益突出。至2017年底，黄南州三江源二期工程已累计投入18亿元，治理黑土滩9400公顷，完成鼠害防治62.3万公顷，草原虫害防治28.81万公顷，毒草防治0.8万公顷，封山育林2.33万公顷。水体与湿地生态系统整体恢复林草生态系统年均水源涵养量比工程实施前增加了15.60%，水源涵养和流域水供给能力不断提高。其次绿色产业体系初步构建，特色农牧业优势凸显。黄南州统筹利用农牧林渔优势资源和综合条件，在沿黄尖扎地区建成果蔬（休闲）产业园、冷水鱼养殖产业园。隆务谷地初步建成乳产品加工、果蔬（休闲）为一体的农业产业园。

泽库、河南两县的有机畜产品生产产业园初步建成。着力打造果蔬种植、饲草种植、畜禽养殖及水产养殖等“四个主导”产业。二是文化旅游业助力绿色发展。黄南州在生态保护第一的前提下，大力推进特色旅游业的发展，着力建设文化旅游融合发展示范区，促进文化、旅游、体育、康养等产业深度融合。黄南州2017年接待游客433.77万人次，同比增长22%；旅游收入达到12.14亿元，同比增长11%。最后生态文化逐步形成。一是生态文明理念逐步普及。黄南州通过加大环境保护宣传、加强文化基础设施建设、开展教育培训、提升民众参与度、表彰先进人员等，大力推进生态文明建设，使生态文明的理念日渐深入人心。“绿水青山就是金山银山、冰天雪地也是金山银山”的新观念获得群众的认可和倡导。二是生活方式逐步趋于绿色。随着生态文明建设的不断深入，农牧民“人畜混居”、燃薪烧粪等传统的生活方式逐步改变，绿色建筑、绿色能源、洁净居住、绿色出行日益成为受欢迎的生活方式。截至2017年底，黄南州生态管护员达5606名，为草原生态保护和畜牧业可持续发展提供了保障。三是生态文化自信持续增强。黄南州原本良好的生态本底和近年来生态文明建设取得的成就，不断提升人民群众的生态文化自信。美丽乡村、文明家庭等多种形式的生态文明建设活动，激发了人们参与生态文明建设的热情，人们的幸福感和绿色获得感不断提升。

二、黄南州生态文明建设面临的困难及挑战

习近平总书记在全国生态环境保护大会上明确指出：“生态文明建设正处于压力叠加、负重前行的关键期，已进入提供更多优质生态产品以满足人民日益增长的优美生态环境需要的攻坚期，也到了有条件有能力解决生态环境突出问题的窗口期。”中共十八大以来，黄南州生态文明建设成效明显，但作为一项长期、复杂和庞大的系统工程，黄南州生态文明建设仍将面临很多困难和挑战。

（一）自然环境严酷，生态脆弱。随着全球性气候变暖以及人类经济活动的加剧，黄南州自然生态环境仍处于局部改善、整体恶化的状态。一是全州草场退化、黑化、沙化趋势较为严重。全州60%的天然草原存在不同程度的退化，草原轻度退化面积53.65万公顷，中度退化面积达32.60公顷，重度退化面积达30.30万公顷，重度退化草原中黑土滩面积达14.71万公顷，可利用的草场面积在不断减少。草原鼠害发生面积87.37万公顷，危害面积达67.87万公顷。毒草发生面积达46万公顷，危害面积37.06万公顷。产草量和牧草质量降低，整个生态系统服务功能呈弱化趋势。二是水土流失形势严峻。近年来，气象和地质灾害频发，全州轻度以上水土流失面积达到9396.68平方千米，占到了全州总面积的49.9%。三是全州森林覆盖率19.32%，森林资源总量位居青南三州首位，但森林质量不高，结构不合理，森林生态成效显著而经济效能低的矛盾仍十分突出。

（二）经济发展与环境保护的矛盾不断加剧。如上所述，随着经济加速发展全州的生产与生活、城镇与农村、工业与交通环境交织污染的问题日益突出。尖扎、泽库、河南三县乡镇垃圾填埋场尚未建成，城乡垃圾焚烧产生的一氧化碳、二氧化硫、臭氧、PM2.5、PM10等有害气体和物质不断增高。部分汽、柴油车排放是国四标准的200倍排放量。与全州空气质量优良天数要达到90%以上、细微颗粒物浓度较考核基准年下降13%的目标要求仍然有一定差距。而且生态环境一旦被破坏，恢复成本高、见效慢。实践中发现三江源保护区内一些易地搬迁项目的周边生态治理任务尚未完成，如麦秀镇的龙藏村、哈藏村等。历史遗留的国营矿山，如同仁市顺隆矿业、瓦楞根金矿、华帝矿业矿区开采时对生态破坏较大，目前这些企业效益低，资金投入不足，对生态破坏的整治进度缓慢，效果不理想。

（三）恢复生态功能任务艰巨，发展环境容量有限。黄南州全境属三江源生态保护综合试验区，其中泽库和河南两县属于国家级重点生态功能区，同时州内还有部分地区属于省级重点生态功能区。目前，生态修复工程实施覆盖面不到40%。同时，高寒高海拔的气候条件决定了黄南州生态的脆弱性以及恢复的长期性，国家工程性的投入有一定期限，投入渠道单一，缺乏持续的投融

资机制，生态保护和建设成果缺乏巩固保障。比如，2017年尖扎县完成造林0.28万公顷，造林后期因干旱补植补栽苗木欠款达3646万元，水利欠款达到9000多万元，林业的健康发展受到严重制约。此外，生态主体功能区基本公共服务滞后，产业基础薄弱。农牧民转产转业困难，增收难度大，政府扶持的藏毯、嘛呢石刻、民族手工品加工、奶牛养殖、畜产品精深加工和开发利用等项目尚未形成规模，大部分生态搬迁牧民生活只靠虫草和临时项目补助，无法保障牧民生活水平的提高。

（四）支撑生态文明建设的绿色产业体系尚未建立。黄南州生态承载力低下，产业发展生态环境条件严格。长期以来，黄南州工业基础薄弱，现代生态农业发展缓慢。经济发展与资源环境约束的问题严重，对生态文明建设形成了很强的瓶颈制约。一方面，除了绿色能源形成一定规模外，其他产业体量小，产品单一，发展层次低，转型慢，市场竞争力有限，至今尚未形成具有优势的产业规模。另一方面支持产业发展的各项政策不健全，财力投入明显不足。

（五）管理机构和人才队伍有待加强。生态文明建设作为一项系统工程，涉及三江源项目管理办公室、林业、环保、水土等多个部门。这些部门普遍存在机构不健全、编制少的问题。州、县三江源项目管理办公室的工作人员多为临聘，造成工作人员流动性大且思想不稳定。黄南州环境监测机构只有州级1个，四县没有环境监测机构。专业技术人员短缺，技术力量薄弱，工作人员不足，与环境监察监测标准要求（标准：县州环境执法人员20—30人，环境监测人员50—70人）有很大差距。

三、黄南州生态文明建设的工作重点

黄南州生态环境非常具有典型性，代表我国民族地区在社会经济发展与生态文明建设方面地方特色。一方面国家的大力扶持为黄南州解决生态环境突出问题提供了条件和机遇，黄南州本地实践和发展经验为当地的生态文明与经济发展做出了贡献。但是正如很多民族地方在发展与保护之间遇到的矛盾一样，由于经济发展需要大量的资源供给，生态保护则在一定程度上“抗拒”开发和开采。因此如何能科学智慧地处理好两者的关系就成为地方生态文明建设的路径依赖。

（一）坚持自然生态的优先保护原则。“绿水青山就是金山银山”。生态文明对于经济发展的支撑是一个长期的缓释过程，而如果一旦生态环境被破坏，对于人文社会的造成的负面影响将是长期和难以恢复的。因此在从长远考虑，应该坚持保护优先的原则，以实施重要生态系统保护和修复重大工程为依托，建设生态安全屏障体系。实施三江源黄南草原区、荒漠区生态综合治理工程，重点实施黄河沿岸生态综合治理和水土保持项目、乡镇污水处理厂建设、乡村垃圾分类处理厂（点）建设等工程。坚持山水林田湖草是生命共同体，全力实施好三江源生态保护与建设二期、三北防护林、天然林保护等重大工程建设，加大草原生态环境保护力度。深入开展国土绿化提速行动，增加绿化面积。统筹推进山水林田湖草生态保护和修复，加快洮河源国家湿地公园、泽曲国家湿地公园、和日国家沙漠公园（试点）的建设步伐。通过创新产权模式等，引导各方面资金投入植树造林。加大沙漠化土地综合治理力度，提高水源涵养功能。以草原植被保护和恢复为重点，统筹做好生态保护、产业发展和牧业人口布局，不断改善生态环境。处理好生态环境保护和群众生活水平提升之间的关系，构建生态生产生活循环发展共赢模式。控制流域河流水量利用，保持河水储量稳定。努力建设滨河公园，积极打造隆务河绿色景观带。实施黄河干流防洪护堤、退耕还林、小流域治理等为一体的综合治理，全力打造沿黄生态旅游景观带。

（二）全面推进污染防治，恢复良好生态环境。以良好的生态环境是最普惠的民生福祉为宗旨，满足人民群众对美好生活的需要。加大城乡环境综合整治力度，以改善农牧区人居环境和提高农牧民生活质量为抓手，实施大气、水、土壤污染防治行动计划，尤其是抓好重点领域、重点行业和重点企业的污染源治理，实现县城生活污水和垃圾无害化处理全覆盖，加快推进“厕所革命”，努力打造全域无垃圾示范区。开展重金属污染防治和矿山地质环境综合治理。加强水环境治理，继续保护好洮河、泽曲河和隆务河水环境。认真落实“河湖长制”，开展全流域县城所在地、重点乡镇、重要支流河道黑臭水体排查整治活动，加强入河排污口的监督管理，严控入河排污量，消灭黑河、臭河、垃圾河。开展重要饮用水水源地安全保障达标建设，确保饮用水安全和质量。开展大气污染防治，重点控制总悬浮颗粒物污染。强化日常监管，确保集中供热脱硫除尘设施稳定达标，全面开展餐饮油烟治理工作。实施工地扬尘的精细化管理，严格监管黑烟车，淘汰高排放车。严防农业区土壤污染，加强对基本农田特别是“菜篮子”产区的环境保护，推进农田土壤基本污染区的治理和修复。制定实施土壤污染防治规划，提高测土配方技术覆盖率，推广水肥一体化技术，控制农药和化肥使用。加强田间管理，构建覆膜与回收同步的工作机制，防止“白色污染”。

（三）健全生态文明制度体系，改善环境的“脆弱性”。处理好制度建设和行动自觉的关系，制定科学严密的法律和制度规范，为保护绿水青山提供保障。健全考核评价制度和责任追究制度。落实环境保护“党政同责”“一岗双责”。结合黄南实际，修订目标考核办法，完善绿色绩效考评机制，建立能体现生态文明要求的目标体系、考核办法、奖惩机制等；实行领导干部自然资产离任审计，完善生态环境损害责任终身追究办法。对违背生态文明建设要求、盲目决策造成资源损害和生态环境严重破坏的要追究其领导责任，对生态文明建设工作不重视和推进不力的要及时诫勉提醒，对失职渎职的要依纪依法究监管责任。完善生态环境监管制度。建立严格监管所有污染物排放的环境保护管理制度，严格实施污染物排放许可证制度，加强企事业单位污染物排放总量管控力度。一方面，注重源头监管控制。建企业、上项目时，把好环评关。针对重点单位、重点部位、重点企业、重点污染源，坚持定期巡查检测。另一方面，加大累积性排污行为的监管力度。研究制定出相关的管理办法，从源头上加强管理，使累积性污染得到有效控制。加强法律监督、行政监察，对各类环境违法违规行为实行“零容忍”。推进联合执法、区域执法、交叉执法，保持高压态势，严厉打击环境违法行为。

（四）培育推动绿色产业，为生态文明建设提供长效机制。根据黄南州的资源条件、区位优势、自然环境、产业基础，有选择、有重点地促进生态型工业、生态农业和生态服务业结构调整和优化升级，实施产业布局和调整政策。以培育发展有机畜牧业，中药、藏药材生物医药健康，特色文化旅游，生态水产四大产业为重点，并兼顾绿色农产品加工和新能源产业发展，构建黄南绿色产业体系，力争到2020年，全州生态经济产值达到100亿元以上。建立和完善绿色信贷、绿色税收、绿色贸易、绿色保险等环境经济政策体系，研究出台鼓励绿色生产、绿色流通、绿色分配、绿色消费举措，强化发展绿色经济。在保护生态环境前提下，研究制定重点支持民族特需用品、藏药材等产业发展措施，加快建设绿色农畜产品供给基地、水产养殖基地和饲草料基地，努力把同仁、尖扎两县打造成青海省东部农业的延伸带、生态畜牧业的承接带；把泽库、河南两县打造成有机畜牧业生产示范区，着力推动绿色发展。充分发挥黄果梨、核桃等优势特色林产业的品牌和区域优势，推进特色经济林、种苗花卉、生态旅游、林药一体化等特色林业产业发展，壮大区域经济，增加农牧民收入。五是探索建立林业碳汇交易市场，通过交易碳排放指标，推动森林生态经营服务功能价值化，增加群众的财产性收入。

（五）加强人才队伍建设，保证环境执法力度。完善各领域人才中长期发展规划，在生态修复、环境治理、绿色生产等方面重视培养和引进重点领域学科带头人及专业人员。根据单位职能和编制需求，配备相应人员，壮大人才队伍。比如环保部门要加强协调，积极争取，按照《环境监察机构标准化建设》和《全国环境监测站建设标准》要求成立四县环境监测机构，达到标准化建设要求，切实承担起全州重点工业企业及排污单位的废水废气监测工作。继续做好培训教育工作，不断提高管理、经营和基层技术人员能力水平。加大农牧民培训力度，不断提高生产技能和生活水平。加强基层执法队伍建设，通过在岗培训和离岗培训，提高执法水平，规范执法行为，增强执法效果。

生态文明建设要树立以尊重自然、顺应自然、保护自然的理念，我们不能违背自然规律，特别是不应该忽视所处的地域环境。中国特色的生态文明建设应以社会主义生态文明观为价值指引，将生态产品建设与生态文明建设相结合。注重不同的发展阶段的要求立足不同地域环境的资源，生态文明建设要深入发掘地方智慧，发挥地方特色，生态文明是宏观性的，更是微观的具体的。地方政府在生态文明建设中要结合资源节约、生态环境保护、可持续发展等一系列要素综合考量建设的步骤、措施和程度。在生态物质文明建设中融入文化观念的培育，在文化观念的形成中反哺优质生态产品的建设。让生态文明成为约束各项社会经济发展决策和管理的文化自觉。教育广大公众，要使敬畏自然、保护草木、珍爱生灵等民族风俗成为人们的一种自觉意识和行为，并强化现代环保意识。发扬勤俭节约的优良传统，减少一次性用品的使用，限制过度包装，鼓励广大群众购买和使用节能环保低碳产品，引导其形成简约适度、绿色低碳、文明健康的消费习惯。倡导绿色生活，倡导低碳出行、健康出行、文明出行。对于企业，重点是强化环境保护的遵法守法意识，增强其社会责任感。将树立社会主义生态文明观纳入党政领导干部任职培训体系、农牧民群众培训体系、国民教育体系中，通过大力倡导，使生态文明理念深入人心，并成为全州人民的自觉行动。

（州委政策研究室供稿）

大事记

1 月

1—23 日　全州 292 个村（社区）完成“两委”换届选举任务，全部一次性选举成功。选举产生的村“两委”主要负责人中种（养）殖业经营能人和致富能手有 132 人，占 44.6%，比上届提高 28.21 个百分点。选举产生的 305 名村（社区）“两委”主要负责人平均年龄 42 岁，比上届下降 5.3 岁；大专以上文化程度有 78 人，比上届提升 29.15 个百分点。1426 名村（社区）“两委”成员平均年龄 38.56 岁，比上届下降 5.1 岁；小学文化程度的有 484 人，比上届下降 41.96%；高中以上文化程度有 588 人，比上届提升 36.6 个百分点。全州 249 个村实现“一肩挑”，占全州村总数的 95.4%，全州 30 个社区均实现“一肩挑”。

6 日　州委政法委主办的“向人民报告——全州政法系统‘迎新春·保平安’文艺会演”在同仁市影剧院举行。州委、州人大、州政府、州政协、州军分区、州中级人民法院、州人民检察院、武警黄南支队、各市县党政领导、政法部门主要负责人、州直相关部门负责人、全国劳模、全国模范检察官、全国优秀人民警察、全国模范人民调解员、全国民族团结进步先进个人、全省疫情防控优秀共产党员代表、受奖集体和立功个人代表、英雄模范和见义勇为代表，援青干部和警属警嫂代表，学生、企业、社区和农牧民群众代表，以及环卫工人、快递小哥等代表 400 余人观看。

6—7 日　中共黄南州委十二届十一次全体会议在州会议中心召开。

8 日　州委全面深化改革委员会第六次会议召开，学习贯彻中央全面深化改革委员会第十七次会议精神，总结 2020 年全州全面深化改革工作，听取各市县和部分州直部门改革工作汇报，安排部署下一步工作。

同日　全州企业家座谈会召开，认真学习中央和省委有关会议精神，听取企业家们对黄南“十四五”时期高质量发展的意见建议，探讨全州中小企业和非公有制经济发展新思路、新举措。

同日　全州村（社区）“两委”换届选举工作指导小组第三次会议召开。总结村（社区）党组织换届选举工作中的经验做法，对下一步村（居）委会换届选举工作形势进行综合分析研判并作出安排部署。

同日　“世界最大的木结构四合院”和“世界最大土烧馍”世界纪录认证（WRCA）在尖扎举行。位于尖扎县俄家台的藏家大院被认证为“世界最大的木结构四合院”世界纪录，昂拉土烧馍被 WRCA 认证为“世界最大土烧馍”世界纪录。

11 日　州委书记王振昌在州疫情防控处置工作指挥部、州疾控中心、州医院检查指导疫情防控工作，研究分析当前全州疫情防控形势，看望慰问奋战在疫情防控一线的工作人员。

同日　州民政局正式开通“12349-6”儿童救助保护热线，解决儿童救助保护“最后一公里”问题。

12 日　州委平安黄南建设领导小组第二次会议召开，深入学习习近平总书记关于平安中国建设的重要指示精神等，通报 2020 年平安黄南建设工作开展情况，听取各专项组述职，研究部署更高水平平安黄南建设任务。

同日　州新型冠状病毒感染的肺炎疫情防控处置工作指挥部第 22 次会议召开，传达学习州委书记王振昌，州长乔学智批示指示精神等。通报全州疫情防控工作开展情况和联合督查情况，安排部署春节期间疫情防控工作。

12—14 日　在新春佳节、藏历新年来临之际，州委书记王振昌先后在隆务寺、噶丹寺、大佛寺等地，走访慰问夏日仓·旦增久美、赛赤·确吉洛智嘉措、夏茸尕布·洛桑旦增却吉尖赞、更登桑布、成列尖措等宗教界人士代表，代表州委向全州宗教界人士致以节日的问候和良好的祝愿。

14 日　州委书记王振昌在同仁市仁俊热贡艺术传习院看望慰问中国工艺美术大师夏吾角，关切询问工作生活情况和画院运营情况。

15 日　州政府党组召开 2020 年度民主生活会。紧扣主题，坚持问题导向，“严”字当头、“改”字为先，准确把握党中央和省委、州委要求，以中央政治局民主生活会为标杆，聚焦习近平总书记关于严肃党内政治生活的重要指示精神，对照党章、党规、党纪，对照初心使命等六方面问题，联系工作实际，认真查摆问题，深刻剖析根源，开展批评和自我批评，进一步明确努力方向和整改措施。

18日 州新型冠状病毒感染的肺炎疫情防控处置工作指挥部第23次会议召开，传达学习全国疫情防控工作电视电话会议精神等，通报全州疫情防控总体情况，听取各市县工作汇报，安排部署当前疫情防控重点工作，全力巩固疫情防控成果，坚决守住底线要求。

19日 州长乔学智看望慰问省内优秀拔尖人才黄义明、娘本和援青人才刘圣源，代表州委州政府向他们及家人致以诚挚的问候和新春的祝福。

同日 州委印发《关于制定国民经济和社会发展第十四个五年规划和二〇三五年远景目标的建议》。

同日 尖扎县被国家民族事务委员会命名为全国民族团结进步示范县。

28日 州长乔学智在赛赤·确吉洛智嘉措、夏茸尕布·洛桑丹增确吉坚赞、更登桑布等宗教界人士住所，代表州委州政府向他们致以诚挚的问候和新春的祝福。

同日 中央文明办确定2021—2023年创建周期全国文明城市提名城市名单，尖扎县入围。

是月 全州设立8个新冠疫苗接种点，分别设置等候区、登记区、接种区、观察区和抢救区，严格制定疫苗接种工作制度和流程，组织实施接种医护人员培训，确保新冠疫苗接种工作顺利开展。

是月 司法部、民政部授予泽库县和日镇和日村“全国民主法治示范村”称号。

是月 州审计局在黄河干流青海省沿线生态环境保护情况专项审计调查项目中获得审计署颁发的“国审计机关省级二等奖”。

2月

1日 省委书记、省人大常委会主任王建军参加省十三届人大六次会议黄南代表团审议。

2日 省政协十二届四次会议第三次全体会议在西宁举行，州委书记王振昌当选政协第十二届青海省委员会副主席。

2—3日 州新型冠状病毒感染的肺炎疫情防控处置工作指挥部组织人员在4个市（县）举办4次新冠肺炎疫情防控演练，参演干部群众人数达1000余人。

4日 由州委、州政府主办，州热贡文化生态保护区管委会、州文体旅游广电局承办，州民族歌舞剧团以及4个市（县）政府协办的2021年黄南州春节、藏历新年专场文艺晚会《山水春歌》在同仁录制完成。

7日 州委召开涉藏工作领导小组（扩大）会议，传达学习中央西藏工作协调小组全体会议、省委涉藏工作领导小组（扩大）会议精神，听取2020年工作报告，审议2021年工作要点，安排部署涉藏工作重点任务。

同日 州委召开全州省管领导干部（扩大）警示教育大会，传达学习省委书记王建军对全省省管领导干部警示教育工作的批示要求精神等，集中观看警示教育片和典型案例通报视频，号召全州各级党组织和党员领导干部对照反面典型、做好自我警醒，进一步筑牢拒腐防变思想堤坝。

8日 州四大班子领导在同仁市热贡路社区、青年路社区、隆务社区、清尘环保技术有限公司、供电公司、自来水公司、通源热力有限公司看望慰问春节期间坚守一线的干部职工和环卫工人，向他们致以新春的问候和节日的祝福，并为他们送上慰问品。

24日 州第十二届纪律检查委员会第六次全体会议召开，深入学习贯彻中共十九届五中全会和省委十三届九次全会精神，全面落实中央纪委五次全会和省纪委五次全会各项决策部署，总结2020年纪检监察工作，部署2021年主要任务，动员全州上下坚定政治方向、保持政治定力、增强政治担当，奋力推动新时代全州纪检监察工作高质量发展。

同日 州政府召开全州一季度项目投资调度会暨项目开复工动员会。

25日 州委农村牧区工作会议召开，传达学习中央农村工作会议、省委农村牧区工作会议精神等，总结“十三五”及2020年全州农村牧区工作，安排部署下一步工作并启动以“巩固拓展脱贫攻坚成果全面推进乡村振兴”为主题的千名干部下乡活动。

同日 省政协副主席、州委书记王振昌在同仁、尖扎实地督导调研备耕春播生产，宣讲中央、省委一号文件精神。

同日 全州宣传思想文化工作会议召开。按照全国、全省宣传部部长会议的部署安排，总结2020年工作，分析研判当前形势，明确2021年重点任务。

同日 全州2021年网信工作会议召开。传达学习全国全省宣传部部长会议、网信办主任会议精神，回顾总结2020年网络安全和信息化工作，研究部署2021年工作。

同日 同仁市双朋西乡环主村扶贫驻村第一书记尕玛德青、河南县妇女联合会主席（河南县原扶贫开发局副局长）陈敏、泽库县宁秀镇拉格日村党支部书记俄多3人获“全国脱贫攻坚先进个人”称号，尖扎县昂拉乡德吉村村民委员会、河南县宁木特镇政府、同仁市多哇镇政府3个集体荣获“全国脱贫攻坚先进集体”称号。

3月

2日 全州市县乡领导班子换届工作领导小组第一次会议召开，传达学习全省市县乡领导班子换届工作会议精神，安排部署相关工作，审议市县乡镇领导班子换届工作实施方案。

同日 2021年全州消防工作会议暨消防安全委员会第一次联席会议召开。

3日 泽库县措日更湖获批成为首批国家草原自然公园建设试点。

4日 全州党史学习教育动员会召开，动员部署全州党史学习教育工作。省政协副主席、州委书记、州委党史学习教育领导小组组长王振昌出席并讲话，州委副书记、州长乔学智传达习近平总书记在党史学习教育动员大会上的重要讲话和全省党史学习教育动员会精神。

5日 省政协副主席、州委书记王振昌在尖扎县实地调研城区风貌改造、基础设施、产业园区建设情况。

同日 尖扎县2021年度重大项目集中开复工仪式在坎布拉镇举行。省政协副主席、州委书记王振昌出席；各施工企业代表、监理单位代表等550余人参加。此次重大项目集中开复工仪式的举行标志着黄南州建设项目从北到南陆续拉开建设序幕。

同日 全州组织工作会议召开，传达省政协副主席、州委书记王振昌对全州组织工作的要求和全国、全省组织部长会议精神，回顾总结过去一年工作，安排部署2021年组织工作。

同日 全州村（社区）“两委”换届选举工作指导小组以视频会议形式召开换届选举工作总结会，全面总结全州村（社区）“两委”换届选举工作，安排部署接续重点工作任务。

同日 全州“促百分百达标，迎百年华诞”以评促建活动动员部署会召开。

6—11日 中国人民政治协商会议第十三届黄南藏族自治州委员会第七次会议召开，会议应出席委员222名，实际到会委员201人。州政协主席林华旦代表政协第十三届黄南藏族自治州委员会常务委员会向大会作工作报告。选举关却加为政协第十三届黄南藏族自治州委员会副主席。

9—12日 黄南藏族自治州第十五届人民代表大会第七次会议召开，会议应出席代表229人，实际到会代表206人。州长乔学智代表州政府向大会作政府工作报告。选举杨海云为黄南藏族自治州中级人民法院院长。

11日 省委常委、省委秘书长于丛乐在尖扎县督导中共十九届五中全会、中央经济工作会议、中央农村工作会议及省委十三届九次全会精神学习贯彻情况。调研巩固拓展脱贫攻坚成果同乡村振兴有效衔接、万名干部下乡工作，实地查看昂拉千户府保护利用情况。省政协副主席、州委书记王振昌，省政协副主席马丰胜一同调研。

17日 州委审计委员会第五次会议召开，传达学习全国审计工作会议精神等，听取2020年全州审计工作汇报，审议相关文件，安排部署全州审计工作。

同日 州委召开第八轮被巡察党组织主要负责人集中约谈会，针对巡察发现的问题，要求被巡察党组织主要负责人高度重视，认真抓好整改，进一步压紧压实全面从严管党治党政治责任。

同日 省目标责任第二考核组在黄南召开全州2020年目标责任（绩效）考核大会，省政协副主席、州委书记王振昌，州委副书记、州长乔学智，省第二考核组成员出席。

同日 州政法队伍教育整顿新闻发布会在同仁召开，相关负责人介绍州政法队伍教育整顿工作基本内容、时间安排、目标任务、工作措施等情况。《青海日报》、青海广播电视台、青海在线网、黄南报社、黄南州电视台等媒体参加。

17—24 日 全州县级领导干部学习贯彻中共十九届五中全会精神专题研讨班在州委党校举办，457 名县级领导干部参加研讨学习。

18 日 省委常委、省军区司令员刘格平率工作组在河南县检查调研工作。

22—23 日 省政协副主席马海瑛一行在黄南调研加快推进青海省市域社会治理现代化建设工作。

24 日 州委党史学习教育领导小组办公室召开全州党史学习教育巡回指导工作部署会议，动员部署全州党史学习教育巡回指导工作，标志着巡回指导工作正式启动。全州 5 个巡回指导组将对 4 个市（县）、47 个州直部门、16 个省驻州单位、8 个金融机构和军分区、武警支队开展巡回指导工作。

25 日 十二届州委第八轮巡察意见集中反馈通报会召开，传达学习省政协副主席、州委书记王振昌在听取十二届州委第八轮巡察情况汇报时的讲话精神，集中反馈十二届州委第八轮巡察发现的共性问题，安排部署整改工作。

同日 州人大常委会召开全州“乡镇人大建设年”活动提升行动启动会，州人大常委会办公室、各专工委和各市县人大常委会负责人参加。

同日 省考核评估工作组采取核查现场、听取汇报、查阅资料方式在黄南专项考核 2020 年度水土保持目标责任工作。

26 日 由州政府主办的 2021 年“西域胜境·神韵黄南”文化旅游资源专场推介会在西宁召开。以创建全域旅游示范区为契机，采取多种宣传形式，宣传“山水黄南”的内涵，突出“西域胜境·神韵黄南”旅游文化品牌，推动文化旅游产业转型升级。黄南州与同程集团、携程集团签订《战略合作协议》；甘肃和西宁的 204 家旅行社与全州主要景区景点和星级酒店分别签订 700 余份年度合作协议。

30 日 州长乔学智在尖扎县坎布拉演练现场检查指导黄南州保障全省“高原砺剑－2021”重特大地震跨区域综合实战拉动演练联勤联动工作情况，并进行战前动员。

是月 黄南报社编辑部被全国妇联授予“全国巾帼文明岗”称号，州就业服务局被授予“全国巾帼建功先进集体”称号。

4 月

1 日 王耀春任州委委员、常委、书记，王振昌不再担任州委书记、常委、委员职务。

2 日 州直机关“促百分百达标、迎党百年华诞”以评促建交叉互评工作动员部署会召开。标志着州直机关各领域党组织交叉互评工作全面启动。

7 日 州委常委会党史学习教育第一次集体学习会召开，传达学习习近平总书记在党史学习教育动员大会上的讲话、在参加十三届全国人大四次会议青海代表团审议时的讲话精神等。

同日 州委党的建设工作领导小组会议召开，传达学习省委党的建设工作领导小组第十一次会议精神，审议 2021 年工作要点，安排部署全州党的建设工作。

同日 州委全面深化改革委员会第七次会议召开，传达学习中央全面深化改革委员会第十八次会议和省委全面深化改革委员会第十二次会议精神，研究 2021 年和“十四五”时期改革工作，审议有关改革方案，安排部署全州全面深化改革工作。

8 日 全州党史学习教育州委宣讲团宣讲工作动员会召开，安排部署宣讲团党史宣讲工作。

12 日 州委全面依法治州委员会立法协调小组第三次会议暨州人大常委会 2021 年度立法工作推进会召开。立法协调小组各成员，州人大相关专工委负责人以及州政府办公室、州司法局、州民宗委、州民政局、州水利局、州林草局、州民族语文工作中心相关负责人参加。

13 日 党史学习教育省委宣讲团宣讲报告会在州委党校举行。青海民族大学马克思主义学院副教授王健作宣讲报告。

同日 全州国土绿化动员大会召开，学习习近平生态文明思想，深入贯彻全省国土绿化动员大会精神，动员部署 2021 年国土绿化工作。

14 日 州级政法队伍教育整顿学习教育环节评估验收汇报会

召开。省第六指导组成员，州政法队伍教育整顿领导小组相关负责人，州委政法委、州中级人民法院、州人民检察院、州公安局、州司法局班子成员及州政法队伍教育整顿领导小组成员单位主要负责人参加。

14—15日 省委副书记、省长信长星在黄南调研。

15日 全州党史学习教育第一轮巡回指导工作总结暨第二轮巡回指导部署会召开。

19日 全州第二十六期中青年干部培训班在州委党校开班。四市（县）和州直各单位的46名中青年干部开始为期3个月的学习。

20日 蒋树成为州人大常委会主任人选，扎西才让为州长人选，肖顺琛、王桂莲为副州长人选。免去乔学智州长职务，免去先巴副州长职务。

同日 经州委常委会会议研究决定，蒋树成任州人大常委会党组书记，免去其州委常委、同仁市委书记、常委、委员职务；扎西才让任州委委员、常委、副书记，州政府党组书记；肖顺琛任州委委员、常委，州政府党组副书记；宋辉任州委委员、常委；旦增任同仁市委委员、常委、书记，免去尖扎县委副书记、常委、委员职务；才科杰任尖扎县委委员、常委、书记。免去乔学智州委副书记、常委、委员，州人民政府党组书记职务；免去先巴州政府党组成员职务。

同日 中央巡视反馈意见整改工作领导小组第三次会议召开，听取中央巡视反馈问题整改工作情况汇报，安排部署整改工作。

同日 州委常委会党史学习教育第二次集体学习会召开，深入学习习近平总书记重要讲话精神及《论中国共产党历史》等。

21日 果洛州交叉互评考评组一行8人在黄南州开展为期10天的交叉互评工作。

21—22日 省委副书记吴晓军在同仁市、尖扎县调研民族团结、乡村振兴和党史学习教育工作。

21—22日 州委副书记、州长人选扎西才让主持召开会议，听取州政府有关部门工作情况汇报，了解掌握各方面工作情况，调度指导全州经济社会发展工作，研究解决存在的问题，推动各项重点工作落地落实。

22日 全国政法队伍教育整顿中央第十五督导组青海小组组长廖向阳率督导组在尖扎县开展督导工作。

25日 全州市县乡领导班子换届工作领导小组第三次会议召开，听取市县乡换届工作及换届风气督导情况汇报，审议《关于中央组织部换届风气督导组、省委组织部市县乡换届风气第八督导组督导黄南反馈问题整改方案的报告》，安排部署相关工作。

同日 十二届州委第九轮巡察动员会召开，传达学习省委巡视动员部署会精神，宣布州委各巡察组组长、副组长授权任职及任务分工决定，安排部署相关工作。

28日 州人大常委会召开全州县乡人大换届选举工作联席会议第一次会议，州人大常委会党组书记、联席会议第一召集人蒋树成出席并讲话。州委组织部、州纪委监委负责人分别发言。各联席会议成员单位和各市县人大常委会负责人参加。

同日 州工商联组织召开州商会一届一次会员代表大会暨州商会成立大会。省工商联、省委统战部、州委组织部相关负责人应邀出席并全程指导。州商会全体会员代表、特邀执委单位负责人、州市县工商联干部、州行业商会联络员及重点企业驻企特派员等69人参加。

29日 州新型冠状病毒感染的肺炎疫情防控处置工作指挥部召开会议，通报疫情情况，分析当前形势，专题研究部署“五一”国际劳动节期间疫情防控工作。

是月 全州开展科普大篷车“万里行”活动。利用5个月时间，重点对全州33个乡镇、66个村、8个社区、66所学校、4家寺庙开展科普宣传。

是月 同仁市扎毛乡扎毛村被中国生态文化协会评为“国家级生态文化村”。

是月 同仁市第一幼儿园被评为“全国第二批足球特色幼儿园示范园”。

5月

6日 副省长刘超在同仁市、尖扎县行政服务大厅、生产企业、特色小镇和便民服务点调研“放管服”改革和优化营商环境工作。

7日 州委书记王耀春在同

仁市隆务寺看望慰问联谊交友对象州人大常委会副主任、隆务寺寺主活佛夏日仓·旦增久美，代表州委向全州宗教界人士致以良好的祝愿。

同日 州新型冠状病毒感染的肺炎疫情防控处置工作指挥部召开全州疫情防控工作会议，传达学习全国、全省工作会议精神，安排部署贯彻落实全国、全省会议精神，扎实做好下一步全州疫情防控和疫苗接种工作。

同日 州政府残工委第三次全体（扩大）会议召开。州政府残工委各副主任，残工委各成员单位负责人、各市县政府残工委主任、各市县残联理事长参加。

同日 省政协副主席杜捷在黄南州调研包联项目张汶高速公路同仁至赛尔龙段工程进展情况。

8日 州委全面依法治州工作会议召开，分析依法治州工作存在问题，安排部署当前和今后一个时期全面依法治州重点工作。

同日 州委副书记、州长人选扎西才让在同仁市隆务寺调研寺庙管理工作，看望慰问隆务寺寺主活佛夏日仓·旦增久美，代表州政府向全州宗教界人士致以良好的祝愿。

同日 州政府召开全州巩固拓展脱贫攻坚成果专题安排部署会，学习贯彻习近平总书记关于有效衔接的重要指示批示精神和中央、省上重大决策部署，分析当前巩固拓展脱贫攻坚成果形势，安排部署下一步重点工作。

9日 由新华社、中国品牌建设促进会、中国资产评估会等单位主办的“2021中国品牌价值评价信息发布暨中国品牌建设高峰论坛”在上海举行。泽库县“泽库牦牛”经专家评审、技术机构测算、品牌评价发布工作委员会审定，获品牌强度816，品牌价值18.05亿元。

10日 州委全面依法治州委员会第三次会议召开，传达学习省委全面依法治省委员会第三次会议精神，听取工作汇报，审议有关文件，安排部署全州依法治州重点工作。

同日 州水利局被水利部授予“农村饮水安全脱贫攻坚先进集体”称号。

11日 州委副书记、州长扎西才让在尖扎县康杨镇康家清真寺看望慰问寺管会成员和教职人员，向全州穆斯林同胞致以节日问候和美好祝愿。

11—13日 黄南藏族自治州第十五届人民代表大会第八次会议在隆务召开。会议应到代表231人，实到代表205人。选举蒋树成为黄南藏族自治州人大常委会主任，扎西才让为黄南藏族自治州人民政府州长，肖顺琛、王桂莲为黄南藏族自治州人民政府副州长，李学军为黄南藏族自治州人大常委会委员，并举行宪法宣誓。

12日 在穆斯林传统节日开斋节来临之际，州委书记王耀春，州委副书记、州长扎西才让看望慰问州伊斯兰教协会会长、副会长，隆务清真大寺开学阿訇韩乙奴四以及民管会成员，向全州穆斯林群众致以节日的祝贺和美好的祝福。

16日 团省委书记董玉毅在尖扎县调研指导共青团工作。

17日 州委召开干部大会，观看换届警示教育片《警鉴》，民主推荐干部。

同日 州委召开扫黑除恶专项斗争总结表彰大会。学习贯彻习近平法治思想和全国、全省扫黑除恶专项斗争总结表彰大会精神，回顾总结三年来全州扫黑除恶专项斗争成效、经验，表彰扫黑除恶专项斗争先进集体、先进个人，安排部署常态化扫黑除恶斗争，努力建设更高水平的平安黄南。

同日 省委书记、省人大常委会主任王建军在黄南州调研包联的重大项目西成铁路，协调解决建设中遇到的困难和问题。

同日 省政协副主席张文魁一行在黄南州围绕“打造青藏高原生态文明高地，青海有哪些新作为”开展专题调研，召开座谈会。州政府、州政协，同仁市相关负责人参加。

18日 州新型冠状病毒感染的肺炎疫情防控处置工作指挥部第24次会议召开，传达学习全国、全省新冠肺炎疫苗接种工作电视电话会议精神，通报全州疫苗接种情况，分析研判疫情形势，安排部署下一步疫苗接种工作。

18—19日 全国政法队伍教育整顿中央第十五督导组在黄南州开展政法队伍教育整顿督导工作。

19日 由文化和旅游部非遗司主办，湖南省文化和旅游厅、湘西州政府承办的国家级文化生态保护区建设经验交流活动在湖南省湘西召开。文化和旅游部向黄南州颁发全国首批七家保护区之一“热贡文化生态保护区”牌匾。

同日 省自然资源厅厅长杨汝坤在尖扎县坎布拉镇唐家拉卡历史遗留砂石料厂观摩恢复治理情况。

19—23 日 2021 青海文化旅游节在青海国际会展中心开幕。黄南 13 家企业参展，其中旅行社 1 家、非遗企业 6 家、文创企业 6 家，展出唐卡、石刻、手工织品等 360 余件特色产品。现场展演石刻、氆氇制作、大藏经书写等非遗项目产品的制作过程。州委副书记、州长扎西才让提前在展馆了解全州文化旅游产业发展、文创产品研发、非遗传承和此次展示展演的准备情况。

19—25 日 州委书记王耀春在同仁市、河南县调研基层社会治理、政法队伍教育整顿、党史学习教育开展等工作。

20 日 州委召开整治违规收送礼金问题和小金库“回头看”专项行动工作部署会。安排部署全州整治违规收送礼金问题和小金库“回头看”专项行动工作。

同日 由省委宣传部、省文化和旅游厅、州委宣传部、州文体旅游广电局组织，省藏剧团、州民族歌舞剧团创作编排的以“迎百年华诞·颂祖国华章”主题庆祝中国共产党成立 100 周年全省国有文艺院团优秀舞台艺术作品《山水黄南》在州圣雪莲藏戏传习中心展演。

21 日 州委理论学习中心组学习会暨党史学习教育第二次专题研讨会召开，传达学习毛泽东关于中国共产党历史论述摘编等内容，以学习社会主义革命和建设时期历史为主要内容进行研讨。

同日 省政协副主席王振昌在泽库县麦秀镇实地调研黄南机场选址工作。

同日 由同仁市委、市政府主办，同仁市文体旅游广电局承办的“5·19”中国旅游日黄南主会场暨同仁·唐卡艺术之都千人徒步文化体验游活动在同仁市热贡广场举行。同仁市、尖扎县、河南县、泽库县相关领导参加活动，省内各大旅行社负责人、旅游企业代表、徒步爱好者、新闻媒体及各族群众 1100 余人参加。

同日 2021 青海文化旅游节“西域胜境·神韵黄南”黄南藏族自治州主题日活动在青海国际会展中心 B 馆拉开帷幕。

22 日 在果洛州玛多县“5·22”地震发生后，州委、州政府召开防震减灾紧急专题会议，传达学习省委、省政府主要领导工作要求和全省应急指挥部电视电话会议精神，通报震后全州震情和应急处置工作情况，研判分析震情趋势，安排部署下一步重点工作。

23 日 州委书记王耀春在西宁市看望黄南州离休老干部冯青玉，对她在中国共产党成立 100 周年之际向党组织交纳 10 万元“特殊党费”的感人之举表达诚挚敬意，并向她及家人表示亲切慰问和祝福。

25 日 州新型冠状病毒感染的肺炎疫情防控处置工作指挥部第 25 次会议召开，传达学习习近平总书记关于疫情防控工作的重要指示、省委书记王建军在 5 月 21 日省委常委会上关于疫情防控工作要求精神等，安排部署下一阶段重点工作。

26 日 州政府召开 2021 年普通高考黄南州考点安全工作联席会议，传达 2021 年全国、全省普通高校招生考试安全工作电视电话会议精神，部署黄南州 2021 年高考期间安全工作。州招委会负责人与各成员单位相关负责人签订 2021 年普通高考黄南考点工作目标责任书。

27 日 州委召开全面推行河湖长制工作领导小组会议，深入学习习近平总书记在推进南水北调后续工程高质量发展座谈会上的讲话精神等。听取州全面推行河湖长制工作领导小组办公室工作汇报，审议《黄南州全面推行河湖长制 2021 年工作要点》《关于推动河湖长制由全面建立到全面见效，提升河湖管理保护整体合力的决定》，安排部署下一步工作。

同日 州委召开中央巡视反馈意见整改工作领导小组第四次会议，传达学习中共青海省委办公厅《关于中央第十五巡视组巡视青海省反馈意见整改情况专项督查的通报》。听取中央第十五巡视组巡视青海省反馈意见黄南州整改情况的汇报，安排部署相关工作。

同日 全州 33 个乡镇全部完成党委换届。选举产生乡镇党委委员 276 名、纪委委员 185 名，实现党委意图和群众意愿，换届工作呈现“明、严、优、正、实”

五个特点。

同日 国家体育总局办公厅公布首批全国县域足球典型名单，同仁市四合吉社区入选全国县域足球典型。

28日 州委十二届十二次全体会议在隆务召开。

29日 省委常委、组织部部长王宇燕在尖扎县公安局、马克唐镇、坎布拉镇调研政法队伍教育整顿工作，了解党史学习教育和乡镇领导班子换届工作开展情况。

31日 州双拥工作领导小组第三次全体（扩大）会议召开，传达学习全国双拥工作领导小组第31次全体会议和全省双拥工作领导小组第24次全体会议精神，安排部署下一阶段重点工作。

同日 省人大常委会副主任尼玛卓玛调研督导黄南州乡镇人大建设年提升行动暨“两室一平台”规范化建设工作，参加人大代表建议交办会，察看人大代表活动室，听取市县人大常委会工作汇报。

是月 《小康》杂志社发布“2021中国最具诗意百佳县市”，同仁市排名第67位。

是月 州水利局被水利部授予“全面推行河长制湖长制工作先进集体”称号。

6月

1日 州委书记王耀春在同仁市隆务寄宿制学校、州特殊教育学校、同仁市第二幼儿园看望慰问少年儿童。

同日 州委副书记、州长扎西才让在尖扎县九年一贯制学校、马克唐镇第二完全小学看望慰问少年儿童。

同日 州委副书记、州长扎西才让在同仁市隆务东西山滑坡体重点隐患区域调研地质灾害治理工作。

同日 黄南藏族自治州乡村振兴局正式挂牌成立。

2日 州委、州政府召开金融支持乡村振兴战略座谈会，与青海农信联社共同签订《金融支持乡村振兴战略协议》。

2—3日 省政协副主席仁青安杰带领民族和宗教委员会部分委员组成调研组在黄南调研黄河流域民族文化传承保护与发展情况。

3日 州道路交通安全委员会召开全州道路交通安全委员会联席视频会。通报全州道路交通安全形势，部分成员单位负责人交流发言。

4日 州委召开党史学习教育工作推进会，梳理进展情况，交流经验做法，研究部署下一步重点工作。

同日 人力资源和社会保障部、国家乡村振兴局授予州乡村振兴局“全国乡村振兴（扶贫）系统先进集体”称号。

4—9日 州人大常委会主任蒋树成在尖扎县、河南县、泽库县调研督导县乡人大换届和乡镇人大建设工作。

6日 州政府与天津市滨海新区在天津港强集团举行“绿色农畜开新局、津青有约促振兴”——天津港强集团采购黄南州绿色有机农畜产品签约仪式，旨在集中展现黄南州绿色有机农畜产品示范州创建新成果、新形象，扩大绿色有机农畜产品品牌知名度和影响力。

6—10日 首届中国（青海）国际生态博览会在西宁国际会展中心举办。组织河南县青清海农牧科技商贸有限公司、青海聚能滻度饮料股份有限公司、三江牧场农牧科技有限公司、泽库雅稞牦牛乳业有限公司、泽库县叶堂高原有机产品开发有限公司等5家特色企业参展。

7—9日 省委党史学习教育第二巡回指导组组织海东市、海东工业园区、黄南州四市（县）党史学习教育领导小组办公室负责人开展党史学习教育交叉观摩活动。

10日 由州热贡文化生态保护区管委会和州文体旅游广电局主办，州非遗传承保护中心和同仁市文体旅游广电局承办的黄南州2021年“文化和自然遗产日”展示展演活动在热贡文化广场举行。州政府、州热贡文化生态保护区管委会相关负责人及州县文化旅游相关部门，部分国家级、省级、州级非遗项目代表性传承人和从业艺人500余人参加。

11日 州委理论学习中心组学习会暨党史学习教育第三次专题研讨会召开，传达学习邓小平关于中国共产党历史论述摘编和习近平《论中国共产党历史》，围绕改革开放和社会主义现代化建设新时期历史主题进行学习研讨。

11—12日 尖扎县举办“人

民的非遗 人民共享”2021年文化和自然遗产日展示展演主题活动，以舞台表演、文创艺术品展示等方式集中展示尖扎县非遗文化之美，加深公众对尖扎非遗文化的了解。

12日 尖扎“黄河三峡”水运航线正式开通。

15日 州委书记王耀春在尖扎县调研指导基层党建、党史学习教育开展及寺庙依法规范管理工作。

16日 州新型冠状病毒感染的肺炎疫情防控处置工作指挥部第26次（视频）会议召开，传达学习全国、全省疫情防控暨夏季重点传染病（地方病）和校园传染病防控工作电视电话会议精神，分析研判疫情形势，安排部署下一阶段重点工作。

17日 州政府召开2021年上半年安全生产形势分析研判会，学习贯彻习近平总书记关于湖北十堰“6·14”燃气爆炸、贵州贵阳“6·12”疑似甲酸甲酯泄漏等安全生产事故的重要指示精神等，总结上半年全州安全生产工作情况，分析全州安全生产形势，安排部署安全生产重点工作和专项整治重点任务。

18日 州政法队伍教育整顿领导小组第三次会议召开，传达学习有关会议精神，专题研究查纠整改工作，分析研判存在的突出问题，安排部署下一步工作。

同日 州政府党组在海北州西海镇“两弹一星”理想信念教育学院开展“传承‘两弹一星’精神，激发奋勇前进力量”党史学习教育。州政府党组各成员及办公室系统党员干部参加。州委副书记、州政府党组书记、州长扎西才让向中国第一个核武器研制基地纪念碑敬献花篮，参加党史学习教育的全体人员向革命烈士默哀致敬，并开展《丰碑无言 精神永存》现场教学。扎西才让带领全体参加活动的人员重温入党誓词。

同日 州换届工作领导小组办公室组织召开州第十三次党代会代表选举工作部署会，安排部署州第十三次党代会代表选举工作。

同日 州委党史学习教育领导小组举办“铭记百年辉煌史·开启奋斗新征程”庆祝中国共产党成立100周年党史学习教育知识竞赛总决赛。

同日 “大美青海·神韵黄南”2021年黄南州文化旅游资源专场推介会在天津举办。黄南州组织18家地方企业展出唐卡、石雕、蒙藏药、民族服装、高原有机农畜产品7个大类102种3213件特色展品。6家企业对唐卡、堆绣、刺绣、五谷画等传统手工艺品进行现场展演。

同日 同仁市完成市乡人大代表和乡镇换届选举工作，选举产生乡级人大代表522人、市级人大代表156人；选举产生乡镇人大主席11人、乡镇长11人、副乡镇长36人，平均年龄35.8岁，较上届下降1.1岁，35岁以下干部28人，本科及以上文化程度48人，其中研究生9人。

同日 泽库县完成县乡人大代表和乡镇换届选举工作，选举产生乡级人大代表331人、县级人大代表155人；选举产生乡镇人大主席7人、乡镇长7人、副乡镇长25人，平均年龄35岁，较上届下降2岁，35岁以下干部20人，本科及以上文化程度33人，其中研究生4名。

18—19日 国家乡村振兴重点帮扶县工作会议在贵州省毕节召开，尖扎县作为青海省唯一县级参会地区作大会交流发言。

19日 尖扎县完成县乡人大代表和乡镇换届选举工作，选举产生乡级人大代表444人、县人大代表151人；选举产生乡镇人大主席9人、乡镇长9人、副乡镇长30人，平均年龄40岁，较上届下降3.7岁，35岁以下干部24人，本科及以上文化程度38人，其中研究生2人。

同日 河南县完成县乡人大代表和乡镇换届选举工作，选举产生乡级人大代表296人、县级人大代表135人；选举产生乡镇人大主席6人、乡镇长6人、副乡镇长20人，平均年龄35岁，较上一届下降6岁，35岁以下干部17人，本科文化程度28人。

21日 “大美青海·神韵黄南”2021年黄南州文化旅游资源专场推介会在上海市举办，上海市200家骨干旅行社和旅游达人参加。

22日 州委副书记、州长扎西才让在州粮食储备库和州粮食储备库乐都高店库区调研粮食安全工作。

同日 由州委“两新”组织工委、州工商联主办，州商会和同仁市工商联承办的“黄南州商会庆祝中国共产党成立100周年专题活动”在热贡文化广场举行。州委统战部、“两新”组织工委，州人大、财政、工信、银保监分局、建行、农行、农发行等单位和部门主要负责人应邀出席。

24日 州委副书记、州长扎西才让带领同仁市政府，州住建局、工信局相关负责人在省住建厅与万达、碧桂园等9家国内知名房地产开发企业开展招商引资洽谈，省住建厅厅长王发昌主持。

25日 全省脱贫攻坚总结表彰暨乡村振兴推进大会在青海会议中心召开。黄南州14个先进集体（州总工会、州医疗保障局、同仁农村商业银行股份有限公司、同仁市乡村振兴局、尖扎县水利局、泽库县乡村振兴局、河南县委组织部、同仁市曲库乎乡多哇村支部委员会、同仁市黄乃亥乡阿吾乎村支部委员会、尖扎县马克唐镇夏藏滩五村支部委员会、尖扎县坎布拉镇尖藏村支部委员会、泽库县王家乡叶金木村支部委员会、泽库县泽曲镇智合龙村支部委员会、河南县多松乡夏日达哇村支部委员会）和27名先进个人被表彰。

同日 省科技厅组织专家在西宁市“西北高原生物研究所”召开几种替代植物的抚育及其防控效果研究项目验收会。河南县黄帚橐吾替代项目通过验收并评定为国内先进。

26—27日 由青海省退役军人事务厅、中国建设银行股份有限公司青海省分行主办，州退役军人事务局、中国建设银行股份有限公司黄南州分行、州文体旅游广电局承办的青海省退役军人庆祝中国共产党成立100周年“建行杯”复合弓射箭邀请赛在同仁市热贡文化广场举行。

27日 州委副书记、州长扎西才让带队在西宁、同仁等地走访慰问老党员老干部和烈士遗属、因公殉职党员干部家属。

28日 省委授予同仁市多哇镇党委、州人力资源和社会保障局党总支、同仁市曲库乎乡党委、河南县托叶玛乡党委、尖扎县昂拉乡德吉村党支部、泽库县和日镇吉龙村党支部、同仁市保安镇新城村党支部、河南县赛尔龙乡兰龙村党支部、州卫生健康委机关党委“全省先进基层党组织”称号。

29日 州委、州政府召开优秀共产党员、优秀党务工作者和先进基层党组织表彰大会，回顾党的百年光辉历程，讴歌党的百年丰功伟绩，激励动员全州各级党组织和党员干部凝心聚力、砥砺奋进，全面贯彻落实习近平总书记视察青海时的重要讲话精神，团结带领全州各族人民为全面建设山水黄南、高质量推进“三区建设”，打造共同富裕的黄南样板而努力奋斗。

同日 州委举行“庆七一·迎党百年华诞”主题党日活动。州四大班子党员领导干部及州直各部门各单位党组织主要负责人和四市（县）党委书记等120余名党员干部，按照州党群服务中心党日套餐，以普通党员身份参加主题党日活动，开展独具特色的庆“七一”活动。

同日 州委党史学习教育领导小组举办“红色经典、礼献百年”百人诵读活动，集中展现全州各族干部群众热爱党、热爱祖国、歌唱幸福生活的饱满热情，庆祝中国共产党成立100周年。主题诵读以中国共产党历史时间轴线为内容主线，以全州各族干部群众为演艺主体，以音舞诗画为表现形式，分“南湖启航”“漫漫征途”“改革开放”“走向复兴”四个篇章进行。全州副厅级以上领导干部、各市（县）委书记和州直及省驻州各单位主要负责人参加，并重温入党誓词。

同日 黄南州党员教育共享阵地——黄南州党群服务中心正式启用。

30日 州委理论学习中心组学习会暨党史学习教育第四次专题研讨会召开，传达学习胡锦涛关于中国共产党历史论述摘编、习近平《论中国共产党历史》和庆祝中国共产党成立100周年“七一勋章”颁授仪式精神，全省优秀共产党员、优秀党务工作者和先进基层党组织表彰大会及省委中心组学习会暨“学史崇德”专题研讨会精神，围绕党员干部在党史学习教育中做到学史崇德开展研讨。

同日 马康公路通车仪式在康杨镇隆康大桥举行，州委副书记、州长扎西才让出席。

同日 全州天然气利用项目管道输气工程开工仪式在尖扎县尖扎滩乡举行，州委副书记、州长扎西才让出席并宣布开工。

是月 经中国绿色食品发展中心审核，青海启龙商贸有限公司河南县启龙牧场生产的舒脂牦牛酸奶（有糖型）、舒脂牦牛酸奶（无糖型）2个农畜加工产品获得国家 A 级绿色食品认证，认证总产量为 60 吨。河南县启龙牧场成为黄南州第一家获得“国字号”绿色食品认证的农畜产品加工企业。

是月 省政府食品药品安全委员会授予同仁市“省级食品安全示范市”荣誉称号。

是月 州地震局获得中国地震局颁发的“防震减灾工作优秀奖”。

7 月

2 日 州委书记王耀春在州政协调研，与州政协领导班子召开座谈会。

同日 接中共青海省委通知（青委〔2021〕222 号），李晓燕任中共黄南州委委员、常委、副书记。

5 日 省人大常委会副主任张光荣在黄南州调研督导县乡两级人大换届和人大工作。强调 2021 年是“乡镇人大建设年”的收官之年，要在抓巩固、抓提升、抓总结上下功夫。“两室一平台”工作是夯实人大工作的基础，要规范工作、丰富活动，及时总结提升，推动代表工作再上新台阶。

6—7 日 中国共产党河南蒙古族自治县第十五次代表大会召开，应到代表 124 人，实到代表 120 人。大会选举产生中共河南县第十五届委员会委员 29 人、候补委员 6 人，纪律检查委员会委员 15 人，出席州第十三次党代会代表 34 人。

7 日 中国共产党河南蒙古族自治县第十五届纪律检查委员会第一次全体会议召开，选举多杰仁增为县纪委书记，才让代吉、张永强为县纪委副书记。

同日 中国共产党河南蒙古族自治县第十五届委员会第一次全体会议召开，选举司吉昇、钢夫、秦增多杰、拉玛杰、扎德加、白贵龙、祁乐荣、万玛本、多杰仁增、仁青、唐建珍、刘国强为县委常委。选举司吉昇为县委书记，钢夫、秦增多杰、拉玛杰为县委副书记。

7—9 日 中国民用航空局在黄南召开黄南民用机场选址报告评审会，中国民用航空局、西部战区空军、民航西北地区管理局、民航西北空管局、民航青海监管局、民航青海空管分局、省发改委、设计等相关单位负责人及专家出席，州委副书记、州长扎西才让致辞，州直有关地区、部门负责人参加。

7—9 日 中国共产党尖扎县第十五次代表大会召开，应到代表 109 人，实到代表 109 人。大会选举产生中共尖扎县第十五届委员会委员 27 人、候补委员 5 人，中共尖扎县第十五届纪律检查委员会委员 15 人，出席黄南藏族自治州第十三次党代会代表 62 人。

7—9 日 中国共产党同仁市第一次代表大会召开，应到代表 121 人，实到代表 121 人。大会选举产生中共同仁市第一届委员会委员 27 人、候补委员 5 人，中共同仁市第一届纪律检查委员会委员 15 人，出席黄南藏族自治州第十三次党代会代表 71 人。

7—9 日 中国共产党泽库县第十五次代表大会召开，应到代表 129 人，实到代表 128 人。大会选举产生中共泽库县第十五届委员会委员 29 人、候补委员 6 人，中共泽库县第十五届纪律检查委员会委员 15 人，出席黄南藏族自治州第十三次党代会代表 39 人。

9 日 中国共产党尖扎县第十五届纪律检查委员会第一次全体会议召开，选举王四成为县纪委书记，辛春宝、拉华才让为县纪委副书记。

同日 中国共产党尖扎县第十五届委员会第一次全体会议召开，选举才科杰、陆宁、何春德、多杰多旦、王四成、曹生辉、盛国德、银吉卓玛、夏吾完代、李少鹏为县委常委；选举才科杰为县委书记，陆宁、何春德为县委副书记。

同日 中国共产党同仁市第一届纪律检查委员会第一次全体会议召开，选举韩俊为县纪委书记，张建新、卡毛措为县纪委副书记。

同日 中国共产党同仁市第一届委员会第一次全体会议召开，选举旦增、赵建国、陈峻、夏吾闹日、王文东、王旭龄、刘莉丽、李秀加、李加东智、赵其虎、韩俊为市委常委；选举旦增为市委书记，赵建国、陈峻、夏吾闹日为市委副书记。

同日 中国共产党泽库县第十五届纪律检查委员会第一次全体会议召开，选举李晓东为县纪委书记，姚新克、桑杰才让为县纪委副书记。

同日 中国共产党泽库县第

十五届委员会第一次全体会议召开，选举王吉德、尼玛才仁、赵维凯、桑杰卡、冶勇、才多、才让杰、南吉才旺、李晓东、李银刚、公保才让、王姣为县委常委；选举王吉德为县委书记，尼玛才仁、赵维凯、桑杰卡为县委副书记。

12日 州总工会召开九届四次委员会会议，选举宋辉为黄南州总工会第九届委员会主席、申丽玲为黄南州总工会第九届委员会副主席。

13日 省能源局局长车军平在泽库县、河南县调研。州委副书记、州长扎西才让一同调研。

同日 州新型冠状病毒感染的肺炎疫情防控处置工作指挥部组织召开全州疫情防控和疫苗接种安排部署会，传达学习全国新冠病毒疫苗接种、全省新冠肺炎疫情指挥部第二十八次（视频）会议精神，安排部署下一阶段重点工作。

13—15日 河南蒙古族自治县第十六届人民代表大会第一次会议召开，应到代表137人，实到代表132人。会议选举索南才让为县人大常委会主任，赵生满、李年栋、曹得仓·尕桑克智嘉措为县人大常委会副主任；选举钢夫为县长，唐建珍、海洋、罗藏卓玛、娘吉才让、德却、朱文辉、旦正才让为副县长；选举多杰仁增为监委主任；选举华青太为县法院院长、多杰卓玛为县检察院检察长。

14日 州委副书记、州政府党组书记、州长扎西才让组织召开州政府党组党史学习教育专题学习会暨习近平总书记“七一”重要讲话精神专题学习研讨会，传达学习习近平总书记在庆祝中国共产党成立100周年大会上的讲话精神并开展专题学习研讨。

同日 州委理论学习中心组（扩大）学习会召开，邀请省委党校法学部主任赵喜平作习近平法治思想专题讲座。州委理论学习中心组成员，州委各部门、州直及省驻州各单位、各人民团体和群众团体主要负责人参加。

14—16日 尖扎县第十七届人民代表大会第一次会议召开，应到代表151人，实到代表148人。大会选举才让端智为县人大常委会主任，李军山、卓果吉、夏茸尕布·洛藏丹增切吉尖赞为县人大常委会副主任；选举陆宁为县长，盛国德、王文彦、卓玛吉、尕藏东知、多巴加、更藏为副县长；选举王四成为监委主任；选举才让南杰为县法院院长、刘洪为县检察院检察长。

14—17日 同仁市第二届人民代表大会第一次会议召开，应到代表159人，实到代表158人。大会选举蔡有年为市人大常委会主任，华泽先、马祥成、血日然智为市人大常委会副主任；选举赵建国为市长，王旭龄、才让东智、仁增多杰、华周、朱晓龙、才旦卓玛为副市长；选举韩俊为市监委主任；选举郭振海为市法院院长、刘慧泉为市检察院检察长。

15日 中国共产党黄南州直属机关工委党代表会议召开。选举产生州直机关出席中国共产党黄南藏族自治州第十三次代表大会的代表55人。

同日 州委副书记、州长扎西才让会见广东省能源集团广东粤电博贺能源有限公司副总经理伍征团一行，双方就进一步深化沟通合作，加快推进清洁能源开发等事宜进行座谈。

15—17日 泽库县第十七届人民代表大会第一次会议召开，应到代表155人，实到代表150人。大会选举夏吾扎西为县人大常委会主任，谢红芹、先巴多杰、周先加为县人大常委会副主任；选举尼玛才仁为县长，才让杰、万玛才让、李菁、杨洛、吴述东、索太本、席红栋为副县长；选举李晓东为监委主任；选举乔国胜为县法院院长、力布才让为县检察院检察长。

16日 湖南省政协副主席李民一行15人在黄南考察调研加强宗教人才培养做法。省政协、州人大常委会、州政协、州委统战部、同仁市委统战部有关负责人一同考察。

18日 州政府召开全州安全生产工作专题会议，传达学习州委、州政府主要领导关于安全生产重要批示及省安委会相关文件精神，分析全州安全生产形势，安排部署下一步重点工作。

19日 州委副书记、州长扎西才让会见华能集团青海分公司党委书记、执行董事韩长青一行，双方就进一步深化沟通合作，加快推进清洁能源开发等事宜进行座谈。

同日 州纪委监委召开持续深化整治群众身边腐败和不正之风突出问题专项工作推进会，传达学习贯彻全省市州专项工作推进会精神，通报和交流工作情况，安排部署专项工作。

同日 由共青团黄南州委主办，州消防救援支队、州中学协办的“青春自护·暑期安全”黄南州2021年暑期青少年自护教育活动在州中学举行。团州委、州民政局、州消防救援支队和各市（县）团委相关负责人以及州中学师生代表250余人参加。

同日 最高人民法院授予州中级人民法院全国法院基层组织力提升工程优秀组织奖。

20日 州政府召开上半年全州经济形势分析会，总结上半年全州经济运行情况，分析研究解决工作中存在的突出问题和困难，安排部署下半年经济重点工作。州委副书记、州长扎西才让出席并讲话。

21日 州委财经委员会第六次会议召开，传达学习中央财经委员会第九次会议精神，听取上半年全州经济运行形势分析、国有资产管理、自然资源管理等工作汇报，审议有关文件，研究部署下一步经济工作。

同日 州新型冠状病毒感染的肺炎疫情防控处置工作指挥部第27次（视频）会议召开，学习贯彻国务院联防联控机制下半年疫苗接种工作视频会议和全省新冠肺炎防控处置工作指挥部第二十八次会议精神，通报上半年疫情防控和疫苗接种工作进展情况，部署下半年疫情防控和疫苗接种工作。

21—23日 天津市副市长李树起率天津市代表团一行14人在青参加“第22届中国·青海绿色发展投资贸易洽谈会”。州委州政府主要领导陪同巡馆。此次青洽会黄南州展馆面积456平方米，参展企业38家，参展产品9个大类100余种，产品种类和数量较往年均有增加和提升。

22日 州财政局与四川长虹集团旗下的瑞虹云信息技术有限责任公司签订黄南州“互联网+区块链+村级财务代理记账”战略合作协议，标志着村级会计核算的一种创新模式在黄南州运用而生。

22—23日 由农业农村部、省政府主办，省农业农村厅、州政府承办的第四届农业援青成果暨经验交流现场观摩活动在黄南举办。北京、天津、上海、江苏、浙江、山东等8个对口援青省市和西藏、四川、甘肃及省对口支援办、全省8个市（州）农业农村部门50余名代表参加。

22—24日 天津市副市长李树起率天津市政府代表团在黄南州考察对口支援工作。

23日 第22届中国·青海绿色发展投资贸易洽谈会黄南州专场签约仪式在青海国际会展中心举行，黄南州与22家企业签约成功，签约额达100亿元，为历年最高。

24日 第二届“智汇三江源·助力新青海”人才项目洽谈会在西宁举行，黄南州通过“项目+人才+平台”科技人才培养模式签约达成人才引进项目10个，引进专家21人。

26—27日 由农业农村部、省政府主办，省农业农村厅、州政府承办的绿色有机农畜产品示范省创建暨全省牦牛产业发展现场观摩会在黄南举行，观摩学习尖扎县芦笋种植、泽库县国家现代农业产业园三产融合发展、河南县兰龙有机畜牧业专业合作社等6个先进典型样板，总结部署示范省创建及牦牛产业发展工作。副省长才让太出席并讲话。

27日 由州委、州政府主办，州文体广电旅游局承办的第三届青海·热贡文化旅游节在同仁市热贡广场开幕，副省长才让太，省有关厅局负责人，天津市、甘肃省甘南州以及省内各市州、黄南州四大班子成员等嘉宾和领导出席。副省长才让太宣布第三届青海·热贡文化旅游节开幕。

同日 在第94个“八一”中国人民解放军建军节来临之际，州委书记王耀春带领党政军负责人在驻地部队开展走访慰问活动，向广大部队官兵致以节日的问候和崇高的敬意。

同日 省政协副主席张文魁一行在黄南州专题调研全州政协系统提质增效三年行动工作，州政协主席林华旦一同调研。

28日 副省长才让太在黄南调研热贡文化艺术节相关工作。州委副书记、州长扎西才让一同调研。

同日 政协第十三届黄南藏族自治州委员会第二十四次常委会会议召开，围绕“深化教育体制改革，提升教师队伍素质”开展协商议政，审议州政协十四届一次会议相关事宜，传达学习习近平总书记在庆祝中国共产党成立100周年大会上的重要讲话和在青海考察时的重要讲话精神。

州政协主席林华旦主持。

同日 十二届州委第九轮生态环保领域专项组召开巡察反馈会。

同日 2021年第三届中国藏戏艺术周在同仁市热贡广场开幕，邀请甘肃省藏剧团、西藏自治区日喀则市昂仁县迥巴藏戏团及四川阿坝州马尔康市尕兰嘉绒藏族传习所等省内外7家单位表演团体参演。

29日 州委理论学习中心组学习（扩大）会召开，省委党校民族宗教学教研部索南旺杰作《中国共产党统一战线工作条例》的守正与创新专题讲座。州委理论学习中心组成员，州委各部门、州直及省驻州各单位、各人民团体副县级领导干部，各市（县）党政主要负责人、统战部部长、民宗局局长，全州统战民宗干部、寺管干部200余人参加。

同日 同仁市被中国舞蹈家协会认定为“中国藏族热贡神舞之乡”。

30日 州新型冠状病毒感染的肺炎疫情防控处置工作指挥部第二十八次（视频）会议召开，传达学习国务院应对新冠肺炎疫情联防联控机制综合组7月28日召开的视频会议、省新冠肺炎疫情防控处置指挥部第二十九次（视频）会议精神和州委、州政府工作要求，分析研判全州疫情防控形势，安排部署疫情防控和疫苗接种工作。

31日 中国铁人三项运动会协会、省体育局、州政府主办，尖扎县政府、省铁人三项运动协会承办，青海沃雪体育文化有限公司、青海挚星体育服务有限公司、青海康拓体育文化传播有限公司、青海蓝雅文化传媒发展有限公司协办，北京海橙体育文化传媒有限公司独家运营的2021年中国黄河“溯源之旅”铁人三项系列赛暨青海·尖扎黄河国际铁人三项挑战赛在德吉村激情开赛，国内外300余名铁人三项爱好者参加。

是月 省政府对2020年度落实有关重大政策措施真抓实干成效明显地区予以表扬激励。在全省13项工作中，黄南州本级和尖扎县、泽库县8项工作受到省政府表扬激励。其中，尖扎县被评为困难群众基本生活救助工作考评优秀地区。泽库县被评为地方病（含鼠疫、包虫病）防控成效明显地区。州本级被评为超额完成年度固定资产投资目标任务的地区；落实鼓励和支持就业创业政策措施工作力度大，促进失业人员、就业困难人员及各类重点群体就业创业等任务考核优秀地区；国土绿化、森林资源管护、林业有害生物防控等工作年度目标责任考核优秀地区；空气质量明显改善，并完成年度空气质量目标和重点任务绩效目标的地区；州本级和尖扎县被评为财政运行综合绩效考评优秀地区。除以上7项工作外，结合省政府综合督查、专项督查和落实“710”工作制度等情况，以及受国务院大督查通报表扬情况，省政府再给予州本级、尖扎县一定表扬激励。受到表扬激励的地区，在政策及资金上给予优先支持和奖励。

8月

1日 第三届青海·热贡文化旅游节系列活动之河南蒙古族自治县庆祝中国共产党成立100周年庆典暨第22届天堂河曲“天骄杯”那达慕盛会开幕。

4日 州委副书记、州长扎西才让会见中国电力建设集团有限公司西部区域总部副总经理高建民一行，双方就进一步深化沟通合作，加快推进清洁能源产业发展等事宜进行座谈。

同日 州新型冠状病毒感染的肺炎疫情防控处置工作指挥部第二十九次（视频）会议召开。传达学习国务院应对新冠肺炎疫情联防联控机制综合组、省新冠肺炎疫情防控处置指挥部（视频）会议精神，分析研判全州疫情防控形势，安排部署疫情防控和疫苗接种工作。

5日 州委副书记、州长扎西才让在热贡艺术博物馆、州科技馆调研指导民族团结进步创建工作。

5—7日 中国共产党黄南藏族自治州第十三次代表大会在隆务召开。应到代表271人，实到代表263人。大会选举产生中共黄南州第十三届委员会委员39人、候补委员7人，纪律检查委员会委员23人，省委批准人选全部全票和高票当选。

7日 中国共产党黄南藏族自治州第十三届纪律检查委员会第一次全体会议召开。选举刘强、杨本加、李义起、樊景恒、夏吾多杰、徐新齐、钱安加、郑芳、秦啟栋为中国共产党黄南藏族自治州第十三届纪律检查委员会常务委员会委员；选举刘强为中国共产党黄南藏族自治州第十三届纪律检查委员会书记，杨本加、李义起、樊景恒为副书记。

同日 中国共产党黄南藏族自治州第十三届委员会第一次全体会议召开。应到委员39人，实到委员39人。选举王耀春、扎西才让、李晓燕、力本嘉、肖顺琛、刘强、宋辉、余华勇、吴树荣、旦增、刘建昱、何杰为中共黄南州第十三届委员会常务委员会委员；选举王耀春为中共黄南州委书记，扎西才让、李晓燕、力本嘉为中共黄南州委副书记。省委批准人选全部全票当选，会议通过中共黄南州第十三届纪律检查委员会第一次全体会议选举结果的报告。

9日 省委宣讲团在黄南州开展郭卫利先进事迹宣讲报告会。州纪委监委、州委巡察办全体干部，州委各部门、州直各机关单位、各人民团体、省驻州各单位分管党风廉政建设负责人，市县纪委监委班子成员、巡察办主任、派驻纪检监察组组长以及同仁市乡镇纪委书记、同仁市纪委全体干部160余人参加。

同日 州政府召开全州清洁能源工作会议，传达学习全省清洁供暖工作会议精神，通报全州清洁能源发展现状，安排部署下一步重点工作。

11日 中国人民政治协商会议第十四届黄南藏族自治州委员会第一次会议在隆务召开。应到委员224人，实到208人。

同日 州新型冠状病毒感染的肺炎疫情防控处置工作指挥部召开州疫情防控指挥部成员单位目标责任书签订会议。分析全州疫情防控形势，肯定成绩，梳理存在的短板和问题，安排部署下一步工作。

12日 黄南藏族自治州第十六届人民代表大会第一次会议在隆务召开，应到代表230人，实到218人。

同日 州委党史学习教育领导小组召开学习贯彻习近平总书记“七一”重要讲话精神宣讲工作动员部署会，安排部署“七一”重要讲话精神宣讲工作。

同日 州防震减灾领导小组召开防震减灾工作领导小组会议，传达学习省政府和州政府主要领导指示批示精神，分析研判震情形势，安排部署下半年防震减灾重点工作。

13日 省新冠肺炎疫情防控督导组黄南工作组组长胡晓林一行在尖扎县督导疫情防控工作。

14日 中国人民政治协商会议第十四届黄南藏族自治州委员会第一次会议闭幕。应到委员224人，实到委员209人。会议选举才旦、马玉秀、马克胜、马青芳、扎西才华、仁青措、卡本加、卢结武、尕巴、尕藏东智、加华多杰、刘祥、杨文杰、更登桑布、佛秀芳、陈荣、拉日仓·久美曲智尖措、拉龙当周、拉卡·旦增更登尖措、范文湖、尚朝清、周玉梅、周国荣、赵磊、南加、香则仓·久美成列尖措、格日才让、曹德荣、梁晓园、韩梅、韩智、喻宝敏、智干仓·次成尖措、智美尼玛、群贡仓·奥建久治成立、赞保玛·龙肉尖措为政协第十四届黄南藏族自治州常务委员会委员；选举林华旦为政协第十四届黄南藏族自治州委员会主席、关却加、夏日仓·旦增久美、多杰才让、张仕清、白萍、张剑利为副主席，张春生为秘书长。

同日 政协第十四届黄南藏族自治州委员会第一次常委会会议召开，新当选的40名政协第十四届黄南藏族自治州委员会常务委员出席。传达学习中共青海省委十三届十次全会、中国共产党黄南藏族自治州第十三次代表大会精神。林华旦主持并讲话。

15日 黄南藏族自治州第十六届人民代表大会第一次会议闭幕。应到代表230人，实到代表218人。选举才让端智、马文斌、马玉梅、马青云、马继志、王向红、王江力、王国强、王晓虎、扎西东智、田瀚、加多、安国庆、杜俊、李学军、张成、陆来海、陈德伟、周云洽、索南才让、夏吾扎西、夏吾尖措、徐勃、徐卫方、郭启龙、桑林青、蔡有年、德吉央宗、薛吉明为黄南藏族自治州第十六届人民代表大会常务委员会委员；选举蒋树成为黄南藏族自治州第十六届人民代表大会常务委员会主任，张文生、杜会锋、赛赤·确吉洛智嘉措、索南达吉、辛海萍、马进贤为副主任，汪智为秘书长；选举扎西才让为黄南藏族自治州人民政府州长，肖顺琛、韩海宏、王岐岳、李鑫、王桂莲、李勇、哇多、更智才让为黄南藏族自治州人民政府副州长；选举刘强为黄南藏族自治州监察委员会主任，杨海云为黄南藏族自治州中级人民法院院长，马晓军为黄南藏族自治州人民检察院检察长。

16 日 州政府召开全州安全生产工作会议，传达学习全国安全防范工作紧急视频会议、全省安全生产电视电话会议精神，安排部署安全生产工作。

16—18 日 州委组织部在州委党校举办“党支部书记能力提升工程”暨村党组织书记州级示范培训班，全州 214 名村党支部书记参加。

17 日 州政府召开全州就业工作推进会，深入贯彻落实全省就业工作任务调度视频会议、州十三次党代会及州“两会”精神，总结全州就业工作，分析面临的形势，安排部署下一步工作。

18 日 以“落实安全责任，推动安全发展”为主题的州委理论学习中心组（扩大）学习会召开。国家安全生产应急救援专家、青海省安全生产专家余晓峰为大会作安全生产专题辅导讲座。

19 日 州委召开河湖长制工作会议，深入学习习近平生态文明思想和习近平总书记视察青海重要讲话精神及省委生态文明建设领导小组会议暨全省河长制、湖长制工作会议精神，总结河长制、湖长制工作，研究解决突出问题，部署河湖管理保护任务，推动形成整体合力，不断开创黄河流域生态保护和高质量发展新局面。

同日 州客运站举行通村班车发车仪式。州总工会及同仁市政府、市交通运输局、市道路运输行政执法大队，兰采乡党委、政府相关负责人，兰采乡干部职工、兰采村村民代表等 50 余人参加。

20 日 州委退役军人事务工作领导小组第三次全体（扩大）会议召开，传达学习《习近平总书记关于退役军人工作重要论述》、《中华人民共和国退役军人保障法》和王沪宁在退役军人工作专题研讨班集中座谈时的讲话精神等，听取州委退役军人事务工作领导小组 2020 年工作汇报，研究部署下一步重点工作。

同日 州医改领导小组召开全州 2021 年综合医改工作会议。传达学习 2021 年全国、全省医改工作会议精神，通报 2020 年全州综合医改重点任务完成情况暨各市县综合医改效果评价情况，分析工作中存在的问题，安排部署下一步全州综合医改重点工作。同仁市政府、尖扎县政府、州医保局、州疾控中心分别就医疗集团建设、县域内紧密型医共体建设、三医联动改革、疫情防控工作作交流发言。州政府分别与各市县政府、州医改领导小组相关成员单位签订年度综合医改试点工作任务责任书。

23 日 州委书记王耀春带领全州州级领导干部在青海省反腐倡廉警示教育基地参观学习，接受党风廉政现场警示教育。

同日 国家机关事务局授予州教育局全国第一批“节约型机关”称号。

24 日 省委常委、省总工会主席马吉孝在尖扎县德吉村群团服务站调研群团协同化工作。强调群团组织要充分发挥自身阵地优势，进一步激活、拓展阵地服务功能，不断提升服务群众的能力和水平，着力增强影响力和凝聚力，切实把广大群众紧紧团结在党的周围。

25 日 州委副书记、州长扎西才让对新任职的州发展改革委、州水利局、州财政局、州自然资源局等 11 个部门主要负责人分别进行任前谈话和廉政谈话。

同日 州十六届人大常委会第一次会议召开。州人大常委会主任蒋树成主持。常委会各副主任、秘书长及组成人员 33 人出席。

26 日 扫黑除恶专项斗争领导小组第一次会议召开，传达学习全国和全省扫黑除恶专项斗争领导小组第一次会议精神，安排部署下一步扫黑除恶斗争常态化工作。

27 日 州政府召开第一次全国自然灾害综合风险普查工作启动电视电话会议，传达学习州委副书记、州长扎西才让重要批示精神，安排部署第一次全国自然灾害综合风险普查工作。

同日 州委党史学习教育领导小组办公室、州委宣传部召开庆祝中国共产党成立 100 周年理论研讨会。全州各市（县）委宣传部、州直各部门相关负责人和理论工作者代表、入选论文作者代表 50 余人参加。

是月 州劳动保障监察队被人力资源和社会保障部、公安部、市场监管总局评选为全国清理整顿人力资源秩序专项行动先进集体。

9月

1日　由国家民委、民族文化宫主办的“铸牢中华民族共同体意识系列展”在北京开展。黄南州大型唐卡《民族团结一家亲》（长560厘米、宽150厘米）在本次展览中展出。

同日　黄南剧院建设项目（一期）工程举行主体封顶仪式。该项目总投资2.71亿元，建筑面积2万平方米，甲等中型剧院，可容纳近1200人同时观看演出，是全州的标志性建筑，也是黄南目前最大的单体建筑。

同日　州民族歌舞剧团演出作品《意卓拉姆》被文化和旅游部和国家民族事务委员会评选为第六届全国少数民族文艺会演优秀剧目。

1—2日　州委副书记、州长扎西才让在泽库县各乡镇、社区企业、园区、合作社、医院、学校，调研乡村振兴、生态保护、生态有机畜牧业、美丽城镇、社会事业等工作情况，与基层干部群众共谋发展、理思路、定举措，并就需要协调解决的问题进行现场办公，推动年度目标任务落实。

3日　州委全面深化改革委员会第八次会议召开，学习贯彻中央全面深化改革委员会第十九次会议精神等，审议有关改革方案，安排部署当前重点工作。

同日　州委外事工作委员会会议召开，传达学习省委外事工作委员会会议精神，听取外事工作情况汇报，审议有关文件，安排部署下一步工作。

6日　农业农村部农村合作经济指导司发布《拟认定第二批全国乡村治理示范村镇名单公示公告》，河南县优干宁镇德日隆村拟入选第二批全国乡村治理示范村名单。

6—7日　全国政协副主席刘新成率调研组在同仁市参观国家级热贡文化生态保护区郭么日古村落、热贡艺术博物馆、龙树画苑，通过实地察看、听取介绍等方式，了解黄南文化历史的传承保护和未来发展情况。

7日　州乡村振兴工作领导小组第一次会议暨巩固拓展脱贫攻坚成果同乡村振兴有效衔接推进部署会召开，学习贯彻《中华人民共和国乡村振兴促进法》、全省乡村振兴领导小组第二次会议会议精神等，安排部署巩固拓展脱贫攻坚成果同乡村振兴有效衔接工作。

同日　在第37个教师节来临之际，州委副书记、州长扎西才让看望慰问一线教师。

8日　共青团中央书记处第一书记贺军科在同仁市民族中学和电子商务运营中心调研指导服务青年就业创业、青少年民族团结教育等工作开展情况。

同日　州委、州政府召开全州教育发展暨教育教学工作表彰大会，表彰全州教育系统先进集体和先进个人。

9日　州委机构编制委员会第四次会议召开，学习贯彻《中国共产党机构编制工作条例》等有关制度文件和省委编委会第四次会议精神，听取上半年全州机构编制工作情况汇报，研究审议相关文件和机构编制具体事项，安排部署下一步重点工作。

12日　省第七届少数民族传统体育运动会在海东市举办，黄南州代表团137名运动员参加13大项比赛项目。17日，州委副书记、州长扎西才让参加授旗仪式。

13日　全州重大疾病和地方病防治领导小组暨新冠病毒疫苗接种工作领导小组会议召开。四市（县）政府、全州重大疾病和地方病防治领导小组成员单位、州直各医疗卫生单位、各市县卫健局和疾控中心主要负责人参加。通报全州重大疾病、地方病防治和新冠病毒疫苗接种工作开展情况，对下一步重点工作提出工作建议；尖扎县、河南县政府和州疾控中心负责人分别就布病防控、鼠疫防控、重大疾病和地方病防治作交流发言。

13—14日　天津市委常委、滨海新区区委书记连茂君率滨海新区党政代表团在黄南州学习考察，并召开滨海新区对口支援黄南州工作座谈会。

14—19日　由省民宗委、省文化和旅游厅选送，省藏剧团（黄南藏族自治州民族歌舞剧团）打造的传统藏戏《意卓拉姆》在央视网和国家民委门户网站进行演播。

16日　全国第十四届全运会“双先”表彰大会在西安举行。尖扎县政府和黄南州群众体育指导服务中心被授予“全国体育系统先进集体”称号。

17—18日　全州2021年度消防刑侦火灾调查联合演练比武竞

赛开幕。四市（县）消防和刑侦部门联合组成4支代表队23名火调精英参加。省消防救援总队、公安厅刑侦总队及全州各市县公安、应急、消防等部门150余名火灾调查人员现场观摩。

18日 州委审计委员会第六次会议召开，传达学习省委审计委员会第六次会议精神，听取2021年上半年审计工作汇报，审议相关文件，安排部署下一步工作。

同日 文化和旅游部发布《文化和旅游部办公厅关于公布第五批国家级非物质文化遗产代表性项目保护单位的通知》，河南县文化馆和尖扎县文化图书馆入选第五批国家级非物质文化遗产代表性项目保护单位，申报项目分别为蒙古包营造技艺和尖扎达顿宴。

同日 河南县草原碳汇开发合作协议签约仪式在西宁举行。

22日 州委理论学习中心组（扩大）学习会召开，华为公司特聘讲师高峰教授作“数字经济与乡村振兴”专题辅导讲座。

22—26日 州党政主要负责人率代表团在天津市对接对口帮扶工作，签署农业技术人才、职业教育等合作框架协议，在推进乡村振兴、深化人才交流、赋能产业发展等方面开展深度合作，代表团演出团队为天津市民献上“同谱民族团结曲、共筑携手发展情”文化演出。其间，代表团一行先后考察天津农学院、空客A320生产总装线、第五中心医院、滨海文化中心、国家海洋博物馆、中新生态城智慧中心、天津茱莉亚学院等，深入交流进一步深化天津市与黄南州全方位对接协作。并在第一百中学、实验中学滨海学校，看望慰问在天津市学习生活的“黄南班”师生，为“黄南班”学生发放慰问金。

23日 全州打击治理跨境赌博工作推进会暨领导小组机制全体会议召开。

同日 州政府召开全州生态环境领域重点问题整改工作推进会，通报全州生态环境领域存在的重点突出问题，安排部署下一步工作。

同日 州党史研究室举行《黄南藏族自治州志（1991—2010）》公开出版发行仪式。省地方志办公室主任杨松义到会指导。州委、州人大常委会、州政府、州政协相关负责人，全省两市六州地方志办公室、党史研究室主要负责人及省志办部分处社负责人以及州四大班子办公室负责人、州直各部门及企事业单位负责人、四市（县）分管史志工作的领导及党史研究室主任参加。现场赠送志书300余本。

同日 全省地方志机构负责人座谈会在黄南召开。省地方志办公室主任杨松义主持并讲话，全省两市六州地方志办公室及党史研究室主要负责人和省志办部分处社负责人，黄南州四市（县）党史研究室负责人参加。黄南州党史研究室主要负责人作重点交流发言。

24日 州政府召开秋冬季森林草原防灭火工作电视电话会议，认真贯彻落实全国、全省森林草原防灭火工作会议精神，深入分析全州森林草原防灭火形势，安排部署全州秋冬季森林草原防灭火重点工作。

同日 州新型冠状病毒感染的肺炎疫情防控处置工作指挥部召开全州新冠肺炎和秋冬季重点传染病疫情防控工作视频会议。

26日 州政府召开2021年耕地保护督察暨卫片执法工作动员部署会议。

27日 州党政主要负责人在中央统战部、国家发改委、国家民委拜访有关领导，汇报相关工作。

28日 全省乡村旅游工作现场会在尖扎召开，副省长杨逢春出席并讲话，强调要加快补齐乡村旅游短板，加强基础配套建设，提升乡村旅游景区道路、停车设施、厕所厨房、信息通信等服务功能，着力提高乡村旅游品质。深入挖掘各地自然、历史、文化、民俗等资源，推行各具特色的差异化乡村旅游发展模式，重点打造一批乡村旅游示范精品工程，开展乡村旅游接待点星级评定，促进乡村旅游新业态融合，努力提升知名度、体验感、效益和可持续发展。

29日 州政协组织部分州、市县政协委员围绕“加强传统村落保护助力乡村文化繁荣发展”主题召开网络议政协商座谈会。州政协主席林华旦主持。7名州、市县政协委员分别围绕“加强传统村落保护助力文化繁荣发展”等主题作重点发言并提出意见和建议。

30日 州新型冠状病毒感染的肺炎疫情防控处置工作指挥部召开全州新冠肺炎疫情防控和新冠疫苗工作会议。深入学习全国全省新冠肺炎疫情防控和新冠疫苗工作视频会议精神，安排部署国庆期间全州新冠肺炎疫情防控和新冠疫苗工作。

是月 全国哲学社会科学办公室公布2021年国家社科基金年度项目立项名单，州委党校教师史正军申报的“新时代涉藏地区意识形态安全研究”课题批准立项，此课题是黄南州委党校首个立项的国家级课题，也是近10年来全省市州级党校唯一立项的国家级课题。

是月 同仁市扎毛乡扎毛村入选“全国乡村旅游重点村镇”。

10月

1日 州民族歌舞剧团演出作品《意卓拉姆》被文化和旅游部评选为庆祝中国共产党成立100周年舞台艺术精品创作工程重点扶持作品。

9日 省委常委、统战部部长、省政协党组副书记公保扎西在黄南州调研民族团结进步创建工作，宣讲中央民族工作会议精神。在同仁市实地察看州级铸牢中华民族共同体意识体验馆，与州委、同仁市委、泽库县委有关负责人座谈交流。强调在创建工作中要注重保障与改善民生，让各族群众共享民族团结成果。要继续巩固提升全国民族团结进步示范州创建成果，积极融入全国民族团结进步示范省创建大局，把民族团结进步创建工作引向深入。

10日 州委、州政府召开全州目标考核领导小组（扩大）会议暨全州重点项目推进会，分析研判全州经济形势，安排部署重点工作。

11日 州委召开州推动黄河流域生态保护和高质量发展领导小组第二次会议，听取工作汇报，安排部署下一步工作。

同日 州委党史学习教育领导小组会议召开，深入学习党史学习教育中央第十指导组到青海调研指导精神，听取全州党史学习教育开展情况汇报，研究解决突出问题，安排部署当前工作。

12日 天津援青前方指挥部与州卫生健康委员会在热贡广场举办天津“名医进黄南”大型义诊活动启动仪式。

13日 州政府召开全州冬季城镇供热工作专题会议，传达全省冬季城镇供热工作专题会议精神，通报全州冬季城镇供热工作情况，安排部署下一步重点工作。

同日 省级群团宣讲团成员在黄南州开展省委十三届十次全会精神宣讲活动。州委各部门、州直及省驻州各单位、各人民团体及所属各社会组织、志愿者和服务对象等120多人参加。

13—14日 省委组织部（“两新”工委）主办，州委组织部承办的全省“‘两新’组织红色引领·助力乡村振兴”活动在黄南州举办。通过现场实地观摩，召开项目洽谈对接会等形式，搭建乡村两级与“两新”组织合作交流平台，签订合作意向协议68项。省委组织部（“两新”工委）、各市州委“两新”工委、园区党工委、省级社会组织行业（综合）党委相关负责人及“两新”组织出资人（负责人）等近百人参加。

13—18日 在云南昆明举办的《生物多样性公约》第十五次缔约方大会生态文明论坛上，生态环境部授予黄南州第五批国家生态文明建设示范区称号，授予河南县第五批“绿水青山就是金山银山”实践创新基地称号。州委副书记、州长扎西才让作为受邀嘉宾参加，在“青藏高原生态文明与生态安全”主题论坛上，就青藏高原生态文明建设的路径和方法进行对话交流。

14—15日 天津港保税区管委会副主任单国雁带领区城环局、商务局、滨海投资有限公司、金卡智能集团有限公司负责人在河南县考察调研对口支援工作。河南县委、县政府相关负责人一同调研。

15日 州委书记王耀春在同仁烈士陵园和革命公墓参观瞻仰革命烈士纪念碑和墓碑，看望守墓46年的退伍老兵马良海。

同日 州委书记王耀春在国道316线瓜什则乡检查检测卡点看望慰问辛勤工作的卫生防疫人员和值守民警。

15—20日 在海南省三亚市举办的2021年海南国际文创周上，尖扎县能科乡德欠村荣获“乡村振兴创新示范村”称号。该奖项发起机构有博鳌文创院、SMART度假产业智慧平台等，合作机构有梁漱溟乡建中心、中国扶贫基金会、清华大学文化创意发展研究院等，战略合作媒体有人民日报数字传播、搜狐号等。

17日 州委书记王耀春在同仁市调研造林绿化、冬季供暖、市政管理等工作。

19日 州新冠肺炎疫情联防

联控工作会议召开，分析全国、全省疫情形势，安排部署相关工作。

20日 全州新冠肺炎疫情防控（视频）专题会议召开，深入学习国务院联防联控机制综合组和省指挥部疫情防控工作（视频）专题会议精神和省委省政府主要领导工作要求，听取各市县政府工作开展情况，安排部署全州新冠肺炎疫情防控工作。

20—21日 州委书记王耀春在同仁市有关乡镇、村社督导调研基层党建、基层社会治理、乡村振兴、民生实事落实、村“两委”班子运行情况。

21日 州委副书记、州长扎西才让先后在尖扎县、泽库县、河南县督导检查疫情防控工作，在各县疫情防控卡点、核酸检测点、集中隔离点、人民医院等，察看疫情防控各项措施落实，了解卡点设置、核酸采样检测、消杀物资保障等情况，听取县委、县政府疫情防控工作情况汇报，对下一步工作提出要求。

同日 省人大常委会副主任张黄元在黄南州开展立法调研期间，在同仁市年都乎乡曲玛村实地督导高标准农田建设项目。

同日 省文化和旅游厅发布《青海省第二批乡村旅游重点村名录拟入选名单公示》，同仁市隆务镇吾屯村、尖扎县能科乡德欠村、尖扎县康杨镇城上村、泽库县和日镇东科日村、河南县优干宁镇阿木乎村拟入选青海省第二批乡村旅游重点村名录。

25日 州新型冠状病毒感染的肺炎疫情防控处置工作指挥部第三十次（视频）会议召开，传达学习全国疫情防控电视电话会议和省指挥部第三十二次（视频）会议精神，听取相关市县疫情防控工作情况。

26—27日 州委副书记、州长扎西才让在河南县各乡镇及部分村（社区）、园区、企业、合作社、项目建设现场、疫情防控卡点等，调研年度目标任务完成、生态环境保护、特色产业发展、美丽城镇建设、民生保障、疫情防控等重点工作推进情况，与基层干部群众共同谋发展、理思路、定举措，并现场办公解决基层面临的困难问题，推动各项重点任务落实。

27日 州委书记王耀春在尖扎县检查督导疫情防控工作，看望慰问奋战在基层防控一线的基层民警和干部职工。

同日 州政府召开配合做好省委涉粮问题专项巡视工作安排部署会，传达学习省委涉粮问题专项巡视工作要求和进驻见面会议精神，安排部署下一步工作。

同日 州供销合作社联合社举行挂牌仪式。

同日 同仁市年都乎乡司法所被司法部授予“全国模范司法所”荣誉称号。

28日 州新型冠状病毒感染的肺炎疫情防控处置工作指挥部第三十一次会议召开，传达相关会议文件会议精神，听取全州疫情防控工作开展情况汇报，安排部署疫情防控工作。

同日 州政府召开全州应急预案专题会议，研究审议通过《黄南藏族自治州突发事件总体应急预案》和37个《突发事件专项应急预案》。

29日 省文化和旅游厅、省发改委公布第一批青海省旅游休闲街区名单。同仁市隆务镇隆务老城区被列入第一批青海省旅游休闲街区。

同日 河南县优干宁镇荷日恒村新时代文明实践典型案例“‘四大四小’推动文明实践走深走实”作为全省唯一村级案例入选中央文明办《建设新时代文明实践中心“怎么干”》。

11月

1日 全州财政金融风险防范化解工作领导小组第一次会议召开。传达学习相关会议文件精神，审议通过《黄南州防范化解重大财政金融风险实施方案》，安排部署全州财政金融风险防范化解工作。

同日 州委召开林草长制第一次工作会议，传达学习全省林长制第一次会议精神，听取工作汇报，审议有关制度办法，安排部署全州全面推行林草长制工作。

同日 州新型冠状病毒感染的肺炎疫情防控处置工作指挥部召开全州新冠肺炎疫情防控处置工作专题汇报会，传达学习全省新冠肺炎疫情防控处置工作专题汇报视频会精神，通报全州疫情防控总体情况，听取有关工作汇报。

同日 黄南州35个畜产品（青海三江牧场农牧科技有限公司的12个牦牛藏羊加工产品、青海西北弘有机资源开发有限公司的23个牦牛藏羊加工产品）获得中国绿色食品发展中心颁发的绿色食品证书。

3日 州委书记、州全面推行林草长制工作领导小组总林草长王耀春在同仁市兰采林场、羊智沟秋季造林点调研林草长制工作。

同日 文化和旅游部发布《关于命名2021—2023年度“中国民间文化艺术之乡”的通知》，同仁市（热贡艺术）被命名为“中国民间文化艺术之乡”。

5日 州根治欠薪领导小组召开根治欠薪冬季专项行动安排部署会议，贯彻落实全国、全省会议精神，安排部署全州根治欠薪冬季专项行动。

6日 黄南州支援西宁抗疫物资抵达西宁。此次共捐赠5000余公斤有机牦牛肉，以及10500件防瘟疫香水、流感防瘟丸、防瘟九黑散等蒙藏药制剂，总价值60余万元。

7日 州委书记王耀春实地走访医疗卫生机构、农贸市场、超市、企业，调研督导疫情防控、市场保供等工作。

8—11日 州委书记王耀春带领6名州委常委在四市（县）围绕基层党建、社会治理、乡村振兴、党风廉政、意识形态、统一战线等集中讲党课，对副县级干部逐一谈心谈话，并与市县党政领导班子座谈，了解掌握加强班子建设意见建议。

9日 州政府召开全州公共租赁住房租金清欠工作会议。

10日 州政府召开全州今冬明春火灾防控工作动员部署会暨消防安全委员会联席视频会议，分析消防安全形势，通报2021年度消防工作开展情况，安排部署全州2021年冬2022年春火灾防控工作。

同日 州政协联合州政府、州直相关部门单位、提案委员开展《关于关爱环卫工人，提高环卫工人待遇》提案现场办理答复活动，四市（县）启动环卫工人“暖心早餐”工程，每年拿出240余万元财政资金，设立40个早餐供应点，为全州974名环卫工人、交通辅警、城管队员提供免费早餐。

11日 州政府党组召开务虚会，研究讨论《黄南州2022年度经济社会发展主要目标建议》，听取各市县政府和州政府各部门2021年目标任务完成情况和谋划2022年工作情况汇报。

同日 全州新冠肺炎疫情防控工作（视频）会议召开。学习贯彻落实国务院联防联控机制、省指挥部会议精神，分析研判疫情防控形势，安排部署2021年冬2022年春全州疫情防控工作。

12日 全州目标考核领导小组会议召开，通报省对州及州对市县考核目标完成情况，听取各市县年度目标考核任务和重点工作完成情况的汇报，安排部署下一步重点工作。

同日 农业农村部办公厅印发《关于公布2021年中国美丽休闲乡村名单和2010—2017年中国美丽休闲乡村监测合格名单的通知》，泽库县王家乡红旗村入选2021年中国美丽休闲乡村名单，尖扎县坎布拉镇直岗拉卡村入选2010—2017年中国美丽休闲乡村监测合格名单。

15日 农业农村部发布公示，公布全国农业全产业链典型县建设名单，泽库县入选牦牛全产业链典型县。

同日 全州乡村振兴领导小组暨巩固脱贫成果后评估安排部署会召开，传达学习全省巩固拓展脱贫攻坚成果同乡村振兴有效衔接相关会议及文件精神，安排部署下一步工作。

15—17日 州委书记王耀春等领导带队在州直、泽库县、同仁市的各医疗单位、公安系统、社区、乡镇卡点看望慰问奋战在疫情防控一线的医务工作者、公安民警及乡镇和社区工作人员。

15—23日 州委书记、州全面推行河湖长制工作领导小组组长、州级总河长王耀春在河南县洮河、泽库县巴曲河、同仁市扎毛河督导河湖长制工作落实情况。

15—23日 州委书记、州总林草长王耀春在同仁市、泽库县、河南县调研林草长制工作落实情况。

15—30日 州委书记王耀春在四市（县）调研寺庙管理工作，宣传党的民族宗教政策，看望慰问寺管干部和宗教界人士。

18日 省委副书记、省长信长星在同仁市宣讲中共十九届六中全会精神。

19日 农业农村部发布《关于创建农业现代化示范区名单（第一批）公示公告》，河南县上榜。

22日 全州巡察工作会议暨十三届州委首轮巡察工作动员部署会召开，传达学习十九届中央第八轮巡视工作动员部署会精神，安排部署相关工作。

同日 国家民委发布《关于第九批全国民族团结进步示范区

示范单位拟命名名单的公示》，同仁市入选第九批全国民族团结进步示范区示范单位拟命名名单。

23日 农业农村部新闻办公室举行新闻发布会，发布全国农业优异种质资源通报资源普查进展情况，泽库羊入选畜禽十大优质种质资源。

同日 经省委铸牢中华民族共同体意识省民族团结进步事业工作领导小组审定，州司法局入选青海省民族团结进步示范单位名单；同仁市隆务镇、保安镇新城村，尖扎县昂拉乡，泽库县王家乡红旗村，河南县优干宁镇、柯生乡柯生村入选青海省民族团结进步示范区名单；河南县托叶玛乡曲龙村团支部入选青海省青少年民族团结进步示范点名单。

25日 州反恐怖工作领导小组组织开展2021年“高原·利剑”反恐应急处突武装拉动演练。

26日 全州2021年度党风廉政建设责任制专项检查考核第一检查考核组召开动员会，标志着黄南州2021年度党风廉政建设责任制专项检查考核全面启动。

同日 州未成年人保护工作领导小组第一次全体会议召开。州市县未成年人保护领导小组成员单位负责人及联络员参加。

28日 中央宣传部、中央文明办、全国妇联在浙江召开加强家庭家教家风建设工作推进会，现场揭晓999户2021年全国最美家庭，黄南陈晓燕（国家税务总局河南县税务局）家庭入选。

29日 省人才工作领导小组办公室发布《关于2021年度青海省“昆仑英才·高端创新创业人才”计划拟入选名单的公示》，同仁市热贡龙树画苑画师扎西尖措拟入选领军人才名单，尖扎县农牧业综合服务中心干部李文辉拟入选拔尖人才名单。

30日 中国少年先锋队黄南藏族自治州第三次代表大会在隆务召开。

同日 位于海东市化隆县的岭秀330千伏变电站1号、2号主变电站正式投入运行，黄化电网结束单座330千伏变电站“单电源”供电的历史，黄南州及海东市化隆、循化地区正式迈入“双电源”时代。

是月 文化和旅游部推出100个“体验脱贫成就·助力乡村振兴”全国乡村旅游扶贫示范案例，尖扎县昂拉乡德吉村入选。

是月 州退役军人事务局被退役军人事务部、中央军委政治工作部评为全国退役军人服务保障“先进单位”。

12月

1日 州政府召开经济运行形势分析和固定资产投资调度会，分析全州当前经济运行形势，调度固定资产投资完成情况，安排部署下阶段重点工作。州政府分管副秘书长、州发展改革委、教育局、工业商务和信息化局、统计局等部门负责人及四市（县）分管副市（县）长、发展改革局、统计局局长参加。

同日 州创建办召开铸牢中华民族共同体意识体验馆建设工作推进会，听取《黄南州铸牢中华民族共同体意识体验馆陈列大纲方案》编制情况工作汇报，安排部署体验馆资料征集工作。

2日 副省长杨逢春在联点的尖扎县尖扎滩乡来玉村宣讲中共十九届六中全会精神，调研乡村振兴工作。在来玉村了解党员学习中共十九届六中全会精神情况，查看村服装加工厂、旅游景点设施、民宿建设等情况。强调要以打造国际生态旅游目的地为目标，依托当地独特的区位优势和地理景观，把自然、生态、历史、文化融合起来，切实规划好、建设好、运营好景区，努力讲好“坎布拉故事”。要以铸牢中华民族共同体意识为主线，积极引导宗教与社会主义社会相适应，大力践行和弘扬社会主义核心价值观，依法管理宗教寺庙，积极发挥社会正能量。

3日 州委理论学习中心组专题学习研讨会召开，传达学习习近平总书记在西藏考察时的重要讲话和中央民族工作会议上的重要讲话精神，州委中心组成员12人作重点发言，其他成员提交书面研讨材料。

同日 州总工会在州群团服务中心举行美团外卖建会入会仪式。50名新入会的“外卖小哥”面向工会会旗宣誓，并聆听中共十九届六中全会精神解读，接受党史学习教育及普法宣传，体验群团知识竞答与党建沙盘、动感单车，齐唱国歌，观看劳模宣传片、参观职工书屋等。省、州总工会相关负责人为新会员代表颁发工会会员证，现场发放价值7000元的入会礼包。

6日 州人大常委会组织部分州人大代表组成专题调研组，调研全州扶贫领域腐败和作风问题专项治理工作情况。州监委、市（县）人大常委会相关负责人一同调研。

7日 州委副书记、州长、州新型冠状病毒感染的肺炎疫情防控处置工作指挥部指挥长扎西才让主持召开全州新冠肺炎疫情防控工作（视频）会议。学习贯彻落实国务院联防联控机制、省指挥部会议精神，分析研判疫情防控形势，安排部署2021年冬2022年春全州疫情防控工作。

同日 州政府召开传统村落和历史文化保护工作座谈会，州委副书记、州长扎西才让主持并讲话。省住房和城乡建设厅厅长王发昌出席。

7—8日 省委办学质量评估委员会一行5人在黄南州开展评估工作“回头看”。实地察看州委党校和河南县委党校基础设施建设情况，查阅整改工作台账资料，并召开全州党校系统办学质量评估“回头看”工作汇报会。

8日 全省群团协同化建设工作推进会在同仁召开，省委常委、省总工会主席马吉孝，省委改革办副主任郭云方，省委改革办二处处长顿珠旺智，省级群团组织领导、省总工会部室负责人及各市州群团组织负责人参加。推进会分观摩调研和座谈交流两个阶段进行。

9日 副省长杨志文在同仁市、尖扎县部分学校，围绕学习贯彻中共十九届六中全会精神开展宣讲和调研，强调要着力用习近平新时代中国特色社会主义思想武装头脑、指导实践，努力办好新时代人民满意的教育。

同日 中共十九届六中全会精神省委宣讲团宣讲报告会在州委党校举行。省委宣讲团成员、省委党史研究室主任颜高国作宣讲报告。

同日 州委宣传部和州总工会在州藏戏传习中心联合开展“群心向党·团结奋进”巡演活动。州四大班子部分领导、州群团组织领导干部及州直各基层工会干部职工群众290余人现场观看文艺巡演，文艺巡演同步网络直播，3.75万人次在线观看直播。

同日 新冠病毒疫苗接种工作推进会召开，学习相关文件精神，分析研判新冠疫苗接种形势，安排部署年底前接种工作。

同日 中国人民财产保险股份有限公司黄南州分公司被中国金融工会评选为全国金融先锋号。

10日 州政府召开生态环境领域警示教育大会，通报省、州中央环境保护督察移交生态环境损害责任追究问题情况、全省中央生态环境资金项目监督案例及全州生态环境领域督察发现的主要问题，提出纪律要求。

同日 州政府召开安全生产电视电话会议，分析全州安全生产形势，部署全州安全生产专项整治三年行动、城镇燃气安全排查整治、2021年冬2022年春安全防范工作。

13日 州政府召开2021年违法违规占用耕地重点问题整治工作会议，对全州新增农村乱占耕地建房、违法违规占用耕地挖湖造景等问题整治工作进行安排部署。

同日 州纪委监委、州直属机关工委、州直属机关纪工委联合召开州直机关党员干部警示教育大会，州直机关280余名党员干部参加。

14日 州反恐办组织州市（县）公安、应急、消防等反恐怖工作成员单位指战员开展“2021-黄南·坚盾”反恐怖应急处置综合演练。

15日 全州中小学校党建工作现场观摩交流推进会召开。州委、州政府相关部门负责人，四市（县）教育工委书记，四市（县）分管副市（县）长，州教育局党委班子成员及科室负责人、四市（县）教育局局长、教育工委专职副书记以和州直学校党支部书记、专职副书记以及四市（县）学校负责人等80余人实地观摩州民族高级中学、同仁市三完小党建工作，在州党群服务中心集体接受党性教育。

15—16日 省安委会第七考核巡查组在黄南州开展安全生产目标考核工作。

16日 省委书记、省人大常委会主任王建军带队考核黄南州2021年度党风廉政建设主体责任和监督责任落实情况。强调要以习近平新时代中国特色社会主义思想为指导，认真学习贯彻中共十九届六中全会精神，贯彻落实新时代党的建设总要求，扎实推动全面从严治党、党风廉政建设和反腐败工作取得更大实效。

同日 国家民委发布关于命名第九批全国民族团结进步示范区示范单位的决定，同仁市入选第九批全国民族团结进步示范区示范单位名单。

17日 全州精神文明建设指导委员会全体会议召开，审议拟命名表彰的2019—2021年度州级文明县城、文明村镇、文明单位、文明校园和文明家庭的建议名单（文明县城建议名单4个、文明村镇建议名单40个、文明校园建议名单16个、文明单位建议名单128个、文明家庭建议名单50户）。

23日 黄南藏族自治州第十六届人大常委会第三次会议召开。州人大常委会主任蒋树成主持。

同日 政协第十四届黄南藏族自治州委员会第二次常委会会议召开，围绕“助推脱贫攻坚与乡村振兴有效衔接”开展协商议政。州政协主席林华旦主持并讲话。

同日 2021年热贡“於菟”非遗民俗文化活动在同仁市年都乎乡年都乎村举行，拉开黄南州2021年冬2022年春文体旅游活动序幕。

24日 州委农村牧区领导小组工作会议召开，通报全年农村牧区工作开展情况，安排部署2022年“三农”工作。

同日 全州第八次全州法治宣传教育工作会议召开，总结全州“七五”普法工作，安排部署“八五”普法工作。

同日 州公安局成功破获一起特大贩卖运输毒品案件，在海东市民和县马场垣服务区抓获3名嫌疑人，当场缴获冰毒毒品305.2克、运毒车辆1辆。

28日 州委、州政府召开援青干部人才座谈会，传达学习习近平总书记关于深化东西部协作和定点帮扶工作的重要指示精神，表彰优秀援青专业技术人才，部分援青干部人才代表和州直相关部门负责人交流发言。

同日 省文化和旅游厅发布《关于拟确定28家旅游景区为国家A级旅游景区的公示》，同仁市热贡龙树画苑、河南县柯生乡双鱼湖景区、黄河南蒙古历史文化博物馆、黄南州热贡艺术博物馆、泽库县泽曲湿地景区、泽库县多杰宗景区、尖扎县能科景区拟确定为国家AAA级旅游景区。

29日 全州冬春季暨“两节”期间疫情防控工作视频会议召开，学习贯彻落实国务院联防联控机制、省指挥部会议精神，听取四市（县）指挥部人员摸排和疫情防控工作汇报，分析研判疫情防控形势，安排部署2021年冬2022年春和元旦、春节期间全州的疫情防控工作。

31日 州委书记王耀春，州委副书记、州长扎西才让等州级领导分别带队走访慰问部分离退休老干部。

同日 中国地方志指导小组、中国地方志学会对第八届全国地方志优秀成果（年鉴类）进行通报表扬（共446部年鉴），《黄南年鉴（2020）》被评为特等年鉴。

同日 国家中医药管理局印发《关于命名河北省清河县等171个地区为全国基层中医药工作先进单位的决定》，泽库县被命名为县级全国基层中医药工作先进单位。

是月 经四市（县）文体旅游广电局、各项目保护单位推荐申报，州级层面资格初审、组织专家评审、州非物质文化遗产名录评审委员会复审、社会公示等程序，黄南州文体旅游广电局认定黄南州第四批州级非物质文化遗产项目代表性传承人118人，涉及九大类88个非遗项目，其中：传统音乐类17人、曲艺类2人、传统舞蹈类4人、传统美术类8人、传统医药类12人、传统体育与游艺竞技类7人、民间文学类8人、民俗类20人、传统技艺类40人。

是月 由省农业农村厅申请，省畜牧总站、青海种羊繁育推广服务中心等单位负责申报的“泽库羊”遗传资源，经国家畜禽遗传资源委员会审定、鉴定通过，并由中华人民共和国农业农村部第498号公告，“泽库羊”被正式列入国家畜禽遗传资源名录，成为青海省第6个羊地方品种，同时也是第三次全国畜禽遗传资源普查工作中被国家畜禽遗传资源委员会遴选发布的十大优异畜禽遗传资源之一。

是月 最高人民法院授予州中级人民法院全国法院第六届司法大数据专题研究“数助决策”三等奖。

是年 州就业服务局被人力资源和社会保障部评为全国人力资源社会保障系统优质服务窗口。

是年 全州新冠病毒疫苗从1月11日开始接种，全州累计接种新冠病毒疫苗525439剂次，其中第一剂次253069人、第二剂次231641人、第三剂次40729人。

十大新闻

2021年1月6—7日，中共黄南州委十二届十一次全体会议在州会议中心召开。会议审议《中共黄南州委关于制定国民经济和社会发展第十四个五年规划和二〇三五年远景目标的建议》，总结2020年工作，部署2021年工作，奋力推动全州“十四五”发展开好局、起好步。

2021年1月6—7日，中共黄南州委十二届十一次全体会议在州会议中心召开

2021年1月8日，“世界最大的木结构四合院”和“世界最大土烧馍”世界纪录认证在尖扎县举行。位于尖扎县俄家台的藏家大院被WRCA认证为“世界最大的木结构四合院”，昂拉土烧馍被认证为“世界最大土烧馍”。

2021年1月8日，“世界最大的木结构四合院”和“世界最大土烧馍”世界纪录认证在尖扎县举行

2021年2月1日，省委书记、省人大常委会主任王建军参加省十三届人大六次会议黄南代表团审议。他强调，要以习近平新时代中国特色社会主义思想为指导，全面贯彻中共十九届五中全会精神，树牢以民为中心的发展思想，围绕人的全面发展和社会全面进步扎扎实实打基础，打造共同富裕的黄南样板。

尖扎县德吉村

2021年1月28日，科学技术部印发《关于开展第九批国家农业科技园区建设的通知》，黄南国家农业科技园区入围第九批国家农业科技园区名单。该园区核心区位于河南县省级农业科技园区，通过功能属性强化和扩展，打造“牲畜养殖繁育基地、休闲观光文旅基地、农畜产品加工中心、商贸物流集散中心、科技研发孵化中心”五大功能区。示范区位于泽库县泽曲镇、和日镇。辐射区位于同仁市和尖扎县、海南州、海东市及邻近甘肃甘南地区等。

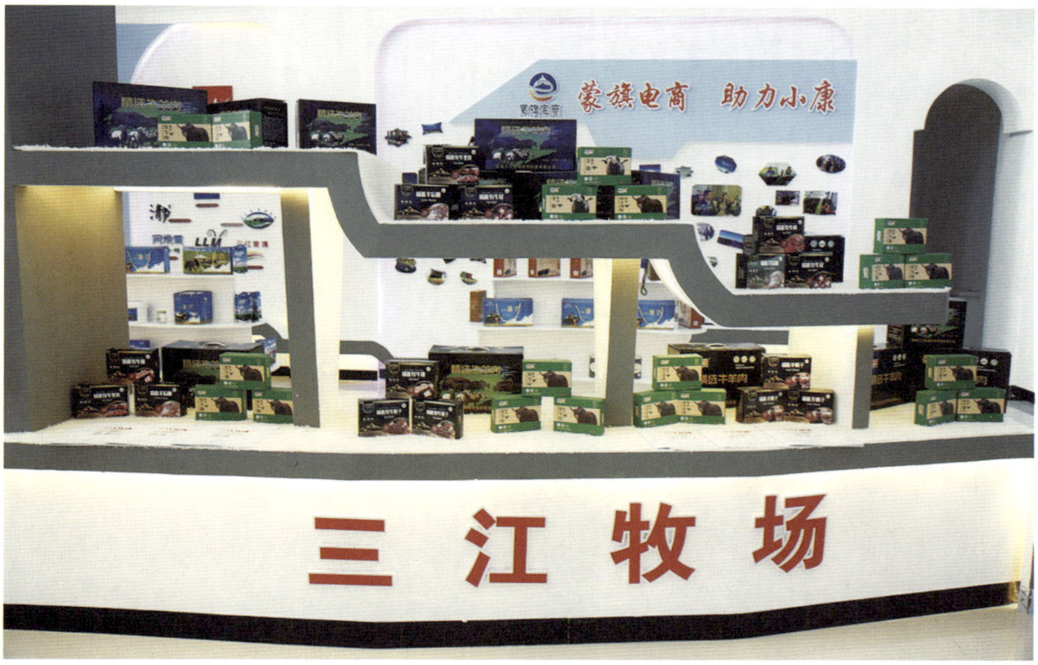

2021年1月28日，科学技术部印发《关于开展第九批国家农业科技园区建设的通知》，黄南国家农业科技园区入围第九批国家农业科技园区名单

2021年6月1日，黄南藏族自治州乡村振兴局正式挂牌成立，它的成立标志着随着脱贫攻坚战取得全面胜利、“三农”工作重心实现历史性转移，黄南站在了全面推进乡村振兴、创造更加美好生活、实现共同富裕新的历史起点上。

2021年6月1日，黄南藏族自治州乡村振兴局挂牌成立

2021年6月29日，黄南州召开优秀共产党员、优秀党务工作者和先进基层党组织表彰大会。表彰优秀共产党员、优秀党务工作者、先进基层党组织，为老党员颁发“光荣在党50年”纪念章。

2021年6月29日，黄南州召开优秀共产党员、优秀党务工作者和先进基层党组织表彰大会

2021年6月30日，黄南海南两州七县天然气利用项目（一期）管道输送工程在尖扎县尖扎滩开工。该工程是黄南州“十四五”能源发展规划计划实施的重点能源利用项目，分两期实施，一期实施同仁市、尖扎县，总投资3.16亿元，建设管输工程和场站工程两部分，设计年供气量1.35亿立方米，建设输气管道173.58千米，全线设计压力为6.3兆帕，设置场站4座、阀室9座、门站2座。管输工程分为1条干线、2条支线，干线起自“涩宁兰”输气管道拉脊山分输站，整体自北向南铺设，途径海南州贵德县，止于尖扎县尖扎滩清管站，干线全长101.02千米；2条支线起于尖扎县尖扎滩清管站，分别止于尖扎县马克唐镇尖扎门站和同仁市年都乎乡同仁门站，支线总长74.56千米，计划于2022年建成通气。

2021年6月30日，黄南海南两州七县天然气利用项目（一期）管道输送工程在尖扎县尖扎滩开工

2021年9月14—19日，由青海省民族宗教委员会、青海省文化和旅游厅选送，青海省藏剧团、黄南藏族自治州民族歌舞剧团创作演出的大型传统藏戏《意卓拉姆》参演第六届全国少数民族文艺会演，入选“庆祝中国共产党成立100周年舞台艺术精品创作工程”。9月24日，《意卓拉姆》获优秀剧目奖。

2021年9月24日，《意卓拉姆》表演现场

2021年9月23日，黄南州举行《黄南藏族自治州志（1991—2010）》公开出版发行仪式。《黄南藏族自治州志（1991—2010）》以翔实的史料、完备的体例、严谨的结构、简洁的文字介绍了黄南的自然环境、建置沿革、社会变迁、经济发展、科学文化、教育卫生、风土民情、历史人物等，生动反映了黄南州1991—2010年的发展和变迁，集黄南万事万物于一册，凝二十载沧桑为一瞬，为学好黄南历史、讲好黄南故事，提供详尽的州情资料。

2021年9月23日，《黄南藏族自治州志（1991—2010）》出版发行

2021年10月14日，在云南昆明举办的《生物多样性公约》第十五次缔约方大会生态文明论坛上传来喜讯，中华人民共和国生态环境部授予黄南州第五批国家生态文明建设示范区称号。同时，授予河南县第五批“绿水青山就是金山银山”实践创新基地称号。近年来，黄南州始终坚持以习近平生态文明思想为引领，认真落实“一优两高”战略，坚持人与自然和谐共生、保护与发展并重、污染防治与环境提升并举，统筹推进生态环境综合治理、系统治理、源头治理，擦亮最美生态底色，筑牢生态安全屏障。

2021年10月14日，在云南昆明举办的《生物多样性公约》第十五次缔约方大会生态文明论坛上，生态环境部授予黄南州第五批国家生态文明建设示范区称号

州情概览

自然地理

【位置境域】 黄南藏族自治州(简称黄南州)位于青海省东南部，北纬34°03′~36°10′、东经100°34′~102°23′，因地处黄河之南而得名。黄河从青海巴颜喀拉山发源后，流经青海南部，到川西北为岷山所阻而西折，经甘肃甘南又迂回到青海境内，形成九曲黄河第一弯，美丽富饶的黄南藏族自治州即位于这个右旋弯曲部之南岸。黄南州东北部与青海省海东市化隆回族自治县、循化撒拉族自治县为邻，东南部与甘肃省甘南藏族自治州夏河县、碌曲县、玛曲县接壤，西北部和西南部与青海省海南藏族自治州贵德县、同德县、贵南县以及果洛藏族自治州玛沁县相接。州境东西宽175千米，南北长235.3千米，总面积1.82万平方千米，占青海省总面积的2.52%。州府驻同仁市隆务镇，距省会西宁159千米。

【地形地貌】 黄南州地处青南高原，地形复杂，地貌多样。以中部麦秀山为分野，南高北低。南部为比较单一的东西构造带，发育着一系列东西走向的褶皱和断裂，向北东方向延伸并逐渐减弱，地貌起伏较小，坡度平缓，草原广阔，平均海拔在3800米以上，属古冰川侵蚀作用为主的中高山构造区，是秦岭山系南支西倾山的西延部分，主要山脉有李恰如山、阿米莫尔藏山、达日宗喀恰山，是河曲马、巴滩马、欧拉羊、青海藏系羊、青藏高原牦牛的主产区之一。北部山势陡峻，多中切割高山、峡谷、山间台地，主要山脉有申宝山、夏琼山等，峡谷有李家峡、隆务峡等。以北西构造为主，广泛分布着北西向的褶皱和断裂，河流湍急，形成以流水作用为主的侵蚀——构造中山区，是黄南州的粮食、蔬菜、瓜果主产区。最高海拔点为泽库县境内的杂玛日岗山峰，海拔4971米；最低海拔为隆务河注入黄河处，海拔1960米。黄南州地貌以其形态可分为河谷阶地、中低山山地、高山山地、高原平地等四类。河谷阶地主要分布于黄河、隆务河及支流沿岸，海拔2000~2500米，面积270.93平方千米，占全州山地面积的1.49%；中低山山地主要分布于河谷阶地与高山山地之间，海拔3500米以下，面积2512.09平方千米，占全州总面积的13.80%；高山山地分布于海拔3500米以上，面积7392.75平方千米，占全州总面积的40.62%；高原平地分布于海拔3200~3900米的高原滩地，面积8394.7平方千米，占全州总面积的46.12%。

【山脉】 境内群山起伏，峰峦叠嶂，山势雄伟，蔚为壮观。山脉属秦岭山系南支西倾山西延余脉。西倾山为中国西部历史名山，位于青海省东部，甘肃省东南部，主脉位于河南蒙古族自治县南部与黄河干流之间，北、南两面为黄河所环绕。山体东起甘肃省舟曲县与宕昌县交界处的雷古山，向西展布至舟曲、迭部、卓尼、碌曲、玛曲、夏河县及四川省若尔盖县等地，进入黄南州的河南蒙古族自治县及同仁市境，再向西向北展布到泽库县、尖扎县、循化县，海南藏族自治州的同德、贵南、贵德县境。河南蒙古族自治县境称莫尔藏阿米、卓毛、李恰如山等；泽库县境称杂玛日岗山、万庆山、麦秀山、夏德日山等；同仁市境称夏琼山、阿米年日、德合隆、恰钦岗、群乌雷更山等；尖扎县境称申宝山等。海拔4200~4500米的主要山峰有达日乔合、卓毛扎日干、扎玛日、莫尔藏阿米、哲赫拉布肖、夏琼、阿热加德合、申宝则等。最高峰杂玛日岗山海拔4971米。泽库县境内的杂玛日岗山、海拔4607米的夏德日山，同仁市境内海拔4767米的夏琼山，这三座山峰组成群山的核心。山体由三叠系中统灰色砂岩类板岩、泥质灰岩构成，两侧有东西向断裂带。北坡较平缓，山间盆地及分水岭上都有沼泽发育。南坡较陡峻，多峡谷；山坡、山麓均处冰缘环境，冻土地貌发育。南支是黄河一级支流洮河与长江二级支流白龙江的发源地和分水岭。北支是黄河一级支流隆务河的发源地。

西倾山南支山脉。莫尔藏阿米山在河南蒙古族自治县东南部、为西倾山主脉，东西走向，东起甘肃省玛曲县境，西至河南蒙古族自治县多松乡，在黄南州境长约67千米，宽约10千米，主峰哲赫拉布肖海拔4510米。地理坐标北纬34°15′，东经101°50′。黄河一级支流洮河发源于莫尔藏阿米山之北、李恰如山之南的代富桑滩。白龙江发源于莫尔藏阿米山南麓的郎木寺附近，莫尔藏阿米山为河南蒙古族自治县最高山，民间奉之为神山。李恰如山东起甘肃省碌曲县尕海乡境，西北至河南蒙古族自治县优干宁镇南境，东西偏北走向，与莫尔藏阿米山平行。史称“李恰如”为“鲁察普拉山、罗插布拉山”近音转译而来。主峰额日宰在赛尔龙乡境，海拔4483米。地理坐标北纬34°22.4′，东经102°05′。山体东西长20千米，南北宽15千米，相对高度1163米，属深切割高山。山南有“哦达哇”天池，池面近千平方米。山中岩洞密布，能容纳10人以上的岩洞有13处，其中一洞可容纳千人，洞中有水。李恰如山东麓有浩钦沟、浩琼沟、达日宗沟、塞尔龙沟、英拉哇日玛沟、尖克日沟。西南麓有乎达斯沟、羊热琼哇沟、羊热沟、羊热西热玛沟等。卓毛山在河南蒙古族自治县宁木特乡境，主峰卓毛杂日干双峰对峙，如母牛仰卧时的双乳，故得名“卓毛山”。主峰海拔4453米，地理坐标北纬34°36′，东经101°10′。山体呈南北走向，南北长40千米，东西宽27千米。北部与同德县境的龙哇欧却日山、泽库县境之日享木山连接。峰峦叠嶂，沟深坡陡，地形险阻。属乔林区，有圆柏和云杉，还有大片灌木丛。克其合山南起河南蒙古族自治县延巴河注入洮河口处，北至泽库县、同仁市、夏河县交界处，南端称克其合山，是河南蒙古族自治县与甘肃省夏河县的界山。北端称万庆山，长约70千米、宽16千米，坡度一般比较平缓。

西倾山中支山脉。恰金山东起甘肃省夏河县土门关北，北西到隆务河注入黄河处，青海省内长45千米、宽35千米，恰金山最高峰海拔4156米。麦秀山在泽库县境，南北走向，南起阿日加，北至麦秀河与扎毛河汇合处。长约60千米、宽27千米。麦秀林场区在此山中，主要树种有祁连松、圆柏、青海云杉、紫果云杉、桦树、山杨等。杂玛日岗山在泽库县境北部，东西偏北走向，东南起多福顿，西至贵南县藏盖，东南长约60千米、宽45千米，最高峰海拔4971米，是黄南州境的最高峰。夏琼山在同仁市境西部，南北偏西走向，长35千米、宽25千米，最高峰海拔4767米。同仁地区民间称夏琼山为神山，其神称阿米夏琼，在寺庙和神庙壁画中都有战神阿米夏琼的画像，每年农历五月各村落的村民都去夏琼山进行祭祀活动。

西倾山北支山脉。申宝—泽钦山脉由申宝山、泽钦山、戈里山、戈尕山4个山体组成，在尖扎县境西部，为尖扎、贵德两县界山。主峰地理坐标是北纬35°48′～35°52′36″，东经101°30′～101°55′。山体长44千米，宽约30千米，在尖扎县境宽13千米。申宝山主峰海拔4614米，泽钦山海拔4213米，戈里山主峰海拔3853米，戈尕山主峰海拔为3835米。

西倾山东支山脉。阿米年日山—古仓恰伊玛山脉主峰群乌雷更海拔4298米，地理坐标为北纬35°04′～35°31′、东经102°01′～102°38′。南起泽库县与同仁市交界处的阿米年日山，北至同仁市与海东市循化撒拉族自治县交界处的索迪卡，长约90千米、宽27千米，经泽库县多禾茂乡，同仁市多哇、瓜什则、兰采乡进入循化撒拉族自治县刚察乡境。由阿米年日、德合岗卡曼日、坎布托泽、冬泽、古仓恰伊玛、阿米涅麦、杂干、恰钦岗、沃合德岗、索迪卡等10余座山体组成一线。一般海拔在3500米以上。除个别山体比较陡峻外，一般山体比较平缓，是牧业区。孤群不山在河南蒙古族自治县境黄河南岸，属阿尼玛卿山支脉。深切割明显，山势陡峻，最高峰海拔4431米。

【河流】 州境内大小河流140余条，黄河为过境客水，主要河流为黄河一级支流，较大的有洮河、隆务河、泽曲河、巴河等，二级支流有大南曼河等，水能资源丰富。

黄河。流经州境南北两端，长257千米，南端从甘肃省甘南藏族自治州玛曲县流入，由东向西经河南蒙古族自治县柯生乡、多松乡、宁木特乡，全长161千米，年均流量505米^3/秒，径流量131.5亿立方米；北端从海南藏族自治州贵德县流入，由西向东南流经尖扎县坎布拉镇、康杨镇、马克唐镇、昂拉乡，全长96千米，年均流量672米^3/秒。

隆务河。州内最大河流，汇九溪而流，故藏语称“隆务苟曲”，属黄河一级支流。源于泽库县夏德日山主峰杂玛日岗之南约1千米处源头海拔4270米。由南向北流经泽库县、同仁市，于隆务峡汇入黄河，海拔1960米，全长144.3千米，流域面积4959平方千米，年均径流量7.22亿立方米，年均流量22.9米^3/秒，落差2310米。主要支流有清水河（羊智沟水）、浪加河、保安河、曲麻河、牙浪河、江隆河、扎毛河、交毛河、阿羊囊河等。

大南曼河。系大夏河支流，为黄河二级支流，源于同仁市东南部的布达拉卡山，源头海拔4025米，出境海拔3119米，落差906米。出境汇入大夏河。境内长40.08千米，流域面积803.1平方千米，年均径流量1.13亿立方米，年均流量3.59米^3/秒。

泽曲河。为州境流程最长的河流。源于泽库县宁秀乡迪日公玛山的沼泽地区，由西南向东北，流经泽库县索乃亥，再经河南县优干宁镇，折向西南流经宁木特乡后向南注入黄河，全长229.2千米，流域面积4788.2平方千米，年均径流量7.7亿立方米，年均流量24.4米^3/秒。主要支流有多且河、日俄冬河、纳尔温公玛河、羊玛日河、夏德日河、朵玛河、下吾河、东沃河、擦玛河、威拉河、哈钦河等。

巴河。源于泽库县和日乡多科滩、由东向西流经同德县注入黄河。境内流程42.5千米，流域面积2620平方千米，径流量2.03亿立方米，年均流量8.056米^3/秒。主要支流有尕干河、尕群河、和日河、直干木河。

洮河。亦称洮江，藏语称“碌曲”，源于河南县境东南部李恰如山与莫尔藏阿米山之间的代富桑沟脑的果多山，源头海拔3700米，出境处海拔3300米，西南—东北流向，经赛尔龙乡流入甘肃省碌曲县，境内流程93.5千米，流域面积1561.4平方千米，径流量3.62亿立方米，年均流量12.9米^3/秒。该河冬季不结冰，是一条不冻河。境内主要支流有延曲、周可河。

【气候】　黄南州气候属高原大陆性气候区，其特点是雨热同季，干湿季差别明显；热量不足，无霜期短，降水变率大，时空分布不均；光照时间长，日光辐射强；冷季漫长干冷，暖季短促润凉，多灾害天气。由于地势南高北低，地区气候差异明显，大致可分为南部和北部两个气候区域。南部河南蒙古族自治县和泽库县属于高原严寒带湿润气候区，北部同仁、尖扎两县除高山区外，大部分地区属于高原温带半干旱气候区。

2021年黄南地区年平均气温4.2℃，与历年（1991—2020年，下同）平均值相比高0.5℃，其中各市（县）年平均气温分别为同仁市7.2℃、尖扎县8.9℃、泽库县-0.1℃、河南县0.9℃；与历史平均气温相比，同仁市高0.6℃，尖扎县高0.1℃，泽库县高0.7℃，河南县偏高0.7℃。黄南州年平均降水量477.2毫米，较历年均值正常略偏多。其中各市（县）全年降水量分别为同仁市432.8毫米、尖扎县358.0毫米、泽库县510.4毫米、河南县607.4毫米，与历年均值相比，均为正常略偏多。降水时空分布不均，冬春季降水少（尖扎县、同仁市1月无降水），夏秋季降水多，同时，全州降水空间上呈南多北少的态势。北部农业区生长季（4—9月），整体气温偏高，降水偏少，没有出现明显旱情，适宜的土壤水分和热量条件，对黄南州粮油作物的生长发育较为有利。南部牧业区气温较常年偏高，降水偏多，气候条件整体有利于牧草的返青和前期生长。

2021年黄南州气象情况表

表1

地区	年降水量（毫米）	年平均气温（℃）	无霜期（天）	日照时数（小时）	冰雹时数（天）	历年（30年）平均气温（℃）
同仁市	432.8	7.2	172	2175.0	0	6.6
尖扎县	358	8.9	197	2543.1	0	8.8
泽库县	510.4	-0.1	41	2389.4	2	-0.8
河南县	607.4	0.9	41	2333.1	2	0.2

2021 年黄南州各地月平均气温、降水变化情况表

表 2

月份	尖扎		同仁		泽库		河南	
	平均气温（℃）	降水量（毫米）	平均气温（℃）	降水量（毫米）	平均气温（℃）	降水量（毫米）	平均气温（℃）	降水量（毫米）
1 月	-4.9	0.0	-6.0	0.0	-11.9	0.3	-11.3	0.3
2 月	1.3	0.3	0.0	4.9	-9.0	13.3	-8.0	8.7
3 月	6.8	0.4	5.0	8.9	-2.9	11.2	-1.5	31.6
4 月	9.2	32.6	7.3	60.2	-0.2	42.7	1.3	65.9
5 月	15.1	27.3	12.9	24.5	4.5	20.1	5.6	28.3
6 月	18.3	57.6	16.3	50.8	9.1	119.3	10.2	116.0
7 月	21.1	62.8	19.2	77.9	10.7	54.3	11.7	89.4
8 月	18.7	45.7	16.6	77.6	9.5	90.9	10.5	110.8
9 月	15.4	91.4	13.8	74.2	5.8	79.8	6.8	74.1
10 月	8.6	33.2	6.9	52.5	2.1	77.8	3.2	74.7
11 月	0.3	6.7	-1.0	1.3	-8.4	0.2	-7.4	1.7
12 月	-3.1	0.0	-4.5	0.0	-10.8	0.5	-10.5	5.9

2021 年全州各月平均气温及气温极值情况表

表 3

单位:℃

项目		1 月	2 月	3 月	4 月	5 月	6 月	7 月	8 月	9 月	10 月	11 月	12 月	年
月平均气温		-8.5	-3.9	1.9	4.4	9.5	13.5	15.7	13.8	10.5	5.2	-4.1	-7.2	4.2
极端最高气温	极值	5.8	13.4	16.3	17.8	22.2	24.2	27.4	26.2	23.4	21.7	11.5	7.4	27.4
	日期	1.14	2.23	3.29	4.30	5.30	6.10	7.22	8.1	9.1	10.2	11.5	12.5	7.2
极端最低气温	极值	-20.6	-18.7	-11.9	-5.4	-2.1	2.7	5.2	4.2	-0.5	-4.4	-16.8	-19.3	-20.6
	日期	1.11	2.1	3.3	4.3	5.6	6.4	7.29	8.27	9.20	10.3	11.30	12.26	1.11

【农牧资源】 自治州南高北低的地理特点自然形成南牧北农的经济格局。北部尖扎县、同仁市以农为主，农牧兼营；南部河南、泽库两县属纯牧业区。北部同仁市、尖扎县大部分地区，特别是黄河和隆务河谷地带，气候温暖，水源充足，土壤疏松肥沃，有较好的光热条件，是全州粮食高产区和蔬菜瓜果之乡，也是青海省粮食作物、瓜果、蔬菜及其他经济作物的产区之一。2021 年，全州耕地面积 21596.23 公顷，划定基本农田 15760 公顷，其中水浇地面积 4966.63 公顷，占全州耕地面积的 23%。粮食作物耕种有小麦、青稞、蚕豆、豌豆、玉米、洋芋等；油料作物种植有油菜、胡麻；蔬菜种植主要有白菜、萝卜、葱、蒜、韭菜、芹菜、西红柿、茄子、辣椒、菜瓜、黄瓜等；瓜果有苹果、梨、黄果、葡萄、西瓜等。

畜牧业是黄南州传统产业。南部河南蒙古族自治县和泽库县及北部的高山区，地势开阔，河流纵横、植被丰富，牧草茂盛，构成水草丰美的天然牧场。全州草场面积 164.965 万公顷，占全州总面积的 90.64%。可利用草场面积 157.8 万公顷，占草场总面积的 95.66%，占全州总面积的 86.70%。草场类型以高山草甸草场为主，占全州可利用草场面积

的70.15%；灌丛草场次之，占可利用草场面积的13.93%；山地草场和沼泽草场，分别占可利用草场面积的8.38%和4.28%；有森林草场，占可利用草场面积的1.91%。牲畜以绵羊和牦牛居多，马和山羊次之，兼有少量黄牛、犏牛、驴、骡。畜产品有毛、皮、牛绒、山羊绒、牛羊肉、牛奶、酥油、酸奶、曲拉等。

【药材资源】 全州药材资源丰富，分植物、动物、矿物三大类共710种，其中植物药82科、579种，动物药52科、105种，矿物药26种。在全国统一规定普查的363种药材品种中，州境有82种，其中植物药68种，即白芍、党参、红花、丹皮、北沙参、枸杞子、贝母、白扁豆、黄芪、大黄、百合、甜杏仁、款冬花、天仙子、桃仁、苦杏仁、牛蒡子、佛手参、秦艽、青川椒、薄荷、旋覆花、萱草根、瞿麦、远志、赤芍、葶苈子、南沙参、甘草、玉竹、黄精、羌活、蒲黄、五加皮、苍耳子、麻黄、透骨草、老鹤草、扁蓄、马勃、水红花子、艾叶、草乌、柏子仁、冬葵子、升麻、茜草、骨碎补、甘松、地榆、贯众、葫芦巴、仙鹤草、木贼、急性子、狼毒、益母草、北柴胡、瓦松、地肤子、鹤虱、刀豆、马尾莲、香薷、冬虫夏草、侧柏叶、茺蔚子、天门冬；动物药6种，即鹿茸、五灵脂、麝香、全蝎、蟾酥、露蜂房；矿物药8种，即石燕、石蟹、炉甘石、雄黄、朱砂、石膏、寒水石、禹粮石。在青海省增定调查的47种重点药材中，州境有35种，其中植物药20种，即藏茵陈、湿生扁蕾、花锚、杜鹃、唐古特莨菪、茶绒、沙棘、雪莲、黄刺皮、麻黄根、车前草、车前子、败酱草、牵牛子、莱菔子、芥子、地骨皮、蒲公英、大蓟、火麻仁；动物药13种，即鸡内金、熊胆、熊掌、熊骨、豹骨、牛黄、牛肾、牛胆汁、羊胆汁、牛羊草结、鹿角、鹿肾、鹿鞭；矿物药2种，即龙骨、磁石。据普查资料测算，全州三大类药材年储量有5057.47万千克，其中植物药材4584.89万千克，家种药材327.85万千克，动物药材77.13万千克，矿物药材67.6万千克。生长在青藏高原海拔3900米左右的高山草甸地带的名贵药材——冬虫夏草，被全世界公认为“东方珍宝”，受到商贾和需求者的青睐。由州藏医院、河南县蒙藏医院利用本地药材资源开发生产的珍珠七十味、帕朱胶囊、三十一味松石丸等药品在省内外享有盛名。

【林草资源】 黄南州境内森林、草原、湿地资源较为丰富。自治州森林树种主要有青海云杉、紫果云杉、祁连圆柏、桦树、山杨、青杨、大果榆、油松、榆和槐等，分布在黄河、隆务河流域等高山峡谷地带。其中，以云杉居多，占乔木林面积的46.2%；圆柏占乔木林面积的24.4%。灌木林主要有高山柳、小杜鹃等，面积约11.07万公顷。黄河、隆务河谷地气候温暖，适宜果树等经济林木的生长，主要有苹果、梨、杏、桃、花椒等，尖扎县的苹果、古浪堤的花椒和同仁市的黄果梨都是名品。全州林地面积452004.69公顷，占全州总面积的24.8%。全州森林蓄积量814.95万立方米，占全省的16.2%。森林覆盖率为29.43%。全州草原总面积164.97万公顷，其中可利用草原面积157.8万公顷。湿地面积81140.13公顷。州内野生动植物资源丰富，有种子植物约90科、480属、1370种，其中木本植物36科、70属；有各类动物77种，其中兽类25种、鸟类45种、两栖爬行类7种。全州有国家级和省级自然保护地有8类共12个，分别是三江源自然保护区麦秀保护分区及中铁—军功分区、麦秀国家森林公园、坎布拉国家地质公园、坎布拉国家森林公园、黄河上游尖扎县段及河南县段特有鱼类国家级水产种质资源保护区、洮河源国家湿地公园、泽曲国家湿地公园、泽库和日国家沙漠公园、坎布拉省级风景名胜区、泽库和日省级风景名胜区和黄河走廊水利风景名胜区（涵盖全州）。全州有国有林场15个，即州直属麦秀林场，尖扎县冬果、洛哇、南山、坎布拉、申宝林场，同仁市兰采、双朋西、西卜沙、东山、西山林场，泽库县官秀、泽曲林场和河南县宁木特、优干宁林场。截至2021年底，全州森林面积94.98万公顷，森林覆盖率29.43%。国家重点公益林管护面积25.76万公顷，天然林保护面积30.5万公顷。国家级自然保护地7个、省级自然保护地2个，面积42.25万公顷。全年全民义务植树95万株。年末境内有环境监测站1个。

【水能资源】 黄南州地形南高北低，天然落差大，蕴藏若丰富的水能资源。州境河流水能资源理论蕴藏量为284.6千瓦，其中黄河242万千瓦、隆务河12.6万千瓦、泽曲河5.98万千瓦、洮河2.58万千瓦、巴河3.19万千瓦、大夏河1.68万千瓦，其他河流水能资源16.57万千瓦，这些河流流经地多为高山峡谷，坡降大，水流急，水文、地理、地质条件都较优越，具有理想的电站坝址和水库容积。黄河是黄南州最丰富的过境客水资源，流经州境的南北边缘。北端位于尖扎县北界，由海南藏族自治州贵德县流入尖扎县坎布拉地区，流经坎布拉、康杨、马克唐、昂拉等地，境内流长96千米。南端位于河南县南界，由甘肃省玛曲县欧拉乡流入，途经河南蒙古族自治县柯生、多松、宁木特地区，尔后折向海南藏族自治州同德县境内，过境长161千米。黄河南段水能蕴藏量112.8万千瓦、北段水能蕴藏量129.2万千瓦。境内黄河段国家规划建设的3座大中型水电站全部建成发电（均在北部尖扎县段），分别是装机200万千瓦的李家峡水电站、装机28.35万千瓦的康杨水电站和装机19万千瓦的直岗拉卡水电站，同时建成小水电站4座，装机容量3.75万千瓦。黄河南段水能资源被甘肃境内水电站所利用。隆务河是黄南州的小水电“富矿区”，素有“小水电走廊”之称。该河水能资源理论蕴藏量12.6万千瓦，截至2021年已建成唯哇、当顺、江什加、麻巴、奴合加、才塘等小水电站15座，总装机7.17万千瓦。泽曲河水能理论蕴藏量5.98万千瓦。截至2021年该河段已建成小水电站3座（均在河南县境内），装机3.07万千瓦。洮河州境内流程93.5千米，是条不冻河，冬季不结冰，水能理论蕴藏量2.58万千瓦。规划开发小水电站3座，总装机1.77万千瓦，已建成小水电站（赛尔龙水电站）1座，装机100千瓦。巴曲境内流程42.5千米，水能资源理论蕴藏量3.4万千瓦。羊智河发源于泽库县杂门延促地区，水能理论蕴藏量1.06万千瓦。在建小水电站（兰采水电站）1座，装机1500千瓦。

【矿产资源】 黄南州中部、北部地区成矿作用比较活跃，故矿种丰富，类型多样，含矿性一般也好，分布广泛，但规模不大。具有一定工业价值的矿种主要有铜、铁、铅锌、汞、萤石、石灰石、金等。在州境已发现的矿藏有金、银、铜、锌、锑、汞、砷、萤石、泥炭等25种，分布在153处。其中，大型泥炭矿床4个，D级储量787万吨；有以铅、锌、砷、金、银、硫等元素为主的中型多金属矿床2个，矿床潜在价值5.1亿元，可提取价值1.1亿元；有以砷、金、银等元素为主的中型砷金矿1个，矿床潜在价值2.6亿元，可提取价值1.6亿元。2021年，全州有矿山企业25家，其中砂石黏土21家、金属矿山企业3家、矿泉水企业1家。

【新型能源资源】 太阳能光伏资源。黄南州太阳能光伏资源丰富，是建设大型光伏并网电站的优选区域。以河南20兆瓦光伏电站为龙头的一批项目建设，给自治州提供广阔的前景。电站建成并入青海电网，有效改善能源结构，增加可再生能源的比例，减轻环保压力，改善黄南州人民生产生活条件，推进全州经济社会的跨越式发展。

风能资源。州境南部泽库、河南两县为风能季节利用区，全年风能可利用时间3000～5000小时，其中泽库县为4100小时。风能年储量据有关部门测算为每平方米270～500千瓦时，其中泽库县达到每平方米354.5千瓦时。

建置区划

【建置沿革】 黄南地区早在远古时代就有人类活动，境内主要有新石器时代马家窑文化遗址和青铜器时代齐家文化遗址、卡约文化遗址等。秦汉时期，黄南为羌人活动的主要地区之一。西汉神爵元年（前61年），赵充国统兵进击河湟地区的羌人，羌人首领縻望归顺赵充国，西汉王朝遂与河南诸羌建立羁縻关系。次年，西汉设立河关县，今尖扎县、同仁市部分地区即为河关县辖区。东汉永元十四年（102年），护羌校尉侯霸奏准在东西邯屯田五部、在逢留（今尖扎一带）屯田两部，开始在河湟地带垦荒屯田。延熹二年（159年）始，河南烧当羌联合其他八部羌人反汉，战争多年。三国时期，今黄南地区一度归蜀汉政权（230—255年）。西晋永嘉之乱（311年）后，吐谷浑进入黄河南部地区，今黄南地区遂成为吐谷浑的活动之地。北周置达化郡，辖今尖扎、同仁等地。

唐咸亨元年（670年），吐蕃灭吐谷浑国，今黄南地区成为唐与吐蕃的争夺地区。景龙三年（709年），唐金城公主远嫁吐蕃赞普，唐鄯州都督杨矩接受吐蕃厚赂，表奏唐朝准划九曲之地为吐蕃辖地。天宝十二载（753年），哥舒翰出兵击败吐蕃，收复黄河九曲之地。次年，在今黄南地区设洮阳郡，在今贵德县境设浇河郡。两年后，吐蕃趁安史之乱东进，完全占据今黄南地区，后成为吐蕃驻军东展的军事要地。宋时，今黄南地区一度由唃厮啰政权（1015—1099年）控制。北宋元符二年（1099年）七月，洮西安抚使王赡率宋军攻占廓州，黄河南诸蕃部降宋，黄南地区成为宋朝辖地。崇宁三年（1104年），在循化县境设置积石州。南宋绍兴元年（1131年），即金天会九年，金占领河州，随后占据黄河南部地区达90余年。南宋宝祐元年（1253年），即蒙古蒙哥汗三年，蒙古在河州设吐蕃宣尉使司，辖今甘肃、青海部分地区。

明洪武三年（1370年），邓愈率兵攻占河州，次年改设河州卫，改必里万户府为必里千户所，辖黄河南部游牧部落。洪武八年（1375年），改贵德州为贵德守御千户所，下设十屯，其中今黄南地区有七屯（尖扎的康、杨、李三屯和同仁的保安季、李、吴、脱四屯）。永乐元年（1403年），必里千户所升格为必里卫，辖区包括今黄南、海南、甘南部分地区。宣德元年（1426年），隆务寺高僧罗哲森格被封为“弘修妙悟国师”。之后，热贡地区逐渐形成隆务寺政教合一的统治制度。万历年间（1573—1619年），蒙古土默特部火落赤及其子洪萨巴图尔控制今黄南地区。清朝建立后，清廷承认和硕特蒙古在蒙藏地区的统治地位。清顺治九年（1652年），博硕克图济农率部占据巴水、泽曲河、黄河流域，今黄南地区遂属博硕克图济农的势力范围。康熙三十六年（1697年），青海蒙古归附清朝。雍正元年（1723年），今尖扎地区划归贵德守御千户所辖，今同仁、泽库地区划为河州同知辖。雍正四年（1726年），置驻西宁办事大臣，今河南蒙古地区由办事大臣节制。乾隆二十七年（1762年），移河州同知驻循化，设循化厅，今同仁市、泽库县地区归循化厅辖，今尖扎地区属贵德守御千户所辖。乾隆五十六年（1791年），置贵德厅改隶西宁府，今循化、贵德所属藏族部落归西宁办事大臣兼理。

民国2年（1913年），循化、巴燕戎格、丹噶尔、贵德四厅改为县，属西宁道，今同仁市、泽库县为循化县辖地，尖扎县为贵德辖地，河南蒙旗为省直辖。民国18年（1929年）7月，由循化县析置同仁县，辖今同仁、泽库地区。民国26年（1937年），在同仁县设青海省第七专员公署，辖同仁、同德两县。1949年9月5日，青海省首府西宁解放。是年9月22日，成立同仁县人民政府。1952年3月15日，同仁县改称同仁藏族自治区。1953年，析原贵德县六区（康家区）和昂拉区成立尖扎县。同年9月，从原同仁县析置泽库县。12月22日，成立黄南藏族自治区，辖同仁、尖扎、泽库3个县。1954年5月，将同仁藏族自治区改称同仁县。1954年10月16日，成立河南蒙古族自治区人民政府，由省直辖。1955年5月，将黄南藏族自治区改称黄南藏族自治州。1959年1月17日，河南蒙古族自治县、循化撒拉族自治县交由黄南藏族自治州人民委员会代管。1962年12月，循化撒拉族自治县划为省直辖。2020年7月，同仁撤县设市。截至年底，黄南藏族自治州辖同仁市、尖扎县、泽库县、河南蒙古族自治县一市三县。

【行政区划】 2021年，黄南藏族自治州辖一市三县，即同仁市和尖扎县、泽库县、河南蒙古族自治县。全州有12个镇、21个乡、30个居民委员会、262个村（牧）民委员会。

2021年黄南藏族自治州行政区划表

表4

单位：个

市（县）级	乡镇级		村（牧、居）民委员会	
	镇	乡	社区居委会	村（牧）民委员会
4	12	21	30	262
同仁市（驻地隆务镇，海拔2480米）	隆务、保安、多哇	年都乎、加吾、双朋西、扎毛、曲库乎、兰采、瓜什则、黄乃亥	8	72
尖扎县（驻地马克唐镇，海拔1990米）	马克唐、坎布拉、康杨	昂拉、能科、当顺、尖扎滩、措周、贾加	10	87
泽库县（驻地泽曲镇，海拔3660米）	泽曲、麦秀、和日、宁秀	王家、西卜沙、多禾茂	8	64
河南蒙古族自治县（驻地优干宁镇，海拔3510米）	优干宁、宁木特	柯生、多松、赛尔龙、托叶玛	4	39

【人口与民族】 2021年，全州总人口278515人，总户数86132户。城镇常住人口118591人，其中男性人口占比50.51%，女性人口占比49.49%；年龄结构中0~14岁占比26.54%，15~59岁占比65.12%，60岁以上占比8.34%，65岁以上占比6.54%。全州出生人口4417人，出生率15.86‰；死亡人口1907人，死亡率6.85‰。在总人口中，藏族190838人、蒙古族37432人、回族19329人。全州城镇化率达42.58%。

2021年黄南州人口情况表

表5

地区	总人口（人）	总户数（户）	城镇常住人口（人）	城镇化率（%）
全州	278515	86132	118591	42.58
同仁市	102354	29782	51611	50.42
尖扎县	58655	21625	24738	42.18
泽库县	76285	22763	23943	31.39
河南县	41221	11962	18299	44.39

经济社会发展

【概况】 2021年，全州地区生产总值110.45亿元，按可比价格计算同比增长1.2%。其中，第一产业增加值30.83亿元，同比增长4.6%；第二产业增加值25.73亿元，增长10.9%；第三产业增加值53.89亿元，同比增长5.6%。三次产业结构为27.9∶23.3∶48.8。全州全体常住居民人均可支配收入19992元，同比增长9.1%；全体常住居民人均生活消费支出13460元，同比增长12.4%。

【农牧产业】 全年全州农林牧渔业产值39.04亿元，同比增长4.56%（按可比价计算）。其中，农业产值6.9亿元，同比增长4.81%；林业产值0.61亿元，同比下降17.94%；牧业产值29.65亿元，同比增长4.33%；渔业产值0.5亿元，同比增长88.68%；农林牧渔服务业产值1.35亿元，同比增长4.11%。全年农作物总播种面积17294公顷，同比增加184公顷，增长1.08%，其中粮食播种面积7934公顷，同比下降3.38%。在粮食播种面积中，小麦播种面积3495公顷，同比下降9.94%；青稞播种面积3335公顷，同比增长11.02%；豌豆播种面积276公顷，同比下降20%；马铃薯播种面积730公顷，同比下降8.98%；其他粮食作物播种98公顷。油料播种面积3870公顷，同比增长10.1%。在油料播种面积中，油菜籽播种面积3840公顷，同比增长9.8%。蔬菜播种面积670公顷，同比增长11.6%。其他作物播种面积4150公顷，同比增长1.4%。在农产品产量中，粮食总产量2.89万吨，同比下降9.4%；油料总产量0.72万吨，同比增长22.7%；蔬菜产量1.69万吨，同比增长5.5%。全州草食牲畜存栏169.47万头（只），同比增加0.94万头（只），其中牛83.02万头，增加2.56万头；羊86.45万只，减少1.62万只。肉类总产量达35101吨，同比增加980吨，其中，牛肉25191吨，减少462吨；羊肉9672吨，增加1204吨。牛奶产量40339吨，增加2448吨。

【工业建筑业】 工业。全年全州工业增加值14.26亿元，同比下降11.6%。从经济类型看，国有企业增加值1.46亿元，同比增长18.3%；股份制企业增加值11.59亿元，同比下降14%；外商及港澳台企业增加值1.21亿元，同比下降12.6%。从轻重工业看，轻工业增加值1.12亿元，同比增长1.8%；重工业增加值13.13亿元，同比下降12.5%。规上工业企业销售产值28.92亿元，同比下降10.7%，产销率88.85%，同比下降0.27个百分点。发电量90.72亿千瓦时，同比下降18.3%；鲜、冷藏肉1306.3吨，同比下降22.5%；饮料35328吨，同比增长11.1%；乳制品344.5吨，同比增长21.4%；熟肉制品35吨，同比下降94.3%；商品混凝土168433.7立方米，同比增长252.1%。

建筑业。全州具有资质等级以上的建筑业企业19家，建筑业总产值6.14亿元，同比下降28.7%。签订合同额10.28亿元，同比下降10.4%，其中2021年新签订合同额6.82亿元，同比下降17.6%；2021年结转合同额3.46亿元，同比增长8.12%。房屋建筑施工面积13.41万平方米，下降49.01%；新开工房屋面积3.98万平方米，同比下降71.9%。

【交通邮电事业】 交通运输业。全年全州公路通车里程达5834千米，通油路乡（镇）达到30个，占全州乡（镇）的90.9%。全州拥有营运车辆1288辆，其中货运车辆318辆、班线客车278辆、出租车615辆、公交车77辆。完成货物运输量425.1万吨，货物周转量13.56亿吨千米；客运量316.7万人次，旅客周转量2.06亿人千米。

邮电通信业。全州邮电业务总量2.38亿元，同比增长6.1%。年末固定电话用户2.38万户，同比增长6.8%；移动电话用户28.16万户，同比下降3.1%。全州互联网用户7.34万户，同比增长21.8%。

【旅游资源】 全州旅游资源得天独厚，景点分布相当集中，且文化品位高，是青海省著名旅游胜地。全州有旅游景区（点）和文物保护单位412处，其中AAAA级旅游景区1个、AAA级旅游景区1个，国家级文物保护单位3处、省级文物保护单位42处。有世界非物质文化遗产2项、国家级非物质文化遗产6项。全州有各类宾馆260余家（四星级宾馆2家、三星级宾馆3家）、四星级乡村旅游接待点35家。境内旅游景点在州境自北向南分布，北部尖扎县境有典型丹霞地貌的坎布拉国家级森林公园、雄伟壮丽的黄河大型水利工程李家峡水电站和山水相映的高峡平湖库区风光、距今已有330余年历史的阿琼南宗寺，昂拉第七代千户长项谦东知的府邸是青海乃至安多地区保留比较完整的藏式贵族庄园，每两年举办的“五彩神箭”国际民族传统射箭邀请赛暨达顿文化节。中部有文化遗存众多的中国历史文化名城——同仁古城，有安多地区六大宗主寺之一、被列为全国重点文物保护单位的隆务寺，神秘庄严的安多地区第一大佛塔——郭么日佛塔，享誉中外的“热贡艺术”之乡和热贡艺术画廊，滴翠泻绿的麦秀原始森林，独具民族民俗特色、神奇神秘的藏乡“六月会”、土乡“於菟节”，隆务寺一年一度的“五月祈愿大法会”，夏琼山一年一度的祭山神民俗活动。南部有被誉为

“中华石书奇观”的泽库县和日石经墙，泽库县“八月草原盛会”，晶莹圣洁的河南县圣湖和神秘诱人、幽深奇特的仙女洞，雄伟壮观的黄河大峡谷，河南县蒙古族的“那达慕大会”、吉岗山祭山转山活动。还有白雪皑皑的山峰和百花盛开的广袤无垠的草原。这些旅游景点自北向南连为一线，形成特色的旅游线路，随着各景点的开发，黄南州将成为全省继青海湖、塔尔寺之后的第三大旅游区。

坎布拉国家森林地质公园景区。坎布拉景区位于青海省黄南藏族自治州尖扎县西北部黄河南岸，北依拉登山同海东市化隆回族自治县接壤，西邻海南藏族自治州贵德县，距省会西宁131千米，东距尖扎县城马克唐镇50千米。景区东西长14千米，南北11千米，总面积152.47平方千米。景区内各个景点主要分布在海拔2000～3000米，其中最低海拔2082米，最高海拔4118米。坎布拉的森林和山峰面积占景区总面积的80%以上，年平均降水量450～490毫米，年平均气温－6℃～2.9℃，原始森林及其生态系统完整，是避暑、休闲、疗养、度假、旅游观光胜地。坎布拉景区以“原始森林、丹霞百态、高峡湖泊、密宗佛寺、藏族古村”五大主体景观，包括坎布拉国家森林公园、国家地质公园、天境十八宗、“安多珠穆朗玛”申宝山（是尖扎的最高峰，海拔4614米）、多麦四宗之首南宗寺庙群、总装机容量200万千瓦的宏大李家峡水电工程以及古老纯朴而农牧交错兼顾的安多藏族古村落等特色景点，以游览观赏、宗教朝觐、消夏避暑为主要功能的综合性旅游景区，千姿百态的丹霞群山，清澈碧绿的黄河水库，雄态秀美的原始森林完美融合成天然画卷，丹山碧水、原始森林、人文、宗教四美皆备，为青藏高原所罕见。该区为全国迄今发现的新第三系岩层中发育最典型的丹霞地貌区，不仅有很高的旅游观赏价值，而且有很高的科学研究价值。

隆务寺景区。全国重点文物保护单位隆务寺，位于同仁市隆务镇的西山坡下，依山傍水，气候宜人。它是安多地区仅次于塔尔寺、拉卜楞寺的一座格鲁派大寺，建于元大德五年（1301年），早于青海塔尔寺、甘肃拉卜楞寺，距现在已有700多年的历史，藏语全称为“隆务德钦曲科尔朗”，意为“隆务大乐法轮洲”，下辖35座属寺和修行处。隆务寺一直为中央王朝所重视，历代高僧辈出、学者云集，著述之富藏区罕有，明天启二年（1622年），明庭为隆务寺颁匾“西域胜境”。清乾隆三十三年（1768年），第三世夏日仓活佛更登成列热吉被乾隆帝册封为“隆务呼图克图弘修妙悟国师”。1996年，被国务院定为全国重点文物保护单位，2021年有僧侣近500人。

麦秀国家森林公园景区。森林公园东西长37千米，南北宽40余千米，总面积达2万公顷。隆务河自南向北贯穿其间。由于复杂的高原地理环境，形成地球第三极天然植物避难所，森林植物是在青藏高原隆升，植物大面积退却、消亡过程中适应高山峡谷中的小气候而残存下来的古老物种，植物区系分布极为典型，垂直分布明显。森林公园内植物资源达800余种，具有较高观赏价值的达400多种。森林公园茂密的森林和一望无际的各类灌木林为野生动物提供良好的栖息繁衍条件，有众多的珍禽异兽在此繁衍生息，其中国家保护动物有苏门羚、雪豹、马麝、马鹿以及雪鸡、蓝马鸡、水獭、獐子、岩羊、棕熊、猞猁等。森林公园更是天然药用植物园，有号称“软黄金”的冬虫夏草，雪莲、大黄、党参、羌活、秦艽、麻黄、冬葵、唐古特莨菪、藏茵陈等200多种药用植物按海拔高度和坡向坡位不同而规律分布，形成极富价值的植物群落。麦秀国家级森林公园现有景观景点46处，其中自然景观35处，占76.1%；人文景观11处，占23.9%。在自然景观中，地文景观15处、水文景观8处、生物景观10处、天象景观2处，分别占风景资源总数的32.6%、17.4%、21.7%、4.3%。依据《旅游资源分类调查与评价》标准，将现有景观景点划分为三级，其中一级景点17处、二级景点20处、三级景点9处，分别占景点总数的37%、43.5%、19.5%。

和日石经墙景区。和日石经墙位于泽库县和日寺，石经墙由4处构成。主墙长165米、高3米、宽2.7米，刻着经文的青绿色经石板整齐地堆叠在墙的上部，1米多厚。经石主墙西段经过整修，东段老墙的形状不规则，东段墙侧有大量佛像、佛塔和六字真言单幅精美石刻作品，比西段更真实、丰富。主墙上刻著名佛教经典丛书《大藏经》两大部分之一的《甘珠尔》，其中收录各种著述1008种，约3966万字（两遍），主墙东面是一处独立存在的经石方墩，高10米，边长9米，上堆《大藏经》的另一部分经典《丹珠尔》，收录各种著述4361种，约3870万字。在《丹珠尔》经墩东40米处、主体石经墙西120米处，还各有一座规模较小的石经墙，前者所刻经文为佛教丛书《塔多》经，共刻108遍；后者所刻经文有17种。除此之外，和日石经墙还有近2000幅各种佛像、佛塔等绘画石刻作品。石经墙采用传统的藏族石雕技术，文字、佛像、图案、风情、人物等设计精巧，平刻线条优美，错落有致，浮雕刻艺奇特，有的浮雕凸出达2厘米，神态各异，形象逼真，大小规格不一，大的达一人多高，小的约巴掌大，具有较高的研究价值、艺术价值及文物价值。泽库和日寺石刻已成功入选国家非物质文化遗产名录。

河南洮河湿地公园景区。青海洮河源国家湿地公园位于青海省黄南州河南蒙古族自治县赛尔龙乡中部，东邻甘肃省碌曲县，西接优干宁镇，南倚托叶玛乡、柯生乡，北靠甘肃省夏河县，总面积383.93平方千米，其中湿地面积13820公顷，占全区总面积的36%。洮河源湿地可划分为2类、6型，即河流湿地和沼泽湿地，河流湿地类包括永久性河流、季节性河流；沼泽湿地类包括沼泽化草甸、藓类沼泽、草本沼泽、灌丛沼泽。河流湿地（水域）面积1500公顷，占总面积的3.91%；沼泽湿地面积12320公顷，占该区总面积的32.09%。洮河在湿地公园境内流程23.50千米，河段落差400米。洮河源湿地是青藏高原高寒湿地生态系统的典型代表，野生动植物资源丰富。拥有高等植物324种，隶属44科、120属。有野生动物191种，隶属21目、43科。其中，国家一级保护野生动物有黑颈鹤、金雕2种，国家二级保护野生动物有大天鹅、鸢、雀鹰等11种；省级重点保护野生动物有艾虎、普通鸬鹚、灰雁等15种。李恰如天池坐落在石山环绕之中，池面约1500平方米，池水清澈碧绿，每年有大量的白鹤、鹭鸶等珍禽来此栖息，吸引无数游客回归自然，流连忘返。

【商贸旅游】 全年全州社会消费品零售总额15.63亿元，同比增长7.8%。按销售单位所在地分，城镇社会消费品零售额13.89亿元，同比增长8.6%；乡村社会消费品零售额1.74亿元，同比增长2.3%。按消费形态分，商品零售12.4亿元，同比增长8.3%；餐饮收入3.23亿元，同比增长6%。全年接待国内外游客758.77万人次，同比增长2.82%。旅游总收入26.74亿元，同比增长3.33%。

【固定资产投资】 全年全州500万以上固定资产投资同比增长7.2%。全州第一产业投资下降6.8%，第二产业投资增长77.3%，第三产业投资下降6.0%。三次产业比重分别为9.93∶26.39∶63.68。

【财税金融】 全州地方财政公共预算收入4.86亿元，同比增长2.41%，其中，税收收入2.95亿元，同比增长0.83%；非税收收入1.91亿元，同比增长4.97%。全州地方财政公共预算支出110.21亿元，同比下降7.86%，其中，一般公共服务支出9.91亿元，同比下降3.27%；教育支出13.29亿元，同比增长1.68%；社会保障和就业支出16.55亿元，同比增长3.15%；医疗卫生支出9.26亿元，同比增长7.68%；其他支出61.2亿元。截至12月底，金融机构各项存款余额169.47亿元，同比增长7.19%，其中，住户存款余额59.48亿元，同比增长1.46%；非金融企业存款余额18.26亿元，同比增长4.79%；其他存款余额91.73亿元。全州金融机构人民币各项贷款余额76.24亿元，同比增长2.68%，其中，住户贷款42.28亿元，同比增长25.13%；非金融企业及机关团体贷款33.96亿元，同比下降16.07%。全年保险公司保费收入1.89亿元，同比增长6.4%。

【科教文卫事业】 全州有各类学校282所，在校学生67957人（包括职业学校、幼儿园、特校）。年内中等专业学校招生1371人，毕业生1194人，在校学生3911人；普通中学招生6294人，毕业生5880人，在校学生18619人；小学招生5493人，毕业生4306人，在校学生29522人。全州学龄儿童净入学率100%。九年义务教育巩固率96.82%，同比增长0.61个百分点。全年争取、实施各类科技项目9项，其中科技成果推广计划项目8项，投入资金1240万元。全州有艺术专业团体1个、民间团体17个，文化馆5个、公共图书馆5个，一千瓦以上电视发射机13部、广播电视调频发射台和转播台54座，电视综合人口覆盖率98.55%。有线广播电视用户11730户。全州拥有卫生医疗机构467个，其中综合医院4个、民族医院4个、专科疾病防治院1个、疾病预防控制中心5个、卫生监督所5个、采血机构1个、妇幼保健与计划生育服务中心5个、乡镇卫生院39个、村卫生室287个。年末实有病床数1765张，卫生职工人数2230人（含临聘人员），其中卫生技术人员1728人（含临聘人员）。

【人民生活】 居民收入。全州常住居民人均可支配收入中，人均工资性收入10616元，同比增长11.5%；人均经营性净收入5363元，同比增长5%；人均财产性净收入703元，同比增长4.5%；人均转移性净收入3309元，同比增长9.3%。全州城镇常住居民人均可支配收入37093元，同比增长5.9%，其中，人均工资性收入24001元，同比增长5.1%；人均经营性净收入6796元，同比增长8%；人均财产性净收入1271元，同比增长14.7%；人均转移性净收入5025元，同比增长4.8%。全州农村常住居民人均可支配收入11679元，同比增长9.1%，其中，人均工资性收入4110元，同比增长19.3%；人均经营性净收入4667元，同比增长2.1%；人均财产性净收入427元，同比下降9.8%；人均转移性净收入2475元，同比增长11.5%。

居民支出。全体常住居民人均生活消费支出13460元，同比增长12.4%。其中，人均食品烟酒支出4807元，同比增长13%；人均衣着支出1343元，同比增长7.5%；人均居住支出2032元，同比增长8.9%；人均生活用品及服务支出1002元，同比增长10.5%；人均交通和通信支出1937元，同比增长14.7%；人均教育文化娱乐支出905元，同比增长10.4%；人均医疗保健支出778元，同比下降4.9%；人均其他商品和服务支出651元，同比增长79.6%；其他支出5元。在全体常住居民消费中，城镇常住居民人均生活消费支出18895元，同比增长4.8%。其中，人均食品烟酒支出6342元，同比增长6.6%；人均衣着支出1857元，同比增长6%；人均居住支出3183元，同比增长2.2%；人均生活用品及服务支出1698元，同比增长3.1%；人均交通和通信支出2406元，同比下降6.5%；人均教育文化娱乐支出1434元，同比增长10.9%；人均医疗保健支出972元，同比下降19.7%；人均其他商品和服务支出1003元，同比增长106.8%。在全体常住居民消费中，农村常住居民人均生活消费支出10818元，同比增长17.5%。其中，人均食品烟酒支出4061元，同比增长16.6%；人均衣着支出1102元，同比增长7.3%；人均居住支出1472元，同比增长13.6%；人均生活用品及服务支出663元，同比增长16.6%；人均交通和通信支出1708元，同比增长33%；人均教育文化娱乐支出647元，同比增长7.3%；人均医疗保健支出683元，同比增长7%；人均其他商品和服务支出482元，同比增长56.6%。

【社会保障】 全州参加机关事业单位养老保险17408人，其中参保在职职工11198人、退休人员6210人。城镇职工养老保险参保人数20344人。其中，在职职工16571人，退休人员3773人。工伤保险参保职工32880人，城乡居民养老保险参保人员129858人。参加基本医疗保险的人数25.26万人，其中城镇职工医疗保险参保人数22.59万人、城乡居民医疗保险参保人数2.67万人。失业保险参保人数13415人，城镇登记失业率为1.61%，同比下降0.1个百分点。现有城镇低保对象3736户5763人，农村低保对象14658户55524人。累计兑现城镇低保金3575万元，兑现农牧区低保金1.81亿元。年内享受特困人员供养政策1162人，其中集中供养老人247人、分散供养915人。

（撰稿人：毛婕、闫明月）

组织机构和负责人名录

注：1. 行政单位和企事业单位负责人名录只记录行政领导职务，未记录党委（党组）领导职务。
2. 机构名称后括号内的机构为挂牌机构。如州委组织部挂州公务员局、州非公有制经济组织和社会组织工作委员会牌子，写作：州委组织部（州公务员局、州非公有制经济组织和社会组织工作委员会）。
3. 若部门领导兼有其他职务的，在括号内注明。一般在第一（主要）职务后注明兼任的重要职务；在兼任的职务后不另作说明。
4. 名录统计时限止于2021年12月31日，机构（职务）名称以时限截止时间为准，中途因机构改革撤销（变更）的机构不体现在名录中。

中共黄南州委

书　记：王振昌（3月止）
王耀春（3月任）
副书记：乔学智（藏族，4月止）
扎西才让（藏族，5月任）
李晓燕（女，6月任）
力本嘉（藏族）
州委常委：
李学军（4月止）
杨志军（2月止）
蒋树成（4月止）
陈　容（女，6月止）
蒋明宽（8月止）
钟志军（3月止）
肖顺琛（4月任，兼州行政学院院长）
宋　建（援青干部，10月任）
刘　强（6月任，州纪委书记、监委主任）
宋　辉（4月任，州委宣传部部长）
余华勇
吴树荣（1月任，州委统战部部长）
旦　增（藏族，6月任，同仁市委书记）
刘建昱（6月任，州委组织部部长、州委党校校长、州委教育工委副书记）
何　杰（8月任，州委秘书长）

州委办公室及管理单位

州委办公室

主　任：王晓虎（回族，州委副秘书长兼）
副主任：刘　栋（州委副秘书长兼）
张　猛（州委副秘书长兼）

州委政策研究室

主　任：郭守君（州委副秘书长兼）
副主任：王启强（藏族）

州委机要和保密局（州国家保密局、州密码管理局）

局　长：李桂珍（女，兼州国家保密局局长）
副局长：李　斌（兼州密码管理局局长）

州档案局

局　长：朱宇莹（女）
副局长：吴玉琴（女，蒙古族）

州委各部门

州委组织部（州公务员局、非公经济组织和社会组织工作委员会）

部　长：陈　容（女，6月止）
　　　　刘建昱（6月任）
常务副部长：
　　　　王吉德（土族，兼州委非公有制经济组织和社会组织工作委员会书记、州公务员局局长，6月止）
副部长：梁晓园（藏族，兼直属机关工委书记）
　　　　崔德行（援青干部，11月止）
　　　　陈　宇（援青干部，11月任）
　　　　芦光辉（兼州人力资源和社会保障局局长，7月止）
　　　　姜乐兵（兼州委编办主任，7月任）
　　　　辛　璐（女，兼州委老干部局局长，11月止）
　　　　陈德伟（兼州委老干部局局长，11月任）
　　　　姜　勇（回族）
　　　　王继东

州直属机关工作委员会（与州委组织部合署办公）

书　记：梁晓园（藏族，州委组织部副部长）

州委老干部局

局　长：辛　璐（女，藏族，兼州委组织部副部长，11月止）
　　　　陈德伟（11月任，兼州委组织部副部长）
副局长：安韶红（女，藏族，9月止）
　　　　张宏科（9月任）

州委宣传部（州精神文明建设指导委员会办公室）

部　长：李学军（4月止）
　　　　宋　辉（4月任）
常务副部长：史冬芸（女，7月止）
　　　　　　马青云（回族，7月任）
副部长：丁永平（藏族）
　　　　旦正多杰（藏族，兼文明办主任，11月任）

黄南报社

总编辑：郭广智（女）

州委统战部（州民宗委）

部　长：尕玛朋措（藏族，1月止）
　　　　吴树荣（土族，1月任）
常务副部长：
　　　　张永龙（藏族，8月止）
　　　　拉龙当周（藏族，兼民宗委主任，9月任）
副部长：夏吾才让（藏族）
　　　　毛兴林（9月任，兼州工商联副主席）
　　　　纪福庭（土族，兼民宗委副主任）

州委政法委员会

书　记：力本嘉（藏族）
副书记：石大存（4月止）
　　　　华　本（藏族，9月任正县级）
　　　　马金龙（回族，7月任，挂职）
　　　　梁建军（11月止）
　　　　周　海（11月任）
　　　　完么才让（藏族）
州委国安办专职副主任：马家俊（回族，9月任）

州委党校

常务副校长：王国栋（藏族）
副校长：马文英（撒拉族）
　　　　童生兰（女，土族，正高级讲师）

州党史研究室（州地方志办公室）

主　任：贾明安
副主任：旦正才让（藏族）

黄南州人大常委会

主　任：李加才让（藏族，1月止）
　　　　蒋树成（4月任）
副主任：徐卫方（6月止）
　　　　夏日仓·旦增久美（藏族，8月止）
　　　　周加才让（藏族，8月止）
　　　　韩福祥（撒拉族，8月止）

张文生
杜会锋
赛赤·确吉洛智嘉措（藏族，8月任）
索南达吉（藏族，8月任）
辛海萍（女，藏族，8月任）
马进贤（撒拉族，8月任）
秘书长：汪　智
副秘书长：桑林青（土族，办公室主任兼）

办公室

主　任：桑林青（土族）
副主任：马继志（撒拉族，8月止）
张　峰（9月任）
法制工作委员会主任：陆来海

专门委员会

法制和监察司法委员会主任委员：
谢占国（5月止）
杜　俊（8月任）
城乡发展和农业农村环境保护委员会主任委员：
郭启龙
财政经济委员会主任委员：
安国庆（9月止）
辛晓震（藏族，9月为人选）
民族宗教教科文卫委员会主任委员：
南　拉（藏族，8月止）
马继志（撒拉族，8月任）
社会建设委员会主任委员：
卓尕加（藏族，8月止）
加　多（蒙古族，8月任）

黄南州人民政府

州　长：乔学智（藏族，4月止）
扎西才让（藏族，5月任）
常务副州长：肖顺琛（5月任）
副州长：杨志军（2月止）
宋　建（援青干部，10月任）
陈昌正（4月止）
叶忠措（女，藏族，6月止）
岳卫平（6月止）
韩海宏（藏族）
王岐岳
李　鑫（3月任）
王桂莲（女，藏族，5月任）
李　勇（满族，6月任，兼州公安局局长、党委书记）
哇　多（藏族，6月人选，8月任）
更智才让（藏族，8月任）
更　太（藏族，8月止）
秘书长：敏通宫（回族）
副秘书长：彭毛才让（藏族，6月止）
胡伟东（6月任，7月止）
张庆龙（7月止）
郭建华（援青干部，10月任）
仁青加（藏族）
丁永红
巨克敦
绽　森（回族，11月任）
黄建芬（女，6月任）
唐建福（土族）
吴万营
呼双庆（蒙古族，10月任）

州政府办公室及管理单位

州政府办公室

主　任：敏通宫（回族）
副主任：彭毛才让（藏族，6月止）
胡伟东（6月任，7月止）
张庆龙（7止）
仁青加（藏族）
丁永红
巨克敦
绽　森（回族，11月任）
黄建芬（女，6月任）
唐建福（土族）
吴万营
呼双庆（蒙古族，10月任）
任　鹏（援青干部）

州热贡文化生态保护实验区管委会
主　任：乔得林（藏族）
副主任：赵显祥

坎布拉景区管理委员会
主　任：华　志（藏族，7月止）
　　　　付伟卫（9月任，尖扎县委副书记兼）
副主任：辛晓震（藏族，11月止）
　　　　索南达杰（藏族）
　　　　尕藏东知（藏族，9月止）
　　　　陈赟章（藏族，9月任）

州住房公积金管理中心
主　任：楼悦诚
副主任：王青明（藏族）
　　　　郭　建

州民族语文工作中心
主　任：岁　多（藏族）
副主任：完德先（藏族）
　　　　万玛昂庆（蒙古族）

州地震局
局　长：辛　莉（女，藏族）

州供销合作社联合社
理事会主任：陈继勤（藏族，5月人选，11月任）
监事会主任：才让东周（藏族，5月人选，11月任）

州直各单位

州发展和改革委员会（州粮食局）
主　任：李　鑫（7月止）
　　　　张　浩（7月任）
副主任：盛国德（7月止）
　　　　孟生奇
　　　　全青华（女，兼州粮食局局长）
　　　　蒋　宁（援青干部）
　　　　陕镇海（回族，9月任）

州教育局（州委教育工作委员会）
局　长：万玛尖措（藏族，兼州委教育工委副书记）
副局长：刘玉华（女，兼州教育工委专职副书记）
　　　　多拉太（藏族）
　　　　周　海（11月止）
　　　　汪　翔（援青干部）

州科学技术局
局　长：辛海萍（女，藏族，8月止）
　　　　俄　周（女，藏族，8月任）
副局长：祁正林（藏族，兼科协主席）
　　　　朱海亭（土族）
　　　　何万义（6月任）

州工业商务和信息化局（州招商局、数字经济发展局）
局　长：郑立新（蒙古族，兼国资委副主任）
副局长：扎　西（藏族，9月任）
　　　　王宏伟（5月任，兼州数字经济发展局局长）
　　　　仁青卓玛（女，藏族，6月止，并免去州招商局局长职务）
　　　　拉玛杰（蒙古族，5月止，并免去州数字经济发展局局长职务）
　　　　绽　森（回族，11月止）
　　　　刘润来（援青干部）

州国有资产监督管理委员会（与州工业商务和信息化局合署办公）
主　任：王岐岳（副州长兼）
副主任：郑立新（州工信局局长兼）

黄南州水电开发有限责任公司
董事长、经理：李严学
副经理：李祖林
　　　　马成友

州公安局
局　长：岳卫平（7月止）
　　　　李　勇（满族，8月任，副州长兼）
政　委：严金源（藏族）

政治部主任：马青云（7月止）
安韶红（女，藏族，9月任）
副局长：苟廷强（藏族）
拉马项加（藏族）
杨卫武（土族，10月任）

州民政局

局　长：杨　坤（女）
副局长：李　刚
更登多杰（藏族）

州司法局

局　长：何　杰（7月止）
松太加（8月任）
副局长：王岩海（5月任）
三旦卓玛（女，藏族）
芦茂忠（5月止，退休）

州财政局（州金融工作办公室）

局　长：索南达吉（藏族，7月止）
李海波（8月任，兼州金融工作办公室主任）
副局长：华　庆（藏族）
白亚玲（女，藏族）
王尔沙（回族）

州人力资源和社会保障局

局　长：芦光辉
副局长：张志杰
韩　智（撒拉族，6月止）
赛　虎（藏族，9月任）
州就业服务局局长：阿当周（藏族）
州社会保险服务局局长：赛　虎（藏族，9月止）
祁芳英（女，9月任）
州劳动保障监察队队长：史海军

州自然资源局（州移民安置局）

局　长：仓尼么才让（藏族，7月止）
华　志（藏族，8月任，兼州移民安置局局长）
副局长：达哇东周（蒙古族）
才让东智（藏族）
拉龙东智（藏族）
赵树明（援青干部，4月止）
秦　珺（援青干部，4月任）
州自然资源综合执法监督局局长：阿才排（藏族）

州生态环境局

局　长：林占兴（土族）
副局长：史春燕（女）
普华尖参（藏族）
王　平（藏族）
秦建军（6月任）
州生态环境综合行政执法支队队长：黄林峻

州住房和城乡建设局

局　长：阚广宏
副局长：杜　俊（8月止）
马启云（回族）
刘文明（藏族，9月任）
州城市管理综合行政执法监督局局长：
刘文明（藏族，9月止）
扎本加（藏族，9月任）

州交通运输局

局　长：马进贤（撒拉族，7月止）
仓尼么才让（藏族，8月任）
副局长：崔玉英（女）
张永生
州交通运输综合行政执法监督局局长：
冶　成（回族）

州水利局（州河湖长制办公室）

局　长：陆　宁（7月止）
诺布尖措（藏族，8月任）
副局长：赵　凯（藏族）
吴　俊（藏族）
州水利综合行政执法监督局局长：王国栋

州农牧局

局　长：张海渊（藏族）

副局长：扎西才让（藏族，8月止）

　　　　郭庆振（援青干部，挂职）

　　　　扎　西（藏族）

　　　　桑德合（蒙古族）

州农牧综合行政执法监督局局长：王江力

州文体旅游广电局（州热贡艺术传承保护管理局、州文物局）

局　长：昂　智（藏族，兼州委宣传部副部长、州热贡艺术传承保护管理局局长、州文物局局长）

副局长：张　莉（女，援青干部）

　　　　斗格杰（蒙古族，5月任）

　　　　李　俊（土族）

　　　　祁乐荣（女，蒙古族，7月止）

　　　　阮园成（藏族）

州文化市场综合行政执法监督局局长：

　　　　德吉央宗（女，藏族）

州热贡艺术研究院院长：仁青加（藏族）

州热贡艺术博物馆馆长：多杰冷智（藏族）

州广播电视台台长：夏吾扎西（藏族）

州卫生健康委员会

主　任：赵建国（6月止）

　　　　史冬芸（女，8月任）

副主任：田长建

　　　　张庆杰（援青干部）

　　　　戴建华（女）

　　　　马峻青（回族）

　　　　仁青才郎（藏族，5月任）

州卫生健康综合行政执法监督局局长：陈晓彪

州医院

院　长：吴培东（援青干部，3月止）

　　　　孙　铭（援青干部，4月任）

副院长：田　瀚（藏族）

　　　　苏北海（7月任）

　　　　仁青措（女，藏族）

副书记、纪委书记：康　颖（藏族）

同仁慢性病防治院

院　长：格　多（藏族，12月止）

副院长：白瑞平

　　　　王如成（回族）

州藏医院

院　长：久　先（藏族）

州退役军人事务局

局　长：华旦嘉措（藏族）

副局长：李鸿波（回族）

州退役军人服务中心主任：张永宏（藏族）

州应急管理局

局　长：熊得海（7月止）

　　　　王子广（8月任）

副局长：索南智华（藏族）

　　　　李永祥（土族）

　　　　曹保生（蒙古族）

州审计局

局　长：谭　涛

副局长：喻宝敏（7月止）

　　　　张万军

　　　　王四海（9月任）

总审计师：杜长征

州林业和草原局（三江源自然保护地黄南州管理局）

局　长：拉却加（藏族，兼三江源自然保护地黄南州管理局局长）

副局长：彭元宁（藏族）

　　　　华太加（藏族，5月任）

　　　　刘成邦（9月止）

　　　　李力科（9月任）

州市场监督管理局

局　长：郭　代（蒙古族）

副局长：佘东生（藏族，5月止）

彭毛才让（5月任）
陈继勤（藏族，6月止）
张生有
翟捍卫（5月任）
张庄才（9月止）
才华加（9月任）

州统计局

局　长：白　萍（女，藏族，7月止）
胡伟东（8月任）
副局长：周　靖

州乡村振兴局

局　长：张剑利（7月止）
扎西才让（藏族，8月任）
副局长：万玛昂杰（蒙古族，1月止）
赵德龙（蒙古族，6月任）
白守泰（藏族）

州医疗保障局

局　长：向　阳（蒙古族）
副局长：张　敏（藏族）

州直机关事务管理局

局　长：张　浩（7月止）
吴秋燕（女，7月任）
副局长：吴秋燕（女，8月止）
李建龙（土族，9月任）

州政务服务监督管理局

局　长：李海波（8月止）
张庆龙（8月任）
副局长：吴艳萍（女，藏族）

政协黄南州委员会

主　席：林华旦（藏族）
副主席：拉结加（藏族，8月止，10月退休）
赛赤·确吉洛智嘉措（藏族，8月止）
关却加（蒙古族，3月任）
夏日仓·旦增久美（藏族，8月任）
多杰才让（藏族）
张仕清
李　加（藏族，8月止）
白　萍（女，藏族，8月任）
张剑利（8月任）
秘书长：张春生
副秘书长：王　东

办公室

主　任：王　东
副主任：蔡邦昶

专门委员会

提案委员会主任：尚朝清（8月任）
经济委员会主任：喻宝敏（8月任）
人口资源环境委员会主任：南　加（藏族）
教科文卫和学习文史委员会主任：
曹冀青（7月止）
韩　智（撒拉族，8月任）
民族宗教侨眷和社会法制委员会主任：
才　旦（藏族）

中共黄南州纪委、州监察委员会

中共黄南州纪律检查委员会

书　记：钟志军（3月止）
刘　强（6月任）
副书记：杨本加（藏族）
松太加（藏族，7月止）
李义起
樊景恒（8月任）
常　委：夏吾多杰（藏族）
刘慧泉（7月止）
韩　俊（7月止）
王建军（援青干部）
徐新齐（5月任）
钱安加（藏族）
郑　芳（女，满族）
秦啟栋（土族，8月任）

黄南州监察委员会

主　任：钟志军（4月止）
　　　　刘　强（8月任）
副主任：杨本加（藏族）
　　　　松太加（藏族，8月止）
　　　　李义起
　　　　樊景恒（7月任）
委　员：刘慧泉（7月止）
　　　　韩　俊（7月任）
　　　　王建军（援青干部）
　　　　徐新齐（8月任）
　　　　钱安加（藏族）
　　　　多杰仁增（藏族，7月止）
　　　　马海珍（女，撒拉族）
　　　　海永寿（藏族，9月任）

州委巡察工作领导小组办公室

主　任：樊景恒（5月止）
　　　　郭　辉（6月任）
副主任：吴孝海（回族）

州纪委监委派驻纪检监察组

第一派驻纪检监察组组长：陈生顺
第二派驻纪检监察组组长：蒋　虹（女）
第三派驻纪检监察组组长：徐新齐（5月止）
　　　　　　　　　　　　辛　飞（藏族，5月任）
第四派驻纪检监察组组长：黄燕清
第五派驻纪检监察组组长：王晓迎（女）
第六派驻纪检监察组组长：吴兆海

中共黄南州直属机关纪检监察工作委员会

书　记：杨维平
副书记：梁亚文（藏族）

法　治

州中级人民法院

院　长：尹玉海（3月止）
　　　　杨海云（3月任）
副院长：孙瑞杰
　　　　晓　明（女，藏族）
　　　　马忠志（回族，6月任）
政治部主任：王桂英（女）

州中级人民检察院

检察长：马晓军（回族）
副检察长：王树平（藏族）
　　　　　扎西措毛（女，藏族）
　　　　　吴润泽（女，蒙古族，1月任）
政治部主任：马源林（回族）

群众团体

州总工会

主　席：李学军（4月止）
　　　　宋　辉（7月任）
常务副主席：吕世清（土族，6月止）
　　　　　　申丽玲（女，藏族，7月任）
副主席：贺翠红（女，藏族）

团州委

书　记：秦增多杰（藏族，5月止）
　　　　仁青卓玛（女，藏族，5月任）
副书记：蒙措吉（女，蒙古族）

州妇联

主　席：俄　周（女，藏族，7月止）
　　　　德吉卓玛（女，藏族，8月任）
副主席：黄建芬（女，6月止）
　　　　李春燕（女，土族，8月任）

州科协

主　席：祁正林（藏族，州科学技术局副局长兼）

州文联

主　席：唐建隆（土族）
副主席：德吉卓玛（女，蒙古族，7月止）

州残联

理事长：张桂兰（女，藏族）

副理事长：韩英俊（撒拉族）

州红十字会

会　长：岳卫平（副州长兼，6月止）
　　　　李　勇（满族，副州长兼，8月任）
常务副会长：李培青（1月止）
　　　　　　万玛昂杰（蒙古族，1月任）
副会长：才让东周（藏族，9月止）
　　　　仁青卓玛（女，藏族，11月任）

州工商联

主　席：李　加（藏族，1月止）
　　　　王桂莲（女，藏族，1月任）
副主席：毛兴林（1月任）
专职副主席：秦三治（藏族）

省驻州单位

国家税务总局黄南州税务局

局　长：陈　翔（11月止）
　　　　彭　坤（11月任）
副局长：毛茸保（藏族，12止）
　　　　徐春元（藏族，10月止）
　　　　耿常炜（11月任）
　　　　赵志伟（东乡族，4月止）
　　　　辛东泉（土族，9月任）

州气象局

局　长：苟日多杰
副局长：王存林
　　　　魏国财

州委机构编制委员会

主　任：姜乐兵（兼州委组织部副部长）
副主任：洛赛才让（藏族）
　　　　陶旺德

州邮政管理局

局　长：李培武
副局长、纪检组组长：樊雪艳（女）

国家统计局黄南调查队

队　长：左言军（12月退休）
副队长：马　林（12月临时主持工作）
　　　　张劲青

黄南公路段

段　长：刘　耀

州烟草专卖局、青海省烟草公司黄南州公司

局　长：李　铎（7月止）
副局长：窦海宁（9月任，主持工作）
　　　　李应勇

国网黄化供电公司

总经理：王国强
副总经理：张　宇
　　　　　刘国平
　　　　　杨洪双
　　　　　陈　伟

中国石油青海黄南销售分公司

总经理：齐延伟（6月止）
副总经理：刘丽丽（女）

中国邮政集团公司黄南州分公司

总经理：孙道玉（1月止）
　　　　张省文（1月任）
副总经理：何亚林
　　　　　黄昌哲（3月任）

中国电信股份有限公司黄南分公司

总经理：夏军平（12月任）
　　　　元子兵（12月止）
副总经理：沈延祥
　　　　　刘　刚
　　　　　金方明
　　　　　刘世忠（2月止）
　　　　　刘　伟（2月任）

中国移动通信集团青海有限公司黄南分公司
总经理：解婷婷（女）
副总经理：刘　娟（女）
　　　　　宋辉林

中国联通通信集团青海有限公司黄南分公司
总经理：鄯项青
副总经理：马晓旭
　　　　　刘世彦

州铁塔公司
总经理：步德建
副总经理：马建斌

金融机构

人民银行黄南州中心支行
行　长：朱智毅（7月任）
副行长：韩喜宏
　　　　王秀清（女，蒙古族）
　　　　易传礼（援青干部）

青海银保监局黄南银保监分局
局　长：顾焕军
副局长：史　忠（8月任）
　　　　杨春喜
　　　　张宝金（4月任）

中国农业银行股份有限公司黄南分行
行　长：马宏伟
副行长：杨景海
　　　　郭贵林（12月任）
　　　　盛红卫
　　　　王兆辉（11月止）
　　　　韩　敏（5月任）

建设银行黄南州分行
行　长：韩保峰
副行长：马　莹（女）
　　　　雷富韬
　　　　赵福中

中国邮政储蓄银行黄南州支行
行　长：陈　洁
副行长：彭玉华
　　　　蒋永琴

中国农业发展银行黄南州分行
行　长：韩　晶（女）
副行长：陈　泓
　　　　蔡敏山

青海同仁农村商业银行股份有限公司
董事长：李海东
行　长：张宏发
监事长：韩　玲（1月任）
副行长：仁青昂无

中国人民财产保险股份有限公司黄南州分公司
总经理：杨　斌
副总经理：李　垚（11月止）
　　　　　辛雨山

中国人寿保险股份有限公司同仁支公司
总经理：熊登平
经理助理：张　昭

州属一市三县

同仁市
市委书记：蒋树成（州委常委，4月止）
　　　　　旦　增（藏族，4月任同仁市市委书记、6月任州委常委）
市委副书记：罗富贵（藏族，6月止）
　　　　　　赵建国（6月任）
　　　　　　陈德伟（6月止）
　　　　　　陈　峻（6月任）
　　　　　　夏吾闹日（藏族）
　　　　　　李建强（挂职，4月止）
市委常委：王岩海（市纪委书记、监委主任，6月止）

韩　俊（市纪委书记、监委主任，6月任）
胡伟东（市政府副市长，6月止）
王旭龄（市政府副市长，6月任）
赵其虎（市人武部部长）
李加东智（藏族，市委统战部部长）
李建强（援青干部，市政府副市长）
王　凯（援青干部，市政府副市长）
何万义（市委政法委书记，6月止）
李秀加（藏族，6月任市委常委，8月任市委政法委书记）
申丽玲（女，藏族，市委宣传部部长，6月止）
刘莉丽（女，6月任市委常委，8月任市委宣传部部长）
陈　峻（市委组织部部长，6月止）
王文东（6月任市委组织部部长、8月任公务员局局长）

市人大常委会主任：薛吉明（藏族，6月止）
蔡有年（7月任）

市人大常委会副主任：华泽先（藏族）
马祥成（撒拉族）
血日然智（藏族）

市人民政府市长：罗富贵（藏族，6月止）
赵建国（6月任）

市人民政府副市长：
胡伟东（6月止）
王旭龄（6月任）
李建强（援青干部）
王　凯（援青干部）
尕藏卡（藏族，6月止）
王宏伟（6月止）
仁增多杰（藏族，兼市公安局局长）
华　周（藏族）
赛　虎（藏族，挂职，9月止）
才让东智（藏族，7月任）
朱晓龙（7月任）
才旦卓玛（女，藏族，7月任）
马忠海（回族，挂职，10月任）

市政协主席：蔡有年（6月止）
尕藏卡（6月任）

市政协副主席：夏吾加（藏族，6月止）
雷登生（6月止）
崔生林（6月任）
隆务贡·久美更登尖措（藏族）

市人民法院院长：郭振海

市人民检察院检察长：才旦加（藏族，7月止）
刘慧泉（7月任）

隆务寺寺庙管理委员会主任：
才让东智（藏族，5月止）
华　太（藏族，5月任）

瓜什则寺庙管理委员会主任：郝仲旭（藏族）

尖扎县

县委书记：陈昌正（4月止）
才科杰（女，藏族，4月任）

副书记：旦　增（藏族，4月止）
陆　宁（7月任）
汪生栋（3月止）
何春德（5月任）
华　志（7月止）
华　本（藏族，5月止）
付伟卫（7月任）

县委常委：多杰多旦（藏族，统战部部长）
王四成（纪委书记、监委主任）
曹生辉（藏族，组织部部长）
诺布尖措（藏族，副县长，6月止）
盛国德（藏族，副县长，6月任）
银吉卓玛（女，藏族，宣传部部长）
斗格杰（蒙古族，政法委书记，6月止）
夏吾完代（藏族，政法委书记，5月任）
杨国宁（6月止）
李少鹏（6月任、11月止）
金源胜（11月任）
王　鑫（挂职，县政府副县长）
靳晓勇（援青干部，县政府副县长）

县人大常委会主任：才让端智（藏族）

县人大常委会副主任：
东周措（女，藏族，6月止）
李军山（6月任）
冷晓春（6月止）

卓果吉（女，藏族，7月任）
夏茸尕布·洛藏丹增切吉坚赞（藏族）
县人民政府县长：旦　增（藏族，4月止）
陆　宁（7月任）
县人民政府副县长：
李军山（县政府副县长，5月止）
王文彦（县政府副县长，县公安局局长）
卓玛吉（女，藏族）
李力科（5月止）
海　洋（藏族，5月止）
多巴加（藏族，7月任）
尕藏东知（藏族，7月任）
更　藏（藏族，7月任）
县政协主席：王　征（回族）
县政协副主席：
周戈加（藏族，6月止）
昂茸·俄项嘉央尖措（藏族，6月止）
李秀春（藏族，7月任）
拉日仓·久美曲智尖措（藏族）
县法院院长：才让南杰（藏族）
县检察院检察长：丁　云（回族，7月止）
刘　洪（藏族，7月任）
县拉茂德钦寺管理委员会主任：
多巴加（藏族，6月止）
东　升（藏族，6月任）
县尼姑寺管理委员会主任：拉关太（藏族）

泽库县

县委书记：张文生（6月止）
王吉德（土族，6月任）
副书记：更智才让（藏族，6月止）
尼玛才仁（藏族，6月任）
谭　晟（5月止）
赵维凯（5月任）
桑杰卡（藏族）
张振才（挂职，11月止）
梁　鹏（挂职，11月任）
县委常委：赵　岩（挂职）
冶　勇（回族，县委组织部部长）
才　多（藏族，县委统战部部长）
关却扎西（藏族，副县长，6月止）
才让杰（藏族，副县长，6月任）
陈　实（挂职）
南吉才旺（藏族，泽曲镇党委书记）
李晓东（县纪委书记，监委主任）
李银刚
翟捍卫（县委政法委书记，5月止）
公保才让（藏族，县委政法委书记，5月任）
李春燕（女，县委宣传部部长，5月止）
王　姣（女，藏族，县委宣传部部长，5月任）
县人大常委会主任：夏吾扎西（藏族）
县人大常委会副主任：先巴多杰（藏族，7月任）
谢红芹（女，7月任）
周先加（藏族，7月任）
县人民政府县长：尼玛才仁（藏族，7月任）
县人民政府副县长：
才让杰（藏族，县委常委兼）
赵　岩（挂职）
陈　实（挂职）
席红栋
吴述东
万玛才让（藏族，县公安局局长）
周先加（藏族，7月止）
索太本（藏族，7月任）
华太加（藏族，7月止）
李　菁（女，土族，7月任）
杨　洛（藏族，7月任）
贺世瀛（挂职，6月任）
县政协委员会主席：华多加（藏族）
县政协委员会副主席：
王晓发（7月任）
斗合叶·洛藏旦增李智（藏族）
隆务贡仓·洛藏旦白尖参（藏族，7月任）
县人民检察院检察长：
力布才让（藏族，7月任）
县人民法院院长：乔国胜（藏族，7月任）
县夏德日寺寺庙管理委员会主任：
才让三智（藏族）

河南蒙古族自治县

书　记：司吉昇

副书记：钢　夫（蒙古族，县长）
李义起（1 月止）
万马乃（藏族，县委政法委书记，5 月止）
秦增多杰（藏族，5 月任）
拉玛杰（蒙古族，5 月任）

县委常委：扎德加（藏族，县委统战部部长）
郭　辉（纪委书记、监委主任，6 月止）
杨燕峰（援青干部，县政府副县长）
赵维凯（县委组织部部长，5 月止）
何春德（县政府副县长，5 月止）
万玛本（藏族，优干宁镇党委书记，4 月止；县委政法委书记，6 月任）
白贵龙（10 月止）
仁　青（藏族，县委宣传部部长）
罗藏卓玛（女，蒙古族，5 月止）
祁乐荣（女，蒙古族，5 月任）
多杰仁增（藏族，纪委书记、监委主任，5 月任）
唐建珍（土族，县政府副县长，5 月任）
刘国强（县委组织部部长，5 月任）

县人大常委会主任：加　多（蒙古族，5 月止）
索南才让（蒙古族，7 月任）

县人大常委会副主任：
赵生满
曹得仓·尕桑克智嘉措（蒙古族）
李年栋（7 月任）

县人民政府县长：钢　夫（蒙古族，县委副书记）

县人民政府副县长：
何春德（5 月止）
唐建珍（土族，县委常委，5 月任）
杨燕峰（挂职）
当　毛（女，蒙古族，5 月止）
付伟卫（5 月止）
赵德龙（蒙古族，5 月止）
娘吉才让（藏族，县公安局局长）
孙　辉（援青干部）
秦建军（5 月止）
德　却（藏族）
海　洋（藏族，7 月任）
罗藏卓玛（女，蒙古族，7 月任）
朱文辉（7 月任）
旦正才让（蒙古族，7 月任）

县政协主席：索南才让（蒙古族，6 月止）
当　毛（女，蒙古族，7 月任）

县政协副主席：王龙武
彭文生（藏族，5 月止）
公保杰（蒙古族，7 月任）
拉卡·旦增更登尖措（藏族）

县拉卡寺寺庙管理委员会主任：
公保杰（蒙古族，6 月止）
尼玛才让（藏族，6 月任）

县法院院长：华青太（藏族）

县检察院检察长：拉加才让（藏族，7 月止）
多杰卓玛（女，藏族，7 月任）

中共黄南州委

综　述

【概况】　2021年，黄南州委认真学习贯彻习近平总书记对青海工作重要讲话、指示批示精神，贯彻落实党中央、省委决策部署，扎实开展党史学习教育，召开州第十三次党代会，完成州、县、乡、村四级换届。立足新发展阶段，贯彻新发展理念，融入新发展格局，统筹推进全州经济、政治、文化、社会、生态文明和党的建设各项事业发展，在推动打造共同富裕黄南样板实践中迈出坚实步伐。

【理论武装】　把学习贯彻习近平新时代中国特色社会主义思想作为首要政治任务，深学细悟习近平总书记视察青海重要讲话精神，中共十九届六中全会、“七一”重要讲话和中央第七次西藏工作座谈会、民族工作会议及全国宗教工作会议精神，一体学习、融会贯通，武装头脑、指导实践。将习近平总书记重要讲话、指示批示精神、重大决策部署分解为359条贯彻措施。州第十三次党代会作出全面建设山水黄南、高质量推进“三区建设”，推动乡村全面振兴，打造共同富裕的黄南样板和“七个更好”的奋斗目标。

【意识形态建设】　制定党委（党组）落实意识形态工作责任制若干措施和正负面清单，创新实施网络综合治理网长负责制，预警监测、分析研判和风险防控形成常态。践行社会主义核心价值观，打造294个新时代文明实践中心（所、站），统筹抓好新闻媒体、文化出版市场、教育、民族宗教等领域阵地监管，严把政治方向。强化道德引领，注重典型培树，同仁市完德尖措获第八届全国道德模范，河南县荷日恒村“‘四小四大’推动文明实践走深走实”作为全省唯一村级案例，入选中央文明办新时代文明实践典型案例。

【中国共产党成立100周年活动】　精心制定庆祝方案，开展“两优一先”评选表彰、颁授“光荣在党50年”纪念章、发放“党建大礼包”、走访慰问等一系列活动，营造“党的盛典·人民的节日”浓厚氛围。开展“迎党百年华诞”“党旗在基层一线高高飘扬”“基层党支部一线巡礼”“永远跟党走”等主题党日和宣传教育活动，各族群众发自内心感党恩、听党话、跟党走。

【深化改革】　坚持把改革创新开放作为推动高质量发展的根本动力，完成175项改革任务。推行“一网通办”“跨省通办”，持续保持全省保留行政审批事项最少的地区。推行“互联网+区块链+代理记账”模式，落实生态环境、供销社、公共文化领域财政事权和支出责任划分改革措施，启动乡镇管理体制改革，扶持非公有制经济加快发展。加快清洁能源开发，发电总装机容量达227万千瓦。参加“青洽会”等招商引资活动，巩固创新对口支援帮扶机制，开放广度深度不断拓展。高规格召开全州教育发展大会，出台“1+5”配套文件，全州99所中小学校规范使用统编三科教材，182所幼儿园如期实现通用语言保教全覆盖。

【社会治理】　聚焦基层社会治理重点、难点和堵点，加快法治政府建设，启动“八五”普法，完善分业、分类、分众法治宣传教育机制，创新“移动微法院”立案诉讼新模式，推动网上检察

2021年4月7日，州委全面深化改革委员会第七次会议召开

2021年5月23日，州委书记王耀春（中）调研河南政法工作

服务、线上法律服务。加快市域社会治理，打造“智慧小区”，加强流动人口精细化管理，破解“城市病”治理难题。制定网格员管理制度，推广“三种类型”“四个层级”网格化管理模式，推动综治中心实体化、常态化、规范化运行，四级网格一网贯通、五级联动。修订完善村规民约，强化红白理事会、移风易俗示范点建设。“一核三治”黄南模式获全省改革创新奖，泽库县和日村获“全国民主法治示范村”称号。

【民主建设】 推进社会主义民主政治建设，支持州人大、州政府、州政协及司法机关依法履行职能。学习贯彻《中国共产党统一战线工作条例》，及时协调解决重大问题，加快构建大统战格局。支持工会、共青团、妇联、残联等群团组织依法依章程独立自主开展工作，全省群团协同化建设推进会在黄南州成功举办。加强党管武装，加快民兵改革，民兵建设在中央军委国防动员部考核中被评为优秀；发挥离退休老干部作用，调动各方面的积极性，形成民主团结、生动活泼、安定和谐的政治局面。

【换届选举】 制定“十严禁”换届纪律要求、宗教界人士换届纪律“六不准”规定，率先在全省完成州、县、乡、村四级换届，实现“五好三清”目标，全州96.2%的行政村、所有社区实现“一肩挑”。分析各级领导班子功能需求，推行政治素质考察“报、审、评、鉴、研”五字法，突出政治标准。

【民族立法】 贯彻落实中央民族工作会议精神，修订颁布《黄南藏族自治州自治条例》，加强地方立法工作。制定国家通用语言文字再提升方案、巩固提升民族团结进步示范州创建成果等贯彻意见，把“三个离不开”“五个认同”纳入国民教育、党员教育、法治教育、家庭教育全过程。开展“民族团结+”融合发展行动和“十二进”活动，创建活动覆盖面、参与率100%，命名省级、州级民族团结进步教育基地、示范单位（乡镇、单位、学校）21个，同仁进入全国民族团结进步示范市行列。率先在全省建设州级铸牢中华民族共同体意识体验馆，打造中华民族视觉形象工程，铸牢中华民族共同体意识成为新时代民族工作主线，贯穿于黄南改革发展稳定工作的全过程、各领域。

【人才工作】 贯彻中央和省委人才工作会议精神，科学编制新一轮中长期人才发展规划，用好27条人才“新政”，实施“123”引才计划，多领域专家人才引进数量和质量均创历史新高，天津科技大学人才团队被评为全省十大特色人才项目。与滨海新区签署人才合作框架协议，开办黄南天津班，智力援青升级加力。完善全州优秀人才库、领导干部联系服务专家工作机制和优秀人才关心关爱机制，搭建吸引人才、引进人才平台。

【党的建设】 坚持把加强换届后各级领导班子建设放在首位，集中开展调研座谈，常委领题开展授课辅导，激励各级党组织更好履职。实施“党支部书记能力提升”“党员进党校集中轮训”工程，用党的最新理论武装头脑、指导实践。突出政治标准，树立实干担当鲜明导向，注重在重大斗争一线考察识别干部，落实职务与职级并行制度，激发干部干事创业热情。牢固树立大抓基层的鲜明导向，推进“促百分百达标、迎党百年华诞”以评促建活动，实施“抓乡促村”提标升级工程，“组织体系建设三年行动”全面收官，全州200个村（社区）党群服务中心规范运行。抓实

2021年6月29日，全州优秀共产党员、党务工作者表彰大会

“支部进网、党员联户”，推行机关、社区“党建联盟+”承诺践诺服务，打造模范政治机关，启动社区“两新·红色驿家”试点，凸显党建引领核心作用。依托“黄南先锋”智慧党建云平台、“一表一册一规范”，推动支部活动和“三会一课”线上线下、实时监测全覆盖。高标准打造州级多功能党群服务中心，实现组织生活、党员教育、群团活动融合共促。

【全面从严治党】 持续加强党风廉政建设，落实“两个责任”。召开警示教育大会、开展廉政谈话、签订廉政承诺书，组织违纪违法人员现身说法，筑牢拒腐防变思想防线。持续深化作风建设，开展重点村（社区）、合作社财务专项整治，紧盯整治群众身边的腐败和不正之风突出问题、巩固拓展脱贫攻坚成果同乡村振兴有效衔接、护航生态文明高地建设等重点推进专项监督，解决群众“急难愁盼”问题514个。完成十二届州委巡察全覆盖，研究出台十三届州委五年巡察规划，启动首轮巡察，推动巡察组长库选制向任命制转变。

【经济建设】 加快建设绿色有机农畜产品示范州、国家现代农业产业园和国家农业科技园，累计培育有机产品43个、绿色食品47个、地标农产品19个，在全省率先实现天然草场、牲畜有机认证和牦牛藏羊原产地质量追溯全覆盖。河南县雪多牦牛和欧拉羊14个系列产品获中国有机食品和绿色食品“双认证”，尖扎县娃娃菜等5个农产品获“国家A级”绿色食品认证，泽库羊入选全国畜禽十大优异种质资源，泽库县、河南县分别入选全国牦牛全产业链典型县和国家农业现代化示范区。“四个万头”规模养殖项目和“四个万亩”特色种植基地建设高质量推进，“非农化”“非粮化”治理和乱占耕地清查整治扎实有效。成功举办第四届农业援青暨经验交流现场观摩会、全省绿色有机农畜产品示范省创建暨牦牛产业发展现场观摩会，打响黄南生态有机品牌。

【城乡建设】 在优化城镇功能上下功夫，加快国土空间规划编制和城镇开发边界划定，申报同仁海绵城市建设项目，推进唐卡艺术小镇、坎布拉运动休闲小镇和王家乡、和日镇美丽城镇建设，建设高原美丽乡村22个，实施老旧小区改造，提升城镇品质。启动国家级传统村落集中连片保护利用示范州建设，在全省率先完成30个国家级传统村落挂牌并建立州级名录。

【项目实施】 发挥重大项目的支撑拉动作用，落实项目投资通报调度、挂牌督办等制度，集中实施项目攻坚年活动，完成各类项目656项。黄南机场前期工作取得实质性进展，西成铁路、同赛高速、330千伏输变电、天然气入州等重大项目加快推进。高质量编制实施“十四五”规划纲要，谋划储备一大批涉及政治、经济、文化、生态、稳定等打基础、利长远项目。

【生态文明】 深入践行习近平生态文明思想，率先在全省执行国家机关生态环境保护责任清单，制定碳达峰行动方案，高质量编制实施“十四五”生态环境保护规划、黄河流域黄南段生态保护和高质量发展规划，修订林木管护条例、水资源保护条例，全面推行“林草长制”“河湖长制”，构建生态文明建设制度保障和规划体系。打好打赢蓝天、碧水、净土保卫战，两轮中央生态环保

2021 年 8 月 1 日，第三届青海·热贡文化旅游节表演现场

督察反馈问题整改清零，开展以垃圾清理、厕所革命、污水治理为重点的城乡环境卫生综合整治专项行动，累计打造 90 个生态文明示范乡镇、示范村。统筹山、水、林、田、湖、草、沙、冰综合治理，推进各类国家和省级自然公园试点建设工作及国土绿化、人工造林、草原退化治理。黄南州被命名为国家生态文明建设示范区，河南县被评为国家级“两山”实践创新基地。

【文化旅游】　坚持把文化旅游融合发展作为加快绿色产业发展的关键，启动同仁历史文化名城国家 AAAAA 级旅游景区和尖扎、泽库、河南省级全域旅游示范区创建工作，同仁市获“中国民间文化艺术之乡”“中国藏族热贡神舞之乡”称号，扎毛村入选全国乡村旅游重点村，德乾等 5 个村入选全省乡村旅游重点村，泽曲国家湿地公园、柯生双鱼湖等 7 家景区通过 AAA 级旅游景区省级验收。加大非物质文化遗产传承保护，弘扬民族优秀文化。成功举办第三届青海·热贡文化旅游节系列活动，承办全省乡村旅游工作现场会，尖扎县和州群众体育指导服务中心获“全国体育系统先进集体”称号。

【民生工程】　持续抓好常态化疫情防控，守住“零输入、零感染”的底线。实施“健康黄南 2030”行动计划，统筹推进综合医改和医共体建设，缓解群众“看病难”问题。落实社会救助、老龄补贴、双拥共建、残疾人、退役军人等政策，就业形势平稳有序，环卫工人爱心早餐、寺庙敬老院、互助幸福院、“儿童之家”等工程启动运行，年初承诺的 10 个大类 28 项民生实事全部办结。黄南州被评为全国退役军人服务保障先进单位，是全省市州级唯一。

【乡村振兴】　配强“第一书记”和驻村工作队员，建立“双帮”机制，推动抓党建促乡村振兴。巩固拓展脱贫攻坚成果，落实乡村振兴补助资金 7.34 亿元，打造省级产业融合发展示范园 4 个、产业基地 4 个、乡村振兴和旅游试点村 23 个，构建以光伏扶贫、特色农牧业、文化旅游、民族手工业和生态水产业为基础的特色产业群。村集体经济持续复壮提升，62.6%的村年收益达 10 万元以上。

（撰稿人：马秀花）

党史学习教育

【概况】　2021 年，中共中央决定在全党开展党史学习教育，激励全党不忘初心、牢记使命，在新时代不断加强党的建设。中共中央印发《关于在全党开展党史学习教育的通知》，就党史学习教育作出部署安排。黄南州委按照中央、省委部署，建立黄南州党史学习教育领导小组，由州委书记担任领导小组组长，2 名州委常委担任领导小组办公室主任，办公室分设 6 个工作小组，抽调 17 名干部脱岗负责具体工作。组建各级宣讲团开展各党组宣讲全覆盖、10 名州级领导带队组建 5 个巡回指导组强化跟踪督导，推动工作落实。全年州委常委会 4 次专题研究部署，14 次组织党史学习教育专题研讨，开展集中宣讲 4300 余场次，参与人数 23.9 万人次。通过党史学习教育，广大干部群众深刻认识红色政权来之不易、新中国来之不易、中国

2021 年 7 月 29 日，州委组织部召开党史学习教育专题组织生活会集中学习会

特色社会主义来之不易，解答了共产党为什么能、马克思主义为什么行、中国特色社会主义为什么好的问题，推动广大党员干部学史明理、学史增信、学史崇德、学史力行，激励全州各族干部群众更加衷心地感党恩、听党话、跟党走，达到学党史、悟思想、办实事、开新局的目的。

【政治引领】 紧盯省委党史学习教育“六个专项行动”规定动作，对标落实“六个进一步”要求，制订“54321”实施方案（“五个一次”：开展一次“人人皆知”的专题教育，做好一次“入脑入心”的主题讨论，进行一次“自查自纠”的回头检视，召开一次“就事论事”的会诊分析，强化一次“求实务实”的问效跟踪；“四个结合”：集中学习与自主学习相结合，规定动作与自选动作相结合，党内学习与群众教育相结合，理论学习与生动实践相结合；“三个阶段”：把党史学习教育分为三个主要阶段，贯穿 2021 年全年；“两个必须”：必须坚持政治引领，必须坚持理论武装；“一大特色”：保护运用好黄南州昂拉千户府等爱国主义教育基地，赓续共产党人精神血脉）。各级党组织制定责任清单，细化工作计划，挂图作战，高起点开展党史学习教育。州委主要领导带领 6 名州委常委在一市三县开展集中宣讲，形成领导带头、干部跟进、群众参与的良好局面。全州 863 个党支部行动迅速，组织开展报告会、专题读书班、主题党日、竞赛答题、主题征文等形式多样的学习活动，将党史学习教育纳入支部“三会一课”、主题党日等日常组织生活，推动书记上党课、党员交流、诵读经典、志愿活动等形成常态，增强学史自觉、学史担当。

【红色教育】 “红色教育+民族团结”。挖掘九旬抗美援朝志愿军老兵梁洪泉、海发源等一批新典型，树立一批新模范。用好昂拉千户府深厚的爱国主义文化底蕴，利用各地烈士陵园、黄南党史馆、《黄南州荣誉档案》等广泛开展红色教育。组织各级党员干部收看《习仲勋》《昂拉千户》《最后的庄园》等电教片，丰富学习内容。邀请各村党支部书记、老党员带头讲党史，宣传主旋律、凝聚正能量，开展主题学习教育 2600 余场次，形成全员学习良好氛围。

“红色教育+精神高地”。编印《党旗在我心中——黄南州优秀党员先进事迹选编》，开展“学榜样、树典型、争先锋”活

2021 年 6 月 29 日，黄南州举办庆祝中国共产党成立 100 周年“红色经典，礼献百年”百人诵读活动

动，讲好尕布龙、尖措等新时代共产党员先进事迹，开展先进事迹巡回讲 200 余场次。开展“寻找党员足迹、聆听党员故事”活动，聆听老党员、老干部入党以来的身边故事，教育引导身边的人“知党情、感党恩、听党话、跟党走”。

“红色教育+乡村振兴”。广泛开展主题活动，推行“12345”（“一目标”：明确引导村民树立正确党史观、价值观；“两重点”：突出思想组织建设、党史学习教育；“三融入”：融入社区服务、融入党员学习、融入脱贫致富；“四到位”：践行向村民讲、听村民说、带村民干、让村民享；“五围绕”：围绕文旅融合发展、围绕黄河资源运用、围绕人居环境整治、围绕特色农业培育、围绕光伏产业开发）工作法，各级党员干部在联点乡村、社区了解群众所思所盼，谋划乡村建设，推动脱贫攻坚巩固提升与乡村振兴有效衔接，提升群众参与乡村振兴的热情。结合学习习近平总书记视察青海重要讲话精神和省委“六富”要求，进一步完善工作思路，丰富“全面建设山水黄南、高质量推进‘三区建设’”的战略内涵。

“红色教育+生态建设”。用好精品党课《拉格日》和拉格日村史馆，开展精品党课巡回讲、组织村党支部书记参观学习等教育活动，厚植生态文明理念，推动绿色发展“拉格日”模式深入人心，推动绿色有机农畜产品示范州建设步伐。

【“四史”宣传】 群众主题宣讲。成立以党政领导、专家学者、先进典型为主体的州、县、乡、村四级党史学习教育宣讲团（队），分批次、分专业在一市三县推动党史宣讲进机关、进乡镇、进村（社）、进学校、进寺庙。通过开展群众性宣讲活动，引导干部群众重温党的光辉历史，传承红色基因，赓续精神血脉，把党的创新理论转化为铸牢中华民族共同体意识的生动实践，共同维护民族团结和社会稳定，为全州各项事业高质量发展凝聚共识、汇集力量。

平台媒体宣传。运用“一报一台一网一端”，坚持线上线下并举，拓展学习载体、丰富学习资源，为党史学习教育“搭台”。在黄南州电视台、黄南报、黄南新闻网及“黄南先锋”“云端黄南”等线上平台开设藏语汉语党史学习教育专栏，州属网站、客户端相关持续推送相关学习内容，广大干部群众在耳濡目染中深化对“四史”的学思践悟。

丰富宣传教育载体。组织文艺、科技、法律工作者，以“文艺+理论+百姓”方式，举办学习宣传中共十九届六中全会精神文艺巡演，录制微视频，通过融媒体传播方式，扩大宣讲受众群体，引导教育各族干部群众弘扬伟大建党精神，铸牢中华民族共同体意识。设立网上党课栏目，发布微党课 10 部，插播电教片 30 部，发布学习要点 120 期，推送典型红色记忆 90 篇，参与网上学习党员干部达 13.6 万人次。

培育时代新人。将学习贯彻《习近平总书记教育重要论述讲义》和习近平总书记关于“四史”的重要论述，融入中小学校教学各环节、师生学习生活各方面，邀请党政领导、专家学者、先进典型进学校、上讲台宣讲 37 场次，受众师生 1.1 万余人次，引导全州广大青少年“扣好人生第一粒扣子”。

【党性问题检视与整改】 印发《关于召开党史学习教育专题组织

2021 年 4 月 15 日，黄南州党史学习教育必知必会知识千人测试主考场

生活会的通知》，安排部署专题组织生活会，明确答复基层提出的具体问题。全州基层党组织和党员围绕“贯彻总要求，检验精气神”主基调，将会议主题贯穿融入组织生活会各方面各环节，保证组织生活会的环节完整、程序齐全和质量过硬。州委书记王耀春、州长扎西才让等主要领导带头以普通党员身份参加所在党支部专题组织生活会，与支部党员交流学习体会，检视差距不足，深刻开展批评与自我批评，推动全州基层党组织政治生活严肃规范。各基层党组织将学习贯彻习近平总书记“七一”重要讲话精神贯穿融入组织生活会各方面各环节，系统学习党史学习教育指定材料，交流学习体会，落实“四必谈”要求，开展谈心谈话，征求意见，筑牢思想基础。基层党组织和党员干部在对照《中国共产党章程》《党支部工作条例》等制度规定查摆问题的基础上，对照习近平总书记“七一”重要讲话精神，对照党史学习教育目标要求和“六项专题行动”工作内容，对照先进典型，联系岗位职责和实际工作，开展党性分析。在此基础上，开展批评和自我批评，达到红脸出汗、触及灵魂的效果。针对查摆和评议出的问题，结合征求到的意见建议，列出整改任务清单，确保真改实改、整体提高。加强督促指导，巡回指导组全程参与所指导地区单位专题组织生活会，进一步压实指导责任，明确工作方法，提出工作要求，推动基层党组织按时完成工作任务。

【党史学习教育问题巡回督导】 组建由州委常委担任组长的5个州委巡回指导组，针对不同领域、不同层次、不同对象的特点，做到精准施策、分类指导，实现巡回指导全覆盖。在指导各层级、各行业、各领域、各群体所遵循基本原则和方式方法，完成规定动作的同时，赋予基层党组织更多的主动权，尊重群众的首创精神，不简单套用一个标准、一种模式。在工作推进中，按照各级党委（党组）领导班子和县处级以上领导干部；党支部和广大党员，特别是与群众联系密切的党支部和党员；普通群众，特别是青少年这个群体等三个层面分类抓好督导。通过采取发放问卷调查、群众满意度测评、回访当事人、调阅“我为群众办实事”项目清单、实地查看为民惠民便民项目建设等方式，开展督查督导215人次，现场参会点评52次，列席党组（党委）专题研讨37次，调阅党员党性分析材料143份，开展党员群众测评抽查97人次，查找解决190个问题。

【党史学习教育为民服务工作】 通过党史学习教育，深化各级党组织和广大党员干部对党的性质宗旨的认识，坚持民有所呼、我有所应，把群众观点、群众路线植根于思想中、落实到行动上，把工作岗位作为强化党性历练、密切联系群众的重要平台。在为民服务方面，制订《黄南州加快实现脱贫攻坚与乡村振兴有效衔接实施方案》，落实乡村振兴补助资金2.87亿元，通过发展产业、稳岗就业、村内小型基础设施建设等措施，巩固脱贫攻坚成果；筛选引进碧桂园房地产开发、唐卡艺术小镇、城市充电桩建设、隆务古城民族风情街运营等4个招商引资项目，完成投资额15亿元；优化政务服务，努力实现让企业和群众办事“只进一扇门”“最多跑一次”；紧盯人民群众“急难愁盼”问题，推进为民办实事十项工程，教育、医疗、科技、文化等社会各项事业稳步推进，社会救助、社会福利、老龄补贴等政策全面落实，全面小康统计监测指标实现程度达到95.5%。结合“为民办事在一线、化解民忧零距离”承诺践诺活动，在全州广泛开展深化民生难题“大排查”，全州各级党组织开展我为群众办实事7950余次，梳理“四个一批”重点项目57项，省级督办实践活动项目10项，均按时办结。聚焦绿色有机农畜产品示范州建设，州农牧、发改、扶贫等单位党员在农村牧区指导农牧民持续深化农牧业结构调整，全州黄果、核桃、中药、藏药材、果蔬“四大万亩”特色种植基地和生猪、牦牛、犏牛、藏羊“四个万头”规模养殖项目加快建设，农牧业生产实现良好开局。

【党史学习教育成效】 理论武装成果。党员干部围绕党的百年奋斗历史和习近平新时代中国特色社会主义思想这个主题主线，落实全面系统学、深入思考学、及时跟进学、联系实际学“四学”机制，聚焦党史学习教育，重点在集中学习与自主学习、专家辅导和专题研讨、学习理论与调查研究、理论学习与探索实践“四结合”上下功夫，较好地解决以往理论学习“浅”和“散”的问题，实现学史明理，做到学有所思、学有所悟、学有所得。通过党史学习教育，认清差距、明确方向、找到路径，推动学习成果转化为具体实践的自觉性主动性进一步增强。

党性得到提升。各地各单位用好用活红色资源，打造精品党史学习教育阵地，使红色旧址遗迹成为党史“课堂”、红色文物史料成为党史“教材”、英烈劳模成为党史“教师”，广泛开展“四史”宣传教育，缅怀革命先烈、讲好红色故事，弘扬伟大建党精神，发挥红色资源铸魂育人作用，真正实现学史增信、学史崇德。

为民办实事呈现新气象。探索建立“群众诉求表达”“联系服务群众”“维护群众利益”“过程跟踪督导”“问题解决和信息反馈”等制度，形成较为完备的长效机制。围绕“四个一批”创新载体抓手，紧盯教育医疗、食品安全、社会保障、行政审批等重点领域，针对人民群众的操心事、烦心事、揪心事，务实推进“我为群众办实事”实践活动，解决人民群众的“急难愁盼”问题，一件一件抓落实，一项一项见成效，做到党员受教育、群众得实惠，打通联系群众、服务群众的“最后一公里”。

事业发展开创新局面。把学史力行和开新局作为党史学习教育的落脚点，把学史明理、学史增信、学史崇德、学史力行的成果转化为改造主观世界和客观世界的实际行动，立足州情实际，深入推进“一优两高”战略，加快“高地”打造、“四地”建设步伐，推进“六稳”“六保”“六富”，黄南州被授予国家第五批生态文明建设示范区，河南县被授予“两山”理论创新实践基地，开创推动黄南高质量发展的新局面。

（撰稿人：马青云）

重要会议

【州第十三次党代表会议】 8月5—7日，中国共产党黄南藏族自治州第十三次代表大会召开。应到代表271人，实到代表263人。州委书记王耀春代表中共黄南州第十二届委员会向大会作题为《贯彻新发展理念，推动高质量发展，为打造共同富裕的黄南样板而努力奋斗》的报告，中共黄南州第十二届纪律检查委员会以书面形式向大会作题为《监督保障执行，促进完善发展，为打造共同富裕的黄南样板提供坚强保障》。州委副书记、州长扎西才让主持。大会选举产生中共黄南州第十三届委员会委员39人、候补委员7人。

【州委全体会议】 1月6—7日，中共黄南州委十二届十一次全体会议召开。会议以习近平新时代中国特色社会主义思想为指导，深入学习贯彻中共十九届二中、三中、四中、五中全会以及中央经济工作会议、中央农村工作会议和省委十三届九次全会精神，贯彻落实中共中央和省委“十四五”发展决策部署，审议《中共黄南州委关于制定国民经济和社会发展第十四个五年规划和二〇三五年远景目标的建议》，总结2020年工作，部署2021年工作。

5月28日，中共黄南州委十二届十二次全体会议召开。州委副书记、政法委书记力本嘉就《关于召开中国共产党黄南藏族自治州第十三次代表大会的决议（草案）》作说明。全会审议通过《关于召开中国共产党黄南藏族自治州第十三次代表大会的决议》。全会决定，8月在同仁市隆务镇召开中国共产党黄南藏族自治州第十三次代表大会。

8月2日，中共黄南州委十二届十三次全体会议召开。会议以习近平新时代中国特色社会主义思想为指导，全面贯彻落实中共十九大和十九届二中、三中、四中、五中全会以及省委十三届十次全会精神，审议州第十三次党代会有关事宜，总结上半年经济工作，安排下半年重点任务。

8月7日，中共黄南州委十三届一次全体会议召开。会议选举王耀春、扎西才让、李晓燕、力本嘉、肖顺琛、刘强、宋辉、余华勇、吴树荣、旦增、刘建昱、何杰为中共黄南州第十三届委员会常务委员会委员；选举王耀春为中共黄南州委书记，扎西才让、李晓燕、力本嘉为副书记。

【州委常委会会议】 十二届第一百二十八次常委会会议。1月7日，中共黄南州委十二届第一百二十八次常委会会议召开。会议讨论和听取对《中共黄南州委关于制定国民经济和社会发展第十四个五年规划和二〇三五年远景目标的建议（讨论稿）》修改情况的报告，审议提交州委十二届十一次全会第二次大会的《建议（表决稿）》。

十二届第一百二十九次常委会会议。1月13日，中共黄南州委第十二届第一百二十九常委会会议召开。会议传达学习1月7日中共中央政治局常务委员会会议精神、中央农村工作会议精神和中央全面深化改革委员会第十七次会议等精神，研究州政协党组《2021年重点协商计划的请示》、州纪委《关于呈报2020年度全州党风廉政建设主体责任监督责任检查考核的请示》《州委常委会班子2020年度民主生活会对照检查材料（讨论稿）》，研究人事议题。

十二届第一百三十次常委会会议。1月18日，中共黄南州委第十二届第一百三十次常委会会议召开。会议传达学习习近平总书记在省部级主要领导干部学习贯彻中共十九届五中全会精神专题研讨班开班式上的讲话精神。通报中央纪委国家监委对副省长文国栋进行纪律审查和监察调查的决定，州委常委班子和班子成员深刻剖析文国栋违纪违法案件。

十二届第一百三十一次常委会会议。2月7日，中共黄南州委第十二届第一百三十一次常委会会议召开。会议传达学习省政协十二届四次会议、省人大十三届六次会议和省委书记王建军在参加黄南代表团审议时的讲话等精神。听取十二届州委第125次、126次常委会会议研究事项落实情况的汇报。研究州纪委《关于贯彻中共青海省第十三届纪委第五次全体会议精神意见的报告》、州委农办《关于贯彻省委农村牧区工作会议精神意见的报告》、州委宣传部《关于贯彻全省宣传部长会议精神意见的报告》《关于贯彻全省网信办主任会议精神意见的报告》等相关部门的请示和报告，研究人事议题。

十二届第一百三十二次常委会会议。2月22日，中共黄南州委第十二届第一百三十二次常委会会议召开。会议传达学习习近平总书记在党史学习教育动员大会上的讲话精神、中央全面深化改革委员会第十八次会议等精神。会议研究讨论《关于召开中共黄南州第十二届纪律检查委员会第六次全体会议的请示》《在中共黄南州第十二届纪委第六次全体会议上的工作报告》，州委农村牧区工作领导小组《关于全面推进乡村振兴加快农牧业农牧区现代化的若干措施的请示》，州委统战部《关于全省统战部长、民宗委主任（局长）会议精神贯彻意见的报告》，研究人事议题。

十二届第一百三十三次常委会会议。3月2日，中共黄南州委第十二届第一百三十三次常委会会议召开。会议传达学习习近平总书记在2月26日中共中央政治局会议、在十九届中央政治局第二十八次集体学习时的讲话等精神。审议《关于召开黄南藏族自治州第十五届人民代表大会第七次会议的请示》《关于建议成立黄南藏族自治州第十五届人民代表大会第六次会议临时党委的请示》《关于召开政协第十三届黄南藏族自治州委员会第七次会议的请示》《关于建议成立政协第十三届黄南藏族自治州委员会第七次会议临时党委的请示》，研究《关于政协黄南藏族自治州第十三届委员会增补委员建议人选的请示》等。

十二届第一百三十四次常委会会议。3月17日，中共黄南州委第十二届第一百三十四次常委会会议召开。会议传达学习习近平总书记在全国两会期间发表的重要讲话等精神，听取州委第127次、129次、130次常委会研究事项落实情况的汇报和州委第八轮巡察情况的汇报，审议《中共黄南州委2021年巡察工作计划的请示》。

十二届第一百三十五次常委会会议。4月7日，中共黄南州委第十二届第一百三十五次常委会会议召开。会议传达学习习近平总书记《论中国共产党党史》（节选）、全国政法队伍教育整顿中央第十五督导组督导青海工作汇报会精神，研究黄南州贯彻意见。听取十二届州委第131次、132次常委会会议研究事项落实情况的汇报。审议《州第十三次党代会筹备工作初步方案和筹备工作领导小组及工作机构等相关

2021 年 4 月 7 日，州委十二届第一百三十五次常委会会议召开

事项的请示（审议稿）》，研究人事议题。

十二届第一百三十六次常委会会议。4 月 20 日，中共黄南州委第十二届第一百三十六次常委会会议召开，研究人事议题。

十二届第一百三十七次常委会会议。4 月 20 日，中共黄南州委第十二届第一百三十七次常委（扩大）会议召开。会议传达学习习近平总书记向厦门大学建校 100 周年致信祝贺的指示精神、信长星在黄南州调研时的讲话精神，研究黄南州贯彻意见。听取中央巡视反馈问题整改工作情况汇报。审议《黄南州庆祝中国共产党成立 100 周年活动方案（审议稿）》《关于黄南州进一步加强新时代退役军人工作方案（审议稿）》《关于黄南州生活垃圾分类和处置工作实施方案（审议稿）》《关于黄南州促进中藏医药传承创新发展的实施方案（审议稿）》《关于全省“两优一先”拟推荐对象的请示（审议稿）》。

十二届第一百三十八次常委会会议。4 月 25 日，中共黄南州委召开第十二届第一百三十八次常委会会议。会议审议《关于召开黄南藏族自治州第十五届人民代表大会第八次会议的请示》《关于一市三县召开党代表大会批复意见的请示》，研究人事议题。

十二届第一百三十九次常委会会议。5 月 10 日，中共黄南州委第十二届第一百三十九次常委会会议召开。会议传达学习 4 月 30 日中共中央政治局会议精神、习近平总书记在广西考察调研时的讲话精神、省政法队伍教育整顿领导小组第三次会议暨全省第一批政法队伍教育整顿调度推进会等精神。听取十二届州委第 133 次、134 次常委会研究事项落实情况的汇报。审议《关于召开州委十二届十二次全体会议有关事宜的请示》。

十二届第一百四十次常委会会议。5 月 17 日，中共黄南州委十二届第一百四十次常委会会议召开，会议研究黄南州换届人事议题。

十二届第一百四十一次常委会会议。5 月 27 日，中共黄南州委十二届第一百四十一次常委会会议召开。会议传达学习习近平总书记在推进南水北调后续工程高质量发展座谈会上的讲话等精神。听取中央第十五巡视组巡视青海省反馈意见黄南州整改情况的汇报。审议《黄南藏族自治州人民代表大会换届选举工作实施方案的请示（审议稿）》《政协黄南藏族自治州第十四届委员会换届工作方案的请示（审议稿）》，研究人事议题。

十二届第一百四十二次常委会会议。6 月 10 日，中共黄南州委十二届第一百四十二次常委会会议召开。会议传达学习习近平总书记在青海考察调研时的讲话精神、6 月 10 日省委常委会（扩大）会议等精神。听取青藏川滇甘交界地区州（市）长第七次联席会议筹备工作情况的汇报，十二届州委第 135 次、137 次常委会研究事项落实情况的汇报。

十二届第一百四十三次常委会会议。6 月 16 日，中共黄南州委第十二届第一百四十三次常委会会议召开。会议传达学习习近平总书记在青海考察工作结束时的重要讲话、省委书记王建军在省委常委会（扩大）会议上的讲话等精神。审议《关于全州“两优一先”表彰对象的请示》，研究人事议题。

十二届第一百四十四次常委会会议。6 月 28 日，中共黄南州委十二届第一百四十四次常委会会议召开。会议传达学习习近平总书记在参观“‘不忘初心、牢记使命’中国共产党历史展览”时的讲话精神、习近平总书记在中共中央政治局第三十一次集体学习时的讲话等精神。会议听取“六富”调研组调研情况的汇报和州级领导在各联点市（县）调研督导近期重点工作情况的汇报。研究人事议题。

十二届第一百四十五次常委会会议。7月10日，中共黄南州委十二届第一百四十五次常委会会议召开。会议传达学习习近平总书记在庆祝中国共产党成立100周年大会上的讲话、中共中央办公厅《关于认真学习贯彻习近平总书记在庆祝中国共产党成立100周年大会上的讲话》通知等精神，并就省委庆祝中国共产党成立100周年座谈会精神开展专题研讨。会议听取十二届州委第139次、141次常委会研究事项落实情况的汇报，研究人事议题。

十二届第一百四十六次常委会会议。7月21日，中共黄州委十二届第一百四十六次常委会会议召开。会议传达学习中央全面深化改革委员会第二十次会议精神、中共中央办公厅《关于贯彻新发展理念专项督查调研的情况报告》等精神。听取2021年上半年党风廉政建设和反腐败斗争工作，州安全生产委员会、党建、意识形态（含网信）、统一战线、政法、公安2021年上半年工作汇报。审议《关于巩固提升民族团结进步示范州创建成果全面融入民族团结进步示范省建设的实施意见（审议稿）》《〈关于巩固提升民族团结进步示范州创建成果全面融入民族团结进步示范省建设的实施意见〉的分工方案（审议稿）》《黄南州生态文明建设示范州规划（2021—2030）（审议稿）》，研究人事议题。

十二届第一百四十七次常委会会议。7月26日，中共黄南州委十二届第一百四十七次常委会会议召开。会议传达学习习近平总书记在西藏考察时的重要讲话、省委领导“批示”等精神。听取十二届州委第142次、143次常委会会议研究事项落实情况汇报。审议中共黄南州十二届委员会第十三次全体会议有关事宜，中国共产党黄南藏族自治州第十三次代表大会有关事宜，黄南藏族自治州第十六届人民代表大会第一次会议和政协第十四届黄南藏族自治州委员会第一次会议有关文件，讨论相关报告等。

十三届第一次常委会会议。8月20日，中共黄南州委十三届第一次常委会会议召开。会议传达学习7月30日中共中央政治局会议精神，中央财经委员会第十次会议等精神。审议《关于十三届州委各常委工作分工的请示》（审议稿），研究人事议题。

十三届第二次常委会会议。9月3日，中共黄南州委十三届第二次常委会会议召开。会议传达学习习近平总书记在中央党校（国家行政学院）中青年干部培训班开班式上的重要讲话精神、中央民族工作会议精神，研究黄南州贯彻意见等。审议《关于加快实现巩固拓展脱贫攻坚成果同乡村振兴有效衔接实施方案（审议稿）》《关于召开黄南藏族自治州教育发展大会暨第37个教师节庆祝大会的请示（审议稿）》《黄南州关于加快推进新时代教育高质量发展的实施意见（审议稿）》《黄南州关于深化新时代中小学思想政治理论课建设的实施方案（审议稿）》《黄南州全面深化新时代教师队伍建设改革实施办法（审议稿）》《黄南州关于加快发展学前教育的实施方案（审议稿）》《黄南州关于加快发展现代职业教育的实施方案（审议稿）》《黄南州教育经费保障暂行办法（审议稿）》。

十三届第三次常委会会议。9月18日，中共黄南州委十三届第三次常委会会议召开。会议传达学习习近平总书记在陕西省榆林市考察时的讲话精神，省委办公厅、省政府办公厅《关于认真学习贯彻习近平总书记重要批示精神推动新发展理念全面贯彻落实的通知》等精神。审议《关于印发黄南州贯彻落实〈关于常态化开展扫黑除恶斗争巩固专项斗争成果的意见〉的若干措施的请示（审议稿）》《关于召开中国少年先锋队黄南藏族自治州第三次代表大会的请示（审议稿）》《关于召开黄南州青年联合会第五届委员会全体会议的请示（审议稿）》，研究人事议题。

十三届第四次常委会会议。10月11日，中共黄南州委十三届第四次常委会会议召开。会议传达学习习近平总书记在纪念辛亥革命110周年大会上的讲话、中央人才工作会议精神、全省市域社会治理现代化试点推进会精神，研究黄南州贯彻意见等。听取《黄南藏族自治州自治条例》修订颁布情况的汇报，研究人事议题。

十三届第五次常委会会议。10月28日，中共黄南州委十三届第五次常委会会议召开。会议传达学习习近平总书记在深入推动黄河流域生态保护和高质量发展座谈会上的讲话精神，中共中央、国务院《关于以铸牢中华民族共同体意识为主线推进新时代党的民族工作高质量发展的意见》等精神。听取十三届州委第1次、2次常委会研究事项落实情况的汇报。通报黄南州参加《生物多样性公约》第十五次缔约方大会生态文明论坛及获第五批国家生态文明建设示范区称号和河南县获第五批“绿水青山就是金山银山”实践创新基地称号情况，听取有关情况的汇报，安排部署相关工作。审议《十三届州委巡察工作规划（2021—2026年）》（审议稿）、《黄南藏族自治州林木管护条例（草案）（审议稿）》《黄南藏族自治州水资源保护条例（草案）（审议稿）》《黄南藏族自治州城乡社区治理条例（草案）（审议稿）》《关于在全州公民中开展法治宣传教育的第八个五年规划（2021—2025年）（审议稿）》。

十三届第六次常委会会议。11月12日，中共黄南州委十三届第六次常委会会议召开。会议传达学习中国共产党第十九届中央委员会第六次全体会议精神，《中国共产党党徽党旗条例》，省委办公厅关于认真学习贯彻《中国共产党党徽党旗条例》的通知等精神，研究人事议题。

十三届第七次常委会会议。11月26日，中共黄南州委十三届第七次常委会会议召开。会议传达学习《中共中央关于党的百年奋斗重大成就和历史经验的决议》、习近平总书记关于《中共中央关于党的百年奋斗重大成就和历史经验的决议》的说明、11月13日省委常委会（扩大）会议等精神。听取十三届州委第3次、4次常委会会议研究事项落实情况的汇报。会议审议州纪委监委有关议题，研究人事议题。

十三届第八次常委会会议。12月10日，中共黄南州委十三届第八次常委会会议召开。会议传达学习12月6日中共中央政治局会议精神、全国宗教工作会议等精神。审议《黄南州贯彻落实〈全省党校（行政学院社会主义学院）系统“十四五”时期建设和发展纲要〉实施方案（审议稿）》《黄南州工商联（民间商会）2021年换届工作方案（审议稿）》，听取十三届州委第5次、6次常委会会议研究事项落实情况的汇报，纪检（巡察）、组织、宣传、统战、政法、老干部、机要和保密、党校、公安、安全生产工作汇报，研究人事议题。

【专题会议】 2月25日，州委召开农村牧区工作会议，传达学习中央农村工作会议、省委农村牧区工作会议和全省农业农村工作会议精神，总结“十三五”及2020年全州农村牧区工作，安排部署下一步工作，启动以“巩固拓展脱贫攻坚成果全面推进乡村振兴”为主题的千名干部下乡活动。省政协副主席、州委书记、州实施乡村振兴战略工作领导小组组长王振昌出席并讲话，州委副书记、州长、州实施乡村振兴战略工作领导小组组长乔学智总结并安排部署相关工作。

3月4日，全州党史学习教育动员会召开，深入学习贯彻党中央和省委重大决策部署，动员和部署全州党史学习教育工作，激励全州上下学党史、悟思想、办实事、开新局，以更加优异的成绩迎接中国共产党成立100周年。省政协副主席、州委书记、州委党史学习教育领导小组组长王振昌出席并讲话，州委副书记、州长乔学智传达习近平总书记在党史学习教育动员大会上的重要讲话和全省党史学习教育动员会精神。

5月8日，州委全面依法治州工作会议召开，贯彻落实中央依法治国工作会议、省委全面依法治省工作会议要求，以习近平法治思想为指导，全面分析依法治州工作存在问题，安排部署当前和今后一个时期全面依法治州重点工作。州委书记、州委全面依法治州委员会主任王耀春出席并讲话。会议强调以真抓实干的作风、更加有力的举措，不断提升全面依法治州工作质量和水平。州委副书记、州政府党组书记、州委全面依法治州委员会副主任扎西才让主持。

8月31日，州委召开议军会议，学习贯彻习近平强军思想，全面贯彻落实党管武装根本原则、新时代军事战略方针和省委议军会议精神，支持国防和军队现代化建设，加强和改进新形势下党管武装工作，进一步凝聚军地共识。州委书记、军分区党委第一书记王耀春主持并讲话。强调深入学习贯彻习近平强军思想，注重在补短板、强弱项上下功夫，进一步推动黄南党管武装工作高质量发展。

9月8日，州委、州政府召开全州教育发展暨教育教学工作表彰大会。会议表彰全州教育系统先进集体和先进个人，贯彻落实习近平总书记在中央民族工作会议上关于推广普及国家通用语言文字和科学保护各民族语言文字的重要指示精神，迅速安排部署教育事业发展。州委书记王耀春出席并讲话。州委副书记、州长扎西才让主持，省教育厅副厅长崔廷辉到会指导。

12月22日，全州社会治理工作表彰大会召开，回顾总结全州社会治理工作成效、经验，表彰社会治理工作先进集体、先进个人，安排部署下一步社会治理重点工作。州委副书记、政法委书记力本嘉出席并讲话。州委常委、常务副州长肖顺琛主持。

12月28日，州委、州政府召开援青干部人才座谈会，传达学习习近平总书记关于深化东西部协作和定点帮扶工作的重要指示精神，表彰优秀援青专业技术人才，部分援青干部人才代表和州直相关部门负责人交流发言。州委书记王耀春出席并讲话。州委副书记、州长扎西才让主持。

（撰稿人：马秀花）

服务保障

【概况】 2021年，州委办公室全体职工做好参谋辅政、综合协调、办文办会、信息服务、档案法规、督促检查和后勤服务等职能，做到主动服务、超前服务、优质服务，不断提升“三服务”质量和水平，为中央、省委、州委各项决策贯彻落实和整体工作高效运转提供保障。

2021年9月30日，州委办公室系统党总支组织召开党史学习教育暨民族团结教育专题学习会

【办文办会】 根据黄南州《关于进一步规范和精简文件简报的实施意见》《关于进一步规范和精简会议公务活动的实施办法》，严把办文办会程序关和文字关，提高办文办会效率，收文登记率、发文（范围）差错率控制在2%以内。全年接受办理各级各类文件1144件（含转办件），制发州委和州委办公室文件462件。优质高效完成州党代会、州委全会、常委会会议等全州大型会议筹备工作。抓好文稿起草，完成各类综合文字材料近200篇。

【信息工作】 聚焦全州工作重点和群众关注热点，搜索素材、综合分析、精心提炼，为领导决策提供准确信息服务。全年编发《黄南信息》385期，被省委办公厅《青海信息》单篇或综合采用107篇，采用率28%，得到党中央和省委、州委领导肯定批示16条。向青海新闻网、今日头条、《黄南报》等新闻媒体推送文章227篇，宣传黄南工作成效和经验。将网络舆情监管纳入工作范畴。

【督查工作】 把落实作为督查工作的出发点和落脚点，牵头协调相关部门跟踪落实领导专项批示和交办事项，年内向州委常委会汇报重点任务落实情况10次，上报《督查专报》22期，下发《领导批示》38期、《督查通知》

39 期，办结率 98%。强化中央第十五巡视组巡视青海反馈问题整改专项督查，确保中央、省、州各项决策部署落地生根。

【党内法规管理】 制定出台《黄南州党内规范性文件审核审查工作制度》，把握“政治性、合法合规性、合理性、规范性”4 个重点，严格审核党的规范性文件的政治方向和政治观点、对形势的分析判断等内容，确保出台文件合法性、合规性。建立健全备案文件分级联审工作机制，进一步完善部门备案审查制度，实现备案文件精细化管理。全年一市三县党委报备文件 32 件，审查 32 件，其中提出建议 8 条，向省委办公厅法规处报备规范性文件 45 件，报备及时、准确，发文合法合规。

【档案管理】 做好档案工作的思想自觉、政治自觉和行动自觉，把好“案卷质量关、材料齐全关、目录准确关”，高质量完成档案立卷归档工作。年内完成州委 2011—2015 年 5 年档案整理移交工作，整理档案 409 盒 6748 件，其中永久 252 盒 1894 件、30 年 157 盒 4854 件，归档目录 3 套，每套 5 册 665 页。完成 2016 年州委档案整理工作，整理档案 109 盒 1437 件，其中永久 79 盒 632 件、30 年 42 盒 805 件。完成十三次党代会文书档案、电子档案、照片档案、视频档案收集整理工作。

【机关后勤保障】 加强日常经费开支、车辆维修、接待审批、办公耗材采购等财务票据三级联审制，健全完善财务管理、清洁保障、门卫车辆等管理制度，封堵管理漏洞，确保财务安全规范。强化会议服务、值班值守、安全保卫等岗位职责，做到责任到人。严格公务车辆管理权限，确保公务用车安全高效。完成植树绿化、垃圾清理、环境卫生整治工作，创建“洁净美”办公环境。

（撰稿人：马秀花）

组织工作

【概况】 2021 年，州委组织部推行“11710”工作制度，开展组工讲堂 8 期，基层调研 30 余次，帮助解决问题 103 个。全年在省级以上刊物刊发信息稿件 128 篇次，被《青海信息》采编 8 期，《每日情况》采编 6 期；8 篇调研分析报告获评全省组织系统优秀等次，2 人获评《中国组织人事报》优秀通讯员；1 人获“全国优秀网宣员”称号，信息宣传工作在全省实现晋位升级，位居全州前列。截至 2021 年底，全州有公务员 3351 人，其中，女性 1120 人，占 33.42%；少数民族 2508 人，占 74.84%；中共党员 2254 人，占 67.26%；大学及以上学历 2530 人，占 75.5%；大专及以下学历 821 人，占 24.5%；厅局级 36 人、县处级实职 277 人、乡科级实职 1127 人、一级至四级调研员 177 人、一级至四级主任科员 626 人、一级科员及以下 318 人，警察、法检类 790 人。

【干部教育培训】 落实“第一议题”制度，始终把领袖思想纳入各级党委（党组）中心组必学内容和党员干部教育培训必修课。州委主要领导带队下沉一线，以座谈会、专题党课、谈心谈话等形式，狠抓换届后领导班子思想政治建设。深化党性教育“1+X”

2021 年 3 月 5 日，全州组织工作会议召开

2021 年 6 月 23—28 日，州委组织部在延安举办优秀年轻干部培训班

模式，实施“党支部书记能力提升”“党员进党校集中轮训”工程，用活“党课开讲啦”“学习身边榜样”等载体，一体推进学习贯彻习近平总书记视察青海重要讲话和中共十九届五中、六中以及省委全会精神，举办线上线下专题培训班 50 余期，培训党员干部近 2 万人次。

【干部任用与管理】　完成州、县、乡、村四级换届选举工作。突出政治标准，提任、交流县级干部 139 名，晋升 138 名干部职级。实施年轻干部“123”计划，提拔使用 40 岁左右优秀年轻干部 23 名，调动干部干事创业积极性。在干部选拔任用过程中，事前预审 60 家单位选拔干部，规范选人用人。严格执行个人有关事项报告制度，如实报告率 92%。持续发挥好干部保健委员会作用，提升干部健康服务保障水平。发挥考核“指挥棒”作用，考准考实领导班子和干部工作实绩，干部对考核结果认同、满意。

【基层组织建设】　落实党建工作联述联评联考机制和“2+10”党建工作述职评议例会等制度，打造党建引领地方治理创新样板，“一核三治”社会治理项目获第二届全省改革创新奖。召开“两优一先”表彰大会，开展各领域党支部以评促建活动，“组织体系建设三年行动”收官。推进“抓乡促村”提标升级工程，整合资金 4196 万元，改造 200 个村（社区）党群服务中心，乡镇“六化”和村级“六个基本”创建率 100%。开展不合格党员排查处置，全覆盖培训新一届村（社区）“两委”成员，96.2%的村、100%的社区实现“一肩挑”，创新做法《黄南州以主题党日活动为载体　确保村（社区）换届工作平稳有序》《黄南州圆满完成州市（县）乡三级换届工作》被《青海信息》单篇采用。建立抓党建促乡村振兴机制，选配 372 名驻村“第一书记”和队员，复壮提升村集体经济。打造州级党群服务中心，深化“黄南先锋”智慧党建平台应用。创建“两新”组织“红色驿家”。疫情防控中，组建 345 支党员先锋队，设立 807 个党员网格区和 1393 个党员示范岗，发挥各级党组织和广大党员战斗堡垒和先锋模范作用。

【人才工作】　贯彻落实中央和省委人才工作会议精神，把人才优先发展融入全州“十四五”规划，实施“123”引才计划，依托省第二届人才项目洽谈会平台，引进绿色有机畜产品研究院等 20 个人才项目、90 名高层次专家，

2021 年 12 月 14 日，黄南州召开基层管理体制改革推进会

引才数量和质量均创历史新高。实施人才“雏鹰”计划，定向培养基层农技、医卫、教育人才300名以上。开展校园引才工作，引进硕士研究生2名、优秀本科毕业生3名。加大柔性引才力度，完成35名柔性专业技术人才选派工作。与天津市滨海新区签署人才合作框架协议，开创性地在州中学和州民族高中开办天津班。打造河南县绿色有机畜产品研究院、高原特色医学研究所建设与科技人才培养项目、绿色农牧产业转型升级关键技术示范推广项目等人才产业发展载体，实现引进人才、接洽项目、项目聚才的良性循环。

【换届选举】 *落实换届工作责任*。州委主要领导履行第一责任人职责，成立换届工作领导小组，研究部署制定换届工作方案，绘出“时间表”“任务书”，统筹推进换届各项任务。州委成立4个巡回督导组，市、县级领导班子换届选举期间，各督导组成员现场指导，确保换届工作不出差错和问题。

规范换届程序。在提名、推荐、考察等环节从严履行把关责任，严把代表委员关口。按照全州上下“一盘棋”的思路，采取科学研判、分类选配、分步实施、上下对接的办法充实配备班子。实行“下管一级”，州委、市（县）委和人大、政协各负其责，把好会议质量关，组织召开好党代会、人代会和政协会。

干部选拔。以“好干部五条”为标准，突出重基层重实绩的用人导向，注重选拔政治素质强、作风务实、敢于担当、有基层经历、经过多岗位锻炼的干部，推荐提名的候选人均全票或高票当选。换届后，县党政领导班子成员中有基层工作经历的占到94.1%以上，大专以上学历的占到100%；选举产生的村“两委”主要负责人平均年龄比上届下降5.3岁；大专以上学历比上届提升29.15个百分点，文化层次较高、年龄和民族结构合理，实现老中青合理搭配。

严肃换届纪律。制定换届风气督导工作方案，印发“十严禁”换届纪律要求、宗教界人士换届纪律“六不准”，做到教育在先、警示在先、预防在先。组织开展专题学习1.6万余人次，签订严守换届纪律书面承诺3638份，开展换届纪律知识测试4149人次，分层开展严肃换届纪律谈心谈话2600人次。制定工作预案，建立联合查核机制，对违规违纪问题做到一查到底、问责到人，实行“零容忍”。

【“两新”组织与国企党建】

“两新”组织党建。通过互学互评，推进“两新”党建工作。完成全省“两新”组织黄南行观摩会各项工作，签约合作项目68项，搭建乡、村两级与“两新”组织合作交流平台，将“两新”组织为民办实事活动引向深入，推动“两新”党建责任落到实处。将同仁市热贡路社区和青年路社区作为试点，揭牌并正式启动黄南州委非公有制经济组织和社会组织“两新·红色驿家”。

国企党建。加强在国有企业中党的领导、党的建设，州政通发展集团公司和州仁合投资公司成立国有企业联合党支部，填补全州国有企业党组织建设的空白。

【“黄南先锋”智慧党建云平台管理】 运行“黄南先锋”智慧党建云管理平台，全州895个党组织、17218名党员全部纳入平台管理。自平台上线起，发布各类党建资讯3000余条，党员阅读总量达500万次以上。开设“党史学习教育”专题，内设党史AI（人工智能）智慧专栏、党史VR（虚拟现实）体验、党史互动窗口和党史身边故事，用AI智慧增添党史学习教育“红色新引擎”，营造浓厚学习氛围，提升党史学习教育实效。

【黄南州党群服务中心开馆】 6月29日，由州委组织部牵头打造的黄南州党群服务中心开馆运行，内设党史教育馆、政治生活馆、组织生活馆等17个功能区。探索“主题党日+”党员教育管理新模式，优化组合16类主题“套餐”，制定10余项管理运营制度，并承办全州“庆七一·迎党百年华诞”主题党日主会场活动。截至12月31日，中心接待基层党组织253个，党员干部6000余人次，接待省部级领导5人次，省级机关20个，兄弟州、市（县）党组织37个。作为党性教育现场教学点，承接各领域党组织书记培训班、中青年干部培训班、入党积极分子培训班20余期，接待2000余人次，成为提升黄南对外形象的新窗口。

在2020年成功申报全国文明单位的基础上，继续完善基础设施建设，打造“最美庭院”工程，解决职工周转房，优化职工食堂、职工书屋、健身房、多功能会议室，改善食宿条件和办公环境。创建“书香支部”“文明机关”，建立健全谈心谈话制度和家访制度，帮助解决困难，增强组工干部的幸福感、获得感和归属感。

（撰稿人：党成琳）

宣传思想工作

【概况】 2021年，黄南州宣传思想战线统筹落实理论武装、主题宣传、阵地管理、精神文明、新闻报道、党史学习教育等重点任务，全年州委理论学习中心组组织学习137次，围绕庆祝中国共产党成立100周年开展2次群众性主题教育活动；建立宣传思想和意识形态工作领导机构，完善工作制度措施，构建形成“州委一线督导、组织加强党建、宣传常态监督、纪检从严巡察”的明责、履责、督责、问责机制；打造“红色教育+”模式，推进“我为群众办实事”实践活动，为全州经济社会高质量发展提供思想保证和精神动力。全年电视新闻在央视《新闻联播》播出19条，省台播出各类黄南新闻129条；各级各类媒体平台刊发黄南新闻8.3万篇（条），较2020年3.9万余篇（条）同比增长1倍多。全州有新闻媒体记者、通讯员、主持人等工作者79名，当年表彰优秀新闻媒体记者、通讯员38人，表彰新闻宣传先进集体7个。

【理论武装】 州委理论学习中心组以学习宣传贯彻习近平新时代中国特色社会主义思想作为首要政治任务，发挥州委中心组、州委常委会在理论武装方面的示范引领作用，落实党委（党组）中心组学习规则，制定印发《2021年黄南州党委（党组）理论学习中心组学习指导方案》，明确学习重点内容、形式和要求。严格执行理论学习中心组学习考勤、档案、检查等制度，加强中心组学习日常管理，增强学习规范性、实效性。落实《黄南州委理论学习中心组学习规定》，根据省委对领导干部理论学习的要求，按照州委部署和形势抓好重点内容学习。全年州委及各市委、县委理论学习中心组通过专题辅导讲座、传达领学、观看电教片等形式组织州委中心组学习137次，其中专题辅导42次、专题研讨21次，传达领学中央和省委、州委有关会议精神2次、“联通三江大讲堂”专题辅导讲座1次。为州委理论学习中心组学习成员征订《新征程面对面》等书籍。6月18日，举办州委“铭记百年辉煌史·开启奋斗新征程”庆祝中国共产党成立100周年党史学习教育知识竞赛总决赛活动。8月27日，黄南州组织召开庆祝中国共产党成立100周年理论研讨会，征集论文30余篇，州委宣传部组织评审组匿名评审，选出10篇论文入选此次研讨会论文集。

【意识形态建设】 调整成立以州委书记为组长的州委宣传思想工作和意识形态工作领导小组及办公室，将意识形态工作纳入州委重要议事日程，常委会定期听取全州、各市（县）意识形态工作汇报，及时掌握最新工作动态，针对性作出安排部署，加强党对意识形态工作的集中统一领导。制定2021年度宣传思想文化工作要点，并将其中重要任务纳入《各市县和州直部门、省驻州单位2021年度考核目标任务》，加强重点任务落实情况目标管理。将意识形态工作落实情况纳入州委督察室、州纪委监委年度督查巡察重点内容，倒逼全州意识形态工作责任落地落细。结合州情实际，研究制定《黄南州贯彻落实党委（党组）意识形态工作责任制若干措施》《黄南意识形态工作正、反面清单》，从工作使命、责任任务等6个方面制定18项具体措施和具体行为正、反面清单，从党组织和党员两个层面明确党组织和干部个人责任任务和行为底线。针对中央第十五巡视组巡视青海省反馈意见涉及黄南意识形态工作23个主要问题，组建成立整改工作专班，制定整改措施77条，明确牵头单位、配合单位和整改时限。年内完成整改事项18个，5个长期整改事项取得阶段性成效。

【宣传队伍建设】 从增强从业人员责任意识、把关意识入手，建立完善新闻阅评、新闻差错责任追究规定及“三审三校”等制度措施，倒排采编播各环节责任，严把稿件质量关，落实差错责任追究制度，对出现的新闻差错实行一追到底。通过派出年轻干部进新闻单位跟班锻炼，交流学习等方式，补齐自身短板，让采编队伍不断适应新形势下媒体融合发展要求，除参加省、州组织的业务培训外，各地选派1~2名骨干在省级媒体单位跟班学习，通过“传帮带”形式提升新闻宣传队伍业务能力。组织州内媒体记者参与中央驻青海、省级主流媒体联合开展“奋斗百年路 起航新征程”暨“沿着高速看青海”“党史学习教育在基层”“大道康庄”等主题采访活动，跟班学习掌握采访技巧，在实践中锻造个人能力，在实地采访中强化自身素养，在面对面采访中练就策划、采写、拍摄等本领。

【对外宣传】 在庆祝中国共产党成立100年、中华人民共和国成立70周年、党史学习教育，学习贯彻中共十九届六中全会精神，全国、全省、全州两会以及市、县两会等重大会议和重大主题，文化旅游节等重大主题节日活动中，成立电视、报纸、网络等工作专班，落实宣传工作任务，各新闻媒体单位工作人员推出鲜活生动、喜闻乐见的新闻作品。在新闻报道中，注重运用新媒体手段，采用访谈、专访、同期声、社论、消息、图片专版、美篇等不同方式，强化重大主题宣传效果。

结合党史学习教育推出《学习百年党史快问快答》《对党说句心里话》，以线上小视频形式助力党史学习教育深入人心。组织记者在基层一线创作，打造更多有思想、有温度、有品质的融媒体产品。同仁市委宣传部策划组织庆祝中国共产党成立100周年主题活动，制作《百年恰是风华正茂》宣传片，征集词曲、策划制作《同仁飞歌》MV和《我和党旗合个影》等多个短视频，为中国共产党成立100周年献礼。

与新华社、《人民日报》、央广网、中新社、《经济日报》等中央驻青海媒体和《青海日报》、青海电视台、青海新闻网等加强沟通联系，强化合作交流，报道黄南好故事、好典型。在重大主题活动、重大节日等活动期间，邀请国内、中央驻青海、省级媒体记者在黄南州开展调研采访活动，在上级媒体播报黄南社会各项事业发展及民生、生态等新闻报道。

州直及各市、县融媒体中心利用App客户端、微信公众号、抖音、视频号等新兴媒体平台，强化新闻报道的覆盖面、影响力。依托“学习强国”“大美青海云”等大数据平台，推送报道“大美同仁、大美尖扎、大美泽库、大美河南”App客户端，黄南报、州电视台等新闻报道。

严格执行新闻阅评审核和媒体记者管理办法，建立部、报、台、网联络机制，不断优化各级媒体协调机制，发挥县级融媒体中心为主渠道，采取建立“黄南宣传”“媒体一路同行”“宣传部长群”等微信群，指导督促新闻报道策划、媒体沟通等各项工作，做到州、县联动，协同作战，资源共享，及时推送，打通新闻传播的“最后一公里”。

【主题宣讲】 组建全州党史学习教育宣讲团，召开党史学习教育宣讲及学习贯彻习近平总书记“七一”重要讲话精神宣讲工作动员部署会，安排部署党史学习教育和“七一”重要讲话精神宣

2021年4月14日，党史学习教育州委宣讲团在河南县宣讲

讲工作。结合习近平总书记在青海考察时的重要讲话精神、中共十八大以来习近平总书记对青海工作作出的一系列重要指示批示精神、省委十三届十次全会精神、州第十三次党代会精神开展宣讲。围绕中央、省委、州委重要会议、重大决策部署，集中组织开展中共十九大及系列全会精神，全国、全省两会精神，省委、州委全会精神，中央、省委一号文件，习近平系列讲话精神，党中央治国理政新理念、新思想、新战略，党情国情和省情州情，核心价值观、涉藏维稳及爱国主义、脱贫攻坚政策举措，生态文明建设等专题宣讲。

摸底调查全州各类宣讲团（队、组），解散长时间未开展宣讲、队伍管理松懈、宣讲能力不足等现象的队伍，保留使用黄南州红旗宣讲团等14个宣讲团。红旗宣讲团、摩托车宣讲队、马背宣讲队等用藏语、汉语进行政策落实分众宣讲，针对宣讲工作分众需求，结合群众性文化活动，组织文艺、科技、法律工作者，以“文艺+理论+百姓+网络”等方式，在乡村、社区开展各族群众喜闻乐见的文化活动，以歌舞、藏戏、书画等为载体开展宣讲。通过开展分众化、互动化、精准化宣传，增强宣传的吸引力、针对性。全年各级宣讲团（队、组）在农村、牧区、村社、寺庙开展主题宣讲770余场次，受教育群众8.85万余人次。

【红色教育】 实施“红色教育+民族团结”，运用昂拉千户府、烈士陵园、黄南党史馆等组织党员活动2600余次，举办全州党史知识竞赛、“红色经典，礼赞百年”百人诵读会，同仁市进入全国民族团结进步示范市县行列。实施“红色教育+精神高地”，邀请村党支部书记、老党员带头讲党史，选树志愿军老兵梁洪泉、海发源等新典型，编印《黄南州优秀共产党员先进事迹选编》，开展先进事迹巡回宣讲200余场次。实施“红色教育+乡村振兴”，落实党员干部工作联点机制，指导村集体经济发展，争取资金1600余万元，推动巩固拓展脱贫攻坚成果同乡村振兴有效衔接。实施“红色教育+生态建设”，用好精品党课《拉格日》和拉格日村史馆，厚植绿色发展理念。坚持把学史力行作为党史学习教育落脚点，全州838个党组织建立党员先锋岗、责任区，落实“一实事一清单一销号”机制，累计梳理“四个一批”重点项目57项、省级督办“我为群众办实事”实践活动项目10项，均按时限办结。聚焦精神、物质、政策、业务、个体、群体6个方面开展为民办实事7950余次，在党史学习教育中践行群众路线，增强宗旨意识，提升服务质效。

【网络信息管理】 组织召开2021年全州网信工作会议和州委网络安全和信息化委员会第三次会议。会同保密、网安等部门常态化开展网上色情问题专项治理、移动应用程序乱象整治。全年下发舆情指令63期，挽回网民合理合法诉求169万余元。全年全网报道、刊发黄南州新闻报道263744条，其中客户端163963条、网站37375条、其他62406条。年内印发《关于开展“净网·黄南2021”网络生态治理专项行动的通知》《黄南州预防未成年人沉迷网络综合治理工作方案》等多个方案。

【文体建设】 *大型节目创作。*依托“五个一工程”，创编大型剧目《金城公主》《爸爸》，编排舞蹈《唱·我们再唱》《山水黄南》《神韵黄南》、藏戏歌舞《泽雄拉格日》、歌舞情景剧《新福像花儿一样》《灿笔生辉》等舞蹈节目，重排大型民族风情歌舞集《热贡神韵》，精排大型传统藏戏《意卓拉姆》。

*群众性文体活动。*在黄南州电视台、黄南文旅、黄南电视台微信公众号播出2021年黄南藏族自治州春节、藏历新年文艺晚会《时代春歌》，黄南民俗过大年之尖扎篇《“非遗”迎新春·文化进万家》、河南篇《蒙旗儿女歌颂共产党·共谱乡村振兴新篇章》、同仁篇《热贡传统年俗文艺联欢会》、泽库篇《“五谷丰登辞旧岁·乡村振兴万年春”“非遗”进万家春节文艺会演》、11场《黄南藏戏》等录播节目，累计播出23场次，转发量1506次，观看人数350次，点赞300多次。在《黄南报》、黄南报微信公众平台开设“新春走基层”“文化黄南”“公益海报”等栏目专题报道《办年货 寻年味》《同仁年货市场年味浓》《2022年黄南州迎新春文艺晚会完成节目录制·正月初一敬请期待》《2022春节特

别节目丨我在德吉陪您过大年·正月初一与您相约》《恭祝全州各族人民　新春快乐　扎西德勒》《藏家有女初长成》《民俗闹新春欢喜过大年》《尖扎举办念桑多杰原创作品演唱会》等稿件，累计推送12638人次，转发量1600次，点赞量163次。州电视台开设传统藏戏展演栏目，播出《艺卓拉姆》《卓娃桑姆》《顿月顿珠》《诺桑王子》《智美更登》《朗萨雯邦》《白玛文巴》《苏吉尼玛》《松赞干布》《罗摩衍那》等十大藏戏。组织州服务志愿队开展“书春联、送祝福、送图书”活动，各文艺志愿服务队为群众书写汉语藏语春联1.2万余副、“福”字和“扎西德勒”4000条幅，赠送书画作品550幅、图书1000余册。开展以“我们的节日、文艺进万家”为主题的“送电影下乡”活动，电影放映员在各市、县乡镇、行政村广场轮流播放。一市三县各乡镇组织辖区内村民开展篮球、象棋、跳棋、乒乓球、跳绳、拔河、唱歌、跳舞、读书等形式多样的各类文化活动近460场次，参与群众3万余人次。

文化惠民工程。以“人民的‘非遗’，人民共享”为主题，开展黄南州2021年“文化和自然遗产日”“百年百艺·匠心传承”传统工艺精品展示展演活动，向群众普及“非遗”知识。举行新增110项州级非物质文化遗产名录项目牌匾及350家“热贡艺人之家”授牌仪式。设立“非遗”购物节暨“百年百艺·匠心传承”“非遗”项目展示区30个，涵盖热贡艺术唐卡、堆绣、泥塑，金银雕、藏医药、建筑彩绘以及“非遗”文创等。截至年底，全州有各级“非遗”项目701项。展示近五年黄南州“非遗”保护理论成果，《黄南州“非遗”名录图典》《热贡六月会》《黄南民间故事集》《热贡文化访谈录》《热贡文化论文集》等30多种“非遗”书籍和光盘亮相会场。开展“文化进基层、戏曲进乡村、进校园”文化惠民活动，2021年11月至2022年1月，在各乡镇村社、学校进行20余场文艺演出。组织“4·23”世界读书日暨“书香黄南·红色阅读永远跟党走”阅读季启动仪式，举办农牧民诵读比赛，开展“书香浸润童年·阅读点亮人生——童心向党·诵读中华”诗歌朗诵、“我们的节日——情暖农民工图书进工地”“五一”国际劳动节全民阅读推广送温暖、庆祝中国共产党成立100周年暨图书馆服务宣传周活动以及为残疾儿童发放书籍，累计发放图书4500余册、宣传资料2600余册。举办荐书评书、国学经典诵读、读书交流会、座谈会等活动，统筹乡镇、村社图书馆、文化馆为261个行政村建成农牧家书屋，设立寺庙书屋77个，安排专人负责管理，常态化开展多种形式基层读书活动，推进全民阅读向基层延伸。

文化市场整治。加大扫黄打非力度，集中开展文化市场整治，严厉打击非法出版物，收缴违法宣传品和非法卫星地面接收器，依法取缔非法社会组织。组织开展文化执法检查整治，累计检查各类场所796家次，出动执法人员2923人次，立案调查1件，办结案件5件，警告经营主体7家，下达责令整改通知6份，罚款9500元，收缴非法侵权盗版音像制品235册，非法卫星地面接收器55套。

（撰稿人：王有全）

统一战线工作

【概况】　2021年，州委统战部（州民宗委）贯彻执行党的民族宗教工作方针政策，调查研究并反映黄南州党外知识分子情况，引导统一战线各成员和各民族干部群众统筹推进各项工作，获年度全省统战系统信息工作先进单位称号；州委统战部宗教工作科被省委全面依法治省领导小组、省委宣传部守法普法协调小组评为全省2016—2020年普法工作先进集体。

【民族团结进步创建】　以民族团结“十二进”为宣传载体，持续推进民族团结进步创建工作，形成党委主导、政府负责、各方参与、齐抓共管的创建体制，巩固提升民族团结进步示范州创建成果，融入民族团结进步示范省建设大局。制定印发《关于巩固提升民族团结进步示范州创建成果全面融入民族团结进步示范省建设的实施意见》

《任务分工方案》《黄南州民族团结进步创建工作五年行动计划》，为纵深推进全州民族团结工作定目标、明责任、定措施。围绕庆祝中国共产党成立100周年、民族团结进步宣传月，开展知识竞赛、演讲比赛、文艺会演等形式多样的主题活动。编辑发放以习近平总书记在庆祝中国共产党成立100周年大会上的重要讲话精神、新时代党的治藏方略等为内容的《中央第七次西藏工作座谈会精神宣传手册（藏语汉语版）》，提高知晓率、普及率。

落实4500平方米场馆作为州级铸牢中华民族共同体意识体验馆，召开体验馆陈列大纲编制单位征集会、陈列大纲编制设计方案意见征求会和编制工作推进会，推进黄南州铸牢中华民族共同体意识体验馆建设工作。投资641万元，沿“海黄大桥”以南高速公路沿线、城镇主干道打造一批中华民族视觉形象工程。成功创建寺庙民族团结进步展览馆4个，省级民族团结进步教育基地2个，省级民族团结进步示范乡镇、示范村社（社区）、示范单位7个，同仁市成功创建为第九批全国民族团结示范区示范市，尖扎县在省级民族团结创建复检复验中评为优秀。全州各地区各单位创建覆盖面、参与率达100%，基层单位创建达标率95%以上。

【侨务与国外藏胞统战】 全年开展归国定居藏胞调查8次，走访慰问归国定居藏胞300家，向全州归国定居藏胞、华侨侨眷、归国侨胞发放慰问金和慰问品8.47万元。主动对接省侨办，争取72名雅居乐助学资金名额分配，为42名贫困大学生、30名高中生申请资助资金19.8万元。组织召开全州归国定居藏胞、华侨侨眷工作座谈会。传达学习中央民族工作会议、第七次西藏工作座谈会及习近平总书记在中国共产党成立100周年庆祝大会上的重要讲话精神，解读华人华侨相关政策。其间，组织观看《海外侨胞与中国》的爱国教育影片，印发《黄南州归国藏胞、华侨侨眷学习读本》（藏文版），不断增强归国藏胞和侨眷的国家意识、法治意识、公民意识。组织全州13名业务骨干在西藏专项调研民族宗教事务和归国藏胞管理工作，查找差距、转变观念、启发思路、提升工作水平。

【党外人士统战】 更新完善全州党外代表人士库、新的社会阶层代表人士库和非公有制经济代表人士库，向省委统战部推荐省级党外代表人士95人（其中无党派人士5人、党外知识分子15人、少数民族人士30人、藏传佛教界人士30人、伊斯兰教界5人、非公有制经济人士10人）。制定《黄南州新的社会阶层人士统战工作二十条措施》，细化任务分工，持续加强新的社会阶层人士统战工作。制定《政协黄南藏族自治州第十四届委员会换届工作方案》，提名推荐十四届政协委员会委员建议人选224人，常务委员会委员建议人选44人，向省委统战部推荐省级党外代表人士95人。召开党外代表人士通报会、联谊会、学习会，传达党的声音，凝聚思想共识。

【统战民宗工作会议】 2月26日，召开全州统战民宗工作会议，传达学习全省统战部部长、民宗委主任（局长）会议精神和省政协副主席、州委书记王振昌对统战民宗工作的要求，总结2020年统战民宗工作取得的成绩，安排部署2021年重点工作，州委常委、统战部部长吴树荣出席会议并讲话，副州长岳卫平主持会议。

（撰稿人：郭晓敏）

政策研究

【概况】 2021年，州委政策研究室编发《调研通讯》14期，编辑发行党委机关刊物《金色黄南》4期；完成7个课题调研任务；分解并落实改革举措173项，其中自主改革任务47项。全年在中央、省级、州级媒体报道改革信息40余篇，编发《黄南改革动态》30期，被省委改革办《青海改革》单篇采用6篇；挖掘基层典型案例15个。

【课题调研】 围绕工作难点、社会热点和领导关注点，组织协调各地区、各部门和各单位开展年度重点课题调研，形成一批思路清晰、目标明确、措施可行的调研报告，编发《调研通讯》14期。围绕贯彻王建军参加黄南代表团审议时提出的“六富”要求、黄南州“十三五”时期实践探索的经验启示、全州深化改革工作推进情况3个重点课题进行调研。组织力量在四市（县）乡镇、村社，通过召开座谈会、入户调查、查看资料等形式调研，形成《全面落实“六富”要求奋力打造共同富裕黄南样板的调研报告》，得到省委书记、省人大常委会主任王建军，省政协副主席王振昌，省社会科学院副院长孙发平等领导的肯定和批示，工作措施经州委十二届十三次全体会议上升为州委决策，“打造共同富裕黄南样板”写入“十四五”规划总体要求和发展目标。协调完成省社科院黄南研究所、省委改革办关于推动“一优两高”战略、放管服改革、市域社会治理现代化试点和深化改革推进情况4个课题的调研任务。

2021年10月19日，省委改革办调研督察组在黄南州开展工作

【深化改革】 组织召开州委全面深化改革委员会和各类相关会议16次，定期听取各市（县）委及部门工作汇报，研究部署全面改革和重点领域改革工作，审议有关改革方案。立足新发展阶段，部署“十四五”时期深化改革重点任务，实事求是地制定州委全面深化改革委员会2021年工作要点，细化分解制定改革任务台账，形成改革任务体系。落实分管领导责任、牵头部门主体责任、协同部门配合责任，推行“一项改革任务、一名牵头领导、一个推进方案、一套工作班子”方法，压实改革责任。制定《黄南州新发展阶段全面深化改革工作的若干措施》，实现改革工作章法有度、有规可循。研究制定2021年重点改革任务督察清单，经常性督导调研各市（县）和州直部门就改革事项推进情况、改革办工作，推动改革落实。侧重平时考核，将年度改革事项列入州委重点督察内容，跟踪督办，以考核“指挥棒”助推提高改革质效。注重总结提炼黄南改革的经验做法，利用报纸、电视、网络等媒体及时发布改革信息。

【党建工作研究】 履行州委党建领导小组办公室职责，组织召开州委党的建设领导小组会议2次，制定印发《州委党的建设工作领导小组工作要点》，听取《2021年全州党的建设工作报告》，听取并评议各市（县）委书记和州直属机关工委、州委“两新”工委书记2021年度抓基层党建工作责任制述职。研究审议印发党建工作方案3个，组织开展党建工作调研1次。

【《金色黄南》出刊】 按照“紧扣中心、唱响主题、特色鲜明”要求，着眼于提高办刊质量，强化办刊宗旨意识、精品意识和时效意识，进一步优化栏目设置和编辑排版工作，新设置“乡村振兴”“改革探索”“党史学习教育在黄南”专栏，提升州委机关刊物的权威性、指导性、知识性和可读性，年内编辑出版4期（季刊），组织稿件164篇55万余字，供全州各级干部学习交流。

（撰稿人：蒋　静）

巡察工作

【概况】 2021年，黄南州委巡察工作围绕省委、州委重大决策部署，精准有效开展政治巡察工作。全年派出3个常规巡察组、3个专项巡察组、1个提级巡察组、1个联动巡察组，巡察16个单位党组织。发现问题495个，提出意见建议87条，移交问题线索11件11人。全省市（州）换届后，率先制定出台巡察工作五年规划，率先启动新一届党委首轮巡察。

【专项巡察】 组织开展3次专项巡察，抽调各相关部门单位干部14人，组成3个专项巡察组，专项巡察州级教育系统、生态环保领域和中央、省、州脱贫攻坚监督检查反馈问题整改情况。坚持突出专项巡察方式的针对性，找准“专注点”，聚焦群众反映强烈问题，明确主攻方向，靶向监督。专项巡察期间，发现问题137个，移交问题线索1件，提出意见建议11条，解决一批群众关心关注的热点难点问题。

【常规巡察】 开展十二届州委第八轮、第九轮巡察工作，抽调巡察干部16人，组成3个常规巡察组，围绕“三个聚焦”，即聚焦基层贯彻落实党的路线方针政策和党中央决策部署情况，聚焦群众身边腐败问题和不正之风，聚焦基层党组织软弱涣散、组织力欠缺问题，常规巡察州直10个部门单位党组织。巡察发现问题15个，移交问题线索4件，提出意见建议61条。加强对各部门单位的“政治体检”，指出突出问题，促进工作提升。

【提级巡察】 持续推进提级巡察，直面熟人社会监督难问题，以“级差”阻断熟人网络，聚焦教育教学主责主业，抽调6名干部，下沉一级对河南县教育系统开展提级巡察。巡察发现问题15个，移交问题线索6件，提出意见建议11条，为破解巡察基层监督难题作出探索实践。

2021年3月25日，十二届州委第八轮巡察意见集中反馈通报会召开

【联动巡察】 根据中共中央办公厅《关于加强巡视巡察上下联动的意见》精神和省委巡视办部署要求，配合省委对州广电系统开展上下联动巡察。聚焦广播电视领域重点问题，巡察发现问题89个，提出意见建议5条。探索巡视巡察任务联动、监督对象联动、时间安排联动，不断增强系统思维、优化资源调配，发挥优势，建立完善工作机制，一体推进巡视巡察工作高质量发展。

【巡察整改】 巡察反馈继续采取集中召开视频反馈会议和巡察组“一对一”现场反馈相结合的方式进行，州委书记出席反馈会议，针对发现的问题，集体约谈全州各部门单位主要负责人，督促被巡察单位党组织强化整改责任，抓好整改落实。全年被巡察单位整改问题479个，整改率97%。

【巡察指导督导】 州委巡察工作领导小组把基层建设提升年和加强巡察工作规范化建设相结合，履行指导督导责任，州委巡察机构主要领导到各市（县）、各巡察组指导督导工作30余次，推动完善报备机制，开展专题辅导培训、现场跟进指导等，加强对市（县）巡察机构和巡察组工作指导督导的针对性，推动落实责任、规范工作、提高质量。

【巡察业务培训】　强化巡察干部业务知识培训，组织全州67名巡察干部，邀请省纪委监委、省委巡视办及州委组织部、州委宣传部、州审计局等领导或业务骨干进行专题授课，引导巡察干部深刻理解政治巡察定位、方向和标准，提高政治站位，增强“四个意识”、坚定“四个自信”、做到“两个维护”，进一步规范巡察工作程序，强化巡察干部履职能力。

（撰稿人：刁　超）

机构编制

【概况】　黄南州委机构编制委员会办公室为中共青海省委机构编制委员会办公室的派出机构，机构规格为正县级；同仁市、尖扎县、泽库县、河南县委机构编制委员会办公室为中共黄南州委机构编制委员会办公室的派出机构，机构规格为正科级。州、市（县）委机构编制委员会办公室承担同级党委机构编制委员会的日常工作。截至12月31日，全州编办系统核定行政编制19人，机关工勤人员事业编制1人，事业编制7人；实有公务员19人，机关工勤人员1人，事业单位管理人员6人。

【机构编制法定化】　持续加大机构编制政策法规宣传力度，在全州开展第二次机构编制核查工作，利用“12310”政策法规宣传日，运用机构编制政策法规及工作新举措、新成效，开展宣传进机关活动，扩大宣传度和知晓面。在黄南报刊登机构编制信访举报受理处理范围和方式，接受群众举报和监督。清理规范网上名称，开展机关事业单位中文域名注册和使用情况、网站标识领取和悬挂情况的自查自纠，完成清理规范和相关统计摸底工作。以《中国共产党机构编制工作条例》为根本遵循，逐步建立完善《条例》配套法规制度，结合黄南工作实际，制定印发《黄南州机构编制事项办理暂行规定（试行）》《黄南州州直统筹使用事业编制资源管理办法（试行）》《黄南州机构改革和机构编制管理工作联席会议制度》。

【乡镇机构改革】　研究拟定市（县）级改革实施方案，经征求有关部门及各乡镇意见后，在省委编办征求意见，修改完善形成相关审议稿。在全省范围内率先召开市（县）级乡镇机构改革动员部署会，各市（县）党委书记作动员讲话，安排改革工作。组成州级专题督导组在一市三县指导督促乡镇机构改革工作，听取各市（县）工作进展汇报，为基层答疑解惑，并在每地选择两个不同类型的乡镇开展实地走访，率先完成乡镇机构改革第一轮督导调研。

围绕健全基层治理党的领导、扩大乡镇服务管理权限、健全乡镇应急管理组织体系、加强乡镇综治维稳工作能力、理顺县乡村三级关系5个方面，推动构建简约高效的基层管理体制。强化“一核三治”社会治理模式，实现“藏传佛教工作领导小组”州、市（县）、乡三级全覆盖，分清市（县）乡事权关系，理顺干部管理体制。黄南州作为全省涉藏维稳重点地区，进一步压实各乡镇综治维稳主体责任，完善职能制度体系建设，推动构建公安、司法、市监、应急等多部门参与的联防协调机制，健全完善乡、

2021年12月14日，黄南州召开基层管理体制改革推进会

村综治维稳工作机制，畅通信访渠道。起草印发《中共黄南州委机构编制委员会印发〈关于构建简约高效基层管理体制的实施意见〉的通知》，根据省指导意见和自身改革实际下发《电话通知稿》，确保改革“接地气”、不走样。各市（县）立足夯实基层治理体系和治理能力现代化目标，发挥市（县）一级主导落实、因地施策、居中联络、部门协同的作用。

【机构编制管理】 组织召开州委编委第四次会议、全州编办主任会议，安排部署2021年机构编制工作，印发《黄南州委编办2021年工作要点》。完善实名制信息管理，完成编外聘用人员专项统计调查，审核“柔性”用编6人、“人才引进”5人。围绕全州重点工作，开展林草部门机构改革“回头看”寺庙管理体制及专项编制，综合行政执法改革等调研工作，形成高质量调研报告，并推动调研成果转化运用。全年州委编办系统形成调研报告11篇。

落实全省政协工作会议精神，按要求规范州、市（县）两级政协机构设置；系统谋划规范全州中小学教育机构编制工作。结合州情实际，从优化中小学布局结构、规范中小学校名称、动态调整中小学教职工编制、探索开展“县管校聘”四个方面做出安排；完成州、市（县）两级各类自然灾害防灾救灾及应急救援议事协调机构的划转工作；清理规范开发区机构设置工作，规范全州开发区管理机构设置，理顺职能职责、规范机构名称；批准设立相关机构，为黄南州设立正县级州供销合作社联社；调整各市（县）“医共体”管理体制及挂牌工作。

【第二次机构编制核查】 12月1—3日，州委编办副主任陶旺德带领督查组专项督导检查全州市（县）委编办开展第二次全州机构编制核查工作。督查组分别从市（县）各部门、各单位自查情况、公示情况、市（县）委编办与财政、人社组织部门数据比对等几项工作做了详细检查，听取在工作中存在的困难和问题，与各市（县）委编办互通好的做法和工作开展以来取得的经验，并与市（县）委编办就如何做好实地核实、专项评估、数据更新等工作做深入探讨。各市（县）委编办按核查实施方案要求，再次核实实名制系统中的机构和编制信息等，结合工作实际，开展各环节具体工作。年内完成单位自查、群众监督、数据比对、实地核实、专项评估、数据更新等工作，第二次全州机构编制核查工作总结报告向省委编办报送并得到办领导肯定，本轮机构编制核查工作全面完成。

【权责清单管理】 依照法律法规，结合部门“三定”，做好权责清单管理及动态调整工作，落实权责清单动态管理机制。结合工作实际，对权责清单通用目录模板提出修改意见，审核清单的设定依据、实施层级、对应责任事项、追责情形及依据等各要素，补充完善部分要素，将调整后部门权责清单在门户网站公布，并向州社会信用信息平台报送数据。

【统一社会信用代码赋码和事业单位登记管理】 优化办事流程，实现受理、审核、核准“一站式”服务。完成事业单位法人设立、变更、简易注销和统一社会代码赋码工作，完成全州399家事业单位2020年度事业单位法人年度报告公示工作，公示率达到100%；按照不低于3%的比例抽查事业单位法人“双随机一公开”工作；完成全州事业单位和机关群团档案的整理归档工作。

（撰稿人：李国章）

机关党建

【概况】 2021年，黄南州直属机关工作委员会管理州直机关8个党委、3个机关党委、11个党总支、所属党支部122个、直属党支部39个，有党员2156人，年内新发展党员91人。同比2020年减少1个党委、2个党总支，增加2个直属党支部、39个基层党支部。

【政治建设】 始终把深入学习贯彻习近平新时代中国特色社会主义思想作为首要政治任务，建立“第一议题”制度，纳入州直机关党员干部教育培训班次教学日程“第一课”，开展对党忠诚和政治机关意识教育，举办州直机关党组织书记、党务干部、入党积极分子和发展对象3个主题培训班，教育机关党员做好“三个表率”，服务“三区”建设。组织州直机关各级党组织和党员扎实开展党史学习教育，围绕学习贯彻习近平总书记在青海考察时的重要讲话精神和中共十九届六中全会精神开展学习交流，推动州直机关党员干部增强“四个意识”、坚定“四个自信”、做到“两个维护”。组织开展机关党代表选举工作，严格把关选举程序，55名代表候选人当选为州直机关出席州十三次党代会代表。

2021年7月15日，州直机关工委召开党代表会议

【组织建设】 推进“组织体系建设三年行动”和党支部标准化建设，组织召开州直机关党组织书记抓党建工作述职评议大会，点评10个党组织书记抓党建工作大会述职、民主评议州直59个党组织书记抓党建工作。细化机关党组织书记抓党建工作职责，督促州直机关各级党组织制定“书记责任清单”“委员责任清单”“党员责任清单”，压实责任、推进工作。州文体旅游广电局党总支、州住房和城乡建设局党总支各增设1个党支部，成立州供销合作社联合社党支部，确保州直部门（单位）党组织全覆盖。配齐配强领导班子，及时对班子空缺的党组织进行补选，调整履职不力的领导，提醒各基层党组织按期换届，年内对2个党总支、10个直属党支部进行期满换届，调整委员13人、书记11人、副书记3人，通过换届及调整，州直部门（单位）党员主要负责人与党组织书记实现“一肩挑”全覆盖。在新冠肺炎疫情防控期间，第一时间发出《致全州各级党组织和广大党员干部的一封信》，州直机关144个基层党组织迅速向党员、干部发出动员令，广大州直党员干部闻令而动，担当作为，筑牢疫情防控坚固防线。

【党员管理】 督促基层党组织制定党员承诺书，设置党员形象栏和党员示范岗、先锋岗，开展党员先锋指数考评，落实党组织书记与党员“五必谈”制度，激励党员发挥表率作用。严格执行发展党员“6+2”制度，年内审批40名预备党员按期转正。组织州直机关党组织在州级党群服务中心开展系列主题党日活动，各州级领导均以普通党员身份参与组织生活。“两节”、“七一”中国共产党建党日期间，组织慰问党内功勋荣誉表彰党员、因公殉职党员干部家属和困难党员、老党员、患重特大疾病党员85人，发放慰问金14万元。

【党组织以评促建】 党组织查评。结合机关实际，制定《关于在州直机关党组织中开展“促百分百达标、迎党百年华诞”以评促建活动方案》，按照考评标准，对照《党支部以评促建评指标（共性指标）》《党支部以评促建评指标（个性指标）》《党支部以评促建指标（反向指标）》《中组部关于抓好党支部工作条例落实的7条措施》，对标对表逐项开展自查自评，罗列问题清单，撰写以评促建自查报告。州直属机关工委对州直57个部门（单位）的112个党支部逐一进行过筛子全面考评，通过现场打分、现场反馈、现场评定、现场指导做好各党支部考评，支部结合自查问题清单，制定整改方案，做到三级查摆，三级整改，推动以评促建活动扎实有序稳步开展。通过近5个月的以评促建活动，州直

2021 年 4 月 21 日，州人力资源和社会保障局机关党支部召开以评促建汇报会

机关党支部（总支）覆盖率达100%，实现全面达标。

以评促建宣传。通过黄南报、黄南州电视台、“黄南先锋”智慧党建云平台开设“百分百达标支部在行动”专栏，报道推广各党支部开展以评促建活动的好做法和好经验，选树先进典型、分享经验做法。各级党组织利用部门（单位）学习园地、宣传栏和网页专栏宣传以评促建活动的指导思想、总体要求、方法步骤，营造以评促建活动浓厚氛围，以良好的风貌庆祝中国共产党成立100周年。全年开展以评促建活动宣传达200余次，宣传面覆盖州直各级党组织。

【党员助力疫情防控】 州直机关145个基层党组织、2036名党员全面参与疫情防控，做好部署、协调和落实工作。全年完成各类人员核酸检测83119次，累计疫苗接种29225剂，接种率达87%；巡回监督检查公共场所146户次，关停不符合疫情防控条件的医疗机构9家。州公安局党委牵头设置15处疫情防控检查站，入户排查3000余人次，登记过往车辆3.5万余辆，排查人员5.5万人次，劝返车辆1000余辆，劝返人员1800余人；州交通运输局党委牵头临时关停各市、县客运站，防疫消杀车辆777辆；州教育局党委成立疫情防控工作领导小组，制定“一校一预案”，全面储备疫情防控物资，创造卫生、整洁、健康、安全的校园环境；州医院52名党员干部自发形成3人一组的17个“疫情防控志愿小分队”，协助业务骨干下沉村（社区）、机关企事业单位、在建工地等11个监测点，完成3568人核酸检测工作；州发改委、州工信局党组织党员干部成立工作专班，加大市场供应价格检测指导力度，增设2价格监测点，开展牛羊肉、鸡蛋、蔬菜等重点商品及防疫物资价格“日监测”，组织3000吨州级储备原粮轮换工作，确保储备粮常储常新；州乡村振兴局组织机关全体党员干部联合热贡路社区党支部开展“疫情防控及环境卫生整治”主题党日活动，引导居民群众做好自身防护；州市场监督管理局组织在职党员干部成立市场监管督导检查组，累计检查食品经营户896户、大中型超市45家、药店78家、餐饮店263家，现场责令整改51家；州委宣传部在“一报一台一端一网”等11个媒体平台开设《万众一心防控疫情　众志成城战胜困难》专栏，转载疫情防控相关信息5089条，制作疫情防控温馨提示（藏语汉语版）短视频41条。

（撰稿人：马智亮）

机要保密

【概况】 2021年，黄南州机要保密工作始终坚持党的绝对领导，围绕中心，服务大局，时刻牢记机要保密工作政治属性，自觉把做到“两个维护”“两个确保”落实到机要保密工作的全流程各方面，不断加强宣教培训、监督检查、指导管理、科技支撑和队伍建设，确保党中央、省委、州委指示政令的上传下达，确保国家信息安全。州委机要和保密局被省委办公厅评为全省党政办公厅（室）系统保密工作“先进集体”。在省对州机要、保密工作考核中取得“双优秀”。

【保密机制建设】 州委主要领导带头履行主体责任，经常性听取机要保密工作汇报，州委书记王耀春先后两次专门作出批示，提出工作要求。年内，州委先后2次召开常委会会议，研究机要保密工作，压实各级党委（党组）保密委员会、党政密码工作领导小组机要保密领导决策、调查研究、督促检查和协调保障责任。4月底，州委保密委员会办公室、州党政密码工作领导小组办公室组织召开州委保密委员会全体会议暨州党政密码工作领导小组（扩大）会议，听取机要保密工作汇报，审议通过《2021年工作要点》，签订《密码安全保密责任书》。会议研究部署2021年重点工作任务，做到把机要保密工作摆到位、抓到位、管到位。

【保密宣传教育】 坚持“送学上门”，加强干部职工保密知识和保密常识学习，提升各单位保密宣传教育能力。开展保密法治宣传，增强全州各族干部群众维护国家安全的责任感和保守国家秘密义务的自觉性，在全社会营造“知保密、懂保密、善保密”的良好氛围。开展保密警示教育，严防泄露工作秘密和内部敏感信息事件的发生。多平台开展保密知识竞赛和主题文化活动，提高干部职工的保密意识和保密观念。全年累计悬挂宣传横幅14条，展示宣传展板41块，发放宣传资料3800余份，宣传图册600余册，宣传品1.18万份。

【保密监督管理】 制定出台厅级以上领导干部身边工作人员保密管理规定，规范人员管理。年内，对存在泄密隐患突出的3家单位主要负责人进行保密提醒和风险预警，督促其履行保密工作责任、规范保密管理、消除隐患漏洞。坚持保密监管常态化，通过保密工作自查自评督查等保密专项检查行动查隐患、堵漏洞。累计查阅资料522册，抽查文件800余份；下达《整改通知书》14份，签订《保密协议》37份。年内依法查处泄密案件1起，严肃处理相关责任人。

【保密服务保障】 加强形势分析研判，制定工作预案，强化工作措施，确保中国共产党成立100周年庆祝活动、州市（县）乡换届选举、疫情防控和国家保密等关键时期，党中央和省委、州委指示政令上传下达和国家信息安全。全年为州委常委会、政法系统教育整顿会、疫情防控等重大会议提供保密技术服务10场次；累计为各类国家重点考试提供技术服务19场次，助力实现“平安考试”；为州直部门提供保密咨询服务200余人次。

（撰稿人：张景瑞）

老干部工作

【概况】 2021年，黄南州老干部工作坚持以习近平新时代中国特色社会主义思想为指导，围绕“党的建设、服务质量提升、发挥作用、信息化建设”四个方面，持续发力、真抓实干，以实际行动推动老干部工作高质量发展。黄南州有离退休干部6237人（离休27人），其中州直1600人、同仁市1447人、尖扎县1320人、泽库县966人、河南县904人；党委1个、党总支3个、党支部21个，有离退休干部党员1370人。

【老干部思想政治建设】 落实新时代党的建设总要求，统筹推进离退休干部政治建设、思想建设，教育引导老干部旗帜鲜明讲政治，坚决把思想行动统一到中央、省委、州委的决策部署上来。把政治建设作为首要任务，依托离退休干部党支部落实老干部阅读文件、参加重要会议和重大活动、通报情况、参观学习等制度。组织广大离退休干部深入学习中央、省委、州委全会精神，特别是在中共十九届六中全会精神学习宣传中，结合疫情防控形势和老干部特点，采取“送学上门”、编印学习手册、线上平台推送等方式，引导离退休干部增强“四个意识”、坚定“四个自信”、做到“两个维护”。

【老干部党建】 采取线上利用“学习强国”“青海老干部”“黄南先锋”等网络平台和线下举办

各类读书班、报告会、座谈会、培训班、主题党课、送学上门等相结合的方式，加大政治理论和形势政策教育，引导离退休干部与时俱进，不忘初心，永葆政治本色。全州各级离退休干部党支部集中学习121次，参学人员3400人次；开展重温入党誓词活动32次，党委、党总支、党支部书记上党课27次，组织收看中组部老干部局线上专题报告会，微信群、微信公众号推送党史内容、疫情防控相关内容526条，“送学上门”活动431次，发放学习资料1170余份。贯彻落实《黄南州加强和改进离退休干部党建工作意见》精神，优化组织设置、配齐配强班子，落实“三会一课”、组织生活会、主题党日活动等制度，不断建立完善适合老干部特点的组织生活、理论学习、民主评议、党员培训等制度，提升离退休干部党支部凝聚力和战斗力。健全离退休干部党组织活动经费保障机制，落实离退休干部党支部书记、委员工作补贴。制定印发《关于全州离退休干部党支部标准化建设实施方案》《关于在离退休干部党组织中开展“促百分百达标、迎党百年华诞”以评促建活动实施方案》，全州评选表彰离退休干部示范党支部5个，模范老党员10人。在中国共产党成立100周年之际，80多岁的离休老党员冯青玉交纳10万元特殊党费。在全州“两优一先”表彰大会上，冯青玉等2名老干部被授予“全州优秀共产党员”称号。

【落实离退休干部待遇】　在州、县、乡三级换届选举，全州“两优一先”表彰大会等重要会议邀请老干部代表参加或列席会议；“两节”前夕，召开离退休干部茶话会，通报经济社会各项事业发展情况，征求老干部意见建议。“两节”、“七一”中国共产党建党日等重要节点，走访慰问离退休干部、光荣在党50年老党员、困难党员477人，发放“光荣在党50年”纪念章128枚；落实两年一次异地走访慰问制度，走访慰问异地离退休干部75人。生病住院看望166人、上门吊唁59人。落实离休干部“三个机制”（离休费保障机制、医疗费保障机制和财政支持保障机制）。建立在职党员担任离退休干部党支部联络员和每月24—29日离退休老干部走访制度，经常性通过电话、上门走访解老干部所想所需所盼，解决老干部急难愁盼问题。建立老干部来信来电来访制度，及时解决老干部反映的符合政策的、能够解决的问题，对一时难以解决的，耐心细致地做好思想引导和政策解释工作。协调相关部门解决老干部反映的西宁清真巷住宅小区下水管网破损、生活污水渗漏问题；协调有关部门集中时间为居住在西宁的2700余名离退休干部及家属接种新冠疫苗。

2021年6月28日，州委老干部局召开庆祝中国共产党成立100周年老干部座谈会暨表彰大会

【老干部党史学习教育】　围绕党史学习教育，开展“十个一”活动，在西宁举办黄南州离退休干部“学党史、聚力量、促服务”宣讲报告会、专题党课、“银发展风采·丹青庆华诞”书画展、“学党史　铭党恩　永远跟党走”庆祝中国共产党成立100周年党史知识竞赛，在福建古田举办“铭记党史、坚守初心——从古田再出发”党史党性教育培训班，在西宁召开庆祝中国共产党成立100周年老干部座谈会暨表彰大会，组织观看中央庆祝中国共产党成立100周年大会盛况和红色电影，组织参加全省离退休干部红歌红诗线上唱诵活动、老干部

书画摄影展和“百年颂歌·银发先锋”党的知识网上答题活动，组织州、市（县）180名离退休老干部集中参加“档案话百年”宣传展览活动。在州党群服务中心、循化红光村、延安、西安等省内外红色教育基地开展各类党史学习教育56次，参加人数达3087人次，实现老干部工作与党史学习教育融会贯通，进一步丰富和拓展老干部工作内容内涵。开展“我看建党百年新成就”专题调研活动，组织离退休干部看变化、谈感受、话发展，老干部撰写建党百年新成就以及党史学习交流体会文章260余篇，在青海新闻网刊发4篇、《黄南报》刊发12篇。

【关工委工作】 全州各级关工委组织引导“五老”人员在关爱儿童成长、参与生态文明建设、社会治理创新、乡村振兴、疫情防控中发挥优势，为营造青少年健康成长的社会环境做出积极贡献。州关工委组织全州中小学参加全省第八届“关工杯”青少年作文大赛，参赛作文375篇，其中14篇作文获得优秀奖；在中小学开展“学党史、感恩党、办实事”——“六一”暖心慰问活动，为240多名贫困学生解决价值46080元的运动服、书包等用品；在一市三县开展“关爱·暖冬”行动，进校园宣讲中共十九届六中全会精神，给困难学生送冬季防寒服。关工委各成员单位结合实际，开展各类载体新颖、内容丰富的主题活动，引领青少年做肩负民族复兴、国家富强的时代新人。“五老”志愿者配合文化、市场监管、公安等部门有效监管全州网吧，净化青少年成长环境。在纪念省关工委成立30周年暨全省关心下一代工作表彰大会上，同仁市热贡路社区获“全省关工委先进集体”称号，3名“五老”人员获“全省关工委先进工作者”称号。

2021年12月16日，州关工委在同仁市开展十九届六中全会精神进校园暨“关爱·暖冬”行动

【老干部工作信息化建设】 以青海老干部手机App、黄南州委老干部局微信公众号、老干部微信群为载体，构建老干部服务管理在线同步、学习活动在线开展，引导老干部上平台、看平台、用平台，推动老干部工作信息化。推广使用“青海老干部”信息平台，不断提高老干部上线率和使用率，打造“互联网+党建+学习、党建+服务+管理”信息化模式。及时更新维护离退休干部信息管理平台，强化老干部工作者运用信息平台开展工作的能力，发挥信息化平台作用，逐步形成用网络改进服务、用平台推动工作的新机制。

（撰稿人：马　莉）

党校教育

【概况】 黄南州委党校实行三校合一体制（黄南州委党校、黄南州行政学院、省社会主义学院黄南分院），内设8个科室，有编制41人，实有35人；有县级干部6人（正县级1人、副县级2人、副县级组织员2人、二级调研员1人）、科级干部10人（正科级7人、副科级3人），年内提拔3名正科级干部、2名副科级干部和3名职级晋升干部。有专职教师23人，其中正高级讲师2人、高级讲师10人、讲师4人、助理讲师7人。设党总支1个，党支部2个、临时党支部1个。全校举办各类培训班28期，2167人次参加培训；在校师生发表文章14篇，申报省社科联课题5项。在全州理论研讨会上提交论文47篇，入选26篇。

【教育教学】 **主业课程**。把党的基本理论教育和党性教育作为主课，在主体班开设马克思主义原著、中国特色社会主义理论体系、党性修养、理想信念、核心价值观、党风廉政建设等课程，通过情景教学、结构化研讨、警示教育等多种形式增强理论教育和党性教育实效，推进马克思主义中国化最新成果入脑入心。把学好、用好、讲好习近平新时代中国特色社会主义思想放在首要位置，作为教学中心内容和首要任务，设置“习近平新时代中国特色社会主义思想”“习近平七年知青岁月”等专题，做到党的理论教育和党性教育在主体班次中不低于总课时的70%，党性教育不少于20%。落实意识形态工作责任制，加强对党校课堂、理论研讨会、报纸、刊物、网站等方面的把控。

精品课程。打造的“用大爱铸起民族团结丰碑”“脱贫路上的拉格日”两堂精品党课，先后在西宁、州内四县及州直各单位宣讲40余场次，干部群众近1.3万人聆听，中央、省级15家主流媒体进行宣传报道，社会反响热烈。在天津市国资委“2021年度基层党支部书记暨党史学习教育专题培训班”和滨海新区“公务员科级任职培训班”作报告，受到省内外一致好评，并在全省党校（行政学院）系统第六届精品课第三届优秀培训项目评选暨教学观摩活动中，获优秀组织奖，“讲好黄南民族团结故事　铸牢中华民族共同体意识”培训项目获优秀培训项目。精品党课“脱贫路上的拉格日”入选“党课开讲啦”省级示范课。推送的“党建引领下的‘拉格日模式’”案例和《党建促团结　大爱暖高原》短视频分别被省直机关工委评为“最佳案例”“最佳短视频”，并被推荐参加第三届全国党建创新成果展示交流活动和第一届“新时代全国机关基层党建新成就”短视频作品征集活动，不断在更大的平台上宣传正能量。

【教学改革】 **改革内容**。根据理论政策进展、形势任务变化、省情州情热点、培训需求调研等情况，及时确定新专题，确保所列专题与当下的理论实践相吻合。年内设置各类专题30个，效果良好。在中青班等长班的课程设计上突出系统性，整个教学计划分为理论教育、能力提升、实践教学等若干单元，每个单元里又根据内容相关度设置若干模块，模块内的专题课之间有序衔接、持续强化。坚持专职教师授课主体的前提下，邀请党政领导、专家学者到党校授课。年内邀请州委书记、副书记等9名领导及省党校等8名教授授课，受到学员好评。教师实行竞聘试讲，每个新专题都需在试讲通过后才能在主体班次和赴外授课中讲授，择优上讲台。年内教师试讲17人次，专兼职教师授课92人次。严格执行两级审阅制度，新专题教案分别由教研室主任和主管教学的副校长严格审核把关，保证每个专题最强的师资配备，防止出现观点错误、例证不当等问题。通过科学的制度和程序设计，确保党校讲台无杂音、无噪声。综合运用讲授、研讨、案例、互动、情景模拟、现场体验等多种教学方式，促进学习培训与研讨交流相结合、课堂教学与课外教学相衔接、理论讲授与实践活动相统一，不断提升学习效果。年内理论讲授70讲、案例式1讲、主题讨论2次、现场教学11次、精品党课1节、研读分享6节。

改革成效。结合习近平新时代中国特色社会主义思想，开发“习近平法治思想”“习近平生态文明思想”“习近平经济思想”“习近平关于文化建设的重要论述”“习近平对宗教工作的重要论述”等13个新专题；结合州情，开发“加强民族团结　铸牢中华民族共同体意识”“习近平总书记对民族团结的重要论述”“‘一核三治’黄南基层社会治理模式探索”等专题，以及“习仲勋民族地区统战工作智慧”“‘新乡贤’参与乡村治理研究——以同仁市年都乎乡夏卜浪村为例”“由乱到治：多哇镇的蝶变——基层社会治理‘一核三治’的黄南模式”3堂案例课。在青海省首批优质党员教育资源共享共用项目中，州委党校10个专题入选

“全省党员教育精品教学课程”，“践行习近平生态文明思想建设美丽中国”入选“全省好课程”。

【教学质量评估】 12月8日，省委党校常务副校长赵永祥带领省办学质量评估委员会一行5人在黄南州开展办学质量评估“回头看”工作，评估组对党校工作取得的成绩给予高度评价、充分肯定。年内，海东、海北、海南党校常务副校长带队到州委党校参观交流，高度评价基地建设、人才工作、教学科研成果等，与兄弟党校广泛交流办学经验，相互学习、共同促进，不断探索党校办学之路，共谋党校发展之策。

【干部培训】 根据年度培训计划，细化职责措施，明确课程内容，以各类干部轮训培训为主，专题研讨、短期培训相结合，形成多层次、多渠道的办学格局，增强干部教育培训的针对性。同组织、宣传、统战、人社等部门密切合作，年内举办全州县级领导干部学习贯彻中共十九届五中全会精神专题研讨班、第26期中青班领导干部培训班、州退役军人在职党员“学党史、忆先烈、强信念”专题培训班、党史学习教育专题培训班、全州“党支部书记能力提升工程”暨村党组织书记培训班、政协第十届泽库县委员会第一期新任委员履职培训班、黄南州事业单位工作人员能力提升初任培训班、全州各领域基层党员州级轮训班、州直机关入党积极分子和发展对象培训班、黄南州十六届基层人大代表履职能力提升培训班、黄南州乡镇能力提升培训班、黄南州“兵支书”培训班、黄南州基层干部综合能力提升培训班、黄南州农牧区致富带头人能力提升培训班等各类培训班28期，培训达2167人次。

2021年4月19日，州委党校第26期中青班开班

【理论宣讲】 始终把宪法法律、党章党规党纪等党内法规作为教学培训的重要内容，不断创新方式方法，提升法治教育实效。在全州开展法治宣传，在“七五”普法宣传中唱响“党校声音”，5名教师被评为2016—2020年黄南州普法依法治理“先进个人”。按照州委部署要求及机关单位、基层工作需要，选派骨干教师在机关、社区、企事业单位和农村牧区一线开展“习近平总书记‘七一’重要讲话精神”“习近平总书记视察青海的重要讲话精神”“习近平总书记在庆祝西藏和平解放七十周年大会上的讲话”等130余场次宣讲活动，受众达11051人次。

【科研资政】 把科研资政工作纳入总体工作部署，制定一系列科研奖惩制度：规定最低科研工作量，制定科研任务奖励机制，

2021年7月1日，全体党员干部及学员在州委党校新时代大讲堂集中收看庆祝中国共产党成立100周年大会盛况

个人科研任务纳入年底考核，表彰奖励科研成绩突出的教师。教师把提升理论素养作为必修课，把握理论前沿，开展理论研究。年内在《领导科学》《西部论丛》《新思路》《农村青年》等各级各类刊物上发表理论文章14篇，其中核心刊物发表4篇，出版专著2部；申报4项国家级课题，其中“新时代涉藏地区意识形态安全研究”获批立项，是近10年来全省市州级党校唯一立项的国家级课题，实现黄南州委党校申报国家级课题“零的突破”；申报省社科联课题5项，其中《青海涉藏地区党建引领社区治理问题研究》立项；3项全省党校系统重点科研课题结项。参加全省中国共产党成立100周年理论研讨会、全省党校系统庆祝中国共产党成立100周年理论研讨会、全省党校系统百年建党与马克思主义中国化理论研讨会、全州庆祝中国共产党成立100周年理论研讨会，共提交论文47篇，入选26篇。组织教师在相关单位和四市（县）广泛开展调研，撰写调研报告，获得领导肯定性批示15篇。整合资源，加快成果利用转化，编写《十九届五中全会干部培训教材》《十九届六中全会干部培训教材》等自编教材，做到“教学出题目、科研做文章、成果进课堂”。

【师资培养】 实施“名师工程”，采取“老带新、强带弱”办法，依托团队管理、学习晨练、学思论坛“三驾马车”，建立“周晨练、月论坛、季调研、年评比”人才培养机制。有1名教师入选“昆仑英才·教学名师”，1名教师入选青海省“四个一批”优秀人才，1名教师入选青海省第四批高端创新人才计划培养类“拔尖人才”，1名教师入选昆仑英才·高端创新创业“拔尖人才”，2名教师入选青海省“昆仑英才·文化名家”，1名教师入选“全国第五批西部之光访问学者”，1名教师入选黄南州优秀拔尖人才，1名教师被评为黄南州“十佳优秀人才”，州委党校被评为“全州人才工作十佳先进单位”，20余名教师被聘或入选青海省党员教育“高原先锋师资库”、青海省党建研究中心特邀研究员、青海省基层党支部书记集中轮训师资库。选派教师在青岛干部学院、天津滨海新区党校、省委党校等地学习，年内教师外出学习累计30人次。重视校外人才库建设，聘请26名专家教授、党政领导、行业骨干担任客座教授，增强党校讲台吸引力。

【党校建设与管理】 阵地建设。升级改造教学楼，高标准建设校史馆、图书馆、阅览室、新媒体工作室、党员活动室、人才工作室、新时代大讲堂、党性（廉政）教育基地及文化广场、党建长廊等，成为全州阵地建设的标杆，入选全省“党支部组织生活共享阵地”“中华全国总工会职工书屋”，形成以党建为基调、主责主业深度嵌入的校园文化，丰富红色学府内涵。州内外干部先后有1.2万余人到党校参观学习，成为广大党员干部加强党性锤炼的主阵地，感悟初心、明理增信的主课堂。

智慧校园建设。研发党校智慧云学员管理平台，开通“黄南州委党校”微信公众号，引进联通“三江”大讲堂，开通中国知网；打造泽库县拉格日模式、尖扎县昂拉千户府等10个现场教学观摩基地；建成融高科技+体验式为一体的党性（廉政）教育基地，提升校园管理层次。

服务保障。健全办文办会制度，细化办文办会流程，从公文流转、制发文件、档案规范等方面明确职责，严格办文程序，提高效率和质量。年内制发文件168篇、简讯116篇、其他文件102篇。完成州委“中心组”扩大学习的各类会议保障任务。年内接待各类培训班28期2167人次。

监督检查。坚持从源头加强监督、全过程跟踪监督、重要环节重点监督，紧盯“关键少数”和关键岗位，开展选人用人、人才选评、职称评审、领导干部考核、物资采购、项目建设等环节的监督，落实上下班考勤和外出公示制度，坚持用制度管人、用制度管事，营造风清气正的政治生态。州委党校被评为2019—2021年度州级文明单位。

（撰稿人：范　静）

党史研究

【概况】 2021年，黄南州党史研究室继续推进《中国共产党黄南历史（1949—1978）》编纂工作。截至年底，《中国共产党黄南历史（1949—1978）》初稿经省委党史研究室审阅后进行进一步修改完善。四市（县）党史编纂工作有序推进。

【党史编纂】 成立以州委书记为组长的编纂委员会；以突出政治性、地方性、全面性、准确性和规范性为要求，编写并下发《中国共产党黄南历史（1949—1978）》编纂方案和编纂大纲；聘请州委党校5名了解本地情况、业务精、能力强、文字功底扎实的教师组成编纂组。组织人员先后在省、州及各市（县）档案馆、图书馆征集大量的有关档案史料，采访多位黄南州老领导、老同志以及重要历史经历者、知情人，整理大量的口述史资料，并与已有历史文献进行比对，了解和掌握历史始末，还原历史真相。

【党史资料编研】 年内完成《黄南历史大事记（2011—2020）》《黄南2020》编纂出版任务。继续开展《黄南月志》编纂工作，每月详细记述州委、州政府重要会议及全州重大活动、重大项目、民生举措、疫情防控、生态环保等方面内容，并发至全州各级党组织，为全州党员学习党史提供资料，履行党史部门职责。通过网络、报刊等平台收集中国共产党历史故事，编辑《党史资政参考》，发送至州委各部门、州直各单位及四市（县）委，发挥党史工作“以史鉴今、资政育人”的作用。

（撰稿人：毛　婕）

黄南州人民代表大会

综　述

【概况】　2021年8月12日至15日，黄南藏族自治州第十六届人民代表大会第一次会议召开，州十六届人大代表共230人，州十六届人大常委会设主任1人、副主任6人、秘书长1人、副秘书长1人，有常委会委员37人。全年召开人大常务委员会议8次、主任会议12次；完成十五届人民代表大会第七次会议和州十六届人民代表大会第一次会议确定的目标任务。

【坚持党的领导】　强化党的创新理论武装。坚持把学习贯彻习近平新时代中国特色社会主义思想作为首要政治任务，加强州人大常委会党组工作，健全常委会党组、机关党组、机关党支部联动机制，制定党组会议制度、党组理论学习第一议题制度，学习习近平总书记重要讲话和重要指示批示精神，结合实际狠抓贯彻落实。把党史学习教育贯穿常委会各项工作中，及时动员部署，完成规定动作，创新自选动作，开展学习研讨和“我为群众办实事”活动，引导广大党员干部和人大代表学史明理、学史增信、学史崇德、学史力行，增强学党史、悟思想、办实事、开新局的政治思想行动自觉。把贯彻落实中央人大工作会议精神作为高质量推进新时代人大工作和建设的重大机遇，抓好学习的同时，常委会班子成员在各地宣传会议精神，多层次开展交流研讨，对标对表加强和改进各项工作，推动学习活动与人大工作取得双实效。

落实党领导人大工作制度。建立完善党组工作规则，执行党组议事规则和决策程序，落实集体领导和班子成员分工负责制，做到工作任务有部署、推进有力度，发挥常委会党组把方向、管大局、保落实作用。坚持重大事项请示报告制度，就换届选举、立法项目、监督计划、代表工作等重要事项向州委请示报告20次，学习贯彻州委书记王耀春在人大调研时的“六个要”要求，落实到人大工作的方方面面，严格做到讲政治、讲纪律、讲规矩。

围绕中心履职尽责。围绕“一优两高”战略实施、全面建设山水黄南、高质量推进“三区建设”、推动乡村振兴、打造共同富裕的黄南样板等工作，找准定位、担当尽责，做到全州工作中心在哪里，人大工作就跟进到哪里，力量就汇聚到哪里，作用就发挥到哪里。严格按照州委部署，依法组织代表换届选举工作，建立换届选举联席会议制度，主任会议成员分片指导工作，严肃换届选举工作纪律，选出州、县、乡三级人大代表2428名。州、县、乡三级人大代表换届的做法和有效成果得到省人大和州委肯定批示。常委会班子成员围绕党史学习教育、换届选举、疫情防控、生态保护、乡村振兴、目标考核以及中共十九届六中全会精神宣讲等重点工作，多次在基层调研督导，推动重点任务落地见效。高标准完成人大领域改革和依法治州工作任务，常委会办公室获“七五”普法全州先进单位称号。

【人大组织建设】　依法有序完成州、县、乡人大换届，新一届州人大常委会组成人员增加到37人，各专门委员会组成人员增加到9人，年龄结构、学历层次、专业结构明显改善。各市（县）人大常委会均设立3个专委会并配备主任委员，全州33个乡镇人大主席均为市（县）级人大代表并全部

2021年7月5日，省人大常委会党组书记、副主任张光荣（中）在尖扎县错周乡调研督导县乡两级人大代表换届选举和人大工作

2021 年 5 月 31 日，省人大常委会党组副书记、副主任尼玛卓玛（前右二）应邀指导黄南州乡镇人大建设年提升行动暨“两室一平台”规范化建设工作

兼任同级党委副书记，乡镇主席团成员配备达到 7~11 名的目标。

【工作机制建设】 经常性主动向省人大常委会汇报工作，邀请省人大常委会机关领导和专家到州讲学授课，组织班子成员、各专委会负责人到省人大归口汇报对接工作，配合省人大做好执法检查、专题调研、代表视察等服务保障工作，参加省人大组织开展的各项活动，多项工作得到省人大高度评价。做好与广西贺州、云南迪庆、西藏昌都和四川甘孜、阿坝等市（州）人大和省内兄弟市（州）人大间的学习交流，取长补短、互促共进。加强对县、乡人大工作的支持指导，落实主任会议成员联系市（县）人大常委会制度，通过定期指导、听取意见、联合执法检查、代表联合视察等形式，推进州、县、乡三级人大学习交流和工作协同。持续巩固基层基础建设成果，召开全州“乡镇人大建设年”提升行动暨“两室一平台”规范化建设工作推进会。

【制度建设】 制定修订常委会工作规则和议事规则、常委会组成人员履职管理办法以及机关财务管理、公务接待管理等 11 项制度，制定各专委会、工作机构职能职责、规则程序、工作规范，健全完善专委会、各工作机构及其内部的运行机制，理顺专门委员会与办事机构、工作机构的职能关系，加强各专门委员会与“一府一委两院”职能部门的联系沟通。

【机关建设】 落实全面从严治党主体责任和“一岗双责”，支持州纪委监委驻州人大常委会机关纪检监察组工作，做好巡视整改“后半篇文章”，完成中央巡视青海反馈意见的共性问题和州委巡察反馈问题的整改。推进人大新闻宣传工作，全年向省人大报送工作信息 20 期，其中省人大刊载、推介黄南人大工作信息 6 篇；配合开展“青海人大记者行”活动，通过《青海日报》、新闻网、《法治日报》及省州广播电视等宣传媒体，展示黄南人大工作亮点和人大代表履职风采。对机关办公楼会议室和职工食堂、卫生间进行维修改造，办公条件得到进一步改善，机关面貌焕然一新。开展机关干部定岗定责，优化充实工作力量，人大干部精气神得到极大提升。州人大常委会办公室被评为“州级文明单位”，机关党支部获“组织体系建设三年行动暨以评促建活动先进党支部”称号。

（撰稿人：周毛才让）

重要会议

【人民代表会议】 十五届人大七次会议。3 月 9—12 日，黄南藏族自治州第十五届人民代表大会第七次会议在州会议中心召开，会议应到代表 229 人，实到 206 人，符合法定人数。会议听取和审议州人民政府工作报告、州人大常委会工作报告、州中级人民法院工作报告、州人民检察院工作报告。表决通过选举办法草案和总监票人、监票人名单草案。以无记名投票方式，选举杨海云为州中级人民法院院长，并举行宪法宣誓。表决通过关于政府工作报告的决议草案、黄南州国民经济和社会发展第十四个五年规划和二〇三五年远景目标纲要的决议草案、黄南州2020年国民经济和社会发展计划执行情况与2021年国民经济和社会发展计划的决议草案、黄南州2020年财政预算执行情况与2021年财政预算的决议草案；通过《黄南藏族自治州自治条例（修订草案表决稿）》；通过关于州人大常委会工作报告的决议草案、州中级人民法院工作报告的决议草案、州人民检察院工作报告的决议草案。

十五届人大八次会议。5月12—13日，黄南藏族自治州第十五届人民代表大会第八次会议在州会议中心举行。会议应到代表231人，实到205人，符合法定人数。会议表决通过关于辞去州人民政府州长、副州长，州监察委员会主任，州人大常委会委员职务请求的决定草案，大会选举办法草案和总监票人、监票人名单草案。以无记名投票方式，选举蒋树成为州人大常委会主任，扎西才让为州人民政府州长，肖顺琛、王桂莲为州人民政府副州长，李学军为州人大常委会委员，并举行宪法宣誓。

十六届人大一次会议。8月12—15日，黄南藏族自治州第十六届人民代表大会第一次会议在州会议中心举行，会议应出席代表230人，实到218人，符合法定人数。会议听取和审议州人民政府工作报告、州人大常委会工作报告、州中级人民法院工作报告、州人民检察院工作报告。表决通过关于黄南藏族自治州人民政府工作报告的决议草案、关于黄南藏族自治州第十五届人民代表大会常务委员会工作报告的决议草案、关于黄南藏族自治州中级人民法院工作报告的决议草案、关于黄南藏族自治州人民检察院工作报告的决议草案。表决通过大会选举办法草案，通过关于设立州第十六届人民代表大会专门委员会的决定草案，通过关于州第十六届人民代表大会专门委员会组成人员人选通过办法草案。大会选举蒋树成为州第十六届人民代表大会常务委员会主任，张文生、杜会锋、赛赤·确吉洛智嘉措、索南达吉、辛海萍、马进贤为副主任，汪智为秘书长，选举产生州第十六届人民代表大会常务委员会委员；选举扎西才让为州人民政府州长，肖顺琛、韩海宏、王岐岳、李鑫、王桂莲、李勇、哇多、更智才让为副州长；选举刘强为州监察委员会主任，杨海云为州中级人民法院院长，马晓军为州人民检察院检察长。大会通过黄南藏族自治州第十六届人民代表大会专门委员会组成人员人选名单。

【人大常务委员会会议】 十五届人大常委会第二十七次会议。1月22日，州十五届人大常委会第二十七次会议召开。州人大常委会党组副书记、副主任徐卫方主持会议。副主任夏日仓·旦增久美、周加才让、杜会锋、韩福祥，秘书长汪智及委员29人出席会议。会议听取和审议《黄南藏族自治州人大常委会主任会议关于提请接受李加才让辞去黄南藏族自治州人大常委会主任职务请求的议案》《黄南藏族自治州人大常委会主任会议关于提请接受李加才让辞去青海省第十三届人民代表大会代表职务请求的议案》，通过《黄南藏族自治州人大常委会关于接受李加才让辞去黄南藏族自治州人大常委会主任职务请求的决定（草案）》《黄南藏族自治州人大常委会关于接受李加才让辞去青海省第十三届人民代表大会代表职务请求的决定（草案）》。

十五届人大常委会第二十八次会议。3月2日，州十五届人大

2021年8月12—15日，黄南藏族自治州第十六届人民代表大会第一次会议召开。图为代表举手表决现场

常委会第二十八次会议召开。州人大常委会副主任徐卫方、周加才让、杜会锋、韩福祥，秘书长汪智及委员25人出席会议。会议审议州人大法制和监察司法委员会关于《黄南藏族自治州自治条例（修订草案）》审议结果的报告和《黄南藏族自治州自治条例（修订草案）》修改稿，表决通过《黄南藏族自治州自治条例（修订草案表决稿）》《关于召开黄南藏族自治州第十五届人民代表大会第七次会议的决定草案》《州十五届人大七次会议议程草案、日程草案、主席团会议日程草案》《州十五届人大七次会议主席团和秘书长名单草案、主席团常务主席名单草案、执行主席分组名单草案、副秘书长名单草案、列席人员名单草案》；会议决定，黄南藏族自治州第十五届人民代表大会第七次会议于2021年3月7日至12日在隆务召开，会期五天半。审议通过《州十五届人大常委会代表资格审查委员会关于州十五届人大代表变动情况及补选代表的代表资格审查报告》、州人大常委会主任会议关于提请接受尹玉海辞职请求的议案，表决通过州人大常委会关于接受尹玉海辞职请求的决定草案；听取和审议《黄南藏族自治州人民代表大会常务委员会工作报告》（审议稿）并提请州十五届人大七次会议审议。

十五届人大常委会第二十九次会议。3月12日，州十五届人大常委会第二十九次会议召开。州人大常委会党组副书记、副主任徐卫方主持会议。副主任夏日仓·旦增久美、周加才让、杜会锋、韩福祥，秘书长汪智及委员30人出席会议。会议审议州人民政府《关于调整2020年州本级财政预算的议案》，州人大财政经济委员会关于《州人民政府关于调整2020年州本级财政预算的议案》的审查报告（书面）；表决通过州人大常委会《关于同意调整2020年州本级财政预算的决议（草案）》。

十五届人大常委会第三十次会议。4月29日，州十五届人大常委会第三十次会议召开。州人大常委会党组副书记、副主任徐卫方主持会议。副主任夏日仓·旦增久美、周加才让、杜会锋，秘书长汪智及委员25人出席会议。会议表决通过关于召开黄南藏族自治州第十五届人民代表大会第八次会议的决定草案；州十五届人大八次会议议程草案、日程草案、主席团会议日程草案；州十五届人大八次会议各项名单草案。会议决定，黄南藏族自治州第十五届人民代表大会第八次会议于2021年5月12日至13日在隆务召开。会议审议通过《州十五届人大常委会代表资格审查委员会关于州十五届人大代表变动情况及补选代表的代表资格审查报告》。

十五届人大常委会第三十一次会议。7月28日，州十五届人大常委会举行第三十一次会议。州人大常委会党组书记、主任蒋树成主持会议。州人大常委会副主任张文生、周加才让、韩福祥，秘书长汪智及组成人员29人出席会议。会议审议通过州十五届人大常委会工作报告（审议稿），关于召开州第十六届人民代表大会第一次会议的决定（草案），关于州十六届人大代表资格审查情况的报告，州十六届人大一次会议议程（草案）、日程（草案）以及各项名单（草案）。会议听取和审议州人大常委会执法检查组关于《中华人民共和国固体废物污染环境防治法》实施情况的执法检查报告，州人民政府关于全州医保基金运行管理情况的专项工作报告、关于全州审计工作情况的专项工作报告、关于2021年上半年财政预算执行情况的报告、关于全州上半年国民经济和社会发展计划执行情况的报告，州人民检察院关于全州检察机关认罪认罚从宽制度实施情况专项工作报告。

十六届人大常委会第一次会议。8月25日，州十六届人大常委会举行第一次会议。州人大常委会党组书记、主任蒋树成主持会议。常委会副主任张文生、杜会锋、赛赤·确吉洛智嘉措、索南达吉、辛海萍、马进贤，秘书长汪智及组成人员共33人出席会议。会议审议黄南州人大常委会主任会议关于提请审议《黄南藏族自治州人民代表大会常务委员会工作规则》的议案、《黄南藏族自治州人民代表大会常务委员会议事规则》的议案、《黄南州人大常委会专题询问办法（试行）》的议案，《黄南藏族自治州第十六届人民代表大会常务委员会关于设立代表资格审查委员会的决定（草案）》。审议通过黄南藏族自治州人民代表大会常务委员会关于接受王继卿等辞去青海省第十三届人民代表大会代表职务请求的决定（草案）、黄南藏族自治州人大常委会关于提请补选王耀春等为黄南州出席省第十三届人民代表大会代表的议案，补选黄南州出席省第十三届人民代表大会代表。表决通过《关于修改〈黄南藏族自治州人大常委会工作规则〉的决定（草案）》《关于修改〈黄南藏族自治州人大常委会会议事规则〉的决定（草案）》《关于修改〈黄南藏族自治州人大常委会专题询问办法〉的决定（草案）》《黄南藏族自治州第十六届人民代表大会常务委员会关于设立代表资格审查委员会的决定（草案）》。

十六届人大常委会第二次会议。11月3日，州十六届人大常委会第二次会议召开。州人大常委会党组书记、主任蒋树成主持会议。副主任张文生、杜会锋、索南达吉、辛海萍，秘书长汪智及组成人员21人出席会议。会议听取州人民政府关于黄南藏族自治州2020年度州本级财政决算（草案）的报告，关于2020年度州本级预算执行及其他财政收支的审计工作报告和2019年度州本级预算执行及其他财政收支审计查出问题整改情况的报告，关于全州突发公共卫生事件应急管理工作和传染病防治法律法规实施情况的专项报告，关于州十五届人大七次会议代表建议办理情况的报告，关于黄南藏族自治州“七五”普法决议贯彻落实情况的报告，州住房和城乡建设局、州教育局关于州十五届人大七次会议代表建议办理情况的报告，州人大常委会主任会议关于提请审议《黄南藏族自治州人民代表大会常务委员会关于开展第八个五年法治宣传教育的决议（草案）》的议案。会议对州人民政府关于全州突发公共卫生事件应急管理工作和传染病防治法律法规实施情况的专项报告进行满意度测评，测评结果为满意。会议印发州人大财政经济委员会关于2020年度州本级财政决算（草案）的审查报告，州人大财政经济委员会关于《2020年度州本级预算执行及其他财政收支的审计工作报告和2019年度州本级预算执行及其他财政收支审计查出问题整改情况报告》的审查意见，州人大常委会调研组关于全州突发公共卫生事件应急管理工作和传染病防治法律法规实施情况的调研报告，州人大常委会关于州十五届人大七次会议代表建议督办情况的报告。会议表决通过州人大常委会关于《〈州人民政府关于2020年州本级财政决算（草案）报告〉的决议（草案）》《黄南藏族自治州人民代表大会常务委员会关于开展第八个五年法治宣传教育的决议（草案）》。

十六届人大常委会第三次会议。12月23日，州十六届人大常委会第三次会议召开。州人大常委会党组书记、主任蒋树成主持会议。副主任张文生、杜会锋、辛海萍、马进贤和一级巡视员李学军、徐卫方，秘书长汪智及常委会委员26人出席会议。会议听取州人民政府关于《黄南藏族自治州水资源保护条例（草案）》《黄南藏族自治州林木管护条例（草案）》《黄南藏族自治州城乡社区治理条例（草案）》的议案及说明，关于2020年全州国有自然资源资产管理情况的专项报告，关于黄南州2020年国有资产管理情况的综合报告，关于2021年度生态环境状况和环境保护目标完成情况的报告，关于《调整2021年全州及州本级地方政府性债务限额的议案》。听取州人大常委会主任会议关于《黄南州人民代表大会常务委员会组成人员履职管理办法（修订草案）》《黄南州人大常委会关于县级以上人民政府向本级人民代表大会或者常务委员会报告生态环境状况和环境保护目标完成情况办法（草案）》的议案及说明，关于《提请补选李忠为黄南州出席省第十三届人民代表大会代表的议案》。听取州人大常委会执法检查组关于检查《中华人民共和国未成年人保护法》实施情况的报告，州十六届人大常委会代表资格审查委员会关于个别代表的代表资格审查报告，州监察委员会关于扶贫领域腐败和作风问题专项治理情况的专项报告，听取4名州人大代表述职报告。会议印发关于《黄南藏族自治州水资源保护条例（草案）》《黄南藏族自治州林木管护条例（草案）》《黄南藏族自治州城乡社区治理条例（草案）》审查结果的报告，关于全州监察机关开展扶贫领域腐败和作风问题专项治理情况的调研报告，关于《2020年全州国有自然资源资产管理情况的专项报告》《黄南州2020年国有资产管理情况的综合报告》《黄南州2021年度环境状况和环境保护目标完成情况报告》《黄南州人民政府关于调整州本级地方政府性债务限额的议案》的审查意见。会议对州人民政府关于《全州国有自然资源资产管理情况的专项报告》进行满意度测评，测评结果为满意。会议补选李忠为黄南州出席省第十三届人民代表大会代表。会议表决通过《黄南州人民代表大会常务委员会组成人员履职管理办法（修订草案）》的决定、《州人大常委会同意调整州人民政府关于2021年州本级地方政府性债务限额的决议》、《黄南州人大常委会关于县级以上人民政府向本级人民代表大会或者常务委员会报告生态环境状况和环境保护目标完成情况办法（草案）》以及州十六届人大常委会代表资格审查委员会关于个别代表的代表资格审查报告。

（撰稿人：周毛才让）

重要活动

【执法检查】 5月18—20日，州人大常委会副主任韩福祥带领州人大常委会执法检查组在同仁市医疗废物集中处置中心、生活垃圾填埋场、建筑垃圾填埋场，州医院医疗废物暂存点，河南县垃圾分拣中心、生活垃圾填埋场等地开展《固体废物污染环境防治法》执法检查工作。

9月27—29日，州人大常委会副主任辛海萍带领由州人大社会建设委员会部分委员组成的执法检查组及州妇联、团州委、州民政局、州教育局负责人，就全州《未成年人保护法》贯彻落实情况开展执法检查。

【调研视察】 3月24—26日，省人大调研组在同仁市、尖扎县调研公安机关执法规范化建设情况。州人大常委会副主任周加才让参加。

4月23—25日，州人大常委会副主任徐卫方带领州人大常委会调研组在同仁市、尖扎县、泽库县调研全州医保基金管理工作。州政府分管副州长和州人社局、州卫健委、州医保局负责人参加。

5月8—9日，州人大常委会副主任徐卫方带领州人大社建委主任、州人大常委会部分委员、州医保局负责人组成的调研组调研同仁市、尖扎县、泽库县医保基金运行管理工作情况。

6月2—4日，由州人大常委会副主任周加才让带领专题调研组在州及一市三县开展全州检察机关适用认罪认罚从宽制度实施情况的专项调研，在基层的8名州人大代表应邀参加调研。州人民检察院、各市（县）人大常委会相关负责人参加调研检查。

6月4—9日，州人大常委会党组书记、主任蒋树成在尖扎、泽库、河南三县调研乡镇人大建设年提升行动暨县乡人大换届选举工作，州人大常委会秘书长汪智参加。蒋树成先后在尖扎县坎布拉镇、马克唐镇，河南县宁木特镇、优干宁镇，泽库县西卜沙乡、恰科日社区调研人大建设情况，详细听取乡镇人大建设、人大工作开展情况汇报，察看乡镇人大代表联络室、人大办公用房、设施配备等情况。

8月30日至9月2日，州人大常委会主任、各副主任带队组成调研督导组，分别在各市（县）乡镇调研督导“乡镇人大建设年”提升行动暨“两室一平台”规范化建设情况。

9月6—9日，州人大常委会副主任杜会锋带领州人大民族宗教教科文卫委员会委员在一市三县开展全州突发公共卫生事件应急管理工作和传染病防治法律法规实施情况专项调研。州卫健委、应急管理局、疾控中心负责人参加。

11月8—10日，州人大常委会各副主任分别在一市三县调研人大工作开展情况，并在基层宣讲中央人大工作会议精神。

12月6日，州人大常委会副主任马进贤带领州人大法制和监察司法委员会委员组成的调研组在同仁市、尖扎县调研扶贫领域腐败和不正之风整治情况。

12月13—16日，州人大常委会组织部分驻州全国、省人大代表和州、县、乡人大代表集中视察调研生态环境保护和高质量发展、市政建设及卫生防疫工作开展情况。州人大常委会主任蒋树成带队视察，副主任张文生和一级巡视员李学军、徐卫方全程参加，副主任杜会锋、索南达杰、辛海萍、马进贤分段参加视察调研并参加座谈会。视察组重点视察同仁市城市管理工作能力和水平提升情况，尖扎县黄河流域生态保护和高质量发展工作情况，河南、泽库两县生态文明建设情况，并听取各市（县）人民政府工作汇报。围绕代表建议办理工作，重点视察坎布拉特色体育小镇建设情况、政府层面引进正规物业管理情况。

【交流考察与指导】 1月4日，州人大常委会主任李加才让参加全省人大系统工作总结交流会，并做交流发言。

1月6日，省人大常委会党组书记、副主任张光荣在泽库县督导村“两委”班子换届选举工作，省人大常委会副主任吴海昆在河南县督导村“两委”班子换届选举工作，州人大常委会副主任周加才让参加。

3月16日，省人大代工委副主任陶启业带队在尖扎县调研指导县、乡人大换届选举和“乡镇人大建设年”工作。州人大常委会副主任杜会锋参加。调研组在尖扎县康杨镇、昂拉乡，通过实地查看、查阅资料、座谈交流等方式，就各乡镇人大工作开展情况、换届选举准备情况及“两室一平台”建设、经费保障等方面进行调研指导。

3月25日，州人大常委会召开全州“乡镇人大建设年”活动提升行动启动会。州人大常委会副主任杜会锋、韩福祥出席会议，常委会秘书长汪智主持会议。州人大常委会办公室、各专工委和各市（县）人大常委会负责人参加会议。

3月31日，州人大常委会副主任韩福祥在同仁市督导党史学习教育工作开展情况。

5月31日，州人大召开乡镇人大建设年提升行动暨“两室一平台”规范化建设现场观摩推进会。州人大常委会主任、各副主任、秘书长，各市（县）人大常委会主任、分管副主任，两室一平台示范乡镇党委书记，各乡镇人大主席共80余人参加会议。省人大常委会党组副书记、副主任尼玛卓玛，省人大常委会人事代表工作委员会主任多杰群增、副主任孙冶应邀参会指导。

6月17日，州委副书记、州长扎西才让在州人大常委会调研机关基础设施建设情况。州人大常委会党组书记、主任蒋树成及在家的副主任参加。

6月18日，州委书记王耀春在州人大常委会调研指导工作，州委常委、秘书长蒋明宽参加。调研组实地查看机关干部办公用房配备使用情况。听取州人大常委会党组书记、主任蒋树成就州人大常委会立法、监督、代表工作和县乡人大换届、乡镇人大建设，下半年工作安排以及当前工作中存在的困难和问题等方面的情况汇报。

6月28日，全州市（县）人大常委会主任、乡镇人大主席任职培训班在省委党校开班。州人大常委会副主任张文生带队在海东市实地观摩平安镇人大代表联络室、平安镇化隆路社区代表活动室建设运行情况。市（县）人大常委会主任、乡镇人大主席50余人参加现场教学，海东市人大常委会副主任韩永明参加。

6月28—30日，由黄南州人大常委会和省委党校联合举办的全州市（县）人大常委会主任、乡镇人大主席任职培训班在省委党校举行。黄南州各市（县）人大常委会主任、乡镇人大主席、人大工作人员50余人参加培训。

7月5日，省人大常委会党组书记、副主任张光荣在黄南州调研督导县、乡两级人大代表换届选举和人大工作。

9月14日，州人大常委会召开全州乡镇人大建设年提升行动暨“两室一平台”规范化建设推进会。州人大常委会主任蒋树成出席会议并讲话，州人大常委会副主任张文生、杜会锋、索南达吉、辛海萍、马进贤，一级巡视员李学军、徐卫方，秘书长汪智以及各市（县）人大常委会负责人和全州各乡镇人大主席参加会议。与会人员实地观摩同仁市加吾乡人大工作和建设情况、协治村人大代表活动室建设情况。

9月15—16日，州人大常委会主任蒋树成带队，常委会副主任张文生等一行在果洛州考察学习“智慧人大”建设工作。

11月4日，州委书记王耀春带领州委副书记李晓燕和州委常委、组织部部长刘建昱一行在州人大常委会调研班子建设情况。王耀春一行查看机关会议室、办公室、职工食堂，并组织召开科以上干部座谈会，同机关干部亲切交谈。

（撰稿人：周毛才让）

2021年度黄南州各级人大代表名录

第十三届全国人民代表大会代表（1人）

夏吾卓玛（女，藏族）

青海省第十三届人民代表大会第六次会议代表（20人）

滕佳材、马吉孝（回族）、王继卿、张黎（女）、王海、王占华（回族）、王志明、王振昌、王晓华（女，蒙古族）、仁青卓玛（女，藏族）、本措友（女，藏族）、旦增（藏族）、乔学智（藏族）、更智才让（藏族）、钢夫（蒙古族）、罗富贵（藏族）、钟志军、迪确吉（女，藏族）、确藏卓玛（女，藏族）、赛赤·确吉洛智嘉措（藏族）

黄南州第十六届人大一次会议代表（230人）

同仁市（83人）：扎西才让（藏族）、李晓燕（女）、宋辉、吴树荣（土族）、赛赤·确吉洛智嘉措（藏族）、杨海云、王晓虎（回族）、陈德伟、郭启龙、卓尕加（藏族）、马文斌（回族）、申丽玲（女）、辛海萍（女，藏族）、阚广宏、杜俊、贺元宏（藏族）、刘玉华（女）、扎西东智（藏族）、朱智毅、贠永堂、德吉央宗（女，藏族）、才让兰措（女，藏族）、旦增（藏族）、蔡有年、赵建国、薛吉明（藏族）、韩俊（土族）、王旭龄（藏族）、郭振海、刘慧泉、田志国（藏族）、卡本加（藏族）、傲赛多杰（藏族）、多杰（藏族）、李本尖措（藏族）、才让卓玛（女，藏族）、吾毛友（女，藏族）、陈旭青（女）、赵菊萍（女，藏族）、夏吾桑杰（藏族）、拉公加（藏族）、索南扎西（藏族）、周加卡（藏族）、刘虎、当增仁青（藏族）、仁青卓玛（女，藏族）、索南吉（女，藏族）、索南加（藏族）、李本扎西（藏族）、杨仲加（藏族）、周本（藏族）、郝桂红（女，土族）、马红梅（女，回族）、马玉梅（女，回族）、李加当周（藏族）、夏吾才让（藏族）、朋毛当周（藏族）、才让吉（女，藏族）、仁青措（女，藏族）、南他才让（土族）、增毛才让（女，藏族）、夏吾多杰（藏族）、加毛吉（女，藏族）、加羊旦正（藏族）、然角（藏族）、夏吾太（藏族）、冷本卡（藏族）、曲智（土族）、夏吾尖措（土族）、夏吾斗尕日（藏族）、陕真博（回族）、教巴多杰（藏族）、彭毛多杰（藏族）、南措吉（女，藏族）、多杰扎西（藏族）、卡先木加（藏族）、唐拉（藏族）、加洋（藏族）、李毛友（女，藏族）、夏吾卓玛（女，藏族）、看本才让（藏族）、索南当周（藏族）、卓玛措（女，藏族）

尖扎县（54人）：林华旦（藏族）、力本嘉（藏族）、肖顺琛、宋建、刘强、杜会锋、李学军、马继志（撒拉族）、索南达吉（藏族）、张浩、李海波、德吉卓玛（女，蒙古族）、王国强、才科杰（女，藏族）、才让端智（藏族）、陆宁、何春德、盛国德（藏族）、王四成、曹生辉、李军山、卓果吉（女，藏族）、王文彦、更藏（藏族）、申大安、夏吾乃旦（藏族）、葛鸣（女）、朱雨度、李玲（女）、尼玛太（藏族）、周志龙（藏族）、杨吉加（藏族）、张飞燕（女，藏族）、陈青莲（女，藏族）、韩英（撒拉族）、哇洛（女，藏族）、拉华太（藏族）、杨建（女，藏族）、应芳臣（女）、阿丽毛措（女，藏族）、花日措（女，藏族）、王占华（回族）、才项多杰（藏族）、张绍坤、胡利、拉周（藏族）、吉毛加（女，藏族）、李知（藏族）、周加本（藏族）、才让先（藏族）、加、义（藏族）、红卫（藏族）、索南扎西（藏族）、冶成虎（回族）

泽库县（54人）：王耀春、刘建昱、何杰、张文生、马晓军（回族）、桑林青（土族）、安国庆（藏族）、周云洽（藏族）、张成、马青云（回族）、王国栋（藏族）、田、瀚（藏族）、徐勃（女，藏族）、王吉德（土族）、夏吾扎西（藏族）、尼玛才仁（藏族）、谢红芹（女）、桑杰卡（藏族）、吴述东、华多（藏族）、李莉（女）、公保才让（藏族）、旦正才让（藏族）、才吾（藏族）、周先卡（藏族）、才让周（藏族）、桑巴（藏族）、公保杰（藏族）、冷智多杰（藏族）、宽太吉（女，土族）、白玛拉毛（女，藏族）、李秉军、仁青措（女，藏族）、罗藏达杰（蒙古族）、格日（藏族）、才让卡（藏族）、才让吉（女，藏族）、俄毛友（女，藏族）、林莉莉（女）、各日多杰（藏族）、更松吉布（藏族）、端知尖措（藏族）、多日杰加（藏族）、周毛才让（藏族）、周维华（藏族）、先羊加（藏族）、改旦参智（藏族）、贾元、杨毛措（女，藏族）、祥毛措（女，藏族）、刘娅（女，水族）、周泽加（藏族）、文昌才让（藏族）、其美准（女，藏族）

河南县（36人）：蒋树成、徐卫方、汪智、陆来海、加多（蒙古族）、郭辉、马进贤（撒拉族）、王江力、司吉昇、钢夫（蒙古族）、索南才让（蒙古族）、唐建珍（土族）、刘国强、赵生满、曹德仓·尕桑克智嘉措（蒙古族）、才让代吉（女，蒙古族）、华旦多杰（蒙古族）、斗格加（蒙古族）、拉旦才让（蒙古族）、张晖、仁青措（女，蒙古族）、黄维军、王栋（土族）、陈敏（女）、仁青卓玛（女，土族）、才让（藏族）、恩科（蒙古族）、才旦公保（蒙古族）、马戈亮（保安族）、黄桂莲（女）、王晓华（女，蒙古族）、刘文霞（女）、卓玛措（女，蒙古族）、仲克吉（女，蒙古族）、关却才旦（蒙古族）、祁江加（蒙古族）

驻军部队（3人）：余华勇、王向红、徐梁健

立法工作

【重点领域立法】 完成《黄南藏族自治州自治条例》修订颁布，推进《黄南藏族自治州城乡社区治理促进条例》《黄南藏族自治州林木保护条例》《黄南藏族自治州水资源保护条例》制定修订工作，启动《黄南藏族自治州藏语文工作条例》修订程序，及时召开《黄南藏族自治州人民代表大会常务委员会关于开展第八个五年法治宣传教育的决议》，高质量完成十五届人大立法任务。

【完善立法制度机制】 坚持党领导立法制度，及时向州委请示报告立法规划、年度立法计划和重要条例草案及立法中的重要问题，确保立法与州委决策部署同频共振。健全人大主导立法机制，向省人大汇报衔接，与州政府联系沟通，采取立法协调工作小组会议、常委会立法工作推进会、专家论证会加强立法全过程组织协调，在项目征集、立项论证、立法调研、法规起草、审议修改等环节发挥好主导作用。健全民主立法机制，注重发挥人大代表、基层立法联系点作用，扩大社会公众参与立法途径，使立法更好汇聚民智、体现民意。完善立法新闻发布制度，做好《黄南藏族自治州自治条例》宣传和释法工作。

【维护法治统一】 坚持有件必备、有备必审、有错必纠，严格执行规范性文件备案审查制度，年内备案审查规范性文件5件。配合省人大常委会完成《青海省宗教事务管理条例》《青海省优化营商环境条例》等法规草案征求意见工作。

（撰稿人：周毛才让）

监督工作

【概况】 全年听取审议专项工作报告6次，开展执法检查2次，专题调研8次，受理群众来信来访25人次。

【经济监督】 听取审议计划、财政预决算、审计工作及审计查出问题整改落实情况的报告，审查批准计划、预算、决算草案以及州本级新增地方政府债券支出预算的报告，规范资金管理，提高资金效益，管控债务风险，助力经济运行稳中有进。履行监督国有资产管理职能，审议国有资

产管理情况综合报告和国有自然资源资产管理情况的专项报告，推动规范和加强国有资产管理。初步建成预算联网监督系统，与省人大监督系统实现互联互通，开展预算执行实时监督，推动人大预算审查监督重点向支出预算和政策拓展。

【民生监督】 听取审议全州突发公共卫生事件应急管理工作和传染病防治法律法规实施情况、医保基金运行管理工作情况的报告，围绕健全完善应急管理体制机制、加强人才队伍建设、提升应急保障能力以及提高医保基金管理水平等方面提出审议意见。以保护未成年人人身安全为重点，开展未成年人保护法执法检查，营造关爱保护未成年人的良好社会环境。

【生态监督】 围绕打好污染防治攻坚战，连续4年开展大气、水、土壤、固体废物污染防治法执法检查，制定出台《关于县级以上人民政府向本级人大或者常委会报告生态环境状况和环境保护目标完成情况办法》，连续3年审议全州环境状况和环境保护目标完成情况的报告，持之以恒用法律武器保护生态环境，用法治力量守护绿水青山。

【法治监督】 听取审议全州检察机关适用认罪认罚从宽制度工作情况报告，就完善工作机制、保障值班律师、提升业务能力方面提出审议意见，依法推动认罪认罚从宽制度在化解群众矛盾、保障社会稳定方面的作用。听取审议关于“七五”普法决议贯彻落实情况的报告，推动提升普法工作水平。以开展扶贫领域腐败和作风问题专项治理为主题，首次听取州监委专项工作报告，助力监察机关依法行权、履职尽责。

【完善监督机制】 经常向省人大及各专委会汇报对接工作，主动征求“一府一委两院”对立法监督等工作的意见建议，制定出台州人大常委会专题询问办法，增强监督的刚性。在学习中央人大工作会议和王耀春两次在人大调研时的讲话精神基础上，进一步提高认识，统一思想，加强立法“小切口”、特而精、需而用和监督以支持、促进工作为目的的认识，强化依法协商、柔性监督理念。

（撰稿人：周毛才让）

人事任免

【概况】 2021年，州人大常委会作出第八个五年法治宣传教育、财政决算等10项决议决定。全年依法任免国家工作人员56人次，组织35名新任命人员进行宪法宣誓，31人向常委会会议作任前表态发言。

【人事任命】 在州十五届人大常务委员会第二十七次会议上，任命李义起为州监察委员会副主任。第二十八次会议上，任命李鑫为州人民政府副州长，杨海云为州中级人民法院副院长，杨海云代理州中级人民法院院长职务；吴润泽为州人民检察院副检察长、检察委员会委员、检察员。在州十六届人大常务委员会第一次会议上，任命敏通宫为州人民政府秘书长、办公室主任，张浩为州发展和改革委员会主任，万玛尖措为州教育局局长，俄周为州科学技术局局长，郑立新为州工业商务和信息化局局长，拉龙当周为州民族宗教委员会主任，李勇为州公安局局长，杨坤为州民政局局长，松太加为州司法局局长，李海波为州财政局局长，芦光辉为州人力资源和社会保障局局长，华志为州自然资源局局长，林占兴为州生态环境局局长，阚广宏为州住房和城乡建设局局长，仓尼么才让为州交通运输局局长，诺布尖措为州水利局局长，张海渊为州农牧局局长，昂智为州文体旅游广电局局长，史冬芸为州卫生健康委员会主任，华旦嘉措为州退役军人事务局局长，王子广为州应急管理局局长，谭涛为州审计局局长，拉却加为州林业和草原局局长，郭代为州市场监督管理局局长，胡伟东为州统计局局长，扎西才让为州乡村振兴局局长，向阳为州医疗保障局局长，吴秋燕为州直机关事务管理局局长，张庆龙为州政务服务监督管理局局长；樊景恒为州监察委员会副主任，徐新齐为州监察委员会委员，秦啟栋为州监察委员会委员，才旦加为州人民检察院检察委员会委员、检察员，丁云为州人民检察院检察委员会委员、检察员；刘慧泉为同仁市人民检察院检察长，刘洪为尖扎县人民检察院检察长，力布才让为泽库县人民检察院检察长，多杰卓玛为河南县人民检察院检察长。第二次会议上，任命海永寿为州检察委员会委员。第三次会议上，任命张晓娟、才仁太为州人民检察院检察员。

【人事免职】 在州十五届人大常务委员会第二十七次会议上，免去李玉斌州监察委员会副主任职务。第二十八次会议上，免去杨志军州人民政府副州长职务。第三十次会议上，免去张晓东州人民检察院检察委员会委员、检察员职务。在州十六届人大常务委员会第一次会议上，免去松太加州监察委员会副主任职务，刘慧泉、韩俊、多杰仁增州监察委员会委员职务，多杰卓玛、力布才让州人民检察院检察委员会委员、检察员职务。第二次会议上，免去段双庆州中级人民法院审判委员会委员、审判员职务。第三次会议上，免去张强州人民检察院检察委员会委员、检察员职务。

（撰稿人：周毛才让）

代表工作

【代表履职】 总结代表工作实践经验，改进代表学习培训方式，及时制定五年培训规划，高质量举办全体人大代表任职培训班和基层人大代表培训班。坚持邀请人大代表列席常委会会议和参加执法检查、立法调研、专题调研等活动，全年邀请28名代表列席常委会会议，组织78名五级人大代表参加以“生态环境保护和高质量发展”为主题的集中视察和专题调研活动。落实“两个办法”，州级人大代表书面述职实现全覆盖。同仁市人大常委会听取本市22名州人大代表述职报告并进行评议。

【完善“三联系”制度】 主任会议成员经常性联系常委会委员，委员固定联系5名代表，每位代表确定联系3名群众，实现“三联系”制度常态化。开展“两室一平台”规范化建设，乡、村两级人大代表联络室和活动室实现全覆盖。泽库县安排专项资金62万元用于乡镇“两室一平台”规范化建设。省、州示范点建设引领作用显现，各级领导干部代表发挥示范带头作用，带动五级人大代表高效进室履职；尖扎县组织四级人大代表开展“进农家院、听农家言、聊农家事”主题活动，全州近2000名各级人大代表进室听取意见并协调解决群众反映问题297件。代表工作得到省人大宣传推介和州委肯定。

2021年10月9日，州人大常委会在州政府视频会议室召开由州人大常委会领导班子和州政府领导班子全员参加的代表建议交办会

【代表建议办理】 召开由州人大常委会领导班子和州政府领导班子全员参加的代表建议交办会，落实州委书记、州人大常委会主任、州长领衔督办，人大常委会副主任重点督办，副州长重点领办代表建议工作机制。建立重点督办建议跟踪落实制度，采取专题视察、听取报告、通报办理情况等多种形式，推动代表建议办理工作务实有效。河南县组织人大代表与承办单位“面对面”答复建议办理情况，并对办理结果进行满意度测评。到年底，州十五届人大七次会议提出的79件建议和州十六届人大一次会议提出的50件建议办结完毕，办结率、答复率、满意率均为100%。

（撰稿人：周毛才让）

黄南州人民政府

综　述

2021 年 6 月 3 日，黄南州城乡环境卫生综合整治"洁净美"专项行动"最美村庄"命名表彰大会

【概况】　2021 年是"十四五"计划实施的第一年，黄南州地区生产总值同比增长 1.2%，固定资产投资同比增长 7.2%，社会消费品零售总额同比增长 7.8%，地方财政公共预算收入同比增长 2.4%，全体居民人均可支配收入同比增长 9.1%，居民消费价格累计上涨 1.3%，地区生产总值、地方财政公共预算支出双双突破 110 亿元大关，居民收入增速远高于经济增速，教育经费支出占地区生产总值的 12%以上，实现"十四五"良好开局。

【自然生态】　融入国家公园示范省建设，有序推进"七大国家自然公园"和"两个省级自然公园"保护建设，坎布拉世界地质公园申报取得阶段性成效。编制实施黄河黄南流域生态保护和高质量发展规划，推进三江源生态保护等重点生态工程建设，治理水土流失 134.9 平方千米、中小河流 54.4 千米、退化草原 46933.33 公顷，完成国土绿化 33266.67 公顷。打好污染防治攻坚战，两轮次中央生态环保督察问题整改清零，加快实施集中供热清洁能源改造项目，开展河湖"清四乱"行动，推进历史遗留废弃矿山生态环境修复治理，河南县生活垃圾资源化利用及无害化处理项目投产运营，城乡环境卫生综合整治成效明显，隆务地区空气质量优良天数比例达到 99.6%，黄河出境断面水质持续保持在Ⅱ类，集中式饮用水水源地水质优良率达 100%，城镇污水、生活垃圾无害化处理率分别达到 86.3% 和 97.2%。制定《黄南州水资源保护条例》，修订《黄南州林木管护条例》，持续巩固推进"河湖长制""林草长制"。推进生态环境损害赔偿制度和综合行政执法改革，提升生态资源监管水平。麦秀林区生物多样性本底调查成果丰硕，碧水黄河迎来天鹅栖息越冬，羚牛、雪豹等国家一级保护野生动物频繁现身，生物多样性保护成效显现。创建省级生态文明示范乡镇 7 个、村 35 个，河南县入选国家级"绿水青山就是金山银山"实践创新基地，黄南州被命名为国家级生态文明建设示范区，成为全省首个获此殊荣的自治州。

【经济发展】　在全省率先实现天然草场、牲畜有机认证和牦牛藏羊原产地质量追溯全覆盖，"泽库羊"入列国家畜禽遗传资源名

2021 年 2 月 27 日，副省长才让太（前左二）参加黄南州有机农畜产品示范省创建暨牦牛产业发展观摩会

录和全国十大优异畜禽遗传资源，泽库县入选全国牦牛全产业链典型县，河南县入选国家级农业现代化示范区。启动黄南州绿色有机农畜产品输出地示范园规划建设，进一步完善泽库县国家现代农业（牦牛）产业园冷链物流等配套设施，河南县绿色有机畜产品研究院建成投用，新培育绿色有机农畜产品生产企业4家，新增绿色食品认证产品42个，有机产品和绿色食品“双认证”产品达到35个，加快建立绿色有机农畜产品标准化生产、品牌化经营体系。承办全省绿色有机农畜产品示范省创建暨牦牛产业发展现场观摩会。屋顶分布式光伏示范县项目和一批牧光互补发电等新能源项目加快实施，完成投资11.2亿元，全州清洁能源发电总装机容量达到239万千瓦。电子商务持续壮大，电商村级覆盖率达到70%，网络零售额、交易额均增长9%以上。绿色经济新业态不断涌现，高质量发展的分量更重、成色更足。

【文化和旅游】 推进热贡文化生态保护区建设，新建“非遗”传习中心16个、“非遗”宣传展示点20个，新增州级“非遗”代表性传承人118人，大型藏戏《意卓拉姆》获第六届全国少数民族文艺会演优秀剧目奖，同仁市被评为“中国民间文化艺术之乡”。新增国家AAA级旅游景区7个，完成文化和旅游投资9.3亿元，进一步完善重点景区服务功能，坎布拉景区恢复经营。承办全省乡村旅游现场观摩会，打造省级乡村旅游重点村5个，扎毛村被评为全国乡村旅游重点村，德吉村入选全国乡村旅游扶贫示范案例。成功举办第三届青海·热贡文化旅游节，在天津、上海等地举办文化旅游资源宣传推介活动，进一步提升黄南文化旅游品牌影响力。

【重大项目建设】 启动实施“十四五”规划纲要，推进行业专项规划编制实施，加快构建“十四五”经济社会发展“1+2+24+4”规划体系。跟进国家投资导向，谋划储备打基础、管当前、利长远的重大项目772项，总投资2041亿元，同仁地质灾害综合防治、洮河源头湿地生态保护修复等项目纳入国家重点支持项目盘子，为可持续发展增添后劲、奠定基础。开展项目攻坚年活动，全年实施建设项目656项，完成固定资产投资74.7亿元，黄南机场选址、航行服务及空域使用通过审查，西成铁路黄南段、张汶高速同仁至赛尔龙段、国道310尖扎至贵德段、330千伏输变电、天然气入州、扎毛水库灌渠、浪加水库等项目快速实施，郭么日大桥、同仁城北新区地下管廊二期等项目开工建设，瓜什则至大角满公路、马康公路竣工投用，在全省率先完成第六批电信普遍服务试点建设任务。推进高原美丽城镇建设，实施城镇基础设施项目112项，完成投资22.1亿元，进一步完善同仁、尖扎城北新区功能，稳步推进唐卡艺术小镇、坎布拉运动休闲小镇，和日镇美丽城镇开工建设，王家乡获全省美丽城镇建设优秀奖，城镇风貌改造加快实施，完成老旧小区整治69个，一大批高标准城镇公厕建成投用。

【乡村振兴】 坚持巩固拓展脱贫攻坚成果同乡村振兴有效衔接，脱贫攻坚期内所有扶贫项目资产实现确权管理，全面完成易地搬迁安置住房不动产登记发证工作。健全完善防止返贫动态监测、防贫保险、挂钩帮扶、分层分类精

2021年6月21日，州长扎西才让（正面中）调研西城铁路项目并听取项目部工作汇报

准帮扶四项机制，消除返贫致贫风险366户1366人，风险消除率达到72.5%。争取落实衔接资金7.34亿元，集中用于支持脱贫地区产业发展、易地搬迁后续扶持等，集体经济年收益超10万元以上村占比达到62.6%。启动乡村振兴示范试点建设行动，打造省级产业融合发展示范园和产业基地8个、乡村振兴和乡村旅游试点村23个，新建高原美丽乡村22个。推进国家级传统村落集中连片保护利用示范州建设，在全省率先完成30个国家级传统村落挂牌工作并建立州级名录。实施农牧民居住条件改善工程4293户，新改建农村公路200千米，开通交邮融合线路8条，169个行政村通公交车。新建高标准农田666.67公顷，清查整治耕地“非农化”“非粮化”和乱占耕地现象，稳定粮食种植面积和产量。完成农牧区集体产权制度改革，建立州、县、乡、村四级供销社机构体系。开展“百企兴百村”行动，群众性精神文明创建活动，县级以上文明乡镇、文明村创建率分别达到69.4%和62.7%。

【深化改革】 启动乡镇管理体制改革，开展全国农村公路管理养护体制改革试点，重点行业财政事权和支出责任划分改革，物业标准化、成品油市场综合监管改革等工作，扩面推广“互联网+区块链+代理记账”模式，完成国有粮食企业公司制改革任务。有序推进政府债务化解工作，银行不良贷款实现“量率双降”。推进“放管服”改革，取消调整行政审批事项11项，稳步推进政务服务“五级联动”试点，58项高频政务服务事项实现跨省通办，完成“12345”政务服务便民热线归并整合工作。推进社会信用体系建设，完善市场主体退出制度，简易注销市场主体1854户。落实非公有制经济发展扶持政策，培育规模以上企业3户，新增市场主体3209户，总量保持在2.3万户。参加“青洽会”、生态博览会等大型经贸活动，签约招商引资项目22项，签约金额突破100亿元，到位资金14.7亿元。深化东西部协作，与天津市新签订合作协议4项，落实对口援建项目21个、援助资金1.37亿元，与江苏省南通市建立结对帮扶关系。全年累计完成改革任务175项。

【人民生活】 持续加强基础性、普惠性、兜底性民生建设，全年公共财政民生支出达到90亿元，占财政支出的81.6%。落实就业创业政策，实现农牧区劳动力转移就业2.17万人次，城镇新增就业1636人，城镇登记失业率1.6%，高校毕业生就业率达到92%，就业目标超过预期。召开全州教育发展大会，出台《关于加快推进新时代教育高质量发展的实施意见》及5个配套文件。教育布局调整工作收官，州职校新校区完工，新改扩建幼儿园14所。全州99所中小学校规范使用统编“三科”教材，182所幼儿园如期实现通用语言保教全覆盖。探索试行“托管式”教育援青新模式，落实义务教育“双减”政策。开展全民科学素质行动，建立科普教育基地3个。推进“五医”联动改革，县域紧密型医共体建设实现全覆盖。民族医药传承创新发展，自主研发藏药制剂种类达到857种，产量突破80吨，乡镇卫生院、村级卫生室民族医药服务普及率分别达到95%和80%。落实常态化疫情联防联控机制，超额完成疫苗接种年度任务，实现“零输入、零感染”。加快建设“四馆一院一中心”，持续推进文化进村入户工程，举办黄河国际铁人三项、那达慕等文化体育活动268场次，广播电视、新闻出版、档案史志、智库建设等工作取得新成效。启动环卫工人暖心早餐工程，改善环卫工人工作生活条件。按时足额发放各项社会保险待遇，城乡低保人均标准分别提高5%和8%。妇女儿童、残疾人、老龄、慈善、红十字等事业取得新进步，国防教育、国防动员、拥军优抚安置、退役军人服务、人防工程管理等工作实现新提升。2021年年初承诺的10个大类28项民生实事工程全部兑现。

【社会治理】 开展铸牢中华民族共同体意识宣传教育，启动州级铸牢中华民族共同体意识体验馆建设，实施中华民族视觉形象工程，创建省级民族团结进步教育基地、示范单位8个，同仁市成功创建全国民族团结进步示范市。启动“八五”普法，修订实施《黄南藏族自治州自治条例》《黄南州犬只管理办法》，加快《黄南州城乡社区治理促进条例》立法进程，泽库县和日村被评为全国民主法治示范村。推进藏传佛教寺庙财税监管改革和寺庙“智慧消防”，黄南州被评为全省藏传佛教寺庙社会管理工作优秀地区。政法队伍教育整顿成效显著，扫黑除恶斗争进入常态化，严厉打击“盗抢骗”“黄赌毒”和电信诈骗等群众关注度高的违法犯罪行为，社会治安群众满意度达到96.4%。成功打造全省首家“一站式多元解纷中心”，矛盾纠纷化解率达到97.5%，国家和省上交办的重复信访事项、信访积案全部化解。编制完成“1+41”应急预案体系，推进安全生产风险隐患大排查大整治，加强食品药品安全监管，有效遏制部分市场乱象。

2021年7月12日，州政府领导班子参观海北州青海原子城纪念馆

【政府效能建设】 开展党史学习教育，取得学史明理、学史增信、学史崇德、学史力行的良好成效。严格实行科学决策、民主决策、依法决策，及时修订完善政府工作规则和相关工作制度，规范政府运行。自觉接受州人大及其常委会法律监督、工作监督和州政协民主监督及社会各方面监督，高质量办理代表建议128件、委员提案185件，办结率、答复率、满意率均为100%。提请州人大常委会审议地方性法规4件，制定修改废止州政府规章8件，制发规范性文件6件。进一步严肃财经纪律，常态化开展经济“体检”，不断提升审计监督效能。坚持过“紧日子”，压减一般性支出15%、“三公”经费3%。落实中央八项规定及其实施细则精神，集中整治形式主义、官僚主义，严格执行“710”工作制度，加快形成风清气正的政治生态和干事创业的良好氛围。

（撰稿人：桑杰吉）

重要会议

【政府全体会议】 3月12日，州委副书记、州长乔学智主持召开州十五届人民政府第九次全体会议，传达学习全州“两会”精神，并就落实好《政府工作报告》提出的目标任务提出五项要求。乔学智强调要以“五个第一”的担当，坚持“干”字当头、“实”字托底，心无旁骛抓落实，交出一份经得起实践和历史检验的合格答卷。

5月13日，州委副书记、州长扎西才让主持召开州十五届人民政府第十次全体会议，传达学习州十五届人大八次会议精神，安排部署贯彻落实工作。扎西才让要求州政府领导班子和全州政府系统干部职工凝心聚力，始终坚持“干”字当头、“实”字托底，努力在攻克发展难题、推进重点工作中实现新作为、创造新业绩，不断开创黄南经济社会高质量发展新局面。

8月15日，黄南州第十六届人大一次会议闭幕后，州政府立即召开第一次全体会议，深入学习贯彻省委十三届十次全会、州委十二届十三次全会、州第十三次党代会以及全州“两会”精神，就州党代会精神和《政府工作报告》各项目标任务抓落实提出要求，确保新一届政府各项工作实现良好开局。州委副书记、州长扎西才让出席并讲话。州委常委、常务副州长肖顺琛主持会议。州政府各副州长、热管委主任，州政府一级、二级巡视员，秘书长、办公室主任，各副秘书长、办公室副主任；各市（县）政府市（县）长；州政府组成部门、挂牌机构、直属机构及州直有关单位主要负责人，金融机构、省驻州各单位、州属国有企业主要负责人参加会议。会议还邀请了州委办、州纪委监委、州委组织部、宣传部、州人大财经委、州政协提案委、州委编办、州考核办、州总工会、团州委、州妇联等单位负责人列席会议。

【政府常务会议】 2021年，黄南州人民政府累计召开8次常务会议。

2月23日，州长乔学智主持召开州政府第46次常务会议。会议通报州政府第45次常务会议研究决定事项的办理情况；研究《黄南州国民经济和社会发展第十四个五年规划和二〇三五年远景目标纲要（送审稿）》《政府工作报告（讨论稿）》《黄南州2020年国民经济和社会发展计划执行情况和2021年国民经济和社会发展计划草案的报告（讨论稿）》《黄南州2020年财政预算执行情况和2021年财政预算草案的报告（讨论稿）》，州交通运输局《关于全州五座国省干道沿线公路驿站移交市（县）政府运营维护管理的请示》，州委组织部《关于申请解决实施“抓乡促村”提标升级工程建设项目资金的请示》。

4月6日，乔学智主持召开州十五届人民政府第47次常务会议。会议通报州政府第46次常务会议研究决定事项的办理情况；研究州退役军人事务局《关于黄南州进一步加强新时代退役军人工作实施方案的请示》，州住房城乡和建设局《关于黄南州生活垃圾分类和处置工作实施方案的请示》，州财政局《关于黄南州生态环境领域州与市（县）财政事权和支出责任划分改革实施方案的请示》《关于黄南州公共文化领域州与市（县）财政事权和支出责任划分改革实施方案的请示》，州卫生健康委《关于黄南州促进中藏医药传承创新发展实施方案的请示》，州教育局《关于申请解决2021届青海师范大学38名藏汉双语定向公费师范毕业生就业的请示》，州发展改革委《关于黄南州“十四五”生态文明建设规划的请示》。

7月14日，州长扎西才让主持召开州十五届人民政府第48次常务会议。会议通报州政府第47次常务会议研究决定事项的办理情况；研究《黄南藏族自治州国家生态文明建设示范州规划（2021—2030年）》、州政府办公室《关于黄南州人民政府取消和调整10项行政审批事项的请示》、州乡村振兴局《关于黄南州乡村振兴示范村（乡镇）建设行动计划方案（审议稿）》。

7月23日，扎西才让主持召开州十五届人民政府第49次常务会议。会议讨论《政府工作报告（讨论稿）》《州政府主要领导在州委十二届十三次全体会议上的讲话（讨论稿）》。

8月24日，扎西才让主持召开州十六届人民政府第1次常务会议。会议通报州十五届人民政府第48、49次常务会议研究决定事项的办理情况；研究州乡村振兴局《关于〈关于实现巩固拓展脱贫攻坚成果同乡村振兴有效衔接实施方案〉的请示》，州文体旅游广电局《关于〈青海省黄南藏族自治州全域旅游总体规划〉的请示》，州发展改革委《关于按照国有企业公司制改革工作要求批准黄南州粮食企业改制事宜的请示》，州教育局《关于召开黄南藏族自治州教育发展大会暨第37个教师节庆祝大会的请示》《关于表彰奖励全州教育工作先进集体和先进个人的请示》《关于〈黄南州加快推进新时代教育高质量发展的实施意见〉及配套文件的请示》《关于提高州特殊学校临聘人员工资待遇的请示》，州文体旅游广电局《关于州广播电视台增加公益性岗位的请示》，州财政局《关于解决州直部分单位资金需求的请示》。

10月11日，扎西才让主持召开州十六届人民政府第2次常务会议。会议研究州财政局《关于解决州直部分单位资金需求的请示》《关于2021年新增地方政府债券资金分配计划的请示》《关于申请州电视台新闻业务采访特种专技车辆编制的请示》《关于申报变更2019年新增地方政府一般债券项目的请示》。

10月22日，扎西才让主持召开州十六届人民政府第3次常务会议。会议通报州十六届人民政府第1次、2次常务会议研究决定事项的办理情况；研究《黄南州人民政府工作规则》《黄南州人民政府“三重一大”集体决策工作制度（试行）》《黄南州人民政府党组会议制度》《中共黄南州人民政府党组中心组学习制度》《黄南州人民政府常务会议制度》《黄南州人民政府州长碰头会工作规则》《黄南州人民政府全州性会议管理办法》《黄南州人民政府会务工作规则》等修订工作，州卫生健康委《关于黄南州藏医院中医特色重点医院项目建设选址的请示》，州林草局《关于〈黄南藏族自治州林木管护条例（修订草案）〉的请示》，州水利局《关于〈黄南藏族自治州水资源保护条例（草案）〉的请示》，州司法局《关于〈黄南藏族自治州城乡社区治理条例（草案）〉的请示》《关于〈黄南州藏族自治州犬只管理办法（草案）〉的请示》《关于〈黄南州“七五”普法决议贯彻落实情况报告〉的请示》，州委宣传部、州司法局《关于〈在全州公民中开展法治宣传教育的第八个五年规划（2021—2025年）〉的请示》，州财政局《关于印发〈黄南州“互联网+区块链+村级财务代理记账”推广工作实施方案（试行）〉的请示》，州政府办公室《关于〈黄南州12345政务服务便民热线优化整合实施方案〉的请示》。

12月28日，扎西才让主持召开州十六届人民政府第4次常务会议。会议通报州十六届人民政府第3次常务会议研究决定事项的办理情况；听取州发展改革委关于粮食工作的汇报；研究《州政府主要领导在州委十三届二次全会第一次会议上的讲话（讨论稿）》《黄河黄南流域生态保护和高质量发展规划》《黄南州“十四五”住房发展规划》《黄南州综合交通运输“十四五”发展规划》《黄南州“十四五”水安全保障规划》《黄南州“十四五”推进农牧业农牧区现代化规划》《黄南州“十四五”消防救援事业发展规划》，州生态环境局《关于黄南州贯彻落实〈关于加快把青藏高原打造成为全国乃至国际生态文明高地的行动方案〉的实施方案的请示》，州工业商务和信息化局《关于黄南州成品油市场综合监管试点改革方案的请示》，州市场监管局《关于〈黄南州质量奖管理办法〉的请示》、州住房和城乡建设局《关于解决州直公共租赁住房有关问题的请示》，州住房和城乡建设局《关于〈黄南州州直公共租赁住房运营管理办法〉的请示》《关于〈黄南州州直廉租住房按份共有产权管理实施细则〉的请示》《关于黄南州国家级传统村落集中连片保护利用示范州项目资金分配方案的请示》，州卫生健康委《关于〈黄南州计划生育协会改革方案〉的请示》，州财政局《关于〈黄南州2020年国有资产管理情况的综合报告〉的请示》《关于解决州直部分单位资金需求的请示》。

【政府专题会议】 1月13日，副州长王岐岳主持召开专题会议，研究推进黄南州旅游文化服务中心项目事宜。州政府分管副秘书长及州工业商务和信息化局、州财政局负责人参加会议。

2月4日，受州长乔学智委托，州委常委、常务副州长、州天然气项目领导小组组长杨志军主持召开会议，专题研究黄南州天然气项目工作推进相关事宜。州发展改革委、州自然资源局、州住房和城乡建设局、州林草局、州生态环境局相关负责人和同仁市、尖扎县政府分管副市（县）长、发改局主要负责人以及中石油昆仑燃气有限公司青海分公司、青海河泽燃气有限公司相关负责人参加会议。

2月4日，州委常委、常务副州长杨志军主持召开会议，专题研究州政府办公室公务用车更新相关事宜。副州长王岐岳、州政府办公室、州财政局、州直机关事务管理局主要负责人参加会议。

2月22日，副州长人选李鑫主持召开专题会议，研究河南县人民政府《关于协调解决青海聚能瀞度饮料股份有限公司请求延期还贷相关情况的报告》。河南县政府、州发展改革委、州工业商务和信息化局、州银保监分局、人民银行黄南州中心支行、农业发展银行黄南州分行、青海聚能瀞度饮料股份有限公司相关负责人参加会议。

3月3日，副州长王岐岳主持召开州旅游文化服务中心项目建设调整优化方案专题会议，州发展改革委、工业商务和信息化局、财政局、政通发展集团有限公司等相关单位负责人参加会议。

3月24日，副州长先巴主持召开会议，专题研究理顺全州森林草原防灭火和防汛抗旱指挥机构相关问题。副州长韩海宏及相关副秘书长和部门负责人参加会议。

3月31日，副州长韩海宏主持召开专题会议，研究2020年第四季度贯彻落实国家重大政策措施情况审计相关问题整改工作。副州长王岐岳，州政府分管副秘书长及州财政局、州审计局、州扶贫开发局主要负责人参加会议。

4月5日，副州长先巴主持召开州政府专题会议，研究州军分区《关于申请解决“四个秩序”规范化达标建设相关经费的请示》、州发展改革委《关于申请解决3000吨州级储备原粮轮换费用的请示》、州住房和城乡建设局《关于申请解决传统村落集中连片保护利用示范州规划编制费的请示》、州林草局《关于申请黄南州海东市民族团结进步林项目缺口资金的请示》、州生态环境局《关于要求解决生态文明示范州创建经费的请示》、州残联《关于申请州残疾人综合服务中心相关经费的请示》、州委政法委《关于解决黄南州政法队伍教育整顿专项经费的请示》、州委组织部《关于解决公务用车购置经费的请示》、州生态环境局《关于申请解决碳排放达峰行动方案资金的请示》、州文体旅游广电局《关于解决黄南州博物馆、非物质文化遗产博物馆项目二期建设资金的请示》《关于解决黄南剧院二期项目资金的请示》。副州长王岐岳、李鑫，州政府分管副秘书长，州财政局、州文体旅游广电局、州发展改革委负责人参加会议。

4月21—22日，州委副书记、州政府党组书记扎西才让主持召开会议，听取州政府有关部门工作情况汇报，及时了解掌握各方面工作情况，调度指导全州经济社会发展工作，研究解决存在的问题，推动各项重点工作落地落实。肖顺琛、王桂莲全程参加会议，韩海宏、叶忠措、王岐岳、李鑫等参加各分管部门工作汇报会，州发展和改革委员会、州财政局、州交通运输局、州住房和城乡建设局、州自然资源局等20个州政府部门班子成员参加本部门工作汇报会。

4月25日，州委副书记、州政府党组书记扎西才让主持召开会议，专题听取4月23日国家自然资源督察西安局和省自然资源厅对黄南州推动黄河流域生态保护和高质量发展、农村乱占耕地建房专项整治工作及尖扎县城北新区土地实地督察情况的汇报，安排部署督察组指出的黄南州荣誉军人休养院项目占用耕地问题整改工作。副州长李鑫、副州长人选王桂莲，州自然资源局、州农牧局负责人参加会议。

4月28日，副州长人选王桂莲在尖扎县主持召开专题会议，研究黄南州荣誉军人休养院项目建设违规用地问题整改工作。尖扎县委、县政府及州县有关部门负责人参加会议。

5月8日，州委副书记、州政府党组书记扎西才让带领州委常委、州政府党组副书记肖顺琛，副州长王岐岳，同仁市政府和州工业商务和信息化局、自然资源局、住房和城乡建设局等部门主要负责人在州旅游文化服务中心项目建设现场实地查看和了解项目建设进展情况，并召开现场办公会议，研究解决项目建设中存在的困难和问题。

5月11日，州委副书记、州政府党组书记扎西才让主持召开国道310尖共公路尖扎至贵德段坎布拉镇土地复垦还林规划方案现场办公会，现场踏勘尖共1标、2标拟定俄家村一社、俄家村、尖藏村、南宗沟等9处复垦还林场地，安排部署就项目推进、弃渣处理、安全生产等工作。州委常委、州政府党组副书记肖顺琛，州交通运输、自然资源、水利、环保、林业、坎管委等部门及尖扎县政府负责人参加会议。

6月2日，州委副书记、州长扎西才让，州委常委、常务副州长肖顺琛，副州长李鑫，以及同仁市委、市政府和州自然资源局、州住房和城乡建设局等部门主要负责人在隆务东西山实地查看和了解资质灾害治理工作情况，并召开地质灾害工作推进会议，研究解决地质灾害治理过程中存在的困难和问题。

6月4日，副州长王桂莲主持召开专题会议，通报近期对各市（县）矿山开发管理的检查情况，研究部署全州矿山生态恢复治理暨地质灾害防治工作。州自然资源局、工业商务和信息化局、生态环境局、应急局负责人，各市（县）政府分管副市（县）长和自然资源局负责人参加会议。

6月8日，州委副书记、州长扎西才让主持召开会议，专题研究青甘川藏滇交界地区州（市）长第七次联席会议后勤保障经费。州委常委、常务副州长肖顺琛，副州长王岐岳，州政府相关副秘书长和州财政局局长参加会议。

7月9日，副州长更太主持召开专题会议，研究部署州藏医院整体搬迁项目相关事宜，州政府相关副秘书长，州卫生健康委、州藏医院相关负责人参加会议。

7月15日，州委副书记、州长扎西才让会见广东省能源集团广东粤电博贺能源有限公司副总经理伍征团一行，并就清洁能源开发进行座谈，副州长王岐岳、李鑫参加会议。

6月8日，州委副书记、州长扎西才让主持召开会议，专题研究州委党史办经费等32项工作经费。州委常委、常务副州长肖顺琛，副州长王岐岳，州政府副秘书长、办公室副主任吴万营及州财政局局长索南达吉参加会议。

7月28日，州政府一级巡视员先巴主持召开会议，专题安排部署同仁至赛尔龙段高速公路项目协调服务工作，州自然资源局、州交通运输局、州林草局、联通黄南分公司、黄化供电公司，同仁市、泽库县、河南县政府及有关部门，同赛高速公路项目指挥部及各施工单位负责人参加会议。

7月29日，州政府一级巡视员先巴主持召开会议，专题安排部署西成铁路项目协调服务工作，州发展改革委、州自然资源局、州生态环境局、州林草局，同仁市、尖扎县政府及有关部门，甘青公司海东指挥部及各施工单位负责人参加会议。

8月16日，副州长李鑫主持召开专题会议，研究《河南蒙古族自治县人民政府关于协调解决青海聚能瀞度饮料股份有限公司贷款期限的请示》，协调解决青海聚能瀞度饮料股份有限公司（以下简称瀞度公司）纾困相关事宜。副州长王桂莲，州政府相关副秘书长及河南县政府、州发展改革委、州工业商务和信息化局、黄南银保监分局、人行黄南州中心支行、农发行黄南州分行、瀞度公司负责人参加会议。

9月6日，州长扎西才让与中铁资源集团总经理张瑞刚一行就中铁资源集团继续运营坎布拉景区事宜进行会谈，副州长哇多、秘书长敏通宫及州坎管委相关负责人参加会议。

9月9日，副州长哇多主持召开会议，专题研究黄南州博物馆、科技馆、铸牢中华民族共同体意识体验馆建设项目及功能区布展工作。副州长李勇、州热贡文化生态保护区管理委员会主任乔得林出席会议。

9月15日，州委常委、常务副州长肖顺琛主持召开黄南州殡仪馆项目建设专题会议，研究推进殡仪馆项目建设。副州长王桂莲、州政府相关副秘书长，同仁市政府及州、市有关部门负责人参加会议。

10月12日，州委书记王耀春，州委副书记、州长扎西才让召集州发展改革委、公安局、自然资源局、住房和城乡建设局等部门和尖扎县委、县政府主要负责人召开尖扎县武警营房和看守所驻地地基塌陷问题现场会，专题研究有关事项。

10月28日，州政府召开黄南州应急预案专题会议，研究《黄南州突发事件总体应急预案》和37项专项应急预案，州委常委、常务副州长肖顺琛参加会议并提出工作要求。州政府分管副秘书长及各专项应急预案牵头单位负责人参加会议。

11月4日，副州长韩海宏主持召开专题会议，研究并安排疫情防控医疗物资储备工作。州政府分管副秘书长、州工业商务和信息化局、州财政局、州卫生健康委负责人参加会议。

11月12日，州委常委、常务副州长肖顺琛主持州政府召开专题会议，研究公务用车保障相关事宜。副州长王岐岳，州政府秘书长敏通宫、州政府相关副秘书长、州直机关事务局主要负责人参加会议。

11月10日，州政府召开全州绿色农畜产品输出地示范园区建设规划讨论会，农业农村部规划设计研究院规划编制专家组介绍规划总体框架及主要内容，会议讨论《黄南州绿色有机农畜产品输出地示范园区建设规划》，提出规划讨论修改意见，安排部署下一步工作。州委副书记李晓燕应邀参加会议，州长扎西才让出席会议并讲话，副州长更智才让主持会议，州政府在家各副州长、同仁市政府及州直有关部门主要负责人参加会议。

（撰稿人：桑杰吉）

重要活动

【“世界最大土烧馍——昂拉果馍切”世界纪录认证活动】 1月8日，在尖扎县昂拉乡牙那东村，由中共昂拉乡委员会、昂拉乡人民政府主办，乡域9个行政村共同承办的以“传承‘非遗’文化·留住乡愁记忆·共创世界之最·献礼建党百年”为主题的“世界最大土烧馍——昂拉果馍切”世界纪录认证活动中，经世界纪录认证机构（WRCA）认证官安永胜现场认证，“昂拉果馍切”被成功认证为世界最大土烧馍。昂拉地处黄河沿岸，属典型的安多农耕文化区，“昂拉果馍切”汉语意思是土烧大馍。2018年被评为省级非物质文化遗产保护项目，是昂拉乡重要的文化坐标之一。

【青海泽库泽曲国家湿地公园通过国家验收】 1月，青海泽库泽曲国家湿地公园试点通过国家林草局验收，正式成为“国家湿地公园”。公园位于黄南州泽库县境内西南部的泽曲流域，属于三江源自然保护区域，海拔3700～4320米，总面积7.23万公顷，其中湿地面积4.28万公顷，湿地率57.46%。公园于2015年12月31日由国家林业局批准进行试点建设，划分为生态保育区、恢复重建区、科普宣教区、合理利用区、管理服务区五大功能区。

【推进国家农业科技园区建设】 1月，科技部印发《关于开展第九批国家农业科技园区建设的通知》，黄南国家农业科技园区入围第九批国家农业科技园区名单。该园区核心区位于河南县省级农业科技园区，通过功能属性强化和扩展，打造“牲畜养殖繁育基地、休闲观光文旅基地、农畜产品加工中心、商贸物流集散中心、科技研发孵化中心”五大功能区。示范区位于泽库县泽曲镇、和日镇。辐射区位于同仁市和尖扎县、海南州、海东市及邻近甘肃甘南地区等。黄南国家农业科技园区的建设将加快补齐全州畜牧业现代化短板，推进实施乡村振兴、巩固脱贫攻坚成果，使河南县成为青海省青南牧区乡村振兴引领示范县和绿色有机示范县，为地区有机畜牧业发展乃至现代农牧业发展发挥典型示范和辐射带动作用。

【打造国家级传统村落】 3月30—31日，州住建局在全省率先组织开展州级传统村落名录评审。评审会从传统村落建筑评价指标、村落选址和格局评价指标、村落承载的非物质文化遗产评价指标三类共20项指标体系进行综合评价，专家组一致认可将39个传统村落列入州级传统村落名录（同仁市23个村、尖扎县16个村）。黄南州是青海省传统村落的主要富集地，沉淀了大量具有浓郁地方特色的传统村落。表现为数量多、保存完整、文化底蕴深厚、旅游潜在资源丰富，沿黄河、隆务河“两河”流域分布着92个古村落，其中列入国家级传统村落名录的村庄30个，占全省总数的24.4%，29个传统村落获得中央财政补助资金8700万元。2020年黄南州成功申报国家传统村落集中连片保护利用示范州，获得中央财政补助资金1.5亿元。

【藏戏《意卓拉姆》创作提升汇报演出】 4月24日晚，由黄南州民族歌舞剧团重新修改提升的大型传统藏戏《意卓拉姆》在青海大剧院举行汇报演出。《意卓拉姆》是基于20世纪80年代初期创排的经典剧目《意乐仙女》为原型和基础，于2018年由黄南州民族歌舞剧团新生代创作团队编排的一台大型藏戏，该剧作为安多藏戏中较为典型的传统剧目，是一台能够代表不同时代、不同背景下藏戏发展水平的经典剧目。2019年该剧成功申报国家艺术基金舞台艺术创作资助项目，同年5月在青海大剧院正式汇报演出，并获第八届青海省文学艺术奖。2020年《意卓拉姆》被文化和旅游部确定为庆祝中国共产党成立100周年舞台艺术精品创作工程重点扶持作品，同时又被国家民委入选为第六届全国少数民族文艺会演参演剧目。2021年，黄南州在保留传统剧目本体的基础上，从主线、主题、音乐、场景、服装五个方面再次对《意卓拉姆》的剧本、舞美、音乐等进行大量修改和提升，推动整部剧目从剧本结构到舞台呈现都有了新的提高，并成功在青海大剧院进行汇报演出。

【提升热贡文化生态保护品牌】 5月，在湖南省湘西土家族苗族自治州召开的由文化和旅游部非物质文化遗产司主办的国家级文化生态保护区建设经验交流活动上，黄南热贡文化生态保护区获得正式授牌。黄南州2008年8月经原文化部批准设立热贡文化生态保护实验区，2019年底热贡文化生态保护实验区顺利通过文化和旅游部的工作验收，正式设立热贡文化生态保护区。

【黄南州大型唐卡《民族团结一家亲》亮相民族文化宫“铸牢中华民族共同体意识”系列展】 9月初，由国家民委、民族文化宫主办的“铸牢中华民族共同体意识系列展”在北京开展，系列展精选400余件珍贵文物、古籍和档案资料，打造“铸牢中华民族共同体意识系列展”精品展览品牌。黄南州大型唐卡《民族团结一家亲》被精选展出，《民族团结一家亲》主画面以习近平总书记和56个民族人物形象为主，背景以天安门为中心，左侧绘有昆仑山、青海湖，右侧绘有三江源头和长江黄河、澜沧江等，展现祖国山河的雄伟壮阔，象征着“一江清水向东流”“绿水青山就是金山银山”的美好寓意，展现全国各族人民始终紧跟领袖、拥护领袖和爱戴领袖的时代新风。

【打造全国乡村旅游扶贫示范村】 11月，文化和旅游部推出100个“体验脱贫成就·助力乡村振兴”全国乡村旅游扶贫示范案例，黄南州尖扎县德吉村入选。全国乡村旅游扶贫示范案例由文化和旅游部在全国范围内遴选确定，聚焦产业融合、创业就业、文化传承、生态保护、乡村治理、创新提升等6个重点类型，为助力实现巩固拓展脱贫攻坚成果同乡村振兴有效衔接起到积极作用。

【打造中国民间文化艺术之乡】 11月，文化和旅游部发布《关于命名2021—2023年度“中国民间文化艺术之乡”的通知》，黄南州同仁市（热贡艺术）被命名为“中国民间文化艺术之乡”。根据文化和旅游部要求，各级文化和旅游行政部门将创新后续建设，规范长效管理，使“中国民间文化艺术之乡”成为推动基层公共文化服务高质量发展、助力乡村振兴的重要抓手。

【打造绿色有机农畜产品】 11月22日，黄南州35个畜产品获得中国绿色食品发展中心颁发的绿色食品证书。35个畜产品分别为青海三江牧场农牧科技有限公司的12个牦牛藏羊加工产品和青海西北弘有机资源开发有限公司的23个牦牛藏羊加工产品。黄南州坚持绿色发展理念，大力实施质量强农、品牌兴农战略，绿色食品“队伍”不断发展壮大，绿色产业屡创佳绩。累计通过中国绿色食品发展中心认证绿色食品生产经营主体及企业共6家，认证绿色食品农产品47个，全州绿色食品种植业年产量2364吨、畜牧业加工产品700余吨，仅绿色食品年产值可突破亿元大关，为全州打造绿色有机农畜产品输出地先行区奠定绿色基础。

（撰稿人：马国庆）

政务保障

【概况】 2021年，州政府办公室始终聚焦办公室办文办会、政务督查、政务服务、“放管服”改革、政务信息等主责主业，围绕州委、州政府中心工作，强化政治引领，有力服务发展、服务决策、服务落实，推动州政府办公室各项工作稳步有序，创新高效开展。

【办文办会】 *公文办理*。落实州政府主要领导批示精神，梳理办文中的“短板”，进一步规范政府系统办文、州政府常务会议议题报送等程序，健全完善办公室办文办会等各项制度，实行全州政府系统每季度来文错情通报制度。全年制发各类文件106件，同比减少35%。全年承办各市（县）、州直各部门各类公文1048件，接受办理省委、省政府及省直部门各类公文2448件。

会议承办。完善会前准备、会中服务、会后落实三大环节，确保会议组织服务工作细致周密。全年以州政府名义召开的会议27

次，同比下降8%。

【政务督查】 严格执行《政府督查工作条例》，以《政府工作报告》目标责任分解、全州经济形势分析会议、州政府常务会议、州政府党组务虚会议、州政府州长碰头会议等重要会议及文件贯彻落实为重点，采取“四不两直”方式开展实地督查，及时反馈动态，加强跟踪督办，提高政务督查工作成效。严格执行“710”工作制度，“710”政务督办系统运用排名长期位于全省前列。制定2021年度州政府重点工作清单，全年督办重点事项182项，办结率96.4%。持续加大民生实事项目督查力度，建立滞后项目清单制度和完成销号制度，全年督办重点民生实事项目28项。抓好州政府重要会议及文件精神的贯彻落实和领导批示的跟踪督查，全年承办省政府督办事项20项，上报督查专报4期，办复率100%；承办州政府领导批示16件，编发州政府领导批示16期、督办通知31期、督查工作通报4期，督查确保各项决策部署件件有着落、事事有回音。

【电子政务服务与监管】 电子政务服务。研究出台《黄南州12345政务便民服务热线优化整合实施方案》，承接黄南州“12345”政务便民服务热线工作，归并整合除“110”“119”“120”等紧急热线外的24条政务服务热线，实现“12345”一号对外、一平台服务，提供“7×24小时”全天候人工服务，打造便捷、高效、规范、智慧的政务服务“总客服”。

电子政务监管。全面改版政府网站，开展州、市（县）政府网站突出问题集中整治活动6次，集中整治一批信息发布不准确、内容更新不及时、服务不实用等问题，拓展政府网站民意征集、网民留言等功能。加强政务新媒体监管，下达125个运行不规范的官方微信公众号、抖音等新媒体关停建议。办理州长信箱信件25次，办结率100%。做好惠民利企政策发布，除涉密信息外，最大限度通过政府网站公开政府信息，同步进行权威准确、通俗易懂的政策解读，提高政务服务透明度、便利度，全年公开政务信息5600余条。

【“放管服”改革协调】 取消下放行政审批事项11项，累计取消调整行政审批事项417项。评估取消和下放事项，不断完善事中事后监管措施，确保“放得开、管得住”。配合做好青海省营商环境优化KAP（知识、态度、实践）调查研究，针对6个一级指标、18个二级指标和86个三级指标提出的问题及时整改落实，进一步提升全州政务服务能力水平。及时组织全州各市（县）、州直各部门开展问题清单集中整改工作，完成州级556项、同仁市714项、尖扎县1127项、泽库县1176项、河南县750项的问题整改。

【政务信息编印】 建立健全《信息审批》《信息保密工作》《信息工作联系》《“全员办信息”》《政务信息特邀通讯员》5项制度，确保政务信息工作有条不紊、规范运行。以信息报送量化计分排名制为抓手，加大《政务信息约稿通知》《政务信息报送要点》发文为度，将信息工作纳入年度目标责任考核内容，落实信息奖惩机制，实行一季度一道报，进一步增强信息报送的主动性。加强全州政务信息工作人员培训力度，举办“提升政务信息服务质量”培训班，进一步规范和提升政务信息工作人员业务能力。全年编印《黄南公报》4期、《黄南政务信息》570期，上报省政府办公厅486条。其中，发省政府办公厅采编84条，省政府领导批示2条；国务院办公厅采编3条，国务院领导批示1条。

【提案办理】 高度重视省州人大代表建议、政协委员提案办理答复工作，高质量办理省十三届人大六次会议代表建议13件、省政协十二届四次会议委员提案1件，州十五届人大七次和十六届人大一次会议代表建议128件、州政协十三届七次和十四届一次会议委员提案185件，办理工作满意率100%。

【后勤事务管理】 严格经费管理，落实“三重一大”制度，修改完善财务管理制度、经费审批程序及各项采购流程；完善节约型机关创建工作，车辆运行费、公务接待费、电费及部分耗材较往年有所下降。做好公务接待工作，落实中央八项规定和州委、州政府公务接待管理办法，全年累计重要接待70余次。开展“洁净美”和“最美机关”创建活动，加强人员管理和规范化建设，健全会务服务、车辆调度申请、门卫安全保卫规范化管理和监督机制，推进创建一流政治机关建设。做好州政府大院、办公楼（1号、2号）、州会议中心、干部周转楼、州级领导食堂的环境卫生、安全生产和疫情防控等工作，政府及办公室门卫实行24小时值班制度，对外来车辆及人员严格实行登记，疫情防控期间实行双码登记、体温检测等防疫措施，每日对院内及办公区域进行防疫消杀。实施州政府1号、2号楼和会议中心供暖系统优化改造项目，保障会议中心各类会议600余次。新改建州政府1、2号楼电梯、卫生间，改造视频会议室、政府食堂、电子政务中心，新建图书室、荣誉陈列室、健身房，营造安全舒适、干净整洁的工作环境。

（撰稿人：桑杰、梁勇先、羊鹏、多杰措、桑杰吉、海永隆、钱秀芬、马国庆、石虹）

外事工作

【概况】 2021年，黄南州涉外工作坚持党对外事工作的集中统一领导，不折不扣落实落细党中央外事工作方针政策和省委、州委外事决策部署。召开州委外事工作委员会会议，制定《中共黄南州委外事工作委员会2021年工作要点》。全年登记境外驻华媒体记者及驻华使领馆人员16批次16名，其中境外媒体记者3人、驻华使领馆人员13人。因受新冠肺炎疫情影响，2021年黄南州暂缓因公出国（境）活动。

【对外交流合作】 坚持“请进来”“走出去”相结合，提高对外开放水平。利用第三届青海热贡文化旅游节等活动，向外国友人宣传党的民族政策和黄南民俗文化、热贡艺术及黄南州改革发展成果，进一步树立黄南州开放包容的良好形象，提升黄南知名度。

【涉外疫情防控】 加大境外返青人员疫情防控工作，累计向30余个平台、公众号、工作群推送各类疫情防控政策信息52次、覆盖8000余人。因受疫情影响，2021年黄南州暂缓因公出国（境）活动。

（撰稿人：仁青加）

信访工作

【概况】 2021年，黄南州受理信访事项263件次、645人次。其中，群众来信来访110批次，占信访总量的41.8%；网上信访86件次，占信访总量的32.7%；上级转送或交办67件次，占信访总量的25.4%。年内已办结237件，按期办结率达94.6%。赴省上访和到州集体访明显下降。在省政府评选表彰的2018—2021年度全省信访系统先进集体和个人中，州政府办公室、尖扎县政府办公室和同仁市信访局获先进集体荣誉称号，2名信访干部和2名信访工作者被评为优秀先进个人。

【信访基础工作】 利用基层综治中心平台开展建立乡镇信访工作联席会议机制试点工作，在各市（县）1/3的乡镇进行试点，其中尖扎县做到全覆盖。通过试点工作，建立体制机制，设立信访受理窗口，配备信访代理人员，完善工作制度；落实“属地属事”责任，最大限度促进“事要解决”，各类矛盾纠纷在基层得到又快又好化解。实行领导包案提示制度，对预判预警信息，第一时间报送分管领导包案，第一时间转交责任地区和部门认真核查，做到风险隐患化解在萌芽状态。变“被动受理”为“主动梳理”，促进信访问题及时就地解决，最大限度减少越级上访，不断提升源头预防治理矛盾的能力水平。

【信访信息化建设】 落实信访制度改革，推进信访工作信息化建设，落实“互联网+信访”战略，持续打造信、访、网、电、微五位一体新格局，为群众提供全天候、零距离服务。在开通“黄南信访”微信服务平台建设的基础上，编制一部群众喜闻乐见、通俗易懂的藏语和汉语微动画视频，通过微信、快手、抖音等线上平台广泛宣传，浏览点击量突破10万次，点赞量达到3万余次。制造宣传册5万张、各类宣传及展板10张，加强线下宣传，以线上线下结合的宣传方式让更多的群众深知网上信访好用、管用，努力让网上信访成为群众信访“直通车”“主渠道”。创新工作措施，以网上信访代理工作为突破口，在州法院“一站式矛调解纷”中心、州法律援助中心及政务服务大厅内设立信访受理服务窗口，重点乡镇设立群众网上信访代理服务窗口，健全及时就地解决群众合理诉求机制，打通“群众张嘴、干部跑腿”的新型信访通道，同比2020年大幅增长。

【信访积案化解】 开展信访积案排查化解工作，主动认领国家和省信访局集中交办的15件重复信访事项，将全州范围案情复杂、久拖未决的5件信访积案纳入专项工作，全力攻坚，实现积案化解率、息诉率均达到100%。落实地方政策补助资金67万余元，化解韩某某等2件重访事项。按照信访疑难问题“三到位一处理”的规定措施，审核甄别和信访人的解释、疏导；完成长达30余年尚未化解的同仁市辛某某信访积案和长达近40年的泽库县王某某“三跨三分离”信访案件；彻底化解尖扎县久拖未决的韩某某案件和原尖扎县李家峡自来水公司10名下岗职工安置问题。

【信访规范化建设】 组织全州信访系统业务骨干在西宁、海东等地开展为期2天的现场观摩和培训，各级信访部门，借鉴其先进工作经验，对照研究自身工作中存在的问题和不足，及时改进和完善工作程序，对群众诉求办理的每个环节进行程序化、标准化、规范化操作，有效提高信访工作者业务能力和工作水平，确保每一件群众合理诉求得到有效化解。对2009年后各级信访部门正确使用信访疑难专项资金情况进行一次自查和监督管理，做到专项资金使用方向正确、档案管理规范、矛盾化解到位。加大督查督办力度，督查审核责任单位办理情况，信访问题化解情况和实际效果进行网上评估，对办理结果不满意、工作程序不规范的责令重新办理答复，保证群众的合法诉求。

【信访服务保障】 强化重大节庆、重要会议及重要节点、虫草采挖期间及州、市（县）的信访服务保障工作，严格执行24小时值班制度，坚持实行日报告、周动态、月分析制度，密切关注社情民意动态，并对每日发生信访事件，及时跟进工作，采取有效措施，妥善应对或处置，做到矛盾纠纷化解在基层。

（撰稿人：夏吾周拉、仁青多杰）

人力资源管理服务

【概况】 2021年，黄南州有各类专业技术人才5352人。从年龄结构看，35岁及以下2248人，占42%；36～40岁的910人，占17%；41～45岁的1124人，占21%；46～50岁的696人，占13%；51岁以上的374人，占7%。专业技术人才队伍年轻化程度较高。从职称结构看，高级职称962人，占18%（正高24人、副高938人）；中级职称2088人，占39%；初级职称2302人，占43%。中级以上专业技术人才占比较高。按学历层次看，本科及以上学历3309人，占62%；大专及以下学历2043人，占38%。专业技术人才文化程度普遍较高。从行业分布看，教育系统专业技术人才3279人，占61%；卫生系统专业技术人才1114人，占21%；其他行业959人，占18%。专业技术人才主要集中在教育、卫生等公共服务行业。

【人才引进】 组织落实人才“雏鹰”计划，创新协同州教育局、州卫健委等部门，每年借助天津对口支援资金500万元，招募和培训各类人才200人以上，其中面向县级以下基层占比80%。组织落实好“双定向”职称政策这个“地方粮票”，解决好职称与称职问题。进一步推进职称评聘“双轨制”运行，为500名专技人员落实“双定向”职称评审

2021年9月8日，省人力资源社会保障厅副厅长高原（右二）一行到黄南州调研人事人才工作

优惠政策，解决基层留不住人才的问题。

【事业单位队伍建设】“组团式”引进校园人才5人，其中州人民医院1人、尖扎县人民医院3人、黄南州特校1人。完成2021年事业单位面向社会公开考聘工作，考聘工作人员44名。开展公需科目继续教育，累计培训专业技术人员2928人。完善县域内职称统筹使用机制，严格实行岗位总量控制，合理设置岗位比例。出台《黄南州关于推进人才工作高质量发展的实施意见》，开通人才服务绿色通道，健全人才聚集引进、培育、使用等27条优惠政策措施。出台《黄南州关心关爱基层人才身心健康十项措施》，组织500名基层优秀人才分批次开展疗养活动。

【劳动工资】自2020年1月1日起，将全州最低工资标准由每月1500元调整为1700元；小时最低工资标准为15.2元。年内发布41个职位（工种）劳动力市场工资指导价位，其中发布主要职位（工种）指导价位15个，即时交易价位和非全日制从业人员工资指导价位26个。

（撰稿人：陈昊星）

机关事务管理

【概况】2021年，黄南州直机关事务管理局坚持在公房管理、公车监管、后勤服务、公共机构节能上提质增效，主动服务、优质高效保障、科学规范管理，全州机关事务管理工作成效明显，机关事务工作逐步向“集中统一管理”新模式转变。截至年底，全州有公务车辆271辆，为州直各单位调度车辆1836次，未发生一起交通安全事故；接待来宾约69批1495人次。因工作成绩突出，州直机关事务管理局被省直机关事务管理局推荐为全国机关事务工作先进集体。

【办公用房管理】加强办公用房权属统一管理，完成州委办公室等17家单位总建筑面积4.68万平方米的办公用房权属变更工作，有序推进办公用房管理“四统一”工作，此项工作走在全省前列。加大办公用房统筹调配工作，收回州村镇建设规划服务中

2021年12月8日，全州党政机关及事业单位办公用房专项整治安排部署会召开

心出租的办公用房，为州供销合作社、州医保经办中心等5家单位调配解决办公用房。开展州直公益一类事业单位办公用房调查摸底，启动公益一类事业单位办公用房权属变更工作，完成州政府服务和公共资源交易中心等4家事业单位办公用房权属变更。与权属变更各机关单位签订办公用房使用协议，核发《办公用房使用证书》，开展党政机关及事业单位办公用房专项整治工作，不断规范全州党政机关办公用房使用管理。

【公务用车管理】 加大公务用车使用监管，优化信息平台建设，按照州直公车监管平台建设与“全省一张网”的要求，更换公车监管平台运营维护商，实现接口兼容，数据共享。实行公务用车月抽查运行轨迹、周电话提醒制度，有效防范“无任务出行”现象，加强公车监管，节假日重申公车管理制度和廉政要求，强调公车使用“红线意识”。专项检查全州公务用车使用情况，持续监控车辆安装OBD（车载自动诊断系统）车载定位终端情况，规范各单位保留车辆和公车监管平台统筹车辆使用申请，严格派遣手续，严把安检关。

【后勤服务保障】 推进机关后勤服务社会化改革，加大机关向社会力量购买后勤服务力度，确定青海盛宇天伦酒店为固定接待酒店，实现接待工作无差错，完成各项接待任务。严格把关机关食堂卫生、食材购买、餐具消毒、消防、财务等，督促食堂菜品推陈出新，年内就餐人数5.7万人次，经民意测评食堂就餐人员满意率达95%。在公务接待中推行“N-1”点餐模式，在原有菜品基础上推出半份菜和小份菜等措施，确保来宾吃好的同时，杜绝餐饮浪费；机关食堂严控食材成本和进货量，按人所需量化配餐，不断优化供餐模式，精准控制每餐供应量，制定《黄南州党政机关食堂厉行节约反对食品浪费工作成效评估和通报暂行办法》，制止餐饮浪费成效明显。

【公共机构节能】 开展以“节能降碳，绿色发展”为主题的公共机构节能宣传周活动，采取悬挂宣传横幅、制作节能宣传展板、发放宣传画册以及电子屏滚动播放节能宣传片等方式，营造节能减排良好氛围，增强广大干部职工和群众的节能意识。开展公共机构能源资源消费统计和机关运行成本统计调查工作，审核、收集、汇总全州624家公共机构能源资源消费情况，编制黄南州2020年能源资源消费统计分析报告和报表。举办全州机关运行成本统计系统操作培训班，完成2020年度全州机关运行成本统计调查。组织一市三县及州直相关单位节能工作负责人在西宁市机关事务管理中心观摩学习公共机构节能先进经验。加大节约型机关创建工作，制定《黄南州节约型机关创建实施方案及评价标准》，组织州发改、工信、财政等部门工作人员督查检查及评价验收全州节约型机关创建工作，完成2021年底50%以上的党政机关节约型机关的创建任务。

（撰稿人：柴晖栋）

政务服务监督管理

【概况】 2021年，黄南州政务服务监管局推进政务服务“一网通办”“跨省通办”“好差评”“五级联动”工作，加快公共资源交易全流程电子化，政务服务工作稳步推进。黄南州政务中心进驻单位22家，州本级行政许可事项164项，进驻大厅143项；公共服务事项123项，进驻大厅110项，政务服务事项网上可办率达93%。全年累计办理行政审批和公共服务事项13万件，办结率100%。完成进场交易项目637个，金额30.8亿元。截至年底，全州政务服务“好差评”评价数量达到18387条，累计满意率100%。

【减证便民】 持续推进“减环节、减材料、减时间、减证明、减跑动”，强化事项要素信息公开和政策解读，重新梳理州本级25项政务服务事项“压缩时限清单”和23项“精简材料清单”，并在省政务服务网站和政务宣传栏进行公布；办事大厅提供免费邮寄服务，办事取证由“上门取”变为“送上门”，节省办事群众的时间和成本。全年办理免费邮寄业务350件，受到省政府办公厅通报表扬。增设老年人藏语汉语服务窗口，安排藏语汉语引导员进行全程“一对一”业务帮办。落实“好差评”评价机制，限期整改群众反映的问题、意见及建议并跟踪回访，强化结果运用。

【公共资源交易】 农牧、林草和生态保护工程货物采购项目顺利实现全流程电子化。完成进场交易项目637个，金额30.8亿元，其中，省内跨区域远程异地评标项目272个，金额18.9亿元；政府采购方面办理公车采购业务2个，完成采购预算86万元；矿业权网上挂牌出让2个，成交金额3311万元。由银行和保险公司出具履约保证的电子保函保单，有效解决企业资金占用，操作不便的难题。全年投标企业选择电子保函保单数量达968笔，数量增长明显。

【招投标管理】 常态化推进远程异地评标，实现专家资源跨域共享，解决本地评标专家稀缺，改变评审“常客”现象，保障评标评审活动公平公正，有效预防招投标领域腐败问题。常态化拓展公共资源电子化交易范围，在实现工程建设项目、政府采购房建、市政项目等公共资源交易项目全流程电子化基础上，完成农牧、林草和生态保护工程货物政府采购全流程电子化。常态化落实跨地区进场交易，依法依规推进办理政府采购货物及服务项目转场跨地区交易工作，有效避免政府采购项目市（州）未建评标专家库，需从省交易中心专家库抽好评标专家后接至市（州）开展评标工作过程性风险。

【热线服务】 不断优化“12345”政务服务便民热线功能，联合州政府督察室建立“710”督办机制。全年受理有效来电2822件，转办州直各部门、一市三县人民政府2189件，办结率98%。按照《青海省“12345”政务服务便民热线整合实施方案》要求，配合州政府办公室完成州级平台整合迁移与人员分流工作。

【政务监督】 针对公共资源交易和政府采购工作中的风险点，秉承“信息共享、运行顺畅、协调一致、整体推进”原则，按照《黄南州纪委监委与政务服务监管局工作协调配合机制》，与州公安局、州住建局协同推进工程建设领域扫黑除恶专项斗争，并按照联席会议制度分工，加大信息共享力度，为各相关单位提供资料支持。制定《公共资源交易工作人员行为规范监督反馈意见书》，发放50份，总体评价良好。面向州人大代表、政协委员、服务对象等行业选聘10名党风政风行风监督员，完善社会监督机制。按照《黄南州排查组织服务窗口单位公职人员勾结中介牟利问题的工作方案》要求，组织学习7例典型案例，坚持以案促改，加强对本单位、政务大厅窗口工作人员的作风和廉政教育，设立举报受理窗口、举报箱，公布举报电话等形式接受社会各界监督，斩断公职人员和“黑中介”勾结的利益链条。

【基层政务服务及建设】 确定同仁市隆务镇便民服务大厅、青年路社区为全省政务服务“五级联动”试点单位。对全州各乡镇、行政村、社区等270余人开展便民服务事项认领、录入培训工作。截至年底，政务服务事项认领、录入工作中，隆务镇便民服务大厅完成41条，青年路社区70条，为政务服务工作向基层延伸奠定基础。

督促河南县政务服务大厅完成36个窗口、15家新增单位进驻，增派2名公益性岗位工作人员；对泽库县新建政务大厅网络布线、机房设置、窗口布局等方面提出3条重要建设性意见，助推基层政务服务大厅标准化建设。

（撰稿人：孟良得）

政协黄南州委员会

综　述

【概况】 2021 年初，政协黄南州委员会有政协委员 224 人，分 20 个界别，于 3 月 8 日至 11 日召开政协第十三届黄南藏族自治州委员会第七次会议。8 月 8—14 日，召开政协第十四届黄南藏族自治州委员会第一次全体会议，选举产生政协第十四届黄南藏族自治州委员会主席 1 人、副主席 6 人、秘书长 1 人、常务委员 44 人。截至年底，全州有州政协委员 224 人、省政协委员 14 人、各市（县）政协委员 588 人（其中同仁市政协 159 人、尖扎县政协 148 人、泽库县政协 150 人、河南县政协 131 人）。

【政治引领】 持续强化党的创新理论武装，不断增强政治判断力、政治领悟力、政治执行力，团结引导广大委员和各族各界人士筑牢坚决拥护“两个确立”、做到“两个维护”的思想政治根基。始终坚持在州委的领导下开展工作，做到重大事项及时请示、重要活动及时汇报、重要精神及时传达，真正把坚持党的领导融入政协工作的全过程，把党的主张转化为社会各界的共识，担负起“凝聚起来”“落实下去”的政治责任。完善政协党组、机关党组、机关党支部、履职活动临时党支部工作链条，实现党的组织和党的工作有形覆盖、有效覆盖。组织召开州政协十四届一次全会，高质量完成换届任务。

【理论武装】 坚持把学习习近平新时代中国特色社会主义思想作为首要政治任务，进一步深化以党组会议“引领学”为主的学习机制，结合党史学习教育，将学习习近平总书记视察青海时重要讲话、“七一”重要讲话精神和学习党史、新中国史、改革开放史、社会主义发展史与人民政协史有机融合，注重体现政协特色，做到学史明理、学史增信、学史崇德、学史力行，确保政协事业方向正、目标明、发展好。换届后，及时制定政治理论业务学习研讨计划，坚持每逢周二学理论、学业务、学制度，并通过开展理论研讨、学习交流，使班子成员尽快熟悉政协理论、业务知识；每逢周四落实“第一议题”制度，通过诵读原文原著、邀请专家解读、观看实况转播等多种形式，第一时间跟进学习习近平总书记发表的重要讲话和指示批示精神和省委、州委重要安排部署，始终做到新思想、新精神常学常新，入脑入心。

【凝聚共识】 严把各类履职活动政治关，在政治协商、民主监督、参政议政、提案办理、社情民意、会议发言等各个环节把握正确的政治方向、舆论导向、价值取向，最大限度把各方力量团结在党的周围。立足黄南特殊州情，认识政协在黄南社会治理和民族团结进步方面的特殊责任，组织委员及时跟进学习习近平总书记关于铸牢中华民族共同体意识的重要指示精神、中央第七次西藏座谈会精神、中央民族工作会议精神、全国宗教工作会议精神等。发挥界别委员的作用，有针对性地组织少数民族界和宗教界等界别委员召开铸牢中华民族共同体意识座谈会、务虚会等，有效调动少数民族界和宗教界委员参与社会治理机制，主动配合做好新形势下的民族宗教工作，发挥其在少数民族群众和信教群众中的特殊影响力，凝聚人心、鼓舞士气，唱响“主旋律”，传递“正能量”，为改革发展减少阻力、增添动力、激发活力，凝聚

2021 年 9 月 23 日，州政协召开筑牢中华民族共同体意识界别委员座谈会

起加快黄南发展的强大合力。

【委员管理】 做好履职统计、量化分析、动态考评，全体会议期间通报委员履职情况，激发委员履职尽责的责任感和积极性。首次开展专委会主任和常委履职情况述职，探索组建委员宣讲团，激发委员履职尽责的内生动力。落实走访慰问政协委员工作制度，经常在委员中进行座谈、走访，形成生活上关爱、工作上关心委员的良好局面，增强政协委员的向心力和凝聚力。依托专委会平台，将委员按界别编入专委会，通过邀请委员列席常委会会议、参加视察调研等方式，畅通知情问政渠道，促进委员知情明政，提高履职能力，解决休眠委员问题。以提升委员履职能力和党性教育为主题，通过新任委员培训、乡镇政协委员联络室主任专题培训、议政会议以会代训、委员讲堂主题培训等方式，加大委员培训力度。全年135人次参加政协组织的调研视察，255人次参加专委会组织的专题学习，45人次在协商议政会上作会议发言，22人次反映社情民意，494人次提交提案。

2021年5月31日，州政协机关在昂拉千户府开展"追寻红色历程 感悟革命精神"主题党日活动

【基层政协建设】 率先在全省挂牌启动州政协委员联系群众示范工作站（室），通过实践、大胆探索，不断完善、持续用力，紧扣政协履职提质增效的工作主线，紧扣群众普遍关心的热点难点问题，打造一批特色鲜明、功能各异的委员工作站（室），做到畅通社会各界的诉求渠道和党委政府政策措施落到基层"双向发力"。截至年底，建成委员工作站（室）15个，其中州本级8个、市（县）7个。

在换届之际，州政协党组就推进乡镇政协委员联络室建设全覆盖提出工作目标和要求，进一步加大市（县）政协指导力度，实现乡镇政协委员联络室在33个乡镇全面覆盖，都由乡镇副书记兼任联络办公室主任，并在市（县）级换届中将乡镇联络办主任全部推荐为县级政协委员，做到乡镇政协委员联络室有机构、有人员。

（撰稿人：梁 虹）

重要会议

【政协全体委员会议】 十三届七次会议。3月8—11日，政协第十三届黄南藏族自治州委员会第七次会议在同仁召开，会议邀请州委、州人大、州政府、州法院、州检察院、州热贡文化生态保护管理委员会副厅以上领导到会指导，州政协主席、各副主席、秘书长及委员201人参加会议，邀请州直各单位相关负责人列席会议。会议审议通过州政协工作报告及提案工作情况的报告；列席州十五届人大七次会议，审议政府工作报告及其他工作报告；会议选举关却加为政协第十三届黄南州委员会副主席。

十四届一次会议。8月8—14日，政协第十四届黄南藏族自治州委员会第一次全体会议召开，听取和审议政协第十三届黄南藏族自治州委员会常务委员会工作报告、政协第十三届黄南藏族自治州委员会常务委员会关于提案工作情况的报告；列席黄南藏族自治州第十六届人民代表大会第一次会议，听取和讨论黄南藏族自治州人民政府工作报告及其他有关报告；选举产生政协第十四届黄南藏族自治州委员会主席、副主席、秘书长、常务委员。

【政协常务委员会会议】 十三届第二十二次会议。3月3日，政协第十三届黄南藏族自治州委员会第二十二次常委会会议召开。会议传达学习中共青海省委十三届九次全会、中共黄南州委十二届十一次全会和省两会精神，审议州政协十三届七次会议相关事项。州政协主席林华旦主持并讲话，副主席拉结加、多杰才让、张仕清、李加，秘书长张春生及常委32人出席会议。会议审议通过关于召开政协第十三届黄南藏族自治州委员会第七次会议于3月8日在同仁召开；通过州政协十三届七次会议议程（草案）、日程和报告人名单；审议有关人事事项；听取各专门委员会年度工作汇报和常委代表述职。会议以分组讨论的形式审议通过州政协常委会工作报告（草案）、提案工作报告（草案）。

十三届第二十三次会议。3月10日，政协第十三届黄南藏族自治州委员会第二十三次常委会会议召开，林华旦主持会议，拉结加、多杰才让、张仕清、李加，张春生及常委37人出席会议。州政协党组成员、副主席人选关却加列席会议。会议听取政协第十三届黄南藏族自治州委员会第七次会议各小组召集人汇报讨论及酝酿情况；审议政协第十三届黄南藏族自治州委员会第七次会议选举办法（草案），总监票人、监票人名单（草案），关于常务委员会工作报告的决议（草案）、政治决议（草案）；政协第十三届黄南藏族自治州委员会副主席候选人建议人选名单（草案）。

十三届第二十四次会议。7月28日，政协第十三届黄南藏族自治州委员会第二十四次常委会会议召开。会议围绕“深化教育体制改革，提升教师队伍素质”开展协商议政，审议州政协十四届一次会议相关事宜，传达学习习近平总书记在庆祝中国共产党成立100周年大会上的重要讲话和在青海视察时的重要讲话精神。

十四届第一次会议。8月14日，政协第十四届黄南藏族自治州委员会第一次常委会会议召开。会议传达学习中共青海省委十三届十次全会、中国共产党黄南藏族自治州第十三次代表大会精神。

十四届第二次会议。12月23日，政协第十四届黄南藏族自治州委员会第二次常委会会议召开。会议围绕“助推脱贫攻坚与乡村振兴有效衔接”开展协商议政，传达学习中共十九届六中全会和中央民族工作会议精神，州委常委、常务副州长肖顺琛作黄南州巩固拓展脱贫攻坚成果同乡村振兴有效衔接情况报告，并回应委员关心的部分问题，州政协副主席汇报调研工作开展情况，4名委员围绕巩固拓展脱贫攻坚成果同乡村振兴有效衔接方面存在的工作短板和下一步对策建议进行重点发言，各市（县）政协提交书面交流材料。

（撰稿人：梁　虹）

重要活动

【调研与视察活动】 3月22—23日，省政协副主席马海瑛带队在黄南州调研加快推进全省市域社会治理现代化建设工作。调研组一行先后在同仁市隆务镇青年路社区、曲库乎乡实地调研推进市域社会治理现代化工作中的经验和做法。先后召开黄南州、同仁市工作座谈会，听取州委、州政府，同仁市委、市政府推进市域社会治理现代化工作开展情况汇报，与州市相关部门负责人、基层一线干部职工、社区干部、网格员、群众代表座谈交流。

4月26—29日，州政协副主席拉结加带领州政协社会法制和民族宗教侨务委员会部分界别委员及州委统战、民宗部门负责人在各市（县）围绕宗教在社会治理中的作用开展专题调研。

5月17日，省政协副主席张文魁带领省政协人口资源环境委员会调研组成员在州及泽库县围绕“打造青藏高原生态文明高地，青海有哪些新作为”开展调研。副州长韩海宏，州政协副主席拉结加、李加，秘书长张春生参加调研，并召开座谈会。

5月21日，省政协副主席王振昌带领省政协调研组在同仁市、泽库县围绕“推动解决基层政协‘两个薄弱’问题”开展调研。

州委书记王耀春、州长扎西才让、州政协副主席拉结加、李加参加调研。

5月25—26日，省政协农业和农村委员会驻会副主任都茂庭带领农业和农村委员会部分委员组成调研组，在尖扎县、同仁市围绕促进农村富余劳动力转移就业工作情况开展调研，州政协副主席关却加，州政协农业和农村委员会主任才旦加、州就业局局长阿当周参加调研。

6月2—3日，省政协副主席仁青安杰带领民族和宗教委员会部分委员组成调研组，在黄南州围绕黄河流域民族文化传承保护与发展情况开展调研，副州长叶忠措、州政协副主席拉结加参加调研。

7月19—20日，省政协社会和法制委员会副主任白文钟带队，省委组织部、省委统战部、省委编办有关负责人形成联合督导调研组，在黄南州就贯彻落实《关于在市（州）、县（市、区）乡（镇）领导班子换届中进一步加强基层政协工作的意见》等情况开展联合督导调研，在尖扎县、同仁市实地查看乡镇政协委员联络室、委员驿站、委员之家办公室场所建设、办公设施配备、制度上墙和挂牌、工作运行等情况。在州政协召开工作座谈会，听取州政协、州委组织部、州委统战部、州委编办有关负责人及各市（县）政协主席参加座谈会并汇报相关工作推动落实情况和存在的困难和问题。

7月27日，省政协副主席张文魁一行在黄南州就全州政协系统提质增效三年行动工作开展情况开展专题调研。召开工作汇报座谈会，林华旦主席主持会议并汇报州政协提质增效三年行动工作开展情况，张文魁对黄南州政协系统提质增效三年行动取得的工作成效给予肯定。会后，在同仁市税务局、年都乎乡，尖扎县康杨镇和县政协机关实地查看乡镇政协委员联络室、委员驿站、委员之家办公室场所建设、办公设施配备、制度上墙和挂牌、委员履职、工作运行等情况，查阅了各类委员档案、活动信息、委员履职情况等相关工作资料，与基层政协委员就深入群众开展政策宣讲、反映社情民意、政协委员如何做好履职服务工作等情况进行互动交流。

8月17—18日，省政协副主席仁青安杰率省政协民宗委调研视察组一行在黄南州就“民族地区特色村落建设”进行三级政协委员联合视察，调研视察组一行在尖扎县昂拉乡尖巴昂村、牙那东村，同仁市保安镇东干木村、隆务镇吾屯村、年都乎乡郭么日村进行实地视察调研。并召开座谈会，与州政府及其相关部门进行座谈交流。

9月9—17日，州政协副主席张剑利带队，组织州政协经济委员会、州发改委、州人社局、州农牧局、州乡村振兴局有关负责人及州政协经济委员会部分界别委员组成调研组，在各市（县）围绕“脱贫攻坚与乡村振兴有效衔接”开展专题调研。调研中，在各市（县）及部分乡镇开展座谈，通过听取专题汇报、实地走访和座谈会的形式，调研组一行先后实地查看尖扎县肉牛及生猪养殖场、德吉村易地扶贫搬迁点，同仁市多哇镇尖德村易地扶贫搬迁点，泽库县麦秀镇扶贫产业园、泽曲镇东格日社区，河南县幸福小区等。

10月26日，州委书记王耀春，州委副书记李晓燕，州委常委、组织部部长刘建昱一行调研州政协领导班子建设情况。座谈会上，州政协党组书记、主席林华旦代表州政协领导班子作汇报。王耀春书记对州政协班子建设工作作中肯的点评，总结感受，并提出今后工作的要求。28日，州政协召开党组（扩大）学习会，及时专题传达学习州委书记王耀春调研政协领导班子建设座谈会精神，并研究提出贯彻落实措施。

11月10日，州长扎西才让围绕领办的州政协委员“关于关爱环卫工人，提高环卫工人待遇”的提案，实地调研同仁市环卫工人休息区、工作现场及爱心早餐店，听取相关情况介绍，现场与环卫工人进行“面对面”交流。在随后召开的提案办理现场会上，提案委员介绍提案提出的背景和建议，州住建局负责人介绍全州环卫工人基本情况和待遇现状，州委宣传部、州人力资源和社会保障局、州总工会、州妇联负责人就提案中的意见建议作回应，各市（县）政协、市（县）长、环卫工人代表、提案委员先后作表态发言，同仁地区20名环卫工人代表到会聆听。扎西才让在讲话中明确州政府将拨付启动资金400万元推动各市（县）环卫水平提高，各市（县）政府要专题研究拿出具体方案报州政府和州政协，在州、市（县）“两会”期间组织本级政协委员对环卫工人待遇落实情况进行民主监督视察，并要求各市（县）政府和相关部门坚决贯彻落实。

11 月 17 日，州委书记王耀春围绕选定督办的重点提案“关于切实提高同仁市城市管理水平的提案”在前期专题听取工作汇报，并对高质量办理提案提出明确要求的基础上，走进同仁市康乐南路市场、街头，针对提案中提出的环境卫生、交通秩序、市场管理、公共服务等问题建议，实地查看解提案办理落实情况。其间，查看城市环境卫生、道路交通秩序、市场管理运行、城市公共服务等情况，与同仁市政府负责人、城市管理局负责人、城管执法人员亲切交流，了解城市网格化管理模式，交流城市管理经验，探讨城市管理新理念，肯定成绩、指出不足、提出要求，为推进重点提案办理工作、推动民生改善鼓舞士气、汇聚力量、示范引领。

11 月 17—18 日，由州政协副主席张剑利带队，州政协经济委员会牵头，组织州政协经济界、农业界、科技界部分委员及州农牧局、州市场监管局有关负责人组成调研组在河南县、泽库县围绕“创建绿色有机农畜产品示范州情况”开展专题视察调研。调研组先后在河南县兰龙村雪多牦牛养殖基地、青海启龙商贸有限公司河南县启龙牧场、青清海农牧科技有限公司、泽库县省级精准扶贫产业园区等进行实地调研。召开座谈会，听取两县关于推进创建绿色有机农畜产品示范州工作情况的汇报。

11 月 24 日，由州政协副主席张剑利带队，州政协经济委员会牵头，组织部分省、州、市三级政协委员在同仁市围绕“省部共建高原美丽城镇建设”开展联合视察。视察活动采取实地查看、听取汇报、委员点评的方式进行。视察组实地查看同仁市隆务河水生态治理及两岸环境综合整治工程进展情况、多哇镇市政建设和美丽城镇项目实施情况。在多哇镇政府召开座谈会，听取州、市两级住建部门关于推进“省部共建高原美丽城镇建设”工作情况的汇报，委员们对同仁市高原美丽城镇示范省同仁试点建设视察情况进行点评，并提出意见建议。

12 月 1—3 日，州政协主席林华旦在联系点尖扎县调研基层政协工作，先后走访昂拉乡、马克唐镇、措周乡、坎布拉镇、贾加乡政协委员联络室和部分县政协委员工作室，专题听取尖扎县政协、乡镇负责人工作汇报，并与州、县政协委员座谈。其间，林华旦在联点贾加乡指导工作，就中共十九届六中全会精神作专题辅导。在听取乡党委政府工作汇报后，对贾加乡党委政府工作给予肯定。林华旦以州十六届人大代表身份参加贾加乡人大代表进“两室”活动。

12 月 16 日，州政协围绕民族教育、城市建设、寺庙管理的 4 件提案和提案办理，组织开展“双向评议”工作，采取观摩提案办理现场、“提”“办”双方和“第三方”面对面评议的方式，对提案质量和提案办理质量进行全面评议，进一步推动政协委员重视提案撰写质量，推动承办单位不断提高提案的办理质量。其间，各参评委员和第三方代表在黄南州职业学校新校区查看搬迁工程进展情况；走进同仁市建行小区，查看老旧小区改造情况；走上街头，查看共享公厕建设情况；在隆务寺，查看“智慧消防”工程实施情况，通过实地查看、听取承办单位情况介绍、座谈交流等方式全面了解提案办理成效。

【政治协商活动】 5 月 19 日，州政协召开专题议政性协商座谈会，围绕“加快推进青海省市域社会治理现代化”“黄南州石刻‘非遗’传承情况”协商议政。副州长韩海宏应邀出席会议并讲话；州政协秘书长，副秘书长，各专委会主任，州政协调研组成员及州政协社会法制和民族宗教侨务委员会部分委员出席会议。泽库县政协主席，各市（县）政协分管副主席，州委统战部、政法委，州司法局、州文体旅游广电局负责人列席会议。会议由州政协副主席拉结加主持。

7 月 16 日，州政协召开关于助力黄南民营经济高质量发展专题议政性协商座谈会。副州长韩海宏从持续深化放管服改革、优化营商环境、加快培育壮大民营经济 3 个方面介绍黄南州助力黄南民营经济高质量发展方面有关工作情况，指出存在的主要问题和下一步工作打算。州政协提案和经济人口资源环境委员会主任介绍专题调研情况及全州民营企业发展现状，存在的困难及建议意见。

9月27日，为深入贯彻中央民族工作会议精神，州政协以“共筑同心圆”为切入点，把增进共识、促进团结作为重要内容，州政协组织32名民族宗教界别委员召开铸牢中华民族共同体意识主题座谈会，传达学习中央民族工作会议精神，9名与会委员，围绕会议主题作重点发言。

9月29日，州政协组织部分州、市（县）政协委员围绕“加强传统村落保护助力乡村文化繁荣发展”主题召开网络议政协商座谈会。州政协副主席多杰才让作前期调研情况的报告。7名州、市（县）政协委员在调研的基础上，分别围绕“加强传统村落保护助力文化繁荣发展”主题作会议重点发言，从不同的角度分析传统村落保护工作情况，针对性地提出意见和建议。州住房和城乡建设局、州文体旅游广电局、州财政局主要负责人针对委员发言，在主会场作回应。同时进行互动交流，同仁市、尖扎县分会场政协委员就今后在传统村落保护措施、助力乡村文化繁荣发展的举措等问题进行现场提问，州政府相关部门负责人作答复。副州长就做好全州传统村落保护、助力乡村文化繁荣发展提出意见。

【宣传学习活动】 3月5日，州政协召开党史学习教育动员会，传达学习习近平总书记在党史学习教育动员大会上的重要讲话精神和全省、全州党史学习教育动员会精神，安排部署州政协党史学习教育工作并提出工作要求。

4月中旬，州政协各专门委员会，分别组织各界别委员召开联系界别委员学习座谈会。传达学习中国共产党第十九届五次全会精神、习近平参加十三届全国人大四次会议青海代表团审议时的重要讲话精神、王建军在参加省两会黄南代表团审议时的讲话精神和州两会精神；提出2021年度界别工作计划，强调需要加强的工作重点，并座谈讨论2021年度界别协商课题。

4月8日，州政协机关召开专题研讨会议，开展第一轮学党史研讨，州政协秘书长张春生，专委会主任张成平、才旦加、曹冀青及州政协办公室副主任蔡邦昶依次作交流发言，结合工作实际，分享学习心得，交流学习成果，示范带动全体机关干部职工认真学、用心学。

5月8日，州政协党组召开“新民主主义革命时期历史”专题学习研讨会。会议由州政协机关党组书记、秘书长张春生主持，州委党史学习教育第二巡回指导组成员马海珍参会指导。会议重点学习《中国共产党简史》，并开展专题交流研讨，州政协部分干部作交流发言，结合各自的思想、工作、学习实际谈体会、讲心得、谈感悟，重温新民主主义革命的“历史轨迹”，解读新民主主义革命取得胜利的“精神密码”，其他党员干部提交发言材料。

6月1日，州政协开展“委员讲堂”活动，邀请州政协委员、州发改委副主任全青华围绕“黄河生态保护和高质量发展”专题为州政协机关干部职工授课。

6月15日，州委党校副校长、正高级讲师童生兰走进州政协“委员讲堂”，以“学好党史必修课，坚守初心担使命”为题为州政协机关全体干部职工上党课。

6月15—16日，州政协党组、机关党组分别召开党组、机关党组（扩大）学习会议，专题传达学习习近平总书记在青海视察时的重要讲话精神和省委、州委常委会（扩大）会议部署要求，研究部署政协系统学习宣传贯彻工作。

6月18日，州政协组织机关全体干部职工在西宁市“新青海精神高地”主题教育展、中国工农红军西路军纪念馆开展党史学习教育主题党日活动，深入学习贯彻习近平总书记关于党史学习教育重要讲话和在参加十三届全国人大四次会议青海代表团审议时的重要讲话精神，以及省委、州委党史学习领导小组办公室安排部署，发挥省内红色资源在党史学习教育中的重要引领作用。

7月9日，州政协召开州政协委员学习习近平总书记“七一”重要讲话座谈会，学习习近平总书记在庆祝中国共产党成立100周年大会和“七一勋章”颁授仪式上的讲话精神以及州委书记王耀春在州政协调研座谈会精神，31名来自不同界别的政协委员参加座谈会，踊跃发言，热情赞扬和讴歌中国共产党百年丰功伟绩。

9月23日，为持续巩固推进机关民族团结进步创建工作，进一步贯彻落实中央民族工作会议精神，州政协机关党组根据州民族团结进步先进区领导小组办公室有关要求，围绕“加强各民族交往交流交融、铸牢中华民族共同体意识”主题开展宣传日活动。通过悬挂横幅、摆放展牌、发放宣传资料及现场讲解党的民族理论政策、民族法规、民族知识等形式，广泛宣传中央民族工作会议精神及民族团结进步相关知识。

10月19日，州政协组织召开党史学习教育政治理论学习会，邀请州委党校教师作题为《人民政协的发展历程、重要职责、民主监督及章程解读》的辅导，并结合政协业务工作，安排3名干部作交流发言。

11月16日，州政协召开党组（扩大）会议，专题传达学习中共十九届六中全会精神。州政协全体党员干部职工参加学习会。

11月30日开始，州政协机关围绕“深入学习宣传习近平法治思想、大力弘扬宪法精神”主题，全面总结评估“七五”普法工作，组织开展“宪法宣传周”系列学习宣传活动。先后召开机关党组会议、政协理论业务学习会议，组织干部职工重点学习习近平新时代中国特色社会主义思想和习近平法治思想，专题学习中共十九届六中全会精神。12月2日，州政协副主席张仕清带领5名机关干部职工参加在热贡文化广场举行的黄南州和同仁市2021年“12·4”国家宪法日暨宪法宣传周活动启动仪式及主场宣传活动。

12月14—15日，州政协会同州委组织部联合举办市（县）政协主席、乡镇政协委员联络室主任、州政协委员联系群众工作站（室）负责人培训班，参加培训45人。其间，专题学习中共十九届六中全会精神，州政协主席林华旦、副主席张仕清分别作政协理论和业务知识专题辅导，副主席白萍作结业讲话。

（撰稿人：梁　虹）

政协黄南藏族自治州第十四届委员会委员名单

中共界：

林华旦（藏族）、关却加（蒙古族）、张仕清、张剑利、白萍（女，藏族）、张春生、王东、才旦（藏族）、尚朝清、韩智（撒拉族）、杨稳丰、刘栋、杨本加（藏族）、拉龙当周（藏族）、梁建军、黄建芬（女）、梁晓园（藏族）、丁永平（藏族）、尕藏卡（藏族）、李加东智（藏族）、多杰多旦（藏族）、王征（回族）、华多加（藏族）、才多（藏族）、当毛（女，蒙古族）、扎德加（藏族）

宗教界：

夏日仓·旦增久美（藏族）、更登桑布（藏族）、香则仓·久美成列尖措（藏族）、群贡仓·奥建久治成立（藏族）、丹仓·更登昂秀（藏族）、瓜什则仓·洛藏久美旦巴尖措（藏族）、智干仓·次成尖措（藏族）、赞保玛·龙肉尖措（藏族）、丁慧民（回族）、旋努叶西多杰（藏族）、昂茸仓·俄项加央尖措（藏族）、拉日仓·久美切智尖措（藏族）、叶西知合巴（藏族）、孙玉虎（回族）、切日（藏族）、马克胜（回族）、隆务贡仓·洛藏旦白尖参（藏族）、白格·钦贝旺秀（藏族）、斗合叶·洛藏旦增李智（藏族）、智美尼玛（藏族）、切羊（藏族）、改登加羊（藏族）、德龙仓·罗藏嘉扬谢日尖措（蒙古族）、全巴尖措（蒙古族）、尼俄尖措（蒙古族）、拉卡仓·旦增更登尖措（藏族）

无党派界：

马玉秀（女，藏族）、陈永年、曹明安、旦正加（藏族）、格日才让（藏族）

共青团界：

仁青卓玛（女，藏族）、洁勇（女，藏族）、元丹成立（藏族）、李靖汉

工会界：

贺翠红（女，藏族）、夏吾尖措（藏族）、刘光胜、金垛、宋亚瑢（女）

妇联界：

李春燕（女、土族）、梁晓华（女）、尕藏吉（女，藏族）、东曲措毛（女，藏族）、多杰卓么（女，蒙古族）

工商联界：

卢结武、完德尖措（土族）、胡达平、冯彦亮、华丹扎西（藏族）、贠俊华、索南尖措（藏族）

科协界：

周国荣、王少华（回族）、曹德荣（女）、祁正林（藏族）、李延林（藏族）、马青山（回族）、韩努海（回族）、李红霞（女，藏族）、白跃（藏族）、万玛加（藏族）、卡着才让（藏族）、徐鹏汉

归侨侨眷界：

斗格杰（蒙古族）、俄项（藏族）、全都堪布·俄项龙都乎（藏族）

文化艺术界：

多杰才旦（藏族）、多杰吉（女，藏族）、先巴盖乐（藏族）、佛秀芳（女，藏族）、李加东周（藏族）、扎西当周（土族）、银杰加（藏族）、银交加（土族）、索南昂秀（土族）、旦巴普杰（藏族）、多杰桑珠（藏族）、多杰仁青（藏族）、加华多杰（藏族）、群太加（藏族）、扎西拉吉（女，蒙古族）

社会科学界：

岁多（藏族）、卓玛措（女，藏族）、才恒卓玛（女，藏族）、三旦卓玛（女，藏族）、吴彬汉、旦正才让（藏族）、周建鹏、扎西加（藏族）、石青临

经济：

喻宝敏、哈进财（藏族）、刘祥（藏族）、陈荣（女）、张宇、白亚玲（女，藏族）、全青华（女）、白守泰（藏族）、冶福财（回族）、崔玉英（女）、赵振杰、韩玉珍（女，撒拉族）、安天芳（女）、莫金蓉（女）、白玉、马倩文（女，撒拉族）、俞利群、李严学、马育林（回族）、马进良（撒拉族）、夏吾尖措（藏族）、扎西（土族）、马文同（撒拉族）、王治国（回族）、白有四夫（回族）、吴海英（女）、奥松多杰（藏族）、斗拉本（藏族）、何振中、吉先达杰（藏族）、华青多杰（藏族）、杨小宁、马文冰、美朵卓玛（女，蒙古族）经、俄波泽里（藏族）

农业界：

王玉萍（女）、辛霞（女）、范文湖（藏族）、王明霞（女，藏族）、张晶（女）

教育界：

杨文杰、完么东智（藏族）、朱晓雯（女，藏族）、夏吾完德（藏族）、何继元（土族）、娘加先（藏族）、卡本加（藏族）、西热尖措（藏族）、周志方（女，回族）、拉加东智（藏族）、俄赛多杰（藏族）、杨志君、尕巴（藏族）、王清海（土族）、扎西措（女，藏族）、巴音巴图（蒙古族）

新闻出版界：

马岚（女，撒拉族）、张雪梅（女，回族）、鲍延寿（藏族）、马海鹏、旦增卓玛（女，蒙古族）

医药卫生界：

多杰才让（藏族）、仁青措（女，藏族）、卡先加（藏族）、戴建华（女）、李生芳（女）、辛海宏（藏族）、久美多杰（藏族）、张海玲（女，土族）、李先东周（藏族）、赵磊、谢拉尖措（藏族）、公保东智（藏族）、扎西才华（蒙古族）

社会福利和社会保障界：

韩英俊（撒拉族）、才让东周（藏族）、马德功（回族）、高文山（撒拉族）、马青芳（女，回族）、韩明（撒拉族）、才让拉忠（女，蒙古族）、道吉卡（藏族）

少数民族界：

冶而有布（回族）、韩雪梅（女，回族）、王志萍（女，藏族）、罗藏土旦（土族）、才让索南（藏族）、韩梅（女，撒拉族）、加羊尖措（藏族）、加羊血日（藏族）、才让三智（藏族）、久美他智多杰（藏族）、罗藏达杰（蒙古族）、才旦多杰（蒙古族）、尕藏东智（蒙古族）、韩成才（撒拉族）

资源环境界：

南加（藏族）、普华尖参（藏族）、张志方、韩雪莲（女，回族）、才让南杰（蒙古族）

特邀：

李勇、郝玉峰、周玉梅（女，回族）、夏吾完代、王龙武、尼玛才让（蒙古族）

协商监督

【协商议政】 机制建设。完善以专题议政性常委会会议和专题协商会为重点，以主席视察、委员联系视察、对口协商会、提案办理协商会等为常态的协商议政格局，坚持把提质增效贯穿协商议政全过程，大胆探索实践，协商之前精心选题，协商之中丰富形式，协商之后注重转化。压实工作责任，加大协商密度，探索开展网络议政，协商视察议题由每季度1次增加到每月1次。按照州委安排部署，开创性地启动实施“一委一题”，为每个专委会确定一个具有全局性、战略性、系统性的重大课题，作为中长期目标任务，按照标准化、项目化、工程化要求，持续开展调查研究，发挥专门协商机构的作用。

民主协商。围绕中心工作，确定“助推脱贫攻坚与乡村振兴有效衔接”“深化教育体制改革，提升教师队伍素质”两项议题开展常委会专题议政性协商。围绕“助力黄南州民营经济高质量发展”“发挥宗教在社会治理中的积极作用”“加强传统村落保护，助推乡村文化繁荣发展”开展3次专题协商座谈会，统筹安排实施1次主席视察、1次委员视察、1次三级委员联合视察、1次界别联合调研、2次专委会视察调研等年度协商计划，不断提高协商议政实效，为州委、州政府科学决策提供参考。

参政议政。围绕“推进移风易俗、树立文明乡风”“创建绿色有机农畜产品示范州”“乡村卫生服务一体化工作”等9项课题进行调研视察，通过思考发展路径，提出更多接地气、可操作、能落实的睿智之言、务实之策，形成9篇议政性调研报告，助力黄南州“十四五”开好局起好步。其中，“深化教育体制改革，提升教师队伍素质”调研成果得到转化，为出台“1+5”配套文件，助推召开全州教育大会提供政协智慧；“发挥宗教在社会治理中的积极作用情况”的调研报告得到州委、州政府主要领导的肯定性批示，在推进宗教与社会主义社会相适应方面发挥积极作用。协助省政协就“加快推进青海省市域社会治理现代化”“打造青藏高原生态文明高地上，青海有哪些新作为”“促进农村富余劳动力转移就业”“黄河流域民族文化传承保护与发展”等专题开展调研考察，分级撰写大会发言，为黄南改革发展争取更多支持。

【民主监督】 在州政协十三届七次和十四届一次全体会议期间，组织委员审议政协常委会工作报告、政府及“两院”工作报告，结合黄南实际提出256条建设性的意见建议，及时反馈各地区、各部门，并通过加强日常督促、会议提醒、发函咨询等方式加大对吸收采纳情况的掌握力度，210多条意见建议得到转化运用，有效推动各市（县）、各部门工作。组织省、州、县三级政协委员围绕“省部共建高原美丽城镇建设

2021年11月10日，州长扎西才让（前左三）围绕领办的政协委员《关于关爱环卫工人，提高环卫工人待遇》的提案，实地调研同仁市环卫工人休息区、工作现场及爱心早餐店

情况”开展联合视察，发现一些亟待解决的问题困难和发展瓶颈，提出很多有针对性的意见建议，为助力美丽城镇建设提供政协方案。将办理提案作为民主监督的有效形式，各地区、各部门高度关注，积极吸收和采纳，增强提案办理的实效。州政协十三届七次会议和十四届一次会议期间，委员提交的279件提案全部办结。

【提案办理】 进一步创新提案办理协商形式，搭建“请你来协商”办复平台，采取观摩提案办理现场、“提”“办”双方和“第三方”面对面评议的方式，创新性就4件提案组织开展“双向评议”，公开征集提案线索，推送优秀提案范例，解决提案质量和提案办理质量的“双提升”。把重点提案办理搬到“现场”，把提案办理协商沉到“一线”，把办复结果的测评放到“当面”，把办理事项的承诺落到“点上”，把书记、州长等领办的重点提案办成示范、办成亮点，推动形成重点提案办理工作新局面。

（撰稿人：梁　虹）

专门委员会工作

【提案委员会工作】 各界委员、政协各参加单位和各专门委员会，聚焦加强“山水黄南”“三区”“四地”建设、提高“一核三治”水平，紧扣扎实推动高质量发展、保障和改善民生、维护地区安全稳定、致力打造共同富裕黄南样板，提交提案284件，立案203件。所提提案涉及生态保护、经济建设、教科文卫体、社会法治、民族宗教和群众生活六大方面。印发《全国优秀提案摘编》，利用《黄南报》和政府网站公开征集提案线索，为委员撰写高质量提案提供参考。健全审查机制，坚持关口前移，严格立案标准，提案立案率控制在65%左右，提案整体质量稳步提高。

2021年11月17—18日，州政协组织经济界、农业界、科技界部分委员在河南县、泽库县围绕“创建绿色有机农畜产品”工作进行实地调研

【经济委员会工作】 围绕“助推脱贫攻坚与乡村振兴有效衔接”常委会协商议政为主题开展调研。组织省、州、市三级政协委员围绕省部共建高原美丽城镇建设开展联合视察。围绕创建绿色有机农畜产品示范州情况开展专题视察调研。围绕“助力黄南民营经济高质量发展”开展专题协商。

围绕“推动乡村产业形成可持续发展的造血功能，促进乡村产业提档升级”，向省政协农业农村委上报《坚持固本培元　夯实发展基础，推动乡村产业纵深发展》的调研报告。向省政协经济委员会上报《发挥对口援青协作优势，助力黄南产业园区发展》的汇报材料。

【人口资源环境委员会工作】 就“发挥宗教在社会治理的积极作用”开展调研，针对“发挥宗教在社会治理的积极作用”存在的问题，通过选择不同的角度和切入口建言献策。同省政协民族和宗教委员会组织的调研组围绕黄南州“藏传佛教与社会主义先进文化相适应”课题开展专题调研。同省政协社法委组织的调研组就全州民族团结、社会治理、民族文化传承与发展等课题开展调研。根据普法学法要求，安排全体干部职工加强“法宣在线”学习和法宣知识考试，就法治宣传工作作出具体安排。参加州政协常委会会议、配合党组会议等重要会议。按照政协机关党组分工职责，配合党支部，开展机关民族团结进步创建等工作。

【教科文卫和学习文史委员会工作】 开展“深化教育体制改革，提升教师队伍素质”专题协商，注重发现问题，提出工作建议，提交政协常委会专题议政协商，为州委、州政府召开教育发展大会提供决策依据。开展“加强传统村落保护，助力乡村文化繁荣发展”专题网络议政协商，提高政协议政协商效果。围绕各级政府贯彻落实《黄南州县乡村医疗卫生服务一体化管理实施意见》等情况，针对委员提案和社情民意反映的问题，联系州、市（县）政协委员在同仁市、河南县同步开展“乡村卫生服务一体化”工作调研视察活动，注重发现问题，分析原因，提出建议。收集补充《黄南藏族自治州志（1991—2010）》等文史资料，向全国政协文史资料馆《“三亲”文库·新中国成立卷》推荐老党员阮海亲历影视资料《今昔之感》，向内蒙古自治区文史资料馆“蒙古族史”专题栏目推送新闻资料《追忆“蒙旗赤子”——尖措》等。加强与省内外政协文史资料学习交流，陪同全国政协、山西省政协和省政协文化文史和学习委员会开展“沿黄文旅融合配套服务设施建设”“红色旅游文化”专题调研，实地考察国家级热贡文化生态保护区郭么日古村落等。结合换届工作实际，采取领导带头讲、专家辅导讲和委员交流学等形式，组织新一届委员系统学习政协理论业务知识，培训委员208人，占委员总数的93%。组织举办市（县）政协主席、乡镇政协委员联络室主任和州政协委员联系群众工作站（室）负责人培训班，培训45人。组建州政协委员宣讲团，抽调21名宣讲团成员到基层开展宣讲活动。加强新任委员履职能力提升和党史党性教育，安排40名委员参加州委党校和河南安阳红旗渠干部学院学习培训，选配11名州县政协委员参加全国政协委员培训班。

【民族宗教侨眷和社会法制委员会工作】 组织民族宗教界别委员召开铸牢中华民族共同体意识主题座谈会，以藏语汉语传达学习中央民族工作会议精神，9名与会委员围绕会议主题作重点发言。围绕“发挥宗教在社会治理中的积极作用”开展调查研究与建言献策。聚焦铸牢中华民族共同体意识、民族地区脱贫攻坚和实现全面小康，坚持我国宗教中国化方向、引导宗教与社会主义社会相适应，通过选择不同的角度和切入口建言献策。围绕“推进移风易俗、树立文明乡风”课题进行州、县两级政协委员联合视察调研。针对黄南州农村牧区逐渐显现出红白喜事大操大办、民俗节庆铺张浪费、跟风攀比现象严重、婚育观念保守落后、社会公德意识缺失、保护环境意识淡薄等不良习俗呈现抬头蔓延趋势等问题，组织委员在一市三县部分乡镇、村社开展委员视察与调查研究。牵头组织调研工作组在一市三县召开市（县）级、宗教界、教育界、乡镇村级17次座谈会，了解掌握全州民族工作中面临的困难和一些突出的问题，深入分析研究，提出如何在黄南州贯彻落实好中央民族工作会议精神的对策措施与建议，组织召开“如何落实中央民族会议精神，铸牢中华民族共同体意识”务虚会议，将调研与会议精神有机衔接，对达成的共识进行梳理吸收后整理成调研报告。根据主席会议安排，以“加快推进民族地区基层社会治理”为题，研究思考和撰写发言材料，提出委员意见建议，发言材料被省政协十二届五次会议采用为大会发言交流材料。

（撰稿人：梁　虹）

中共黄南州纪委
黄南州监委

综　述

【概况】　州纪律检查委员会和州监察委员会合署办公，履行纪检监察两项职能。2021 年，全州纪检监察机关贯彻中央纪委国家监委、省纪委监委和州委部署要求，发挥监督保障执行、促进完善发展作用，受理检举控告案件 176 件，专项治理 514 个群众反映强烈问题。督促整改 62 项专项监督问题，整改 32 个内部问题。年内召开 2 次纪委全体会议，13 次专题会议。

【政治思想建设】　州纪委常委会始终把理论武装摆在首位，健全完善学习制度，落实“第一议题”制度，深入学习中共十九届五中、六中全会精神和习近平总书记关于党的历史的重要论述、在庆祝中国共产党成立 100 周年大会上的重要讲话，贯通学习“四史”、纪检监察史，引导纪检监察干部以史为鉴，坚定全面从严治党的政治自觉。常态化开展理论学习研讨，组织召开州纪委常委会会议、理论学习、中心组学习会、专题研讨会 50 次，深入学习习近平总书记重要讲话指示批示、在全国两会青海代表团和视察青海时的重要讲话精神，不断提高政治判断力、政治领悟力、政治执行力。结合党史学习教育，开展“我为群众办实事”实践活动，党史学习教育不断走深走实。

【作风建设】　加大落实中央八项规定及其实施细则精神力度，紧盯重要节点，采取明察暗访、交叉检查等方式，重点围绕违规开支、违规吃喝、违规收礼、公车管理及“吃公函”等问题，开展 114 个州、市（县）直单位、24 个乡镇、5 家餐饮服务单位“六查六看”。开展违规收送礼金和“小金库”回头看专项行动，督促全州 244 个单位 2172 名副科级以上干部作出拒收送礼金承诺，6 名干部主动上交违规礼金 5.3 万元、拒收违规礼金 10 万元。严肃查处违反中央八项规定精神和“四风”突出问题，分 5 期通报曝光 8 起典型案例。持续深化作风突出问题集中整治专项行动，强化上下联查、交叉互查，推动解决一批“推、拖、怕、贪”等突出问题。

【廉政建设】　落实“一案一总结”“一案两整改”，规范用好纪检监察建议书，不断做实案件查办“后半篇文章”，持续放大查办案件政治效应。围绕公安交警系统和交通运输系统查处的典型案件，分别采用“宣读处分决定+违纪民警表态发言+党组织剖析原因”“通报典型案例+宣读处分决定+主要负责人表态发言+下发案例通报”方式，将处分决定由“一张纸”变为“一堂课”新模式，深化以案促改、以案促建、以案促治，达到查处一案、警示一片、规范一方的效果，提升反腐败治理效能。召开全州省管领导干部（扩大）警示教育会，集中观看典型案例通报视频，分领域分层级召开警示教育大会 7 次。组织州级领导干部参观省反腐倡廉警示教育基地，集中开展 81 名新提任州管干部廉政谈话、廉政测试，签订廉政承诺书。以近年来查处的违纪违法典型案例为反面教材，拍摄黄南州首部警示教育片《圣境草原不容贪狼窃鼠》，第一时间组织广大党员干部接受警示教育。在央广网、《青海日报》、省纪委监委网站、《青海法

2021 年 9 月 7 日，州纪委监委在黄南州党性教育基地及廉政警示教育中心对全州新提任州管干部开展廉政警示教育

治报》、《黄南报》等媒体刊发稿件230余篇（条），营造综合施治的舆论氛围。

【落实政治责任】 贯彻《党委（党组）落实全面从严治党主体责任规定》《关于加强对“一把手”和领导班子监督的意见》和省委二十条措施，强化对“关键少数”的日常监督和面对面监督，督促整改11个方面问题。年内约谈提醒专项检查考核排名靠后的5个地区部门主要负责人，跟踪问效州委和州纪委全会点评意见落实情况，督促问题整改落实。州纪委监委班子带头与市（县）党政“一把手”、143名州直部门主要负责人和班子成员开展全覆盖日常谈心谈话，带动全州108个党委（党组）、628个基层党组织、478名领导干部落实日常谈心谈话制度，层层传导压力、压实责任。带头整改落实中央巡视反馈涉及纪检监察机关的意见建议，移交的10件信访举报问题线索全部办结。开展问题整改专项检查，推动中央巡视反馈问题的整改落实。落实被谈话函询事项向民主（组织）生活会说明情况的监督办法，使说明情况受监督、负责任、做到位。

【审查调查】 完善检举举报平台应用管理，规范问题线索登记、办理程序，强化集中分析研判，加大问题线索核查处置力度，持续减存量、遏增量。年内全州纪检监察机关受理检举控告件176件，同比增长2.3%；处置问题线索247件，同比增长2.5%；立案85件，同比增长13%；采取留置措施10人，移送检察机关8人。运用监督执纪“四种形态”批评教育处理干部219人，同比增长28%，其中，咬耳扯袖第一种形态153人，占69.9%；党纪轻处分第二种形态36人，占16.4%；党纪重处分第三种形态20人，占9.1%；第四种形态10人，占4.6%，把严管厚爱贯穿抓早抓小。突出上下贯通，采取“州级领办、县级主办”方式，加大案件查办力度，年内市（县）监委留置实现全覆盖。落实办案安全责任制，细化补全安全保障措施，加强安全隐患排查和问题整改，做到安全文明办案。

【政治监督】 围绕“政治要件”，梳理习近平总书记对青海工作的重要讲话指示批示，找准聚焦点着力点，列出113条政治监督清单，确定359条贯彻措施，突出政治标准、政治要求、政治责任，做到贯彻措施、任务分工、时限要求等“十明确”，实施动态监督，强化督促落实。聚焦党中央和省委、州委重大决策部署，紧盯“十四五”规划实施、州第十三次党代会工作部署、落实“三新一高”、脱贫攻坚同乡村振兴有效衔接、铸牢中华民族共同体意识、疫情防控等重点强化政治监督，以监督保障发展和安全。严肃换届纪律风气，坚持一手抓“十严禁”监督执行，一手抓党风廉洁意见审核把关，回复党风廉洁意见766人次。动态更新州管干部廉政档案，强化党史学习教育督导指导，推动政治监督具体化、精准化。

【教育整顿】 贯彻政法队伍教育整顿工作部署要求，与政法机关协同推进，开展政策专题辅导33次，召开廉政警示教育会45场次。抽调12名业务骨干成立监督检查和问题线索核查组，强化工作监督和问题线索核查处置工作。研究制定移送问题线索暂行办法，

2021年12月16日，黄南州2021年度党风廉政建设主体责任和监督责任专项检查考核大会在州会议中心召开

协同省驻点指导组开展工作，完善协作配合机制。建立线索受理处置总台账，开展问题线索起底排查。复核中共十八大以来涉及政法干警的13件问题线索，对2018年后办结的35起案件开展质量评查。全州纪检监察机关受理涉及政法干警问题线索80件，办结78件，立案审查调查21件21人，给予党纪政务处分16人，组织处理75人。

【专项治理】 整治群众身边腐败和不正之风突出问题，督促有关部门单位梳理在政策落实、项目资金管理使用、设租寻租、工作作风等方面的突出问题，加大整治力度，解决群众“急难愁盼”问题514个。开展群众反映强烈、村集体资金收入较多、村内矛盾纠纷较大的重点村（社区）、合作社财务专项整治，发现和整改问题372个，整治违规资金3613万元。开展违建别墅问题清查整治工作“回头看”，查处新增违建行为2起。

【专项监督】 召开巩固脱贫攻坚成果同乡村振兴有效衔接专项监督部署暨业务培训会，成立专项监督工作领导小组，印发专项监督工作方案，围绕政策落实、项目衔接、资金支付、履职尽责等重点，开展专项监督，发现和整改问题23个，约谈乡镇党委书记8人。持续深化护航生态文明高地建设专项监督，督促整改13个方面22个突出问题。开展粮食购销领域腐败问题专项整治，及时成立协调小组，制定印发3个整治方案，突出5个方面17项重点整治措施，明确5个阶段重点整治任务，建立定期报送机制，开展信访举报和问题线索“大起底”“大筛查”，立案1件。

【内部监督督察】 学习贯彻《中华人民共和国监察官法》和《监察法实施条例》，推动纪检监察工作规范化、法治化、正规化。落实重大事项请示报告报备制度，主动向省纪委监委和州委请示报告重大事项。整改完成省纪委监委内部督察反馈意见，建立完善5项制度，及时开展问题整改“回头看”，确保问题整改清仓见底。按照国家监委、省监委统一部署，州监委向州人大常委会专项报告扶贫领域腐败和作风问题专项治理工作情况。率先在全省对纪检监察机关内设机构开展内部督察，聚焦主责主业，开展州纪委监委组宣部、党风政风监督室、第一派驻纪检监察组和同仁市纪委监委首轮内部督察，发现和整改问题32个。

【纪检监察队伍建设】 采取以案代训、跟班学习、轮岗交流等方式，开展全员培训，选派74名干部参加上级业务培训、跟班学习和以案代训。年内举办“党史+业务”双提升培训班、基层纪检监察干部业务能力提升培训班，邀请4名天津市纪委监委业务骨干现场指导授课，培训纪检监察干部300余人次。加强对市（县）纪委换届工作的指导，完成州、市（县）纪委班子换届工作，优化年龄知识结构。重视干部选拔培养，全州27名纪检监察干部提任职务、晋升职级或交流任职。

【派驻纪检监察工作】 建立与司法监督、审计监督、财会监督协调配合机制，派驻机构与49个被监督单位建立“清单式”监督机制，提升派驻监督的精准性有效性。制定印发市（县）纪委监委、派驻（派出）机构向州纪委

2021年9月29日，天津市纪委监委案件审理室刘珍向全州纪检监察干部现场指导授课

监委请示报告报备重要事项清单，推动请示报告报备工作规范化、制度化。落实派驻纪检监察组工作规则、派驻机构与驻在部门党组（党委）工作联系机制、州委巡察机构联系州纪委监委各部室等制度规定，推动“四项监督”贯通融合。

（撰稿人：吴 峰）

重要会议

【纪委全体会议】 十二届纪委六次全会。2月24日，中共黄南州第十二届纪律检查委员会第六次全体会议召开。会议以习近平新时代中国特色社会主义思想为指导，深入学习贯彻中共十九届五中全会和省委十三届九次全会精神，落实中央纪委五次全会和省纪委五次全会各项决策部署，总结2020年纪检监察工作，部署2021年主要任务，动员全州上下坚定政治方向、保持政治定力、增强政治担当，奋力推动新时代全州纪检监察工作高质量发展。州委书记王振昌出席会议并讲话，省纪委监委第一监督检查室副主任钱华桑到会指导。州委常委、州纪委书记、监委主任钟志军代表十二届州纪律检查委员会常委会作题为《强化政治监督，推动高质量发展，为开启现代化建设新征程提供坚强保障》的工作报告。会议听取6个地区、州直部门单位党委（党组）、纪委（纪检监察组）主要负责人述责述廉，并进行点评和民主测评。审议通过州纪委常委会工作报告。

十三届纪委一次全会。8月7日，中共黄南州第十三届纪律检查委员会第一次全体会议召开。会议选举刘强、杨本加、李义起、樊景恒、夏吾多杰、徐新齐、钱安加、郑芳、秦敢栋、郭辉、韩俊、王四成、李晓东、多杰仁增、梁晓园、马青云、姜勇、刘玉华、孙瑞杰、吴润泽、谭涛、辛飞、吴兆海为中国共产党黄南藏族自治州第十三届纪律检查委员会委员；选举刘强、杨本加、李义起、樊景恒、夏吾多杰、徐新齐、钱安加、郑芳、秦敢栋为中国共产党黄南藏族自治州第十三届纪律检查委员会常务委员会委员；刘强当选为中国共产党黄南藏族自治州第十三届纪律检查委员会书记，杨本加、李义起、樊景恒当选为中国共产党黄南藏族自治州第十三届纪律检查委员会副书记。刘强代表新一届州纪委领导班子作讲话。

【纪委专题会议】 3月9日，州纪委监委召开党史学习教育动员会，传达学习中共中央《关于在全党开展党史学习教育的通知》、习近平总书记在党史学习教育动员大会上的重要讲话精神，以及省委、州委党史学习教育动员会议精神，安排部署委机关开展党史学习教育工作。州委巡察办、州纪委监委机关各部门、各派驻纪检监察组、州直属机关纪检监察工委全体干部参加会议。

3月12日，州纪委监委召开政法队伍教育整顿监督检查和执纪问责安排部署会。州纪委监委领导班子成员，各市（县）纪委书记、副书记，州委巡察办，州纪委监委机关各部门、各派驻纪检监察组、州直属机关纪检监察工委全体干部参加会议。州委常委、州纪委书记、监委主任钟志军主持并作重要讲话。

同日，州纪委监委召开严肃市（县）乡领导班子换届纪律监督检查和执纪问责工作安排部署会，会议传达学习中央纪委、中组部、国家监委《关于严肃换届纪律加强换届风气监督的通知》、全省市（县）乡领导班子换届工作会议精神及全州市（县）乡领导班子换届工作领导小组会议精神，印发州纪委监委《关于严肃市（县）乡领导班子换届纪律加强监督检查和执纪问责工作方案》，安排部署严肃换届纪律监督检查和执纪问责工作。州委常委、州纪委书记、监委主任钟志军出席并提出工作要求。

同日，州纪委监委召开中央第十五巡视组巡视青海省反馈意见整改工作安排部署会。传达学习中央、省委、州委有关文件、会议精神，州委常委、州纪委书记、监委主任钟志军主持并讲话。州纪委监委班子成员，各市（县）纪委书记、副书记，州委巡察办、州纪委监委机关各部门、各派驻纪检监察组、州直属机关纪检监察工委全体干部参加会议。

5月10日，州纪委监委召开

全州纪检监察机关开展政法干警信访举报件复核及案件质量评查工作动员培训会，抽调全州各市（县）纪委监委案件审理骨干，复核全州纪检监察机关受理的中共十八大以来涉及政法干警信访举报件，对2018年以来全州已办结的涉黑涉恶、涉及政法干警的立案案件进行案件质量评查。

5月11日，州纪委监委召开全州纪检监察机关政法队伍教育整顿问题线索查办工作推进会，对全州政法队伍教育整顿问题线索处置工作进行阶段总结、系统梳理和部署调度。省政法教育整顿第六驻点指导组线索督办专办班组长晋建民到会指导，各市（县）纪委书记、分管案件工作副书记，州纪委监委机关信访室、案件审理室、案件监督管理室、各监督检查室、各审查调查室、各派驻纪检监察组主要负责人参加会议。州纪委副书记、监委副主任、政法教育整顿领导小组办公室问题线索处置组副组长杨本加主持并讲话。

5月20日，黄南州召开整治违规收送礼金问题和小金库“回头看”专项行动工作部署会，安排部署全州整治违规收送礼金问题和小金库“回头看”专项行动工作。州委常委、常务副州长肖顺琛出席并讲话，州委常委、州委秘书长蒋明宽主持会议。

7月19日，黄南州召开持续深化整治群众身边腐败和不正之风突出问题专项工作推进会，传达学习贯彻全省市州专项工作推进会精神，通报和交流工作情况，对专项工作进行再安排、再部署。

7月20日，州纪委监委召开上半年工作汇报会，总结上半年工作，分析存在问题和不足，谋划推动下半年工作。州委常委、纪委书记刘强主持并讲话。州纪委常委、监委委员，州委巡察办、州纪委监委机关各部室、各派驻纪检组、州直属机关纪检监察工委主要负责人参加并做汇报。

9月9日，州纪委监委召开全州纪检监察工作推进会。会议深入学习贯彻全省纪检监察工作会议精神，梳理盘点2021年以来工作，细化实化下一步重点任务。州委常委、州纪委书记、监委主任刘强主持并讲话。州纪委常委、州监委委员，市（县）纪委书记、副书记，州委巡察办、州纪委监委机关各部门、各派驻纪检监察组、州直属机关纪检监察工委主要负责人参加会议。

9月24日，州纪委监委召开巩固拓展脱贫攻坚成果同乡村振兴有效衔接专项监督工作情况汇报会。会议重点听取市（县）纪委监委传达学习贯彻落实习近平总书记重要指示批示精神和党中央、国务院、中央纪委国家监委、省委、州委关于巩固拓展脱贫攻坚成果同乡村振兴有效衔接的相关会议文件精神情况，以及专项监督工作进展情况、存在的问题和下一步工作打算。州纪委副书记、监委副主任樊景恒出席并讲话。

9月29日，州召开巩固拓展脱贫攻坚成果同乡村振兴有效衔接专项监督培训会。州、市（县）、乡93名纪检监察干部参加培训。州纪委监委机关、州乡村振兴局领导人分别作解读培训。

10月26日，州纪委监委召开粮食购销领域腐败问题专项整治工作推进会。传达学习省粮食购销领域腐败问题视频工作会议精神，听取州发改委（粮食局）、州财政局、州市场监督管理局等部门工作进展情况汇报，对专项整治工作进行再动员、再部署、再落实。

11月19日，州纪委监委召开派驻机构工作会议，听取各派驻纪检监察组工作汇报，征求工作意见建议，安排部署派驻机构工作。

（撰稿人：吴　峰）

群众团体

黄南州总工会

【概况】 2021年，全州有县级总工会4个，下属基层工会637个，职工28585人，工会会员27351人，其中干部2421人（工会专职干部54人、社会化工作者25人、基层兼职干部2342人）。以货车司机、快递员、“拉面经济”、网络送餐员等新业态从业人员为重点，推进“八大群体”入会和百人以上企业建会专项行动，年内新建工会组织25个，发展会员1818人。

【工会制度建设】 坚持“第一议题”制度，学习贯彻习近平总书记重要讲话和中央、省委、州委各项决策部署，在学深悟透落实上发挥表率作用。严格执行《工会法》规定，推进行政事业单位工会经费财政划拨和企业工会经费税务代缴制度，完成年度工会经费收缴任务和上解省总任务，及时下拨基层工会经费。制定完善《黄南州总工会党组会议事规则》《黄南州总工会主席办公会议事规则》《州总工会物品采购制度》《州总工会机关周例会制度》等9项制度，规范工作流程。

【宣传教育】 开展“永远跟党走”“党旗在基层一线高高飘扬”“中国梦·劳动美——永远跟党走奋进新征程”主题宣传教育活动，在职工队伍中唱响共产党好、社会主义好、改革开放好、伟大祖国好、各族人民好的时代主旋律。开展党史学习教育，完成学各项任务，引领职工学史明理、学史增信、学史崇德、学史力行。开展党史、新中国史、改革开放史、社会主义发展史宣传教育，引导职工群众深刻认识中国共产党为什么能、马克思主义为什么行、中国特色社会主义为什么好，增强听党话、跟党走的思想自觉和行动自觉。组织召开州级群团单位学习贯彻中共十九届六中全会精神学习研讨会。利用《青海工运》、黄南报、黄南电视台、微信公众号等平台，加大宣传力度，编辑报送各类信息153期，编印《州总工会2021年新闻集》4本。组织职工志愿者开展志愿活动11次。创建和利用群团微信公众平台、微信群等，建立分层分类分区域的群团网络平台，加强线上线下交流，实现信息集中发布、信息高效对接、项目合力推进的运行机制，探索利用数字化、智慧化、“互联网+”等新技术手段，开创网上网下相互融合，群团部门相互借力的工作新格局。在州级以上媒体刊登群团信息300余篇、新闻114条，发表文章65篇。加强职工“四德”教育，开展“网聚职工正能量、争做中国好网民”活动，申报微电影《一支笔一束光》参加2021年争做中国好网民活动。选派干部参加省、州举办的各类培训班，助推干部职工素质提升，年内选派69人次参加培训，其中参加州级各类培训班34人次，参加省总工会各类培训班35人次。

【职工文体活动】 通过线上线下相结合方式，举办“群心向党·团结奋进”主题活动和州群团组织学习宣传中共十九届六中全会精神巡演活动，集中展现黄南州广大职工群众讴歌新时代，展现新作为。来自州直及同仁地区职工群众600人次观看首场巡演，线上观看量近3.6万人次。组织举办“绿色农牧杯”中国象棋职工邀请赛、“书香三八”“玫瑰书香”主题阅读。组织700余名州直干部职工观看《建党伟业》《古田军号》《周恩来的四个昼夜》等红色影片。组织选派篮球队参加全省职工篮球比赛，获得优秀组织奖。

【职工维权】 开展全州在档困难职工就业创业情况专项调查工作，调查全州12户全国建档立卡困难职工。州、市（县）总工会对全州70家企业开展职工队伍稳定风险专项排查化解、维护劳动领域政治安全。为一市三县12名困难职工提供生产经营资料，资金和创业就业补助资金8万元。主动配合有关部门开展安全生产、职业病防治和消防安全监督检查，举办3期消防安全知识和1期健康急救专题讲座。畅通“12351”职工维权热线，实行主席接待日制度，为职工提供近距离的接待服务。组建志愿服务队，在社区、企业、工地、街道、广场等地开展《保障农民工工资支付条例》《中华人民共和国国家安全法》《中华人民共和国职业病防治法》等法律宣传16场，发放各类宣传资料5000余份、宣传品3500余份，悬挂横幅26条，制作摆放展板30个，设置“无欠薪项目”承诺签名墙1个。全州已建会的企事业单位职代会制度和厂务公开制度建制率达98%以上，企业签订集体合同、工资集体合同185家，建制率均达到100%，覆盖职工7123人。签订企事业单位女职工特殊权益保护专项合同153家，覆盖女职工4218人，签订率98%。健全网络舆情定期分析研判应对机制，加强劳动关系矛盾预防排查化解机制建设，引导职工群众依法表达利益诉求，防范和化解劳动领域政治安全风险隐患和矛盾纠纷。

【职工服务】 志愿服务。深化职工职业道德建设，不断充实文明单位内涵，推进“州级文明单位”“忠诚党的事业，竭诚服务职工”的模范政治机关和节约型机关创建工作。组织职工志愿者开展义务宣传、捡拾垃圾、义诊看病等志愿活动11次。

普惠服务。“春送岗位”活动中，组织州属企业面向下岗失业人员、大中专毕业生、农民工提供115个就业岗位。“夏送清凉”活动中，投入资金7万余元慰问建筑工地、环卫工等露天高温一线职工1000余人。“金秋助学”活动中，投入资金4.5万元帮助全州8名困难职工子女实现“大学梦”。“冬送温暖”活动中，投入资金115.48万元慰问春节期间值班、疫情防控单位及劳模等，累计看望慰问6864人。动员432家单位，8644名职工参加2021年度全省职工医疗互助和生活保障活动，收缴互保金总额86.44万元，为900人次结报互保金101.42万元，极大提升广大职工抵御风险的能力。投入资金12万元，为州直426名女职工免费开展“两癌筛查”活动；为一市三县及州直各企业工会800名农民工开展免费体检活动。举办职工子女篮球夏令营活动，141名职工子女参加活动，解决暑期无人看管的问题。协同相关部门组织实施“暖心早餐”工程，一市三县1445名环卫工等一线职工吃上免费“暖心”早餐。以区域分班、夜校模式分3期对全州140名“快递小哥”进行服务效能提升培训。举办法律援助、技能培训、心理疏导、健康急救和消防安全等内容的专题讲座6期，454人次参加培训。开展“工会进万家新就业形态劳动者温暖行动服务月活动”，以群团服务中心定制的工会会员入会套餐流程现场为60名网络送餐员、快递小哥、货车司机等会员代表开展工会会员入会套餐体验，并发放会员暖心礼包。

2021年7月25日，州总工会开展全州职工子女篮球夏令营活动

联点帮扶。开展系列主题党日4次，慰问卸任村干部、困难党员及群众20人。协助鞍钢集团郭明义爱心团队为联点村20户贫困户送去帮扶救助资金4.67万元。投入11.98万元购买通村班车，为联点村开通第二条班线。州总工会被省委、省政府评为青海省脱贫攻坚先进集体、1人获青海省脱贫攻坚先进个人。

工会对口援建。落实天津市总工会援建资金180万元、滨海新区总工会160万元。以项目化方式使用援建资金，为基层和广大职工办实事。将援建资金纳入预算管理，与工会经费捆绑使用，提高使用效率，有效防止资金风险。制定蹲点活动实施方案，成立州总工会干部在基层蹲点的5个工作小组，在州直及一市三县重点面向服装制作师、拉面工、餐饮服务员、司机、快递员、网络送餐员、特色艺术品加工师、画师群体开展蹲点调研活动。

【建功立业】 组织开展“建功‘十四五’、奋进新征程”主题劳动和技能竞赛。围绕经济社会发展，与有关部门联合举办农业综合行政执法、邮政快递、疫情防控、优质课件、森林防火、司助人员、藏医特色治疗技能、应急救援等行业群体的职业技能竞赛12场，4000余名职工参与其中。组队参加全省拉面行业、青年教师、邮政快递行业、疫情防控岗位、刑事技术技能大赛5场次，6支代表队35名选手参加技能竞赛，获团体奖4个，8名选手获个人奖。

【工会基础建设】 申报全国“职工书屋”示范点1家，建立全国职工书屋图书补充点3个、全省“职工书屋”示范点5家，命名州级“职工书屋”示范点26家。研究下达2021年州总工会支持项目5批，投入经费286.7万元，安排各类阵地建设项目101个，建成职工之家24个、职工书屋26个、职工户外休息室17个、中华书屋3个、心理健康室2个、群团服务站2个、技能竞赛项目12场次、文体活动15场次。向州直19个单位的办事大厅和服务场所投放价值8万元的共享雨伞和便民科普书架，开展安全科普书架进企业活动，受益职工群众8000余人。

【劳模服务管理】 做好全国劳模和全省各类典型的评选推荐工作。推荐扎西为“全国五一劳动奖章”获得者；推荐国家税务总局尖扎县税务第一分局为全国巾帼标兵岗。组织34名全国劳模、省级劳模和最美职工在三亚疗休养。完成52名全国和省级劳动模范功勋荣誉表彰奖励登记工作。组织开展观看劳模微电影活动，并将制作的5部反映黄南州全国、省级劳模事迹微电影制作成光盘发放至各级工会组织观看学习，引导广大干部职工学习身边先进典型事迹。组建劳模宣讲团，在企业、社区、学校进行宣传26场次。“两节”期间，看望慰问各级劳模40人，发放慰问金8万元。为全州各级劳动模范、道德模范免费订阅青海《党的生活》《黄南报》《黄南藏文报》《中国共产党简史》《习近平论中国共产党党史》，及时把党的声音传达到基层群众中。

【群团协同化建设】 牵头推进群团协同化建设工作，成立以州委副书记为组长的黄南州推进群团协同化建设领导小组，统筹推进全州群团协同化建设工作。制定《黄南州群团工作联席会议制度》《黄南州人民政府与州群团组织联席会议制度》等制度，健全完善协调小组工作机制，为全州群团协同化建设提供制度保障。承办全省首届群团协同化建设工作推进会，举办“群心向党 团结奋进”主题活动。打造黄南州群团服务中心、同仁市群团协同化基地、尖扎县德吉村群团服务站和龙树画苑劳模创新室等4个群团协同化建设品牌，探索打造全州首家“景区群团服务站”。州级层面创新“党建+群建+服务”工作理念，推行“主题党日+群团教育+”教育模式，确定“凝聚党心民心+服务党员群众+”功能定位，依托黄南州党群服务中心建设黄南州群团服务中心，设置党史教育、志愿服务、红色映荧、群团讲堂等服务功能，为不同群体设置入党入团入会、主题党日、志愿服务、劳模风采等20类主题套餐，工会、团委、妇联、科协、残联、红十字会、文联、工商联职能全部进驻，持续发挥群团资源优势，通过群团服务中心开展党史学习教育、志愿服务、

2021年8月24日，省委常委、省总工会主席马吉孝（中）调研黄南群团协同化建设工作

入团入会、分享交流等活动120余次，吸引职工群众参与超过9000余人次，有效激发群团组织活力，打造党建引领群团共建新格局。一市三县层面同仁市设立群团党组，成立党组办公室，整合群众体育馆阵地资源，统筹打造占地20多公顷的集群团场馆、影剧院、体育场、群团文化长廊、“三个精神”主题广场为一体的群团协同化基地，实现群团组织集中办公，创新实践“同仁做法”；尖扎县在德吉村率先建成全州首家景区群团服务站，在县城滨河公园等公共场所建成“群团之家”，形成“一站多圈”群团服务模式，探索“尖扎路径”；泽库县组建“县委群众工作委员会”，成立群团服务中心，实现“一站式服务”，走出“一核两翼三联八平台”的“泽库经验”；河南县将群团服务中心和新时代文明实践中心一同打造，开展各类志愿服务，将“我为群众办实事”落到实处，培育“河南品牌”。截至年底，全州建成26个乡镇群团服务中心、178个村（社区）群团服务站、20个企业群众之家，形成“州—县—乡镇—村（社区、企业）四级立体化”群团服务网络体系，服务群众达3万余人次，服务群众实现“零距离”。黄南州群团协同化建设工作中总结出的“同仁做法、尖扎路径、河南品牌、泽库经验”即“黄南模式”成为继“海北样板”“海晏方法”后全省第三个群团协同化建设工作中可学习、可借鉴、可推广的经验，得到省州委肯定。

【全省群团协同化建设工作推进会】 12月8日，全省群团协同化建设工作推进会在黄南州同仁市召开，省委常委、省总工会主席马吉孝，省委改革办副主任郭云方，省委改革办二处处长顿珠旺智，省级群团组织领导、省总工会部室负责人及各市州群团组织负责人参加推进会。与会人员在同仁市龙树画苑劳模创新工作室、黄南州群团服务中心、同仁市群团协同化基地实地观摩。在黄南州藏戏传习中心，与会人员参加“群心向党·团结奋进”主题活动，观看《信念永恒》《奉献》《心里话对党说》等活动。共青团青海省委书记董玉毅主持召开交流座谈会，州委书记王耀春致辞，省委常委、省总工会主席马吉孝作重要讲话。会上，黄南州、玉树州玉树市、果洛州久治县、海南州兴海县河卡镇、西宁市城西区通海路街道文成路社区就落实全面从严治党主体责任、加强党的建设和贯彻落实群团协同化建设的经验、做法、感受及下一步工作打算分别作交流发言。

（撰稿人：吴美伶）

共青团黄南州委员会

【概况】 2021年，共青团黄南州委下设州直属机关团委、综合科，并常设青年联合会、少先队员工作委员会、州青年志愿者协会。核定编制6个，其中行政编制5人（设书记1人、副书记1人、干部3人）、工勤编制1人。四市（县）团委除同仁市3个编制（书记1人、干部2人）外，其他三县均为2个编制（书记1人、干部1人）。截至年底，共青团黄南州委有下级组织820个，其中团的领导机关4个、基层团委87个（含教育团工委4个）、团工委5个、团总支24个、团支部465个；团的领导机关团干部20人、基层团干部1082人，共青团员11989人。少先队组织977个，少先队大队89个、市（县）级别总辅导员4个、中队914个、少先队辅导员983个，少先队员25951人。全州14~35岁户籍青年人口总数105941人，占总人口比例36.93%。

【基层组织建设】 年内组织全州145名新任村（社区）团支部书记和少先队辅导员进行专题培训，在29家“两新”组织中新建团组织，加大行业团工委建设力度，成立共青团黄南州邮政快递行业工作委员会。全年新发展团员650人，全州中学团校和各市（县）团代表联络站均实现全覆盖。成功召开中国少年先锋队黄南藏族自治州第三次代表大会，在全省率先开展“红领巾奖章”争章活动，表彰三星章集体和个人242个（人）。组织13名少先队辅导员参加全省少先队辅导员技能大赛，3人分别获得全省二、三等奖。全面深化改革，着手县域共青团基层组织综合改革，基本完成学校共青团改革重点任务。推进群团协同化建设，推进青联改革，组织召开黄南州青年联合会第五届委员会全体会议。

【青少年思想道德建设】 以庆祝中国共产党成立100周年为工作主线，在全州各级团组织中开展党史学习教育，441个团支部开展“四史”、习近平总书记“七一”重要讲话及中共十九届六中全会精神专题学习会2335场次，累计参与团员达7.3万人次。开展“我为群众办实事”实践活动，办理事项34件，服务青少年3225人次。举办黄南共青团学习贯彻中共十九届六中全会精神宣讲会6场，参加人数达500余人。运用团属新媒体开设“跟着团团学党史、党史百年天天读”专栏和“青年大学习”网上团课，发布文章465篇、团课27期。组织开展“青春向党·奋斗强国”“红领巾心向党”等主题团队日活动400余场次，覆盖团（队）员2.3万余人。培育践行社会主义核心价值观，广泛开展“新时代好少年”“传承红色基因”等活动90余场次，参与青少年3万余人次。推动全州中小学生入队、入团、超龄离团等仪式教育规范开展，全年选树省州团队组织先进典型（集体、个人）近200个（人）。

【青少年权益保护】 开展“青春与法同行”活动，征集普法作品（漫画、征文）500余幅（个），1名学生获全省三等奖；选送5所中学参加全省第六届青少年模拟法庭大赛，2所中学获优秀奖，1名学生被评为“最佳小公诉人”。联合州消防支队开展“青春自护·暑期安全”（防溺水）青少年自护教育活动30余场次。维护青少年合法权益，先后开展“平安校园”“国家安全教育进校园”“禁毒”“轻松备考12355与你同行——高考减压辅导”等活动。拓宽青少年参与民主协商的渠道，组织开展州市（县）两级“共青团与人大代表、政协委员面对面”、青少年模拟政协提案征集活动。

【青年志愿服务】 开展“清明祭英烈”“爱心送考·你我同行”等志愿服务活动50余场次，参与人数达1200余人次。组织开展“中华民族一家亲　同心共筑中国梦”青联委员走基层关爱特殊儿童志愿服务活动，送去价值0.9万元的慰问物资。落实“希望工程”项目资金28万元，资助学生110人。新建青联“希望小屋”10个，争取总投资5万元的青少年“心理咨询室”项目1个。组建生态文明建设志愿服务队11支，开展“保护母亲河”等生态文明建设实践活动50余场次。州职业技术学校暑期组织学生开展文化、科技、卫生“三下乡”社会实践活动。与天津援青指挥部、州教育局共同推动落实——天津援青“格桑花助学行动”。及时发布致全州广大团员青年、少先队员的倡议书和疫情防控青年志愿者招募公告，组织全州广大青年志愿者投身疫情防控一线，送去价值2万余元的慰问物资。发出“同心抗疫　热血青年”无偿献血倡议，发动青年志愿者集中一次性累计献血2600毫升。联系对接天津团市委解决志愿服务经费6万元，并向泽库定向捐赠价值20万元的防疫物资。

2021年9月16日，团州委组织青联委员在州特殊教育学校开展走基层关爱特殊儿童志愿服务活动

9月16日，由团州委、州青年联合会、州青年志愿者协会开展的“中华民族一家亲　同心共筑中国梦”青联委员走基层关爱特殊儿童志愿服务活动在黄南州特殊教育学校举行。团州委副书记、州青联主席蒙措吉及州青联委员代表和部分青年志愿者30余人参加活动。委员们在前期调研中，了解到特殊学校的孩子们大多为家在偏远农牧区农牧民的孩子，孩子们缺少换洗的贴身衣物，团州委和委员们为学校82名学生购买秋衣裤和棉袜，并为每个孩子准备月饼等节日礼物。活动现场，委员和志愿者与孩子们开展互动陪伴活动，为所有孩子整理床铺、洗头、剪指甲，并换上干净的衣服，与孩子们一起做游戏、跳锅庄，并送去节日的祝福，鼓励他们健康成长快乐生活。

【青年建功立业】 深化乡村振兴青春建功行动。成立青创服务组织4个，参与青年会员590人。举办全省“乡村振兴青年先锋”暨农牧区创业致富青年“领头雁”培训班（黄南专场），全州致富带头人、返乡创业大学生、优秀进城务工青年、青年农场主、农牧区优秀创业企业负责人40人参加培训。组织全州电子商务、物流快递、美团外卖等新兴领域青年200人到西宁免费体检。推进《青海省中长期发展规划（2018—2025）》落地见效。年内，命名州市（县）青年就业见习基地9个，发放30万元的创业贷款1笔，组织50余名创业青年参加全省创新创业大赛宣讲培训会。

【示范培训】 4月15—16日，围绕立足新发展阶段、贯彻新发展理念、构建新发展格局，举办全州基层团干部培训班。以“示范培训”“送团课下基层”的方式集中培训各市（县）100余名新任职村（社区）团干部。6月16日，与州少工委联合举办2021年全州少先队辅导员专题培训班，各市（县）少工委负责人，州直学校和各市（县）学校的少先队大（中）队辅导员代表，45人参加培训。

【庆“五四”活动】 4月29日，由团州委、州文化馆主办，州妇联、州总工会及各市（县）团委协办的“庆五四、迎建党百年华诞”文艺会演在热贡文化广场举行。活动由州政协副主席拉结加致词。州关工委主任完德、州政协副主席拉结加、州关工委副主任才让卡以及州委办、州妇联、州法院、州检察院、州应急管理局、州教育局、州农牧局、州司法局、州科技局、州纪委派驻纪检组、州消防救援支队、州文化馆和州创建办相关领导观看现场演出。团州委书记秦增多杰宣读全州五四红旗团委、五四红旗团支部（团总支）、优秀共青团员、优秀共青团干部、优秀青年志愿者、优秀少先队大队、优秀少先队中队、优秀少先队辅导员、优秀少先队员、青年民族团结进步先进集体、青年民族团结进步先进个人、青年岗位能手、农牧区青年致富带头人、青年安全生产示范岗表彰决定。在场领导为获奖代表颁发荣誉奖牌及证书。文艺会演中经过精彩角逐，州消防支队的舞蹈《逆行》获一等奖；泽库县第二民族中学的音乐剧《我们的未来》、同仁市第一完全小学的舞蹈《少年新风》获二等奖；河南县优干宁镇第二完全小学舞蹈《蓝天碧草间》、黄南州职业技术学校舞蹈《吉祥弦子》、河南县托叶玛乡完全小学诗歌朗诵《祖国，我对您说》获三等奖；州中学舞蹈《丝路随想》、州民族高级中学舞蹈《阿则》、尖扎县民族中学舞蹈《雪域姑娘》、州民族高中舞蹈《民族踢踏》获优秀组织奖。

【“青春自护·暑期安全”活动】 7月19日，州消防救援支队及州中学协办的“青春自护·暑期安全”黄南州2021年暑期青少年自护教育活动在黄南州中学举行。团州委、州民政局、州消防救援支队和市（县）团委相关负责人以及州中学师生代表250余人参加活动。活动中，针对暑期青少年溺水等人身安全事故高发情况，州消防救援支队防火监督科副科长赵生辉以“防溺水”为主开展专题讲座。讲座以溺水、火灾、泥石流、地震等几大板块为内容，通过播放灾情视频、宣传视频、现场问答、列举实例等方式，让同学们在短时间内较好地掌握防灾自护知识、提高避险自救的能力。

【少先队黄南州第三次代表大会】 11月30日，中国少年先锋队黄南藏族自治州第三次代表大会在州会议中心召开。州委书记王耀春向大会发来贺信，州委副书记李晓燕宣读贺信。团省委副书记治

2021 年 11 月 30 日，中国少年先锋队黄南藏族自治州第三次代表大会在州会议中心召开

民生，州委常委、宣传部部长、州总工会主席宋辉向大会致词。州人大常委会副主任辛海萍，副州长哇多，州政协副主席白萍，州关工委主任完德等出席大会。大会听取题为《赓续精神血脉　勇担时代使命　为打造共同富裕的黄南样板时刻准备着》的工作报告。报告回顾总结州第二次少代会以来全州少先队工作取得的成绩，安排部署今后五年全州少年儿童和少先队工作。团州委、州教育局负责人向大会致词。少先队员代表分享他们与红领巾一起成长的故事。州委各部门、州直各单位相关负责人出席开幕式。大会应到代表 141 人，实到代表 139 人。开展“红领巾奖章”争章活动，获州级三星章集体 14 个、个人 228 人。

【州青联五届全体会议】　12 月 23—24 日，黄南藏族自治州青年联合会第五届委员会全体会议在同仁召开。州委常委、宣传部部长、总工会主席宋辉，团省委副书记索朗德吉出席开幕式并讲话，副州长王桂莲等参加大会开幕式，州文联主席唐建隆、团州委书记仁青卓玛分别向大会致词。大会听取并审议通过《高举伟大旗帜　凝聚青春力量　为打造共同富裕的黄南样板而努力奋斗》的工作报告。选举产生才中等 31 名州青年联合会第五届常务委员会委员。蒙措吉当选为黄南州青年联合会第五届委员会主席；马育林、多杰仁青、完德尖措、夏茸尕布·洛藏旦增切吉坚赞、靳小宇 5 人当选为黄南州青年联合会第五届委员会副主席。随后，召开州青联五届一次常委会，决定州青联第五届委员会常务委员会秘书长、审议通过黄南州青联第五届委员会界别工作委员会主任、副主任、界别秘书长名单和《黄南州青年联合会提案和建议工作制度》《黄南州青联委员直接联系青年工作制度》《黄南州青联界别活动组织办法》。

（撰稿人：旺秀措）

黄南州妇女联合会

【概况】　2021 年，黄南州有女性人口 14.2 万人，占总人口的 49%；有妇女组织 329 个，其中州直 1 个、市（县）4 个、乡（镇）32 个、社区 30 个、村级妇联 262 个，换届 262 个。年内在“两新”组织、“四新”领域新建省级“妇女之家”3 个。妇女干部中，分别有州级党代表、人大代表、政协委员 89 人、58 人、51 人。年内举办妇女干部培训班 7 次，参加人员 260 人次。打造同仁市集工青妇、残科红、老干部局、新时代文明实践中心、群团服务中心于一体的全州群团协同化服务示范阵地。

【妇女思想建设】　开展“巾帼心向党·奋斗新征程”系列宣传活动，举办“三个一百”“百千万巾帼大宣讲”“一讲堂四走进”等品牌宣传活动 30 余场次，引导广大妇女群众传承红色基因，知党恩、听党话、跟党走。选树表彰获国家、省、州“三八红旗手”“维权工作先进个人”“巾帼建功标兵”“妇女工作先进集体”“巾帼建功集体”等 9 个集体、35 名个人。线下依托电视、报纸等，线上依托“黄南先锋”、微信公众号、“青海新闻网”等新媒体平台，编辑推送 200 余条信息，宣传妇女工作，强化网上舆论引导，提高妇女政治站位。

【妇联改革】 利用尼姑寺等各领域“妇女之家”，多层次开展政策宣讲和关爱帮扶活动，引导广大农牧区妇女群众、僧尼爱国爱教。组织开展调查研究行动，在各市（县）通过听取汇报、实地走访、现场观摩、交流互动等方式，了解各级妇联落实《关于深化妇联组织建设改革实施“破难行动”的意见》的具体措施、妇联改革方案任务落地情况、群团协同化工作进展情况，打造出妇女儿童的“坚强阵地”“温暖之家”。完成村（社区）妇联组织集中换届选举工作，全州262个村、30个社区选举产生292名村（社区）妇联主席，均由村“两委”委员兼任，584名兼职村级妇联副主席，1655名村级妇联执委，其中党员185人。村党组织中女性成员116人，占村支委委员总数的12.1%；党支部书记中女性11人，占3.8%，比上届提高2.8%。

【妇女维权】 开展“法律大讲堂走基层”“平安黄南”等宣传活动进村（社区）、进寺庙、进校园法治讲座10场次。依托“妇女之家”和36个规范化基层维权阵地，重点宣传妇女儿童有关法律法规和《中华人民共和国民法典》，发放《妇女法律援助工作手册（藏语汉语）》等各类书籍和宣传资料1万余本，参与妇女群众2万余人次。开通州、市（县）两级“12338”妇女维权热线，全州妇联系统受理来信、来访、来电40件次，办结率99%。选树省级“妇女儿童维权先进集体（个人）”4个、州级“妇女儿童维权先进集体（个人）”8个，创建省级“维权服务站”2个。

【关爱妇女儿童】 妇女儿童发展规划。落实中央和省、州党委、政府新要求，完成全州妇女儿童发展规划终期监测评估工作。继续本着坚持男女平等基本国策、儿童优先原则，做好调查研究，做好《黄南州妇女儿童发展规划（2021—2030年）》编制工作，保证新两规编制工作顺利进行。

妇女儿童关爱行动。围绕践行“我为群众办实事”活动，实施“春蕾计划”“情暖藏区高中女生”“母亲邮包”“儿童阅读礼包”“Hello小孩”、贫困母亲“两癌”救助等公益项目，协调天津市妇联、天津滨海新区妇联组织实施“圆梦微心愿”“巾帼促交融·民族一家亲”“路千里·心不离”“一对一”爱心帮扶等活动，组织女企业家慰问防疫卡点、一线新闻工作者等抗疫女性工作者，累计落实各类帮扶资金近500万元。利用“母亲健康快车”开展义诊咨询，健康普查1万人次。全年慰问老党员、贫困户、贫困妇女儿童帮扶资金达5万余元。联系天津市妇联、滨海新区妇联开展“路千里·心不离”爱心企业家结对资助困境儿童、“巾帼促交融·民族一家亲”等活动，落实帮扶资金和物品折合共计75万元。

【巾帼建功立业】 年内申报国家级“巾帼民族手工艺品生产专业合作社”1个，成功创建省级“巾帼创业创新示范基地”2个。组织各类基层妇女骨干、农牧民妇女技能培训15场次700余人次。强化农牧区贫困妇女创业就业，主动融入提升“青绣”品牌活动，培育“青绣”品牌经济组织1个、移民搬迁点贫困妇女村集体经济组织1个。组织33个巾帼志愿队伍3000余名志愿者参与“奋力推进一优两高·携手共建美丽家园”等活动30余场次。全年选树国家级“三八红旗手”“巾帼建功文明岗”“巾帼建功集体”

2021年12月6日，州妇联“HELLO小孩”爱心套餐发放仪式

2021 年 11 月 12 日，州妇联携手女企业家巾帼志愿者慰问抗议一线工作者

各 1 个（户）、省级“维权工作先进个人”1 人、“维权工作先进集体”2 个、“绿色家园”4 个、“创业创新示范基地”各 2 个。

【家庭建设】 组织参与全省家庭教育能力提升培训班，家庭教育讲座 32 场次。利用全州 5 个国家级家庭教育创新实践基地和省级家庭教育指导中心举办“4·23”世界读书日暨“书香青海·阅伴万家”亲子阅读活动。依托儿童快乐家园、家庭教育指导中心，发挥阵地和志愿者队伍作用，加强未成年人思想道德建设，引导家长帮助孩子扣好人生第一粒扣子，举办庆“六一”系列活动 10 场次。全年选树国家、省、州级“最美家庭”“绿色家庭”“好婆婆”“好媳妇”“好丈夫”29 户 67 人，其中国家级“最美家庭”1 个、“最美家庭”13 户、“绿色家庭”15 户。

【妇女参政议政】 州妇联成立全州村（社区）妇联组织集中换届选举工作领导小组，制定印发《黄南州村（社区）妇联组织集中换届选举工作指导手册》，将换届工作作为深化妇联组织建设改革破难的着力点，推动妇女参选参政。此次村级妇联换届选举工作中，妇女干部文化程度、素质明显提高，初中及以上学历占比提升；较前一届村（社区）妇联主席年龄结构下降，平均年龄 35 岁。州十三次党代会女代表 89 人，占代表总数的 33%；州第十三届人民代表大会女代表 58 人，占代表总数的 25%，较上一届增加 12 人，占比提升 5.1%；第十四届州政协委员会女委员 51 人，占委员总数的 23%，较上一届增加 33 人，占比提升 11.1%。

【妇女助力疫情防控】 疫情常态化管控期间，引领村妇联主席和社区妇联主任带头发挥自身优势，做好返乡人员登记、摸底排查工作。号召全州各族各界妇女弘扬志愿精神和雷锋精神，一批女医护工作者主动申请到战“疫”最前线，公安、交警、乡（镇）、村（社区）等各条战线妇女姐妹发挥全州各族各界“半边天”作用，守住家庭红线和底线。组织 33 个志愿队伍、3000 余名巾帼志愿者在各村发放宣传资料、乡村广播、张贴标语、悬挂横幅，利用“妇女之家”“微信公众号”等宣传新型冠状病毒防控科学（藏语、汉语）知识、防控倡议书等，教育引导广大妇女群众不造谣、不信谣、不传谣。联合基层妇联组织，发动全州妇女企业家捐赠物资 3 万余元。运用黄南报、青海妇女等平台宣传报道巾帼战“疫”先进事迹，在黄南新闻网、今日头条、青海手机网等媒体刊登。

（撰稿人：白琼卓玛）

黄南州科学技术协会

【概况】 黄南州科学技术协会是黄南州科学技术工作者的群众组织，是州委领导下的人民团体，与州科技局合署办公，由州级学会、协会和县级科协组成，下辖正科级事业单位黄南州科技馆 1 个。截至 2021 年底，全州有市（县）科协 4 个、州级学会 9 个，一市三县科协机构均与市、县农牧（水利）科技局合署办公。有科普基地 5 个，农村专业技术协会 1 个，有会员 52 人。开展科技下乡活动 120 次，举办各类培训班 2 次，编发《黄南科普》4 期 16000 册，受益群众达 5 万人次。

【全民科学素质体系建设】 贯彻落实习近平总书记关于“科技创新与科学普及是推动创新发展的两翼，要把科学普及放到与科技创新同等重要位置”的重要指示精神，落实省、州《全民科学素质行动计划纲要》工作安排部署，印发《黄南州2021年科普工作要点》，细化明确年度工作任务，组织州、县科协参加省纲要办组织的会议和活动，落实2021年度科普经费28万元。根据省政府办公厅关于印发《青海省全民科学素质行动计划纲要实施方案（2021—2025年）编制工作方案的通知》文件精神，制定《黄南州全民科学素质行动计划纲要实施方案（2021—2025年）》，上报州政府待印发执行。按照省、州提升基层科协组织力“3+1”试点工作要求，逐步推进全州基层科协组织试点工作。尖扎、泽库、河南三县完成换届工作，同仁市工作有序推进中。开展2021—2025年度第二批全国科普示范县（市、区）创建单位申报工作，尖扎县被确定为第二批全国科普示范县创建单位。

【青少年科普】 联合省藏文科技报社和州地震局等部门，围绕绿色经济及节能环保、现代信息技术、生命健康、防震减灾等领域，先后到同仁市逸夫中学、尖扎县康杨镇中学、根敦群培中学、泽库县民族中学和河南县民族中学等25所中小学开展科普宣传进校园活动，通过发放宣传资料、现场咨询解答、观看影像资料的方式面向群众和学生普及科技知

2021年6月8日，州科协在尖扎县贾加乡寄宿制完小开展科普大篷车“万里行”活动

识，让他们近距离接触前沿科技。全州出动宣传车辆3台次、科技宣传人员6人，累计发放各类宣传资料1万余份，制作展板18个，受教育群众和学生3000余人。加强与社区、企事业单位等的协作，开展校内外科普知识教育活动，组织学生参与社区服务和社会实践、生态环境保护、校园安全避险、生活自理能力和生产技能培养等。进一步普及健康知识，传播健康理念，增强学生的疾病预防意识，提高学生的自我保健能力，州科协、州教育局邀请州医院主治医师马永海，在州民族中学、州民族高级中学、同仁市民族中学、隆务二寄校4所学校举办中学生健康知识进校园科普讲座，700多名师生聆听讲座。

【农村科普】 *开展科普大篷车“万里行”活动*。组织科普志愿者在一市三县乡镇、社区、学校开展科普大篷车“万里行”活动，通过设立咨询点、悬挂横幅、张贴标语、展出展板、赠送科普挂图和散发宣传资料等形式，突出宣传党领导科技事业发展的光辉历程，重点展示中共十八大以来党领导科技创新取得的重大进展和突出成就，大力弘扬科学家精神，活动现场向群众进行农畜产品，中药、藏药材，科技成果，科普大篷车展示和科普体验等活动。全年开展科技科普宣传活动102场次，覆盖28个乡镇、33个村、27所学校、5个社区、4座寺庙，累计悬挂横幅30余条、展出各类展板2000多块，接待群众咨询1000余人次，发放各类科普书籍4万余册。

开展“科技活动周”系列活动。根据省科技厅、省委宣传部、省科协《关于举办2021年青海省科技活动周的通知》精神，按照“百年回望——中国共产党领导科技发展”活动主题，围绕当前黄南州科技和经济社会发展的热点，突出科技惠民及民生和科技支撑经济社会发展的两大主线，5月

24—30日，在全州范围内开展举办一系列丰富多彩、形式多样的群众性科技活动，集中展现中国共产党成立100周年来，黄南科技创新发展取得的成就，向广大公众宣讲科学知识，倡导科学方法，传授科学思想，弘扬科学精神，让公众在亲身参与中体验科技进步和创新的重要作用。此次活动，州直相关单位在中心广场为现场群众进行农畜产品，中药、藏药材，科技成果，科普大篷车展示和科普体验等活动，活动悬挂横幅30条、展示展板120多块，接待群众咨询2000余人次，发放各类科普书籍6000余册。各县通过设立咨询台、悬挂标语横幅、摆放宣传展板、发放藏语汉语科普图书及宣传资料、现场咨询等形式，给当地群众送去内容涵盖防疫知识、防震减灾知识、避灾自救互救技能、消防安全知识、逃生方法、灭火器使用、法律法规等多方面的知识。

开展“全国科普日”系列活动。以“百年再出发，迈向高水平，科技自立自强”为主题，联合州直科学素质纲要成员单位以及一市三县科协开展科普宣传，重点围绕科技引领生态环保建设、科技馆建设、乡村振兴、健康教育、安全生产、文明上网、全民素质提升和垃圾分类、科普中国App注册等热点问题，以悬挂横幅标语、设立咨询台、布设展板、现场展示体验等多种形式，为广大公众带来一场丰富多彩的科普盛宴，吸引群众参与。活动展出展板80余次、悬挂宣传横幅30条，发放科技知识读本、中小学科普和环境保护知识手册及法律法规宣传册2200余册，印有科普知识的手提袋、环保纸杯、抽纸等各200余份，接受群众咨询300多人次。

【科技咨询】 邀请山东林科院、天津农科院、农学院、青海大学专家学者到黄南州11家企业、园区开展产业技术需求对接，与5家企业签订服务协议。在青海省第二届人才项目洽谈会上，与天津、山东等3家科研院所对接签订人才引进项目10个，实现“产学研共赢”目标，共同推动黄南州科技创新能力和经济发展水平快速提升达成共识。组织开展“津科助农”线上农牧业技术培训，全州近百名农业技术人员和双创人才参加专项培训活动，进一步推动全州更多带头人和致富能人实现自主创业。

【科普培训】 结合省委、省政府，州委、州政府关于创新驱动发展战略总要求，抓好科技创新政策的学习，加大科技创新政策宣传，指导企业、园区、科技工作者更好地应用科技政策提升科技创新能力，推动企业、园区高质量发展作为2021年重点任务之一，在州委党校和州创业孵化基地举办两期“科技创新政策专题培训班”培训班。州、市（县）科技管理部门及事业单位科技工作者、科技特派员，部分科技型企业、农业科技园区、工业园区、科普示范基地、科技孵化器和众创空间负责人及专业技术人员120余人参加培训。邀请省科协宣讲团开展学习习近平总书记“七一”重要讲话精神、视察青海工作时重要讲话精神和省委十三届十次全会精神黄南行活动，州直机关120余名干部职工聆听讲座。

【科普队伍及信息化建设】 强化科普信息员队伍建设，在“科普中国”App上注册科普信息员达2269人，累计传播科普信息429359次，并建立全州科普微信信息员工作群，为共享信息和及时交流沟通提供平台。在黄南电视台全年播放“科普中国”和疫情防控科普知识180余期，黄南报社开设科普专栏，刊载40余期，黄南州科协公众号转载科普知识150篇。

【科普资源开发】 加大科教资源推广应用和开发工作，先后编印生态环保、地震科普、反对浪费厉行节约《黄南科普》4期16000册，科普宣传栏14块，订制涉及低碳生活、厉行节约、科普进校园等科普挂图66幅，购买科普一次纸杯50箱10万只、抽纸5000盒。

【科普项目】 黄南州科技馆项目主体土建工程完工，开展室内布展设计等前期工作。向省科协申请安装河南县优干宁镇新时代文明实践站、群团服务中心、科普体验馆等场所科普e站3台。在全州四县安装完成“科普宣传栏”14块，科普宣传栏内容涵盖惠及广大百姓惠民利民的政策、疾病防治科普教育、健康养生等相关信息知识。

（撰稿人：李　军）

黄南州工商业联合会

【概况】 黄南州工商联属州委统战部管理的全额拨款正科级事业单位，核定事业编制4人，其中正科级领导职数1人。2021年4月，召开第三届四次执委会进行届中调整，有副主席15人（其中公职人员副主席3人、企业家副主席12人），常委31人、执委61人；州商会一届一次会员代表大会暨州商会成立大会上，选举产生黄南州商会第一届理事会成员49人、常务理事11人、秘书长1人、副会长8人、常务副会长1人、会长1人以及商会监事会成员5人。工商联党组有成员5人。截至年底，全州工商联（商会）会员总数达451个，其中企业会员151家、团体会员9家（当年新发展团体会员2家）、个人会员293家；有7家州级行业商会、2家县级商会，分别是黄南州热贡唐卡艺术营销商会、黄南州商贸商会、黄南州水电开发商会、黄南州农畜产品加工营销商会、黄南州文化旅游服务商会、黄南州建筑商会、黄南州青年企业家商会以及尖扎县商贸促进会、河南县民族用品开发商会。

【社会公益服务】 建立同仁7个行业商会与7个社区结对帮扶长效机制。6月1日，州工商联组织民企代表人士在同仁地区7个社区13户生活困难家庭开展访困问需活动。6月22日，以庆祝中国共产党成立100周年活动为契机，开展捐款捐物献爱心活动，为社区生活困难家庭和环卫工人办实事、解难事，活动接收捐款捐物折合19.1万元，向以21户重点帮扶对象为主的70户社区居民、40名环卫工进行慰问。现场发放大米、面粉各105袋，菜籽油40桶、苏泊尔双胆电压力锅21个、乔丹牌运动服21件、运动鞋42双、报喜豆100箱、抽纸400提及现金3.88万元，对在活动中表现突出的12家行业商会及会员企业颁发“履行社会责任先进企业”奖牌，予以表彰。10月29日，向全州工商联系统、所属商会和广大民营企业发出做好疫情防控工作倡议书，引导全州民营经济人士大力弘扬乐善好施、扶危济困的传统美德，履行社会责任，依法诚信经营，维护市场秩序，助力地方党委、政府坚决守护好人民群众生命安全和身体健康。11月10日，州工商联党组发出《关于集中开展同仁地区各社区捐助疫情防控物资活动的通知》，启动同仁地区7个行业商会与7个社区结对帮扶机制，动员同仁地区各执常委企业党组织或企业负责人牵头，向同仁地区各社区、值守卡点工作人员捐助疫情防控、慰问物资活动，动员尖扎、泽库、河南三县由各县工商联牵头，组织集中开展一次疫情防控或慰问一线工作人员物资捐助活动。其间，广大民营企业家响应州工商联（商会）发出的倡议，在做好企业内部防控、维护市场秩序的同时，自发组织在疫情防控一线开展捐赠慰问活动。据不完全统计，全州80多家民企和商会会员向防疫一线及“两节”期间送温暖活动捐助物资折计96.9万元。

2021年5月1—31日，州工商联开展以“凝聚共识谋发展　携手建功新时代”为主题的民营经济政策宣传月惠企政策专题解读

【学习培训】 “民营经济人士‘四史’学习教育”专题培训。4月27日，依托黄南州社会主义学院（州委党校）设立“黄南州非公有制经济理想信念教育培训基地”，举办“民营经济人士‘四史’学习教育”专题培训，向与会民营企业家代表和州市（县）

工商联干部讲授专题党课，实地观摩州委党校廉政教育基地党史学习教育专版。

惠企政策专题解读和政银企接续座谈活动。5 月 31 日，州工商联（商会）在州非公有制经济理想信念教育基地（州委党校）开展惠企政策专题解读和政银企接续座谈活动。在州工商联副主席、商会副会长及代表，州联点行业商会联络员、重点民营企业驻企特派员代表，州税务局、银保监分局、信源担保公司负责人及业务骨干参加活动。3 家涉企单位 7 名领导及业务骨干分别围绕减税降费、普惠金融、融资担保进行专题解读和民企关切回应，活动双方与会人员面对面、零距离共同探讨企业在相关领域遇到的困难问题，现场答疑释惑，沟通交流，进一步疏通民营企业难点堵点，推动相关惠企政策落地落实。

“民营经济政策宣传月”活动。5 月 1—31 日，开展“民营经济政策宣传月”活动，组织开展“民企招聘月”“便民办税春风行动”“青信融”等专场培训、政策解读和座谈讨论活动 16 次，发放各类宣传资料 1760 份，参与活动 2000 余人次，提供就业岗位 1337 个。搜集整理中央、省委、州委相关民营经济学习资料，编印《民企政策资料汇编》3 期 250 本，供统战、工商联干部，商会会员和统战工作联络员、驻企特派员学习参考。

【会员服务】 搭建商协会组织平台。成立黄南州商会，配齐配强商会领导班子，为全州民营企业和民营经济人士搭建联谊交流、抱团发展的有效载体。以庆祝中国共产党成立 100 周年活动为契机，开展“七个一”活动，表彰在争创“四个典范”活动中表现突出的 36 家先进企业。

产学研交流。依托黄南州社会主义学院，设立黄南州非公有制经济理想信念教育基地，为民企产学研交流协作提供公共服务。对接州党群服务中心，搭建州工商联、商会及会员企业常态化党建活动免费服务平台。

信息服务。将黄南州工商联“智慧服务平台”纳入州工商联“十四五”发展规划和州民营经济统战工作任务分工方案。与州建行签署“智慧服务平台”全面合作协议，推动工商联、民营企业、金融机构三方联动的网络信息服务。

以商招商。探索“互联网+农畜产品走出去”新途径，协调青海农林牧商品交易中心和京东物流考察团在黄南州一市三县 22 家农畜产品生产企业进行招商考察，成功引荐 63 家企业，其中 61 家企业已入驻交易中心旗下“西部优选”电商平台。

联谊交友。制定民营经济统战工作联席会议制度，建立州级领导联点商会联络员和重点民营企业特派员制度，从各涉企部门抽调 6 名县级领导对接联络 6 名州级领导及其联点行业商会，抽调 15 名业务骨干为入企特派员，联点指导 15 家重点企业，发挥宣传员、指导员、协调员、信息员和监管员“五大员”作用。

政银企对接。与黄南州金融、税务等部门协同开展“金融服务民企”“减税降费”等活动，协调涉企单位和部门民营经济统战工作联络员、驻企特派员和各金融部门业务骨干深度融入，持续深化“放管服”改革。

人才运用。实施民营经济人士“千百综合评价”工程，建立 118 名州县两级民营经济代表人士人才库。争取泽库、河南两县工商联专职副主席编制 2 人，选优配强州工商联和商会班子成员，优化领导班子结构。

法律服务。开展“法律进企业”“法治体检”活动。引导民营企业推行法律顾问，完善企业内部规章制度，做好商会和民营企业信用体系建设工作。通过省司法厅、省工商联和省律师协会，为黄南州各市（县）工商联和 9 家行业商协会选派律师 13 人，提供全方位的法律服务。

对外交流。协调对接天津市工商联和青海省工商联外援平台，争取外援项目 4 个，累计落实项目资金 149 万元。促成天津市工商联考察团在泽库县仁宗村开展“万企帮万村”考察调研和天津援青“格桑花”助学行动启动仪式暨“爱无边·筑未来”捐助活动。

【工商联重要会议】 三届四次执委会议暨州总商会成立大会。4 月 27—28 日，黄南州工商联三届四次执委会议暨州总商会成立大会在隆务召开。会议总结 2020 年工作，研究部署 2021 年重点任务，表决通过届中调整人事任免事项及《黄南州商会章程》、《黄南州工商联（商会）会费缴纳管

2021 年 4 月 28 日，黄南州商会成立大会在同仁召开

理办法》，选举产生新一届商会领导班子，州总商会正式挂牌成立。会议表扬、表彰在全州民营经济领域争创“四个典范”活动中涌现出的 18 家先进民营企业和 6 名优秀民营企业家。州委常委、统战部部长吴树荣，州政协副主席、州工商联主席李加、州直有关部门负责人到会指导，省工商联副主席、省商会副会长章海英、省委统战部非公有制经济处处长祁永红应邀参会。会议期间，州工商联与州建行举行“智慧服务平台全面合作协议”签约仪式。

三届六次主席（扩大）会议。9 月 29 日，州工商联召开第三届六次主席（扩大）会议，传达学习习近平总书记在庆祝中国共产党成立 100 周年的讲话精神及省工商联“百企兴百村”行动动员大会暨省工商联十一届六次常委会精神，听取一市三县工商联 2021 年上半年工作开展情况汇报，研究讨论《黄南州民营企业“百企兴百村”行动实施方案（征求意见稿）》，安排部署黄南州“百企兴百村”启动大会、州民营经济统战工作推进会暨工商联三届六次常委会相关会务工作。州工商联第三届执行委员会各副主席、州商会第一届理事会副会长，一市三县工商联党组书记、主管副部长、秘书长等 21 人参加会议。

民营企业“百企兴百村”行动推进会。11 月 12 日，黄南州工商联组织召开民营企业“百企兴百村”行动推进会，传达学习全省民营企业“百企兴百村”行动启动大会精神，研究讨论《黄南州民营企业“百企兴百村”行动实施方案（征求意见稿）》，安排部署黄南州“百企兴百村”启动大会相关筹备工作。州工商联、州工信局、财政局、人社局、农牧局、文体旅游广电局、乡村振兴局及州农发行、农行、同仁农商行等“百企兴百村”行动领导小组成员单位负责人参加会议。

【重要活动】 3 月 24—25 日，省工商联党组成员、副主席冶青云一行在黄南州开展“民营企业助力乡村振兴”专题调研，先后在同仁市、尖扎县实地走访 7 家民营企业以及 3 个企业联点帮扶村，并召开州、县两级层面专题座谈会各 1 次，州县党委政府及省驻州相关涉企单位、部分工商联企业家副主席、行业商会会长、民营企业家代表、联点村“两委”班子、驻村第一书记等 85 人参加座谈讨论，了解掌握“十三五”期间黄南地区民营企业参与“双百”行动总体情况和经验成效，探索与乡村振兴战略“百企兴百村”行动的有效衔接模式、实施中的优势作用、典型案例和民营企业遇到的突出困难、意见建议。

4 月 12—13 日，经黄南州工商联与青海农林牧商品交易中心衔接协调，青海农林牧商品交易中心副总经理、新立讯科技股份有限公司董事长助理杨庆庆率企业相关部门负责人一行 5 人在一市三县开展招商考察活动。其间，实地走访全州农林牧名优企业 16 家，了解企业生产发展情况和农畜产品、刺绣、五谷画、藏式家具、热贡唐卡及中药、藏药材等 20 余类农副产品与文创产品，并在一市三县分别召开招商洽谈，与各市（县）企业负责人进行面对面、零距离的对接沟通，现场答疑解惑，互动交流，详细介绍交易中心资源环境、运营模式、产业状况、合作模式、入驻条件等相关细节，为企业提供开店、培训、咨询、宣传“四免费”服务，打通“最后一公里”，成功引入企业 63 家，注册交易中心旗下“西部优选”电商平台用户 30 家。

6 月 22 日，由州委“两新”组织工委、州工商联主办，州商会和同仁市工商联承办的黄南州商会庆祝中国共产党成立100周年专题活动在热贡文化广场隆重举行。州委统战部、“两新”组织工委，州人大、财政、工信、银保监分局、建行、农行、农发行等单位和部门领导应邀出席活动。同仁地区州工商联、商会副主席、副会长，各企业员工代表，7个社区和环卫工慰问对象300余人参加活动。活动中，黄南州商会发出“永远跟党走”倡议，举行黄南州民营企业“永远跟党走”主题签名启动仪式，开展捐款捐物献爱心活动和“党的盛典、我们的节日”为主题的庆祝中国共产党成立100周年文艺节目推选活动。

10月20—21日，天津市工商联二级巡视员、光彩办主任李雷率团在黄南州开展“万企兴万村”考察帮扶活动，助力推动黄南州巩固拓展脱贫成果同乡村振兴有效衔接。州委常委、副州长宋建参加考察。在州民族高级中学举行天津援青“格桑花”助学行动启动仪式暨“爱无边·筑未来”捐助活动，天津援青指挥部总指挥、州委常委、副州长宋建，副州长王桂莲，青海格桑花教育基金会秘书长徐来，以及天津援青指挥部、州委组织部、团州委、州教育局、州工商联相关负责人和来自天津市的爱心企业家代表、州民族高中、州中学、州职业技术学校师生出席启动仪式和捐助活动。天津市光彩办、源初公益基金会、宝坻区青年商会以及中投（天津）智能管道股份有限公司等15家单位和爱心企业向黄南州中学、州职业技术学校、州民族高中共捐助总计价值82.2万元的安全饮水设施、智能图书馆、困难学生助学金。助学活动仪式后，考察团一行在同仁市龙树画苑、吾屯下寺等地就民族文化产业和藏传佛教文化发展情况进行考察。

（撰稿人：仁青加）

黄南州文学艺术界联合会

【概况】 2021年，黄南州文学艺术界联合会有各类协会6个，分别是州美术家协会、州书法家协会、州作家协会、州摄影家协会、州民间文化艺术研究协会、州音乐舞蹈戏剧家协会；州属四县有文艺家协会3个，分别是河南县书画家协会、河南县摄影家协会、尖扎县书画摄影家协会；全州各类协会有会员1200多人。年内出版《仁卓》2期、《隆务河》文学期刊2期。年内在“黄南文艺”微信公众号新开辟“我们的节日”“一起学党史”“工作动态”“党建引领”“‘疫’起抗疫”“文苑集萃”“赏心悦目”等栏目，发布各类信息201期，平台阅读人数达23684人次，点赞数达1532人次。

【文艺交流】 *作品推荐发表。*继续做好全州作家作品推荐交流工作，全年向《章恰尔》《民族文学》《西藏文艺》《青海藏文报》等省内外重点刊物上推荐发表黄南州作家作品，向兄弟文联邮寄《仁卓》《隆务河》期刊500余本，州内发放期刊1000余本。

*文艺交流活动。*3月23日，

2021年6月29日，州文联、同仁农商银行在黄南州热贡艺术博物馆主办黄南州文学艺术界“丹青书盛世　翰墨颂党恩　农商银行助力乡村振兴”主题书画摄影展。图为游客参观展会绘画作品

2021 年 6 月 16 日，州委“两新”工委、州文联、州书法家协会在州委组织部一楼会议室联合开展“迎党百年华诞·翰墨飘香颂党恩”主题党日活动。图为书法家书写藏汉文作品

组织州书协、摄协、作协、美协、民协及尖扎书画摄影协会、河南县书画摄影协会负责人及会员代表 30 余人召开黄南州文艺工作年会并进行座谈。部分协会负责人就 2020 年度工作开展情况分别作交流发言。4 月 23 日，联合同仁市委宣传部、市文体旅游局、市图书馆在热贡文化广场开展“4·23”世界读书日暨全民阅读宣传活动，现场书写 100 余幅书法作品，发放图书 300 余册。6 月 11 日，联合州文化馆、州民族中学举办庆祝中国共产党成立 100 周年华诞“百年百艺·匠心传承”书画作品展，并现场书写赠送书法作品和发放图书 300 余册。6 月 16 日，与州委“两新”工委联合开展“迎党百年华诞·翰墨飘香颂党恩”主题党日活动，书写作品 80 余幅。6 月 29 日，与州文体旅游广电局和同仁农商银行共同举办庆祝中国共产党成立 100 周年“丹青书盛世·翰墨颂党恩·农商银行助力乡村振兴”书画摄影展。7 月 27—29 日，开展由全国舞蹈界艺术家及青海省舞蹈界艺术家组成的“寻舞三江源”采风调研及授牌座谈活动。8 月 1 日，参与河南县第三届“我的草原我的梦”书画摄影展，推荐全州 50 余幅书法作品参加展览。8 月 27 日，与州纪委监委联合开展“廉政文化”笔会活动。

【文艺创作研究】 以《仁卓》《隆务河》两刊为展示平台，主推黄南州优秀诗歌、小说、散文、论文等优秀文学作品。由州民协主编的《黄南研究》一书由中国藏学出版社出版，才项兰智翻译的《居里夫人自传》由四川民族出版社出版，桑巴的文学作品《天上草原》由青海民族出版社出版，王玉兰散文集《一个人的河流》图书完成终审。作家协会会员仁旦尖措、拉龙尖措获第十届章恰尔文学奖；拉龙尖措、切本加荣获第六届岗尖梅朵文学诗歌奖。

【文化惠民活动】 1 月 29 日至 2 月 8 日，组织州书法家协会部分会员在同仁市、尖扎县、河南县开展“送春联下乡”，为群众义务书写藏语汉语春联 4432 幅，发放图书 100 余册。此项文化惠民活动已延续 16 年。2 月 2 日，州政务服务监督管理局联合在政府三号楼办事大厅开展为群众书写春联活动，书写春联 355 幅，发放图书 700 余册。2 月 3 日，青年路社区联合开展义务为群众书写春联活动，书写赠送春联 500 余幅，发放图书 300 余册。2 月 7 日，在黄南州消防救援支队以“喜迎建党百年　挥毫祝福新春”为主题开展“书春联送祝福赠图书”双拥活动，书写赠送春联 150 余幅，发放图书 100 余册。7 月 13 日，在循化县红光村开展“寻访红色路·践行忠党魂”主题实践活动，在西路军红光小学为该校教师现场书写藏汉两文书法 20 余幅。9 月 6 日，在热贡文化广场开展的 2021 年度《中华人民共和国档案法》宣传日“五个一”系列宣传活动启动仪式上发放期刊 200 余本。12 月 4 日，在全国第 8 个宪法宣传日暨第四个宪法宣传周期间征集 70 余幅法治宣传书法作品，分批次在黄南文艺平台展出。在热贡文化广场开展国家宪法日宣传活动，发放期刊 200 余本。

【文艺界助力疫情防控】 由全国舞蹈界艺术家及省舞蹈界艺术家组成的“寻舞三江源”采风团在黄南州采风调研期间，协调黄南州疫情防控指挥部，加强疫情防控措施，及时进行体温监测、健康扫码、佩戴口罩，核查中高风险地区旅居史和疫苗接种情况，确保活动顺利开展。配合纪检组、社区搞好单位内部疫苗接种情况统计以及外出人员核酸检测、社区报备和密接情况核查等工作。新一轮新冠肺炎疫情在西宁、海东等地相继出现确诊病例后，组织干部职工学习黄南州新型冠状病毒感染的肺炎疫情防控处置工作指挥部通告和黄南州纪委监委疫情防控“十严禁”纪律要求，编印疫情防控宣传单1000余份，向广大文艺工作者发出《疫情防控倡议书》《疫情防控承诺书》。

（撰稿人：王建军）

黄南州残疾人联合会

【概况】 2021年，州残联宣传贯彻实施《中华人民共和国残疾人保障法》《青海省残疾人保障条例》，维护残疾人合法权益，开展残疾人康复托养、技能培训、劳动就业、社会服务、无障碍设施和残疾预防等工作，扶助残疾人平等参与社会生活，稳定推进各项工作。截至年底，全州有残疾人9963人，其中同仁市2585人、尖扎县2825人、泽库县3117人、河南县1436人。年底实现60%以上的村（社区）残疾人协会组织全覆盖指标任务完成95%。全州残疾人专职委员达到80人。

2021年黄南州残疾人人口基础数据一览表

表6 单位：人

类别 \ 地区 \ 级别		一级	二级	三级	四级	合计
视力	同仁	58	81	30	85	254
	尖扎	52	145	64	74	335
	泽库	27	374	92	62	5
	河南	21	38	40	46	148
	合计	158	638	226	267	1289
听力	同仁	43	102	87	93	325
	尖扎	122	290	107	79	598
	泽库	39	168	27	44	278
	河南	31	28	26	43	128
	合计	235	588	247	259	1329
言语	同仁	6	44	13	12	75
	尖扎	4	26	5	2	37
	泽库	38	117	17	6	178
	河南	12	15	11	8	46
	合计	60	202	46	28	336
肢体	同仁	70	667	412	343	1492
	尖扎	102	712	320	309	1443
	泽库	108	895	352	321	1676
	河南	45	230	337	214	826
	合计	325	2504	1421	1187	5437

续表6

类别	地区	一级	二级	三级	四级	合计
智力	同仁	66	104	44	28	242
	尖扎	63	104	41	19	227
	泽库	45	96	67	50	258
	河南	33	91	43	19	186
	合计	207	395	195	116	913
精神	同仁	37	102	8	3	147
	尖扎	33	77	5	8	123
	泽库	23	82	24	9	138
	河南	30	63	9	3	105
	合计	120	324	46	23	513
多重	同仁	8	33	7	2	50
	尖扎	25	30	5	2	62
	泽库	23	10	1	0	34
	河南	0	0	0	0	0
	合计	56	73	13	4	146

【法律维权】 贯彻落实《信访条例》，做到“有访必接，有访必处，有访必复”，依法保障残疾人平等权益。针对残疾人信访的特点和实际困难，协调有关单位组织实施关系残疾人生产生活的民生工程，为困难残疾人排忧解难，年内未发生残疾人赴省进京上访事件。根据省残联、省司法厅的要求，在四市（县）残联均设立残疾人法律维权岗，发挥残疾人法律服务维权岗作用，建立各项服务制度、台账，保障每周有1名司法局法律服务人员在岗，为残疾人解答法律知识，提供法律服务和援助。年内帮助残疾人解答法律疑问70余人次，办理残疾人案件5起，代写诉状40余份。

【康复服务】 开展康复服务和“互联网+”辅助器具精准适配工作，年内全州康复需求4231人，辅助器具适配需求927人，发放轮椅、助听器、拐杖等残疾人辅助器具796件，康复服务率、辅具适配率均为100%。按照“兜底线、织密网、建机制”要求，建立形成党委领导、政府主导、残联牵头、部门配合、社会参与的残疾儿童康复救助工作格局，持续开展全州残疾儿童康复救助工作。组织四市（县）残联调整定点机构，按照省残联《关于对2019年青海省残疾儿童康复救助第三方绩效评价问题进行整改的通知》的要求，组织四市（县）残联整改第三方绩效评估中存在的问题。年初，四市（县）残联按照“一人一案”进一步入户核实康复需求，组织开展残疾儿童调查摸底工作，摸清底数和康复需求，建立筛查档案，审核确定符合救助条件的残疾儿童人数，发放残疾人辅助器具。全年实施0~17岁残疾儿童康复救助95人。

【托养服务】 稳步推进残疾人托养工作，为134名困难残疾人实施集中托养服务。其中，同仁市通过购买第三方服务方式集中托养25人，泽库县集中托养22人，尖扎县集中托养63人，河南县集中托养24人。

【教育救助】 全州在校就读残

疾学生585人，其中特殊教育学校就读79人、送教上门190人，义务教育阶段残疾儿童入学率95.9%。根据贫困残疾学生助学工作要求，各市（县）残联加大政策宣传力度，摸底调查辖区内符合条件的贫困残疾学生，确定37名高中生、28名大学生为救助对象，发放补助资金15.8万元。

【就业培训】 全年培育新建残疾人就业基地5个、培训基地8个，举办残疾人技能培训班9期519人。解决全州14个残疾人就业和培训基地扶持资金23万元。全年城镇新增就业残疾人48人，农村新增就业残疾人146人。按照国家有关惠残政策，督促协调各部门安排有劳动能力的残疾人就业，在机关、企事业单位按比例就业2人，个体就业（含自主创业）13人，农村种养业597人，灵活就业68人。通过融入社会就业创业，有效改善残疾人生活条件。

【社会保障】 落实残疾人兜底扶持工作，协调有关部门落实残疾人基本养老保险、医疗保险、重度残疾人护理补贴、困难残疾人生活补贴等保障制度。养老、医疗保险应保尽保，享受生活补贴的重度及三、四级残疾人6514人，享受护理补贴的重度残疾人4980人。实施建档立卡及贫困残疾人家庭无障碍改造，全年投资97万元，其中省残联项目资金72万元、天津市残联对口支援项目资金25万元，实施161户残疾人家庭无障碍改造项目。落实资金3万元，为83名符合条件的残疾人机动轮椅车车主，按照每人每年360元的标准给予燃油补贴。落实残疾预防行动计划，减少和控制残疾的发生，卫健部门推进建立家庭医生签约服务模式，组建家庭医生团队141个，重点人群签约覆盖率达到100%。

【扶残助残】 围绕残疾群众反映的各类问题，在基层困难残疾人家庭开展残疾人生产生活民生工程、残疾儿童康复慰问、特殊困难残疾家庭救助；在全国助残日、“七一”中国共产党建党日等重要节点，在乡镇（社区）、联点村入户开展脱贫巩固回头看工作；走访慰问老党员、困难残疾人家庭、康复残疾儿童，送上慰问金及慰问品，为困难党员及残疾人发放辅助器具、食品、日常用品等，解决群众实际生活困难；向州特校残疾儿童赠送床单、被套等物品；开展残疾儿童康复筛查和残疾人及困难群众救助工作，开展“彭年光明行动”白内障复明免费手术171人。年内走访关爱困难残疾人家庭300余户，适配辅助器具400余件，发放慰问品、生活用品、慰问金价值总计25万元。

【文体活动】 6月26日，残疾人王绍良、卫钦春夫妇带领辖区内残疾人开展庆建党百年华诞“党的光辉照万代”主题凿剪纸百米长卷首展仪式，表达残疾人学党史、感恩党、颂党情、听党话、跟党走的坚定信念和决心，以“非遗”凿剪纸的形式为建党百年献礼，歌颂伟大的中国共产党。9月27—28日，以“庆百年华诞　创文明健康”为主题，举办黄南州第三届残疾人运动会，设定点投篮、飞镖、中国象棋、乒乓球、铅球、100米短跑以及400米长跑7个项目，104名肢体、视力、听力、言语以及智力残疾人参加运动会。产生一等奖11个、二等奖9个、三等奖7个、优秀奖19个，团体一等奖1个、团体二等奖2个、优秀组织奖2个。开展全国助残日、残疾预防日、爱耳日等活动，通过走村入户、设立咨询服务台、摆放宣传展

2021年9月26—27日，黄南州第三届残疾人运动会在州体育馆举行

板、散发宣传资料、残疾人手工作品义卖等方式，向群众宣传残疾人法律法规和劳动就业、维权、康复救助等知识，引导群众科学预防残疾，倡导全社会关注残疾人和残疾人事业发展。

【残疾人工作会议】 残疾儿童康复救助定点服务机构规范化管理试点工作部署会。3月3日，召开残疾儿童康复救助定点服务机构规范化管理试点工作部署会，安排部署残疾儿童康复救助定点服务机构规范化管理试点工作分工任务。副州长、残工委主任韩海宏出席会议并讲话。州财政、民政、卫生健康委、人力资源社会保障、市场监管、扶贫、医保、残联、社保等部门负责人，各市（县）分管市（县）长、残联负责人参加会议。

州残疾人联合会第六届主席团第五次全体会议。5月7日，召开州残疾人联合会第六届主席团第五次全体会议，审议通过《关于黄南州残疾人联合会第六届执行理事会工作报告的决议》《关于调换黄南州残疾人联合会第六届主席团委员的决议》《关于调换黄南州残疾人联合会第六届主席团主席、副主席的决议》《关于通过黄南州残疾人联合会第六届执行理事会理事的决议》，选举韩海宏为主席团主席，吴万营为主席团副主席。提名桑杰加、才让拉忠为执行理事会理事。

残疾人工作委员会第三次（扩大）会议。5月7日，黄南州政府召开残疾人工作委员会第三次（扩大）会议，总结2020年全州残疾人工作进展情况，安排部署2021年全州残疾人工作重点目标任务。副秘书长、办公室副主任、残工委副主任吴万营主持会议，州残工委各成员单位负责人、四市（县）政府残工委、市县残联理事长40余人参加会议。州政府残工委副主任、州残联理事长张桂兰作工作报告，州委常委、副州长、残工委主任韩海宏讲话。

【成立村（社区）残疾人协会】 按照州政府安排，牵头组织落实《2021年度市州政府残工委重点任务清单》《2021年县（市、区）脱贫攻坚成果巩固考核指标（助残工作）》，年底实现60%以上的村（社区）残疾人协会组织全覆盖指标任务完成95%。

（撰稿人：王海萍）

黄南州红十字会

【概况】 2021年，全州有红十字会组织5个、基层团体会员单位5个，新增会员1467人，会员总数2467人。全年募集救助款物价值176万元，发放救助物资价值176万元，救助1万人次。

【扶危救困】 树牢以人民为中心的发展理念，优化整合各类资源，解决好农牧民群众的急难愁盼。携手州直33家机关单位向1220户困难群众发放生活物资，依托“博爱送万家”活动向7个乡镇200户家庭发放价值43万元婴幼儿奶粉180箱，慰问28名卸任村干部、困难老党员等关爱服务活动。通过天津援青指挥部搭建的交流平台，天津市红十字会为黄南州捐赠总价值143万元的物资，援助全州开展常态化疫情防控。为黄南州特殊教育学校、双朋西乡协智完小送去3000元的

2021年11月2日，天津市红十字会与黄南州红十字会开展疫情物资捐赠仪式

慰问金和价值6.8万元的防寒服及学习用品。

【博爱项目】 在全州一市三县实施“博爱家园”项目，协调落实项目资金，健全完善基层组织功能，发挥“小资金，大民生”作用，助推“抓乡促村”“一核三治”，受益群众达5万人。投资30万元，实施“博爱卫生站”项目2个，博爱卫生站项目的落地，为改善当地牧民群众就近治病条件，助推健康黄南建设起到关键作用。争取香港“博爱家园”项目3个，资金96万元。争取25万元博爱家园项目，改造保安镇东干木村村级服务综合中心和博爱广场。

【“三献”工作】 开展造血干细胞血样采集活动，引导全州115名官兵加入造血干细胞捐献志愿者。回访造血干细胞捐献志愿者，为志愿者官兵颁发荣誉证书和发放价值5700元的慰问品。在州人民医院设立人体器官捐献工作站、“三献”工作服务站，落实人员经费，满足“三献三救”核心业务高质量发展需要。

【救护培训】 加强应急救护培训“八进”活动，为广大机关干部和人民群众普及应急救护知识，提高全社会应急救护能力和意识，最大限度保障群众生命安全、减少人民生命财产损失，以实际行动践行红十字工作者的初心使命和责任担当。年内举办应急救护培训“进校园”“进军营”“进社区”“进村社”活动4期，培训人数达3600人次。

2021年9月24日，州红十字会开展2021年应急救护培训进校园活动

【惠民服务】 助力生态环保。落实高质量打造生态文明高地部署要求，争取“小垃圾·大民生 洁净三江源”环保公益项目资金3242万元，落实一市三县40个行政村环保公益项目40项，实现项目点垃圾无害化、减量化、资源化目标，不断深化“红会助力生态环保”品牌项目建设。

助力乡村振兴。落实资金403万元，实施“博爱家园”“红会生计”“暖心工程”等项目7项，解决700户脱贫群众和僧尼采暖问题，支持6个行政村促进乡村产业发展，为巩固拓展脱贫攻坚成果、推进乡村振兴贡献红会力量。通过实施红十字生计发展项目，推动产业发展“输血式”向“造血式”转变，多渠道、多层次巩固拓展脱贫攻坚成果。

助力卫生健康。完成先心病患儿筛查治疗74人次、大病医疗患者救助10人次，投资3万元为一市三县配备医疗器械等应急救护设备30余件（台），配备价值270万元的负压救护车4辆，对改善当地牧民群众就近治病条件，助推健康黄南建设起到至关作用。为州直医疗单位和全州22个疫情防控点调拨配送价值48.4万元的全自动核酸提取仪、棉帐篷、口罩等设备和物资，为州新冠肺炎疫情防控处置工作指挥部成员单位及一线防控点配备价值58680元的健康箱72个；筹资6万元，为5处疫情防控卡点购置疫情防控急需物资，为保障人民安全做出红会贡献。

助力厕所革命。争取厕所革命项目资金7.9万元，为尖扎县德吉村、同仁市扎毛村的20户脱贫户、老弱病残等群体安装无水马桶，解决老弱病残上厕所难的问题。按照“产业兴旺、生态宜居、乡风文明、治理有效、生活富裕”总要求，提升生活质量，提高幸福指数。

（撰稿人：辛　丽）

法治

政法委及综治

【概况】 2021年，黄南州政法系统纵深推进常态化扫黑除恶斗争，开展政法队伍教育整顿，推进市域社会治理现代化试点工作，推进平安黄南、法治黄南建设步伐，巩固提升“一核三治”地方社会治理黄南模式，先后3次在各市（县）开展《村规民约》修订完善工作，进一步强化基层自治功能。州扫黑办获“全省扫黑除恶专项斗争先进集体”荣誉称号，州扫黑办干部李国庆获“全国扫黑除恶专项斗争先进个人”；10月，“一核三治”地方社会治理黄南模式被评为“全省改革创新奖创新项目”；12月，州委政法委干部张学剑获“平安中国建设先进个人”荣誉称号。

【维护社会稳定】 贯彻落实中央和省委、州委维护社会稳定的各项决策部署，增强忧患意识，坚持底线思维，制定下发虫草采挖、中国共产党成立100周年等重要时间节点维稳安保等工作方案，将工作责任落实到人。持续开展社会治安重点地区排查整治、重大风险隐患排查化解等活动。重要节点启动公安、武警联勤巡逻机制，开展24小时不间断多轮次巡逻管控，有效挤压犯罪空间。强化线上线下相结合，宣传各类惠民政策、法律知识等内容，覆盖率达100%。深化“三官一律”（法官、警官、检察官、律师）进校园工作，进一步营造安全稳定的社会环境。

【社会治理】 综治中心运行。建成并运行标准化规范化综治中心335个，初步构建“互联网+公共安全”治安防控新模式，在日常工作中严格执行“日调度、周分析、月通报”制度，四级综治中心运行顺畅。截至年底，州综治平台九类基础数据累计更新录入43万余条。疫情防控期间，启动州、县、乡、村、网格五级疫情防控联动机制，累计排查外来人员35414人，外来车辆21562辆，劝返1423人。

“雪亮工程”应用。制定印发《黄南州公共安全视频监控系统建设方案》《综治中心手册》等18个制度性文件，对11类265项具体工作进行责任分工，融合一总两分平台（“一总”：数据库总平台；“两分平台”：公安分平台和综治分平台），将公安分平台监控点位全部接入综治分平台，实现全州重点地区、重点场所、重点部位城区视频监控的全覆盖。据不完全统计，全州利用“雪亮工程”侦破刑事案件257起，查处治安案件869起，办理交通事故案件476起，抓获在逃人员21人，找回走失人员39人，解决群众求助162件。

网格化服务管理。按照“三种类型”“四个层级”网格化管理模式，重新梳理及编码制定辖区内一市三县各乡镇、村社网格和网格员，建立黄南州网格及网格员统一编码台账，科学合理划分网格，确保网格化服务管理提档升级。全州划分网格1837个，配备网格长975人、网格员5698人，组织开展11期培训班，累计培训3200余人次。制定《黄南州综治中心（网格化管理服务中心）网格员管理制度》等制度文件，细化整理网格准入事项清单，厘清网格承担事项责任，提供精准高效服务管理，实现大事全网联动、小事一格解决。各级综治专干及网格员利用手持终端上报工作动态3800余条，比2020年同期增长90%。

【法治黄南建设】 法治政府建设。组织学习《习近平总书记全面依法治国新理论新思想新战略》、《习近平谈治国理政》第三卷等篇目，聚焦法治政府建设重点目标任务，由州级领导带队组成5个督察组，利用8天时间，督导检查各市（县）及全州69家单位法治政府建设工作整改情况，确保整改工作不留死角。

行政执法。印发《关于报送行政执法公示制度执法全过程记录制度重大执法决定法制审查制度推进落实情况自查报告的通知》，督察全州各行政执法单位“三项制度”执行落实情况。组织召开案卷评查活动，在自查的基础上，随机抽取州、县相关行政执法单位的行政执法案卷进行集中评查打分，抽取评查行政执法案卷32件，其中行政处罚案卷26件、行政检查案卷2件、行政许可案卷2件、行政确认案卷2件。

法律宣传服务。发挥智慧公共法律服务终端职能作用，全州范围内投放智慧公共法律服务亭

8个、“青小律”公共法律服务机器人3台，有效推进“互联网+法治宣传”活动。开展农民工、困难群众、退役军人等法律援助工作，办理援助案件480件（民事452件、刑事28件），挽回经济损失300余万元。举办各类法治宣传活动30场次，发放宣传资料8000余份，推送新媒体普法信息500余条。因地制宜开展一村（居、社区）一法律顾问工作，建立县、乡镇、村（社）三级17个法律顾问工作微信群，接受干部群众咨询3000余次，宣传法律2600余次，指导调解400余起，推动法律顾问工作从“有形覆盖”迈向“有效覆盖”“优质覆盖”阶段。

依法打击犯罪。全年公安机关立各类刑事案件528起，破获案件180起，抓获作案成员146人，刑事拘留133人，移送起诉111人，批准逮捕85人。检察机关办理各类案件1158件，同比上升13.5%；受理审查逮捕案件116件182人，批准逮捕82件121人，不批准逮捕36件68人（含积存）；受理移送审查起诉178件245人，提起公诉151件205人，不起诉4件5人；提起抗诉2件2人。全州法院受理各类案件3874件，其中民事2407件、刑事171件、行政13件、执行1253件、其他30件，案件总量较2020年同期增长10.81%，结案率达84.01%。

【市域社会治理现代化试点】 制定《2021年市域社会治理现代化工作要点》，将市域社会治理现代化工作实效纳入平安建设绩效考评，厘清州、县、乡、村四级在社会治理权责关系，推动建立健全州级统筹协调、县级组织实施、乡镇强基固本、村级源头治理的四级组织体系。发挥综治中心综合协调作用，建设“智慧小区”，破解流动人口管理、“城市病”等治理难题，推动党的建设、社会治理、应急管理、民生服务“一张网”管理，“一核三治”社会治理黄南模式获全省改革创新奖。两次在一市三县29个乡镇22个村抽查评估全州村规民约修订完善情况，高质量完成1期调研报告，下发1期通报。

【扫黑除恶专项斗争】 制定《常态化开展扫黑除恶斗争工作要点》，及时调整扫黑除恶专项斗争领导小组，统一协调指挥全州常态化扫黑除恶工作。召开扫黑除恶专项斗争总结表彰大会、领导小组第一次会议、重点行业领域专项整治动员部署会议（推进会），主动对标对表，层层传导责任，持续保持扫黑除恶专项斗争强劲势头。以“六建”为抓手，修订完善《常态化开展扫黑除恶斗争中政法机关与各行业监管部门协作配合工作机制（试行）》等5个务实管用的常态化制度机制，以六大重点行业领域专项整治带动12个行业领域整治纵深开展，不断提高打击精准度、实效性。常态化滚动排查整治，持续巩固重点行业领域专项整治成果。及时下发“三书一函”15份，进一步堵塞监管漏洞，形成标本兼治、抓源治本的社会治理格局。

【矛盾纠纷化解】 常态化开展矛盾纠纷排查化解工作，发挥“品牌调解室”、行业调解组织、“两法+特邀”模式、矛盾纠纷“三区”管理等做法与“三调联动”有机结合，健全社会矛盾风险监测预警和防范管理工作机制，打造“一站式矛盾纠纷调处示范平台”“矛盾纠纷就地化解示范

2021年11月25日，州委副书记、政法委书记力本嘉（右四）到同仁市惠民小区调研智慧小区建设情况

村（社区）”。全年排查各类矛盾纠纷644起，化解632起，调解成功率达98.14%，实现“小事不出村，大事不出乡，矛盾不上交”工作目标。

【政法队伍教育整顿】 组织领导。成立由州委书记任组长，州长任第一副组长，8名副州级领导和2名正县级领导任副组长、16家州直相关部门和单位负责人为成员的政法队伍教育整顿工作领导小组，从州直政法各部门抽调11名精干力量成立4个专项工作组，负责统筹推进教育整顿各项工作。各市（县）和州直政法各部门按相应成立组织，各司其职、密切配合。

压实“三个责任”。落实主体责任，州县党委“一把手”作为第一责任人，自觉落实“五个一”“六个一”要求，一级做给一级看，一级带着一级干，形成以上率下、示范引领的工作责任体系。自觉承担直接责任，政法各单位制定工作方案，建立重点任务分工台账，确保各项目标精准化、清晰化，各项措施可操作、能管用、有成效，做到无缝对接。履行协同责任，州纪委监委制定出台执纪问责工作方案和线索移交办法，组织部门及时准确提供相关信息资料，各部门同步推进。

强化四项教育。政治教育方面，结合党史学习教育，开展专题党课、“一把手”讲党课、政治轮训、交流研讨、观看红色影片等形式，引导政法干警真学实学，学深悟透；英模教育方面，注重弘扬英模精神，邀请“两弹一星”精神宣讲报告团在黄南进行专场报告，举办全州政法英模事迹报告会等，激发广大干警在英模事迹中感受信仰的力量。警示教育方面，强化党纪法规学习，引导党员尊崇党规党纪，严格执行准则和条例，组织政法干警观看警示教育片、参观警示教育基地，州县纪委书记、州直政法各部门主要负责人作廉政教育专题报告，推动广大干警知敬畏、守底线、严守党纪国法，筑牢忠诚担当。能力教育方面，丰富载体形式，举办主题演讲比赛、法律知识测试，开展各类大练兵活动，分级举办政治理论讲座，增强政法干警服务大局、履职尽责的基本功，以教育整顿助推执法司法能力提升。其间，全州25个政法部门1334名在编政法干警全员参学，举行政治轮训40次，开展集中学习753次，交流研讨117次，英模教育160次，警示教育208次，撰写心得体会4157篇。

整治顽瘴痼疾。明晰“5+3”顽瘴痼疾重点整治内容，开展全系统全链条整治。抓实重点案件评查，召开案情分研判会54次，评查各类案件930件，初查不合格重点案件9件，有瑕疵重点案件35件。严格执行大数据智能化排查要求，法院系统筛查网上裁判文书580份，检察系统筛查各类刑事案件847件，公安系统梳理2018年后各类警情14163件、核查重点案件98起；司法系统自查发现1名检察院退休人员、5名司法局退休人员从事律师职业，均整改完成。抓实行业询查，借助市场监管、税务等部门信息查询系统，摸排核查本地区本单位“5+3”顽瘴痼疾瞒报、漏报、错报情况，发现34名干警家属有经商办企业、参股借贷情况，处理违规干警9名。

处置问题干部。围绕对党不忠诚的“骑墙派”“两面人”、涉黑涉恶“保护伞”、执法司法腐败三个重点开展深挖彻查。全州受理各类有效线索197件，办结率100%。落实线索处置“五步流程”，精准分流线索，下发197期线索转办单，集中力量办结3起中央第十五督导组重点关注案件，1起督办案件，确保重点案件线索查实有结果、查否有依据。落实“自查从宽，被查从严”政策。主动交代问题说明情况的政法干警共167人，占比12.52%，落实从宽政策162人，其中第一种形态处理150人，第二种形态以上处理12人。

成果转化。开展“三个规定”“万长”大宣讲活动，其间开展宣讲活动81场次，签订落实防止干预司法“三个规定”（《领导干部干预司法活动、插手具体案件处理的记录、通报和责任追究规定》《司法机关内部人员过问案件的记录和责任追究规定》《关于进一步规范司法人员与当事人、律师、特殊关系人、中介组织接触交往行为的若干规定》）承诺书2093份。开展“我为群众办实事”活动，其间收集群众急难忧盼问题263个，解决251个，出台为民办实事措施127项，“立、改、废”规章制度140个，推动教育整顿成果固化提升。

【重要会议】 1月12日，黄南州委召开平安黄南建设领导小组第二次会议，深入学习习近平总书记关于平安中国建设的重要指示，贯彻落实中共十九届五中全会、平安中国建设工作会议和省委平安青海建设领导小组第二次会议精神，通报2020年平安黄南建设工作开展情况，听取各专项组述职，研究部署更高水平平安黄南建设任务，确保人民安居乐业、社会安定有序。州委书记、州委平安黄南建设领导小组组长王振昌出席并讲话，州委副书记、州长、州委平安黄南建设领导小组组长乔学智主持会议。

2月23日，州委召开政法工作会议，贯彻落实习近平法治思想，中央、省委政法工作会议及州委十二届十一次全会精神。会前，州委书记王振昌，州委副书记、州长乔学智分别对全州政法工作作批示，州委副书记、政法委书记力本嘉出席并讲话，副州长、公安局局长岳卫平主持会议。州委政法委各委员，州委各部门、州直各单位、各人民团体主要负责人，州直政法各部门领导班子成员，州法学会会员代表、律师代表，各市（县）委分管副书记、政法委书记，各市（县）政法各部门和信访局主要负责人，武警黄南支队、武警青海总队机动二支队主要负责人参加会议。会议总结2020年工作，分析当前形势，研究部署2021年工作。

5月17日，黄南州召开扫黑除恶专项斗争总结表彰大会。会议深入学习贯彻习近平法治思想和全国、全省扫黑除恶专项斗争总结表彰大会精神，回顾总结三年来全州扫黑除恶专项斗争成效、经验，表彰扫黑除恶专项斗争先进集体、先进个人，安排部署常态化扫黑除恶斗争。会前，州委书记王耀春，州委副书记、州长扎西才让看望获表彰的先进集体代表和个人，代表州委、州政府表示祝贺和敬意。

5月31日，黄南州召开庆祝中国共产党成立100周年安保维稳动员部署会议。会议以视频会议方式开至县级。会议传达学习中央、省委安保维稳动员部署会议精神，深入分析当前形势，动员部署全州庆祝中国共产党成立100周年安保维稳工作。州政府副州长、公安局局长岳卫平主持会议并解读《黄南州庆祝建党100周年安保维稳工作方案》，州委副书记、政法委书记力本嘉出席并作动员讲话。州委常委、统战部部长吴树荣，州法院院长杨海云，州检察院检察长马晓军，州委各部门、州直各单位，各人民团体，黄南军分区、武警黄南支队、机动二支队主要负责人参加会议。

8月12日，州委政法委员会召开全体会议。传达学习习近平总书记重要讲话、中国共产党政法工作条例、州第十三次党代会等有关会议和文件精神，回顾总结2021年以来全州政法工作，并就如何贯彻州委第十三次党代会精神提出五项举措。

9月1日，省扫黑办第一次主任会议暨行业领域专项整治推进视频会后，黄南州立即组织召开扫黑除恶斗争行业领域专项整治动员部署会议。州委政法委副书记、州扫黑除恶斗争领导小组办公室主任华本主持并讲话，州扫黑除恶斗争领导小组各成员单位分管负责人参加会议。

10月9日，黄南州召开扫黑除恶斗争重点行业领域专项整治推进会，贯彻落实省扫黑办第一次主任会议暨行业领域专项整治推进会精神，审议常态化开展扫黑除恶斗争相关文件，分析研判当前形势，研究部署当前重点工作，推动长效机制建立健全，形成专项整治压倒性态势。

12月22日，黄南州召开社会治理工作表彰大会。深入学习贯彻习近平法治思想和平安中国建设表彰大会精神，回顾总结一年来全州社会治理工作成效、经验，表彰社会治理工作先进集体、先进个人，安排部署下一步社会治理重点工作。州委副书记、政法委书记力本嘉出席并讲话，州委常委、常务副州长肖顺琛主持会议。

（撰稿人：张学剑）

依法治州与法治政府建设

【概况】 2021年，坚持把学习贯彻习近平法治思想同黄南实际深度融合，发挥州委全面依法治州委员会办公室统筹协调职能。全年召开2次州委全面依法治州会议，制定3个工作措施，印发2个工作制度和办法；州人大颁布实施2个条例和办法，州政府完成11项行政规范性文件审查。

【依法治州】 年初，组织召开州委全面依法治州工作会议、州委全面依法治州委员会第三次会议，分析研判面临的形势，推进法治建设进程，压实各级各部门法治建设第一责任人职责。制定《黄南州关于落实〈法治中国建设规划（2020—2025年）〉的贯彻措施》《黄南州关于落实〈法治社会建设实施纲要（2020—2025）〉的贯彻措施》《黄南州贯彻落实习近平总书记在中央全面依法治国工作会议上的重要讲话精神具体举措及任务分工》等指导性文件，推动立法、执法、司法、守法、普法各环节同向发力，促进依法治州各项任务落地落实。健全完善法治督察体制机制，印发《黄南藏族自治州法治建设警示、函询、典型案例通报曝光、重大责任事项约谈与挂牌督办、问题线索移送工作制度》《黄南藏族自治州法治建设年度报告办法（试行）》，围绕中央依法治国办及省级法治政府建设实地督察反馈问题整改，明晰整改措施、责任清单，强化法治督察，全面整改完善，以问题整改落实夯实法治建设工作基础。

【法治政府建设】 加快法治政府建设，持续精简行政许可事项，取消调整行政审批事项11项，累计取消调整行政审批事项417项，精简率达86.2%。编制完成州、市（县）两级行政许可事项991项，公共服务事项1534项。持续推进“放管服”改革，优化登记流程，将企业设立登记时限压缩至1.5个工作日内。推行“一网通办”“不见面审批”，全程电子化率达95%以上。

【行政立法】 发挥法治稳预期、固根本、利长远重要作用，突出立法先行，为全州经济健康发展提供法治保障。落实党领导立法要求，坚持立改废释并举，印发年度立法工作计划，提前介入立法项目起草和审查、修改等工作环节，进一步规范立法程序，坚持重大问题，重要事项及时报告，从立法角度保障党的路线方针政策和重大决策的贯彻实施。年内向州委、州政府专题汇报立法工作5次，州政府常务会议、州委常委会研究立法工作3次。坚持立法为民，聚焦社会治理、生态环境保护、民族语言文字等重点领域，推进立法进程，颁布实施《黄南藏族自治州自治条例》和首部实体法政府规章《黄南藏族自治州犬只管理办法》，完成《黄南藏族自治州城乡社区治理条例（草案）》《黄南藏族自治州林木管护条例（修订草案）》《黄南藏族自治州水资源保护条例（草案）》等3项立法任务的起草、调研、论证、审议等工作。持续加强行政规范性文件监督管理，将全部行政规范性文件纳入法治审核，完成《黄南州生活垃圾分类和处置工作实施方案》《黄南藏族自治州烟草制品零售点合理布局规定》等11件行政规范性文件审核工作。开展涉及野生动物保护、营商环境领域、生态环境保护领域等行政规范性文件专项清理，废止2件，修改17件。

（撰稿人：韩　伟）

2021年6月24日，《黄南藏族自治州城乡社区、村治理条例》征求意见座谈会召开

公 安

【概况】 2021年，全州公安机关统筹推进“防风险、除隐患、降发案、保平安”专项行动，以捍卫国家政治安全，维护全州社会长治久安为目标，打造党和人民“信得过、靠得住、能放心”的黄南公安铁军，确保全州政治稳定、社会治安大局持续平稳可控。全年全州立各类刑事案件681起，破获案件253起，同比立案上升21.39%，破案率下降2.6%；受理经济案件11起，立案9起，破案7起；受理治安案件753起，立案726起，破案509起。

【维护社会稳定】 发挥公安机关整体作战优势，对发现的线索同步介入、迅速查证，精准防范。全年查处网上传播有害信息案件35起，打击处理377人（刑事处罚12、行政处罚14、教育训诫351人）。依托全省公安机关维稳实战应急处置演练，抽调州局民（辅）警、特警以及相关警种183名警力，成立10个职能处置组，开展针对性协同演练近100场次，组织协调州级、各市（县）公安局完成全省红蓝对抗实战演练。

【扫黑除恶专项斗争】 贯彻落实习近平总书记关于常态化开展扫黑除恶斗争的重要指示精神，把政法队伍教育整顿与推进扫黑除恶专项斗争常态化相结合，逐一评查全州办理的6起涉恶案件、办结的22条中央督导组交办线索，并整改落实到位。牵头起草下发《黄南州纪检监察机关与公安机关扫黑除恶长效常治协作配合制度》等9项扫黑除恶长效常治制度、机制，强化薄弱项，填补空白点，健全全州公安机关扫黑除恶斗争机制建设，受理群众举报涉黑涉恶线索1条，办结1条。

【刑侦工作】 刑事案件。开展以打击治理电信网络诈骗、“断卡”、“团圆”为主要内容的“云剑-2021”行动，严厉打击各类刑事犯罪，坚决维护社会治安大局稳定。全年立八类主要案件27起，其中杀人1起、伤害14起、强奸12起，诈骗案件228起，其中电信网络诈骗案件195起。破获八类主要案件23起，破获诈骗案件68起（其中破获电信网络诈骗案件48起），破获年前案件13起。抓获作案成员204人，刑事拘留185人，移送起诉145人，提请逮捕105人。全州百名民警立破刑事案件分别是76.6起和28.46起。

经济案件。严厉打击金融、涉税、商贸、知识产权、新型传销等涉众型经济犯罪，有效遏制各类经济犯罪高发势头。全年受案11起、立案9起、破案7起（破积案1起），不予立案1起，撤案1起，抓获犯罪嫌疑人7人，挽回经济损失272480元。其中，受理合同诈骗案3起，立案1起，破案1起（积案），涉案金额38.4万元，挽回经济损失15.4万元，抓获嫌疑人1人；受理非法经营案3起，立案2起，破案1起，撤案1起，不予立案1起，涉案金额7.85万元，挽回经济损失7.85万元；信用卡诈骗案受理5起，立案5起，破案5起，抓获犯罪嫌疑人6人，涉案金额80712.88元，挽回经济损失39980元。

禁毒戒毒。按照2021年全州禁毒工作要点和副省长李宏亚“立足实际、狠抓落实、增比进位、做出特色”要求，结合黄南本地实际，严格贯彻落实各项禁毒工作，紧盯毒品犯罪问题，分析毒品违法犯罪的形式、规律和特点，加强日常对宾馆、出租房、公共娱乐场所等人口流动大、人口构成复杂地区进行清查，严厉打击毒品违法犯罪活动。全年破获涉毒刑事案件1起，移送起诉嫌疑人1人，缴获毒品冰毒28.1克；抓获违法犯罪吸毒人员7人，社区戒毒1人、社区康复2人，强制隔离戒毒2人。

【治安管理】 疫情防控。制定下发《黄南州公安机关做好新冠肺炎疫情防控工作方案》，全年出动联合检查站、隔离观察点、医院以及社会面巡逻防控警力1.1万人次，先后设立省级疫情防控联合检查站5个，州市（县）自行启动联合检查站11个，检查车辆3.5万余辆，盘查、检测人员5.5万人次，劝返车辆1052辆，劝返人员1809人，依法查处制造散布和传播不实信息案件2起，联合有关部门检查行业场所434次，有力维护全州人民群众生命安全和身体健康。

缉枪治爆。全年全州收缴枪支107支、子弹2391发、非制式炸药27.39千克、非制式雷管21

枚、导火索46.7米、管制刀具45把、弩1把；检查辖区内加油站120余家次，发现安全隐患10处，限期整改10处，张贴公告500余份，发放宣传资料1800余份。

*矛盾纠纷排查化解。*全年排查化解矛盾纠纷745起，全州"110"报警服务平台接警15049起，有效警情5394起，处置报警4585起，出动警力16035人次，现场抓获违法犯罪人员53人。通过"三项举措"（宣传、管控、教育）提升矛盾纠纷多元排查化解能力，实现"小事不出村、大事不出街道、矛盾不上交"。

2021年黄南州主要案件受理查处结案情况表

表7　　单位：件

案件种类/地区	刑事案件				治安案件		
	立案	破案	破年前积案	破年内月前积案	受理	查处	结案
同仁	256	98	1	15	307	279	278
尖扎	165	62	1	9	191	191	103
泽库	110	42	3	16	147	147	93
河南	150	51	8	26	108	109	35
合计	681	253	13	66	753	726	509

【户政管理】　根据省公安厅《关于做好2021年度人口统计年报工作的通知》的文件要求和州局党委关于重点工作安排部署，统计分析全州一市三县2021年度户籍人口，及时准确地向各级党委政府部门提供翔实的人口数据。截至年底，全州总人口86132户278515人，当年出生4417人，死亡1907人；省内（外）迁入1394人，迁往省内（外）1653人；截至2021年底，全州户籍人口286219人，其中藏族202059人、蒙古族39325人、回族21253人、土族11234人、汉族9667人、其他民族2681人。

【废旧市场管理】　结合常态化扫黑除恶专项行动，清查全州范围内的废品收购站，明确任务，细化责任，详细登记从业人员信息，做到辖区废旧市场底数清、情况明。截至年底，黄南州有废旧金属收购站37家次，均在辖区派出所备案，开展清查427家次，发现问题51处，当场整改43处，限期整改8处，累计出动警力1283人次，出动警车450台次。

【交通管理】　公安交管部门开展道路交通安全整治工作，维护道路交通安全形势持续平稳。年内排查事故多发路段安全隐患239处，纳入政府督办整改治理计划88处，截至年底整改39处。依法查处各类交通违法行为32326起（其中查处无证驾驶2419起、超速行驶5385起、饮酒驾驶124起、醉酒驾驶43起、客运机动车超员15起、货车超载161起、其他24179起，行政拘留41人，刑事拘留3人）。全年全州共发生交通事故36起，死亡15人，受伤40人，直接财产损失195750元。同比事故起数上升33.33%，死亡人数下降6.25%，受伤人数上升60%，财产损失下降11.62%。

【出入境及往来港澳台管理】　坚持管理与服务并重，从改进和加强出入境及往来港澳台管理工作入手，提高涉外管理工作水平和能力，为全州经济社会平稳发展做出贡献。全年受理审批出国及往来港澳台申请17人次，审批15人次，未审批2人（探亲）。其中，办理护照9人次、赴港澳地区团队旅游6人次。检查指导旅店业96家次，与宾馆签订《境外人员住宿信息规范登记责任书》42家次。

【信息化管理】　*基础设施建设。*依托黄南地区公安防控体系和"雪亮"工程建设，加快全州公安信息化建设工作，建设完成全州公共安全视频监控联网应用平台，DNA实验室、图侦、微量物证提取等刑事技术手段相继投入使用，全州Wi-Fi管控、公安4G/5G网、城际热点等技术防控网络体系逐步形成，公安网上网安全防护、卫星定位系统以及视频会议升级改造项目相继投入使用。

刑事技术。牢固树立“科技强侦”理念，强化刑事技术应用，严格现场痕迹物证的提取，确保勘查质量，提升刑事技术服务侦查破案能力水平。利用人像比对技术，比中盗窃案件15起，抓获犯罪嫌疑人15人，利用DNA比中破获历年1起案件，抓获犯罪嫌疑人1人，利用指纹破案1起，抓获犯罪嫌疑人1人，实现黄南州利用指纹破案“零的突破”。DNA实验室受理案件172起，检材1800余份，出具鉴定书189份；亲子鉴定49起，出具鉴定书121份。组织开展“团圆”行动和全州男性家族排查系统建设工作及DNA检验鉴定工作。成功比中并找回认亲当年失踪被拐儿童1人，协助外省找回失踪被拐儿童1人。

2021年5月27—28日，组队参加全省公安特警跨区拉动演练暨警务技能大比武。图为参赛干警合影

【网络安全监管】 贯彻落实州委、州政府和省公安厅批示指示精神，筑牢网络安全防线，提高网络安全保障水平，做好网上舆论引导等各项工作，全州网上整体环境清朗、和谐、有序。全年开展大规模网吧检查582家次，依法处罚违规网吧4家次。

【公安队伍建设】 开展实战大练兵活动5期，培训民警300余人。申报全州人才选送工作，4名业务技术骨干进入全州人才库，2名人选进入“全州西部之光访问学者”团队，1名民警入选省公安厅领导联系服务专家。健全完善入警宣誓、从警年限、光荣退休等职业荣誉仪式制度；进一步提升公安民（辅）警待遇保障机制，全年提拔任用干部19人、晋升民警职级100人、辅警11人，表彰集体37个，民（辅）警116人。

（撰稿人：赵文广）

森林公安

【概况】 2021年，黄南州森林警察依法严厉打击各类破坏森林草原、野生动植物资源等生态领域犯罪行为，提高应对突发事件和森林防范综合能力，保护全州生态环境。全年办理涉嫌危害珍贵、濒危野生动物罪4起，抓获犯罪嫌疑人9人，检查各类重点场所、领域1108家次，发出公安提示函3份，累计救助国家保护动物7只。

【森林执法专项行动】 开展推进“昆仑”“绿盾”专项行动，联合相关单位检查辖区内重点地区、重点领域，全面拓展打击领域、深化打击措施、强化源头治理。全年办理涉嫌危害珍贵、濒危野生动物罪4起，抓获犯罪嫌疑人9人，收缴小口径步枪1支、岩羊1只、马麝香囊4个、麝牙2个、麝香囊壳2个、麝尾组织2个、麝肉1块、鹿茸段22个、腰刀3把、弹弓1个、捕兽夹10个、短刀1把、钢珠8颗。

【常态执法巡查】 组织民警在辖区重点林区、场所、部位开展常态化、跨区域、冬季专项等执法巡查工作，有效遏制突出违法犯罪高发势头。与甘肃省甘南藏族自治州公安局签订林牧区跨区域警务合作协议书，形成分工合作、高效协调、优势互补的跨区域林牧区治安防范协作机制，重点以跨区域林牧区维稳、涉林草

8月8日，森林警察日常巡护秀恰村鸟类栖息地

及野生动植物资源领域案件查处等为重点相互协作，共同维护边际相邻地区的生态资源安全和社会长治久安。全年出动警力1672人次、车辆564辆次，检查砂石料厂13家次、野生动物栖息地10处、餐饮酒店180家次、寄递物流57家次、集贸市场73家次、超市商店58家次、药店93家次、木材加工厂55家次、工地50家次、人工繁育合作社6家次、花卉店4家次、国家电网1家次、家具店6家次、湿地公园6家次、重点区域5家次、其他场所95家次。会同林草部门逐一核查68条违法使用林地项目清单线索，运用公安提示函作用，向州林业和草原局发放公安提示函1份，向市（县）自然资源局发放公安提示函2份，督促行业主管部门整改落实。

【森林保护宣传】 组织开展宣传引导工作，通过悬挂藏语汉语宣传横幅，发放宣传册、宣传品，现场宣讲法律法规、典型案件等方式，让全州群众明白保护野生动植物资源和预防森林草原火灾的重要性，自觉抵制和检举盗伐滥伐、非法征占用林地、非法野外用火、盗猎等破坏森林和野生动物资源违法犯罪行为。全年悬挂横幅69条，发放宣传册3万余份、宣传抽纸85箱、纸杯40余箱。通过宣传，群众主动上交步枪1支、半自动步枪子弹19发，救助猫头鹰2只、马麝1只、丘鹬1只、高山秃鹫1只、鸬鹚1只、獾1只。

（撰稿人：赵文广）

检　察

【概况】 2021年，黄南州人民检察院坚持“讲政治、顾大局、谋发展、重自强”工作要求，践行“一讲五抓”工作思路，实施“3414”工程，为大局服务，为人民司法，各项检察工作取得新成效。全年全州检察机关办理各类案件1315件，同比上升3.5%。州院被州委全面依法治州委员会评为黄南州“七五”普法“先进集体”，被省检察院扫黑办荣记集体二等功1次，被州扫黑办评为先进集体；2名干警荣立二等功、1名干警荣立三等功，2名干警分别获全省优秀法治副校长和全省优秀党务工作者称号，2项研究课题被最高人民检察院立项。

【维护社会稳定】 落实总体国家安全观，严厉打击危害国家安全犯罪，坚决维护国家政治安全和社会和谐稳定。严惩破坏社会主义市场经济秩序犯罪7件8人。常态化开展扫黑除恶，制定涉黑涉恶案件对下指导督导、线索举报奖励机制。落实“谁执法谁普法”责任制，在联点村镇、社区，开展法治宣传教育，引导干部群众铸牢中华民族共同体意识。服务疫情防控，办理涉疫公益诉讼案件21件。州院为联点村镇和社区捐赠价值10万元的防疫物资。

【刑事检察】 发挥批捕起诉职能，严厉打击各类刑事犯罪，受理审查逮捕案件132件206人，同比分别上升28.2%和17.7%；批准逮捕92件133人，不批准逮捕42件80人。受理移送审查起诉216件290人，同比分别上升45%和54.3%；提起公诉193件255人，不起诉9件15人。

【刑事执行检察】 加强看守所

安全和监管场所检察220余次，依法提出纠正违法通知3件、检察建议13件，均得到采纳和纠正。核查纠正全州社区矫正对象漏管3人，脱管7人。推动财产刑执行监督，核查判处罚金刑人数105人，罚金刑总额97.8万元，发出检察建议4件，均已回复并执行。在一市三县看守所、司法局及司法所开展巡回检察，针对发现的问题，发出纠正违法通知31件，检察建议39件。刑事执行检察监督工作全省排名第一，获省院通报表扬。

【民事行政检察】 依法保护当事人合法权益，办理民事监督案件9件。加大对同级法院网上公开民事行政裁判法律文书的检察监督，审查公开裁判文书398件。针对发现的15个文书送达等瑕疵问题，立案5件，发出检察建议3件，终结审查2件。办理申请行政检察监督案件5件。其中，当事人申请监督1件，不支持监督申请决定，发出检察建议2件，终结审查1件。开展行政诉讼领域专项法律监督，评查两级法院2018年后裁定驳回起诉和判决驳回诉讼请求的案件23件，推动实现案结事了政和。

【公益诉讼检察】 成立全省首个公益诉讼指挥中心和派驻检察室，发挥“河湖长、林长+检察长”工作机制作用，立案调查公益诉讼案件113件，其中行政公益诉讼案件110件、刑事附带民事公益诉讼案件3件。启动诉前程序向相关行政机关发出诉前检察建议79件、提醒函19件，终结审查10件。督促清除生活垃圾和固体废物316吨，恢复草原20公顷、耕地0.11公顷、林地0.03公顷，修复非法采挖破坏山体2处，关停和整治违法排放污染物企业15家，清理污染和非法占用河道2千米，督促行政机关保护文物单位1处，保障军人乘坐城市公交优惠政策3次。

【未成年人检察】 加强未成年人司法综合保护，持续推动落实“一号检察建议”，部署开展“检爱同行、共护未来”未成年人保护法律监督专项行动。严厉打击侵害未成年人犯罪，受理未成年人犯罪案件12件25人，起诉6件14人。两级院13名法治副校长送法进校园16次，受教学生达1000余人，发放宣传册2000余册，赠送“阳光法治课”光盘书籍30余册。州院借鉴天津市检察机关先进经验做法，打造未检法治教育基地。

【职务犯罪检察】 依法办理州院刑事执行部门交办、监委移送职务犯罪案件10件12人。开展“司法工作人员职务犯罪侦查百日攻坚行动”，强化宣传力度，拓宽线索渠道，受理线索8件，调查核实终结7件，作出不立案决定7件。

【控告申诉检察】 与州、县司法局共同打造一站式综合公共法律服务中心，推进“网上办、马上办、一次办”，初步形成由中心出发辐射全州的公共法律服务体系。落实群众信访件件有回复制度，办理群众来信来访案件101件，回复率达100%。落实司法救助制度，两级院为因案返贫的20名刑事被害人发放司法救助金31.6万元，助力巩固拓展脱贫攻坚成果和推进乡村振兴有效衔接。

【诉讼监督】 全年监督公安机关立案4件。法院有罪判决1人。追捕漏犯1人，追诉漏犯3人，发出纠正违法通知13件。对不符合逮捕条件的，不予批准逮捕42

2021年5月28日，州检察院在州特殊学校开展“检爱同心 共护未来”主题检察开放日活动

2021年2月7日，州检察院为从检30年的检察官颁发检察荣誉章

件80人，抗诉3件5人。

【检察队伍建设】 优化领导班子结构，两级院调整配备领导班子成员10人。加大干部培养力度，职务调整8人，职级晋升12人。强化素能建设，选派20批次30人参加最高人民检察院、省院举办的业务培训。借助青海干部网络学院平台，开设为期15天、19个学时的教育整顿专题网班，全州102名检察干警参加学习。加强检察宣传，“两微一端”、青海政法、青海检察等媒体发布检察信息390余篇。推进阳光司法，公开程序性案件信息398条，法律文书160份，发布重要案件信息76条，办理网上辩护与代理预约事项24件次。

推进认罪认罚从宽制度适用，办理认罪认罚案件239人，适用率90.2%。提出量刑建议218人，采纳率99.5%。刑事检察“案件比”为1∶1.13。强化检察权运行机制建设，制定检律协作实施意见、数据分析和会商工作机制，提高办案质量和效率。开展文书公开专项清查、案卡专项核查和专项流程监控活动，日常巡查系统办案500余件次，流程监控口头提示60件次。

【政法队伍教育整顿】 开展自查自纠，全州20名干警主动说明问题，18名班子成员、79名干警自查填报问题185项，第一种形态问责26人。突出整治顽瘴痼疾，101名干警中没有发现违规经商办企业、违规参股借贷等情况。开展案件核查、评查1300余件，查出瑕疵案件4件，不合格案件5件。聚焦执法司法不规范等顽瘴痼疾，制定制度机制14项。深化“检察为民办实事”实践活动。州院党组为多哇镇寄宿制学校筹集资金打造法治文化长廊。围绕人大代表、政协委员“加强全州公职人员廉政教育”的意见建议，打造“政治与法治生活馆”基地，优化升级职务犯罪预防与警示教育基地，开展“四史”宣传和廉政警示教育等活动26次，受教人数超过4000人。

（撰稿人：马维忠）

法　院

【概况】 2021年，全州受理各类案件4638件，同比上升31.35%；办结4517件，同比上升28.76%；结案率97.39%。结案进度始终保持在全省八个地区第一。“3+1”核心指标始终位居前列。多元解纷、诉讼服务指标始终保持在全省八个地区第一。全年2名干警、9名干警和1个集体受到省级表彰。

【刑事审判】 依法惩治犯罪，全年受理刑事案件232件（旧存4件，新收228件），其中一审案件204件、二审案件10件、抗诉案件2件、检察建议2件、请示答复9件、再审审查案件5件；审结228件，结案率98.28%，同比上升0.81个百分点，接收比1.00，平均办理天数31天，结案率及平均办理天数排全省八家中院辖区第一。严厉打击煽动分裂国家犯罪，审结煽动分裂国家犯罪案件12件，判处罪犯12人一年至两年零八个月不等的有期徒刑，剥夺政治权利一年。开展违规违法办理减刑、假释、暂予监外执行案件排查整治，评查自1990年至2020年减刑案件16件、

2021年10月14日，省高院党组副书记、副院长魏文超（左一）在黄南中院开展调研

假释案件10件、暂予监外执行案件58件，制发《暂予监外执行案件评查要点》《关于规范暂予监外执行案件办理流程的通知》，对评定为瑕疵案件，通过政治承诺、强化学习、建章立制、规范审判管理等举措已整改，对评定为不合格案件按照法定程序正在纠正中。召开全州法院刑事审判工作会，举办“法院微讲堂”，推进政法跨部门大数据办案平台使用培训和应用推广，制发《关于针对性提高全州法院刑事审判司法能力的九项要求》《关于深入贯彻认罪认罚从宽制度的指导意见》。常态化扫黑除恶，落实月报告制度，对审结的6件一审、3件二审涉恶案件回溯倒查；聚焦六大行业领域，开展犯罪案件线索梳理排查，深挖违法犯罪及其背后“保护伞”。

【民商事审判】 全州法院民商审判团队结合黄南州实际，推进藏语汉语诉讼、巡回审判和家事审判，践行司法为民；制定相关措施并下发《民商事案件要素式裁判法指引》《关于适用民商事案件简式裁判文书的指引》《民商事案件庭前会议指引》《民事裁判文书制作规范》，保障民商事审判法官高效、正确裁判，提高庭审质量和效率，促进庭审实质化。高度重视家事审判，借鉴先进法院的工作做法，总结经验，深层研究，创新方法，让当事人感受到家事审判的司法温度，落实省院关于家事审判方面的相关要求，家事审判运行情况受到省院表扬，并自行管理和发布相关家事审判方面的新闻、案例等。省法院印发州法院《关于深入推进双语审判双语服务工作的十一条措施》《关于深入推进巡回审判 生动实践“三个便于”“三个服务”的十九条措施》，把黄南州“藏语汉语诉讼”“巡回审判”两张名片的打造工作推向新的高度。判定完善审判机制，深化恢复环资审判司法理念，加强环资审判法治宣传和调研，提升生态环境司法保护水平，保障人民群众环境权益。对涉企案件快审快结，营造稳定、公平、透明、可预期的法治营商环境，为企业稳定及当地经济发展提供法治保障。遵循“谁执法谁普法”原则，狠抓普法宣传工作，1名干警获“2016—2020年黄南州普法依法治理先进个人”称号。全州法院受理民事案件2835件，占全州各类案件数的61.13%，其中新收2818件，审结2791件，结案率98.45%；结案标的额达159620.847万元；调解结案1438件，调解率50.72%。

【行政审判】 融入地方法治建设、履行部门条线责任，两级法院受理行政案件36件，其中一审行政案件12件、二审行政案件4件、审查非诉行政案件20件；审结35件，结案率97.22%。印发《黄南州中级人民法院关于贯彻〈最高人民法院关于推进行政诉讼程序繁简分流改革的意见〉的通知》，先后2次组成督导组在基层法院督导。对行政相对人和行政机关达成和解的案件，主动对接协调行政机关，力促及时履行，得到当事人好评。印发《关于深入宣传贯彻行政机关负责人出庭应诉制度 依法推进行政机关负责人出庭应诉的通知》，促进行政机关依法行政、主动解纷，行政机关负责人出庭应诉率达46.15%。发布《2020年度黄南州法院行政案件司法审查报告》，向州委、州政府提出进一步规范行政执法建议。以2019年至2021年两级法院建工案件审理情况为样本，分析案件特点及发现的问题，为规范黄南州建工市场提供决策参考。提交《基于司法大数据的2020年黄南经济社会运行情况评估报告》，州委领导批示肯定。

【执行工作】 持续推进执行工作，对外采取曝光失信被执行人名单、做足舆论宣传、司法拘留、移送追究拒执罪等执行威慑措施，在全州社会形成空前执行威慑，打好“心理战”，助推社会信用体系建设；对内实施执行员办理执行实施案件、执行事务集约化管理、简案快执、集中执行、协助执行，及复杂执行案件邀请检察机关、人大代表、政协委员现场监督执行行为等措施，构建高效规范执行工作体系。11月、12月，在全州逐县开展两轮集中执行、联合执行行动，立足强制执行威慑措施应用和以案释法，助推社会信用体系建设。全年法院受理执行案件1497件，办结1424件，结案率95.12%。其中中院受理66件，办结64件，结案率96.97%。执行工作成效明显，在全省法院执行工作推进会上作经验交流。

【立案工作】 全州法院应用信息化建设成果，推行“指尖诉讼、掌上办案”，使用“移动微法院”进行网上立案、跨域立案、案件查询、缴费退费、提交证据、在线听证、线上庭审、在线送达。全年网上收案720余件，跨域立案90件、电子送达5337件、网上开庭70余件、网上缴费1564件，立案审查3101件，依法办理诉讼案件552起，保全标的额1281.43万元，办理委托执行案件2件，委托送达案件27件。全州立案准确率100%。审查各类申诉案件12件，其中驳回申诉7件，提起再审4件，无撤诉案件；审查民商事申请再审案件4件，驳回2件，提起再审2件。受理当事人申请、检察院抗诉、上级法院指令等各类再审案件2件，审结1件。

【诉讼服务】 诉源治理。主动融入州委、州政府领导的平安建设、综治维稳工作中，发挥人民法院在诉讼源头治理工作中的参与、推动作用，做好与基层党组织、政法单位、自治组织的对接。普遍建立诉讼服务站、法官联络点，加强巡回服务、上门服务，为辖区内基层自治组织解决纠纷提供培训指导，从源头上减少矛盾纠纷。强化司法大数据对矛盾风险态势发展的评估和预测预警作用，提前防控化解重大矛盾风险。两级法院落实《关于加强诉源治理推动矛盾纠纷源头化解的意见》深化诉源治理工作，7月开始，同仁、尖扎法院与辖区内公安交警部门、劳动监察大队、妇联、医保局、社区居委会、乡镇政府建立并健全联合多部门、多行业的调解机制，解决调解员的经费和办公问题。加快推进调解平台进乡村、进社区、进网格“三进”工作，发挥人民调解员熟悉社情民意的先天优势，实现矛盾分流，使调解、司法确认全流程通过人民法院调解平台线上办理，为群众提供更便捷的诉讼服务。

多元解纷化解。全州两级法院严格按照“坚持将非诉讼纠纷解决机制挺在前面”的要求，建立并完善多元解纷机制，不断拓宽解纷渠道。印发《黄南州中级人民法院关于全面推进多元解纷机制应用的指导意见》，推进多元解纷机制建设成果在全州法院深度普及应用，普及诉前委派调解、诉中委托调解机制，提高矛盾纠纷化解质效。中院与州司法局签订《多元解纷战略合作协议》，7月建成全省首家多元解纷中心，引入司法行政部门的法律工作者、调解员、资深律师在法院坐班，并建立与州住房和城乡建设局、公安局交警支队、司法局、人力资源和社会保障局、自然资源局等多个部门的调解组织，选任各行各业群众信誉度高、调解能力强的17名人民调解员开展案件诉前调解工作。同仁、尖扎、泽库、河南法院分别与辖区内司法局联合建立人民调解中心或诉调对接中心，聘请人民调解员参与案件调解，大量案件在诉前化解。截至年底，黄南两级法院调解案件729件。

分调裁审。加快推进“分调裁审”机制建设，探索高效调解、速裁解纷、快速审判的工作模式。中院印发《黄南州中级人民法院关于推进一审民商事案件“简案快审、繁案精神”的指导意见》《黄南州中级人民法院关于推进二审民商事案件“简案快审、繁案精神”的指导意见》，明确“大量案件（简案）由少数人完成，少量案件（繁案）由多数人完成”的工作目标。全州法院均成立以新入额的法官和有较强工作能力的法官助理为司法辅助人员的速裁团队，锤炼并发挥速裁案件的审理能力。组建民事、行政、刑事等专业化审判团队，对案件进行分流，做到简单案件快速审理，同类案件专业化审理，疑难复杂案件精细化审理。全年分流 2307 件简案、255 件繁案，速裁团队办理案件 235 件，其中调解 665 件。

2021 年 10 月 9 日，州法院在黄南州体育场举办第二届“赓续百年奋斗路 启航法院新征程”运动会

【涉诉信访】 全州法院落实“一把手”第一责任和党组成员“一岗双责”，实行主管院长和承办法官双重包案制，逐案明确防控措施，逐人签订责任状，始终把明责、履责、问责贯穿到工作全程。中院制定并下发涉诉信访工作实施方案，各基层法院要排查辖区内的敏感案件和人员，形成工作台账，每日下班前要向中院立案庭报告当日信访工作情况，严格将重点案件和人员吸附稳控在当地，不出现越级访、进京访等事件。全年全州法院接待群众来访 10350 人次。

【审判队伍建设】 提出“加强六个建设”“强化三个意识”“压实三个责任”“坚持三项保障措施”队伍建设 6+3 总体思路和“十一个必须坚持”“20 组关键词”思想建设要求，设计规划全州法院未来发展框架。落实“第一议题”，分类、分层次制定年度学习计划，全年组织理论学习中心组学习 21 次、集中学习 78 次，部门学习 26 次，党组成员讲党课 6 次；推行部门每周集中学习制度、岗位基本履职能力考评制度，促进干警自学、自我提升；以党组成员负责制“二十七条要求”为引领，建立全员岗位 AB 岗和结对帮扶与“双向测评”机制，拉动多岗位能力素质训练局面形成，“传帮带”效应常态化；严格用人标准，加大队伍交流，选拔任用处级领导干部 2 人，按期晋升法官等级 4 人、择优选升 4 人，职级晋升 7 人、转正定级 2 人，交流基层法院领导 2 人、中院各部门 17 人。健全工作机制，制定《部门考核办法（试行）》《基层法院考核办法（试行）》《在编人员分类精细化绩效考评办法（试行）》《聘用人员分类精细化绩效考评办法（试行）》等规范性文件；出台涵盖班子建设、队伍建设、司法责任等 7 个方面 38 项制度。

2021 年全州法院、法庭一览表

表 8

机构名称	地址	邮编	电子邮箱	网址
黄南州中级人民法院	同仁市夏琼北路	811399	hnzy_ @163. com	https：//hnzy. chinacourt. gov. cn/index. shtml
同仁市人民法院	同仁市加仓么村	811300	Trfy0973@163. com	https：//hntrfy. chinacourt. gov. cn/index. shtml
尖扎县人民法院	尖扎县铁岭路 7 号	811299	—	https：//hnjzfy. chinacourt. gov. cn/index. shtml
泽库县人民法院	泽曲镇党校路	811499	zekufayuan@163. com	https：//hnzkfy. chinacourt. gov. cn/index. shtml

续表8

机构名称	地址	邮编	电子邮箱	网址
河南县人民法院	优干宁镇滨河东路	811599	—	https：//hnhnfy. chinacourt. gov. cn/index. shtml
坎布拉法庭	尖扎县坎布拉镇下李家村	811299	—	—
能科法庭	尖扎县尖扎滩乡撒尕尼哈定居点	811299	—	—

（撰稿人：刘　磊）

司法行政

【概况】　2021年，举办州委理论学习中心组习近平法治思想高端讲座2场，组织常委会集中学习6次，印发2个法治督察体制机制，颁布实施政府规章条例2个，推进3项立法工作。完成15项整改任务和58项整改措施。完成“七五”普法考核验收，制定出台全州“八五”普法规划和“八五”普法决议。创建国家级法治示范县1个、全国民主法治示范村1个、全省民主法治示范村（社区）6个。探索建立10个“智慧小区”、建成移风易俗示范点12个，“一核三治”社会治理黄南模式获全省改革创新奖。全州司法系统成功调解各类社会矛盾809件，办理各类公证事项320件，承办各类法律援助案件550件。

【普法工作】　完成“七五”普法考核验收，制定印发年度普法依法治理工作要点，历时5个多月经过三轮征求意见并经州委守法普法协调小组、州政府常务会、州委常委会审议，制定出台全州“八五”普法规划和协助州人大出台“八五”普法决议，开拓“德法同行”“普治并举”“线上线下”普法新模式，为推进法治黄南建设奠定基础。推进落实“谁执法谁普法”“谁管理谁普法”“谁服务谁普法”责任制，印发《关于贯彻落实国家机关“谁执法谁普法”普法责任制的实施办法》，发挥各行各业资源优势，加强内外联动、全民参与，逐步构建“各司其职、积极参与、优势互补、有序运行”的法治宣传教育工作联动机制，推动在执法中普法，在管理中普法，在服务中普法，使普法更具有针对性和实效性。

推进“爱国、感恩、法治、团结”“民族团结”“百寺千讲”普法行动，组建15支法治宣讲队，成立黄南州普法志愿者服务队，全年开展“4·15”国家安全日、“6·26”国家禁毒日、“10·17”国家扶贫日、“12·4”国家宪法日等一系列普法活动，累计集中宣传93场次，印发藏语汉语《民法典》书籍1.5万册，发放《藏传佛教寺庙学法用法读本》2000册，制作各类法治宣传品10万个，更新黄南州“法治一条街”宣传栏展板38块，打造法治宣传橱窗13个、印制宣传单2万份。举办州、县宪法宣誓44次，宪法诵读180次，宪法知识竞赛40场次。机关、企事业单位500余名干部职工进行普法考试，参考率99%，优秀率90%。健全完善藏语汉语宣讲机制，创新开展法律进乡村、进市场、进宗教活动场所、进军营、进景区，举办农牧民法治宣传60余场次，受教育人数2万余人次。开展“百寺千讲”活动479场次，召开座谈会100多场次，受教9400余人次。开设“法治黄南我来讲”以案释法法治栏目2期，利用微信平台等进一步扩大法治宣传教育覆盖面，推动普法成为常态。

【社区矫正与安置帮教】　贯彻实施社区矫正法，依法健全完善社区矫正工作体制机制，推进社区矫正中心和刑罚执行一体化建设，成功打造州、县两级社区矫正监管视频指挥中心，完成数据共享对接和业务协同，推进“智慧矫正中心”创建，打造标准化管理教育帮扶体系。开展2018年后管制、缓刑、假释、暂予监外执行等社区矫正案件评查工作，完成社区矫正案件交叉评审 156 件。开展矫正对象定期走访、爱党爱国主题教育等活动，增强自我矫正的内在动力。全州累计接收社区矫正对象 623 人，其中解除矫正 537 人，在册矫正 86 人中宽管矫正占 52.3%，实现无一人脱管漏管和重新违法犯罪。全年接收安置帮教对象 92 人，帮教率 100%，安置率 95%以上。

【律师管理】 全州律师有 15 人，同比增长 15%，其中专职律师 9 人、兼职律师 6 人；女律师 12 人；有中共党员 12 人；律师担任县、市人大代表 2 人，市、县政协委员 1 人。全州 2 家律师事务所（青海诺誉律师事务所、青海雁合律师事务所）办理法律事务 580 件，同比增长 16%，其中担任法律顾问 1 家，刑事诉讼辩护及代理 21 件，同比减少 20%；民事诉讼代理 145 件，同比增长 15%；行政诉讼代理 11 件，同比减少 10%；非诉讼法律事务 25 件，同比增长 20%；业务收费 82 万元，同比增长 23%。

【公共法律服务管理】 贯彻总体国家安全观，坚守安全底线，健全完善矛盾纠纷源头化解机制，强化重点人群管控帮教，履行维护国家政治安全、社会大局稳定的政治责任。强化“诉调对接”，贯彻“枫桥经验”，落实“三调联动”大调解工作机制，在全省率先打造 1 个州级、2 个县级“一站式多元解纷中心”，完成 4 个“枫桥式”司法所本土化建设，组建人民调解组织 417 个，建立个人品牌调解室 4 个，推进人民调解专业化多元化发展，实现群众诉求“有人管事、及时管事、把事管好”。落实“日排查、周研判”工作机制，重点围绕征地拆迁、草山地界、讨薪讨债、生态环保、教派纷争、群众涉诉等容易引发群体性、突发性矛盾纠纷领域进行摸排调解，组织开展矛盾纠纷排查 21469 次，排查发现矛盾纠纷 65 件，预防矛盾纠纷 15 件，做到早发现、早处置、早化解。推广“两法+特邀”调解模式，推行法律顾问参与调解机制，通过邻里走访、矛盾双方约谈、讲解相关法律法规的方式，从“情、理、法”层面解释国家法律法规政策，引导群众依法解决矛盾纠纷。全州累计调解各类矛盾纠纷 809 件，调解成功 808 件，调解成功率 99.88%，协议涉及金额 971 万元。

【司法考试】 2021 年全州报名参加国家统一法律职业资格考试人数为 247 人，对成绩合格的 23 人申报法律职业资格，其中 A 证 2 人、C 证 21 人。州司法局对接省司法厅法考处，在全州司法行政系统内遴选出 8 名符合报考条件的干部参加为期 6 个月的封闭式培训，并落实培训资金 12 万元，连续 4 年司法考试通过率名列全省前茅。

【法律援助服务】 转变法律服务方式，由坐等群众“找上门”改为主动“送上门”，紧盯群众急难愁盼问题，全方位服务群众法律需求，零距离提供法律服务。推进公共法律服务标准化建设，完善公共法律服务实体平台、热线平台、网络平台建设，强化平台建设一体化、职能任务窗口化、服务事项清单化、服务终端多样化，建立公共法律服务中心 5 个、公共法律服务站 33 个、公共法律服务室 287 个，设立法律援助、“12348”法律服务热线、社区矫正、司法鉴定、公证等便民窗口，逐步实现公共法律服务体系建设全面发力、多点突破、纵深推进。以“村（社区）法律顾问”作为

2021 年 6 月 3 日，黄南州召开法治创建工作推进会

推进公共法律服务体系建设重要载体，实现全州54名法律顾问服务262个村、29个社区全覆盖。坚持从困难群体入手，从具体工作抓起，利用自身优势开展法律援助、法律咨询志愿服务活动，累计提供法律咨询3600人次，办理法律援助案件550余件、公证案件320件，代写法律文书1200余份。全州新设立法律援助联系点2个，总数增到3个，年内承办各类法律援助案件550件。

在33个单位聘用法律顾问45人，律师担任法律顾问的22家，办理各类法律事务100余件。全州基层律师事务所和法律服务所代理各类案件200余件，代写法律文书1200余份，参加公益事业和社会活动17场次。

（撰稿人：韩　伟）

军事

黄南军分区

【概况】 2021年，黄南军分区（以下简称军分区）按照省军区党委决策部署，围绕完善国防动员体系、提升备战打仗能力使命要求，突出中国共产党成立100周年这个主题主线，坚定铸牢强军之魂，抓实为战准备，建强力量支撑，探索练兵路子，纯正风气导向，坚持接续奋进、接力攻坚、接连创新、接踵实干，军分区全面建设呈现出整体向上、进中向好的强劲态势，完成转型建设“三年目标”，实现“十四五”良好开局。

【州委议军会】 8月31日，组织召开黄南州议军会议，学习贯彻习近平强军思想，贯彻落实党管武装根本原则、新时代军事战略方针、省委议军会会议精神，听取黄南军分区、武警黄南支队、武警机动二支队工作汇报，以及一市三县党委负责人党管武装工作述职，对推动全州国防和军队现代化建设提出明确要求。

【思想政治建设】 组织开展四个季度党委中心组带机关、人武部理论学习，组织干部参加省军区理论轮训。开展“传承红色基因、担当强军重任”主题教育和党史学习教育，以学习习近平主席关于党史学习教育和“七一”重要讲话精神为重点，以9本规定书目为教材，坚持读原著、学原文、悟原理，组织领导干部讲党史上党课，开展“我为群众办实事”实践活动和庆祝中国共产党成立100周年系列活动；启动军分区军史文化长廊建设，组织观看红色电影、重温入党誓词、参观黄南州党群服务中心等活动，引导广大官兵学党史、悟思想、办实事、开新局。成立军分区和四市（县）人武部藏语汉语宣传文化小分队，组织巡回宣传宣讲，官兵政治底色更加鲜明。

【战备训练】 军分区按照“备打仗凝合力、强队伍添动力、重演练强战力、严监察增效力”的实战化训练思路，有效探索民兵“基地化轮训、常态化备勤”的方法路子，经验做法被省军区转发，同时在《解放军报》等多家重要媒体报道。完成基干民兵训练任务，举办民兵教练员、训练尖子比武竞赛，激发民兵投身练兵备战热情。出动民兵参加地方疫情防控、维稳安保和应急处突演练等，提升应急应战能力。在省军区年终军事训练考核中，军分区总分排名第二。河南县人武部被省军区表彰为“练兵备战先进单位”。

【国防动员】 学好用好新修订的《中华人民共和国国防法》，协调召开州委常委议军会，组织对各市县党管武装工作进行量化考核评比。组织“一年两征”工作，注重廉洁征兵和“五率”考评，18岁公民兵役登记率达到100%，完成全年新兵征集任务。狠抓专武干部能力培养，组织2批次乡镇武装部长参加省军区业务培训。河南县人武部高标准迎接军委国防动员部民兵工作考核考评，总评为优秀。尖扎县人武部被省军区表彰为“民兵工作先进单位”。

【部队安全管理】 军分区结合条令条例学习和“百日安全活动”，开展“营院抓整治、人员抓养成、工作抓落实、生活抓细微”活动，做好心理疏导和一人一事工作，通过安全隐患排查和专项整治活动，做到防患于未然，确保部队安全稳定。同仁市人武部被省军区表彰为“全面建设先进人武部”，泽库县人武部被省军区表彰为“安全管理工作先进单位”。

【军民共建】 军分区不断强化官兵政治意识、宗旨意识和责任意识，抓好尊重地方党委政府、热爱人民群众、服务经济社会建设、拥政爱民教育和热爱第二故乡教育，筑牢驻守黄南、热爱黄南、建设黄南的思想基础。利用“青年民兵之家”“党员活动室”等思想舆论窗口，做好持续帮扶基层党组织、宣传教育群众等工作。黄南军分区为联建的曲库乎乡木合沙村订阅党报党刊10份，制作宣传橱窗20余块、文化长廊50余条。围绕群众关切的热点问题，开展宣传宣讲活动6次，发放宣传资料2000余份，引导大家坚定致富信心、激发奔小康的动力。利用元旦、春节等重大节日时机，开展走访慰问困难群众活动，送去牛羊肉等生活慰问品。扶持村集体养殖业，在2020年帮扶木合沙村建成“军分区乡村振兴帮扶养殖点”的基础上，2021年初协调资金20万元扩大养殖规模，继续购买种羊125只，协调资金10万元用于安装路灯，军分区本级投入5万元购买饲草料，投入15万元继续购买种羊扩大养殖规模。

（撰稿人：张泽众）

武警黄南支队

【概况】 2021年，武警黄南支队深刻把握政治之年、大庆之年特殊背景要求，围绕中国共产党成立100周年安全维稳任务主线，坚持沉心静气打基础，一心一意谋发展，基于效果抓落实，年度各项工作推进有序，部队建设继续呈现向上向好的良好发展态势。

【武警思想政治建设】 武警黄南支队始终坚持把学习贯彻党的创新理论作为最大政治任务，深入学习中共十九届六中全会精神以及习近平主席在“庆祝中国共产党成立100周年大会”“七一勋章”颁授仪式和视察青海时的重要讲话精神。严密组织推进党史学习教育、主题教育和经常性思想教育，广泛组织开展党史知识竞赛、“迎华诞、履使命、热贡卫士铸忠诚”主题情景朗诵会并邀请州委党校老师进行辅导授课等系列活动，不断打牢官兵思想根基，紧扣文化育人的主旋律。

【练兵备战】 武警黄南支队坚持一切工作向能打仗、打胜仗聚焦用力，贯彻武警部队和青海总队训练会议精神，坚持按纲施训、依法治训，分类分级制定训练计划，严密组织勤训轮换、教练员集训、特战排驻训、“魔鬼周”极限训练等演训任务。落实党委支部议勤、分队管勤、干部查勤等制度，推进“智慧磐石”工程建设、哨位优化改革，排查整治各类隐患30余处。开展“修方案、学方案、推方案”活动，修订完善6类方案预案。支队在总队正规化执勤检查考评中被评为优秀，始终坚持锻造过硬本领。

【应急应战】 武警黄南支队完成春节、“两会”等特殊时节期间联勤武装巡逻、武装警戒等任务，一线官兵时刻保持高度警惕，坚持依法文明执勤，确保黄南地区社会大局持续稳定，部队随时“拉得出、上得去、打得赢”。

【后勤保障】 武警黄南支队常态组织炊事员、驾驶员、军械员、卫生员集训。紧贴任务需求和官兵需要，做好医疗巡诊、装备巡修、官兵体检、被装精准申请等工作，落实副食品集中配送，提升伙食精细化管理水平。每月收集基层困难建议，推动营房维修改造、生活设施升级、就医绿色通道等暖心惠兵工程，官兵工作生活条件更加舒适便捷。做好疫情防控工作，有序推进疫苗接种工作，第二针疫苗接种率达99.6%，第三针疫苗接种率达到50%以上。严密组织官兵体检工作并邀请州医院专家到支队进行会诊，官兵的幸福指数不断升高。

【部队安全管理】 武警黄南支队不断强化法治自觉，以学好《军队安全管理条例》《武警部队人员行为手册》等法律法规为牵引，常态组织条令法规制度学习，5次集中开展专题辅导授课，增强各级法治自觉。发挥安全工作协调督导机制作用，分析部队安全工作形势，紧盯人员管理、防间保密、治酒禁酒等内容，常态开展“四不两直”督导检查，筑牢部队安全发展根基。发挥手机网络监控站预警作用，重拳纠治“账外机”“账外卡”现象。

【部队建设】 武警黄南支队持续开展“学纲要、研纲要、用纲要”活动，常态狠抓经常性基础性工作末端落实，规范中队日、周、月、季工作，搞好关闸分流，为基层减压释负。持续开展“暖兵心、化兵忧”活动，组织召开士兵“恳谈会”收集采纳12条官兵意见建议、解决6类20个官兵实际困难，协调3名官兵子女入学入托，党委为基层办好十件实事任务完成率100%。支队坚决贯彻落实乡村振兴战略，投入7.6万余元，维护和补充措玉村“防洪墙”“老年活动中心”等设施。

（撰稿人：杜梦瑶）

武警青海总队机动二支队

【概况】 2021年，武警青海总队机动二支队党委围绕建党百年安全稳定主线，贯彻落实武警部队、总队党委工作部署，抓教育聚力量，抓练兵强素质，抓基层打基础，抓安全保稳定，完成各项任务。支队迈进总队第一方阵，一级达标成果深化巩固，部队建设全面提升。支队党委班子民主测评满意率达100%。

【思想政治建设】 支队坚持用习近平强军思想统领发展、贯注部队，刚性落实党委中心组理论学习制度，常委带头宣讲中共十九届六中全会精神，统筹推进主题教育和党史学习教育，严抓教育“四落实”，开设士兵大讲堂，2人获评总队十佳“四会”政治教员。举办首届“钢铁之星”颁奖晚会、党史知识竞赛等活动，立起“六个钢铁品牌”，打造6个“一队一品”精品，腰鼓队被总队评为优质节目并推荐上报武警部队。支队训练镜头登上央视《新闻联播》，《战旗》《高原枪王巅峰对决》2部纪录片在央视播发，1人被总队表彰为“新闻舆论工作先进个人”，2人获评总队“践行强军目标先进个人”，2人分别被总队表彰为优秀党务工作者、优秀共产党员。

【战备力量建设】 支队紧盯建党百年大庆安保，2次组织誓师动员大会，专题研究形势、部署任务，开展首长机关战术作业和部（分）队专攻精练。“5·22”果洛玛多地震，支队连夜开设指挥部，多方侦搜现场灾情，确定机动路线，2小时内完成紧急驰援准备。

【实战化军事训练】 支队狠抓军事训练，组织开展“军事课目创（破）纪录比武”，23名优秀个人受到表彰，4人打破支队单项纪录；工兵等中队49人参加集训；遴选28人参加总队预特集训，20人参加全军联训。依托教导队分10批次组织基层干部骨干教练员集训，加强各类骨干力量建设，实战化训练基础不断夯实。支队被总队表彰为“教练员优胜单位”，8个大队和中队被总队评为“军事训练一级单位”，4名个人被总队评为优秀教练员，2人并列获总队刺杀比武第一名。

【部队安全管理】 支队以争创“六无”先进单位活动为抓手，开展暑期百日安全竞赛、保密工作“三清”和安全领域“八个过一遍”活动，推进酒驾醉驾、枪弹危爆品清查专项整治。分层组织思想骨干、心理骨干和安全员培训，先后组织10次安全形势分析会，8次安全教育辅导，12次观看警示教育片，4次组织全员心理测查，对32名心理疾患官兵进行疏导治疗。投入19万元加装营区监控系统，抓安创安氛围进一步浓厚。支队被武警部队表彰为“六无”单位、“百日安全竞赛活动”优胜单位。

【后勤综合保障】 支队修订完善后勤各类保障预案，常态抓好战勤编组训练和每月司务长集体办公。落实驾驶员复训和军械员、炊事员、卫生员集训，提升后勤队伍素质。推进采购管理监督检查、资产大清查活动，为所有车辆安装ETC，全年累计出动车辆2200余台次，20余人获评总队“红旗驾驶员”。投入20余万元补充防疫物资，组织全员接种新冠疫苗、核酸检测。坚持医疗为兵服务，开通应急救助通道，累计转诊病号317人，开展医疗巡诊14次，为部分官兵和家属进行健康体检，有效提升官兵幸福指数。

【军地共建】 支队投入12万余元，做好巩固脱贫攻坚成果同乡村振兴有效衔接工作，扶贫扶志，建强帮扶村基层党组织，建好党史学习室、党建活动中心；扶贫扶智，主动援建力吉寄宿制学校，资助困难学生，建起“武警爱民校”，展现军民团结、为民爱民的担当与情怀。

（撰稿人：谭宪法、蒲伟）

中国人民解放军31668部队63分队

【概况】 2021年，中国人民解放军31668部队63分队以安全稳定大局为目标，大抓练兵备战、思想政治工作、正规化管理，立足依法依规抓建、全面抓建、自主抓建，稳控工作节奏，把牢官兵思想，分队按纲抓建全面进步，稳步向前。年内完成年度野外驻训、军马放青、草山巡逻工作；完成野外长途拉练、驻地周边环境勘察以及草山巡逻工作。

【分队思想政治教育】 分队聚焦党史学习教育和主题教育，开展日常思想政治教育，以铸魂育人为目标，以抓实基础学习和配合活动为途径，依托传统模式、新型载体、创新机制，确保时间充分、人员齐全、条件完备，重点和常态相结合，有效推动思想政治教育工作，锻炼官兵政治能力。

【练兵备战】 分队在总结经验的基础上，重点突出武器装备、物资器材的日常战备规范管理，明确平战两种状态下的管理责任、管理要求，形成一套符合分队特点的临机演练流程，确保静态管得严，动态用得好。区分动静两种战备状态，针对动散人员情况特点，逐步形成分队战备规矩。静态时，确保战备值班不掉线，随时保持应答状态；动态时，确保人员车辆装备、物资器材不掉队，时刻保持完备状态，做到每个岗位都有2~3人补缺，每个环节都有专人负责，官兵战备养成渐次提高。从抓个人战备物资准备情况入手，培塑官兵战备意识养成，以教育引导、点验抽查、实践检验等方式，解决存在的问题。用“笨办法”解决战备工作方面官兵存在的思想问题，强化官兵战备意识。

【应急应战】 分队吸收特战化集训经验做法，在分队开展特战化训练，区分军官士官、义务兵两个层次，军官士官抓技能、义务兵抓体能，天天有计划、周周有目标、月月有考核，提升整体军事素养。新兵下连后，分队进一步规范并开展新训工作，严格按纲施训，补齐漏训弱训课目，骑、步两方面课目技能做到全分队普及掌握。开训后，分队选拔士官开展“五会”教学法集训工作，组织分队士官对大纲所要求的各个科目进行备课试教，科科有课件、门门有教案，并通过“五小”活动开展促进分队训练骨干教学技能提升。利用野外驻训以及军马放青时机，完成分队紧急出动、武装威慑巡逻、处置突发情况等训练课题，提高分队应急能力。

【分队后勤保障】 分队落实后勤保障工作，提升伙食精细化管理，不断提高伙食标准质量，受到各级领导表扬。提升军马饲养管理精细化水平，提高官兵爱马、护马意识。强化武器车辆装备管理精细化，提升人员爱装管装意识。

（撰稿人：徐梁健）

经济管理

宏观经济调控

【概况】 2021年，黄南州地区生产总值110.45亿元，按可比价计算同比增长1.2%，增速全省排名第8，其中第一产业30.83亿元，同比增长4.6，增速全省排名第2；第二产业增加值25.73亿元，同比下降10.9%，增速全省排名第8；第三产业增加值53.89亿元，同比增长5.6%，全省排第5。全州500万元以上固定资产投资同比增长7.2%；地方财政公共预算收入4.86亿元，同比增长2.41%；全州社会消费品零售总额15.63亿元，同比增长2.3%；全体居民人均可支配收入19992元，同比增长9.1%。

2021年黄南州国民经济和社会发展计划及执行情况表

表9

项目		计算单位	年初计划（%）	实际完成	同比增减（±%）
地区生产总值（现价）		亿元	6	110.45	1.2
生产总值	第一产业	亿元	4.6	30.83	4.6
	第二产业	亿元	6.9	25.73	-10.9
	第三产业	亿元	7	53.89	5.6
规模以上工业增加值		亿元	6.1	14.25	-11.6
全社会固定资产投资		亿元	6.5	74.72	7.2
社会消费品零售总额		亿元	7	15.63	7.8
地方财政收入		亿元	5	4.86	2.41
全体居民人均可支配收入		元	6.5	19992	9.1
城镇居民人均可支配收入		元	6	37093	5.9
农村常住居民人均可支配收入		元	7	11679	9.1
居民消费品价格指数		%	省定目标内		1.3
粮食总产量		万吨	稳定在3万吨	3.15	
旅游业总收入		亿元	10	26.74	3.33

【黄南州“十四五”规划】 州政府于2019年5月启动“十四五”规划编制工作，累计召开10余次推进会、座谈会、专家咨询论证会和政府常务会等，进行13轮意见征求，相继完成16项基本思路研究、29个前期调研课题和有机畜牧业发展、文化旅游融合发展2个省定重大课题研究。2021年2月23日，州政府第46次常务会议研究通过《黄南州国民经济和社会发展第十四个五年

2021年4月25日，黄南州“十四五”产业发展规划评审会在西宁召开

规划和二〇三五年远景目标纲要（草案）》（简称《纲要》）。3月2日，十二届州委第133次常委会会议研究通过。3月12日，州第十五届人民代表大会第七次会议批准实施。全州编制完成州级重点专项规划23个，印发实施12个专项规划，谋划重大项目347项，总投资3168亿元，项目涵盖基础设施、能源、水利、新型城镇化、防灾减灾、生态环保、生态有机农牧业、文旅融合发展、乡村振兴、民生保障、对外开放等等领域。《纲要》总体分为三大板块，共14章、71节。

【重点项目建设】 落实经济运行调度服务和州级领导联系重点项目责任制和月分析、月调度、季通报制度，实施项目集中攻坚、联合攻关，围绕省、州两级重点项目，逐项攻关推动落实。全州重点项目45项，总投资455.41亿元，其中续建21项，总投资286.6亿元；新建11项，总投资11.72亿元；重大前期13项，总投资157.09亿元。全州各类新续建项目656项，总投资161.9亿元，已开复工538项，开复工率82%，实际完成投资74.72亿元。其中，新建项目255项（比2020年增加45项），总投资36.32亿元，开工率55.29%；续建项目401项，总投资125.58亿元，完工率60.24%。年内，黄南机场选址航行服务及空域使用通过审查，西成铁路黄南段甘青隧道完成年度建设任务，同赛高速同仁南至西卜沙段完成总工程量的98%。天然气入州项目同仁、尖扎门站主体工程完工，尖扎段12千米长输管道埋设完成。330千伏同仁输变电工程完成总量的60%。郭么日大桥、同仁北区地下综合管廊二期、李家峡水电站扩容等一批重大项目开工建设，浪加水库大坝完工，扎毛灌渠等项目加快建设，州体育中心、同仁城北新区第二污水处理厂、昂拉黄河大桥等项目前期工作进展顺利，瓜什则至大角满公路、马康公路竣工投用。

【政策资金支持】 抓住“一带一路”、黄河流域生态保护和高质量发展、新时代推进西部大开发形成新格局等国家重大战略机遇，通过衔接汇报，15个重大项目进入省级规划盘子。全州列入州级重点项目61项，总投资292.95亿元，天然气入州、黄南剧院和同仁市城市基础设施建设3项省级重点项目累计完成投资5亿元。争取中央预算内及省级投资154项，总投资23.27亿元，其中涉藏专项63项，总投资13.18亿元，占全省总资金盘子的1/4。落实前期经费2945万元，为历年最高。

2021年黄南州新建重点项目建设一览表

表10　　单位：万元

序号	项目名称	建设内容及建设规模	总投资	2021年计划完成投资额	2021年完成投资	责任地区/部门	详细进展
合计			117189	42099	14200	—	—
州本级			35859	11000	0	—	—
1	三江源生态保护和修复项目	天然林保护与营造林工程	25859	8000	0	州林业草原局	完成项目方案编制和批复、招投标工作
2	州藏医院中医特色重点医院建设项目	总建筑面积1.4万平方米，购置设备65台（套）及信息化建设	10000	3000	0	州卫生健康委	完成项目招标资格预审，11月20日进行正式招标，12月中旬完成招标并签订施工合同

续表10

序号	项目名称	建设内容及建设规模	总投资	2021年计划完成投资额	2021年完成投资	责任地区/部门	详细进展
同仁市			21067	5000	2500	—	—
1	城北新区防洪工程（沟道治理）	分别治理卓隆沟、向阳沟、郭么日沟，修建排洪渠3条	14217	3000	0	市政府	完成招投标
2	县城五期供热工程	总供热规模62.6万平方米及配套附属设施	6850	2000	2500	市政府	项目于2021年8月24日完成招投标，工程施工基础独立柱，基础回填完工
尖扎县			28595	6000	0	—	—
1	麦什扎黄河大桥引道工程	建设道路总长1.10千米及大桥建设	22595	5000	0	县政府	完成招投标工作
2	万头牛场建设项目	占地13.33公顷年出栏1万头优质肉牛及配套设施	6000	1000	0	县政府	完成招投标工作
泽库县			11370	6000	1200	—	—
1	泽曲镇迎宾大道环境整治工程	整治道路总长4.3千米及配套附属设施	3695	2000	1200	县政府	泽库县泽曲镇迎宾大道冬季停工
2	麦秀镇污水处理厂及管网工程	污水处理厂占地面积5000平方米，新建AAO生物池1座、终沉池1座、纤维转盘滤池1座	3875	2000	0	县政府	处于招投标阶段
3	和日镇污水处理厂及管网建设项目	总库容11.5万立方米，日处理垃圾16.17吨，占地2.9公顷	3800	2000	0	县政府	处于招投标阶段，待疫情结束后进行开标
河南县			20298	14099	10500	—	—
1	宁木特镇至黄河沿道路工程	新建三级公路25千米，路基宽8.5米，路面宽7.5米	4800	4800	4500	县政府	项目路基建设全部完成，铺装任务完成14千米，冬季施工暂停
2	人民医院整体搬迁项目	人民医院整体搬迁	15498	9299	6000	县政府	1. 医技住院综合楼完成主体建设，冬季停工。2. 后勤生活楼体混凝土浇筑施工完成30%，3. 传染病科楼主体完成，正在室内装修及设备安装。4. 制氧间主体完成，冬季停工

2021年黄南州续建重点项目建设一览表

表11

单位：万元

序号	项目名称	建设内容及建设规模	总投资	2021年计划完成投资额	截至2020年完成投资额	2021年完成投资	责任地区/部门	详细进展
合计			2686043	493190	394833	238705	—	—
州本级			2319544	373616	212179	142469	—	—
1	州职校建设项目	新建职业技术学校教学楼、实训楼、生活用房等及配套设施	45000	10000	25000	7000	州教育局	含24个子项目，已落实19个项目，落实资金3.7亿元，其中完工子工程14个、主体施工阶段子工程4个、前期工作阶段子工程1个。5项未落实项目缺口资金7000万元
2	黄南州、海南州七县天然气利用工程（一期）	建设管道总长173.58千米，新建门站4座	31000	10000		2383	州发展改革委	同仁段完成丈量9千米。尖扎段完成丈量32千米，并完成总长25.23千米征地补偿款发放。贵德段测量放线9千米。尖扎段长输管道工程下埋管道12千米。完成入库2383.5万元
3	黄南剧院（一期）建设项目	剧院建筑面积1.88万平方米及附属配套设施	30839	6000	6000	4500	州文体旅游广电局	该项目一期主体完工，落实资金1.31亿元，累计完成投资1.05亿元，进行室内装修
4	同赛高速公路建设项目	全长204.37千米，双向四车道高速公路	1850000	309400	150000	100000	州交通运输局	同仁南至西卜沙段于2017年11月先期开工建设，截至2021年底完成总工程量的98%。同仁北至同仁南过境段选线方案，正对接穿城高速桥型方案。同仁南至赛尔龙段先行临时用地手续正在办理
5	西成铁路黄南段	全长21.183千米，200千米/小时双线铁路	362705	38216	31179	28586	州发展改革委	1号、2号、3号、4号斜井分别完成设计数的26.5%、26.4%、33.4%、46.3%

续表11

序号	项目名称	建设内容及建设规模	总投资	2021年计划完成投资额	截至2020年完成投资额	2021年完成投资	责任地区/部门	详细进展
同仁市			224919	47387	125261	41294	—	—
1	城北新区二期综合管廊建设项目	二期综合管廊总长3.87千米	25000	5000	5000	5000	市政府	项目于2020年10月9日完成招投标，完成规划一路基坑开挖570米、边坡支护570米、管廊主体工程570米，规划四路基坑开挖350米、边坡支护350米，完成管廊主体200米
2	郭么日大桥建设项目	全长400米，宽23米，主桥为40米+160米	18053	8000	—	5781	市政府	2020年12月中标，至2021年11月3日完成动力水渠改建80米，灌注桩545米
3	文化广场海绵城市工程建设项目	新建文化广场一座及雨水回用系统等配套附属设施	5718	3000	—	3000	市政府	项目于2021年1月完成招投标工作，于4月开始实施。年内完成部分场地平整、土方开挖、管沟浇筑回填等工作
4	扎毛水库灌溉工程	主干渠24.53千米，设计总灌溉面积3593.33公顷，用水量1839万立方米	61261	2000	59261	2000	市政府	完成投资5.9亿元，开工11条隧道，累计开挖支护10.6千米，完成明渠6.8千米，排洪桥12座、排洪涵8座、车桥7座、跌水3座、分水闸30座、倒虹吸3座、陡坡4座、渡槽8座、管桥4座
5	浪加水库	总库容458万立方米及配套设施，设计年供水量767.8万立方米	20940	5940	15000	4000	市政府	完成投资23904元，完成主体水坝，完成滑坡体坡面治理和大坝上下游铺设工作
6	“隆务水岸”建设项目	占地面积6.67公顷，建筑面积25万平方米	87500	17000	46000	17000	市政府	主体完工，正在实施外墙保温等配套工程

续表11

序号	项目名称	建设内容及建设规模	总投资	2021年计划完成投资额	截至2020年完成投资额	2021年完成投资	责任地区/部门	详细进展
7	同仁唐卡艺术小镇	建设同仁唐卡艺术小镇道路及环境整治工程	6447	6447	0	4513	市政府	项目于2020年9月招标，因拆迁和土地问题，延误至2021年4月开始实施，至年底完成主路、巷道通畅工程管沟浇筑、管网敷设、土方回填等工作
尖扎县			49635	27842	9793	25842	—	—
1	县城北区城镇基础设施建设项目	市政道路建设及环境综合整治	5635	1842	3793	1842	县政府	规划路处于前期阶段，其余3条完工
2	县人民医院整体搬迁建设项目	总建筑面积12195平方米	13000	8000	3000	7000	县政府	完成7000万元，主体完工，处于内部装修阶段
3	坎布拉运动休闲特色小镇	建设坎布拉运动休闲特色小镇配套设施、生态治理及环境整治工程	13000	5000	2000	4000	县政府	支付6000万元，第一批中射箭馆和攀岩馆主体完工，处于内部装修阶段，其余完工；第二批污水管网完工，运动小镇孵化基地开工，其余主体完工
4	五位一体大型环保节能建材+绿色装配式建筑基地项目	建设环保厂房及建筑废料加工生产线及附属设施	18000	13000	1000	13000	县政府	完成总投资1.2亿元，主体完工，处于厂房建设阶段
泽库县			51045	26045	25000	22100	—	—
1	国家级现代农业产业园	建设国家级现代农业产业园区	28400	8400	20000	8400	县政府	已完工
2	王家乡城镇基础设施建设项目	建设道路、供水管网、环境整治等	5495	3495	2000	1700	县政府	完小公路完工，停车场正在建设水文层，广场建设处于基础施工阶段
3	2020年城镇基础设施建设项目	市政道路、供热设施等相关附属配套设施	17150	14150	3000	12000	县政府	—

续表11

序号	项目名称	建设内容及建设规模	总投资	2021年计划完成投资额	截至2020年完成投资额	2021年完成投资	责任地区/部门	详细进展
河南县			40900	18300	22600	7000	—	—
1	宁木特镇特色小街建设项目	道路由10米拓宽至20米，新建15840平方米各类配套设施	8200	4100	4100	2000	县政府	完成56户拆迁工作（正在衔接拆迁29户），主体浇筑1185平方米，基础浇筑2019平方米
2	商业步行街及察罕丹津大街风貌改造项目	建设商住楼面积约18278平方米、察罕丹津大街风貌改造21889平方米及配套设施	26500	10000	16500	2000	县政府	完成商铺主体及配套基础设施，正安装消防设备
3	宁木特美丽城镇	美丽城镇基础设施及配套设施建设	6200	4200	2000	3000	县政府	宁木特镇滨河路、藏阿柔路，河南县广场（应急避难场所）、宁木特镇环境综合整治完工

【农牧经济】 农牧业稳产增收，第一产业实现增加值30.83亿元，同比增长4.6%。经济作物播种面积分别达到7666.67公顷和933.33公顷，粮食总产量3.15万吨、油料0.72万吨、蔬菜1.6万吨，同比分别增长3.96%、17.25%和5.46%。新建高标准农田666.67公顷，耕地“非农化”“非粮化”治理和乱占耕地清查整治有效。农村常住居民人均可支配收入11679元，同比增长9.1%。实施农牧民居住条件改善工程4293户，新改建农村公路200千米，开通交邮融合线路8条，169个行政村通公交车。农牧业提质增效，在全省率先实现天然草场、牲畜有机认证和牦牛藏羊原产地质量追溯全域覆盖，“泽库羊”入列国家畜禽遗传资源名录和全国十大优异畜禽遗传资源。新增绿色食品认证产品42个。泽库县入选全国牦牛全产业链典型县，河南县获评国家级农业科技园示范区和国家农业现代化示范区。推广“拉格日”模式生态畜牧业合作社87家，国家级示范社4家、省级示范社52家、省级示范家庭牧场114家，推广培育国家地标产品、有机产品、绿色食品分别占全省总量的24%、23.4%和8.1%。

【生态文明建设】 编制印发《黄南州“十四五”生态文明建设规划》《黄河黄南流域生态保护和高质量发展规划》，落实总投资2.59亿元的重点区域生态保护和修复专项4项。推行“林草长制”，黄南州获第五批国家生态文明建设示范区称号，河南县被评为国家级“两山”实践创新基地。治理退化草原46933.33公顷，完成国土绿化33266.67公顷、超出省定任务13133.33公顷。污染防治攻坚战成效显著，全州空气质量优良天数比例达99.6%；制定印发《黄南州水资源保护条例》，黄河出境断面水质保持在Ⅱ类，集中式饮用水水源地水质优良率达100%。完成多哇、拉依沟、多确壳等废弃金矿恢复治理和农用地土壤污染状况详查工作，土壤生态环境总体安全可控。强化污水处理设施排查治理，推行生活垃圾分类处置，城镇污水和生活垃圾无害化处理率分别达到86.3%、97.2%。新建城市污水垃圾处理设施项目2个，建成乡镇污水垃圾处理设施项目6个。州医疗废弃物提标升级项目基本完工，四市（县）医疗废弃物处理暂存库开工建设，全州医疗废弃物全五类处理。

【新能源建设】 编制完成《黄南州“十四五”清洁能源规划》《黄南州生态牧光储一体化新能源规划》，开展新能源园区规划和输出规划，精心谋划水电、光伏、风能等互为补充的清洁能源产业布局，屋顶分布式光伏示范县项目和一批牧光互补发电项目加快实施，备案清洁能源发电项目7个，总投资约59.6亿元，全州清洁能源发电总装机容量达到236万千瓦。尖扎30兆瓦分散式风电项目并网发电，新能源项目建设开局良好，完成投资11.13亿元，以15%的比重支撑2021年固定资产投资，清洁能源产业成为助推新旧动能转换、加快绿色发展的强大引擎。严格能耗消费总量和强度“双控”，坚决遏制“两高”项目。推进风电光伏项目、天然气入州等清洁能源项目建设。因地制宜推进清洁取暖、绿色建筑和绿色交通，稳步提升可再生能源消纳比重。

【民生建设】 州级及同仁市创业孵化基地正式运营，孵化初创企业43家。全州城镇新增就业1636人，城镇失业登记率控制在1.6%以内；高校毕业生就业894人，总体就业率达92%；农牧区劳动力转移就业21709人，实现劳务收入2.96亿元。全年公共财政用于民生支出占比达81.6%，发放各类社会救助资金3.78亿元，年初承诺的10个大类28项民生实事工程全部兑现。不断加大粮食仓储基础设施投入，夯实粮食安全基础。落实促增收各项政策措施，公共服务均衡发展，投资2.27亿元实施教育项目62项，新改建幼儿园16所，州职业技术学校整体搬迁项目全面建成。全州99所中小学校规范使用统编“三科”（法治、语文、历史）教材，182所幼儿园如期实现通用语言保教全覆盖。探索试行“托管式”教育援青新模式，义务教育“双减”政策全面落实。开展全民科学素质行动，建立科普教育基地3个。推进卫生健康体系建设和深化医改重点工作，投资1.67亿元实施州藏医院整体搬迁二期、市县医院感染性疾病区、P2（生物安全等级2级）实验室等各类卫生项目6项。县域紧密型医疗共同体建设实现全覆盖，乡镇卫生院、村级卫生室蒙藏医药服务普及率分别达到95%和80%。“四馆一院一中心”等项目建设进展顺利。政府债务化解工作有序推进，银行不良贷款实现“量率双降”。《黄南藏族自治州自治条例》《黄南州犬只管理办法》印发施行，《黄南州城乡社区治理条例》立法进程加快。扫黑除恶斗争进入常态化，社会治安群众满意度达96.4%。国家和省信访局交办的重复信访事项和信访积案全部化解，矛盾纠纷化解率达97.5%。实施“民族团结进步+”融合发展行动，同仁市成功创建全国民族团结进步示范区。编制完成“1+41”应急预案体系，安全生产形势稳定向好。

【信用体系建设】 加快推进社会信用体系建设，建立“一网站一平台［青海信用（黄南）网站、公共信用信息共享平台］”。及时调整全州社会信用体系建设领导小组，成员单位扩充至45家。全州公共信用信息共享平台实现省、州、县、乡（镇）四级互联互通，全年累计归集各类信用数据12.17万条，累计发布各类信用信息1549条。构建“司法诚信—诉讼诚信—社会诚信”三位一体的社会诚信建设体系，61人被纳入失信被执行人名单。推

2021年7月18日，黄南州开展《青海省公共信用信息条例》培训会

2021年5月20日，天津援青总领队、副州长宋建（左三）查看天津援青项目

进“凡办必查”，在评优评选、公务员选拔、工作调动、教师资格审查等领域提供全省统一的信用查询报告，为评选评优提供参考依据。全年进行54个法人单位，2373人的信用状况查询初步建立以信用为基础的新型监管机制，累计公示1.23万条行政许可及行政处罚信息。深化“放管服”改革，完成175项改革任务，取消下放行政审批事项11项。政府投资项目全面实现线上审批。全州153家项目法人单位通过在线平台申报项目718个，总投资86.76亿元。“青信融”平台与全省同步推行，申请贷款61笔，总授信金额2783万元。在国家公共信用信息中心公布的全国地级（地州盟共40家）信用排名19位，较2020年度提升3位，位列全省第二。

【对口援建】 全年投入天津市对口支援资金1.37亿元，其中计划内8800万元、计划外各类资金4900万元，实施5大类21个项目，资金到位率100%。央企华能集团和中石化全年投入帮扶资金3356.68万元，实施人才、党建、产业、助学等各类助推乡村振兴项目18项。累计引入各类援青干部人才151人次，在“青洽会”期间，依托第二届人才项目洽谈会平台，引进绿色产业研究院等20个人才项目、90名高层次专家人才。实施“组团式”医教帮扶行动，实施“雏鹰计划”，投入援青资金500万元为全州基层招聘培训各方面专技人才超百人。探索“组团式”支教新模式，在天津开办“黄南班”的基础上，援派28名教师团队在黄南州中学和州民族中学同时开办3个“天津班”，招生150人。推动黄南州职校与天津农学院、天津渤海职业技术学院、天津海运职业技术学院、天津电子信息职业技术学院签订协议，研究制定《黄南州职业教育发展规划》。年内投入援青资金300万元，储备“三交”（交往、交流、交融）活动项目51项，组织实施24项。年内两地党政代表团和考察调研组开展各领域考察互访、旅游推介等交流活动20余次，交流互访近200人次。9月，新一届党政主要领导带队组成党政代表团在天津考察，达成基础教育和职业教育帮扶合作协议、人才联盟共享共用协议和绿色有机农牧业发展人才技术合作支持框架协议。推动援受两地项目资金监管部门和项目主体“三方联动”，出台州级资金和项目管理办法，按照“简化前置审批，强化后续监管”原则，精简审批流程。

（撰稿人：王　强）

国有资产监督管理

【概况】 2021年，黄南州工业商务和信息化局与州政府国有资产监督管理委员会合署办公，实行一套工作机构、两个机关名称，工业科挂国有资产监督管理科牌子。截至2021年底，全州有国有独资、国有控股企业、企业化管理的事业单位10家，其中由州政府授权州国资委进行监管的企业4家、由州直各部门和四市（县）政府管理的企业6家。10家企业国有资产总额101152万元，负债总额为77415万元，实收资本19439万元，营业收入2183万元，利润总额负12.72万元，职工人数51人。

【国资监管】 完成2020年度州属10户国有企业资产统计年度报表工作，成立国有企业联合党支部，规范州政府授权国资委对政通发展集团公司、仁合投资公司、信源担保公司、州投资公司等企业的有效监管，明确监管主体、理顺监管体系，有效防止国有资产流失。加大投融资平台管理，解决州信源融资担保公司资质问题，全年发放担保贷款17笔2040万元。

【国企退休人员社会化管理】 按照省国有企业退休人员社会化管理的指导意见精神，印发《黄南州国有企业退休人员社会化管理工作方案》，进一步明确主要任务、职责分工和步骤要求。截至2021年初，实现集中移交国有企业退休人员67人、协议签订率100%（其中，完成党员接收5人、完成率100%；管理服务移交67人，完成率100%）。2021年起，全州国有企业社会化管理移交工作进入常态化。

【全民所有制改革】 开展全民所有制企业公司改革工作调查摸底工作，经排查，全州4户粮食企业为全民所有制企业，资产总额6246万元，负债总额4488万元，实收资本656万元，营业收入544万元。按照“谁管理谁负责”原则，要求通过公司制改革达到有效制衡公司法人治理结构，推进灵活高效的市场化经营机制，实现激发国有企业活力和动力的总体目标。年内4户粮食企业完成公司制改革任务，涉及资金644万元，职工21人，明确产权结构、债权债务等内容，确保国有资产保值增值职责落实到位。

【混合所有制改革】 推进州政通发展集团公司混合所有制改革工作，由州政通集团出资1458万元，收购原河南县绿草源食品公司和青海和君商贸公司的54%股份，新成立青海三江牧场公司；由州政通发展集团公司出资510万元，占股51%，成立青海伊牧农牧科技公司，实现在国有资本绝对控股下，推进企业发展的良性运作。

【完善现代企业制度】 加强国有企业董事会、监事会建设，严把国有企业董事会、监事会组成人员选派关口，特别是加强对干部兼任国有企业职务的报备和审批，健全企业法人治理结构。按照“市场化选聘、契约化管理、差异化薪酬、市场化退出”原则，加快建立职业经理人等制度。年内完成对州政通集团公司和州信源融资担保公司2名职业经理人的选任，公开选聘企业员工5人，选任职业经理人2人，选派公司董事2人。

【国企党建】 坚持党对国有企业的领导，发挥国有企业党组织总揽全局作用，做好“把方向、管大局、保落实”工作。州政通发展集团公司和州仁合投资公司成立国有企业联合党支部，填补黄南州国有企业党组织建设的空白。

（撰稿人：周 毛）

自然资源管理

【概况】 2021年，根据第三次国土调查成果，按照地类统计，耕地面积21596.23公顷、园地面积401.93公顷、林地面积94.98万公顷、草地面积1229075.64公顷、湿地面积60136.8公顷、城镇村及工矿用地8283.33公顷、交通运输用地7461.7公顷、水域及水利设施用地14375.43公顷、其他29310.09公顷。全年全州供应土地13宗，面积33.61公顷，实现总价款0.25亿元，其中招牌挂出让10宗，面积6.12公顷，招牌挂出让面积占总供应土地面积的18.21%。

2021年全州土地利用现状分类情况表

表12 单位：公顷

类型	合计	同仁市	尖扎县	泽库县	河南县
耕地	21596.23	8623.28	5717.34	7255.61	0.00
园地	401.93	160.29	241.64	0.00	0.00

续表12

类型	合计	同仁市	尖扎县	泽库县	河南县
林地	452004.69	109605.37	56047.56	103913.41	182438.35
草地	1229075.64	188237.20	83025.73	507343.79	450468.92
#草地中后备耕地	595.26	228.07	351.90	15.29	0.00
湿地	60136.80	1974.45	934.23	37675.99	19552.13
城镇村及工矿用地	8283.33	3051.10	2349.88	1775.70	1106.65
交通运输用地	7461.70	1569.93	964.16	2372.25	2555.36
水域及水利设施用地	14375.43	1917.88	2778.83	5663.31	4015.41
#土地中后备耕地	416.16	163.17	13.01	239.99	0.00
合计	1793335.75	315139.5	152059.37	666000.06	660136.82

【矿产资源管理】 编制完成州、县“十四五”矿产资源规划初稿，进一步整合优化采矿权，将全州砂石矿采矿权控制在19个以内，推进绿色矿山建设进程。截至年底，全州有矿山企业26家，征收采矿权出让收益金4198.49万元。

【土地执法监察】 截至2021年底，黄南州通过卫片图斑和巡查检查发现并立案查处违法用地87宗，面积76.47公顷，涉及耕地面积10.63公顷。其中已结案53宗，收缴罚款469.12万元，落实党政纪处分1人。拆除3宗，退回土地1宗，面积0.38公顷，恢复土地面积0.38公顷。

【不动产登记】 有序推进城乡不动产登记发证工作，全州累计发放城乡不动产权证书69048本、不动产登记证明2500份，其中农村宅基地发证32225本，发证率100%，完成全州7374户易地搬迁安置户发证工作。完成5个问题小区372户不动产历史遗留问题处置工作，建成不动产登记州内“异地通办”和黄南州自然资源微信公众号暨便民平台系统。

【国土空间布局规划】 有序推进国土空间总体规划编制工作，对接省厅完成黄南州“双评价”、生态保护红线调整划定方案，上报和提交《黄南州城镇开发边界划定报告》初步成果，统筹推进永久基本农田整改补足工作，实现“三条控制线”不交叉、不重叠、不冲突。研究确定黄南州国土空间规划9个重大研究专题内容，全部通过州级专家咨询委员会论证审议；完成《黄南州国土空间总体规划（2021—2035年）》初稿，征求州委、州政府主要领导意见。

【耕地保护】 强化耕地保护工作，层层签订《耕地保护目标责任书》，将耕地保有量和基本农田保护任务分解到各市（县），压实政府耕地保护责任。完成全州耕地“非农化”问题图斑摸排和梳理上报工作。完成1个土地开发（占补平衡）和1个高标准基本农田整理项目竣工验收工作。指导完成G0611张掖至汶川

2021年4月22日，多禾茂乡易地搬迁集中安置点不动产权证集中发放仪式现场

高速同仁至赛尔龙段（青甘界）公路工程涉及同仁市土地用途调整方案暨永久基本农田补划工作，并完成该工程项目征地493.41公顷（其中同仁92.37公顷、河南401.04公顷）。研究部署2021年耕地保护督察暨卫片执法工作，加快推进黄南州耕地保护督察和历年例行督察反馈问题整改工作。

【用途管制】 支持乡村振兴事业发展，完成全州2018年度跨省域增减挂钩项目拆旧复垦省级验收和部级核查工作，完成2019年度跨省域增减挂钩项目州级外业核查。完成尖扎县20兆瓦、30兆瓦并网光伏发电建设工程和青海省黄南昂拉110千伏输变电新建工程项目规划指标落实方案和报审工作。审查上报国道310线尖扎至共和段公路工程牙什尕至阿什贡段（隧道群）建设项目及G0611张掖至汶川高速同仁至赛尔龙段（青甘界）段公路工程申请先行用地报件。完成同仁市“抓乡促村”提标升级示范工程等13个建设项目的用地预审工作。完成尖扎县2个土地开发（占补平衡）项目可行性研究报告、规划设计报告州级咨询论证工作并报省级论证。根据《西宁至成都铁路（青海段）建设项目征地拆迁补偿资金管理办法》，初步审核上报西宁至成都铁路尖扎段、同仁段共计5495万元征地补偿款。督促相关市（县）局开展黄南州海南州七县天然气利用工程（一期）、G0611张掖至汶川高速同仁至赛尔龙段（青甘界）段公路工程等项目征地拆迁和用地报批工作。完成4个市（县）6个批次的城镇建设用地审查及同仁330千伏输变电工程等项目用地报件审查上报工作。

【地灾防治】 完成同仁、尖扎、泽库、河南四市（县）2020年度黄河流域4个历史遗留矿山治理项目和尖扎县能科乡下扎村滑坡监测预警示范项目建设和验收，完成同仁市河东新村不稳定斜坡、扎毛乡色龙沟泥石流灾害防治项目主体工程。完成同仁市91户地质灾害威胁群众搬迁避让工作。

2021年9月29日，黄南州召开西成铁路建设项目征地拆迁评估工作问题研讨会

【闲置用地消化】 落实“增存挂钩”政策，在梳理和分析的基础上，指导各市（县）自然资源局强力推进化解处置工作，完成14宗闲置用地消化工作，处置面积5.24公顷；完成4宗批而未供处置，供地面积1.86公顷，完成年度“增存挂钩”处置任务。年内出让10宗土地，总面积6.12公顷，成交价款2502.01万元。启动全民所有自然资源资产清查和全民所有自然资源资产产权所有权委托代理机制两个省级试点工作并完成年度阶段性任务。

【土地卫片执法】 2021年度卫片执法工作中完成451个疑似违法图斑的核查，判定违法用地问题项目55个，完成整治18宗。研究部署2021年耕地保护督察反馈问题整改工作及卫片执法工作，完成2019年、2020年土地例行督察反馈黄南州22个问题中的17个整改任务，其余5个重点交通项目正在督促进行用地报批。严厉查处整治历年存量未批先建问题，共查处2018年以来未批先建问题项目302个，收缴罚没款2503万元。抓好黄河及其流域重点湖泊沿线自然资源专项执法，排查整治历年存量违法占地和采矿问题，共排查违法违规案件232宗，对超期整治不到位的问题进行督导。

（撰稿人：索南东智）

财　政

2021年1月27日，全州财政重点工作推进会召开

【概况】　2021年，黄南州一般公共预算总收入1157194万元。其中，地方一般公共预算收入48573万元，同比增长2.41%；上级补助收入1011929万元，同比减少69956万元，下降6.5%；一般债务收入74708万元；上年结转11531万元；动用预算稳定调节基金10219万元；调入国有资本经营预算资金60万元；其他173万元。全州一般公共预算总支出1157194万元，同比减少108399万元，下降8.74%。其中，地方一般公共预算支出1101115万元，同比减少94012万元，下降7.86%，预算执行率为95.16%；债务还本支出5386万元；安排预算稳定调节基金8281万元；上解支出17753万元；结转下年支出24655万元。受藏区专项、文化旅游专项、农林水类专项、交通运输类专项、抗疫特别国债、专项债券等资金同比减少，以及特殊性转移支付、传统村落保护补助资金等一次性因素影响，全州总财力、总支出较2020年均有所下降。

2021年本级地方一般公共预算收入完成10393万元，同比增长12.55%。本级地方一般公共预算支出完成175920万元，同比下降10.69%。2021年本级结转下年支出4088万元。

2021年市（县）级财政地方一般公共预算收入38180万元，同比下降0.4%。地方一般公共预算支出完成925195万元，同比下降7.4%。其中，同仁市财政收入完成11898万元，同比增长5.26%，财政支出完成284952万元，同比下降13.29%；尖扎县财政收入完成18983万元，同比下降0.53%，财政支出完成252267万元，同比下降5.16%；泽库县财政收入完成3048万元，同比下降21.95%，财政支出完成220127万元，同比下降1.43%；河南县财政收入完成4251万元，同比增长8.92%，财政支出完成167849万元，同比下降12.38%。

2021年黄南州地方财政收支情况表

表13

序号	项目	收入额（万元）	同比增长（%）	序号	项目	支出额（万元）	同比增长（%）
1	增值税	17439	-12.1	1	一般公共服务	99102	-3.3
2	营业税	—	—	2	公共安全	41078	3.8
3	企业所得税	2205	8.9	3	教育	132947	1.7
4	个人所得税	2242	50.6	4	科学技术	1017	-51.9
5	资源税	311	119	5	文化体育与传媒	26660	-30
6	城市维护建设税	1811	-7	6	社会保障和就业	165463	3.2
7	房产税	892	-19.3	7	卫生健康	92586	7.6
8	印花税	302	10.6	8	节能环保	80071	12.7

续表13

序号	项目	收入额（万元）	同比增长（%）	序号	项目	支出额（万元）	同比增长（%）
9	城镇土地使用税	335	-10.2	9	城乡社区事务	110205	-26
10	土地增值税	461	153.3	10	农林水事务	258691	-5.9
11	车船税	1210	15.7	11	交通运输	26986	-63.5
12	耕地占用税	1286	552.8	12	资源勘探工业信息支出	1061	-32.4
13	契税	735	17.9	13	其他支出	14598	68.4
14	国有资本经营收入	—	—				
15	行政性收费收入	1823	26.2				
16	罚没收入	4092	93.6				
17	国有资源（资产）有偿使用收入	6005	-30.8				
18	专项收入	3510	55.9				
19	其他收入	122	-80.9				

【财政监管】 围绕“当家理财，把关为要，小财严管，防范风险”要求，在财政资金使用监管上持续发力，重点记述当年全州财政监管工作的思路、措施、成效等。树立“以查促管”“内外兼顾”理念，协同相关单位建立联合监管机制，实行问题台账销号管理。制定印发《全州开展严肃财经纪律专项检查工作实施方案》，围绕重大财税政策落实、会计信息与执业质量、债券资金、重点项目资金使用情况、预决算公开等方面，组织全州374个预算单位，自查2019年度、2020年度重点专项资金使用管理情况，查出问题37条，涉及金额6201.14万元。重点抽查州、县16家预算单位，发现问题六大类13项，涉及资金3.4亿元，全部完成整改。

【财政改革】 继续推进分领域的州与县财政事权和支出责任划分改革工作。根据青海省人民政府《关于省以下财政事权和支出责任划分改革的实施意见》文件精神，制定医疗卫生、基本公共服务、生态环境、公共文化、外事、交通、国防等领域的改革方案。坚持以“技术替补人才不足”为切入点，开展“互联网+区块链+村级财务代理记账”智能平台核算模式，在尖扎县成功试点的基础上，全州3县223个行政村扩面推广，实现基层财务管理长足进步。

【政府性债务监管】 稳妥处置化解政府债务，通过年初预算安排、压缩一般性支出、盘活存量资金等多种方式筹措资金，超额完成化解政府债务的省定任务。严格在省财政核定的当年政府债务限额范围内举借政府债务。全年全州新增地方政府债券10.93亿元，其中一般债券6.97亿元、专项债券3.96亿元，重点实施州职校新校区建设、中医特色重点医院建设、李坎公路病害整治、州新闻传媒中心建设、农村环境综合整治、城北区连通工程、城区卫生公厕建设、浪加水库公路改线、国土绿化应急配水工程、医院急救中心业务用房建设及中小学幼儿园消防设施建设等59个多领域公益性项目。债券资金全部通过项目库进行申报、立项、审核和安排。

【涉农资金统筹整合】 争取中央财政衔接推进乡村振兴补助资金，完善财政涉农资金因素法分配方式，落实农产品全产业链支持措施，制定衔接推进乡村振兴补助资金管理办法等一系列保障措施，保持财政投入总体稳定，为推进乡村振兴奠定基础。全年中央和省级投入乡村振兴财政衔接资金7.35亿元；州、市（县）本级预算安排乡村振兴财政衔接补助到位资金0.43亿元，其中州本级0.13亿元、市（县）级安排0.3亿元。科学编制财政涉农资金统筹整合方案，全州纳入整合范围的资金总规模达1.33亿元。

截至年底，全州涉农资金总规模13.32亿元；计划整合资金规模7.85亿元，实际整合7.79亿元，完成支出资金规模6.57亿元。

【财政支持地方发展】 全年民生支出89.98亿元，占地方财政支出的81.64%，保持较高水平。

支持教育事业。落实资金13.29亿元，继续巩固完善城乡义务教育经费保障机制，落实城乡义务教育营养改善计划和民族地区特殊教育补助，支持薄弱学校改造、学前教育发展、农村牧区初中校舍改造、现代职业教育质量提升等项目。

支持卫生健康事业。落实资金9.26亿元，进一步深化县级公立医院改革，推进州级公立医院改革，提升医疗服务能力，落实药品“零差率”补助和重点学科建设。

支持社会保障事业。落实资金16.54亿元，重点支持就业创业、社会养老服务体系和综合防灾减灾能力建设，提高城乡居民社会养老保险基础养老金、医保筹资补助标准，按时足额发放城乡低保资金和孤儿基本生活补助。进一步统筹完善城乡社保体系，支持养老助残护理、社会救助、社会福利、慈善事业、优抚安置、农牧区留守儿童、妇女、残疾人关爱等项目。做好城乡医疗救助、计划生育、干部职工和老年人健康体检等工作，调整提高全州城乡居民基本医疗保险筹资标准，人均筹资标准统一提高至84元；调整提高最低生活保障标准，城市和农村每月分别提高至680元和423元。

保障文体旅游事业。落实资金2.66亿元，支持州新闻传媒中心、州博物馆及农村文化建设，实施文化旅游提升工程，加强公共文化服务体系建设，全年全州人均文化事业支出达到65.58元。

保障性住房和城乡社区建设。落实资金2.78亿元，支持城镇老旧住宅小区综合整治和农牧区居住条件改善等项目。落实资金11.18亿元，支持实施高原美丽城镇（乡村）、农牧区人居环境整治等工程。

支持经济产业发展。加大对重点项目投资力度，投入资金7.36亿元。年内用于“三农”资金18.79亿元。扶持现代农业发展，投入资金4.6亿元。落实资金8亿元，支持实施节能减排、污染治理等项目。

【财政绩效管理】 做实事前、事中、事后全过程绩效管理，实现州本级预算单位绩效目标管理、监控、自评全覆盖，并将考评结果与均衡性转移支付资金分配、部门预算项目支出限额挂钩，全年综合评定优秀单位14个、合格单位74个，不合格单位1个。兑现14个考核优秀单位奖补资金42万元，扣减1个考核不合格单位2021年公用经费1.73万元。全年纳入绩效目标管理项目12个，金额0.51亿元；对教育、公共安全、卫生等12个民生领域重点专项支出进行绩效评价，涉及资金0.51亿元。

【“三公”经费支出管理】 坚持量入为出、有保有压、厉行节约，优先保障“三保”支出、政府债券还本付息支出等刚性支出，压减非急需、非刚性支出。全年全州一般性支出压减15%、“三公”经费支出压减3%，州本级首次实现预算“零追加”。持续强化直达资金常态化监管，合理安排使用新增地方政府债券，督促加快支出进度，促进财政资金惠企利民、规范使用。全州直达资金规模达11.18亿元，形成实际支出10.22亿元，支出进度91.4%。全年完成“三公”经费0.29亿元，同比减少0.08亿元，其中州本级

2021年6月24日，州财政局在联点村宣讲《防范和处置非法集资条例》

完成0.07亿元、同仁市完成0.04亿元、尖扎县完成0.08亿元、泽库县完成0.05亿元、河南县完成0.05亿元。

【会计管理与培训】 构建“制度+技术”的预算管控机制，加快系统适配部署，加大培训力度，深化业务和技术对接，指导各市(县)、各部门做好基础信息采集、建立项目规范体系、开展系统配置等各项工作，预算管理一体化系统在1月1日成功上线运行。

【政府采购管理】 根据2020—2022年政府集中采购目录及限额标准及青海省财政厅关于进一步规范非公开招标采购方式管理有关事宜的通知精神，围绕全州经济建设大局，培育公开、公平、公正的竞争机制和市场环境，不断强化服务意识和诚信意识，做好行政事业单位的采购服务，明确采购目标任务。5月，全州范围招募第五批供应商91家，签订省级第五批协议258家；并对此次入围的商户中抽查检查20家。截至12月底，入驻供应商户349家，预算单位采购商品1753批次，完成采购交易资金15317.67万元。依据省政府要求各预算单位在贫困地区农副产品销售平台注册、预留份额、交易采购农副产品交易101条，交易额6.57万元。

（撰稿人：多吉恒茂）

税　务

【概况】 2021年，黄南州税务系统有干部职工358人。国家税务总局黄南藏族自治州税务局机关内设19个科室、4个派出机构、3个事业单位，下辖同仁市、尖扎县、泽库县、河南县税务局。担负着9706户纳税人（其中企业3140户、个体工商户5751户、其他纳税人815户）和30816自然人的税收征管，2838户缴费单位和27万缴费人的社保费征管。全年全州税务系统累计完成各项税费收入155537万元，同比增长5.15%，增收7624万元。其中，入库各项税收收入60140万元，同比增长0.57%，增收340万元；征收社保费收入89945万元，同比增长6.53%，增收5515万元；征收非税收入5452万元，同比增长48.03%，增收1769万元。

【税收收入】 分税种看，16个主体税种十增六减。全年消费税完成2355万元，同比增长2.84%，增收65万元；企业所得税完成5514万元，同比增长8.93%，增收452万元；个人所得税完成5624万元，同比增长51.02%，增收1900万元；资源税完成312万元，同比增长119.72%，增收170万元；印花税完成302万元，同比增长10.22%，增收28万元；土地增值税完成461万元，同比增长150.54%，增收277万元；车船税完成1209万元，同比增长15.58%，增收163万元；契税完成736万元，同比增长18.33%，增收114万元；耕地占用税完成1286万元，同比增长556.12%，增收1090万元；营业税欠税完成536万元，同比增长58倍，增收527万元。全年减收的税种分别为：增值税完成37032万元，同比下降9%，减收3661万元；城市维护建设税完成1811万元，同比下降7.03%，减收137万元；土地使用税完成335万元，同比下降10.43%，减收39万元；房产税完成892万元，同比下降19.35%，减收214万元；车辆购置税完成1698万元，同比下降18.37%，减收382万元；环保税完成37万元，同比下降26%，减收13万元。

分级次看，两级收入一增一减。全州累计入库中央级税收29520万元，同比下降1.59%，减收478万元；累计入库地方级税收30620万元，同比增长2.74%，增收818万元。其中，州、县级税收入库30632万元，同比增长16.63%，增收4367万元。

分产业看，三大产业两增一减。第一产业完成各项税款157万元，同比增长25.6%，增收32万元；第二产业完成各项税款37036万元，同比下降5.21%，减收2036万元；第三产业完成各项税款22947万元，同比增长11.38%，增收2344万元。

分重点行业看，支柱行业总体下行。电力行业完成23007万元，同比下降9.08%，减收2297

万元；商业完成5061万元，同比下降27.93%，减收1961万元；金融业完成4054万元，同比下降16.96%，减收828万元；建筑业完成12567万元，同比下降0.33%，减收41万元。

*分征收单位看，五个征收单位一增四减。*全年仅河南县实现增收，完成5314万元，同比增长83.12%，增收2412万元。减收的单位按下降比例从小到大分别为，泽库县3214万元，同比下降0.56%，减收18万元；尖扎县32695万元，同比下降2.87%，减收966万元；同仁市17219万元，同比下降3.94%，减收706万元；州局第二分局1698万元，同比下降18.37%，减收382万元。

2021年分税种税收收入情况表

表14

税收种类 \ 收入	本月收入				累计收入			
	收入额（万元）		同期增长额（万元）	同期增长（%）	收入额（万元）		同期增长额（万元）	同期增长（%）
	2021年	2020年			2021年	2020年		
税收合计	7865	6434	1431	22.24	60140	59800	340	0.57
1. 国内增值税	4104	4661	-557	-11.95	37032	40693	-3661	-9.00
2. 国内消费税	179	150	29	19.33	2355	2290	65	2.84
3. 营业税	0	0	0	100.00	536	9	527	5855.56
4. 企业所得税	60	44	16	36.36	5514	5062	452	8.93
5. 个人所得税	2608	434	2174	500.92	5624	3724	1900	51.02
6. 资源税	24	27	-3	-11.11	312	142	170	119.72
7. 城市维护建设税	211	215	-4	-1.86	1811	1948	-137	-7.03
8. 房产税	190	262	-72	-27.48	892	1106	-214	-19.35
9. 印花税	28	20	8	40.00	302	274	28	10.22
10. 城镇土地使用税	59	199	-140	-70.35	335	374	-39	-10.43
11. 土地增值税	63	38	25	65.79	461	184	277	150.54
12. 车船税	128	121	7	5.79	1209	1046	163	15.58
13. 车辆购置税	148	155	-7	-4.52	1698	2080	-382	-18.37
14. 契税	46	69	-23	-33.33	736	622	114	18.33
15. 耕地占用税	17	38	-21	—	1286	196	1090	556.12
16. 环境保护税	0	1	-1	-100.00	37	50	-13	-26.00

【税收征管】 主动向州委、州政府专题汇报税收工作开展情况，推动《关于进一步深化税收征管改革的意见》工作落实。与财政、公安、人行、市监、自然资源、工商联等20余个部门在非税业务划转、税警协作办案、税费信息共享、个税汇算补缴、社保缴费等方面形成长效协作机制，把税收治理念融入社会治理的诸多领域。落实《税务行政处罚“首违不罚”事项清单》，自4月1日起，356户次纳税人免予税务行政处罚。推进增值税专用发票电子化试点工作，累计49户纳税人核定增值税电子专用发票票种。推行银行柜面代征、手机微信缴费等多元化城乡居民“两险”缴费服务，通过多元化方式缴纳城乡“两险”居民达21.2万人次，通过网上申报缴纳社保费单位缴费人达694户，社保费网上缴纳率达99%以上。

【税务稽查】 持续加强和完善四部门联合打击虚开骗税合作机制，将打虚打骗工作从集中整治向常态化打击、精准化治理转变，保持高压态势，对不法分子形成震慑。全年完成稽查案件3起，查补税费

634.68万元。提升风险统筹管理能力，强化风险防控，实施税收风险差异化服务管理。全年完成风险任务应对1420户次，入库成效税款2796.89万元。

【减税降费】 严守组织收入原则，坚决不收“过头税费”，确保减税降费政策和制造业中小微企业延缓缴纳税费政策落实到位。先后召开12次支持疫情防控和经济社会发展税费优惠政策落实工作机制例会，研究解决政策落实中存在问题。开展“春雨润苗”活动，联合工商联走访45家小微企业，送政策、解疑问。组建“税收专家顾问团队”，召开“惠企政策解读”专题培训会6次，专题辅导2户“专精特新”中小企业税费优惠政策。1—11月，落实减税降费4315万元，其中减免税收1760万元、社保费2555万元。

【纳税服务】 联合银行等金融机构开展“银税互动”，联合工商联开展“春雨润苗”专项行动，解决纳税人“急难愁盼”问题39条。建立“一对一、点对点”的“税收管家”服务机制，为纳税人缴费人提供全流程、全过程涉税的“私人订制”服务。开展问需问计活动，召开税企座谈会15次，走访企业430余户。推行企业开办“一表集成”，开办时间压缩至1.5个工作日以内。推广“非接触式办税”，实现217项涉税缴费事项网上办，236项税务文书电子送达。第一时间召开专题会议研究部署，成立煤电保供制造业中小微企业延缓缴纳

2021年1月12日，州税务局举办专票电子化扩围税务Ukey视频培训会

税费专项工作协调机制，统筹推进政策落实。以线上线下相结合形式辅导中小微企业448户次，确保政策应知尽知。全年10户企业缓缴税费70.83万元。

【税收宣传】 4月，组织开展第30个税收宣传月活动，全州税务系统紧扣“税收惠民办实事深化改革开新局”主题，整合运用多种形式开展税收宣传，在宣传内容上找新点、在手段方式上谋新意、在平台合作上开新篇、在宣传质效上出新绩，将税费政策全面、精准、高效地推送给纳税人、缴费人。州税务局依托热贡文化广场电子显示屏及市（县）政务服务大厅，播放“2分钟了解政府工作报告有哪些涉税话语”“春风行动十大事实”等宣传短视频。与辖区移动公司通力合作，推出“来电秀”新功能拓展税收宣传路径。同仁市税务局党支部联合同仁市纪委、同仁农村商业银行股份有限公司等6个党支部，围绕“支部共建强党性优化服务开新局”主题开展

2021年4月17日，州税务局在州中学开展税收宣传进校园活动

党史和税收知识竞赛。尖扎县税务局组织红歌“快闪”，全体干部与群众共同唱响“唱支山歌给党听”，进一步提升税收宣传工作的影响力和覆盖面。会同尖扎县工信局及尖扎县电商平台等单位部门开展“税惠助农直播带货”网络直播，以实际行动扶企助农。泽库县税务局组建藏语汉语税宣小分队，走进“高原石刻第一村”和日村石雕行业、西部商贸有限公司等企业开展宣传辅导，把税收优惠政策讲明白、讲透彻，让石雕行业和企业纳税人尽享税收政策红利。活动期间，全州税务系统悬挂横幅7条，发放税收宣传资料600余份，“一对一”辅导2600余人次。

（撰稿人：刘泳宁）

审　计

【概况】　2021年，黄南州计划审计项目91项，完成82项，查出违规资金2538.37万元，管理不规范资金139021.17万元，应上缴财政资金4706.17万元；非金额计量问题398项；审计促进整改落实有关问题资金3880.19万元；提出审计建议304条；移交审计问题线索3项；向省厅地方党委、政府提交审计报告或调查报告112篇；报送审计专报9篇（其中州审计局上报公共租赁住房欠租、被征地农民社会保障、政府投资重点项目跟踪等3篇审计专报），被党政领导和上级审计机关批示、采纳4篇次（州审计局上报公共租赁住房欠租、被征地农民社会保障2篇被采纳）。全州审计机关均被授予州级文明单位荣誉称号。

【政策跟踪审计】　围绕涉企收费目录清单执行、行政审批中介服务收费情况、供水供暖环节收费情况等方面，开展第一、第三季度重大政策跟踪审计，查出公租房欠租、未及时上缴污水处理费和供暖费等13项问题，管理不规范资金257.54万元，应上缴财政资金54.1万元，促进问题整改10项，抽查63家单位和7家企业，提出7条审计建议。

【预算执行审计】　开展2020年度本级预算执行和其他财政收支审计，查出违规资金1466.83元，管理不规范资金13618.07万元，其中上缴财政3407.14元，非金额计量问题104条。审计13家部门和单位财政收支情况，查出扩大开支范围和报支手续不全、“三公”经费超预算等问题，查出违规资金3.75万元，管理不规范资金617.12万元，已上缴财政2.34万元，非金额计量问题64条。

【领导干部审计】　经济责任审计。完成43项领导干部经济责任审计工作，查出违规资金91.55万元，管理不规范资金15407.39万元，其中上缴财政16.07万元，非金额计量问题135条，尖扎县移送事项1项。

自然资源资产审计。以推动加快生态文明体制改革、贯彻落实《领导干部自然资源资产离任审计规定（试行）》为抓手，促进领导干部自然资源资产管理和环境保护责任为目标，聚焦统筹“山水林田湖草沙冰”治理为重点，首次对政府部门领导开展自然资源资产审计，助力全州践行生态保护优先理念、推动绿色高质量发展。全年开展自然资源审计5项，查出管理不规范资金21.42万元，其中上缴财政0.81万元，非金额计量问题36条。全州审计机关抽调18人次配合参加省审计厅、地方党委政府和纪检监察等部门开展在省、州委政府主要领导任期自然资源资产离任审计及整改工作。

【专项审计】　全州开展专项10项。其中，审计机关自行开展专项审计4项，查出违规资金392.14万元，管理不规范资金1421.11万元，上缴财政8.23万元，促进整改落实资金1020.41万元，非金额计量问题13项。通过购买第三方服务开展6项审计，查出管理不规范资金428.31万元，其中上缴财政11686.38万元，非金额计量问题61条；河南县移送事项2项。

【项目及投资审计】　保障房审计。利用3年时间，开展以推动惠民政策贯彻落实、促进保障和改善民生为目标，重点聚焦保障性安居工程政策落实、资金筹集管理使用、工程建设管理、住房分配管理等情况，整合全州审计力量，采取“上审下”“两统

2021年9月17日，黄南州审计学会成立暨第一届一次会员大会召开，并举行授牌仪式

筹”“混合编组”等方式，实现州本级及一市三县保障性安居工程审计项目的“全覆盖”。

竣工项目审计。同仁市通过政府采购第三方服务，开展5个竣工项目审计工作。涉及资金9040万元，查出违规资金47.06万元，管理不规范资金41万元，查出问题49项，其中非金额计量问题36项，提出审计建议49条。

政府投资审计。完成政府投资审计3项，总投资3408.08万元，送审金额1582.67万元，审定金额1489.7万元，审减金额92.97万元，审计主要查出问题25个，提出审计意见建议12条。

【审计重要会议】 9月17日，召开黄南州审计学会成立暨第一届一次会员大会。大会表决通过《黄南州审计学会章程（草案）》《黄南州审计学会选举办法（草案）》。选举产生黄南州审计学会首届理事会理事、监事会监事和会长、副会长、秘书长。州审计局、同仁市、尖扎县、泽库县分别召开第二次联席会议，河南县召开第二、三次联席会议，统筹做好经济责任审计工作，更好地发挥经济责任审计在干部监督管理中的重要作用。

【审计监督】 州审计局针对州本级44家二级预算单位部分未审计的实际，整合审计力量，对州就业局、州水土保持站进行财政收支审计，增强审计监督的广度和深度，促进二级预算单位权力规范运行和重大风险隐患防范，取得较好成效。

【审计问题整改】 实行整改事项“挂销号”动态管理，聚焦《2019年度州本级预算执行和其他财政收支审计工作报告》反映的六个方面85个问题，落实督查督办深入融合机制，整改审计发现问题。截至8月20日，整改到位的82个，基本整改需持续推进的3个，整改率达96.47%。促进加快建设项目实施进度4项，制定完善相关规章制度11项，诫勉谈话3人次。对审计署、省审计厅、州审计局审计发现黄南州的1807项问题，启动审计整改“双驱动”和“审计+督查”机制，推进整改，效果显著。

2021年黄南州审计机关主要审计指标情况表

表15

单位	审计项目（个）	违规资金（万元）	管理不规范资金（万元）	非金额计量问题（个）	应上缴财政（万元）	应归还原渠道（万元）	应调账处理（万元）	促进整改落实（万元）	已上缴财政（万元）	移送事项（个）
州审计局	17	204.31	6194.14	59	1455	2	69	1831.57	1057	0
同仁市	19	804.04	4096.98	121	804.04	0	0	398.32	398.32	0

续表15

单位	审计项目（个）	违规资金（万元）	管理不规范资金（万元）	非金额计量问题（个）	应上缴财政（万元）	应归还原渠道（万元）	应调账处理（万元）	促进整改落实（万元）	已上缴财政（万元）	移送事项（个）
尖扎县	19	1.14	1296.94	142	926.2	17.92	2.67	137.94	926.2	1
河南县	12	1520.30	17391.47	28	1516.9	3.38	0	1512.26	1508.87	2
泽库县	14	8.58	106147.75	48	4.03	0	0	0	4.03	0
合计	81	2538.37	135127.28	398	4706.17	23.3	74.67	3880.09	3894.42	3

（撰稿人：斗毛吉）

统　计

【概况】　2021年，黄南州统计系统严格执行国家和省统计局报表制度，顺利完成国民经济各行业、各领域20多项常规统计调查，精准核算2021年季度和2020年年度生产总值、全社会能耗。有序推进全国人口变动抽样调查。高质量完成绿色发展指标评价工作，2020年绿色发展年度评价位列全省第三；完成四县2019年绿色发展年度评价工作，发布《2019年黄南州各县绿色发展年度评价结果公报》《2020年黄南州一市三县绿色发展年度评价结果公报》，报州政府待批复后及时发布。完成妇女儿童、金融企业等统计监测工作。组织各市（县）统计局精干力量召开民营经济增加值核算培训会，试算全州民营经济增加值。完成《黄南州第七次全国人口普查公报（1—6号）》编撰和发布工作，被国务院第七次全国人口普查领导小组授予“第七次全国人口普查先进集体”荣誉称号。

【统计服务】　信息分析。在做精月度、季度经济形势分析基础上，加强专题分析研究，针对经济运行中热点、难点问题，以及全州重大决策部署落实过程中的苗头性、趋势性问题，撰写一批针对性较强、参考价值较高的专题报告。截至年底，向州委、州政府及有关部门报送《统计报告》17期、《统计信息》32篇、《调查与分析》6期、《统计工作简报》114期，其中多篇被州内多家媒体刊载引用。

信息服务。针对党委政府领导、相关部门、社会公众不同需求，提供个性化定制式信息服务。编印《2020年黄南州国民经济主要统计指标》《2020年黄南统计年鉴》《黄南州两会统计手册》，每

2021年2月4日，黄南州召开全州统计工作会议

季末编印《黄南州主要经济指标完成情况》《青海省各市州主要经济指标完成情况》等快报、手册；在黄南统计公众号、主流媒体等发布新闻稿，主动向主流媒体推送统计分析稿件，全面科学解读数据，热情回复社会公众咨询。

统计工作回报与沟通。主动汇报统计工作出现的新情况、新问题，加强沟通，促进业务提升。各专业在月度、季度、年度等数据上报节点主动向省统计局，州委、州政府及相关部门汇报、沟通、分析全州经济发展支撑因素、变化趋势、问题原因和工作难点，征求工作意见建议，促进工作顺利开展。

企业服务。进一步优化升级企业服务，开展送法进企业宣传活动，深入解读《中华人民共和国统计法》部分内容，提高企业对统计工作重要性的认识。开展工业、劳动工资、商贸、服务业、房地产、名录库和建筑业等专业业务服务工作，通过电话、QQ 等形式迅速掌握企业当前的经营状况、发展趋势、诉求和意愿，指导解决填报指标理解不到位和填报口径不确定等问题。

2021 年 5 月 17—27 日，州统计局成立统计执法检查组，到多禾茂乡开展基层统计工作执法检查

【统计执法检查】 制定印发《黄南州统计局 2021 年法治政府建设工作要点》，安排 2021 年统计法治工作任务。签订 2021 年统计行政执法检查责任书和统计行风承诺书。开展统计普法宣传教育，在日常数据采集工作中，指导、督促统计调查对象、基层统计人员依法统计，印制发放《统计法》等宣传资料，明确要求统计调查对象及统计工作人员在统计工作中自觉遵守统计法律法规的相关规定。统计法律法规作为领导干部必修课首次进入党校课堂，增强各级党委政府从政治高度看待依法统计、以规矩意识坚守统计底线的责任意识。进一步夯实乡镇统计基础工作，提高农牧业统计数据质量，成立统计执法检查组，按照“双随机”原则，对同仁市、泽库县 5 个乡镇开展统计执法检查，对工业、商贸、投资等专业开展数据质量核查。按“双随机”原则，全州抽取 32 家“四上” （规模以上工业、有资质的建筑业和全部房地产开发经营业、限额以上批发零售业和住宿餐饮业、规模以上服务业法人单位）企业和项目单位进行检查，其中重点抽查 10 家企业和项目单位，检查覆盖率达到 61.5%。

【统计培训】 为准确、及时、全面反映全州民营经济发展状况，11 月 29 日，州统计局组织各市（县）统计局精干力量召开民营经济增加值核算培训会，试算全州民营经济增加值。与省统计局沟通衔接，以第四次全国经济普查数据为依据，及时修订 1992—2019 年各市（县）地区生产总值年度数据。持续抓好基层统计机构和乡镇统计工作规范化建设，培训指导基层统计人员提升业务能力。按照“力求实用，按需施教”原则，培训农业、工业、商贸、投资等统计专业知识，全州统计系统有 300 余人次参加各类培训。州统计局建立统计执法队伍名录，举办全州统计执法培训班，各市（县）统计局执法骨干和州统计局相关科室人员 24 人参加培训。通过培训，统计执法人员系统掌握统计法律法规知识，统计执法检查流程方法、技巧和统计法律文书的制作。

（撰稿人：周　靖）

国家调查

【概况】 2021年，国家统计局黄南调查队强化统计调查服务，开展住户类调查、消费价格调查、工业生产者价格调查、农作物播种面积及农产量调查、农产品生产者价格及中间消耗调查、畜牧业调查、月度劳动力调查、小微企业调查和采购经理调查等国家常规统计调查，完成年度调查目标任务，2篇统计分析报告被国家统计局内网和青海调查总队内网共同采用。

2021年8月9日，黄南调查队在同仁市年都乎乡曲玛村开展粮食产量调查

【居民收支与生活调查】 居民收入。2021年全体居民人均可支配收入19992元，同比增长9.1%。城镇居民人均可支配收入37093元，增长5.9%；农村居民人均可支配收入11679元，增长9.1%。按收入来源分，全州居民人均工资性收入10616元，增长11.5%，占可支配收入的比重为53.1%；人均经营净收入5363元，增长5%，占可支配收入的比重为26.8%；人均财产净收入703元，增长4.5%，占可支配收入的比重为3.5%；人均转移净收入3309元，增长9.3%，占可支配收入的比重为16.6%。

居民消费支出。全体居民人均消费支出13460元，同比增长12.4%。城镇居民人均消费支出18895元，增长4.8%；农村居民人均消费支出10818元，增长17.5%。全州居民人均食品烟酒消费支出6342元，增长6.6%，占人均消费支出的比重为33.6%；人均衣着消费支出1857元，增长6%，占人均消费支出的比重为5.9%；人均居住消费支出3183元，增长2.2%，占人均消费支出的比重为16.9%；人均生活用品及服务消费支出1698元，增长3.1%，占人均消费支出的比重为5.9%；人均交通通信消费支出2406元，下降6.5%，占人均消费支出的比重为13.1%；人均教育文化娱乐消费支出1434元，增长10.9%，占人均消费支出的比重为7.6%；人均医疗保健消费支出972元，下降19.7%，占人均消费支出的比重为8.8%；人均其他用品及服务消费支出1003元，增长106.8%，占人均消费支出的比重为5.3%。

2021年黄南州居民收支调查主要数据一览表

表16

指标名称	全体居民		城镇居民		农村居民	
	绝对量（元）	增长率（%）	绝对量（元）	增长率（%）	绝对量（元）	增长率（%）
一、人均可支配收入	19992	9.1	37093	5.9	11679	9.1
1. 工资性收入	10616	11.5	24001	5.1	4110	19.3
2. 经营性净收入	5363	5.0	6796	8.0	4667	2.1
3. 财产性净收入	703	4.5	1271	14.7	427	-9.8
4. 转移性净收入	3309	9.3	5024	4.8	2475	11.5

续表16

指标名称	全体居民		城镇居民		农村居民	
	绝对量（元）	增长率（%）	绝对量（元）	增长率（%）	绝对量（元）	增长率（%）
二、人均生活消费支出	13460	12.4	18895	4.8	10818	17.5
1. 食品烟酒	4807	13.0	6342	6.6	4061	16.6
2. 衣着	1348	7.5	1857	6.0	1102	7.3
3. 居住	2032	8.9	3183	2.2	1472	13.6
4. 生活用品及服务	1002	10.5	1698	3.1	663	16.6
5. 交通通信	1937	14.7	2406	-6.5	1708	33.0
6. 教育文化和娱乐	905	10.4	1434	10.9	647	7.3
7. 医疗保健	778	-4.9	972	-19.7	684	7.0
8. 其他用品和服务	651	79.6	1003	106.8	481	56.6

【居民消费价格调查】 以同仁市为基准，居民消费价格指数同比上涨1.3%，其中食品烟酒上涨1.2%，衣着类下降1.5%，居住类上涨3.6%，生活用品及服务类下降0.8%，交通和通信类上涨1.6%，教育文化和娱乐类上涨1%，医疗保健类上涨0.8%，其他用品和服务下降1.9%。

2021年同仁市居民消费价格指数分类变化情况表

表17

指标名称	同仁市	指标名称	同仁市
居民消费价格指数	1.3	水电燃料	0.8
一、食品烟酒	1.2	四、生活用品及服务	-0.8
粮食	0.2	家用器具	-2.9
食用油	13.6	家庭服务	0
鲜菜	8.1	五、交通和通信	1.6
畜肉类	-3.1	交通工具	-2.7
其中：猪肉	-29.4	交通工具用燃料	15.3
牛肉	2.6	交通工具使用和维修	0
羊肉	3.8	通信工具	-0.8
水产品	8.1	通信服务	0
蛋类	15.6	邮递服务	0
奶类	2.4	六、教育文化和娱乐	1.0
鲜果	1.1	教育服务	-0.2
卷烟	0	旅游	2.3
酒类	1.5	七、医疗保健	0.8
二、衣着	-1.5	中药	1.1
服装	-1.0	西药	0
鞋类	-2.3	医疗服务	1.2

续表17

指标名称	同仁市	指标名称	同仁市
三、居住	3.6	八、其他用品和服务	-1.9
租赁房房租	0		

【统计调查】 国家统计局黄南调查队主动顺应社会发展新常态，发挥调查队职能优势，坚持求精、求新、求真、求质的原则，密切关注经济社会发展中的热点、难点问题，提供优质高效的统计调查服务。全年编发《黄南调查信息》67期，撰写《黄南调查分析》29篇，报送《黄南调查快报》12期、《黄南调查专报》2期，完成调研课题1篇。撰写的统计分析报告《收入稳步增长但消费信心不足——2020年黄南州城乡居民收支简析》和《"十三五"时期黄南州农牧业经济全面发展农牧民收入持续增长》，被国家统计局内网和青海调查总队内网共同采用。

【统计法治建设】 2021年，国家统计局黄南调查队以防范和惩治统计造假弄虚作假为重点，加强普法教育宣传，开展普法宣传"七进"活动，旗帜鲜明反对统计造假和弄虚作假行为，确保统计数据真实准确。全年开展统计"双随机"检查4次，统计法治专题培训5次。

（撰稿人：祁文忠）

市场监督管理

【概况】 2021年，黄南州新增市场主体3110户，其中私营企业3076家、其他内资企业34家。平均日新增8.5户。截至年底，全州有各类市场主体23562家，其中外商投资企业5家、私营企业4007家、其他内资企业554家；有个体工商户18996户。全程电子化登记办理率达98%以上。全州有消费品类市场8处，占地面积12332平方米，从业人员1185人。全年申请专利17件，有省著名商标2件（阿米雪、晶黄果），注册商标1197件。

2021年黄南州企业、个体工商户登记基本情况表

表18 单位：家

企业类型	企业类型			个体工商户
	私营企业	内资企业	外资企业	
合计	4007	554	5	18996
农、林、牧、渔业	1086	25	—	1216
采矿业	52	3	—	4
制造业	750	41	—	993
电力、燃气及水生产和供应业	33	47	—	2
建筑业	187	14	—	39
交通运输和邮政业	52	35	—	235
信息传输、计算机服务业	120	32	—	34
批发和零售业	737	160	5	10593
住宿和餐饮业	161	31	—	3203
金融业	18	65	—	1
房地产业	75	3	—	1

续表18

企业类型	企业类型			个体工商户
	私营企业	内资企业	外资企业	
租赁和商务服务业	231	34	—	73
科技研究、技术服务和地质勘查业	65	11	—	9
水利、环境和公共设施管理业	8	9	—	6
居民服务和其他服务业	168	23	—	1924
教育业	23	1	—	15
卫生、社会保障和社会福利业	28	2	—	196
文化、体育和娱乐业	213	18	—	452

【企业登记管理】 推行简易注销登记改革，依托国家企业信用信息公示系统，允许在线办理清算组成员备案，免费发布债权人公告，简化企业注销流程，拓宽发布注销公告途径。实现与税务部门信息共享，申请注销时不再提交清算组备案通知书、清税证明等材料。督促各市（县）局通过电话通知、现场指导等方式做好企业、农民专业合作社年报公示工作，全州企业和农民专业合作社年报率分别为94%、95%。通过“双随机一公开”监管平台，认领随机抽查事项清单153项，新建立检查对象库14个，涉及检查对象5704个，动态调整执法人员名录库，完善全系统88名执法人员信息。制定年度市场监管随机抽查计划任务3项，抽取检查对象123户，检查率、公示率均达100%。开展扫黑除恶专项斗争无照经营集中整治清零行动，累计出动执法人员1200余人次，检查各类经营户8128户，发放宣传材料5700余份，查处无照经营户72户，收缴罚没款1.35万元，引导规范办照61户。组织全州430户民营企业开展“问情服务”活动会员调查工作为政府部门及时了解个体私营企业经营状况、困难问题和需求，制定精准有效的帮扶政策提供参考。

【市场管理】 开展元旦、春节、中秋、国庆期间市场检查活动，出动执法人员596人次，检查药店74户、食品经营户1468户、餐饮服务单位422家、肉类经营户335户、菜铺541家、电梯52家，下达责令整改通知书2份，没收过期食品2401瓶（袋），健康证过期8个，危化品2家、烟花爆竹2家，印发《关于稳定新型冠状病毒肺炎防护用品和药品市场价格的提醒告诫书》1400余份，查处违规行为20起，责令立即改正。开展市场监管领域市场流通行业突出问题专项整治等行动，查处过期食品、不合格煤炭成品油等违法案件8件，办结8起，罚没款达10.467万元。开展清理整治网络销售和宣传“特供”“专供”标识商品专项行动。检查网站、网店82个次，监测商品信息348条，网上监测广告信息102条，无涉及“特供”“专供”网络违法案件。开展网络餐饮店专项检查，对未在外卖平台公示食品安全信息的19家网络餐饮经营户下发责令改正书，实现第三方平台入网的560家网络餐饮店“亮照亮证”经营。开展违法违规营销集中整治行动，重点整治涉嫌借庆祝中国共产党成立100周年名义进行违法违规营销行为。检查经营单位（文化用品经营店、广告制作单位）49家，现场查扣下架使用不规范标识“庆祝中国共产党100周年”笔记本161本。

【质量管理】 组织召开质量提升工作推进会，与州质量工作联席会议各成员单位及各市（县）人民政府签订质量工作考核目标责任书，协调编写完成《2020年度黄南州质量状况分析报告》。开展电缆电线、灯具产品的监督检查，检查经营户80余家，电灶数量24批次、灯具97批次、各类电器213批次、电线电缆93批次。开展以“深入实施质量提升行动　大力推进质量强国建设”为主题的宣传活动。其间，接受市民咨询1000余次，设置宣传展板62块，悬挂宣传横幅48幅，

2021年8月，国家市场监管总局登记注册局局长杨红灿（中）在黄南州调研同仁地区商事制度改革、服务个体私营经济发展、当地特色产业发展、推进“小个专”党建工作情况

发放宣传资料5000余份，现场食品快速抽检36批次，组织食品生产企业现场观摩17家。由州市场监管局牵头，会同公安、工信、税务、交通、应急管理局等部门在全州范围内开展成品油市场专项整治工作，排查出“问题清单”22条，全部整改完成。完成2020年省级监督抽查不合格后处理工作，查办煤炭不合格案件处理13起，收缴罚没款1万元，查办销售成品油不合格案件1起，收缴罚没1万元。全年出动执法人员20余人次，完成煤炭质量抽检46批次，合格率100%；成品油质量抽检78批次，合格率98%。

【广告管理】 开展“三俗”（低俗、庸俗、媚俗）广告整治，重点监测和清理检查辖区内的电视、报纸、期刊、广播、互联网等广告发布媒体。其间，出动执法人员38人次、车辆14台次，检查户外广告20余个、户外电子显示屏宣传72条、清理小广告50余个，未发现相关违法广告内容及违法广告案件。

【计量管理】 开展计量市场检查，检查全州范围内集贸市场、商场、超市、加油站、加气站、快递网点、物流公司等场所，重点检查电子计价秤等计量器具配置情况，计量器具与经营项目是否相符、计量器具是否经依法计量检定、公共场所是否设置公平秤，以及在用计量器具是否存在作弊按键、缺斤少两等计量作弊违法行为等。开展治超检查检定工作，监督检查辖区内高速公路收费站、治超站、货运源头企业在用的计量器具，经检查，治超站、收费站在用动态汽车衡按规定进行周期性检定，受检率100%，合格率100%。落实品牌建设作为推动农牧优势产业发展的重大举措，主动与州农牧局衔接，协助农产品地理标志产品认证工作，通过实施品牌农畜产品培育创建行动，围绕全州优势产业、特色产品，打造一批有影响力的区域公共商标。年内全州检测平衡器具2119台，合格率100%；检查加油站44家、加油机138台、加油枪599支；检查各类使用安全防护类计量器具企业15家，检查安全防护计量器135台；组织开展眼镜制配场所计量检查4次，检查11家，检查率100%，签订计量诚信承诺书11份。全年检定、校准各类计量器具2119台，其中强制检定计量器具2092台，抽检定量包装商品23批。提供免费检测服务80次，免费检定计量器具2119台，免收检定费40多万元。

【标准化管理】 指导河南县蒙晟物业管理服务有限公司按照省局文件要求、标准化体系建设具体工作步骤，成立省级服务业标准化试点工作领导小组和技术小组，并通过省局服务业试点项目验收，争取到补助资金5万元。截至年底，全州有省级服务标准化试点单位1个，组织制定地方标准1项。

【特种设备管理】 开展“两节”、两会、“五一”国际劳动节、中秋、国庆期间特种设备安全生产督导检查工作，根据职责范围重点检查特种设备安全、液化石油气充装行业安全。开展液化气经营、使用单位（场所）以及使用罐装液化气的个体商户液化气充装行业安全专项执法，重点检查燃气气瓶充装单位3家，抽查个体商户4家、市场2家，检查燃气瓶362个，摸排非法充装问题线索1条，涉及化隆地区液化气来源情况移交公安部门调查处理。根据原省质监局文件和青海省关于中央生态环境保护督察反馈燃煤锅炉问题整改工作会议通知要求，推动全州燃煤锅炉问题整改落实到位。开展震后特种设备安全排查工作，组织电梯维保单位排查辖区内电梯和水电站使用的特种设备以及危险化学品储运用压力容器、压力管道。开展“安全生产月”宣传活动，出动宣传人员22人次，悬挂横幅18条、发放宣传资料1000余份，展出展板20块，现场接受群众咨询260余人次，帮助解答安全生产相关方面问题10条。开展市场监管领域安全生产工作，检查CNG金马加气站、同仁市万家液化气充装站使用的压力管道200米、压力容器4台和气瓶52个，要求各充装单位严格建立气瓶台账，按规定加气，不得使用超期未检气瓶，充装单位技术人员认真向气瓶使用者宣传安全使用知识和危险性警示常识。全年出动执法人员359人次，检查特种设备使用单位275家，检查各类特种设备1156台次，发现隐患和问题48个，下发特种设备安全监察指令书45份。

【药械市场监管】　按照药品经营许可证换证检查评定细则、审查标准的各项条款，核销生物制品经营资质2家，注销不符合换证条件药店5家，为全州12家药品零售企业、65家药品连锁企业门店换发新版药品经营许可证。全年出动监督检查人员263人次，检查涉药单位135家，抽验药品50批次，合格率100%。查处制售假劣药械违法案件1起，涉案金额5300元，取缔无证经营2户，非药品冒充药品案件2起，罚款3200元，责令停产停业整顿5起。全州上报药品不良反应126例。

制剂品种备案申报。开展制剂品种备案申报工作，3家医疗机构申报137个制剂品种获得省药监局批准的制剂备案号，河南县蒙藏医院、河南县尕布藏传统藏医门诊部获得省药监局藏药制剂省内调剂使用批复，调剂使用品种分别为150个、71个，州藏医院103个制剂品种的省内调剂使用申请在申报办理中。

疫情防控物资与疫苗检查。检查药品经营企业医用口罩、非接触式红外线体温计等疫情防控物资购销情况，监督抽查药品经营企业53家，要求《医疗器械进货查验记录》登记不完整和规范的9家药店立即整改，未发现使用环节购进使用假劣医疗器械行为。开展新冠病毒疫苗和检测试剂质量监督检查，检查疾控机构2家、接种单位3家、新冠病毒检测试剂使用单位7家、新冠疫苗接种单位8家，覆盖率100%。对现场发现的22条新冠病毒疫苗环节问题、21条新冠病毒检测试剂质量管理方面的问题及风险隐患进行现场反馈，要求相关问题及风险隐患及时整改到位。

冷链食品输入风险防控。加强全州进口冷链食品输入风险管控，以海鲜、进口冷冻肉为重点品种，以食品流通、小作坊、餐饮服务单位为重点环节，查看冷库经营者落实主体责任、建立索证索票和购销登记台账管理情况，进口冷链食品“三证一码”落实情况，从业人员是否持有效体检健康证明和核酸检测情况，检查进口冷链食品经营户73户、进口冷链冷冻肉经营使用单位346家。对全州进口冷链食品实行专用通道进货、专库（柜）存放、专区售卖的管理措施，集中约谈111人，签订承诺书419份，张贴通告419张。

婴幼儿护肤品专项检查。开展婴幼儿护肤品专项整治，检查商品超市、母婴用品专卖店、婴幼儿洗浴等场所，检查商场超市115家、母婴用品专卖店6家，责令6家索证索票和台账管理不到位的经营单位限期改正。

【食品药品检验检测】　完成州财政局下达的食品药品监督性抽检任务，完成实验室扩项及复评审的预实验前期准备工作，在现有食品83个参数、药品39大项资质能力范围内进行预扩项，完成药品检验扩项7项、食品检验扩项46个参数及化妆品拟扩项11个参数的全部预实验。全州完成药品不良反应监测报告126份、医疗器械不良事件报告61份、化妆品不良反应监测报告25份，覆盖面达到100%。州食品药品检验检测中心受到国家药品不良反应监测中心通报表扬，中心1人获2021年度全省药品不良反应监测先进个人表彰。全年完成食品抽检70批次，其中食用油3批次、饮料16批次、酱油10批次、乳制品9批次、醋12批次、面包10批次、方便面5批次、料酒2批次、水产品3批次，未发现不合格产品；完成药品监督性抽样50批次，其中中成药10批次、化学药10批次、藏药13批次等，涉及抽样单位16个（药品经营企业11家、县以上医疗机构5所），不合格7批次，不合格率14%。主要为藏药制剂，不合格项目为水分、重（装）量差异及微生物限度。

【食品监管安全】 全年出动执法人员230人次，执法车辆85人次，检查生产企业32家次、食品小作坊160家次、经营户3600户次，食品检测合格率98%。完成食品抽检1750批次，其中普通食品1040批次、食用农产品710批次，完成州本级320批次，公示率达到100%；食品抽检不合格50批次，食品安全监督不合格核查处置100%。

保健品市场管理。开展食品及“保健”市场乱象专项清理整治行动整治活行动。调查辖区内保健食品经营户经营地址、资质证照、经营范围、购销凭证、购销记录等情况，重点对零售药店所经营的片剂、胶囊剂、口服液等品种的保健食品进行登记造册。经查，全州无保健食品生产企业、专营保健食品企业，有兼营保健食品的药品零售（连锁）企业门店63家。

食品安全监督抽检。开展食品安全监督抽检工作，确定年度食品监督抽检范围、品种、数量、抽检项目，覆盖四市（县）食品生产、销售、小作坊、餐饮、节令食品、食用农产品环节，制定下发《2021年度食品安全监督抽检计划实施方案》，州本级食品安全监督抽检安排320个批次，其中食用农产品100批次、其他食品220批次，在州人民政府网站公示抽检情况，并及时开展不合格食品核查处置工作。组织州、县食品安全监管执法人员和经营进口冷冻食品的大中型商超、食品经营者、餐饮服务单位负责人或食品安全管理人员举办进口冷链食品追溯系统培训，就注册“青冷链”系统，操作流程、信息录入、商品入库、出库管理，实名登记、注意事项、实现商品追溯码等内容进行现场演示，指导参会人员完成平台注册，解决各经营企业就平台操作中遇到的实际问题。全年举办培训5次，参加人员335人，系统录入率99%。

学校食品安全管理。开展“互联网+明厨亮灶”行动，推动“互联网+明厨亮灶”建设的覆盖率。全州学校食堂（含托幼机构）“互联网+名厨亮灶”建设覆盖率达到100%，餐饮服务单位“互联网+明厨亮灶”建设覆盖率达到45%。开展校园绿色餐饮行动，加强校园食品安全风险源头控制，推行大宗物品统一集中采购。检查学校109家，覆盖率100%，下发整改通知书7份，整改意见13条。开展春秋季学校食堂及周边食品安全专项检查。重点检查学校落实食品安全主体责任、食品及食品原料储存质量管理、从业人员健康检查、餐饮操作规范管理、学校及其周边食品经营安全状况等具体内容。专项检查期间，累计检查学校（含托幼机构）食堂224所，检查覆盖面达100%。

【消费维权】 组织召开“食品、药品、医疗器械、化妆品经营主体行政约谈会”，集中州移动、联通、电信等68家企业进行学习，就公用企业限制竞争、滥用市场支配地位、虚假违法广告、电子商务活动的遵循、市场主体诚信建设等方面进行行政指导。开展“3·15”国际消费者权益日宣传咨询服务、消费市场及商品监管、销毁假冒伪劣商品等系列活动，通过悬挂横幅、摆放宣传展板、发放宣传资料、现场解答消费者咨询、受理和调解投诉举报等形式，向农牧民群众宣传消费维权、食品药品安全、特种设备安全、产品质量安全等与消费者生活息息相关的常识。其间，累计发放各类宣传资料3600余份，悬挂横幅18条，电子屏滚动播放宣传标语150余条，发布消费警示6条。联合公安、生态环境保护等部门开展假冒伪劣商品集中销毁活动，集中销毁八大类34个品种，总价值16.33万元的假冒伪劣商品。推进全省“12315”平台与全国“12315”平台实现有效衔接，建成全国统一、权威高效、上下五级贯通的“12315”行政执法体系。全年受理“12315”投诉举报66件，办结66件，挽回经济损失5.97万元，办结率100%；业务咨询16起，12345政府民生服务热线承办8件，办结7件，办结率99%。

【知识产权执法管理】 在全省

率先建立知识产权战略实施工作联席会议制度，召开全州知识产权战略实施工作联席会议，强化知识产权工作组织领导，建立健全知识产权综合管理体制，为实施创新驱动发展战略和知识产权战略奠定基础。年内申请发明专利17件，授权7件，全州授权有效发明专利达到14件，每万人发明专利拥有量达到0.48件，每万人发明专利拥有量增长100%，增幅为历年之最，是省下达年度目标任务的33倍多。全年开展知识产权执法活动4次，累计出动执法车辆7辆次，执法人员53人次，检查专利产品21项，整顿非法专利广告和标记不规范的专利产品27件；受理专利侵权案件4起，结案率100%。

【竞争执法和价格监管】 做好农贸市场、集贸市场、餐饮场所、商场超市等重点区域价格管控，开展药店、商超、农贸市场等价格监督检查和巡查，重点关注人民群众生活密切相关的米、面、油等物品的市场价格动态，督促经营者严格执行明码标价制度，在各类市场主体场所显著位置张贴《黄南州市场监督管理局关于稳控物价的告知书》1000余份，依法严肃查处相互串通操纵市场价格、囤货居奇、哄抬物价、牟取暴利以及散布涨价谣言等价格违法行为，确保市场价格稳定。完善全州12个监测点重要商品的监测职能，健全对医药、蔬菜、米面等28种商品实施价格监测报告制度，每周进行采集、对比、分析研判，为全州市场价格做数据支撑。5月，对价格信息采集人员进行专业培训。开展转供电环节电价专项检查，落实国家电价降费政策工作部署会议，完成转供电电价执行全覆盖。截至年底，各市、县合计减免一般工商业电价21406户，金额51.54万元。全州有96家转供电主体，其中尖扎8家、同仁54家、泽库20家、河南14家，涉及用户数1220户。检查清查出违规加价的转供电主体10家，其中尖扎2家、同仁6家、泽库1家、河南1家有加价收取电费行为，累计退还多收取电费9.9万元。组织开展全州涉企收费专项检查，集中检查涉及水、暖、电、金融、行业商会及各类行政事业性收费，累计退还多收水费4万余元。

（撰稿人：周胡才尼）

价格管理

【概况】 2021年，黄南州辖区居民（同仁地区，下同）消费价格总指数101.3，同比增长1.3%，全省排名第五位；辖区商品零售价格总指数101.1，同比增长1.1%。物价涨幅连续多年保持较低水平。在主要食品中，猪肉每千克30元、白菜每千克5元、鸡蛋每千克13元、大米每千克6.4元、面粉每千克4元，除猪肉外，都有不同程度上升。

【价格监测与管理】 加强重要商品储备和价格监测及部门间沟通协作，完成年度农产品、畜产品成本调查及涉案财物价格认定。关注疫情动态，维护市场价格秩序，加强调控形势分析，健全监测预警机制。强化价格诚信建设，将价格诚信建设纳入全州社会信用体系建设“十四五”规划。全年设置价格监测点25个，监测品种六大类215个，常规监测品种达67个，重点监测城区3个农贸市场

2021年3月10日，州发展改革委查看坎布拉景区旅游路线，制定门票价格

和各大型商场超市商品，初步形成覆盖全州、监测品种齐全的价格监测体系。加强价格动态监管，将冬虫夏草、唐卡、酥油、酸奶等具有地方特色的商品列入市场价格动态监测范围。根据监测和市场变化情况，分区分时有针对性地增加牛羊肉和蔬菜储备的投放，缓解市场压力，平抑市场物价。

【价格认定】 组织开展价格认定工作，受理监委及司法机关委托的涉案、涉及财物的价格认定。全州一市三县受理涉价格认定案件43件，认定金额32.88万元。取消不合理收费1项，减轻企业和群众负担4.73万元。率先在州（市）一级组建价格认定专家库，聘请唐卡、堆绣、汽车维修等行业专家11名开展工作。取消供水企业在供水过程中收取的停水损失费；取消供电企业及其所属或委托的安装工程公司在用电报装工程验收接入环节收取的仪表费、计量装置赔偿费、环境监测费、配电室试验费、调试费等类似名目费用；取消燃气企业应通过配气价格回收成本的收费项目；取消供暖环节城镇集中供热企业向用户收取的接口费、集中管网建设费、并网配套费等类似名目费用。以上收费项目自2021年3月1日起取消。

2019—2021年黄南州居民消费主要食品价格变动表（均价）

表19

项目	猪肉	白菜	鸡蛋	大米	面粉
2019年	24元/500克	1.5元/500克	6.9元/500克	3.1元/500克	1.98元/500克
2020年	24元/500克	1.5元/500克	5.9元/500克	3.1元/500克	1.95元/500克
2021年	15元/500克	2.5元/500克	6.5元/500克	3.2元/500克	2元/500克

2021年辖区居民消费价格指数表（以上年价格为100）

表20

居民消费类别及名称	指数（上年同期）	居民消费类别及名称	指数（上年同期）
总指数	101.3	五、医疗保健和个人用品	100.8
一、食品类	101.2	六、交通和通信	101.3
二、烟酒及用品	101.2	七、教育文化和娱乐	101.0
三、衣着类	98.5	八、居住	103.6
四、生活用品及服务	99.2		

2021年辖区商品零售价格指数表（以上年价格为100）

表21

商品零售类别及名称	指数（上年同期）	商品零售类别及名称	指数（上年同期）
总指数	101.1	九、交通、通信用品类	99.0
一、食品类	101.2	十、家具类	101.5
二、饮料、烟酒类	100.0	十一、化妆品类	98.4
三、服装、鞋帽类	98.6	十二、金银珠宝类	99.4
四、纺织品类	100.4	十三、中西医药品及医疗保健品类	98.6
五、家用电器及音响器材类	101.6	十四、书报杂志及电子出版物类	99.8
六、文化办公用品类	100.5	十五、燃料类	110.5
七、日用品类	99.5	十六、建筑材料及五金电料类	105.9
八、体育娱乐用品类	99.8		

（撰稿人：王　强）

农牧水利

综　述

【农村经济概况】　2021年，黄南州农牧局深化农牧业供给侧结构性改革，实施藏粮于地、藏粮于技战略，确保粮食安全和耕地安全。全年实现农业总产值39.04亿元，同比增长4.56%，其中农业产值6.93亿元，同比增长4.81%；牧业产值29.65亿元，同比增长4.33%；林业产值0.61亿元，同比下降17.49%；渔业产值0.5亿元，同比增长88.68%。2021年第一产业增加值30.83亿元，同比增长4.6%。全体居民人均可支配收入19992元，同比增长9.1%。截至年底，培育地标产品19个、绿色食品47个、有机产品43个，认证培育国家地标农产品、有机产品、绿色食品数量分别占全省总量的24%、23.4%、8.1%。年内落实耕地地力保护补贴资金1705万元、农机购置补贴资金369.1万元。

【农牧业产业化】　坚持以泽库县牦牛藏羊国家现代农业产业园区和科技园区建设为基础，吸引国家级龙头企业西北骄落户黄南，带动发展壮大涉农企业21家，西北弘、阿米雪等4家涉农企业评为省级重点龙头企业，发展州级农牧产业化龙头企业17家。全州重点涉农企业全年实现产值14995.7万元。

2021年黄南州农牧业龙头企业一览表

表22

企业名称	级别	主导产品	产量		产值		利税	
			（吨）	同比±	（万元）	同比±	（万元）	同比±
青海省尖扎县李家峡黄河渔业开发有限责任公司	省级	三文鱼	300	—	2000	—	—	—
青海圣航农牧科技开发有限公司	省级	水果（无花果）花卉、中草药、蔬菜（辣椒）	7	41%	3520	93.1%	—	—
青海启龙商贸有限公司	省级	乳制品	344	-21.46%	2679	-10.75%	—	—
青海西北弘	省级	牦牛肉	800	50%	5200	40%	416	4%
叶堂高原有机产品开发有限公司	省级	藏羊肉	200	20%	1480	—	118.4	2%
州牧源生态资源开发有限公司	州级	牛羊肉	9000	9.3%	58.5	9.1%	22.67	8.93%

2021年黄南州“两品一标”产品一览表

表23

种类	产品名称	产地	产量（吨）	产值（万元）
地标产品	黄南黄芪	黄南州	1400	1400
	黄南秦艽	黄南州	25	300
	黄南唐古特大黄	黄南州	1213	72.78
	黄果梨	同仁市	5000	1000
	同仁青稞	同仁市	3413	1228.68

续表23

种类	产品名称	产地	产量（吨）	产值（万元）
地标产品	同仁豌豆	同仁市	456	299.136
	同仁蕨麻	同仁市	75	1297.5
	同仁胡麻	同仁市	72	43.2
	泽库藏羊	泽库	14571	122396.4
	泽库牦牛	泽库	27856	211705.6
	泽库黄蘑菇	泽库	10	76
	泽库蕨麻	泽库	60	660
	泽库黑青稞	泽库	24000	24000
	尖扎山羊	青海尖扎	240	1680
	尖扎花椒	青海尖扎	18	288
	尖扎荞麦	青海尖扎	65	39
	雪多牦牛	河南县	16426.57	105130
	欧拉羊	河南县	6000	43200
	河曲马	河南县	—	—
绿色食品	草莓	青海恒泽农业有限公司	45	135
	葡萄	青海恒泽农业有限公司	15	24
	辣椒	青海恒泽农业有限公司	80.5	64.4
	桃	青海恒泽农业有限公司	37.5	37.5
	寒富苹果	青海圣航农牧科技开发有限公司	255	25.5
	辣椒	青海圣航农牧科技开发有限公司	150	120
	娃娃菜	青海圣航农牧科技开发有限公司	520	208
	南瓜	青海圣航农牧科技开发有限公司	152	121.6
	番茄	青海圣航农牧科技开发有限公司	312	93.6
	芦笋	青海第三极农业有限公司	150	120
	舒脂牦牛酸奶（有糖型）	河南县阿米雪	40	330
	舒脂牦牛酸奶（无糖型）	河南县阿米雪	20	200
	精选牦牛尾	河南县三江牧场	9	142.4
	精选羊肋	河南县三江牧场	15	210
	精选牦牛里脊	河南县三江牧场	12	158.4
	精选蝴蝶排	河南县三江牧场	1.4	20.3
	精选牦牛肉卷	河南县三江牧场	14	106.4
	精选羊脖子	河南县三江牧场	0.9	16.65
	精选牦牛髌骨	河南县三江牧场	4.7	63.92
	精选羊肉卷	河南县三江牧场	4	32

续表23

种类	产品名称	产地	产量（吨）	产值（万元）
绿色食品	精选牦牛腱子	河南县三江牧场	12	158.4
	精选牦牛腩	河南县三江牧场	10	132
	精选牦牛肉	河南县三江牧场	75	990
	精选牦牛排	河南县三江牧场	96	1267.2
	精品牦牛肉	泽库县西北弘	33.70	202.2
	精品牦牛肉（后）	泽库县西北弘	33.70	202.2
	牦牛牛排	泽库县西北弘	75.90	478.17
	牦牛肉卷	泽库县西北弘	30.71	184.26
	牦牛肥牛	泽库县西北弘	30.71	184.26
	牦牛霖肉	泽库县西北弘	18.40	110.4
	牦牛里脊	泽库县西北弘	9.20	55.2
	牦牛西冷	泽库县西北弘	13.80	89.7
	牦牛黄瓜条	泽库县西北弘	18.40	110.4
	牦牛辣椒条	泽库县西北弘	13.90	83.4
	牦牛腱子	泽库县西北弘	13.80	82.8
	牦牛针扒	泽库县西北弘	23.00	138
	牦牛烩扒	泽库县西北弘	23.00	138
	牦牛尾扒	泽库县西北弘	23.00	138
	牦牛脖片	泽库县西北弘	13.80	82.8
	牦牛脊骨	泽库县西北弘	5.64	34.9
	牦牛牛尾	泽库县西北弘	1.38	75.9
	藏羊羊排	泽库县西北弘	15.01	102.06
	藏羊前腿包	泽库县西北弘	20.00	130
	藏羊后腿包	泽库县西北弘	25.00	162.5
	藏羊脖片	泽库县西北弘	3.01	18.06
	藏羊脊骨	泽库泽库县西北弘	3.01	18.06
	藏羊肉卷	泽库县西北弘	10.00	68
有机产品	高原牦牛	河南县	12884.4	79883.2
	欧拉型藏羊	河南县	4035.42	29055
	有机雪多牦牛牛排	河南县三江牧场	7.27	91.6
	有机雪多牦牛牛肉	河南县三江牧场	5.65	56.5
	有机雪多牦牛胴体	河南县三江牧场	12.69	106.6
	有机雪多牦牛二分体	河南县三江牧场	6.46	51.7
	有机雪多牦牛四分体	河南县三江牧场	3.23	25.8

续表23

种类	产品名称	产地	产量（吨）	产值（万元）
有机产品	牛乳	泽库县泽曲镇、恰科日社区、麦秀镇、多禾茂乡、西卜沙乡、和日镇、巴滩牧场、宁秀镇、王家乡	2845.08	3414.09
	绵羊	泽库县泽曲镇、恰科日社区、麦秀镇、多禾茂乡、西卜沙乡、和日镇、巴滩牧场、宁秀镇、王家乡	1615	13566
	乳肉兼用牛	泽库县泽曲镇、恰科日社区、麦秀镇、多禾茂乡、西卜沙乡、和日镇、巴滩牧场、宁秀镇、王家乡	22848	173644.8
	青稞	王家乡、宁秀镇、和日镇、巴滩牧场	2594.58	518.91
	燕麦	王家乡、宁秀镇、和日镇、巴滩牧场	1790.4	427.3
	打捆燕麦草	王家乡、宁秀镇、和日镇、巴滩牧场	3760	466.16
	青贮燕麦草	王家乡、宁秀镇、和日镇、巴滩牧场	2811.8	384.93
	油菜籽	王家乡、宁秀镇、和日镇、巴滩牧场	2417.34	77.8
	粉碎油菜籽秸秆草	王家乡、宁秀镇、和日镇、巴滩牧场	4569.45	548.3
	打捆青稞草	王家乡、宁秀镇、和日镇、巴滩牧场	2257.16	332.1
	全株青贮玉米	宁秀镇、巴滩牧场	22500	4050
	精品牦牛肉	泽库县西北弘	1.55	15.5
	精品牦牛肉（后）	泽库县西北弘	1.55	18.6
	牦牛牛排	泽库县西北弘	3.5	49
	牦牛肉卷	泽库县西北弘	1.42	17.04
	牦牛肥牛	泽库县西北弘	1.42	14.2
	牦牛霖肉	泽库县西北弘	0.85	10.2
	牦牛里脊	泽库县西北弘	0.42	6.72
	牦牛西冷	泽库县西北弘	0.64	8.96
	牦牛黄瓜条	泽库县西北弘	0.85	11.9
	牦牛辣椒条	泽库县西北弘	0.64	7.68
	牦牛腱子	泽库县西北弘	0.64	8.96
	牦牛针扒	泽库县西北弘	1.06	10.6
	牦牛烩扒	泽库县西北弘	1.06	10.6
	牦牛尾扒	泽库县西北弘	1.06	10.6
	牦牛脖片	泽库县西北弘	0.64	5.12
	牦牛脊骨	泽库县西北弘	0.26	2.08

续表23

种类	产品名称	产地	产量（吨）	产值（万元）
有机产品	牦牛牛尾	泽库县西北弘	0.06	0.48
	藏羊羊排	泽库县西北弘	0.77	12.32
	藏羊前腿包	泽库县西北弘	1.02	14.28
	藏羊后腿包	泽库县西北弘	1.28	17.92
	藏羊脖片	泽库县西北弘	0.15	1.5
	藏羊脊骨	泽库县西北弘	0.15	1.2
	藏羊肉卷	泽库县西北弘	0.51	6.12
	牦牛	同仁市多哇镇	701.96	5334.9
	藏羊	同仁市多哇镇	467.45	3926.6
	牦牛	同仁市瓜什则乡	251.62	1912.3
	藏羊	同仁市	411.51	3456.7
	牦牛	尖扎县尖扎滩乡	79.8	606.5
	藏羊	尖扎县尖扎滩乡	23.6	198.2

【农牧业科技】 实施国家基层农技推广体系改革与建设补助项目，智慧有机畜牧业数据批量采集应用与示范推广项目获得实用新型专利2项、软件著作权3项。成功申报获批120万元省科技项目黄南州数字“三农”创新平台应用与推广项目，推进科技项目用信息化、数字化的手段助力农牧业科技成果转化。在同仁市完成146.67公顷小麦良种扩繁任务。通过试验，加吾乡吉仓村平均亩产达350千克，保安镇下庄村亩产达375千克，隆务镇吾屯村亩产达到350千克，良法良种措施单产再创历史新高。年内举办各种农牧业科技培训班33期，培训农牧民1650人，重点推广新技术3项、新品种5个，解决难题2个。

【新型经营主体培育】 按照《中华人民共和国农民专业合作社法》规定，围绕绿色发展，立足生态优先，坚持创新发展理念与草原牧区实际有机结合，鼓励和支持农牧民创办合作经济组织，把培育和发展农牧民合作经济组织作为创新农村牧区经济体制，发展草地生态畜牧业专业合作社，提高农牧业产业化、组织化程度，促进农牧民增收的一项重要举措来抓。截至年底，培育农牧民专业合作社676家、国家级示范社4家、省级示范社52家、省级家庭牧场114家，“农牧结合、为养而种、循环发展”模式发展迅速。

【休闲观光农牧业建设】 持续推进“百乡千村”示范工程，实施农牧区人居环境整治，评选挂牌100个“整洁村庄”、50个“洁净村庄”、30个“美丽村庄”，涌现出扎毛村、立仓村2个全国美丽宜居村庄，德吉村、直岗拉卡村、红旗村3个中国美丽休闲乡村，通过完善餐饮、住宿、休闲、体验、购物、停车、厕所等设施条件，开发乡村休闲旅游“农家宴”“牧家游”“水上乐”等新项目，举办黄南州冬季绿色有机农畜产品网络直播展示推介活动，创新休闲农牧业载体，拓宽服务功能，提升服务质量，青海圣航等农牧业产业园区成为休闲观光农牧业建设引领标杆。

【农畜产品质量安全】 推行食用农产品承诺达标合格证制度，率先探索建立食用农产品承诺达标电子追溯合格证系统，形成省、州、县三级互联互通、共享共用的食用农产品合格证监管体系。开展“2021蓝剑清源”系列执法行动，检查肉制品经营店64家，查处未检验检疫牛羊肉1100千克，查封冷链专营店1家，无害化处理变质肉275千克，查处违法调运畜禽经营案件10起，处罚金1.52万元；累计出动执法人员200人次，检查各类农资经营场所35家，查进货凭证补全农药销售门店1家、肥料产品标签残缺不清经营门店1家。完成省级蔬菜农药残留检测任务1000份、瘦肉精检测500份，抽检蔬菜水果23个种类、30个品种，送检样品通过省农产品检验检测中心定性定量分析，均为合格。强化上市农产品质量监管，发放合格证3167张，附带合格证上市农畜产品量1428.26吨，确保上市农产品质量安全。

【大型农业观摩活动】 第四届农业援青成果暨经验交流现场观摩活动。7月22—23日，由农业农村部、青海省政府主办，青海省农业农村厅、黄南州政府承办的第四届农业援青成果暨经验交流现场观摩活动在黄南成功举办。观摩团一行参观同仁市格拉滩黄果梨种植基地，尖扎县康杨镇芦笋种植基地、圣航农业种植专业合作社和高新产业园等农业援青项目，观看黄南州农业援青发展成果展并召开总结交流大会，共话农业援青丰硕成果，共叙乡村振兴美好愿景。

2021年2月27日，绿色有机农畜产品示范省创建暨牦牛产业发展观摩会

绿色有机农畜产品示范省创建暨牦牛产业发展现场观摩会。7月27—28日，由农业农村部、青海省政府主办，省农业农村厅、黄南州政府承办的绿色有机农畜产品示范省创建暨牦牛产业发展现场观摩会在黄南成功举办。农业农村部农产品质量安全中心副主任王子强、副省长才让太、省农业农村厅厅长王玉虎、省政府副秘书长王述友、州长扎西才让出席活动，省直相关部门、各市州及县人民政府分管副市州长、农牧部门负责人参加。与会代表观摩尖扎芦笋种植及绿色防控现场，泽库县国家现代农业产业园一、二、三产融合发展，西北弘有机资源开发有限公司牦牛藏羊原产地可追溯系统演示及泽库牦牛核心群展示，河南县兰龙生态有机畜牧业牧民专业合作社发展、雪多牦牛、欧拉羊、河曲马核心群展示及智慧畜牧业情况，黄南州现代农业科技园大数据平台和有机畜产品展示及牦牛藏羊原产地可追溯体系建设情况。

黄南州绿色有机农畜产品冬季线上推介活动。1月14日，黄南州绿色有机农畜产品冬季线上推介活动启动，旨在巩固拓展脱贫攻坚成果同乡村振兴有效衔接，推动农牧业持续增效，农牧民持续增收。州农牧局局长、尖扎县党政主要负责人和县政协主席及康杨镇党政班子成员出席活动，来自全省数名网络达人通过抖音、快手官方账号直播带货，青海省电视台、尖扎县融媒体中心报道活动实况。活动通过网络直播平台向消费者集中展示黄南多家种植大户、家庭牧场、合作社生产的草莓、西红柿、苹果、辣椒、有机牛羊肉系列、奶制品系列、黑青稞饼干、牛羊肉礼酱、黄果饮料、热贡豌豆面、青稞面、黄蘑菇、牦牛肉饺子等百余种绿色有机特色农畜产品，拓宽销售渠道，提升农产品品牌影响力和市场知晓率，以线上带货+线下直销的方式，促进农牧业产业振兴和产业升级。

（撰稿人：薛永峰）

种植业

【概况】 2021年，黄南州完成农作物播种面积17294公顷，同比增加184公顷，增长1.08%。其中，粮食作物播种面积达7934公顷，同比下降3.39%；经济作物播种面积达9360公顷，同比增长5.2%。经济作物中，油料作物播种面积3870公顷，同比增长10.1%；蔬菜种植面积670公顷，同比增长11.6%。粮食与经济作物播种面积占比由2020年的48%、52%调整为46%、54%。全年粮食总产量28964吨，同比减少2947吨，下降9.2%；油料总产量7200吨，同比增加1353吨，增长23.1%；蔬菜总产量16900吨，同比增加840吨，增长5.2%。

2021年黄南州粮食作物面积、产量一览表

表24

地区	品种	面积（公顷）	产量（吨）	单产（千克/公顷）
黄南州	粮食合计	7933.8	28964	16.23
	其中：小麦	3495	15505	19.72
	玉米	91.53	418	20.30
	青稞	3334.67	9377	12.50
	杂粮	5.93	22	16.48
	豆类	276.47	722	11.61
	薯类（折粮）	730.2	2920	17.77
同仁市	粮食合计	3723.13	13360	15.95
	其中：小麦	1842.87	7505	18.10
	玉米	37.67	88	10.38
	青稞	1271.4	3869	13.52
	豆类	130.6	346	11.77
	薯类（折粮）	440.6	1552	15.66
尖扎县	粮食合计	2722.67	12646	20.64
	其中：小麦	1652.13	8000	21.52
	玉米	53.87	88	7.26
	青稞	575.27	2550	19.70
	杂粮	5.93	22	16.48
	豆类	145.87	376	11.46
	薯类（折粮）	289.6	1368	20.99
泽库县	粮食合计	1488	2958	8.83
	其中：青稞	1488	2958	8.83

【农作物病虫害防治】 2021年，玉米黏虫灾害在全省爆发，同仁市、尖扎县也受到危害。为此，第一时间在田间地头开展玉米黏虫虫害调查，调查面积1066.67公顷，成灾面积66.67公顷，防治面积800公顷。协助尖扎县、同仁市农牧业综合服务中心对玉米黏虫发生区域进行虫害防治工

作，有效控制灾情。

【农作物套种】 在尖扎县康杨镇河滩村开展露地间作套种模式研究，以黏玉米→毛豆、甜玉米→毛豆进行套种，利用两种作物一高一矮的生物学特征，充分利用地上部分光能和空间共同生长，减少农药施用量，做到抗灾稳产。通过专业技术人员近一年的共同努力，玉米毛豆套种获得丰产，玉米亩产达到3500千克，毛豆亩产达到370千克。

【绿色农业】 持续推进“1+N”模式的化肥农药减量增效行动，累计落实化肥农药“双减”行动州、市（县）两级地方配套资金3838.5万元，成为全省唯一全额配套地方资金的地区，主要农作物化肥农药减量增效全覆盖。推动耕地土壤环境质量分类管理和受污染耕地安全利用，改善农牧业生产土壤、水体、空气质量。秸秆还田和秸秆肥料化、饲料化综合利用率达到78.83%，地膜回收率达到87%，畜禽粪污资源化综合利用达到82%，形成草—畜—肥—草的发展模式。

（撰稿人：薛永峰）

畜牧业

【畜牧业生产】 2021年，黄南州各类牲畜存栏175.05万头（只），同比增加0.51万头（只），增长0.29%，其中牛存栏83.02万头（只），同比增长3.18%；羊存栏86.45万只，同比下降1.83%。出栏各类牲畜78.88万头（只），同比增加2.12万头（只），增长2.76%，其中牛出栏27.07万头，同比下降0.73%；羊出栏48.71万只，同比增长4.11%。全州肉类总产量35145.2吨，同比增加858.55吨，增长2.5%，其中牛肉产量25191.16吨，同比减少462.28吨，减少1.8%；羊肉产量9672.12吨，同比增加1204.38吨，增长14.22%。牛奶产量40339.36吨，同比增加2448.64吨，增长6.46%。

2021年黄南州牲畜存栏及主要畜产品产量一览表

表25

地区	名称	期末存栏（头、只）	全年出栏（头、只）	畜产品产量（千克）
黄南州	猪	2431	2960	237682
	牛	830202	270726	25191156
	羊	864516	487064	9672187
	禽	53400	28030	44172
同仁市	猪	958	1085	89316
	牛	102587	27118	2594981
	羊	353672	161670	3058695
尖扎县	猪	1473	1875	148366
	牛	44985	11527	1166917
	羊	120807	49509	1082309
	禽	53400	28030	44172
泽库县	牛	374597	116185	10691019
	羊	155276	129503	2547911
河南县	牛	308033	115896	10738239
	羊	234761	146382	2983272

欧拉羊

雪多牦牛

【畜牧业技术推广】 制定印发《黄南州畜牧良种补贴实施方案》，鉴定良种牛羊3180头（只）（其中羊1050只、牛2130头）。完成雪多牦牛、欧拉羊、河曲马、泽库羊、泽库牦牛、高原牦牛、尖扎山羊、青海毛驴等8个地方优良品种的基础普查（包括品种分类、分布、数量、生产性能等），录入上传至全国系统，编印完成《黄南州畜禽遗传资源图谱》。统筹实施娟珊牛、安格斯牛与犏牛杂交试验，推进地方品种再上新高。经国家畜禽遗传资源委员会审定、鉴定通过，并由中华人民共和国农业农村部第498号公告，"泽库羊"被正式列入国家畜禽遗传资源名录，成为青海省第六个羊地方品种，同时也是第三次全国畜禽遗传资源普查工作中被国家畜禽遗传资源委员会遴选发布的十大优异畜禽遗传资源之一。

【兽药经营】 加强全州兽药经营监管力度，规范兽药经营行为，保障动物源性食品安全。联合检查辖区内19家兽药经营企业，检查各类兽药品种100余种，重点加强"瘦肉精"的监管力度，检查中未发现经营"瘦肉精"三聚氰胺等有害化学物质和违禁兽药。

【饲草生产及管理】 全州有机认证饲草种植基地5726.67公顷，种植青贮玉米、燕麦2726.67公顷，泽库县、河南县圈窝子种草3333.33公顷。在巩固扩大"粮改饲"工程基础上，推进农区饲草种植，主推作物为青贮玉米、苜蓿、燕麦等，种植面积青贮玉米333.33公顷、苜蓿66.67公顷、燕麦1733.33公顷。

【生态畜牧业发展】 出台《黄南州生态有机畜牧业示范区规划（2018—2022年）》《黄南州有机畜牧业发展详细规划（2017—2021年）》等配套文件，确定"一区两部三圈四业五园"规划布局，制定草牧业发展实施意见、牦牛产业发展实施意见、拉格日模式推广三年行动方案等，强化政策保障。泽库县整县推广"拉格日"模式，建立牦牛藏羊原产地可追溯养殖管理系统平台和37个合作社信息采集点，佩戴电子耳标27.42万头（只），牦牛和藏羊生产经营主体和产品的可追溯比例达83.7%。河南县建立牦牛藏羊原产地可追溯养殖管理系统平台和20个合作社信息采集点，佩戴电子耳标24.07万头（只），牦牛和藏羊生产经营主体和产品的可追溯比例达51.28%。同仁市建立牦牛藏羊原产地可追溯养殖管理系统平台和8个合作社信息采集点，佩戴电子耳标14.42万头（只），牦牛和藏羊生产经营主体和产品的可追溯比例达100%。尖扎县建立牦牛藏羊原产地可追溯养殖管理系统平台和15个合作社信息采集点，佩戴电子耳标3.61万头（只），牦牛和藏羊生产经营主体和产品的可追溯比例达84.56%。

2021年黄南州省级生态畜牧业专业合作社基本情况表

表26

合作社名称	股份制改造情况			主要产品	销售额（万元）
	人员入社率（%）	牲畜入社率（%）	草场整合率（%）		
多哇镇东维生态畜牧业合作社	100	100	100	牛、羊、酸奶、酥油、曲拉等畜产品	944.82
曲库乎乡江龙牧业生态畜牧业合作社	100	100	100	牛、羊、酸奶、酥油、曲拉等畜产品	652.25
尖扎县五星村生态畜牧业合作社	91	86	86	酸奶、牛奶、酥油、干肉、羊毛、牛绒、母羊、羊羔、公牦牛、牦牛、羊毛、牛绒	120.97
宁秀乡秀恰村生态畜牧业合作社	100	100	100	牛奶、畜产品销售	35.22
和日镇环科日村生态畜牧业合作社	65	94	93	畜产品、养殖业、饲料加工销售、油菜种植、榨油坊、有机粮食、面粉、米销售	300
泽曲镇热旭日村生态畜牧业合作社	69	78	80	畜种改良、畜产品销售	70
泽曲镇东科日村生态畜牧业合作社	62	74	81	畜种改良、畜产品销售	111
多松生态畜牧业专业合作社	40	30	60	牛、羊、酸奶、酥油、曲拉等畜产品	730.5
阿木乎生态畜牧业专业合作社	60	40	100	牛、羊、酸奶、酥油、曲拉牛羊皮加工等畜产品	867.5
德日隆生态畜牧业合作社	50	40	100	牛、羊、酸奶、酥油、曲拉牛羊皮加工等畜产品	915.25

【动物防疫】 印发《黄南州动物疫病免疫方案》《黄南州动物免疫效果监测方案》，调拨各类疫苗2227.05万毫升，其中春防调拨各类疫苗1876.55万毫升、秋防调入各类疫苗350.5万毫升。牲畜口蹄疫免疫469.29万头（只），其中牛免疫250.81万头，羊免疫217.95万只，猪免疫数0.53万头；高致病性禽流感免疫3.74万羽；小反刍兽疫免疫43.14万只；猪瘟免疫0.13万头；猪蓝耳免疫0.32万头。布病免疫554.21万头（只）（牛免疫527.71万头、羊免疫26.5万只）；羔羊包虫病免疫46.76万只。所有应免率均达100%。开展牛结节性皮肤病防治免疫工作，在疫病传入高风险区和异地调运牛中进行羊痘疫苗免疫注射，免疫牛0.21万头。开展“大清洗、大消毒”活动，消毒面积达到61.3万立方米。无疫区牲畜口蹄疫免疫469.29万头（只），小反刍兽疫免疫43.14万只，应免率达100%。快速处置尖扎县、泽库县动物疫病突发疫情，确保群众生命财产安全。

【动物检疫】 开展产地检疫、屠宰检疫，全州产地检疫牲畜80334头（只、羽），其中牛38765头、羊32938只、猪1131头、鸡7500羽；屠宰检疫牲畜49557头只，其中牛22361头、羊27196只；检疫病害动物产品无害化处理数为牛羊内脏161千克。全州病死动物集中无害化处理点6处，其中泽库县5处、河南县1

处，无害化处理1036头（只），其中牛598头、羊224只、猪214只。完成牲畜保险126.28万头（只），其中牦牛75.54万头、藏羊50.64万只、生猪950头、奶牛28头。泽库、尖扎等三县兽医实验室完成省级验收达标，实现“破零”。

（撰稿人：薛永峰）

渔　业

【概况】　2021年，黄南州围绕渔业产业特色，加快渔业标准化示范应用，推广生态化养殖，探索出适合渔业发展的网箱养殖、池塘养殖、大水面养殖模式和公司、合作社、个人3种组织形式的生态渔业模式。建成沿黄李家峡、直岗拉卡、康杨、公伯峡四个水产养殖带，培育水产养殖场7家，养殖网箱305个（3.15万立方米），养殖冷水鱼68万尾，以高白鲑、河蟹等名特优养殖品种为主。全年水产品总量达1000吨，渔业产值0.5亿元，同比增长88.68%。

【渔业执法】　印发《黄河流域黄南段禁捕工作实施方案的通知》，禁渔前后黄河流域黄南段及重点水域树立永久性宣传牌13块，出动宣传车5辆，出动渔政宣传人员85人次，在黄河流域尖扎段、河南段以及黄河支流、干流等地张贴《禁渔通告》《打击电力捕鱼通告》《告渔民书》等宣传资料近1000余份。州农牧执法部门开展联合执法检查，查处禁渔期偷捕行为，均及时移交地方渔政或公安部门立案办理。禁渔期间，开展渔政专项执法检查45次，其中与省执法局开展联合执法1次，州公安局、市场监管局开展联合执法检查2次，与尖扎县公安局联合执法4次。教育、劝离、阻止369人次，收缴渔网42盘（全部当场予以销毁），扣押渔具46套。

（撰稿人：薛永峰）

水　利

【概况】　2021年，黄南州开工（续、改）建各类水利工程57项，下达投资52500.66万元，建成各类水利工程46项，完成建设投资38785.58万元，投资完成率73.88%。全州实施重点水利工程2项，征收水资源费56.31万元，水土流失预防监督费260万元。年内局机关举办水利业务知识专题集中培训2期，为水利干部成长成才搭建平台、创造条件、提供保障。

【水利规划】　补充完善《黄南州“十四五”水安全保障规划》，完成编制工作，待州政府批复。评审通过《黄河黄南流域生态保护和高质量发展水安全保障规划》，报州政府待审批印发，州本级《黄南州河湖岸线保护与利用规划》《黄南州州管河道采砂规划》《黄南“十四五”节水规划》《黄南州“八五”水利普法规划》4部规划落地执行。

【水利项目与投资】　实施农田水利项目工程4项，下达投资3000万元，完成投资6218.92万元；人畜饮水建设项目10项，投资5749.56万元，完成投资5809.56万元；水土保持小流域综合治理工程项目7项，下达投资6068万元，完成投资5975万元；河道治理工程6项，下达投资31653万元，完成投资15081万元；其他项目30项，下达投资6030.1万元，完成投资5701.1万元。

2021 年水利项目建设与投资情况表

表 27　　　　　　　　　　　　　　　　　　　　　　　　　　　　　　单位：万元

序号	项目名称	建设内容	建设性质	工程效益	下达投资	完成投资
一、州本级					99	99
1	河湖长制补助	—	新建	—	40	40
2	山洪灾害防治非工程措施建设	—	新建	—	54	54
3	山洪灾害防治非工程措施维修养护	—	新建	—	5	5
二、同仁市					22365	9358.92
4	扎毛水库灌溉工程	引水口 1 座，主干渠总长 23.2 千米，东干渠总长 6.03 千米，西干渠总长 17.15 千米，东分干渠总长 2.94 千米	续建	控制灌溉面积为 3595.13 公顷，工程建设的主要任务解决农业灌溉和改善项目区沿线生态环境	3000	3000
5	同西高速水利设施及道路损毁恢复工程	恢复干管 2 条共 677 米，恢复支渠 17 条共 6101.8 米，恢复支管 1765.2 米，修建农桥 11 座，便桥 1 座，恢复各类灌溉建筑物共 246 座，恢复 50 吨蓄水池 1 座，恢复人饮管道 1 条共 2100 米，各类阀门井 10 座，恢复田间道路及生产道路 17 条共 7713 米	续建	利用现有渠道及田间道，对 G0611 高速公路占用渠系建筑物及田间道路进行恢复，保证原有项目区 130.47 公顷耕地得到适时足量的灌溉及田间道路的畅通	0	1218.92
6	哈龙寄校人饮工程	新建 10 米截水廊道 1 座，新建 100 吨蓄水池 1 座，新建减压池 1 座，新建阀门井 13 座；配套各级管道 11.6 千米；支管 1.3 千米；支管配水管 0.5 千米，供水井 10 座。护管坝 30 米，硬化路拆除恢复 800 米	续建	本工程涉及 927 人 6825 头（只）的饮水问题包括同仁市加吾乡哈龙寄校 424 名寄宿师生，以及俄毛村及哈龙村 86 户 503 人，大小牲畜 6825 头（只）	0	230
7	扎毛河（立仓村—牙什当村段）沟道治理工程（二期）	治理扎毛河道长度 6.5 千米。(其中修建立仓村左岸防洪堤 3.6 千米、右岸防洪堤 4 千米，左岸护岸 1.5 千米、右岸护岸 1.8 千米，河道疏浚 0.8 千米)	新建	可保护扎毛乡政府所在地 365 户 1245 人，宗格尔寺老寺庙、德庆寺僧侣 220 人的生命和财产安全以及 53.7 公顷耕地、13 公顷林地安全	899	814
8	曲库乎乡古德沟小流域水土保持综合治理工程	水土流失治理面积为 1857 公顷人工造林 97.39 公顷，四旁造林 4200 株，封禁治理 1759.61 公顷，7 条支毛沟布置混凝土谷坊 19 座、护岸墙 200 米，宾格网箱谷坊 29 座，宾格网箱潜坝 10 座，网围栏长度 22000 米，封禁警示牌 5 座，新建流域道路 9580 米	新建	水土流失治理面积为 1857 公顷	836	836

续表27

序号	项目名称	建设内容	建设性质	工程效益	下达投资	完成投资
9	保安镇银扎木沟小流域综合治理工程	水土流失治理面积1889.3公顷，人工造林102.97公顷，四旁造林1万株，封禁治理1786.33公顷，8条支毛沟布置混凝土谷坊48座，沟头防护工程1处，挡墙459米，潜坝11座，网围栏长度22千米，封禁警示牌5座，新建抚育管护道路3500米	新建	水土流失治理面积1889.3公顷	849	849
10	羊智沟小流域水土保持综合治理项目	水土流失治理面积3420公顷，网围栏封禁1043.48公顷，布置浆砌石谷坊218座、潜坝10座，布设网围栏35705米，封禁警示牌20座，宣传牌4座，排水式沟头防护2座，排水渠502米	新建	新增水土流失治理面积为3420公顷	1539	1386
11	保安镇城内村花儿沟防洪工程	主要治理花儿沟1072米（修建右岸防洪堤1163米，左岸护角1142米，修建潜坝4座，过水路面2座）	新建	通过修建堤防等防洪工程，保护保安镇城内村124户426人、花儿沟3500名游客的生命财产安全及休闲观光科技示范园1处、乡村道路0.62公顷耕地、2.62公顷林地安全	400	400
12	2021年人饮维修养护工程	对人饮管网实施维护养护	新建	维修养护24处，覆盖服务人口2.2万人	283	283
13	市域节水型社会达标建设项目	统筹支持县域节水型社会达标建设	新建	—	80	80
14	山洪灾害防治非工程措施建设	开展山洪灾害防治非工程措施建设	新建	—	52	52
15	山洪灾害防治非工程措施维修养护	开展山洪灾害防治非工程措施维修养护	新建	—	45	45
16	河湖长制补助	落实河湖长工作	新建	—	18	18
17	河湖管理范围划定	划定河湖范围	新建	—	127	127
18	扎毛水库设施维修养护（贫困地区小型水库工程设施维修养护）	零星维修	新建	—	20	20
19	城北新区防洪工程	治理河道13.2千米，新建防洪渠、护岸、箱涵18.4千米	新建	提高城北新区的排洪能力，保护人民的生命财产安全，保障该地区经济的持续、健康、稳定发展。该工程总体布置上本着与城北新区规划相结合，以治理沟道和保护环境相结合，因地制宜，就地取材，对现有沟道进行全面规划，彻底整治	14217	0

续表27

序号	项目名称	建设内容	建设性质	工程效益	下达投资	完成投资
三、尖扎县					5613.66	7329.66
20	2020—2021年冬春灌溉水利设施维修改造工程	维修引水口3座，改建干渠5条，新建引水口1座等	续建	改善耕地灌溉面积726.02公顷，将有效解决灌溉期间渠道跑水、漏水，灌溉水利用系数偏低、水资源浪费的现象	0	500
21	加让沟（三期）治理工程	新建宾格网箱防洪堤10.47千米，设置穿堤涵管42座，潜坝132米	新建	本工程具有防洪、生态治理、美化环境的效益	3300	3186
22	2021年度国家水土保持重点工程尖扎滩乡石乃亥小流域综合治理工程	水土流失治理面积1500公顷，其中新修水平梯田27.40公顷，水土保持造林40.01公顷，其中乔木林9.97公顷、经济林9.33公顷、灌木林20.71公顷，封育治理1432.59公顷，四旁植树6144株，田间道路1.2千米，网围栏长度14772米，管道1833米，200吨蓄水池1座，渠道1680米，拦沙坝2座，谷坊34座，潜坝22座，封禁宣传碑2座，封禁警示牌6座	新建	水土流失治理面积1500公顷	675	675
23	2021年农村饮水工程维修养护项目	农村饮水工程维修养护12处	新建	维修养护12处，覆盖服务人口1.3万人	155	155
24	县域节水型社会达标建设项目	统筹支持县域节水型社会达标建设	新建	—	110	110
25	山洪灾害防治非工程措施建设	开展山洪灾害防治非工程措施建设	新建	—	48	48
26	山洪灾害防治非工程措施维修养护	开展山洪灾害防治非工程措施维修养护	新建	—	42	42
27	河湖长制补助	—	新建		21	21
28	河湖管理范围划定	—	新建	—	84	84
29	昂拉乡净化水厂建设项目（昂拉河东拉毛等5村）	新建1座净水厂房、管理房1座、净水设备1套、变压器1台、阀门井2座，铺设排污管道等	新建	改善项目区群众643户2537人，10478头（只）牲畜及项目区旅游人口3200人的饮水水质	260	90
30	2021年公益林绿化应急配水工程（一期）	铺设支管8条，总12.67千米、分支管2条，总长1.91千米、斗管192条，总长68.79千米；配套Φ50移动软管4480米，减压箱18座，各类阀门井18座，给水栓1516座	新建	工程的建设，可为项目区560.48公顷国土经济林提供节水灌溉	397.01	397.01

续表27

序号	项目名称	建设内容	建设性质	工程效益	下达投资	完成投资
31	2021年公益林绿化应急配水工程（二期）	铺设支管5条，总长7.54千米、分支管4条，总长4.66千米、斗管146条，总长38.207千米；配套Φ50移动软管4480米，减压箱9座，各类阀门井18座，给水栓888座	新建	工程的建设，可为项目区258.66公顷国土经济林提供节水灌溉	221.02	221.02
32	2021年公益林绿化应急配水工程（三期）	铺设干管1条，总长3.483千米、支管8条，总长6.512千米、斗管122条，总长26.699千米；配套Φ50移动软管4480米，减压箱16座，各类阀门井17座，给水栓631座	新建	工程的建设，可为项目区167.62公顷国土经济林提供节水灌溉	214.07	214.07
33	当顺乡古浪河村易地搬迁安置点人饮安全供水工程	蓄水池50吨1座，配水主管568米，配水支管2163米，减压池1座，分水井9座，入户管1550米，入户井60座	新建	解决当顺乡古浪河村60户720人，大牲畜75头，小牲畜658只的人畜饮水问题	86.56	86.56
34	公伯峡库区尖扎县纳浪寺水库灌区干渠维修改造工程	拆除重建引水枢纽1座，包括溢流坝、冲沙闸、进水闸等；坝前清淤和新增沉沙池1座等	续建	工程的兴建控制灌溉夏藏滩耕地221.98公顷，沿途措周乡、马克唐镇的366.1公顷耕地灌溉条件得到改善	0	1500
四、泽库县					8492	7747
35	王家乡水源及输配水管网建设项目延伸工程	新建引水口1处；1000吨C25钢筋混凝土蓄水池1座；输水干管总长27.46千米，供水管道干管总长30.1千米，支管总长5.06千米；各类阀门井70座	续建	可解决泽库县王家乡牧户1050户4287人，沿线牧户420户2452人的饮水问题。项目合计收益牧户1470户6739人	1400	1400
36	2021年人饮维修养护工程	泽库县7个乡镇32个村的水利设施进行人饮维修养护	新建	维修养护26处，覆盖服务人口2.08万人	225	225
37	多禾茂乡多禾日小流域综合治理一期项目	本次治理水土流失面积1320公顷，其中新建谷坊25座，水土保持乔木造林29.62公顷，种草192.66公顷，封育治理1097.74公顷，围栏长度为11250米，封禁宣传碑1座，封禁警示牌6座	新建	治理水土流失面积1320公顷	594	594
38	尕群曲河道治理工程（一期）	河道治理总长度6.6千米，新建防洪堤8.958千米，其中左岸新建防洪堤4.722千米，右岸新建防洪堤4.236千米，修建穿堤暗涵3座、牛羊饮水道4座	新建	通过治理，使河道可抵御十年一遇的洪水，保护尕强村等河道沿线183户1057人的生命财产安全以及70.5公顷草地和国道227线安全	1663	1347
39	宁秀曲（一期）河道治理工程	新建公路防冲护脚418米，防洪堤11.20千米，其中左岸新建防洪堤5.62千米，右岸新建防洪堤5.58千米，修建穿堤暗涵6座、亲水踏步3座、牛羊饮水道8座	新建	通过治理，防止水流对两岸的侵蚀，减少洪水对两岸群众生命财产安全的威胁，拓宽居民生存空间，提高人民生活质量	2523	2094

续表27

序号	项目名称	建设内容	建设性质	工程效益	下达投资	完成投资
40	山洪灾害防治非工程措施建设	开展山洪灾害防治非工程措施建设	新建	—	35	35
41	山洪灾害防治非工程措施维修养护	开展山洪灾害防治非工程措施维修养护	新建	—	30	30
42	河湖长制补助	—	新建	—	20	20
43	河湖管理范围划定	—	新建	—	239	239
44	宁秀镇水源及输配水管网工程	拦河坝1座、控制枢纽2座、输水及主配水管线1085千米及配套设施，涉及1.44万人	新建	涉及1.44万人的饮水安全	1763	1763
五、河南县					15931	14251
45	县城排洪渠二期工程建设项目	修建排洪渠3.19千米	续建	提高河南县县城北山排洪能力，保障县城防洪安全，保障县城人民群众生命财产安全和社会经济发展	3158	3158
46	优干宁镇给水管网提标改造建设项目	建设管网总长度21.67千米	续建	提高优干宁镇给水能力，改善保优干宁镇供水水质水量，保障优干宁镇供水	1425	1425
47	沃合特河河道治理工程宁木特镇段	治理沃合特河长11.73千米。疏浚河道长为1720米，新建防洪堤长共8671.73米，潜坝6座	新建	新建沃合特河左右岸堤防，提高项目区防洪标准，保障项目区人民生命财产安全，经济社会发展建设	1794	1794
48	延曲河二期工程	治理长约10.99千米，修建防洪堤总长10.99千米，踏步12座	新建	提高延曲河干支流防洪重点段防洪能力，保障项目区人民群众生命财产安全和社会经济发展	2746	2746
49	泽曲河宁木特镇段河道治理工程	治理河道长3.13千米，左岸新建护坡式防洪堤长3.13千米	新建	提高泽曲河宁木特段防洪能力，保障宁木镇人民群众生命财产安全和社会经济发展	1200	900
50	泽曲河县城段河道治理工程	治理河道总长度为6.78千米，县城上游段及县城段左右两岸修建防洪堤长度为8.50千米，防洪堤结构采用护坡式蜂巢网箱结构	新建	提高泽曲河县城段防洪能力，保障县城人民群众生命财产安全和社会经济发展	3580	2200
51	宁木特镇小流域综合治理项目	治理水土流失1790公顷	新建	治理水土流失1790公顷	805	805
52	香扎寺北山小流域项目	治理水土流失1712公顷。新增水土保持林97.74公顷，人工种草356公顷	新建	治理水土流失1712公顷	770	770

续表27

序号	项目名称	建设内容	建设性质	工程效益	下达投资	完成投资
53	2021年农村饮水工程维修养护项目	河南县2021年农村饮水工程维修养护14处。	新建	农村饮水工程覆盖服务人口1.1万人	152	152
54	山洪灾害防治非工程措施建设	开展山洪灾害防治非工程措施建设	新建	—	20	20
55	山洪灾害防治非工程措施维修养护	开展山洪灾害防治非工程措施维修养护	新建	—	12	12
56	河湖长制补助	—	新建	—	15	15
57	河湖管理范围划定	—	新建	—	254	254

【农田水利工程建设】 全年续建农田水利建设项目4项。其中，尖扎县纳浪寺水库灌溉工程总投资4985.33万元，干渠长度8千米，年内完成总工程量的30%，工程建成后，控制灌溉面积588.08公顷；同仁市扎毛水库灌溉工程总投资61261万元，完成年度投资3000万元，主干渠长度23.2千米，工程整体形象进度达52%，工程建成后控制灌溉面积3595.13公顷；同仁市高速公路水利设施损毁恢复工程总投资1560.81万元，完成投资1218.92万元，工程整体形象进度达85%以上；尖扎县2020—2021年冬春水利灌溉设施维修改造工程总投资500万元，工程建成发挥效益，改善耕地灌溉面积726.02公顷。

2021年浪加水库工程收尾全景

【农村牧区人饮工程建设】 巩固农村牧区脱贫攻坚供水保障成果，开工（新、续）建人饮工程10项，其中同仁市2021年人饮维修养护工程，总投资283万元，维修养护11个乡（镇）24处人畜饮水工程，覆盖1.3万人；尖扎县2021年农村饮水工程，总投资155万元，系统维修完成6个乡（镇）12处人畜饮水工程，覆盖1.3万人；尖扎县当顺乡古浪河村易地搬迁安置点人饮安全供水工程，总投资86.56万元，建成供水管道4.47千米以及蓄水池、阀门井等建筑物，工解决该村60户720人饮水问题；泽库县王家乡水源及配水管网工程，总投资1800万元，完成建设投资1400万元，工程整体形象进度达80%以上；泽库县2021年人饮维修工程，总投资225万元，维修改造泽库县7个乡（镇）32个村水利设施，维修养护人饮工程26处，覆盖人饮安全人口2.08万人，工程已交付并发挥效益；河南县2021年人饮维修养护工程，总投资450万元，维修6个乡（镇）人畜饮水工程，年内完成建设投资152万元，工程整体形象进度45%；同仁市哈龙寄校人饮工程，投资230万元，完成管道建设，长11.6千米，日供水量176.06立方米，解决927名师生和俄毛村民饮水问题；泽库县王家乡水源及输配水管网建设项目延伸工程，投资1800万元，延伸管道27.46千米，解决6379人饮水问题；完成河南县优干宁给水管网提标改造建设项目，投资1600万元；开工建设尖扎县昂拉五村净化水厂建设工程，投资779万元，完成整体工程的35%；完成泽库县宁秀镇水源及输配水管网建设工程，投资1763万元，开始投入使用。

【水利安全生产监管】 落实州委、州政府、省水利厅关于加强安全生产工作的一系列重要安排部署，组织召开专题会议，明确水利安全生产目标、任务，提出具体要求。推进安全生产专项整治三年行动，通过突击检查、交叉互查、随机抽查等方式，重点检查在建12项水利工程，发现各类隐患42项，及时下发书面整改通知和责令立即停工整改通知，及时进行整改，消除安全生产隐患。开展水利安全生产宣传活动，举办全州水利工程安全生产专题培训班。完成水利部、省水利厅督查发现水利安全问题整改工作。

【水利质量监管】 完善质量监督工作制度，规范工程质量监督管理程序，按规定办理质量监督手续，根据各市（县）水利工程建设进度进行监督检查，提高现场检查频率，及时通报和反馈质量监督检查发现的问题，年内全州水利工程实现质量监督全覆盖。进一步规范水利建设行业市场，开展水利建设项目违规招投标、出借借用资质、转包分包暨市场主体履约和农民工工资支付专项检查活动，提出整改措施，督促整改存在问题。集中开展水利建设质量工作宣传培训活动，提高全州水利建设质量管理工作水平。在“云端黄南”信息平台上公布水利工程质量举报投诉方式。预防质量风险、隐患事故的发生，保证在建水利工程质量和安全，发挥投资效益。

2021年10月9日，州水利局召开浪加水库配套工程供水、灌区可研审查会

【水旱灾害防御】 各级防汛分片包干组206人次下沉一线，排查整治水库、涉河工程、重点河段等部位隐患，推动防灾除险措施落到实处。开展4轮水旱灾害防御检查，排查境内主要电站、水库、涝池等灾害风险点59处。实行防御灾害等全天候监测，传递雨汛情预报信息73期，修订灾害应急防御、在建工程及水源地度汛等预案83份，设置防灾警示标牌88处，举行全要素多单元实战化演练19次，指挥调度Ⅲ级应急响应电站调水泄洪3次，平稳应对全州重要降水过程7次。年内全州受灾人口126户352人，造成经济损失95万余元，汛期发生较大洪水、泥石流3次，冲毁水源地2处，自来水管道36米，农灌渠道24米。

【水利帮扶】 坚持脱贫攻坚与乡村振兴有机结合，拓展脱贫攻坚成果，确立党建、智志、产业、资金“四帮”思路，创新脱贫攻坚工作方式方法，强化思想引导，派出第一书记驻村开展工作，激励群众实干自强、兴村富民。发挥行业优势，协调尖扎县政府向村合作社增拨30万元扩大犏牛养殖规模，并将其列入乡村振兴示范村序列。争取6.6万元改造村党群服务中心和幸福互助院，开展“送温暖、献爱心”活动2次，慰问村干部、老党员和脱贫不稳定户26人，捐赠物资价值1.14万元。

【水利改革】 根据省委、州委全面深化改革部署要求，深化“放管服”改革，将水利建设项目审批压缩到60个工作日内，重大项目在线审批30日内完成。确立自行改革任务1项，即推行县域节水工作，强化用水总量和强度双控，落实农业节水增效、工业节水减排，推进节水型城市建设。

【水利信用体系建设】 制定政务服务事项清单，收集水利工程建设市场主体和从业人员信用基础信息58条，同步上传信用平台和水利信息业务系统，实现水利建设领域信用信息网络全覆盖。加强信用管理，建立水利工程领域信用评价、准入退出和不良行为记录公示等制度5项，完善联合奖惩范围、奖惩管理和责任追究机制3个，通过宣传信用信息、培训评标专家、核查企业信用等方式，增强信用信息公开管理效能。强化结果应用，明确对项目招投标、工程造价、质量管理及施工安全等方面违法失信行为的惩戒措施，组织力量监管12项在建工程，推动水利建设依法规范。

【水政执法】 以水资源管理立法为重点，加大河道执法、河道采砂执法、水土保持执法等工作；加强资源保护立法进度，编制“八五”水利普法规划；推进水利“放管服”改革，加强水利普法、行政复议、行政诉讼工作，加强水法治队伍建设。建立水利法治建设要点和任务台账，编制行业通用目录，确立权责清单216项，制定首问负责、服务承诺、限时办结等制度6项，法治建设和依法行政工作实现提质进位。《黄南州水资源保护条例》立法工作通过州委常委会、州政府常务会议审议，提交州人大常委会审定。依法履行水行政许可、申请、受理、审查和监督等职能，开展预防监督和执法检查52次，下达水土保持补偿费缴纳通知书48份、技术审查报告35份。

【水法治宣传】 利用周二、五政治学习时间，业务干部在联点村向局机关干部职工、基层水利干部职工、水利工程建设者宣传习近平法治思想、宪法、省州委对依法治国的重大决策部署、2021年普法计划列入的普法全部内容等法律法规，以及《中华人民共和国水法》《中华人民共和国水土保持法》《中华人民共和国防洪法》等水利行业法律法规，传播法治思想和水法律法规知识，提高全社会水法治意识。据统计，全年组织水利干部职工参加各类培训班4次，参与人数达80多人次；该局领导干部法治讲座1次，参与人数60余人次，利用“12·4”国家宪法宣传日、世界水日和中国水周等活动，集中宣传国情、省情、州情和水情，营造学法、守法的良好氛围。全年开展专题宣传活动达6次，出动宣传人数70余人次，悬挂横幅7条，张贴标语30张，制作展板6块，编发信息6期，发放宣传材料近400多份，咨询人数300多人次。全年局机关干部职工参加各类法律考试11次，参加人数350多人次，及格率达100%，良好率达90%以上，优秀率达85%以上。

（撰稿人：桓林邦、张祎）

工业和建筑业

工业经济

【概况】 2021年，黄南州第二产业完成增加值25.73亿元，比2020年同期下降10.9%，增速全省排名第8位；全州规模以上工业企业完成现价增加值14.26亿元，按可比价计算，同比下降11.6%；规模以下工业企业现价增加值同比增长5.7%。按性质划分，国有及国有控股企业完成增加值1.46亿元，同比增长18.3%；股份制企业完成增加值11.59亿元，同比下降14%；外商及港澳台企业完成增加值1.21亿元，同比下降12.6%。按行业分，轻工业完成现价工业增加值6.90亿元，同比下降0.2%；重工业完成现价工业增加值25.65亿元，同比下降12.8%；按地区划分，同仁市完成规模以上工业增加值0.24亿元，同比增长6%；尖扎县完成规模以上工业增加值12.48亿元，同比下降13%；泽库县完成规模以上工业增加值0.18亿元，同比增长0.8%；河南县完成规模以上工业增加值1.36亿元，同比增下降0.8%。工业品产销率为88.9%，同比下降0.3个百分点。在主要产品产量中，完成发电量90.72亿千瓦时，同比下降18.3%；鲜、冷藏肉1306吨，同比下降22.5%；饮料35328吨，同比增长11.1%；乳制品345吨，同比下降21.4%；熟肉制品35吨，同比下降94.3%；商品混凝土168434立方米，同比增长252.1%。截至年底，全州拥有各类工业企业469家，其中规模以上工业企业19户（新增2户，分别为青海高原之宝牦牛乳业有限公司、尖扎县保下藏成山砂石厂）；按照属地分，同仁市3户、尖扎县7户、泽库县3户、河南县6户。按照中小微企业标准划分，中型企业1家、小型企业121家、微型企业328家；按照属地分，同仁市178家、尖扎县158家、泽库县64家、河南县69家。

2021年黄南州规模以上企业主要经济指标表

表28

序号	企业名称	地址	主要产品	工业产值（万元）	同比增长（%）
1	盛方能源有限公司	同仁市	热力生产	3151	9.73
2	黄南州水电开发有限责任公司	同仁市	电力生产	2332	5.52
3	青海高原之宝牦牛乳业有限公司	同仁市	乳制品	2340	360
4	李家峡电厂	尖扎县	电力生产	134879	-24.65
5	黄化供电公司	尖扎县	电力供应	61470	19.01
6	青海大唐国际直岗拉卡水电开发有限公司	尖扎县	电力生产	15664	-13.18
7	青海水利水电集团有限公司尖扎光伏电站	尖扎县	电力生产	3771	17.04
8	青海诚扬水电有限公司	尖扎县	电力生产	21161	-16.41
9	青海华拓新能源有限公司尖扎县光伏电站	尖扎县	电力生产	2455	15.27
10	尖扎县保下藏成山砂石厂	尖扎县	建材产品	3700	—
11	泽库县西北弘有机资源开发有限公司	泽库县	鲜、冻牛羊肉	4225	11.69
12	泽库县叶堂高原有机产品开发有限公司	泽库县	肉类及乳制品	2453	-58.95
13	泽库县润昊市政公用及交通道路工程建设有限公司	泽库县	建材产品	4175	121.84
14	河南县富强电力实业有限责任公司	河南县	电力生产	1881	-47.42
15	河南县三江牧场有限公司	河南县	鲜、冻牛羊肉	6110	-12.47

续表28

序号	企业名称	地址	主要产品	工业产值（万元）	同比增长（%）
16	青海聚能瀞度饮料股份有限公司	河南县	生态水	53541	8.33
17	河南县光伏电站	河南县	电力生产	2390	14.20
18	黄南州天顺建设工程有限公司	河南县	建材产品	3156	55.09
19	河南县启龙牧场	河南县	乳制品	2680	-10.76

【重点工业投资】 加大投资政策落实力度，深化供给侧结构性改革，持续深化“放管服”改革，加大服务措施，改善投资环境，强化生产要素配置，鼓励工业投资项目落地见效。坚持“一企一策”，落实驻企特派员制度，推进李家峡5号机组、同仁市向朝阳和青海悦牧人家牛羊肉精深加工、青海顺兴和中药、藏药材深加工等项目投产投运。年内完成规模以上企业增加值14.26亿元，光伏发电、中药、藏药、生态水等工业新业态、新动能不断培育发展。先后淘汰黏土砖生产企业产能6300万块，电解铝产能12.6万吨，建成年产近1.1亿万块的环保节能免烧多孔砖企业2户；全州5个光伏、风电等新能源项目陆续审批开工建设；李家峡3号机组维修工作全面建成投运；总投资5.4亿元、装机40万千瓦的5号机组完成投资4898万元。截至年底，全州地方工业在建项目18个，完成投资14.66亿元，同比增长77.3%，其中续建项目8个、新开工项目10个；累计完工项目4个。在建工业项目中亿元以上项目4个，增加1个；亿元以上项目完成投资9.3亿元，同比增长23.8%。

李家峡水电站大坝

【工业园区建设】 黄南州大力培育支持一市三县工业园区发展，全州建成或正在建设的工业园区主要有同仁市绿色轻工业园区、尖扎县三江源生态产业集中区、泽库县现代农业产业园区和河南县现代畜牧业示范区，正在谋划建设黄南州有机农畜产品输出地园区。按照“优化布局、合理配置、功能齐备、错位发展、综合服务”思路，加快园区建设步伐，以资源综合开发为依托，产业发展为支撑，园区集聚为基础、功能效用为目标，做精做细做强优势产业和特色产品，坚持推进“一县一园”配套建设，发挥资源、产业和区位优势，不断完善产业园区功能设施，整合物流仓储及电子商务，加大产业上下游对接和延伸，争取各类项目资金扶持和入驻企业扶持力度。截至年底，全州4个工业园区入驻企业达到56户，新引进企业12户。

【中小企业发展】 围绕中小微企业，不断创业创新培育市场主体，挖掘培育地方品牌，宣传扩大市场占有率，提升中小企业管理水平、发展水平和发展质量。加大企业培育力度，激发企业活力，释放供给积极因素，化解融资难、融资贵问题，加大助企纾困力度，支持引导企业走“专精特新”发展道路。全年培育中小微企业15户、规模以上企业2户，认定省级“专精特新”企业2户（河南县启龙牧场、青海聚能瀞饮料股份有限公司）。累计组织工业企业参加省内外各类培训13次，培训128人次。落实“专精特新”项目10个，资金407万元。截至年底，全州有中小企业450家，比2020年增加81家；从业人员1189人，比2020年增加346人。

【服务企业发展】 贯彻落实省委、省政府《关于促进非公有制经济加快发展的意见》《进一步促进民营经济和中小企业高质量发展的若干政策措施》，结合黄南州实际，制定《关于促进中小微企业和民营经济若干措施》《中小微企业服务指南》，多次召开会议研究部署全州民营经济和中小企业高质量发展问题。发挥政府职能作用，积极搭建银企对接交流合作平台，召开“政银企”对接会，推动资金供需方更深入、更直接、更广泛地交流合作，实现地方经济、金融普惠、企业发展互利共赢。引导民营经济从事新兴产业、科技型产业、现代农牧业和生产性服务业投资，鼓励各领域民营企业加快实施“两化”融合项目和数字经济产业，指导中小企业、民营经济通过并购、重组和控股、参股等多种改制形式，参与国有企业公司制改革。持续推进“放管服”改革，不断规范行政审批事项，简化行政审批程序，提高行政审批效率。及时制定印发《工业和信息化项目核准备案管理有关事项的通知（试行）》，明确企业主体核准备案权限、程序及填报要求，将工业和信息化投资项目投资额2000万元以下项目备案权限下放到市（县）一级主管部门。落实国家减税降费措施和政府性基金减免政策，完善政府权力清单、责任清单和涉企收费清单。坚持“一企一策”解决企业的实际困难，在全州工业企业派驻27名特派员，引导重大项目、资金、人才向企业集聚。

李家峡五号机组

【重大项目建设】 *李家峡五号机组启动建设*。李家峡水电站是黄南州最大的工业企业，设计总装机容量为200万千瓦，于1999年12月4台机组全部投产。至2021年，实现工业总产值13.9亿元，是黄南州唯一工业总产值10亿元规模企业。经过“十二五”“十三五”10年谋划，2021年5号机组建设开工建设。5号机组项目总投资4.98亿元，当年完成投资1.265亿元。

聚能瀞度水产业发展。青海聚能瀞度饮料股份有限公司成立于2011年，是由天津援建青海藏区的企业。该企业位于河南县，是集瀞度天然矿泉水、天然气泡水研发、生产、销售、物流、服务于一体的综合性企业，政府特批300平方千米专属水源保护区。2015年被省政府列为青海省“十三五”期间重点绿色生态工业项目。截至2021年底，该公司研发出苏打水、矿泉水、气泡水等系列产品三大类16种，当年完成工业总产值5.35亿元，生产生态水3.5万吨，年内与恒大、红牛、元气签订约5亿元的代加工协议，成为拉动全州工业经济的支柱产业。

（撰稿人：赵延入）

工业门类

【电力工业】 持续发挥电力工业支撑引领作用，围绕“四地建设”“打造国家级清洁能源产业高地”机遇，利用资源优势，合理布局产业集聚区，发展光伏产业，陆续建成或开工建设青海省海南州共和县至河南省驻马店特高压±800千伏过境输电线路、尖扎至同仁330千伏输电及配套工程、尖扎县昂拉110千伏输变电项目、尖扎滩30兆瓦风力发电等项目，使电力工业投资项目建设迈上新台阶。全州农村电网及城市电网基本实现全覆盖，以隆务河、黄河流域为主的水电企业经过技改或扩能改造，进一步增强产能。截至2021年底，全州电力生产企业总装机容量达到233万千瓦时，光伏发电企业总装机容量达到100兆瓦，水电站总数达到26座，光伏电站达到7户。全州发电企业完成发电量91亿千瓦时，同比下降18.3%。供电企业完成售电量20亿千瓦时，同比增长12.7%。

【建材工业】 加快新业态培育，青海奔晨建材有限责任公司五位一体大型环保节能建材+绿色装配式建筑基地项目总占地面积20公顷，建筑面积3万平方米，总投资18000万元，新建100万立方米砂石开采、环保智能砂石骨料不同粒径生产线三条、混凝土研发生产线3条，将实现年开采砂石100万方，可年产100万吨水洗砂、50万吨骨料及再生骨料、50万吨机制砂、50万立方米商品混凝土。泽库县润昊市政公用及交通道路工程建设有限公司产10万吨沥青混凝土搅拌站、年产20万立方米水泥稳定层拌和机、年产10万立方米商品混凝土拌和站项目全面建成投产，总投资3000万元，利用电子技术和新型检测仪器，简化工艺流程，实现生产自动化和严格控制配合比，保证成品质量。尖扎县保下藏成山砂石厂项目建成年开采加工砂石200万立方米；采砂区购置配备挖掘机、装载机、自卸汽车10余辆，加工区新建3条砂石加工生产线，购置砂石破碎机、筛分机、输送机、洗砂机、压滤机、回收机及配套变压器、三级沉降池等设施设备140余台（套），完成投资9341万元，年产值达3700万元，于2021年实现入规，是全州唯一入规的建材企业。

河南县托叶玛光伏电站

【新能源产业】 持续加强区域经济合作，围绕黄南资源禀赋、发展定位和产业优势，谋划招商引资项目，成功签约黄南州地面光伏电站、同仁市瓜什则乡400兆瓦“光牧储”综合一体化发电、黄南州天然气利用工程一期项目等项目，新型燃料、光伏项目陆续开工建设，截至12月底，全州新能源企业达9户，其中太阳能光伏发电企业7户、新型燃料企业3户，进一步优化全州能源结构，加快工业转型升级。

【食品加工业】 全州生态水加工企业达到4户，饮料生产企业达到3户，肉食品加工企业达到28户，乳制品生产企业达到21户、土烧馍馍生产企业达到5户。全年规模以上食品加工企业完成工业总产值6.9亿元。其中，乳制品344.5吨，同比下降21.4%；熟肉制品35吨，同比下降94.3%；鲜、冷藏肉1306.3吨，同比下降225.5%；饮料35328吨，同比增长11.1%。

（撰稿人：赵延入）

重点工业企业

【青海聚能瀞度饮料股份有限公司】 青海聚能瀞度饮料股份有限公司成立于2011年，是由天津援建青海藏区的企业，位于河南县，是集瀞度天然矿泉水、天然气泡水研发、生产、销售、物流、服务于一体的综合性企业。企业投资创建的“瀞度水”项目得到天津市委、市政府，青海省委、省政府的支持，属地政府特批300平方千米专属水源保护区。2014年4月，获中国高端水行业“冰魂奖”“梅花雪奖”，是唯一一个同时获两项殊荣的品牌。省政府于2015年将“瀞度水”项目列为青海省“十三五”期间重点绿色生态工业项目，瀞度产品于2019年被纳入天津市消费扶贫采购目录清单。2020年初，瀞度成为第一批入住“贫困地区农副产品网络销售平台”的荣誉企业。2021年，瀞度母公司获“全国脱贫攻坚先进集体”。瀞度水源地水资源储量巨大，年流量达670万吨，年允许开采量167.5万吨，是国内已发现最大单体水源。瀞度水生产基地项目投资6亿元，厂区总占地面积25.33公顷，建成一期工程并投产。生产基地建有现代化生产车间2个、库房1个、污水车间1个、瀞度水博物馆1座。投产矿泉水PET生产线2条，可实现产能911.68万箱；气泡水易拉罐生产线以及玻璃瓶生产线各1条，可实现气泡水产能830.28万箱，玻璃瓶制品586.08万箱，合计1416.36万箱，约合17200吨。生产工艺方面，实施24小时生产监控和抽检等严格监测制度，工艺采用国内先进的水处理措施、封闭的全自动化流水生产线和完善的CIP（原位清洗）洁净系统，确保生产环境的无菌状态，通过GB/T 19001—2008、GB/T 24001—2004、GB/T 22000—2006管理体系认证。拥有瀞度天然矿泉水，天然气泡水以及果味型气泡水三大品类10个单品，产品销售渠道通过线上与线下相融合的方式进行，在天津设立营销中心，在成都、西宁、重庆、北京、深圳、杭州、无锡、兰州设立办事处，营销能力辐射全国。

青海聚能瀞度饮料股份有限公司生产的气泡水

【青海西北弘有机资源开发有限公司】 青海西北弘有机资源开发有限公司成立于2015年11月，位于泽库县恰科日社区，注册资金6980万元，主要从事牦牛藏羊屠宰及精深加工与销售、养殖、活畜交易等业务，由屠宰及精深加工厂与活畜交易市场两部分组成，总占地7.4公顷，其中屠宰及精深加工厂占地3.33公顷，活畜交易市场占地4.07公顷。拥有牦牛屠宰线3条、藏羊屠宰线2条，其中有机牦牛屠宰线1条、有机藏羊屠宰线1条，3000吨冷库、污水处理站等设施设备。公司产品为国家体育总局训练局运动员备战产品。斥资6000万元建立的牦牛藏羊屠宰及精深加工生产线于2018年10月试生产，使泽库县畜牧产业从粗放经营向高效集约、精深方向发展。建立占地4.07公顷的牦牛藏羊交易市场，该市场为青海南部规模最大标准最高的活畜交易市场，辐射带动黄南州、果洛州、玉树州、甘肃省甘南州等地区。企业采用“公司+合作社+牧户”的模式，参与脱贫攻坚行动，通过劳动技能培训、牧民参与分红等方式让贫困分享公司发展的成果。2021年，公司屠宰加工牦牛15000头、藏羊5000只（含代宰），销售收入5000余万元，牦牛活畜交易市场交易突破5万头。

【河南县启龙牧场商贸有限公司】 河南县启龙牧场是一家综合开发有机畜产品的企业，始建于2009年，地处三江源腹地的蒙旗大草原，这里被世界教科文组织誉为亚洲一流草场、亚洲四大超净区之一，被农业部确定为全国最大有机畜产品生产基地，被生态环境保护部确定为（国家级）有机乳品生产基地。公司总资产7200万元，截至12月1日，营业收入2030万元。有员工63人，大专以上学历和专业人才占比40%。年内完成科技成果转化1项，申请专利2个，获得著作版权10个，技术团队博士5人，培养硕士1人、专业技术人员12人、新西兰—启龙牧场交流人员4人。采用会员制+专卖店模式，入户会员2万人。产品进驻西宁各大商超，在上海、天津地区总代理经销，京东、天猫、美团、稳当生活等网络销售；在西宁机场开设旗舰专营店1个，西宁王府井5个、北京2个、上海2个、拉萨2个。2021年，启龙牧场完成牦牛奶粉产业链投资约8000万元，4000平方米专家综合楼、1.1万平方米奶粉生产车间、10座鲜奶收集站，流转草场2000公顷，购置牦牛1000头。与河南县10个合作社签订供奶协议并建设奶站，收益牧户1000户，并收购牛奶800吨；安排奶站管理员、运输员、检测员等就业岗位20个，年发放工资60万元；草场流转2000公顷，为无畜户、贫困户等实施租牛业务，实现产值200万元；在西宁南山路、大十字开设专卖店，河南县各企业、合作社产品代销。启龙牧场被青海省评为青海省农牧业产业化重点龙头企业，省级扶贫产业化龙头企业，是青海省诚信企业、青海省科技型企业，被认定为青海省省级农牧业产业化联合体、青海省文化旅游产业示范基地。获食品安全生产认证、ISO 1400环境管理体系认证、国家质量管理体系认证（BCC）、食品工业企业诚信管理体系认证（CMS）。公司主打品牌“阿米雪”获得国家级有机认证、国家级绿色食品认证，被青海省评为“青海省著名商标”，并获第六届国际有机食品博览会Bio Fach china金奖。阿米雪雪山咖啡获2018年中国首届丰收节农产品金奖，是无污染、无添加剂、纯天然的绿色健康食品。

（撰稿人：赵延入）

水电开发

【概况】 2021年，黄南州水电开发有限责任公司辖管的5座水电站及所控股的扎毛水库坝后电站完成供电量13974.78万千瓦时，实现销售收入2920万元，上缴税金128.5万元。公司被黄南州工商联授予“履行社会责任先进企业”荣誉称号。年内因气候偏旱、大网检修及限负荷、保障生态基流、设备设施维护检修、同仁城北新区郭么日大桥建设项目交织施工等综合因素影响造成电量损失达270万千瓦时。

2021年公司所属电站供电量一览表

表29

序号	电站名称	装机（千瓦）	供电量（万千瓦时）
1	曲库乎水电站	3760	3045.87
2	唯哇水电站	5500	3794.23
3	铁吾水电站	2250	1724.63
4	年都乎水电站	2500	1719.46
5	郭么日水电站	2250	1375.83
6	扎毛水库坝后电站	7500	2314.76
7	合计	23760	13974.78

【水电项目建设】　在设备设施维修项目实施中，大多数项目均由职能中心和站抽调人员自行组织施工，高效完成施工任务，节约项目实施成本。采取公司职能中心人员在施工管理、技术指导服务等层面分包各电站的措施，实时对接监督跟进电站维护、检修、处置突发事件等全过程，督促各站做好检修维护前期准备工作，压缩实施时限，最大限度降低停机时间和电量损失。全年公司所属电站完成设备设施维修项目38项，其中完成计划内项目12项、新增项目26项，完成决算资金102.52万元。

2021年1月13日，省总工会一级巡视员刘华芳（中）“两节”期间慰问州水电开发公司职工

【安全生产】　牢固树立安全发展理念，在继续做好设备巡视、隐患排查、缺陷整治等保障安全的基础性工作的同时，发挥公司、职能中心、电站三级安全管理网络及目标责任考核等管理办法的辐射监督作用，降低责任事故的发生率。年内未发生一起重特大人身伤亡事故及设备重特大责任事故，稳步推进生产。

【服务社会发展】　“两节”前夕，在联点村泽库县西卜沙乡跃进村慰问困难群众、卸任村委班子成员、患病原村主任17人次，发放慰问金、物品合计8150元；公司各电站在节前慰问周边村庄困难群众10人次，发放慰问金、物品合计7950元。在“六一”国际儿童节、“六月会”等重要节点，五站慰问周边村庄村委会、村完小、寺管会等，给付慰问金、物品合计6000元。合计投入2.2万余元。

10月省内出现新冠病毒感染者后，紧急采购口罩、酒精、“84”消毒液等防疫物资助力疫情防控，相继为四合吉社区捐赠价值7214元的防疫物资，为同仁市宗教人士捐赠价值7520元的防疫物资，合计投入1.5万余元。

（撰稿人：赵青斌）

建筑业

【概况】　截至年底，全州建筑业企业有22家，其中二级企业6家。全州建筑业总产值完成6.14亿元。建设服务业全年实现产值16亿元，同比增长28%，完成利税3.2亿元，同比增长19%。组织拉网式和专项检查35次，下发限期隐患整改通知书110份，责令停工整改199项，记入不良行为记录2个。全年发生建筑领域安全事故1起。

【建筑市场秩序】　全年开展21次专项执法检查、13次建筑市场综合执法检查活动，检查建筑工程416项次，建筑面积68.2万平方米，工程造价62.56亿元，下发《责令限期改正通知书》88份、《责令停止施工通知书》36份、《安全生产隐患限期整改通知书》77份、《安全生产隐患停工整改通知书》45份、《建设行政处罚听证权利告知书》3份、《建设行政处罚决定书》3份。

（撰稿人：李光凯）

信息化建设

数字经济发展

【概况】 2021年，黄南州积极培育数字经济等新兴产业，加快建设大数据中心、区块链，改善信息化基础设施，探索实现智能制造、企业云、工业和信息化“两化融合”。推进“互联网+”工作，建成“云端黄南”“黄南先锋”等新媒体政务信息平台，实现教育、医疗、农牧、交通等行政审批效率的提升。完成州、县两级市场监管、人社、公安等部门高频政务服务事项与省政务服务网站单点登入和互联共享工作，政务服务网上可办率达到93%。助推工程建设领域在线审批项目296项，全州在线办件总量审批项目327件。完成黄南州生态环境监测站信息化建设14套、空气监测系统4套，实现全州重点水源、湿地、河道、湖泊、野生动植物的信息化监控监测。全州参保群众医保电子凭证激活率达95%，95%以上公立医院接入省级全民健康信息平台。

2021年8月2日，黄南州第六批电信普遍服务4G新建基站项目现场验收工作在同仁市曲库乎乡进行

【信息化建设】 在全省率先完成总投资3780万元的第六批电信普遍服务试点建设项目60个，完成总投资为315万元的第七批电信普遍服务试点建设项目5个，年内建成4G基站65座、5G通信基站30个。针对全州农牧区、景区、道路沿线等区域网络信号不畅问题，加大电信普遍服务4G网络基站建设项目争取力度，加快实施农村牧区4G网络基站建设。截至年底，全州累计建成4G网络基站544座、5G网络基站234座。全州铺设的光纤总长度11000千米，宽带网络接入75081户家庭。262个行政村4G网络实现深度覆盖，4G网络建设走在全省前列，获工信部表彰。启动实施5G网络，基本实现州府、县府所在地主城区5G网络信号全覆盖。

【信息技术服务】 按照“信息化赋能乡村振兴”帮扶思路，做好农村及偏远地区重点区域网络覆盖，推进农村地区千兆光宽、5G网络等新型基础设施建设。持续深化宽带网络覆盖，优化网络服务。电信公司完成新建基站1.8G基站6个、2.1G基站3个、扩容小区41个、拆闲补忙小区21个；无线指标及拉网测试收集梳理问题53条，整理无线网络信号优化事项287条、472条问题，优化解决268个；完成质差用户光衰整治17446户，光衰达标率17118户，达标率98.12%。移动公司持续推进5G建设进度，5G网络从州政府、县政府所在地延伸到乡、镇一级行政区域，全网基站退服率为1.9‰（剔除太阳能基站），达到考核指标。及时处理网络投诉，工单解决率96.36%。联通公司推进数字信息基础设施建设，搭建PEOTN（分组传输网）精品网，完成全州核心节点100G波分建设及成环；完成总投资556.72万元的第六、七批电信普遍服务项目38个，与中国电信共建共享5G基站87座，5G基站规模达114座；宽带投资176.3万元，完成17个乡村和16个小区宽带资源建设，新建端口3100个，铺设光纤460千米。截至年底，全州信息服务业实现营业收入2.23亿元，为全州各部门单位提供技术服务、网络维护17446次。完成电信业务总量71.47万元。

（撰稿人：周　毛）

无线电管理

【概况】 2021年，黄南州无线电管理办公室完成无线电监测、频率台站管理、无线电行政执法检查、无线电安全保障等重点工作。全年审批新增5G台（站）83个，办理延期使用无线电台站291个，停用电视广播设备4个。截至年底，全州有无线电台（站）2869个。检查辖区无线电设台单位1个，未发现违规发射设备。全年组织技术人员参加省外培训2人次、省内培训8人次。7月，选派3名技术人员参加全省第十五届无线电监测技术演练竞赛活动，取得团体总成绩第一名，其中理论知识竞赛项目、非法设台查找项目第一名，信号分析考查项目、干扰查找项目第二名，2名技术人分获个人总成绩第一名、第三名。

【频率台站管理】 根据省无线电管理办公室“双随机、一公开”行政执法检查工作，抽查5G基站3个、业余电台2个。检查中，执法人员重点核查无线电频率设台单位和个人是否按规定参数发射，做到人机见面，并现场采集电磁频谱数据。通过检查，准确掌握全州5G基站使用情况，有效推进公众移动通信基站规范化管理，进一步强化频率台站管理。

2021年7月26日，黄南代表队参加青海省第十五届无线电监测技术演练（竞赛）

【无线电监测保障】 在春节、两会和重要时间节点及重大活动期间，做好无线电监测、监听工作，为党政机关和维稳部门提供保障。年内参加各类考试保障14次，出动人员40人次、设备51套次、车辆20辆次，保障天数26天；强化日常无线电监测，按月上报监测分析报告，全年累计监测时长1298小时；开展打击治理“黑广播”“伪基站”专项行动，启用固定监测站1座、移动监测站1个，便携式监测设备5台（套），移动监测全州重点区域及商业区人口密集地区，累计监测600多个小时，未发现“黑广播”“伪基站”；开展5G基站在用设备检测工作。贯彻落实2021年全省5G干扰协调会议精神，加快推进全州5G产业发展，保障无线电波秩序畅通，开展辖区31个5G基站在用设备检测工作。通过检测，详细掌握各运营商5G基站建设和在用设备使用情况，提高技术人员5G信号测试分析能力。全年全州新增无线电监测设备3台（套）。

【无线电宣传】 结合全州宪法宣传、安全生产宣传、民族团结宣传月等活动，举办形式多样、内容丰富的宣传活动。组织人员重点宣传新修订的《中华人民共和国无线电管理条例》《中华人民共和国无线电频率划分规定》等法律法规。活动期间，展出无线电知识展板16幅，悬挂横幅6条，散发宣传手册1000余份，向广大农牧民群众发放印有无线电标语抽纸100盒、纸杯2000个、手提袋200个、笔记本100本。

（撰稿人：窦宗强）

通信管理

【概况】 2020年12月25日，黄南州信息通信发展办公室挂牌成立，其职责是组织州内通信办、4家通信行业及广电公司开展通信业服务及应急保障工作。截至2021年底，全州电话用户总数318379户，电信运营企业完成电信业务总量2.23亿元；固定电话用户34980户，其中电信公司固定电话用户29100户、移动公司固定电话用户5000户、联通公司固定电话用户880户；移动电话用户283399户，其中，移动公司移动电话用户130000户、联通公司移动电话用户70744户、电信公司移动电话用户82655户；全州互联网用户182921户，其中联通公司互联网用户11540户、移动公司互联网用户135000户、电信公司互联网用户36381户。

【通信应急保障】 在全省率先完成《2021年黄南州通信行业应急保障工作预案》，组织专家进行评审论证，提升黄南州应急通信保障工作，成为全省通信行业先行先试的创新举措。全年组织开展黄南州热贡文化艺术旅游节、国际铁人三项邀请赛通信应急保障工作2次，配合保障青海日报社以移动网络汉语藏语多平台直播的形式，展现国家级非物质文化遗产“於菟”文化。

2021年12月29日，尖扎县德吉村5G基站建成，标志着德吉村景区5G全覆盖

【通信基础设施建设】 助力西成高铁统筹规划。组织电信企业及相关部门核实西成高铁黄南州范围线路内通信迁改工程量4次，迁改通信线路约49千米，物理站址1处，建立常态化与铁路系统各级部门对接机制，共同协调解决西成铁路沿线覆盖配套通信建设、租赁等问题。

协调同赛高速公路通信迁改。在同赛高速公路260千米建设过程中，州通信办与建设单位沟通对接，核实需迁改通信光缆35千米、斜井7处，对涉及通信迁改的线路提出迁改涉及方案，科学合理解决高速公路通信网络覆盖等问题。

【通信共建共享共维管理】 坚持以全州通信基础设施共建共享共维工作为重心，以节约资源、降本增效为目的，与住建部门联合制定出台《黄南州住宅和商务建筑通信基础设施建设管理办法》，解决通信基础设施建设领域通信行业及开发商、物业恶性竞争等突出问题，维护全州通信基础设施建设行业有序、健康发展。

（撰稿人：周　毛）

电　信

【概况】 2021年，中国电信黄南分公司下设办公室、财务部、市场部、政企客户部、网络运行维护部、客户服务部、党群工作部、纪委办公室、工会、综合服务支撑中心、同仁运营部、尖扎分公司、泽库分公司、河南县分公司。市场部下设业务支撑中心、城乡支局运营中心、渠道运营中心；网络运行维护部下设设备维护中心、线路维护中心、政企客户支撑中心。截至年底，员工有276人，其中合同制员工126人、外包员工150人，解决当地就业人员125人。全年建成4G基站7个、5G基站5个，基站总数548个。截至年底，公司有客户93862户，当年发展移动用户27763户、宽带用户8497户、天翼高清用户3935户、家庭信息化7609户，运营收入7098.26万元。立项建设完成10个重点项目。年内基础设施建设投资1129.47万元；敷设光缆864千米，光缆总长度5052.61千米。10月14日，泽库分公司举办“泽库县云网大数据中心落成揭牌暨通信机房搬迁启动仪式”。

【网络建设】 做好农村及偏远地区重点区域网络覆盖，推进农村地区千兆光宽、5G网络等新型基础设施建设。持续深化宽带网络覆盖、优化网络服务。完成新建基站1.8G基站6个、2.1G基站3个、扩容小区41个、拆闲补忙小区21个；无线指标及拉网测试共收集梳理问题53条，整理无线网络信号优化事项287条472条问题，截至11月，无线网络信号优化解决268个。完成质差用户光衰整治17446户，光衰达标率17118户，达标率98.12%。

西宁至成都高铁建设开工后，配合铁路建设单位组织专业人员多次现场勘查，完成黄南境内铁路沿线线路迁改摸查，并制定线路迁改方案，在最短期限内完成铁路规划范围内光缆线路迁改任务，线路大修资金210余万元。全年通信工程投资1543万元，完成无线网5G基站建设54个，机房设备及油机购置、线路建设等项目，完成泽库机房搬迁及IDC建设。

【信息化建设】 “黄南先锋”智慧党建大数据平台项目。全方位、全领域、全场景赋能党建工作，将数字信息技术运用到党建工作中来，为党群干群互动和群众有序参与提供常态化平台和通道。

“云端黄南”平台。全面整合全州信息资源，构架以“新闻+政务+服务”功能为一体、实现互联互通、运行顺畅的公共信息服务体系和新媒体大数据中心，完成网络直播功能。

教育厅校园安全视频监管平台。中标省教育厅校园安全视频监管平台项目，汇聚全州113所学校现有监控通过平台，建设提供远程控制、管理、查看的多功能视频监控平台，实现集安全态势数据展示、决策、监控、应急指挥于一体的大数据校园安全防控平台。

黄南州乡镇视频会议系统改造。与州政府合作，将原省—州—县视频会议系统延伸至全州各乡镇，建成省—州—县—乡镇的纵向一体化的系统管理，方便、使用简单、运行稳定、性能优秀的高清视频会议系统，与之前由中国电信股份有限公司青海公司承建的全省视频会议无缝对接。

同仁市智慧交通建设项目。该平台从2019年3月开始正式运行至今，属黄南州首例大范围交通监控项目，持续为黄南州智慧交通及城市综合治理起到良好的作用，深化巩固全县道路交通安全综合整治，长效治理机动车非法营运违法行为。

河南县智慧交通建设项目。该项目针对河南县道路现状，解决街道因违停而造成道路拥挤、交通环境差等一系列问题。

尖扎县智慧乡村（德吉新村）项目。该项目是黄南州重点乡村旅游项目，对德吉新村主干道路、人口聚集区、码头等重要场所进行无盲区监控覆盖，将各辖区治安情况进行统一管理和规划。通过项目打造智慧乡村，提

2021年10月14日，泽库县云网大数据中心落成揭牌暨通信机房搬迁启动仪式举行

高乡村居民生活质量。

河南县智慧医疗项目。河南县远程医联体会诊平台以河南县两家县级医院为核心，对接7家乡镇基层医疗机构，实现远程会诊、远程专科诊断等远程医疗功能，持续促进优质医疗资源共享和医疗服务均等化，逐渐提高疑难重症救治水平，缓解群众看病难题。

泽库县人民政府网站建设项目。该平台实现统一信息发布、集中信息管理及便捷化网上办事流程。该项目为泽库县数字政府类项目发展奠定基础，后期可全面升级电子政务管理及网上办事功能，使政务工作信息化、一体化。

同仁市级融媒体中心建设项目。将通信技术运用到同仁市级融媒体中心新闻信息采集、生产、传播、反馈各环节，推动同仁市主流媒体网络化、数字化发展，实现从单向式传播向互动式、服务式、体验式传播转变。

【客户服务】 实施服务礼仪规范、用户信息安全、实名制和核心厅店建立“爱心翼站”专区等方案，早发现早解决服务问题，从源头上杜绝重大服务事件发生。全年组织131人开展全业务系列体验活动，通过“全方位、全过程”业务体验实测，以用户的视角发现各类业务在全流程服务过程中存在的问题。将体验问题清单做出销项整改，提升客户感知。总经理与客户面对面倾听用户所反映的问题，收集问题55件，现场解决52件，后期解决3件。总经理接待日活动领导参与率100%，回访用户满意率100%。分公司中层及以上领导参与倾听活动，了解一线问题，收集问题20件，解决率100%。

2021年11月3日，电信黄南分公司邀请州医院医护人员为员工进行核酸检测

【电信管理】 队伍管理。在县分公司培养一批综合型人员，提高县分公司销售能力和服务客户的综合能力，出台制定内部人员交流机制。以人员交流为平台，构建持久有效的人才锻炼和成长的平台，建立分公司人才储备库。加强艰苦地区人员稳定性，泽库、河南县分公司辞职人员为零。年初，根据各专业条线重点工作以及省公司对分公司领导班子绩效考核办法，优化调整将各部室绩效考核指标，向艰苦地区、生产一线单元绩效、奖励方面倾斜。不断夯实人力资源基础管理工作，完善人力资源基础管理工作。

服务体系建设。以“本部机关化”“人力增效”工程为依据，整合优化公司市场条线、政企条线、网运条线以及办公条线组织结构，明确职责要求，逐步形成纵向一体、横向贯通、协调运转的专业化服务体系，提升运营效率。

安全管理。定期召开安委会议4次，规范配置专兼职安全管理人员11人。分公司安委会与各部室各县分公司签订《黄南分公司2021年度安全生产目标责任书》14份、《黄南分公司2021年设置专职安全生产管理人员承诺书》1份、《黄南分公司2021年员工人身安全疫情防控承诺书》185份、《黄南分公司2021年车辆驾驶员安全驾驶承诺书》34份、《黄南分公司2021年员房屋租赁安全协议书》17份；上半年办理青海分公司内部机动车辆驾驶员准驾证9人。年度无安全生产重特大事故发生，无重特大泄密事件发生。

员工关爱。重大节日期间，开展送温暖慰问活动，看望慰问一线员工682人次，慰问金额达8.9万元；巩固提升四市（县）食堂及活动室设施设备，为员工提供干净整洁的就餐环境，提升员工的饭菜质量，丰富员工业余文化生活等。改造尖扎分公司办公楼宇及单身公寓楼供暖设施，粉刷墙壁，更换门窗，投入资金近50万元。将职工书屋升级改造为“净心”书吧，重新装修设计、书籍摆放，加入咖啡机、提供各式小吃等服务。举行员工座谈会4次，参加人数为212人次，收集员工诉求14条，全部解决答复并跟踪落实。

（撰稿人：任德婷）

移动通信

【概况】 移动黄南分公司设市场经营部、集团客户部、党群工作部、综合部4个部门、网络支撑中心1个中心，下辖同仁、尖扎、河南、泽库4个分公司，有员工105人。全年发展7名预备党员，EAP关怀项目实现100%覆盖。2021年，黄南移动公司收入累计完成9821万元，同比增幅约为20.5%；全州移动电话用户总数13万户，同比增加0.45万户；互联网用户13.5万户，同比增加6400户。截至年底，全州铺设光缆总长度5480皮长千米，宽带网络接入2.83万户家庭。

【网络宽带建设】 持续推进黄南州5G建设进度，5G网络从州、县政府所在地延伸到乡、镇一级行政区域。以用户的感知为出发点，为用户提供高质量无线数据通信网络。全年全网基站退服率1.9‰（剔除太阳能基站），达到考核指标。及时为客户解决问题，网络投诉及时处理，工单解决率96.36%。

加大宽带建设投入，提升乡镇互联网建设力度，实现“乡村+互联网+智能组网”。针对此项利民工程，公司申请宽带建设资金128万元，一市三县建设家宽点位52个，实现对新建移民区、乡村拓展区盲区补点建设，满足用户用网需求，提升家宽资源覆盖。

【“互联网+”消费促进】 打造“互联网+”消费生态体系，开展“5G畅享数字生活、花一得二”活动，与州中石油、中石化、华联超市、客都超市、热贡超市、青百超市及尖扎县华联超市等5家商户进行权益合作，双方共投资源、共同推广，为疫情后复工复产刺激消费做出贡献。

【移动信息化发展】 实施黄南州公共安全视频监控建设联网应用项目（一期）项目，开展全州四级综治中心项目建设，完成视频监控点位安装，黄南地区“全域覆盖、全网共享、全时可用、全程可控”的公共安全视频监控联网应用逐步实现。其中，泽库县加强与公安行业合作，完成平安城市视频监控点位建设，基本实现泽库县公共安全视频监控建设联网应用。

【青海省2020年网络扶贫汉语藏语手机捐赠公益项目活动】 3月18日，落实开展“青海省2020年网络扶贫汉语藏语手机捐赠公益项目”，该项目是习近平网络强国重要思想在信息便民惠民领域的生动写照，是统筹实施网络扶贫行动，助推打赢脱贫攻坚战的重要举措。此次活动，捐赠330部藏语汉文手机。

（撰稿人：马倩文）

2021年12月25日，黄南移动开展青百电器“花1得2”活动

联合通信

【概况】 联通黄南分公司内设办公室、党务部、市场部、政企客户中心、云网运营交付中心5大部门，下属同仁、尖扎、河南、泽库4个分公司。2021年，有职工127人、合同派遣制员工63人、外包制员工42人、智慧家庭工程师22人。党支部由4个调整划分为7个，有党员41名，党员占比达41.82%，各市县分公司均已成立党支部，实现基层党组织全覆盖。截至2021年底，全州移网用户数70744户，同比增长3.26%，固网用户数8278户，宽带用户7391户。实现主营业务收入5405.29万元，同比增长12.78%；行业收入份额23.72%，在全省排名第二，行业用户份额24.93%。员工满意度调查排全省第一。

【网络建设】 完成2021年第六、七批电信普遍服务项目38个4G通信基站建设工作，投资556.72万元；与中国电信共建共享5G基站87座，5G基站规模达114座；宽带投资176.3万元，完成17个乡村和16个小区宽带资源建设，新建端口3100个，铺设光纤135千米。推进数字信息基础设施建设，搭建PEOTN精品网，完成全州核心节点100G波分建设及成环。

【联通信息化建设】 加强黄南州“智慧城市”“智慧政务”信息化

2021年12月2日，泽库县宁秀镇红城村基站开通

建设工作，运用“互联网+”、云计算、大数据、物联网等信息技术，加快推进黄南信息化建设，成功中标并实施黄南州信创项目、教育局校园安全“一键报警”联网平台项目、市场监督管理局餐饮安全“明厨亮灶”监管平台项目、纪委“视讯会商”系统及数字乡镇平台建设。疫情防控期间，开发“疫情防控排查专用二维码”，在全州24个防控卡点进行部署，确保一市三县防疫工作信息排查统计。

【基层信息网络服务】 梳理全州小区资源覆盖情况，免费开展“家庭网络检测为民服务行”活动。开展防范打击通信信息网络诈骗工作，贯彻落实国务院联席办“断卡”行动有关要求，聚焦电话卡、物联网卡风险隐患，有效管控涉诈风险隐患。解决同仁市曲库乎乡江龙牧区村及同仁市瓜什则乡疫情防控站网络信号问题；免费为全州各委办局、企业事业单位制作新版《黄南州党政机关电话号码簿》2000余本；完成果洛地震通信保障，慰问疫情卡点一线工作人员及医护人员。疫情防控期间，利用信息化手段助力疫情防控，开发“疫情防控排查专用二维码”，在全州24个防控卡点进行部署，确保全州（一市三县）防疫工作信息的排查统计工作。

【联通基础管理】 加强队伍建设和企业文化建设，优化和创新薪酬激励体系，以业绩为导向，通过完善激励考核机制、薪酬资源、费用向一线倾斜等措施，全年员工薪酬同比增长34.28%。重视打造人才队伍建设，通过“师带徒、人才储备梯队管理”等机制完善，发挥人力保障及人才梯队建设。改善办公生活环境，实施州本部及河南县办公楼维修改造，建成团委会议室和党委会议室，并在党委会议室安装无纸化会议系统，建立党建阵地和企业文化上墙工作。

（撰稿人：田占伟）

铁塔公司

【概况】 中国铁塔股份有限公司青海省分公司黄南州办事处于2014年11月挂牌成立，2015年8月7日更名为中国铁塔股份有限公司黄南州分公司。公司主要从事通信铁塔等基站配套设施和高铁地铁公网覆盖、大型室内分布系统的建设、维护和运营；依托独特资源面向社会提供信息化应用和智能换电备电等能源应用服务。截至2021年底，分公司下设综合部、财务部、通信发展部、运营维护部、新业务拓展中心、黄南大区6个部门。截至年底，中国铁塔黄南州分公司有员工32人，其中合同制员工21人、外包员工11人。全年投资423万元，建成基站9处，基站总数达到754个，客户总数达到1199户，经营收入2636.07万元。完成全州所有县城、乡镇、行政村等场景的网络全覆盖，县城及乡镇完成5G覆盖。

【企业管理】 落实"数字青海"建设理念，发挥通信发展办公室主任单位的统筹地位作用，协调行业解决一批重点、难点问题。组织牵头联建管道建设项目，累计为运营商节约300余万元。牵头出台《黄南州住宅和商务建筑通信基础设施建设管理办法》，撰写编制并审议通过《2021年黄南州通信行业应急保障工作预案》，通过组织对青海省电信设施建设与保护条例的宣传等方式，推动黄南通信行业安全生产形势持续稳定向好。因黄南由于地处高海拔地区、电力和上站条件差，铁塔维护工作难度较大。在加强客户沟通，精准把握客户诉求基础上，通过强化集中监控和代维管理，开展隐患精准整治和推进应急保障能力提升维护工作。全年平均断电退服率1.36%，平均断电退服时长4.98分钟，监控覆盖率达98.98%，位列全省第一。全年累计立项处理265个站址的配套、外电等隐患问题，在日常维修方面整治完成242处问题，完成基站机房、铁塔100%覆盖巡检。

2021年7月29日，黄南州智慧环保生态之窗项目验收会召开

【经营服务】 始终秉承"开拓创新 务实高效 利益客户 成就员工"的核心价值观，通过转变服务意识，强化服务能力，提升服务质量，确保与客户协同发展。按照习近平总书记在青海考察期间强调的"青海生态地位重要而特殊，必须担负起保护三江源、保护'中华水塔'的重大责任"要求，结合青海省政府工作报告，推动黄南州信息化建设。黄南州智慧环保生态之窗项目、尖扎县自然资源局矿产信息化系统建设项目等一系列信息化项目为政府对生态环境的监管提供支撑。

（撰稿人：郎　斌）

商贸服务业

商务经济运行

【概况】 2021年，黄南州商务系统通过引导商贸流通企业扩大销售，确保全州消费品市场平稳运行。全州完成第三产业增加值53.89亿元，比2020年同期增长5.6%。实现社会消费品零售总额15.63亿元，同比增长7.8%，增速全省排第3位。从销售所在地看，城镇实现社会消费品零售额13.88亿元，同比增长8.6%；乡村实现社会消费品零售额1.74亿元，同比增长2.3%。从消费形态看，商品零售12.40亿元，同比增长8.3%；餐饮收入3.23亿元，同比增长6%。完成进出口总额54万元，同比下降73%。

【消费促进】 以"政府为主，企业参与市场运作"的方式开展促消费各项工作，利用元旦、春节、"五一"国际劳动节、端午、中秋、国庆节庆时段，各市（县）商务部门引导重点骨干商贸企业、超市在做好常态化疫情防控的基础上，相继开展形式多样的商品打折让利促消费活动，并借助美团外卖、嘀嗒外卖、送货下乡和餐饮美食打折让利等方式最大限度吸引群众挑选购买，利用线上促进销售。以"居家嗨购 网上过年"为主题，鼓励四市（县）电商、美团等企业参与为期30天的"2021网上年货节暨迎新春、促消费"专项行动。全年下达促消费资金93.17万元，举办各类专项促消费活动18次，直接带动消费增长1亿元。年内废旧金属实现交易额67.92万元，旧机动车实现交易额67.92万元；废旧机动车辆拆解561台（辆），同比增加335辆。

2021年黄南州分地区社会消费品零售总额情况表

表30

指标地区	目标任务		2021年完成数	
	绝对量（万元）	增速（%）	绝对量（万元）	增速（%）
同仁市	100736	7	101524.7	7.8
尖扎县	18765	7	18904.7	7.8
泽库县	17843	7	17976.6	7.8
河南县	17791	7	17924.3	7.8
合　计	155135	7	156330.3	7.8

【电商物流】 全州各市（县）建成4个县级电商服务中心，建成乡镇、村级服务站点181个，其中乡镇服务站点34个、村级服务站点147个，村级覆盖率50%以上。开展各市（县）电子商务进农村工作"回头看"工作，在同仁市、河南县2020年已经完成示范县建设项目终期验收工作的基础上，督促尖扎县、泽库县按照省商务厅《关于组织开展2018—2019年电子商务进农村综合示范项目终期验收的通知》精神，先期组织相关部门对项目进度、成效、资金使用、基础资料等进行核查，加快项目建设速度，按期完成项目建设。加快电商与快递业融合发展，构建城乡一体化快递物流配送网络，鼓励快递物流企业打通农畜产品进城"最后一公里"，通过快递企业申报，州工信局按照数据审核的方式，对州邮政局下属邮政公司及开展本地特色产品外销业务成效显著的10家快递物流企业按照2020年快递业务出口量328076件，进行每件0.2元的补贴，补贴金额65615.2元。截至年底，全州入驻物流快递企业11家，设立快递网点25个，发展电商企业9家，全州电子商务中心线上销售额2800万元，同比增长5%。

【服务商贸企业】 争取外经贸发展专项资金17.3万元，主要对青海多杰创意文化工艺品开发有限责任公司在2021年用于水、电、气、暖、厂（场）房和仓储租赁、检测、物流等方面费用进行补贴，为企业持续稳定经营提供保障。在疫情防控期间，举办全州危化品（加油站）从业人员安全生产知识培训班、黄南州农村电子商务培训班各1期，帮助企业了解电子商务系统运营基本知识、网络信息应用与管理知识等内容，增强危险化学品经营单位加油站员工的安全意识，提升对突发事件应对处置能力。

2021年11月3日，黄南州召开成品油市场综合监管改革部署动员会

【重要商品展洽活动】 6月6—10日，2021中国（青海）国际生态博览会（以下简称首届生态博览会）在西宁举办。黄南州组织5家农畜产品特色企业参加首届中国（青海）国际生态博览会。河南县青清海农牧科技商贸有限公司、青海聚能瀞度饮料股份有限公司、三江牧场农牧科技有限公司、泽库雅稞牦牛乳业有限公司、泽库县叶堂高原有机产品开发有限公司等特色企业展示全州有机农畜产品、乳制品、青稞产品等六大类25种产品，吸引大量参展商的目光，得到广大消费者的青睐和欢迎。展会期间，青海多杰创意文化工艺品开发有限公司专门设立“藏毯走进生活、黄南州馆”，展示藏式家具与藏毯，受到中外客商赞许。

【成品油市场“放管服”改革】 统筹推进黄南州成品油市场综合监管改革工作，根据省政府《青海省成品油市场综合监管改革试点方案》要求，确保全州成品油监管“放管服”改革工作放得下、接得住、管得好，依法依规做好成品油零售经营资格审批和成品油流通管理工作，联合州市场监督管理局召开黄南州成品油市场综合监管改革动员部署会议。会同各相关部门起草《黄南州成品油市场综合监管改革试点方案》及相应工作措施，持续优化审批程序，提升服务水平，推进成品油市场综合监管改革。12月16日，完成全州43座“成品油零售经营综合许可证”换发工作，给4家成品油经营申请企业下发开展前期工作的函，新颁发“成品油零售经营许可证书”加油站4个。

（撰稿人：马　燕）

招商引资

【概况】 2021年，黄南州举办招商引资推介会2场次，累计组织全州有机农畜产品、乳制品、食品饮料、民族手工业、文化产业等48家企业参加第22届青洽会和第105届全国糖酒交易会，参展产品涉及九大类100余种。围绕光伏新能源、有机畜牧业精深加工、文化旅游开发、房地产建设等重点项目与22家企业签约，签约额达100亿元，为历年最高。截至年底，签约项目落地18项，实际到位资金14.66亿元。

【招商活动】 *黄南州参加第22届中国·青海绿色发展投资贸易洽谈会。*展会前期，印发《黄南州参加2021中国·青海绿色发展投资贸易洽谈会工作方案》，成立以州长为组长的工作领导小组和以分管副州长为组长的执行工作组，统筹负责第22届“青洽会”筹备工作。邀请来自北京、天津、广东、浙江等地单位、重点客商120余人参加“青洽会”，天津市副市长李树起一行14人参加。印发《招商项目册》，对外推介项目45个，投资额达122亿元，展会期间发放1000余册。全州党政

2021年7月22日，第二十二届中国·青海绿色发展投资贸易洽谈会在西宁市青海国际会展中心开幕

代表、企业、新微媒体记者等参与本届“青洽会”，累计申办各类证件292个。7月22日，第22届中国·青海绿色发展投资贸易洽谈会在西宁开幕。天津市副市长李树起应邀出席开幕式。州委书记王耀春，州委副书记、州长扎西才让一同巡馆。此次“青洽会”黄南州展馆面积为456平方米，以“西域胜境·神韵黄南”为主题，打造“绿色发展、创新引领、开放合作、共建共享”的经贸合作平台。此次参展企业有38家（其中同仁9家、尖扎11家、泽库9家、河南9家），参展产品涉及有机畜牧业、中藏蒙药材、手工业、食品饮料、民族文化工艺用品等九大类100余种，产品种类和数量较往年均有增加和提升。展会期间，全州销售额152万元（其中同仁7万元、尖扎51万元、泽库52万元、河南42万元）；全州订单额达171万元（其中同仁3万元、尖扎47万元、泽库81万元、河南40万元）。围绕光伏新能源、有机畜牧业精深加工、文化旅游开发、房地产建设等重点项目与22家企业签约，签约额达100亿元，为历年最高。

黄南州参加第105届全国糖酒交易会。10月19—21日，天津援青指挥部首次组织黄南州企业参加号称“天下第一大会”的全国糖酒交易会。按照统一安排，青海展区有8个展位共50平方米。黄南州挑选瀞度、三江牧场、启龙牧场等8家企业58种绿色、有机产品参加该届糖酒会，其中包括青海聚能瀞度饮料股份有限公司饮料和饮用水、青海高原之宝牦牛乳业有限公司牦牛奶、青海西北弘有机资源开发有限公司牛肉干等产品。其间，州招商局引导企业主动与各地客商对接洽谈54家，达成意向采购金额1700万元。高原之宝与天津吉鑫百利商贸有限公司、天津食品集团商贸有限公司等签订购销协议，瀞度与红牛、恒大等企业达成初步合作意向。展会期间，组成招商小分队，走访新能源、生物医药、肉食品加工、包装印刷、扶贫产品销售等类型的15家企业，通过实地了解、座谈对接等形式开展招商引资活动，取得良好效果。天津现代创新中药科技有限公司计划与黄南州及青海民族大学共同就中药、藏药资源，藏医学理论与实践应用领域开展合作，包括健康产品研发、科研成果产业转化、以现代技术开展中药、藏药的开发和质量标准提升、道地药材的技术支持与拓展、综合性科技创新人才的实践培养5个方面的内容；云账户（天津）共享经济信息咨询有限公司计划为黄南州相关平台经济开展业务培训和网络营销师（网红）的培养，助推文化旅游资源的推介和优势特色产品的销售；天津紫源商贸有限公司计划开发以黄乃亥乡为重点的黑青稞产品，打造黄南州青稞品牌，并利用当地资源采取嫁接、入股、收购等形式深度参与对口帮扶工作。

【落实招商项目】 成立黄南州招商引资项目工作专班，由副州长韩海宏、王岐岳、李鑫、王桂莲，州政府党组成员更智才让牵头负责；四市（县）市（县）长，州发展改革委、工业商务和信息化局、自然资源局、生态环境局、农牧局、林草局、招商局负责人为工作专班成员，具体负责推进项目落地实施。工作专班办公室设在州工业商务和信息化局。工作专班建立联席会议制度，每周召开一次联席会议，专题研究工作方案涉及的相关事项。强化分析研判，实行挂图作战，建立项目前期工作进度台账、问题台账，明确责任部门、完成时限，加快招商引资项目落地建设。全州招商引资项目落地18项，落地率明显提高，到位资金14.66亿元，创历年新高。

【招商工作机制建设】 发挥政府职能作用，强化落实举措，通过确定招商专员、以商招商、以企招企等方式参与各类招商推介活动，推介宣传黄南。持续推进"放管服"改革，规范行政审批事项，简化行政审批程序，提高行政审批效率。落实国家普遍性降费措施和已出台的政府性基金减免政策，完善政府权力清单、责任清单和涉企收费清单，提高全州营商环境，吸引更多的"强企、名企、优企"在黄南州投资兴业。秉承"开放合作·绿色发展"理念，认识参与各类招商推介活动对全州扩大对外开放、加强区域合作、促进经济社会发展的重要意义。州工业商务和信息化局（州招商局）以对口支援地区、友好地区和大型企业、中央企业、全国500强民营企业为主要对象，围绕绿色有机畜牧业、清洁能源等特色优势资源，筛选一批符合国家产业政策、符合区域发展方向，质量高、效益好、后劲足、潜力大的重点招商项目，统一交流推介，力争区域合作有新突破，对外开放水平有新提升。

【重点招商项目选介】 *同仁市瓜什则乡400兆瓦"光牧储"综合一体化发电项目*。该项目为第22届青洽会签约项目，9月落地同仁市瓜什则乡，由青海黄南粤电新能源有限公司负责实施，项目总投资23.01亿元，征占土地1014.07公顷，征补费用3.01亿元，建设400兆瓦集中式光伏、配建比例不低于15%的储能装置、配套设施及接入工程。截至年底，完成设备订货、桩基础工程等工作，到位资金7.5亿元。

黄南州天然气利用工程一期项目。该项目为第22届青洽会签约项目，由青海河泽燃气有限公司实施，项目总投资3.2亿元，工程气源接自"涩宁兰"输气管道22号阀室，接口为22号阀室旁新建的拉脊山首站，设计总输气量为每年4.13亿立方米。其中，一期工程为尖扎县、同仁市供气，尖扎县设计输气量为每年0.75亿立方米，同仁市设计输气量为每年1.22亿立方米。主要为居民用户、公建商业用户、采暖用户、汽车用户、工业用户等输送管道天然气。年内同仁市征管线临时用地约6千米，尖扎县境内输气管道正在建设，到位资金0.3亿元。

【重点招商推介项目】 *尖扎黄河主题游乐园建设项目*。项目占地10公顷，主要修建观光水车、逍遥水母、海盗船、旋转木马、观光火车、飓风飞椅等大型游乐设施及游艇观光。总投资3.5亿元，需总引资额3.5亿元，合作方式为独资经营。尖扎县黄河流域处于开发阶段，湿地景观丰富，可利用资源较多，且每年为吸引游客，扩大尖扎县知名度，召开多项大型宣传活动，为项目运营盈利创造较好的基础条件。

泽曲幸福山国家级生态旅游示范区项目。项目主要工程包括泽曲湿地观光游览系统建设，湿地科普教育、湿地运动休闲、黑帐篷民俗文化商贸产业园区建设，青藏生态文明展示馆、广场铺装升级、爱国主义教育基地、景区道路建设等。总投资1.4亿元，其中建设投资1.1亿元、设备购置1000万元、工程建设其他费用1200万元、预备费800万元。新建项目位于泽库县，在城镇道路边，交通条件便利。截至年底，项目处于前期筹划阶段。

河南县蒙古族传统文化体验度假村建设项目。项目沿河两岸新建主题公园、滨河大道、基础设施等，主要建设体验区道路、排水管网、供水管网、亮化、绿化、人行道、车行道消防设施、环卫设施等。投资概算总投资1.8亿元，来源为招商引资。该项目位于河南县文化旅游产业园区，园区内已建成步行街、游客接待中心、园区内道路，水电暖设施已健全，初步形成文化旅游园商圈。截至年底，正在开展可研、设计，两证一书，土地预审等前期工作。

同仁市城北新区2~3处综合商住区开发项目。项目拟建设用地总面积约9万平方米，总建筑面积约3万平方米。总投资13亿元，预计年可实现销售收入4亿元。项目拟建在同仁市北部新城，城区内水、电、暖等配套设施齐全，具备建设条件。截至年底，正在做项目前期工作。

（撰稿人：赵延入）

商贸流通

【概况】 2021年，黄南州商务系统坚持扩大内需，繁荣市场，促进消费，推动内贸流通高质量发展。全年社会消费品零售总额15.63亿元，同比增长7.8%，增速全省排第3位。截至年底，批发、零售企业791家，住宿、餐饮企业166家，其中限额以上商贸企业10家，租赁、商务服务业265家，其中限额以上商贸企业10家；从事商贸流通的个体工商户13871户。

【落实消费政策】 支持黄南扶贫产品省外销售，带动全州扶贫产品和服务融入国内大市场，根据《天路计划项目实施细则》《关于下达天津市对口支援黄南州工业和信息化局2021年项目投资计划的通知》精神，按照“企业自愿申报、公平公开”原则，采取“自下而上逐级申报、实地调研、查阅资料、审核项目补贴标准”等4个方面审核各市场主体上报的2021年“天路计划”项目并公示，对符合要求的9个项目进行资金支持，支持金额105.43万元。

【流通体系建设】 加快推进黄南州商贸流通业体系建设，重点培育一批示范带动效应显著的商贸流通企业，并对发展成效好的15家商贸流通企业给予192万元的项目资金补助，推进商贸流通业规模化、品牌化发展。做好新能源汽车推广应用工作，促进新能源汽车消费，根据《青海省新能源汽车推广应用购置补贴管理办法》《关于〈青海省新能源汽车推广应用购置补贴管理办法〉的补充通知》《关于做好2016年度新能源汽车推广应用购置补贴工作的通知〉》《关于调整2017—2018年新能源汽车推广应用购置补贴政策的通知》《关于调整2019年新能源汽车推广应用购置补贴政策的通知》《关于调整2020年新能源汽车推广应用购置补贴政策的通知》等有关文件要求，年内争取黄南州新能源汽车推广应用购置补贴190万元，补贴2018年购置的33辆新能源车。

2021年10月22日，客都超市蔬菜专柜

【限额以上流通企业培育】 进一步提升限额以上企业对社会消费品零售总额增长的贡献率，促进全州社会消费品零售总额平稳增长，开展限额以上商贸企业培育工作。组织州统计局、一市三县工信局召开座谈会，了解掌握基本“家底”，实地走访经营规模较大的企业，宣传符合限额以上条件的企业，引导企业纳入限额以上企业统计范围。截至年底，全州限额以上商贸流通企业10家，比2020年减少1家。

【成品油销售】 中国石油天然气股份有限公司青海黄南销售分公司位于青海省黄南州隆务镇夏琼北路18号，是黄南州成品油供应主要供应商，负责黄南州与海南州两个行政区域7座县城供油工作，设14座加油站。公司始建于1953年，2008年7月由区域经营部（正科级）升级成立黄南分公司（正处级），定型为稳定提升性公司。2021年，公司库存1262吨（汽油530吨、柴油732吨），销售41500吨（汽油22125吨、柴油19375吨），年营业收入3亿元，年缴利税480万元。有员工126名。中石化海东分公司黄南经销部库存760吨（汽油480吨、柴油280吨），销售14300吨（汽油10500吨、柴油3800吨）；民营企业库存3178吨（汽油2269吨、柴油909吨），销售12035吨（汽油9083吨、柴油2952吨）。年内43座加油站期末库存成品油5200吨（汽油3279吨、柴油1921吨），累计成品油销售67835吨（其中汽油41708吨、柴油26127吨）。

（撰稿人：马　燕）

国网黄化供电公司

【概况】 2021年，国网黄化供电公司完成建设电网项目44项，投入资金5.22亿元。累计销售电量20.52亿千瓦时，其中黄南地区售电量完成5.3亿千瓦时，同比增长62.84%（工业、农业、城市居民用电量分别占全公司相应用电量的13.91%、16.4%、9.75%）。综合线损率4.84%，比计划值低0.09个百分点。农网供电可靠率达到99.71%，综合电压合格率达到99.8%。黄南地区现有110千伏变电站7座，35千伏变电站18座，变电总容量51.51万千伏安，运维输电线路1434.55千米。

【城乡电网建设】 滚动修编“十四五”电网规划，与政府建立长效沟通机制，推动“多规合一”。加大黄南地区电网建设投资力度，完成电网建设投资5.22亿元，其中330千伏项目1项，为同仁330千伏输变电工程；35千伏项目1项，为35千伏措夫顿输变电工程；10千伏及以下项目42项，新建及改造电力线路867千米，新增0.4千伏及以上变电容量3.32万千伏安。泽库措夫顿35千伏输变电工程如期开工，42项农网工程按期投运。

【社会用电服务】 服务同仁城北新区、西成铁路、同赛高速等重点工程建设，及时解决工程建设用电难题，保障重点工程建设顺利推进。在重要时间节点开展设备巡视、值班值守等工作，完成庆祝中国共产党成立100周年系列活动，国庆节、春节等重大活动和重要节日保电任务。应用线上服务、移动作业等模式，满足客户个性化、多样化用电需求，高、低压平均接电时间分别压缩至35.55天、1.02天，线上办电率达到91.34%，群众用电体验感、获得感不断增强。促成煤改电、电气化等替代项目，累计验收输电高压客户203户，容量16.74万千伏安，同比增长12.05%。

2021年11月30日，330千伏岭秀变电站建成投运

【电网设备维护】 实行“变电包站、输电包线、配电包变”设备主人制，做到设备、变台专人负责，线路分线到班、分段到人，初步遏制有问题集体担责的“大锅饭”现象，提升电网设备运维质量。以“大会战”方式集中整治变电站设备问题，同步提升人

2021年3月9日，国网青海电力三江源（黄化循化）共产党员服务队指导循化县街子镇撒立方村电热炕用户安全用电

员能力和运维质效。推行配电检修作战图管控模式，细化检修区段、工作任务、安全措施，提升检修质效。持续优化管理模式，开展配电运维“交叉互查”，增强各县公司问题隐患排查处置能力。推进配电线路标准化整治达标，逐步实现配电线路高标高质运行，配网故障停运率、报修率较2020年同比分别下降20%、27%。推进安全生产专项整治三年行动，排查隐患329项，治理312项，年度治理率100%，保障电网安全稳定运行。

2021年黄南州用电量一览表

表31

项目	国网黄化供电公司（黄南州部分）			
	合计		其中：同仁市供电公司	
	数量（亿千瓦时）	同比增长（%）	数量（亿千瓦时）	同比增长（%）
用电总量	5.30	62.84	1.90	19.86
工业用电量	3.87	97.43	0.17	-4.2
农业用电量	0.09	12.62	0.003	20.08
城市居民生活用电量	1.33	10.27	0.38	7.22
农村用电总量	0.60	12.81	0.22	16.33
其中：机电排灌	0.06	21.93	<0.01	-11.99
农、副业加工	0.04	11.42	0.02	15.9
乡村办工业	0.09	16.91	—	—
农村居民生活	0.47	12.13	0.20	12.42

2021年黄南州输配电线路、电缆长度一览表

表32

项目	100~380伏		2~13.2千伏		22~35千伏		110千伏	
	国网黄化供电公司（黄南州部分）		国网黄化供电公司（黄南州部分）		国网黄化供电公司（黄南州部分）		国网黄化供电公司（黄南州部分）	
	合计	其中：同仁市供电公司	合计	其中：同仁市供电公司	合计	其中：同仁市供电公司	合计	其中：同仁市供电公司
输配电线路长度（千米）	3673.6	888.20	3790.3	718.62	768.76	—	661.27	—
电缆长度（千米）	9.1	10.03	11.22	3.24	4.52	—	0.20	—
变配电站（座）	—	—	—	—	18	4	7	3
变压器（台）	—	—	2272	1326	29	7	14	6
变电容量（千伏安）	—	—	24.16	—	8.86	—	42.65	—

（撰稿人：陈　媛）

中国石油青海黄南销售分公司

【概况】 2021年，中国石油青海黄南销售分公司组织机构从原来的6个部室整合为4个，机关人员减少7人。全年中国石油青海黄南销售分公司运营加油站12座，青海中油瀚海有限公司（中油青海黄南分公司的合资公司）运营加油站3座，合计运营加油站15座。完成成品油购进4.16万吨，销售成品油4万余吨，其中零售3.33万吨；完成润滑油销售7.72吨、燃料油销售4.16吨，非油销售额492.13万元，完成利润-157.32万元。向黄南州贡献社会零售品总额3.1亿元，缴纳各类税费470万元，被州政府授予“黄南州2021年度优秀商贸企业”荣誉称号。

【企业经营管理】 8月5日，司么加油站重新开业。12月25日，申德加油站开业。鼓励员工自己动手地标画线、粉刷围墙等，节费52万余元。通过减员、促销等手段强化对李家峡、康扬两个亏损站点治理工作，三季度李家峡加油站实现扭亏，康杨西站止亏。

2021年8月20日，尖扎县站加油站同心协力卸玻璃水

强化HSE体系管理，开展好日常安全环保工作，完善所属加油站安全档案140余份、隐患治理79项。联合黄南州消防队开展综合演练1次，邀请黄南州、同仁市应急局、安监局等12家单位进行观摩，提高员工应急实战能力。开展“我为群众办实事”，解决员工吃水困难、站房漏雨、储油罐卸油慢等“急难愁盼”问题32项，增强员工归属感。10月21日，抽调1.1万元物资慰问驻守在保安西加油站的防疫人员。

（撰稿人：樊有霞）

粮油管理

【概况】 2021年，黄南州有国有粮食企业6家（州级2家、1市3县各1家），经重新调整后粮食应急网点42个，其中同仁市13个、尖扎县12个、泽库县9个、河南县8个，州粮食储备有限责任公司被确定为应急保障定点单位；零售企业检测点3个。全州粮油储备流通企业6家，全年社会粮油购销总量1.84万吨，同比增长56.5%；实现销售收入881万元，同比增长10.34%。全州购进折合原粮11713.3吨，销售粮食折合原粮6377.2吨。

【粮油储备加工】 全年拨款1954万元，建设储备库3.9万吨，市（县）级储备库总仓容9000吨；全州各级政策性原粮（小麦）储备任务为8000吨，其中省级5000吨、州级3000吨；面粉1400吨、食用油60吨。按照新修订的成品粮应急储备要求和州、市（县）级成品粮储备不少于辖区全部户籍人口5天的应急供应量，州政府所在地同仁地区城镇按10天的应急供应量的标准进行应急成品粮储备。州级成品粮油储备任务1560吨（成品面粉、成品大米、食用油），实际落实储备规模1060吨。申请解决轮换资金，联合财政、发改部门按照下达轮换计划，按照“以旧换新、等量等质兑换、财政兜底”的原则，完成3000吨州级储备原粮轮换入库工作。黄南州粮食加工企业仅涉及尖扎县粮食收储公司，并于2019年开始停产，未开展粮食加工业务。

【粮油监管】 根据省粮食局，州委、州政府及州发改委党组有关疫情防控期间粮油市场保供稳价工作的安排部署，在储备库、商超、农贸市场、个体粮油经销店实地了解米、面、油销售、价格、调运、库存等情况，听取各市县发改局“六保六稳”和粮油保供稳市工作落实情况，确保重要时间节点期间全州粮油市场供应有序，价格基本稳定。印发《关于切实做好疫情防控期间粮油市场监测保供稳价工作的通知》《关于按时报送疫情防控期间市场粮油销售和商品库存情况日报表的通知》等有关加强疫情防控期间保障粮食安全的指导性文件。截至12月底，上报各类监测报表584份、信息33期，在一市三县检查各商超、粮油经销门店16家60余次。制定《2021年黄南州粮油质量安全专项检查工作方案》，开展省、州级原粮和州级成品粮的检验检测业务，逐车检验一市三县开展基础性原粮检测实验以及对同仁市粮食储备有限责任公司新轮入的3000吨原粮，确保各级储备粮食数量和质量安全。完成全州剩余4家国有粮食企业的公司制改制工作，成立董事会、监事会，建立起现代企业管理制度框架，不断提高国有粮食企业内部管理水平。

【黄南州乐都高店库区】 黄南州乐都高店库区前身为黄南州驻高店粮食转运站，是计划经济时期全州重要的粮食调运中转基地。自2002年起，该转运站主要功能由转运转变为承储原粮，2009年与州粮食储备库合并。库区位于海东市乐都区高店镇东门村，建有粮食仓库2栋。2019年乐都高店库区承储的2500吨省级储备原粮按省粮食局下达的轮换计划出库后，新调入的2500吨省级储备粮被储存在州粮食储备库位于同仁市保安镇新修建的库房内，高店库区不再承担储粮任务，人员安置完成后空库至今。2021年6月22日，州长扎西才让在高店库区实地调研，指示做好库区的值守安全工作，尽快办理剩余土地不动产手续。

2021年1月26日，州粮食部门在同仁市客都超市开展粮食储备安全检查

【涉粮问题整改】 10月下旬至12月下旬，省委涉粮问题专项巡视组和州委涉粮问题专项巡察组进驻黄南州开展涉粮问题专项实地巡视巡察。州发展改革委建立各类问题台账并对各项反馈问题进行梳理，制定整改工作责任清单，对标对表逐一整改。成立专项整治自查自纠工作领导小组，组织开展自查自纠工作动员部署会、推进会，制定印发《黄南州粮食购销领域腐败问题专项整治自查自纠工作方案》，建立问题台账，领导小组先后20余次单独或者联合其他部门在各粮食企业开展督导检查。开展粮食大清查反馈问题及涉粮问题整改“回头看”专项行动工作，详细梳理涉及黄南州粮食大清查反馈问题及整改“回头看”工作，分析大清查工作中发现问题的深层次原因，找准粮食工作“短板”，举一反三，进一步排查各类问题隐患，建立健全长效机制，不断提升政策性粮食库存管理水平，组织粮食储存企业人员和行政管理人员开展业务知识培训，提高工作人员业务水平。

2021 年全州粮油购销主要企业基本情况表

表 33

单位：万元

序号	企业名称	资产总值	产值	利税	企业地址
1	黄南州粮食储备有限责任公司	4114	492	0	同仁市保安镇互助滩工业园区同循公路3号
2	同仁市粮食储备有限责任公司	628	0	0	同仁市保安镇城外村
3	尖扎县粮食收储有限公司	473	0	5	尖扎县康杨镇桥头西路
4	泽库县粮食购销有限责任公司	877	0	0	泽库县泽曲镇幸福路
5	泽库县粮食购销有限责任公司	220	19	0.5	河南县优干宁镇

（撰稿人：辛东涛）

供销合作

【概况】 2021 年 10 月 27 日，黄南州供销合作社联合社挂牌成立。12 月 8 日，召开第一次社员代表大会，选举产生黄南州第一届常务理事、理事会主任，监事、监事会主任。有工作人员 6 人，其中正县级 1 人、副县级 1 人、正科级 2 人。同仁市、尖扎县、河南县、泽库县供销联社机构均已单设，其中同仁市联社 7 人、尖扎县联社 5 人、河南县联社 4 人、泽库县联社 3 人，全州供销系统实有工作人员 25 人。

2021 年，黄南州供销系统建成基层社 20 个，其中同仁 6 个、尖扎 7 个、泽库 3 个、河南 4 个；村级综合服务社（中心）67 家，其中同仁 37 家、尖扎县 8 家、泽库县 1 家、河南县 21 家；村级综合服务网点 80 家；专业合作社 28 个，其中同仁 8 个、尖扎 11 个、泽库 4 个、河南 5 个；全州有 5 家示范社（同仁 2 家，尖扎、泽库、河南各 1 家），1 家标杆社（尖扎）。全年全州供销系统累计购进总额 19876 万元，同比增长 34.4%，销售总额 28346 万元，同比增长 60.5%，其中农业生产资料类销售额 699 万元、农产品类销售额 5311 万元、其他消费品类销售额 571 万元、再生资源类销售额 3001 万元、其他 18764 万元。全年营业总收入 15634 万元，同比增长 15.34%；实现利润额 1134 万元，同比增长 48.62%。

2021 年 10 月 27 日，黄南藏族自治州供销合作社联合社挂牌成立

2021年黄南州供销系统经济运行情况表

表34　　单位：万元

项目	合计		农资		农副产品		日用消费品		再生资源	
	本年累计	上年同期	本年累计	上年同期	本年累计	上年同期	本年累计	上年同期	本年累计	上年同期
营业总收入	15634	13554	1002	903	2130	1937	12477	10698	25	16
营业成本	15802	12791	985	854	2436	1762	12356	10170	25	14
营业利润	1134	763	65	58	190	175	654	528	225	2
资产总计	13556	12201	1200	949	2546	2323	9360	8536	450	393
所有者权益	7826	6951	800	735	2100	1783	4526	4062	400	371
供销社资本	1764	1573	405	340	410	360	795	753	154	120
社会贡献	1552	1210	196	100	478	339	860	766	18	5

2021年黄南州供销系统购销情况表

表35

指标	合计	同仁市	尖扎县	泽库县	河南县
一、购进总额（万元）	19876	6691	9432	2845	908
二、销售总额（万元）	28346	8208	11618	5511	3009
1. 城镇（万元）	23742	7311	9764	4379	2288
2. 乡村（万元）	3134	792	1233	389	720
三、化肥销售额（万元）	699	5	94	600	—
化肥合计（吨）	509	15	240	254	—

【经营服务体系】　通过组建村级基层社、综合服务社、农牧民专业合作社等方式，组织实施村集体经济“破零复壮”工程；以产业扶贫为重点，发展特色产业、建设经营服务网点，提升农畜产品现代流通服务水平；支持领办创办农牧民专业合作社，引导贫困村开展种植养殖结构调整、发展村级合作经济；探索形成“党建+电商+扶贫”模式，开展线上线下助农助牧增收系列活动，帮助农牧民销售特色产品，重点扶持建档立卡贫困户增收创收，电商扶贫、消费扶贫成效显著。健全完善农牧区物流配送网络体系，全年建成县级农资配送中心3个，新（改）建农副产品流通及加工企业6个、农畜产品交易市场4个；新（改）建县级日用消费品配送中心3个，新（改）建再生资源回收利用中心3个、网点14个。依托农业资源优势，倡导农民群众土地经营，全州土地托管面积累计

806.67公顷、土地流转194.67公顷。建成村级庄稼医院1个。

【农副产品推介】 有针对性地开展“青洽会”黄南参展项目推荐和对接，引导企业利用“青洽会”这一开放合作交流平台，搭建企业与客商之间良性互动的桥梁，组织泽库县叶堂高原有机产品开发有限公司、雅稞生态农牧业资源开发有限公司等3家企业参加第22届中国·青海绿色发展投资贸易洽谈会，参展产品主要有牦牛肉干系列产品、酥油、酸奶、黄蘑菇、人参果、金黄果饮料等10余种黄南特色农畜产品，展会上陈列的参展商品受到客户青睐，会展期间销售产品48万元，利润16.8万元。组织全州优秀企业在海南、湖南、成都等地参展黄南州特色农副产品累计40余家，参展产品20余种，实现利润315万元。

【重点项目】 以社有企业为经营支撑，加大基层社建设力度，分类改造薄弱基层供销社，逐步消除无资产、无业务、无人员的“三无”基层供销社，采取农牧民出资、农牧民参与、农牧民受益的方式，夯实农牧民经营基础，通过村社共建综合服务社形式，实现农牧业增效、农牧民增收、农牧区繁荣。全年争取供销合作社改革发展建设项目20项，总投资1317万元，其中乡镇基层社恢复改造7项，总投资560万元；村级综合服务社新建及改造10项，总投资500万元；土地托管项目3项，总投资257万元。

2021年黄南州供销合作社建设项目一览表

表36 单位：万元

序号	项目名称	主要建设内容	建设单位	建设地点	资金		
					总投资	财政补贴	自筹
一、乡镇基层供销社恢复新建及改造提升项目							
1	同仁市加吾乡基层供销社建设项目	经营服务用房360平方米，水电改造	同仁市供销合作社联合社	同仁市加吾乡	100	80	20
2	同仁市隆务镇向阳村村级基层社建设项目	二层框架结构经营服务用房300平方米	同仁市供销合作社联合社	同仁市隆务镇向阳村	100	80	20
3	尖扎县德吉村基层供销社恢复重建建设项目	经营服务用房400平方米，水电改造	尖扎县当顺供销合作社有限公司	尖扎县德吉村	115.06	80	35.06
4	尖扎县贾加乡基层供销社恢复重建建设项目	经营服务用房420平方米，水电改造	尖扎县供销合作社联合社	尖扎县贾加乡	108.3	80	28.3
5	尖扎县能科乡基层供销社恢复重建建设项目	二层框架结构经营服务用房400平方米	尖扎县岗措供销合作社有限公司	尖扎县能科乡	102.37	80	22.37
6	泽库县王家乡基层供销社建设项目	经营服务用房280平方米，水电改造	泽库县供销合作社联合社	泽库县王家乡	105.3	80	25.3
7	泽库县多禾茂乡基层供销社改造提升建设项目	改造260平方米经营服务用房及80平方米库房	泽库县供销合作社联合社	泽库县多禾茂乡	150	80	50

续表36

序号	项目名称	主要建设内容	建设单位	建设地点	资金		
					总投资	财政补贴	自筹
二、村级综合服务中心建设项目							
1	同仁市多哇镇交隆务村村级综合服务社	服务用房 200 平方米，围栏 200 米	同仁市供销合作社联合社	同仁市多哇镇交隆务村	75	50	25
2	同仁市多哇镇尖德村村级综合服务社	服务用房 100 平方米，标识标牌	同仁市供销合作社联合社	同仁市多哇镇尖德村	50	50	
3	同仁市加吾乡东维村村级综合服务社	服务用房 148 平方米，水电改造	同仁市供销合作社联合社	同仁市加吾乡东维村	55	50	5
4	同仁市保安镇下庄村村级综合服务社建设项目	新建经营服务用房 150 平方米，购置标识牌	同仁市供销合作社联合社	同仁市保安镇下庄村	60	50	10
5	尖扎县当顺乡才龙村村级综合服务社建设项目	新建经营用房 70 平方米，水电改造	尖扎县当顺供销合作社有限公司	尖扎县当顺乡才龙村	50	50	0
6	尖扎县乃湾村村级综合服务社星级社建设项目	服务用房 120 平方米，水电改造	尖扎县现代农夫新型农业专业合作社	尖扎县乃湾村	55	50	5
7	泽库县达沙唐便民综合服务中心在建项目	服务用房 135 平方米，水电改造	泽库县供销合作社联合社	泽库县达沙唐村	57	50	7
8	泽库县东格日村村级综合服务中心建设项目	服务用房 140 平方米，水电改造	泽库县供销合作社联合社	泽库县东格日村	58	50	8
9	泽库县和日镇吉龙村村级综合服务中心及星级社建设项目	服务用房 163 平方米，水电改造	泽库县供销合作社联合社	泽库县和日镇吉龙村	60	50	10
10	河南县和硕特河曲社区综合服务中心	服务用房 139 平方米，水电改造	河南蒙古族自治县县供销合作社联合社	河南县	55	50	5
三、土地托管项目							
1	土地托管建设项目	新建饲草棚 200 平方米，场地硬化 150 平方米	尖扎县措周乡俄什加生态畜牧业专业合作社	尖扎县措周乡	100	100	0
2	尖扎县能科乡拉沙村奥布尔养殖专业合作社草场托管项目	新建饲草棚 150 平方米，场地硬化 110 平方米	尖扎县奥布尔养殖专业合作社	尖扎县能科乡	77	77	0
3	土地（草山）托管建设项目	新建饲草棚 160 平方米，场地硬化 100 平方米，网围栏 500 米	尖扎县兴红绒山羊养殖专业合作社	尖扎县昂拉乡	80	80	0

【供销系统培训教育】 邀请省供销联社专业讲师，详细讲解会计、统计网络直报系统平台的操作及各项指标间的逻辑关系；组织全州供销社系统和基层社、社属企业等80余人次，培训统计法和供销统计制度宣传，增强统计人员的法治意识，提高统计数据质量。加大对贫困地区电商培训力度，对接中华供销总社“供销e家”和扶贫“832”平台，推销本地区特色产业带动贫困地区农畜产品销售。探索形成“党建+电商+扶贫”模式，开展线上线下助农助牧增收系列活动，开展消费扶贫、电商扶贫，带动建档立卡贫困户增收创收。

【再生资源回收利用】 在推进“两网融合”基础上，因地制宜拓展服务领域，推进“一网多用”，降低回收成本。运用互联网、大数据和人工智能开展在线回收等新型回收方式，拓宽回收渠道，推进“互联网+废旧商品回收”，构建线上线下融合的废旧物资回收体系，拟新建全州全自动再生资源回收项目，现阶段正在落实环评、可研等前期手续。截至年底，全州无绿色可持续发展的再生资源回收体系。

2021年12月8日，黄南州供销合作社联合社第一次社员代表大会开幕

【第一次社员代表大会召开】 12月8—9日，召开黄南州供销合作社联合社第一次社员代表大会，各市（县）供销社、基层供销社、农牧民专业合作社、村级综合服务社、州供销联社40名代表和25名社居企业列席代表参加会议。选举产生黄南州第一届常务理事5人，陈继勤为理事会主任，才让东周为监事、监事会主任。审议通过《黄南州供销合作社联合社工作报告》《黄南州供销合作社联合社章程》，至此，全州供销系统机构均建立。全州设立理事会、监事会的市（县）级覆盖率达到100%，在全省名列前茅。

（撰稿人：高石平）

烟草专卖

【概况】 2021年，全州烟草系统在岗职工63人，州局（公司）领导班子成员5人，其中副调研员1人。州局（公司）机关设有8个职能科室，下辖4个县级局（营销部），为非独立法人营销部。全州零售户913户，其中城镇零售户608户，农村零售户305户。全年累计实现销量7152箱；实现销售收入2.24亿元，同比增长6.11%；实现税利4208万元，同比下降5.65%；实现商业增加值6510万元，同比增长7.86%。年底在销品牌规格120个。

【卷烟经营】 坚持“一周一策略、一周一分析”，强化分析研判，持续优化客户档位划分，提升货源供给与市场需求的匹配度。全年烟草零售价格指数为98.08%，同比增长2个百分点，零售客户综合毛利率11.5%，同比增加0.7个百分点。推进农牧卷烟营销网络建设，“以点带面”突破牧区市场终端建设壁垒，在重要乡镇集贸区域建设现代终端示范店，建成现代终端115户，加盟终端1户，合作终端9户，占总客户数量的12.6%。加强诚信互助小组建设，建成小组51组，覆盖零售客户808户，覆盖率88.40%。开展“我与客户共成长”主题营销活动，全州营销人员业务培训6次54人次，培训客户806户，开展零售终端交叉验收1次。

【烟草专卖管理】 落实省局、州局卷烟打假破网工作部署，加强与公安、市监等部门的执法协作，强化信息沟通研判，严厉打击辖区涉烟违法活动。全州查处案件14起，其中省标案件1起。查获涉案卷烟3388条，同比提升148.6%，案值32.18万元，同比提升25.85%，其中假烟案件4起107条，案值4.93万元；异常流动案件10起3281条，案值27.25万元，刑拘1人。贯彻落实“放管服”改革要求和“双随机一公开”执法检查，修订并通过州政府印发《黄南藏族自治州烟草制品零售合理布局规定》，履行审批审查程序，累计办理行政许可事项405项，许可证办理好差评满意度达到100%。规范开展“守护成长”专项行动，开展《中华人民共和国未成年人保护法》宣传教育和“3·15”宣传，对学校周边50米范围内17户客户完成清理。

2021年9月，州烟草专卖局联合州检察院、公安局、市监局、教育局等部门召开黄南藏族自治州烟草制品零售点合理布局规定听证会，并于12月通过州政府平台发布《黄南藏族自治州烟草制品零售合理布局规定》

（撰稿人：洛　焱）

旅游业

旅游综述

【概况】 黄南境内旅游资源丰富，北部有青海省唯一的中国历史文化名城、国内最大的唐卡、堆绣生产加工基地——同仁市，青海省民族传统射箭运动之乡——尖扎县，青海唯一的国家文化产业示范基地——同仁吾屯文化村，中国藏传佛教后弘期的发祥地——尖扎坎布拉；南部有泽库和日石经墙、河南圣湖、仙女洞、宁木特黄河大峡谷。截至2021年底，全州有AAAA级旅游景区1家、AAA区旅游景区14家、四星级酒店3家、三星级酒店4家、旅行社2家，有乡村旅游重点村17个（国家级3个、省级10个）。在疫情防控常态化下，全州游客总人数达758.74万人次，同比增长2.82%，实现旅游综合收入26.74亿元，同比增长3.33%，占全州生产总值比重20%以上。

【旅游规划】 按照生态保护优先，促进生态旅游高质量发展的原则，以“一门户、两走廊、三节点”（即打造青海国际生态旅游目的地东南门户，打造藏羌彝生态文化走廊、青甘生态文化走廊，打造坎布拉、同仁历史文化名城、高天圣境最美草原3个国际生态旅游目的地重要节点）为目标，以创建国家全域旅游示范区为总抓手，编制完成《全域旅游发展规划》《“十四五”文化旅游发展规划》《黄河文化保护传承和弘扬专项规划》。

【景区创建】 申报8家单位创建AAA级景区，其中黄南州热贡艺术博物馆、同仁市热贡龙树画苑、尖扎县能科景区、泽库县多禾茂乡多杰宗景区、泽库县泽曲国家湿地公园、黄河南蒙古历史文化博物馆、河南县柯生乡双鱼湖景区7家旅游景区被确定为AAA级景区（尖扎县能科景区落选）。申报9个村为第二批省级乡村旅游重点村镇，其中同仁市隆务镇吾屯村、尖扎县能科乡德乾村、泽库县和日镇东科日村、河南县优干宁镇阿木乎村、河南县柯生乡尖克村5个村被评为第二批省级乡村旅游重点村（同仁市双朋西乡双朋西村、尖扎县康杨镇城上村、泽库县麦秀镇龙藏村、河南县赛尔龙乡兰龙村落选）。申报同仁市扎毛乡扎毛村、尖扎县坎布拉镇直岗拉卡村为第三批全国乡村旅游重点村镇，其中同仁市扎毛乡扎毛村成功当选。同仁市隆务老城区被评为省级旅游休闲街区。申报同仁市隆务镇隆务老街、尖扎县德吉景区、尖扎青春瀑布景区3家为第一批国家级夜间文化和旅游消费聚集区，黄南州同仁市热贡画院、同仁市热贡龙树画苑、青海仁俊热贡艺术有限责任公司等17家为青海省文化产业和旅游产业融合发展示范点，尖扎德吉旅游开发有限公司、尖扎县德乾家荣乡村旅游有限公司2家为青海省文化产业和旅游产业融合发展示范区，同仁市为“中国民间文化艺术之乡”，23家单位，待评定。

【重点旅游项目建设】 加快重大项目建设，建设完成州图书文化馆、非物质文化遗产博物馆项目，黄南剧院一期项目完成主体封顶，同仁市热贡文化产业园区会展客服中心提升改造及室外基础设施、坎布拉运动休闲特色小镇自驾游和徒步营地、泽库县青藏生态文明博物馆、河南县商业步行街及察汗丹津大街风貌改造等一大批文旅项目陆续建设运营，形成全域旅游发展新布局。

中国历史文化名城——郭么日古城堡景区入口

【旅游宣传】 由黄南州人民政府、天津援青指挥部主办，黄南州文体旅游广电局承办、一市三县文体旅游广电局协办的2021年“大美青海·神韵黄南”文化旅游资源专场推介会分别在天津、上海举办。州及一市三县分别作文旅资源和产品推介，两地文旅部门、旅游企业之间签订合作框架协议。启动“津城万人游黄南”活动，410余家旅行社和80余家新闻媒体参加推介会。组织全州18家文旅企业，7个大类102种产品3213件“非遗”产品在两地进行展示展演。6家企业现场展演唐卡、堆绣、刺绣、五谷画等传统手工艺品，很多宾客参与体验文旅产品制作过程，亲身体验产品制作乐趣。

【旅游节庆活动】 元旦、春节期间，在全州范围内持续推出“庆元旦、迎新年”环城赛、迎接2021新年暨中国共产党成立100周年书法摄影展活、“戏曲进乡村”文艺演出活动、“‘非遗’过大年·文化进万家”系列活动等24项群众性文化活动。开展“戏曲进乡村”和“大美青海文艺轻骑兵”下基层演出，在基层一线开展歌舞、戏曲、花儿、曲艺、小品等文艺演出，为基层群众送去党和政府的温暖。开展惠民、乐民、为民的文化服务项目，依托各级公共图书馆、文化馆、乡镇综合文化站、村级综合性文化服务中心等公共文化服务设施，开展图书展览、读书分享、文化普及、书画展览等文化服务项目，满足基层群众节日文化需求。开展乡村“村晚”、文艺演出、地方戏曲展演、“非遗”展览、民俗展示、社火表演、广场舞比赛、灯会、庙会、趣味游园等群众便于参与、乐于参与的文化惠民活动，营造浓厚的节日文化氛围各类文艺团队及群众文艺工作者要坚持以人民为中心的创作导向，深入挖掘老百姓身边的鲜活故事，创作推出更多受群众欢迎的特色文化产品，以优秀的文艺作品鼓舞群众、宣传群众、吸引群众。

【打造旅游精品线路】 依照景区时效特点，打造5—8月5类28条旅游精品线路。

5月“神韵黄南·青青踏春”游（乡村旅游）包括线路3条：西宁—隆务古城—隆务寺—热贡艺术博物馆—花儿沟（江龙沟、扎毛、东干木）—西宁、西宁—昂拉千户府—智合寺（石窟）—德吉村—西宁、西宁—隆务古城—仁俊画院—民族文化宫—热贡画院—龙树画苑。

6月“神韵黄南·‘非遗’展演”游线路3条：西宁—隆务古城—热贡艺术博物馆—唐卡画院—唐卡艺术小镇（年都乎堆绣之家）—西宁、西宁—昂拉千户府—五彩神箭制作—滨河公园—德吉村—西宁、西宁—热贡艺术博物馆—郭么日—吾屯上下寺—欣赏热贡藏戏。

高原最美藏乡——扎毛乡

7月“神韵黄南·传统民俗”游线路7条：西宁—郭么日古城堡—热贡艺术博物馆—隆务寺—唐卡画院—西宁、西宁—隆务古城—热贡艺术博物馆—唐卡画院—上下吾屯寺—泽曲湿地公园—河南县草原—西宁（两日）、隆务古城—双朋西丹霞地貌—瓜什则—力吉滩—多哇、隆务古城—曲库乎温泉—扎毛水库风景区—麦秀国家森林公园、保安古城—铁城山遗址—都司衙门—明清军营—新城古堡、隆务古城—江什加传统村落—曲库乎瓜什则传统村落—扎毛传统村落、隆务古城—安多玛尼堆—旺加寺—琼宫寺。

8月“神韵黄南·草原盛会”游线路8条：西宁—郭么日古城堡—隆务老街—六月会表演现场—西宁（一日游）、西宁—隆务古城—热贡艺术博物馆—唐卡画院—上下吾屯寺—幸福山—亲王府—河南县草原—西宁（两日游）、同仁—河南县（那达慕）—宁木特大峡谷—同仁、同仁—泽曲河湿地公园（幸福山）—泽库县和日石刻景区—同仁、麦秀森林公园—措日更圣湖—泽雄黑帐篷部落—青南印象乡村旅游—同仁、同仁—德吉村—昂拉千户府—能科草原—同仁、同仁—卡图沟—兰采林场—同仁、同仁—根敦群培故居—保安古城—花儿沟—同仁。

9月“神韵黄南·金秋魅力”游线路7条：西宁—隆务古城—热贡艺术博物馆—唐卡画院—麦秀林场—西宁、西宁—坎布拉—噶达庄园—德吉村—西宁、西宁—坎布拉—昂拉千户府—能科草原—西宁、西宁—坎布拉—智合寺（石窟）—五彩神箭赛事体验场—西宁、同仁—扎毛乡村旅游—麦秀国家森林公园—同仁、同仁—坎布拉—直岗拉卡—康杨碧水清—同仁、同仁—郭么日—尕沙日—东干木—浪加根敦群培故居—同仁。

（撰稿人：刘　伟）

坎布拉景区

【概况】 坎布拉景区是黄南州龙头景区，规划面积232.7平方千米，拥有国家地质公园、森林公园、水利风景名胜区三大自然基础优势。2021年，黄南州坎布拉景区管理委员会统筹推进景区发展建设，以申报联合国教科文组织世界地质公园为契机，破解景区体制机制壁垒，不断完善景区基础设施，推动景区高质量发展，为景区转型升级奠定基础。全年申报文化保护传承项目2项、一般债券项目4项、国家旅游拟投资项目1项。截至年底，景区完成各类投资2.7亿余元，完成固定资产投资5070万元；完成旅游综合收入560余万元，接待游客6万余人（国庆期间接待游客25391人次），旅游综合收入100余万元（免门票情况下），创近6年以来历史新高。

【景区规划】 主动对接黄河流域生态保护和高质量发展等区域重大战略，结合景区当前实际，重新梳理“十四五”规划项目，按照“发展全季化、供给品质化、治理规范化、效益最大化”的思路，编制《坎布拉景区国际生态旅游目的地暨创建国家5A级旅游景区工作方案》，拟实施深化改革、文化挖潜、数字信息、产品

坎布拉景区

孵化、资源保护等 10 项工程。

【景区重点项目建设】 推进坎布拉景区俄家台旅游服务基地提升项目，亮化提升客服中心、黄河大桥、商业街、文化街、藏家园，完成地质博物馆、迎宾园、东入口客服中心的装修、补植和提升，完成俄家台旅游服务基地市政道路及设施的维修和改造，配备洒水车、压缩式垃圾车、餐厨垃圾车各 1 辆、电动环卫车 10 辆，更换俄家台、景区内垃圾箱，争取 10 余名公岗人员充实环卫力量。多次组织省内企业协会、经济组织等到俄家台参观考察，商业街、文化街 5 家实体店开业，有 4 家正在装修。俄家台旅游服务基地开始投入运营。

落实坎布拉国家地质公园保护展示设施项目等 2 项，总投资 3000 万元。坎布拉景区游客信息服务设施建设，三岔口、尕吾昂游客集散中心等续建项目全部完工；俄家台旅游服务基地提升、沿黄不稳定斜坡治理两项一般债券项目完成总工程量的 90%。完成三岔口建设项目二期、小瑶池水景观、坎布拉景区供电系统等拟实施项目可研报告。配合州交通局完成坎布拉景区南宗沟旅游公路、李坎公路病害道路整治等项目建设和验收，青海首座跨黄河玻璃索桥、南宗沟码头投入旅游运营。配合尖扎县政府推进坎布拉体育休闲特色小镇建设，变更俄家台旅游服务基地规划，攀岩馆、射箭馆、综合体育馆、自驾车营地、环境综合治理等项目在俄家台落地动工。

【景区运营】 *景区重新运营*。引进第三方企业，签订短期合作协议，保证景区基本的旅游接待服务。经过多方努力，在旅游旺季前促成下属坎布拉开发公司和凯诚旅游开发公司合作，筹集资金 500 万元，购置游船 2 艘、快艇 4 艘，办理船舶营运手续以及万里亲水平台和南宗沟码头设置船舶临时停靠点，于 6 月 2 日开通黄河三峡水上游线和南宗小环线，保证低航次频率运营。

破解景区发展壁垒。与中铁资源集团、热贡公司就景区股权处置展开磋商，提出一揽子体制破解方案。9 月 6 日，州委副书记、州长扎西才让与中铁资源集团党委副书记、总经理张瑞刚一行召开第一次磋商会议，按照“求同存异、先易后难”原则，初步达成由中铁资源集团、热贡公司继续投资经营景区，在国庆进行宣传式运营，启动创建国家 AAAA 级旅游景区，制定详细的近中远期投资计划或方案，协商解决后续景区建设及合作事宜等五个方面的共识。

推进景区盘活工作。10 月 12 日，州委书记王耀春、州长扎西才让带领在家的“四大班子”成员及州、县相关部门负责人在坎布拉景区实地调研景区建设运营情况，并以现场办公形式协调解决景区道路病害整治、俄家台旅游服务基地提升改造、迎宾园沿黄河不稳定斜坡治理、车船运力不足、创建国家 AAAA 级旅游景区等景区发展面临的困难和问题，提出下一步景区发展目标要求。按照调研指示精神，景区管委会编制坎布拉景区工作推进方案，并在一定范围内进行讨论。随后，中国中铁、中铁资源集团与黄南州展开新一轮磋商，就景区股权配置、中长期投资计划等进行协商，取得突破性进展。

【景区保护管理】 *景区疫情防控*。坚持游客流量关口前置管控，实行入园必检制度，在北岸码头、东西入口均设置车辆登记、体温检测处。定期对客服中心、旅游厕所、服务设施等进行清洁消杀，景区垃圾进行分类处理，配备必要的药物和防护物资。定期开展传染病预防知识、突发事件应急处置等事项的培训。督促施工单位、俄家台商户等加强人员和施工（作业）区域，特别是生活区域疫情防控管理，14 天内有国内中高风险地区旅居史的人员必须主动向管委会或社区报告。要求其配合做好健康监测，严禁随意丢弃废弃物，随意堆砌施工材料，安排专人定时消杀清理卫生，生活垃圾做到日产日清、规范处置。

安全生产。旅游旺季期，协调州应急管理局、交通运输综合行政执法监督局、坎布拉交警直属大队、尖扎县有关职能部门组建坎布拉景区旅游安全工作领导小组，排查整治景区安全隐患。全年组织综合排查整治行动 2 次，查出道路、消防、制度等 6 类 40 余项问题；开展专项行动 6 次，查扣“三无”（无船名船号、无船舶证书、无船籍港）船只 2 艘，拆除乱搭乱摆摊位 11 个，销毁渔网 15 条。年内安全事故为零。借

助“安全月”等活动，在景区各施工区域、观景台、路口等处悬挂横幅，发放安全宣传册，常态化开展宣传教育。组织各类安全培训3次，培训驾驶员、安全员等100余人。国庆试运营期间，与尖扎县政府联合成立景区国庆开园应急指挥部，组建卫生防疫、交通安全、森林防火、旅游服务等6个保障工作组，抽调人员110余人，出动车辆15辆、船舶1艘，连续9天维护旅游秩序，保障旅游安全。

生态保护。协调尖扎县各职能部门建立坎布拉景区生态保护联席会议制度，常态化开展巡查和管护，对存在的问题一一进行登记造册，滚动管理问题清单。开展交通道路沿线环境综合整治、黄河流域生态环境警示片反映问题整治等专项行动，组织热贡公司、俄家台社区、机关干部职工集中清理垃圾志愿活动8次，整改问题8项。

【世界地质公园申报与评价】

对照世界地质公园操作指南，推进环境综合整治、地质博物馆建设、标识系统建设、合作交流学习、地质公园管理、申报资料编制、网络和数据库建设等，推动坎布拉世界地质公园申报创建，取得阶段性成效。调整坎布拉申报世界地质公园领导小组，组建全省在地理、人文、经济、旅游、社会、环境等领域方面的专家教授为主的技术指导顾问团队，涵盖青海大学、青海民族大学、青海师范大学、青海省委党校、青海地质调查院、青海省林草局等全省主要院校和科研单位。在西宁、黄南多次召开坎布拉申报创建世界地质公园领导小组会和工作推进会、座谈交流会，不断完善申报创建工作方案和进程计划。

与张掖世界地质公园、昆仑山世界地质公园等结为姊妹公园，借鉴学习地质公园资源保护管理方面的经验做法，共同建立合作交流平台。与青海大学、青海师范大学等共建科普教学和教学实践基地，建立教学研究及科研科普合作关系。参加2020年度中国教科文组织世界地质公园年会和第六届联合国教科文组织世界地质公园管理和发展国际培训班，与国内成熟地质公园交流学习，进一步提升发展理念。

开展地质遗迹调查评价和数据库建设，开展坎布拉地质公园、夏琼雪山、麦秀史赫郎卡古火山群、多禾茂火山岩地貌等专项野外综合调查，并进行国际对比研究。核查梳理和补充调查100余处景观景点及周边地质遗迹、自然人文景观，发现地质遗迹景观54处、人文景观22处、自然景观6处，采集岩石标本、化石标本20余组。编制完成公园文化遗产名录、非物质文化遗产名录、动植物多样性名录和地质遗迹资源综合调查评价报告。界定3136平方千米的总体范围。完成地质资源专业科学书籍《坎布拉地质公园景观资源及保护研究》。截至年底，国际申报书经青海省政府同意，中央统战部、教育部、国家林草局审核通过，正式递交到中国联合国教科文组织世界地质公园全委会，申世工作转入国际申报阶段。

【创建国家AAAA级旅游景区】

启动创建国家AAAA级旅游景区工作，与省、州文旅部门沟通，对省景区质量等级评定委员会2016年严重警告和2019年取消AAAA级景区资质指出问题进行一一分析和整改。对照A级旅游景区技术指标，开展自查自评，及时整改存在的问题，完成AAAA级景区申报材料。12月初，省文旅厅组织A级景区评定检查组，现场检查坎布拉景区A级创建工作，会议反馈坎布拉景区技术指标全部过线，预计景区2022年正式开园前挂牌。

（撰稿人：敏超宫）

金融业

人民银行

【概况】 2021年，中国人民银行黄南州中心支行结合辖区经济社会特点，落实各项金融宏观调控政策，引导金融机构进一步优化信贷结构、支持辖区经济社会发展，提高金融服务实体经济能力，推动地区经济社会的高质量发展。截至12月末，黄南州各项存款余额169.47亿元，较年初增长7.19%；各项贷款余额76.24亿元，较年初增长2.68%。

【货币政策调控】 围绕疫情防控和经济社会恢复发展的各个阶段，用货币政策助力贷款和社会融资规模增速与经济增速相匹配。通过召开重点工作部署会议，落实人民银行上级行对实体经济纾困帮扶措施。加强信贷政策执行管理和效果评估，持续提升金融服务小微企业、产业振兴、乡村振兴能力，强化对地方法人金融机构运用再贷款台账管理和小微企业和民营企业信贷政策效果评估结果运用，严格执行相关利率规定，降低小微企业融资成本。指导涉农金融机构加大对各类经营主体放贷力度，解决“贷款难、贷款贵”问题，逐步构建金融机构敢贷、愿贷、会贷、能贷的长效机制。探索推行特色产业就业专项贷等新模式，指导中国农业银行黄南州分行在全省发放首笔活畜贷500万元。协调完善政府相关部门和金融机构强化政银企对接机制，为地区经济增长贡献金融力量。按季对地方法人金融机构开展宏观审慎评估（MPA），结合MPA结果指导地方法人金融机构做好资产负债结构调整，鼓励多渠道补充资本金，提升支持民营和小微企业信贷投放的能力和自身的稳健发展。组织辖区地方法人金融机构落实存款利率加点上限和信息发布管理的相关工作要求，将结构性存款保底收益率纳入自律管理，鼓励法人金融机构按照财务约束、风险定价等原则，结合定价行业自律要求以及宏观调控方向，合理确定存贷款利率水平，提高其自主定价能力，巩固LPR改革阶段性成果。

【货币政策工具运用】 继续发挥再贷款精准滴灌作用，支持巩固脱贫攻坚成果同乡村振兴有效，强化已脱贫地区台账管理和补充，做好存量扶贫再贷款“应展尽展”工作，确保不发生断崖式下降，持续巩固脱贫攻坚成果。督促地方法人金融机构做好信贷资产录入等相关工作，做到“应录尽录”，初步完善地方法人机构合格信贷资产质押品池，拓展债券质押品来源，提升再贷款质押比例。持续发挥再贴现“绿色通道”作用，提高对民营、小微企业和绿色票据办理再贴现的效率，支持经济发展的重点领域和薄弱环节。做好“3000亿支小再贷款”发放工作，提升辖区小微企业金融服务工作，按照“先贷后借”的发放模式，加强再贷款台账管理，确保台账真实、准确、合规，防止资金“跑、冒、滴、漏”，提升货币政策工具支持实体经济绩效。做好贷款台账建设和审核工作，按季对地方法人金融机构使用再贷款的投向、利率及涉农贷款增量等方面进行评估，发挥再贷款政策支持作用，提高再贷款的使用质效。持续关注辖内地方法人金融机构票据规模，做好流动性管理。加强房地产贷款集中度管理政策实施情况的监测，引导地方法人机构合理把控个人住房信贷增长和新增占比，逐步向全国平均水平收敛。完成辖内4家地方法人金融机构实物贵金属业务管理，及时向上级行反馈黄金市场业务开展情况，加强票据市场和黄金市场管理。截至11月末，黄南地区发放再贷款余额10.52亿元，其中支小再贷款0.19亿元，扶贫再贷款7.39亿元，完成信贷资产质押0.44亿元、债券质押1.21亿元，其他1.29亿元；发放再贴现余额0.25亿元。

【维护金融稳定】 牵头建立并持续巩固金融风险防范化解工作机制、金融监管协调机制，提请州政府在省、州、市级率先持续巩固金融风险防范化解工作机制，联合多部门继续形成金融风险防控合力，主动衔接金融委办公室地方协调机制（青海省）将工作触角延伸至州地，确保机制各项工作部署在黄南落地见效。制定印发《黄南州持续做好防范化解重大金融风险工作方案》（简称《方案》），明确今后一段时间辖区风险防控的重点任务和职责分工。联合银保监局在《方案》框架内延展金融监管协调机制功能，

2021 年 6 月 10 日，人行黄南中支组织辖内各银行业金融机构开展 2021 年黄南州货币信贷、金融稳定、调查统计、征信管理条线重点工作推进会

定期交流经济金融形势分析结果，继续深化在风险监测、应急处置、监管新规实施等方面的协作，加强金融风险防控，确保辖区金融稳定。高度关注金融业风险，依据专项调查、压力测试和评估核查，及时准确识别出风险管理薄弱环节，做到对重点领域风险“心中有数”。及时预警提示风险，压实各方化解处置风险责任。及时以专报件向州政府通报法人金融机构风险情况及风险处置必要性、紧迫性，《关于当前防范化解金融风险新形势与要求及相关建议》等专报件受到州委、州政府主要领导批示。常态化督导银行通过更新完善应急预案、定期疏通信息报告渠道、发挥存款保险宣传主体责任，以及运用压力测试评估自救措施的完备性和有效性等措施，将应急处置重要环节融入日常工作管理，实现金融机构与人民银行应急预案的动态有效衔接。

【普惠金融服务】 金融纾困政策措施助力小微企业发展。运用多种货币政策工具为小微企业纾困，截至年底，人行黄南中支投放支农再贷款 12.02 亿元。其中，向小微企业和个体工商户投放 291 笔 1.05 亿元；实现支小再贷款破零，发放支小再贷款 0.19 亿元；支持小微企业延期还本付息 0.19 亿元，惠及 20 户普惠小微企业。推进金融产品和服务创新，支持小微企业振兴步伐。推动小微企业信用融资服务中心平台“青信融”应用，构建小微企业信用融资服务生态圈。截至年底，黄南辖区“青信融”平台授信 0.29 亿元，其中首贷户数 25 户，授信 0.16 亿元。开展小微企业金融服务能力提升工程，鼓励金融机构探索建立深化民营小微企业融资服务“三张清单”（授权清单、尽职免责清单、授信清单），坚持“分类施策、分层推进”原则，持续深化银企对接质效，在原银企对接会平台项目库的基础上，分类建立文化旅游企业支持库和乡村振兴企业支持库，督促金融机构对重点企业推行“一对一”服务。

脱贫攻坚与乡村振兴衔接服务。推动金融服务乡村振兴“五专三联动”工作机制向纵深开展，将乡村振兴工作作为“一把手”工程，细化支持政策和配套措施，发挥货币政策工具的引导作用，鼓励辖内金融机构将信贷资金投向乡村振兴领域和并将金融服务资源国家乡村振兴重点帮扶县倾斜。打造“金融助推乡村振兴大讲堂”特色品牌，以“星海计划——金融知识宣教进百县”活动为契机，推动脱贫攻坚与乡村振兴有效衔接，组织金融机构将金融服务下沉一线，依托阵地宣教、移动宣教、网络宣教“三位一体”的宣教平台，逐步将金融知识宣传覆盖到政府、乡村、学校、企业、商圈等领域，降低农村经营主体的运营成本和信息成本，为做好新发展阶段“三农”工作引入金融支撑。强化金融服务乡村振兴考核评估和涉农信贷导向评估结果运用，动态跟踪金融机构乡村振兴工作进展，加强涉农信贷政策落实督导，确保乡村振兴领域金融资源供给。开展乡村振兴金融服务需求“水塔”行动，掌握摸底农牧合作社、农业产业化龙头企业等新型农业经营主体的融资需求，制定分解表和活动方案。

征信服务。在全省率先实现征信自助查询机具在保安镇成功布放，自助服务查询辐射到周边乡村和隆务河西岸部分村庄，有效延伸征信服务范围。将互联网征信查询设备布放至尖扎县康杨镇上庄村扎西吉惠农服务点，正式挂牌并开始对百姓提供征信查询惠民服务，黄南州首个“互联网个人信用报告查询点”挂牌。有效配置农村地区征信查询资源、拓展惠农金融服务点功能、拓宽乡村征信查询服务渠道。广泛宣传征信知识，培养村民诚信意识，弘扬诚信文化，保障信用主体合法权益，增加征信服务有效供给，推进全州征信服务质量提升，黄南州实现“州级信用县”全覆盖。

农牧区支付普惠发展。以惠农金融服务点为依托，促进农牧村支付与农牧区电子商务有机结合，打造多元化金融服务新模式。升级现有惠农金融服务点和服务站，引导和规范惠农金融服务点与乡村电子商务服务网点物理整合、功能融合，构建“一点多能”的农牧区金融服务平台，畅通农村地区信息流、资金流、商品流，带动农牧业升级、农牧区发展、农牧民增收。全州新建立移动支付便民商圈3个，新增135户各类型商户纳入移动支付便民工程，拓展移动支付便民工程覆盖面。加强惠农金融服务点功能建设，促进农牧村支付与农牧区电子商务有机结合，打造多元化金融服务新模式。指导银行机构选择影响力大、覆盖面广的服务点建设精品服务站点和服务中心点，加强与驻村扶贫点的协调沟通，精准定位扶贫工作重点，推动打造“银行+惠农金融服务点+贫困户”服务模式，将扶贫服务送到贫困户家门口。截至12月末，服务点总数576个，其中服务站73个、服务中心12个。

【现代支付结算】 指导辖内银行在风险可控的前提下，视情况为流动就业群体等个人客户、小微企业提供“简易开户”服务，通过简化辅助身份证明材料，优化开户流程，从启动程序前期的21家网点推广至全州所有银行网点，年内以简易开户手续完成账户开立业务12户。围绕“断卡”行动、打击跨境赌博、电信网络诈骗等违法活动资金链专项整治行动，组织辖区银行开展存量账户核查，常态化清查一人多卡等异常行为，降低存量账户风险。截至年底，排查单位银行账户0.5万户、个人银行账户23.09万户。与州公安局联合印发《黄南州电信网络新型违法犯罪账户信息移送机制合作备忘录》，在“信息共享、情况通报、线索移送、案件协查、联合行动、防范宣传”等六个方面加大合作。开展支付舆情监测，提高舆情监测、排查、分析和报告效率，有效处理突发舆情事件，及时化解潜在风险。制定《人行黄南中支中央银行会计核算数据集中系统应急演练方案》，通过开展ACS（中央银行会计核算数据集中系统）应急演练工作，提高业务人员应对突发事件的处置能力，确保ACS账务处理的连续性和安全性。协助开展老年人支付服务便利化工作，督促辖区各商业银行做好优化老年人支付服务工作，指导各银行进一步提高老年人、行动不便或者无自理能力等特殊群体的金融服务水平，聚焦银行卡开立、社保卡金融功能激活、养老金支取等业务场景，采取设立爱心专座、爱心窗口、提供藏语翻译、专人向导服务、上门服务等，消除支付领域“数字鸿沟”。联合辖内银行业金融机构、公安、税务等部门组成宣传队开展“反诈拒赌　安全支付”等金融知识宣传。加大打击非法买卖账户、移动支付便民工程、农牧区支付服务环境建设，构建“1+1+2”（1个乡镇、1个社区、2个学校）宣传网络为契机，开展反诈知识进寺庙、画院、社区、企业、校园等活动，全年开展“七进”类宣传70余次。

【金融科技管理】 完成《金融IT基础设施数据元》推广实施工作，引导辖内金融机构有序发展IT基础设施保障管理体系。督导辖内金融机构加快推进《金融数据安全数据生命周期安全规范》金融行业标准的实施，做好金融标准化工作。开展数据质量治理和年度数据验证工作，年内审核5家金融机构的信息，并在系统中录入、复核、审批，保证系统数据的一致性；加强金融机构信息管理，推进金融机构编码在辖内的应用。开展全州金融机构金融科技类综合评价工作，健全金融机构金融科技类综合评价机制，强化落实行业指导，助力金融科技发展新格局。组织辖内银行业金融机构参加金融标准直播课堂，解读相关标准，做好LEI（全球法人识别）编码宣传工作。组织各银行业金融机构开展“金融标准　为民利企”宣传活动、金融领域企业标准“领跑者”活动和“金融标准为民利企”主题宣传活动，提升民众对金融标准化知识的认知度，助推金融业高质量发展；开展2021年全国科技活动周宣传工作及全国科技活动周暨中国共产党成立100周年网络安全知识竞答活动，“网络安全为人民，网络安全靠人民”的国家网络安全周宣传活动，提升社会公众识别和防范金融网络诈骗能力。

【国库经理】 持续加强对商业银行代理支库、商业银行、信用社办理国库经收处业务的监督和管理，制定《国家金库黄南州中心支库对账管理办法》《国家金库黄南州中心支库现场检查管理办法》，与财税部门联合制定《关于进一步规范国库业务办理相关要求的通知》，强化对代理国库业务的监督检查，推进国库信息化建设。针对部分群众特别是老年投资者到期遗忘储蓄国债兑付的情况，建立辖区“储蓄国债到期兑付温馨提醒机制”，定期督促、检查、指导此项工作，确保兑付提醒工作取得实效，维护群众合法权益。年内黄南州储蓄国债（凭证式）发行155.2万元，储蓄国债（电子式）673.51万元。开展个税年度汇算清缴工作，成功通过国库系统办理个税汇算清缴退税及代扣代缴手续费退税6495笔413万元。利用国库绿色通道，确保全辖防疫资金准确、及时、完整到位，完成黄南州疫情拨款66笔888.14万元。

【货币发行管理】 督促检查辖区银行业金融机构现金收付两条线和现金消毒执行情况，指导银行业金融机构制定规划，逐步建立现金消毒长效机制，结合新冠肺炎疫情防控常态化要求，按照总量满足、结构合理、残币回笼渠道畅通原则做好辖内人民币现金供应工作、疫情常态化下现金供应和消毒工作。及时制定《中国人民银行黄南州中心支行发行库汛期灾害应急演练方案》，开展发行库安全隐患大排查，确保发行库绝对安全。加强发行基金各类券别储备，发挥人民币流通状况监测预警作用，以市场为导向组织现金投放，保证各券别人民币的科学供应，监督管理金融机构做好旺季现金收付、残损人民币回收工作。发行基金投放同比减少15.33%，发行基金回笼同比增长7.96%。联合政府宣传媒体、市场监管局、公安等部门加大反假货币宣传投入力度，推进反假货币工作。组织金融机构开展整治拒收人民币现金宣传工作，维护人民币法定地位及消费者选择支付方式的权益。持续推进“毗邻藏区两反一稳定”联合长效机制，联合人行果洛州中心支行召开黄南州2021年反假货币联席会议，畅通毗邻藏区人民币绿色通道。组织辖内各金融机构开展反假货币知识竞赛。

（撰稿人：仓拉毛卓玛）

金融监督管理

【概况】 金融监督管理工作由黄南银保监分局负责。2021年，黄南州有银行业金融机构8家、保险业机构9家（当年新增2家）。银行业机构各项存款余额159.62亿元，较年初增长7.45%，各项贷款余额76.24亿元，较年初增长2.68%；不良贷款余额2.14亿元，不良贷款率2.81%，较年初下降0.74个百分点，法人机构贷款损失准备充足率12.2%，全州保险业机构实现保费收入2.28亿元，理赔1.14亿元，赔付率50%。

【金融服务】 推动“双基联动”模式提质增效。继续发挥双基联动合作办公室联动效能。截至12月末，全州建立信贷工作室325个，“双基联动”合作贷款余额达到25.84亿元，当年累计投放13.83亿元。

绿色信贷服务。制定印发《黄南银行业保险业2021年绿色金融工作计划》，举办绿色融资统计表培训会，银行保险机构绿色金融经验交流会，推进“五个确保”落地见效；组织辖区8家银行业机构、2家保险业机构开展绿色金融集中宣传活动。通过进工业园区、进社区、进农村、进企业扩大宣传范围，重点宣传走访偏远牧区、有绿色融资需求的小微企业和专业合作社23家，受众人数近540人，发放宣传单178份，与有资金需求的企业达成贷款意向金额2435万元。引导银行业机构用好绿色项目储备库，有序成立绿色支行，实现精准金融服务。截至年底，银行机构储备绿色项目和企业140个、绿色保险项目2个。推进各机构以“青信融”平台为抓手，强化入库企业和项目对接，提升小微企业信用融资的可得性。截至12月末，绿色信贷余额33.02亿元，较年初增长23.66%；运用“青信融”平台为8家小微企业发放绿色信贷1571.3万元。

小微企业服务。印发《关于进一步推动小微企业金融服务高质量发展的通知》，持续引导银行业机构大力支持小微企业和民营企业，完成小微企业预期目标。截至12月末，累计投放普惠型小微企业贷款3.97亿元，累计投放户数1016户。针对小微企业，指导银行业机构推出“纳税e贷”“抵押e贷”“续捷e贷”“POS商户贷”“极速贷”“小微易贷”“商贷通”等信贷产品，截至12月末，累计发放贷款131笔3905.28万元。

特殊人群保险服务。指导保险机构探索发展满足脱贫人口需求的各类保险产品，推动农房保险、老年人意外险、农村小额保险产品、学生平安保险等产品。截至12月末，“防贫保”保费达1234.7万元，全州农房保险、老年人意外伤害保险、疫苗保险保费收入94.62万元，提供风险保障43.77亿元。

【金融风险管控】 全年撰写各类监管报告20份，下发风险提示书12份、年度监管意见书8份，发现问题29个，提出意见建议33条。持续做好区域性风险监测，按季统计银行业机构500万元以上大额贷款、前20家不良贷款、异地贷款等，分析大额贷款风险、不良贷款产生原因及压降情况，做到早发现早处理。通过调研走访、按季监测、专题分析等摸清不良贷款底数，因地制宜提出防控措施，引导机构逐步处置不良贷款，提升整体风险抵御能力。截至12月末，处置不良贷款1.77亿元，不良贷款较年初下降18.59%。全年投入352个工作日，现场检查4家银行保险机构4项内容，发现问题60条，涉及金额5.01亿元，下发现场检查意见书4份。

【金融依法监管】 采取开设分局“青年微讲堂”，组建“EAST”攻坚小组，开展干部职工职业生涯培训等方式，提升干部业务能力和素质。组织监管干部参加银保监会、青海银保监局举办的监管执法培训，加强依法行政，严格行政许可程序，规范、高效履行监管职能，把好机构、业务和高管准入风险关口。截至年底，共受理行政许可事项28件，颁发金融许可证41张。落实属地监管职责，加大对银行保险机构违法违规问题的处罚力度，严格审查行政处罚事项，谨防各类法律风险。截至年底，处罚2家机构、3名责任人，处罚金33万元，另有2项行政处罚事项在审核中。

【金融支持乡村振兴】 立足黄南实际，制定印发《关于2021年银行业保险业高质量服务乡村振兴的通知》，联合中国人民银行黄南州中心支行、财政局、乡村振兴局印发《关于深入扎实做好过渡期脱贫人口小额信贷工作的通知》，保证在过渡期内脱贫人口小额信贷政策的延续性、兼容性。截至12月末，全州建档立卡脱贫户12290户，脱贫人口50141人。累计发放脱贫小额贷款8281户3.25亿元；推出“农贷通保证贷款”为农户累计发放贷款81笔999万元。推进“乡村振兴活畜贷”信贷产品，签订协议7笔2000多万元，截至12月末，发放贷款1笔500万元。与州乡村振兴局及时对接，实时监测、通报辖区银行业机构脱贫小额贷款逾期情况，督促银行业机构清收脱贫人口小额贷款逾期资金。

县域信贷补短。结合脱贫地区实际，监测考核辖区县域银行业机构，持续加大县域经济发展信贷支持力度，制订信贷补短目标计划，明确责任并有效引导新增可贷资金优先支持县域经济发展。

基础金融服务。因地制宜保障县域地区物理网点供给，加强惠农服务点督导监测，将“落实基础金融服务、提升惠农服务点使用效率”作为监管督导目标，确保农牧区基础金融服务提质效。截至12月末，全州261个行政村设立惠农服务点569个，实现农牧区基础金融服务全覆盖，交易笔数达35000笔，交易金额达8890万元。

【金融工作会议】 银行业保险业普惠金融工作推进会。组织召开银行业保险业普惠金融工作推进会，对2020年普惠金融工作情况、小微企业金融服务监管评价、金融消费者权益保护监管评价、绿色金融工作完成情况进行通报。

2021 年 12 月 27 日，黄南银保监分局组织召开黄南银行业保险业绿色金融经验交流会

银行业保险业绿色金融经验交流会。组织召开银行业保险业绿色金融经验交流会，分享交流各机构发展绿色金融、服务绿色产业、助推辖区生态保护和经济高质量发展的经验成果、创新做法等。通过政银保监协同合作，在推动黄河流域生态保护和高质量发展、推动“银行+保险”融资模式平稳运行，推动“四地”建设打造持续发力中发挥绿色金融作用，在实施“十四五”规划中强化绿色金融保障，在落实生态优先中构建绿色金融发展新格局。

银行业保险业纪检监察联席会议暨清廉金融文化现场观摩座谈会。组织召开银行业保险业纪检监察联席会议暨清廉金融文化现场观摩座谈会，通过树立先进典型，发挥示范引领作用，进一步巩固了清廉金融文化建设常态化，进一步扩大清廉金融文化建设影响力，进一步提升清廉金融文化感召力，进一步增强联席工作机制凝聚力，为打造“高原蓝、金融清”清廉金融文化生态起到促进作用。

（撰稿人：辛连兄）

中国农业发展银行

【概况】 2021 年，中国农业发展银行黄南州分行内设 3 个部门不变，有正式职工 24 人。截至年底，各项贷款余额 66172 万元，较年初减少 11709 万元。全年累计投放贷款 6824 万元，其中粮棉油贷款 974 万元、黄河流域生态环境治理贷款 1000 万元、普惠小微企业贷款余额 2190 万元。各项存款余额 27273 万元，较年初增加 2724 万元；日均存款 24589 万元；全年实现 FTP（数据传输协议）利润 214 万元，对公存款专项利润 572 万元。

【支持农业基础设施建设】 以乡村振兴推进为着力点，支持县域特色产业发展，带动支持 6 户易地扶贫搬迁户就业增收。支持当地基础设施建设，推进民营小微企业提升工程。履行政策性银

2021 年 8 月 5 日，农发行黄南州分行打造“水利银行”品牌，投放贷款 1000 万元支持隆务河流域生态保护

行使命担当，打造“水利银行”品牌形象，承担起维护生态安全、保护三江源、保护“中华水塔”的重大使命。开展大营销、大走访，对接支持普惠小微企业，投放贷款1000万元，支持企业完成电站的饮水设施养护，提高水资源利用率，保护黄河流域生态环境。突出“绿色银行”价值定位，抓住绿色有机农畜产品示范省建设机遇，支持企业牛羊收购，支持河南县绿色有机畜牧产业发展。

【支持粮油购销】 支持粮食收购，保障地区粮食和重要农产品的保供稳价，得知粮油企业遇到资金严重紧缺的难题后，成立党员先锋攻坚队，向企业发放2021年全省系统内首笔粮油调销扶贫贷款，及时为企业纾困。发挥州级储备粮的应急保障和市场调控作用，保障州级储备粮的储存和品质安全，做到常储常新，投放粮食贷款，保障粮食企业顺利完成粮油轮换任务。开展企业走访检查，实地检查粮油储备企业，做到有贷必查、有仓必到、库贷挂钩，检查覆盖面达到100%。

【支持农业产业化】 履行支农职能和使命，服务国家乡村振兴战略。坚持政策导向，做好项目培育，结合黄南州农业产业、地域优势，创新业务发展模式，广泛调研对接，寻求地方支持，推动项目进展。发挥政策性银行“当先导，补短板，逆周期”职能作用，执行州政府“减轻企业还款压力，支持企业渡过难关”的要求，对受新冠肺炎疫情等因素影响，市场需求大幅下降，经营受到严重影响，造成资金流动性不足的困难企业发放再融资业务贷款4450万元，帮助企业恢复持续经营。

【客户服务】 针对疫情常态化防控要求，采取“线上+线下”持续开展业务办理，开通网银，方便客户“足不出户”就能办理业务。组织柜面人员对客户进行回访，及时解决客户在业务办理中遇到的困难。组织落实“晨会学习制度”，规范柜面人员的着装礼仪，每日学习会计操作要点，缩短柜面业务办理时间，提高业务办理的准确性、合规性，为客户提供优质服务。落实减费让利、惠民暖企政策措施。减免113户开户企业电子汇划费、UKey补办手续费、账户年服务费等结算类手续费；针对少数民族客户居多的实际，选派人员主动上门服务2200多笔网银，手把手教网银操作等，全年免收企业网银费及评估费用15.1万元。

【风险管控】 防范化解贷款基金风险，通过持续与地方政府和企业沟通协调，推动基金风险化解工作，提前收回基金30万元。化解贷款风险，持续压缩风险敞口，紧盯风险贷款企业日常生产、经营效益等情况，及早着手谋划风险化解方案，落实贷后管理制度。加强信贷风险监测，及时制定多套计划、有效应对可能发生的不同风险状况，严防金融风险发生。持续推进专项整治及问题整改落实，梳理汇总2017—2020年内外部检查发现问题，落实整改责任，细化整改措施，明确整改时限，确保问题整改到位。加强风险管理，开展“内控合规管理建设年”活动，推进“两学两查促合规”常态化，组织业务人员学信贷制度、典型案例，加大风险排查力度，持续提高信贷基础管理水平。

（撰稿人：马彦平）

农业银行

【概况】 中国农业银行黄南州分行下设综合管理部、纪委办公室、计划财会部、运营管理部、风险管理部、对公业务部、个人金融部、网络金融部、内控合规部9个部室，辖属同仁、尖扎、泽库、河南4个一级支行。全行有4个县支行营业室、3个二级支行、2个轻型网点及1个离行式自助银行共10个营业机构，有在职员工171人。2021年，中国农业银行黄南州分行各项存款余额47.61亿元，个人存款存量、增量市场份额均居同业第一。各项贷款余额19.57亿元，较年初增加1.37亿元，贷款市场份额25.67%，较年初增加7.53个百分点，存量市场份额排全州银行机构第二、增量市场份额排名第一。实现中间业务收入1123万元，同比增加210.9万元，增长23.12%。实现网上银行交易额31940.91万元，同比增加

18054.71 万元，增长 333.02%。实现电子银行业务收入 499 万元，同比增加 190 万元，增长 61.49%。年内打造的清廉金融文化建设“一室一廊一角”被省分行纪委确定为全省唯一一家“清廉金融文化建设品牌示范区”。分行获 2019—2021 年度州级文明单位称号。

【“三农”金融服务】 普惠金融助力实体经济发展。加强农业产业发展、乡村基础设施建设、创新支持农村改革、智慧乡村建设，支持新型农业经营主体发展，优化支农环境，整合黄南州范围内农家乐、茶园资源，形成产业集群，为游客打造吃、玩、游、娱、行等一体的“乡村智慧游”农家乐平台。落实脱贫摘帽“四个不摘”政策，助力巩固脱贫攻坚成果同乡村振兴有效衔接，以“乡村振兴活畜贷”“惠农 e 贷”“富民贷”为抓手，不断提升金融服务能力，为小微企业及农牧户生产经营发展提供融资支持。截至 12 月末，发放小微企业法人贷款 1.72 亿元，发放“抵押 e 贷”901 万元，发放法人“乡村振兴有机畜牧贷”500 万元、个人“乡村振兴有机畜牧贷”156 万元，发放“纳税 e 贷”198 万元，发放“信易担”合作贷款 1075 笔 1.9 亿元，发放“富民贷”5 笔 74.5 万元，成功上线“乡村智慧游”农家乐平台 95 户。推广“纳税 e 贷”“抵押 e 贷”等产品，拓宽普惠客户净增路径。加强与省农担公司、信源中小企业担保公司的合作，解决黄南州普惠型小微企业“融资难”问题。发放普惠型小微企业贷款 8027 万元，法人贷款户数比年初净增 17 户，贷款余额比年初净增 3709 万元；累计发放“双基联动”合作贷款 78 笔 2634 万元，余额 5383 万元。推进绿色信贷发展，全行绿色信贷余额 9.1 亿元，较年初增加 0.88 亿元、增长 10.64%，绿色信贷覆盖率 47.06%。精准扶贫贷款余额 2.48 亿元，较年初增加 0.17 亿元，脱贫县贷款余额较年初增加 2688 万元，增速高于全行贷款平均增速 7 个百分点。

金融助力小微企业纾困解难。中国农业银行黄南州分行建立疫情防控信贷业务绿色通道，提高信贷业务审批效率，严格落实“不抽贷、不断贷、不压贷”，全力支持其恢复生产经营。截止 12 月末，办理小微企业贷款展期 3 户 640 万元，办理小微企业“续捷 e 贷”2 笔 970 万元，对 3 户小微企业进行还款计划调整，金额 640 万元。

金融支持减费让利惠企利民。落实减费让利各项政策，做好延期还本付息等减负纾困政策的接续转换，确保小微企业综合融资成本稳中有降。截至 12 月末，为小微企业减费让利 97.59 万元。其中，向法人贷款客户提供优惠平均利率 4.15%（人行基准利率为 4.6%），合计减少利息收入 47.21 万元；减免贷款抵押登记费 8 笔 0.15 万元；减免抵押评估费 9 笔 11.75 万元；承担“乡村振兴活畜贷”耳标采购费 38.4 万元、物联网卡移动服务费 0.08 万元。

2021 年 5 月 11 日，中国农业银行青海省分行副行长刘勇（中）在尖扎县奔晨矿业开展调研

【风险管控】 实行客户名单制管理，在注重综合回报的基础上，重点关注拟支持企业的发展可持续性、抗击市场风险能力等。在对农户贷款风险管理方面，针对小额农贷的特点，推进“农户信息建档+全线上化办贷”新作业模式，确保进村入户实地采集农户生产经营、资产收入等有效信息准确真实，严格准入标准。通过防控临柜业务风险，提升队伍素质，推动运营管理安全运营。

年内尖扎李家峡支行创建为“三化三铁”优秀单位；推进现金清分和集中加配钞业务外包上线运行，实现上缴人民银行现金零差错。科学、高效配置财务资源，加大财务费用管控力度；聚焦长期应收应付挂账、业务外包、集中采购、闲置固定资产、在建工程等重点领域，财会重要风险点和管理薄弱环节，扎实推进专项整治工作和屡查屡犯专项治理，纵深推进案防风控工作。落实安全生产责任制、案防责任制和保密责任制，关注重点区域、重要环节等安全保密责任落实，做好安全保卫“三化三达标”工作，确保全行安全稳健运行。

（撰稿人：康学蓓）

建设银行

【概况】 2021年，建设银行黄南州分行各项存款余额34.61亿元，比年初增加2.34亿元；各项贷款余额5.36亿元，比年初增加0.38亿元；年末不良贷款余额82.94万元，不良贷款率0.15%，同比下降0.1%；实现中间业务收入1304.55万元，同比增加353.23万元，增长37.13%；实现净利润4231.78万元，实现营业收入7194.86万元。建设银行黄南州分行连续20年保持“全国文明单位”荣誉称号，荣获黄南州2019—2021年度文明单位称号、2021年度金融支持地方经济发展“优秀单位”称号、全州住房公积金业务“先进集体单位”称号、黄南州金融机构2021年度反洗钱A级单位称号。

【“三农”金融服务】 贯彻“服务乡村振兴战略，践行普惠金融发展”，加大服务“三农”力度，建设银行黄南州分行本部成立普惠金融（乡村振兴）经营中心，搭建“二级”垂直组织架构，落实“五专”（专项贷款规模、专属金融服务、专业支持政策、专门服务通道、专有人员保障）机制，配备专职客户经理15人，辖属营业机构均设立普惠金融服务团队，形成包括“成长之路”“速贷通”“青农裕贷”“小微快贷”“裕农通+”等产品体系。成立领导小组，明确工作职责，构建无机构县域及县域农村的金融服务模式，实现普惠金融服务在无机构地区向县域、乡镇、村社延伸。州所属一市三县设立村社裕农通服务点109个、裕农学堂1个，累计发放裕农通借记卡1120张，签约农户499户，当年累计交易1150笔。跨界合作延伸县域金融藏语汉语服务渠道，全年通过走乡入村开展藏语汉语宣讲、党建联建等系列宣传活动21次，累计发放藏语汉语宣传册39500份。

2021年9月17日，“建行大学·裕农学堂”在同仁市隆务镇吾屯村揭牌

【服务实体建设】 企业服务。深化发展绿色金融理念，服务黄南实体经济，累计向水电企业投放贷款3.77亿元；推进普惠金融战略，投放普惠金融贷款153笔4504万元；支持企业复工复产，主动减费让利，运用线上产品惠企纾困，累计为信贷融资企业减费让利0.13万元，减费让利小微企业结算产品6.02万元。

公积金、住房租赁业务。成为全省首个实现新版公租房信息系统全覆盖的州县，累计扫描人员档案信息7176户，录入房源总量10264套；公积金贷款发放量在州内同业机构中排名第一。在全州同业中首家办理省公积金贷款的受理、审核、发放流程，通过各种渠道及时催收逾期贷款87笔105.7万元。

【金融科技发展】 疫情防控监测系统。疫情防控期间，推广疫情防控监测系统，为黄南地区乡镇、社区、村委提供疫情防控数据上报统计服务，累计平台上线103户，使用人数3403人，帮助企业与社区推动疫情防控工作开展。

劳务实名制管理系统。以国家和社会密切关注的劳务实名制和农民工利益保障为切入点，加强普惠金融和金融科技战略的相互融合，打造金融科技含量高，深植建行独有优势的劳务实名制管理体系，累计上线劳务实名制系统13户，联动开立农民工工资代发专户28户，累计实现代发农民工工资435万元，新发放业主、施工单位普惠金融贷款500万元。12月31日，在金色谷地步行街增设离行式自助银行，进一步推进网点智能化转型，提升服务效能。全年累计确定办实事项目清单14件，完成率100%。

助力“数字化黄南”。与同仁市政府启动“智慧政务”对接会，就“数字化黄南”建设与州政务服务办进行接洽。以社保、民生、教育、医疗、公交、餐饮、旅游业、特色产业为主线，通过金融科技平台对接应用，拓展基于“吃、住、行、游、娱、购”等方面综合生态服务圈，实现政务、客户、商户、旅游机构、建行多方共赢。

（撰稿人：李肖芹）

邮政储蓄银行

【概况】 2021年，中国邮政储蓄银行股份有限公司黄南州支行有员工35人，内设综合管理部、公司金融部、零售金融部、风险合规部4个部门，下设二级支行（支行营业部，泽库县支行）2个。截至年底，支行各项存款余额13.23亿元，较年初新增4.63亿元，同比增长53.91%；个人存款方面，自营个人储蓄余额1.39亿元，代理个人储蓄余额4.59亿元；公司存款7.26亿元，较年初新增4.57亿元。各项贷款余额达1.04万元，较2020年增加1428.72万元，同比增幅15.94%。不良贷款615.52万元，不良率5.47%，全年累计压降不良贷款178.19万元，不良率下降2.59%。实现中间业务收入68.73万元，同比降低2.7%。

【“三农”金融服务】 落实“脱贫不脱政策、摘帽不摘帮扶”要求，把信贷服务“三农”中心从脱贫攻坚转移到乡村振兴工作上来，及时向州农牧局、乡村振兴局等“三农”主管部门汇报沟通，拓展服务“三农”新渠道，加大服务“三农”力度，加强科技赋能，优化流程。将“农贷通”作业方式由线下转为线上，运用移动互联网+VPN技术、活体人脸识别技术、场景双录技术等，把控小额业务风险，实现30万元以内小额“农贷、政贷”全流程数字化、线上化。客户经理人手配备一台移动展业设备，并熟练掌握操作流程，提高业务受理、现场调查、报告撰写效率。在业务方面，通过对接乡党委进行沟通宣传，引导客户选择邮储银行贷款。与农担公司合作，通过农担补贴降低客户实际利率水平，降低客户付息成本，提升同业竞争力。

【信贷支持小微企业】 针对小微企业传统抵押方式贷款融资难题，推出医院贷、税贷通、发票贷等线下信用贷款和线上产品小微易贷、工程信易贷产品，丰富民营企业信贷产品种类。工程信易贷产品依据企业的金融、经营、交易行为等，为客户发放总额不超过300万元的纯信用流动资金贷款，可通过企业网银循环支用随借随还，服务效率不断提升。全年支持企业客户37户，对3个企业开办授信业务，办理授信业务3笔，金额216.3万元。

【信用体系建设】 多次走村串户，推进信用村建设。全年累计评定信用村11个，评定信用户180户，信用村累计放款92笔，金额1110万元。发展“村村贷”业务，服务乡村振兴。做到“小金额广覆盖”，有效解决农牧民群众贷款难问题，落实分散风险、控制风险的目的。

【风险防控】　实行违规积分管理，持续开展合规检查，重点加大对信贷领域以及信用卡套现等违规行为的问责力度；持续开展风险数据排查及反洗钱考核，严肃问责违规行为。截至年末，处置不良贷款591.03万元。开展安全生产和行风行貌专项整治，安排疫情防控、防洪、防火、防盗工作，开展档案室、营业场所、办公大楼等领域安全大检查，消除安全隐患。完善消保审查机制，履行消保审查义务，为保护消费者合法权益提供有效保障。上半年审查营销方案7项，消保审查完成率77.78%，审查办结率58.33%。

（撰稿人：张玉梅）

同仁农商银行

【概况】　2021年，同仁农商银行有10个部2个室6个中心，有营业网点10个，其中县城网点6个、乡镇网点4个。截至年底，全行各项存款余额274384万元，较年初增加53451万元，存款同仁市场占比30.81%，居全市第一位。其中，对公存款193602万元，较年初增加51418万元；储蓄存款80782万元，较年初增加2033万元。各项贷款余额160039万元，纯贷款较年初增加8953万元，各项贷款同仁市场占比49.72%，居全市第一位。储蓄存款总量较年初增长9459万元。不良贷款余额6861万元，不良贷款率4.29%。全年实现各项营业收入12092万元，其中贷款利息收入7746万元、金融机构往来收入3613万元。

【信贷支持经济发展】　加大涉农和小微企业信贷投放，全年发放各类贷款159761万元，其中涉农贷款46131万元、小微企业贷款8119万元，截至12月末，小微企业贷款余额27944万元。践行绿色金融理念，明确绿色信贷重点投向和领域，加大对新兴绿色产业以及传统产业绿色改造领域的金融支持。至年末，全行绿色信贷余额25373万元，较年初增加4549万元。与州、市就业局签订业务合作协议，发放州本级和同仁市各类创业担保贷款，创业贷款余额1887万元。解决包括下岗职工在内的一大批创业人员创业资金需求、就业压力。与黄南州住房公积金中心业务合作，全年办理州、市个人住房公积金贷款39笔2271万元。

【金融扶贫】　加大精准扶贫贷款投入力度，扶贫小额贷款余额达1313万元；在全市72个行政村、8个社区开展“双基联动”合作贷款业务。全年累计发放“双基联动”贷款3686笔3.17亿元，年末贷款余额7.55亿元。为客户开通手机银行、电子社保卡、短信等业务。通过与市税务局合作，代征缴同仁市城乡居民基本医疗保险和基本养老保险，借助居民社保卡储蓄功能，向乡镇、社区、行政村推广应用社保卡缴费方式，营业部、康乐支行主动对接州、市工资代发单位，做好工资代发及三代社保卡转换工作，3月底前完成州、市36个单位三代社保卡转换。各支行加大社保卡应用，增强客户对农商行三代社保卡的依赖性。

2021年9月23日，同仁农商银行组织员工在隆务寺讲解社保卡应用

【信用体系建设】 解决农牧民群众生产、生活中的贷款资金需求与群众贷款难、担保难矛盾，推进农牧户信用体系建设和信用修复工作，为信用户发放1万~20万元的低利息无担保信用贷款。围绕“做普惠金融工匠”企业愿景，以“小而实、小而精、小而美”为发展目标，推动信用体系建设，巩固“三农”市场基础。加大对信用户评定较低的行政村的评定授信，安排所管辖的支行跟进信贷服务。截至年底，评定信用乡10个、信用村57个、信用户12244户，信用贷款余额39907万元，信用贷款较年初增长16035万元。开展“党建共盟、守望信用”支部品牌创建活动，与同仁辖内村支委会签订党建联盟协议79份，构建“党建引领、合作共赢”工作新格局。

（撰稿人：旦智项杰）

人保财险

【概况】 中国人民财产保险股份有限公司黄南州分公司是黄南保险市场规模最大、经营机构覆盖所有行政区县的财产险公司，内设机构7个，设立13家乡镇三农保险服务站，协保协赔人员205人，保险服务覆盖全州各村（社）。2021年，公司全险种实收保费收入16245.9万元，其中车险3687.5万元、商业非车险1589.4万元、政策性保费收入10969万元。全险种累计直接赔款8743.09万元，农业保险赔款达7154.15万元，其中养殖险6983.16万元、林木保险赔款132.5万元、种植险赔款38.4万元。上缴利税2038.51万元，其中代缴车船税986.7万元。分公司获中国金融工会“全国金融先锋号”荣誉称号，是全省金融系统唯一一家获得此项殊荣的机构；被人保财险青海省公司授予车险综合经营发展奖、法客业务政企互动奖。

【保险服务】 服务农业农村。在重点地区推动农业保险，持续推进政策性农险扩面、提标、增品，为农牧民提供保险保障，助力乡村振兴战略实施。全年公司开办的农险产品达到14个，农业保险参保农户达3.5万户次，赔付案件数量5.2万件，赔款金额7154万元，受益农户6.4万户次。引入互联网、空间信息技术和电子芯片等高科技手段，推进藏系牛羊电子耳标、种植保险按图承保按图理赔、无人机查勘、人保E农险等高新技术应用，构建“天、空、地”一体化的农业保险立体服务体系，提升成本控制和风险防范能力。

服务民生。开展进社区、进企业、进寺庙等“五进”活动，主推健康类、家庭财产类及宗教人员意外保险、寺庙财产险等与人民生活息息相关的保险产品，为地区群众和寺庙僧侣提供近10亿元的风险保障。发挥保险在校园安全风险转移的重要作用，做好校园类责任保险的承保工作。

服务脱贫攻坚。把产业扶贫、就业扶贫、教育扶贫等作为主攻方向，发挥保险功能作用，探索保险扶贫新途径，以“农险、综合保险、就业、融资、公益、联点”等内容为依托，构建“N+扶贫”模式，推进公司整体扶贫工作。推进农房保险、老年人意外险的承保工作，全年承保全州农房保险21278户，提供风险保障6.38亿元，承保同仁、泽库和尖扎一市两县老年人意外险10559人，其中特困老人5851名，提供风险保障31.67亿元，主动服务一线脱贫工作，开办乡村干部综合险、驻村书记险等扶贫干部类保险，为基层一线扶贫干部保驾

2021年6月初，人保财险泽库支公司在泽库县西卜沙乡开展牦牛保险理赔服务

护航；落实就业扶贫，在藏区农网聘用当地青年担任农险协保联络员205人，仅河南、泽库两县聘用占全州总数87%，少数民族占100%；针对性招录当地藏族员工，招录80人、提拔藏族干部6人进入支公司班子，解决当地就业，发挥藏族“藏语汉语优势”，提升业务沟通实效；持续深化定点扶贫、党建扶贫，开展公益慈善活动，全年向乡镇、行政村、学校、贫困户、敬老院等捐赠现金、实物等。

2021年8月，人保财险河南支公司农险工作人员前往河南县托叶玛乡宣传政策保险

服务社会治理。参与社会风险管理和社会保障体系建设，重点推进生态环境、食品安全、安全生产、医疗卫生、交通运输、旅游服务、校园安全、诉讼保全、职业责任、政府救助等与公众利益关系密切的责任保险，保障经济发展，促进社会和谐。第一时间对接各地疫苗接种管理机构，在辖内各疫苗接种场所推广疫苗接种责任保险，成功签出黄南疫苗保险首单，全年承保疫苗接种责任保险47份，提供风险保障4434万元。加大普惠金融推进力度，推进助贷险机构队伍建设。

服务实体经济。立足风险保障功能，持续完善保险产品供给，与中、小企业的沟通对接，了解企业风险保障需求，拓展雇主责任险、企业财产险等产品，为黄南宏丰得、水电公司等企业提供近2700万元的风险保障。

【客户服务】 在全州实施“警保联动”服务模式，建立6个“两站两员”（乡镇交通安全管理服务站和交通安全管理员、行政村交通安全劝导站和交通安全劝导员）服务站，持续提升农村地区交通综合治理水平。推出并启动“理赔午夜市”、“行车路上有人保”、车险“全程托付”等服务新举措，持续提升客户服务体验。开发安全管理、风险检验、安全预警等符合客户实际需求的线上“服务包”产品，建立以向俱乐部会员推送服务包为核心的增值服务体系。开展“车驾管”业务，实现公司理赔系统与公安交管系统的无缝对接。推广手机远程自助理赔系统和微信理赔，强化小额快赔、人伤事故全流程一站式处理，简化理赔流程，缩短结案周期，持续改善客户体验。建立高端客户授信理赔服务机制、扩大优质客户线上一站式理赔、实施差异化现场查勘政策，升级理赔服务供给，落实差异化服务。持续完善客户投诉管理机制，提升投诉处理及时率，提升客户满意度。落地客户服务记录仪，实现理赔过程全程记录全程监督，不断规范服务行为，提升服务质量。

（撰稿人：周学斌）

中国人寿保险

【概况】 中国人寿同仁支公司内部设经理室、营销发展部、机构业务部、健康保险部、综合部、客户服务中心6个部门，有员工49人。开办的业务主要是人身保险、意外保险、健康保险和城乡居民医疗保险4个板块，所售各类产品2000种以上，其中人身保险所售的产品以健康保障类业务为主，代表性产品有国寿福重大疾病保险、康悦百万医疗保险。2021年，同仁支公司各项保费累计收入2743.57万元，同比增长1.46%。赔款支出123.72万元，简单赔付率为43.46%。

2021年中国人寿保险股份有限公司同仁支公司业务经营表

表37

单位：万元

项目		计划	完成	完成比例
总保费		—	2743.57	—
长期首年		409	264.24	64.61%
其中：	10年以上期交首年	152	81.44	53.58%
	5~9年期交首年	—	2.34	—
	5年期以下	257	180.47	70.22%
短期险保费（不含大病保险）		355	284.66	80.19%
其中：	短期意外险保费	—	187.56	—
	短期健康险保费		116.04	
长险续期		—	2124.75	—

【商业保险】 营销发展部首年期交保费完成254万元，标保完成74.28万元，10年期以上完成81.43万元，短期险保费完成42.91万元；队伍季均有效10人、月均持证30人。机构业务部团险渠道全年完成短险业务268.67万元，完成代理年金保险158万元；全年达成有效人力4人，3S推广率达到85%以上，人均产能达到73.6万元。机构业务部银保渠道期交达成9.48万元，客经月均持证1人；运营渠道新契约（无纸化）496件，短险汇交、团单、建工险1374件。保全业务356件，平台处理332件，短线系统处理24件，线上E柜处理269件。

【理赔和投诉服务】 平台全年处理理赔321件，核及理赔调查36件。会办单及投诉方面，柜面及时处理95519件会办单，第一时间联系客户并解答客户疑问，及时做好客户安抚工作，避免客户投诉升级；在每次柜面例会中，提醒柜员提升服务技能，做好服务，坚决杜绝客户投诉。

【风险管控】 继续按照上级公司的相关风险管理规定，做好各类风险排查工作，扎实开展、认真排查、做实工作、留好痕迹；做好日常的风险合规教育培训和日常风险防控工作，将风险控制工作作为日常工作持之以恒地来抓；绷紧风险防范这根弦，做到不碰底线、不触红线，坚决守好经营成果。

【政策性医疗保险】 *门诊业务。*全年各项门诊业务累计审核结报26.55万人次，报付金额4647.68万元。其中，门诊特慢病报付30718人次1035.7万元，普通门诊报付213440人次2339.36万元，医疗救助报付21150人次1258.54万元，大病医保报付153人次14.02万元。

*特殊购药业务。*累计审核结报373人次，总报付金额148.27万元，其中基本报付金额98.1万元、大病报付金额19.3万元、医疗救助报付金额30.87万元。

*各项住院业务。*累计审核报付5.72万人次，报付金额22140.3万元，城乡居民住院率25.15%。其中，基本医保总费用41182人次31617.91万元，报付15365.05万元，报付比例48.6%；大病医保总费用3930人次12374.67万元，报付2299.71万元，报付比例18.58%；医疗救助总费用12130人次9325.13万元，报付4475.54万元，报付比例48%。

*城乡居民基本医保、大病医保及医疗救助个人中心零星报账。*累计审核结报2588人次，医保基金报付1116.99万元。其中，基本医保报付1710人次765.71万元；大病医保报付290人次157.91万元；医疗救助报付588人次193.37万元。

*省外就诊报账。*累计报付各项医保基金483.46万元，出省就诊患者704人次。省外就诊住院

患者基本医保次均报付6128.87元，较所有住院患者基本医保次均报付金额高出2335.04元，是省内患者平均报付水平的1.62倍。其中，基本医保报付478人次292.96万元；大病医保报付88人次130.50万元；医疗救助报付138人次60万元。

医保病案费用审核。全年审核170家公立、私立医疗机构基本医保违规金额扣款情况（其中1—3月人工审核133家，9—12月智能审核37家），扣除违规医保基金67.97万元。扣款主要原因包括护理费、床位费、治疗费、诊察费多计；谈判药品多计费；分解收费；用药与诊断不符；检查与诊断不符；手术收费不合规；限制性药品的使用；存在费用同一天上传的情况。

“双调”工作。累计调查意外伤害病案335件，涉及总医疗费用金额630.49万元，发现3件不实案件，涉及医疗费用金额5.88万元；核查省外就诊病案102件，涉及总医疗费用金额477.25万元。

【医保宣传】 以医保宣传活动月为载体，在广泛开展医保政策宣传的同时，针对欺诈骗保时有发生的情况，宣传组向群众宣传医保基金监管相关法律法规，解读解答医保相关政策，让更多的老百姓懂法，让定点医疗机构自觉守法营造全社会参与打击欺诈骗取医疗保障基金、自觉维护医保基金安全的良好氛围。5月9日，人寿同仁支公司在同仁市年都乎乡郭么日村开展“企业乡村互牵手　保障群众好生活”的宣传活动，解决老年客户运用智能技术困难。3月30日，公司派驻州人民医院、同仁市人民医院、尖扎县人民医院、泽库县人民医院、河南县人民医院医保专员6人，并完成挂牌仪式。

2021年5月9日，人寿同仁支公司在同仁市年都乎乡郭么日村开展“企业乡村互牵手　保障群众好生活”宣传活动

【保险服务改革】 大力发展保障类产品，加快基本医保商业补充保险的改革进程，针对市场需求相继推出一系列保费低廉、保障适中、条款简单的健康险产品，特别是针对高额医疗费用报销难的问题，投放保障较高的专属医疗费用报销产品，赢得市场高度认可。改革市场营销方式方法，结合黄南藏区实际情况，组建藏语汉语营销团队，并就群众认可的产品翻译成藏语，解决保险条款生硬难懂的难题，为藏区群众更好地了解和掌握产品提供便利。按照案件等级，实行限时性赔付模式，对案情简单明了、赔付金额在万元以下的要求，赔付款项当天到位，其余案件赔款平均时限均控制在5天之内，有效缓解群众医疗费用报销和赔付的难题。

（撰稿人：许秀玲）

城建　交通　邮政

城乡建设

【概况】 2021年，黄南州完成城乡建设投资21.1亿元，城市用水普及率93.25%，城市建成区绿化覆盖面积77.64公顷，绿化覆盖率31.2%，人均城市道路面积71.76平方米，城镇污水集中处理率86%，生活垃圾无害化处理率93%，城市集中供热普及率99.2%。村镇建设完成投资13936万元，基础设施投资12.11亿元，新增住宅建筑面积0.21万平方米、公共建筑面积29.16万平方米、生产性建筑面积0.62万平方米，全州城镇化率26.33%。

2021年全州重大城乡建设项目完成投资情况表

表38 单位：万元

序号	项目名称	完成投资额	序号	项目名称	完成投资额
1	泽库县王家乡美丽城镇项目	6006	17	民族体育场建设项目	1520
2	泽库县公共停车建设项目	1529	18	污水管网改扩建（二期）	1733.4
3	泽库县幸福山生态人文湿地修复及周边环境整治项目	2000	19	尖扎县城滨河路周边环境综合整治项目	4627
4	尖扎县贾加乡江则路、哇则路及周边环境综合整治项目	2000	20	尖扎县尖扎滩乡尖贵路延伸段建设项目	800
5	尖扎县能科乡拉沙路、下扎路、博学路、吉祥路、寺庙一路子哈贡路及周边环境综合整治建设项目	1850	21	尖扎县二完小住宅小区等7个老旧小区配套基础设施建设项目	1010
6	尖扎县一民中住宅小区等6个老旧小区配套基础设施建设项目	1230	22	尖扎县坎布拉镇碧云路环境整治工程建设项目	1255
7	2020年尖扎县马克唐镇（人民街、铁岭路）外立面提档升级建设项目	2300	23	喜玛拉雅小区建设项目	16000
8	尖扎县海丹华府居住小区（一期）建设项目	7400	24	同仁市年都乎南二路建设项目	1260
9	同仁市体育场停车场建设项目	4120	25	同仁市加查玛桥建设项目	1690
10	同仁市城南社区内涝整治项目	840	26	同仁市藏医院等5个老旧小区配套基础设施建设项目	880
11	同仁市霍尔加北路道路整治建设项目	1379	27	同仁市阳光大道环境整治项目	7724
12	同仁市霍尔加南路道路整治项目	2700	28	同仁市河东片区城中村市政基础设施配套项目	3630
13	同仁市保安镇产业环路建设项目	3731	29	同仁市古城巷环境整治及西坡治理工程	830
14	同仁市多哇镇北入口处环境整治项目	900	30	同仁市瓜什则乡市政道路建设项目	2010
15	同仁市瓜什则乡政府周边巷道环境整治工程	2810	31	同仁市瓜什则乡环城南路建设项目	1750
16	同仁市瓜什则乡环城北路建设项目	1220	32	同仁市瓜什则乡风貌改造工程	730

【规划编制与管理】 通过公开招标方式，确定西安建筑科技大学城市规划设计研究院开展《黄南州国家级传统村落集中连片保护利用示范州总体规划》《祥和箭乡详细规划》《藏地牧歌详细规划》编制工作。全年立案2起，监察在建项目136个，建筑面积36万平方米；查处违法建设项目1个，面积6.4万平方米，累计罚款6.5万元。

【美丽乡村建设与传统村落保护】

美丽乡村建设。建制镇详规覆盖率100%，指导建设22个高原美丽乡村建设，投资4880万元。改善农村人居环境，改善农房4293户，改造危房188户。完成村镇建设总投资1.39亿元，完成全州农村住房安全隐患排查50499户，统计上报“5·22”果洛地震受损房屋排查10户。

传统村落保护。黄南州是青海省唯一的国家传统村落集中连片保护示范州。争取国家专项资金1.5亿元，在全省率先完成第一批州级传统村落认定工作，同仁市、尖扎县37个村入选。完成传统村落集中连片保护利用示范州规划编制、测绘建档工作，实现全州30个国家级传统村落挂牌保护。

【城市管理】 污水与垃圾处理。截至年底，全州有正式运行的城市污水处理厂4座、乡镇污水处理厂2座，处理能力1.5万吨每日；试运行1座，处理能力0.1万吨每日。全州实际日均处理污水1.5万吨。产生脱水污泥205.5吨，采取卫生填埋等方式处理。正在运行的生活垃圾处理场24座，采用无害化填埋方式处理，生活垃圾无害化总处理能力235吨每日。

城镇供水。全州有水厂4个，生产能力2.35万立方米每日，供水管道总长125千米，服务人口9.38万人，年内供水总量584.02亿立方米，其中工业用水182.2万立方米、生活用水298万立方米；售水104亿立方米。水源为扎毛水库水源地、黄河、地下水、夏德日第二水源地（河流水）等地，自来水水质达到饮用水水质标准。

城市供热。全州有15处城镇集中供热站，供热管道长度66千米，供热面积240.79万平方米，供热能力94兆瓦，集中供热人口10.4万人，供热总量110万吉焦，节能供热面积占比19.92%。

市政管理。截至年底，全州城区道路总长度149.02千米，总面积276.14万平方米；路灯9370盏，雨污水管线134.87千米，污水排放量463.8万吨。市政设施完好率和路灯亮灯率98%。清扫保洁面积396万平方米，日产垃圾346吨。全年清运生活垃圾12.6万立方米。全州城镇绿化面积306公顷，覆盖率26%；建成区绿地面积288公顷，绿地率18%。

城管执法。开展五大集中专项整治、“洁净美”专项行动及工地扬尘治理“六个100%”（工地周边100%围挡、物料堆放100%覆盖、出入车辆100%冲洗、施工现场地面100%硬化、在建工地100%湿法作业、渣土车辆100%密闭运输）“街长制”“门前三包”（“一包”门前市容整洁，“二包”门前环境卫生整洁，“三包”门前责任区内设施、设备和绿地整洁）责任制、“六乱”（乱贴乱挂、乱排乱弃、乱摆乱卖、乱搭乱建、乱停乱放、乱冲乱撞）整治行动等环境整治。倡导“721”（70%的问题用服务手段解决、20%的问题用管理手段解决、10%的问题用执法手段解决）工作法，持续开展治理乱停乱靠、占道经营、违法搭建、道路遗撒等行为，下发对扬尘整治不力的项目建设单位停工通知书2份、整改通知书3份，拆除清理老旧小区、城乡接合部的私搭乱建房屋、棚子等违章建筑24处。

同仁城区一角

【房地产开发与管理】 全州有房地产开发企业12家，其中四级4家、暂定级8家。年内累计完成各类房地产开发房屋施工面积16万平方米。实施城市房屋拆迁项目1个，拆迁面积1.3万平方米，拆迁户数192户，发放货币补偿2700万元，拆迁安置房施工面积1.3万平方米。办理房地产转让交易手续4宗，建筑面积0.9万平方米，交易金额0.7亿元；办理商品房预售手续7宗，建筑面积5.1万平方米，预售金额2.42亿元。全年办理商品房网上签约716套，签约面积9.74万平方米，签约金额2.5亿元；实现资金监管2个预售项目，监管资金2.12亿元。商品房销售面积24.92万平方米，其中住宅0.3万平方米、办公楼0.5万平方米、商业营业用房5.53万平方米；商品房销售额2.5亿元，其中住宅0.02亿元、办公楼0.3亿元、商业营业用房1.28亿元。全年存量房成交341套，总面积7.62万平方米，其中办公楼0.5万平方米、住宅3.62万平方米、商业营业用房3.5万平方米。

做好物业管理工作，截至年底，城区住宅小区物业管理覆盖率20%，在管物业建筑面积156万平方米。年内实施廉租住房租赁补贴144户低收入家庭，补贴额41.16万元。清查公租房52次90套。

2021年黄南州房地产项目情况表

表39

序号	项目名称	开发企业	项目用途	特色定位	主要房型	占地面积（平方米）	建筑面积（平方米）	开盘均价（元/平方米）	项目状态
1	河南县商业步行街建设项目	安居房地产公司	商住	步行街	商用	9908	43000	8300	竣工
2	尖扎县丹霞小区建设项目1号楼	青海丹霞商砼房地产有限公司	商住	—	三室两厅两卫、四室两厅两卫、两室一卫两厅	8160	25743.83	4000	竣工
3	尖扎宗喀大厦施工工程	尖扎宗喀名族藏香有限公司	商住	—	三室一厅一卫、四室两厅两卫、三室一卫两厅	1056	11003	3950	竣工
4	喜玛拉雅小区	青海喜玛拉雅发地产开发有限公司	商住	—	四室两厅两卫、三室两厅两卫	16667	64381.1	4730	在建
5	尖扎县海丹华府居住小区（一期）建设项目	青海海丹房地产开发有限公司	商住	—	三室两厅两卫、四室两厅两卫	8399	28283	5152	在建
6	尖扎县滨河公园小区二期建设项目	青海格桑花房地产有限公司	商住	—	三室两厅两卫、四室两厅两卫	25653	138829.65	5380	在建
7	隆务水岸	青海德义博置业有限责任公司	商住	—	三室两厅两卫、四室两厅两卫、两室两厅一卫	70000	270000	4500	在建

【村镇建设规划服务】 村镇建设规划服务中心有从业人员7人，其中高级职称技术人员2人，中级职称2人。全年监督工程253项，面积119.04万平方米，造价17.10亿元；办理竣工验收备案55项，建设工程验收合格率98%，竣工验收备案率98%。

（撰稿人：李光凯）

交通运输

【概况】 2021年，黄南州交通运输行业坚持以“覆盖广泛、结构优化、能力充分、衔接顺畅、安全可靠、绿色环保”为目标，以落实《交通强国建设纲要》《国家综合立体交通网规划纲要》《黄河青海流域交通运输生态保护和高质量发展规划》等国家、省级重大战略为抓手，全面提升交通运输综合供给能力和综合服务水平。年末全州公路通车总里程达5869.76千米，其中国道595.19千米、省道515千米、县道551千米、乡道（含专用道）2073.74千米、村道2134.83千米。全年道路货运总量423万吨，按可比口径同比下降35.4%，货物周转量13.49亿吨千米，同比下降35.4%；道路客运量312万人次，同比下降26.2%；旅客周转量2.18亿人千米，同比下降26.2%。船舶总数23艘，其中客船17艘，开通航线1条，全年客运总量1.01万人次。全年查处非法营运车辆37台；查处超限超载货车49台，卸货583.81余吨；查处各类其他违规油品运输车辆和货运车辆5台。强化治理货运车辆超限超载，全年处理车辆及相关驾驶员66辆次、66人次。

2021年黄南州公共交通情况表

表40

项目	单位	数量	项目	单位	数量
公共汽车	公交线路条数（条）	23	出租汽车	运营单位（个）	4
	公交线路长度（千米）	641		运营车辆（辆）	615
	运营公交车辆数（辆）	100		其中：小客车（辆）	615
	客运总量（亿人次）	0.0243		载客车次（万次）	1087.7
轮渡	年末轮渡船数（艘）	17		运营里程（万千米）	5700
	乘客人数（人次）	10053		运营收入（亿元）	0.5317

【重点交通项目】 委托编制完成《黄南州交通运输“十四五”发展规划》及一市三县规划，基本实现全州“两纵五横”路网主骨架、农村公路网络为支脉的交通运输网络。完成交通固定资产投资51.5亿元，同比增长364%。高度重视项目工作，加快国省干线升级改造、出州出省通道建设，国道310马康公路支线、省道308瓜什则至大角满段公路、坎布拉景区南宗沟旅游公路等交通重点工程顺利完成建设并投入使用，同赛高速、尖扎至共和公路项目有序推进。年内完成省厅下达46个农村公路项目投资和建设任务。

【农村公路建设】 稳步推进“四好农村路”建设和“路长制”工作，加快推进深化农村公路养护体制改革全国示范州创建工作。全州有公路550条。其中，国道（国高）6条，里程543.15千米；省道7条，里程532.94千米；县道23条，里程551.63千米；乡道（含专用道）159条，里程2099.77千米；村道355条，里程2149.28千米。通车总里程达5870千米，公路密度达到32千米/百平方千米。全州33个乡镇262个行政村均实现通畅。其中，33个乡镇中，30个乡镇通沥青混凝土路、3个乡镇通水泥混凝土路；通三级及以上公路乡镇26个，占比78.8%，未通三级及以上公路乡镇7个。262个行政村中，112个建制村通沥青混凝土路、116个建制村通水泥混凝土路、34个建制村通砂石路。852个自然村组中，668个自然村解决通达问题，184个自然村未通公路。

【公路建设项目】 坎布拉景区南宗沟旅游公路。投资1.124亿元，总里程21.05千米，由1条主线、3条支线组成，为旅游专用公路，路基6.5米，路面满铺。6月29日交竣工验收，建设单位为黄南州交通运输局。

尖扎县马克唐至康杨公路。总投资4.23亿元，总里程19.7

2021年6月30日，尖扎县马康公路建成通车

千米（二级公路），路基宽度12米，路面12米。6月29日交工验收，6月30日举行通车仪式，建设单位为青海省交通建设管理有限公司。

省道308同仁市瓜什则至大角满（甘青界）公路。路线全长56.57千米，总投资5.41亿元，项目建设工期24个月，全线按二级公路标准建设。9月27日交工验收，建设单位为青海省交通建设管理有限公司。

国道310尖共公路尖扎至贵德段。总投资46亿元，全长24千米，工期4年。于2020年8月开工建设，至2021年末完成工程量的30%，建设单位为青海省交通建设管理有限公司。

尖扎县李坎公路病害整治工程。总投资6039.04万元，工期12个月。于2020年12月25日开工建设，至2021年9月末完成沥青混凝土路面铺筑，并恢复通车，建设单位为黄南州交通运输局。

G0611张汶高速同仁至赛尔龙段公路。项目总投资186.56亿元，全长204.73千米。2020年11月28日开工建设，其中同仁南至西卜沙段于2017年11月先期开工建设，完成设计工程量；同仁北至同仁南过境段桥型方案正在协调同仁市政府、州住建局组织专家进行评审。完成同仁西卜沙至赛尔龙段临建工程，进行项目征迁工作，建设单位为青海省交通建设管理有限公司。

黄南州综合客运枢纽站。项目总投资7000万元，占地1.5万平方米，建设集班车客运、高速客运、旅游客运、出租客运、农村客运、公交客运、快件运送、物流仓储及高铁联运为一体的综合服务站。年末完成选址意见书办理，进行建设项目用地预审及工可编制工作，建设单位为黄南州交通运输局。

麦什扎黄河大桥及其引道工程。估算总投资2.5亿元，路线全长1049米（包括黄河大桥253.83米）。完成工可研审批，进行工程设计，建设单位为尖扎县交通运输局。

G1816乌海至玛沁高速河南至玛沁段及G316长乐至同仁（贵德）公路夏河至同仁段工程。G1816乌海至玛沁高速河南至玛沁段总投资135亿元，全长108千米；G316长乐至同仁（贵德）公路夏河至同仁段总投资33.6亿元，全长约84千米。均由青海省交通建设管理有限公司建设实施，完成工程可研报告和两阶段勘察设计招标等前期工作。

新改建农村公路200千米项目。完成全州一市三县农村公路一阶段施工图设计审批项目48项，总投资23579.47万元，完成大部分工程建设任务。落实省厅2021年第二批车辆购置税收入补助地方资金实施项目46项，总投资7464万元。其中，村道安全生命防护工程4项，危旧桥梁改造工程4项，乡镇通三级1项，巩固提升1项，较大规模自然村组通硬化36项。至年末，除乡镇通三级和巩固提升外，完成其余工程建设任务，建设单位为一市三县交通运输局。

【公路养护】 全州列养里程5365.61千米。其中，地养国道107.24千米、地养省道514.89千米、县道534.91千米、乡道2073.74千米、村道2134.83千米。养护资金补助标准为地养国省道、县道每年每千米7000元，乡道每年每千米3500元，村道每年每千米1000元。全年全州农村公路养护补助资金1746.52万元。其中，养护工程补助资金873.26万元，日常养护补助资金873.26万元（省级补助436.63万元、地方配套

436.63万元），实施养护大中修工程8项，完成投资796.58万元。落实全省公路养护管理办法，与各市（县）局、建养中心层层签订目标责任书，夯实养护责任主体，采取专业化养护与承包养护相结合的方式，加强公路排水系统的维修、疏通，提升公路通行能力，全州农村公路列养实现全覆盖，优良路率达63%，综合值为78。

【路政管理】 开展路面巡查工作，做好路政巡查及服务工作，督促养护部门调集专业装备、设备、物资及时做好县乡公路保通。协调交警部门做好交通管制和指挥疏导，及时发布天气变化和路况信息。年内全州公路巡查里程4.15万千米，清理违章建筑386平方米，发生路政案件2起，查处2起，查处率和结案率均为100%，路赔回收5.6万元，路产回收率100%。治理超限超载工作，年内上路巡查947人次，检查车辆3109辆，清除路障21处，纠正各类路政违章20件。严格控制公路两侧建筑红线6件，治理超限运输车辆50台次，卸载货物583.81吨。联合交警部门开展专项整治15次，查扣车辆23辆，扣分157分。深化路域环境整治，强化农村公路路政执法力度。打击超限运输、非公路标志、占用公路及用地、增设交叉口等违法违规行为，巩固日常治理成果，打造畅安绿美路域环境，服务公众安全便捷出行。推进公路限高限宽设施和检查卡点专项整治工作，全州原有道路限高限宽设施24处，拆除12处，后期整改合并1处。完成县、州、省、部4级“公路限高限宽设施和检查卡点专项整治工作数据审核系统”数据审核，在省交通运输厅门户网政务平台公示。

【道路运输】 全州有道路旅客运输企业11家。其中，长途客运企业1家（二类客运企业）、出租车公司4家、公交公司4家、农村客运公司2家。拥有经营性车辆1582辆。其中，货运车辆584辆、客运车辆998辆（长途客运班车62辆、出租车615辆、公交车100辆、农村客运车辆221辆）。开通长途客运班线18条、公交线路23条，城乡公交覆盖169个建制村，覆盖率67%，受益人口达23万人。全州乡镇通班车率100%，建制村通客车率达100%。有汽车客运站33座，其中二级客运站1家、三级客运站3家、乡镇客运站（客运服务站）29座。全年完成货物运输量423万吨，同期下降35.4%，货物周转量13.49亿吨千米，同期下降35.4%；客运量312万人次，同期下降26.2%，旅客周转量2.18亿人千米，同期下降26.2%。开通道路营运驾驶员继续教育手机App网络学习平台，提升营运驾驶员再教育质量和效益；持续推进货运驾驶员资格证“跨省通办”和货运车辆“三检合一”政策落地落实。推进交邮融合发展，开通8条交邮融合线路，实现33个乡镇“邮政快递村村通”全覆盖，185个建制村开通快递服务，覆盖率达70.88%。开展非法营运违法案件专项打击，全年查处非法营运车辆17台，其中出租车1台、违规客车6台，分流旅客40人次；查处各类其他违规油品运输车辆和货运车辆5台。强化治理货运车辆超限超载，处理车辆及相关驾驶员66辆次66人次。全州交通运输行业各类运输乱象同比大幅下降。

【水路运输】 全州水域面积33

“五一”国际劳动节前夕，李家峡库区水运企业购置新客艇下水

平方千米，有水运企业2家，资产总值6.52亿元，总产值105万元，有码头2座，从业人员88人。拥有客运航线2条、船舶23艘，其中客运船舶17艘（378客位）、执法船3艘、趸船2艘、清漂船1艘。全年累计登记船舶进出港信息（船舶签证）1003航次。投资1400余万元，建成并启用南宗沟码头，开通李家峡库区北岸半主哇码头—湖心岛—南宗沟码头—半主哇码头水上客运环线，与坎布拉景区旅游公路南宗线，与坎布拉景区旅游公路南宗沟旅游公路—尕吾昂—德洪—小遥池—南宗沟码头连接，形成陆路水路黄金小线路闭环经营，解决库区周边群众出行困难。国庆节期间，坎布拉景区开园试营运，安全运送游客10634人次，船舶进出港343航次。

【交通运输企业】 同仁市：黄南州山峰公交有限公司。公司成立于2013年，主要业务是城乡公交运营汽车配件销售、公交车车体广告、候车亭广告发布、电动车充电桩充电服务。有5个科室、1个车队，干部职工55人，营运车辆46台，生产用地1处，占地2公顷，固定资产原值1300万元，净值589万元。拥有营运线路6条，线路里程100千米，全市线路日运行班次38个，日运送乘客量5400人次。2021年，公交公司完成营运里程270万千米。

尖扎县：琼乾公交公司。公司成立于2015年，主要业务是公交运输。有2个科室、5个车队、1个保修厂，干部职工19人，营运车辆20台，生产用地2处，占地0.4公顷，固定资产原值400万元，净值350万元。拥有营运线路5条，线路里程63.1千米，全市线路日运行班次95个，日运送乘客量272人次。2021年，公交公司完成营运里程43万千米。

泽库县：加福城乡公交有限公司。公司成立于2019年，主要业务是城乡公共交通运输。有4个科室、1个车队，干部职工6人，营运车辆16台，生产用地1处，占地0.33公顷，固定资产原值700万元，净值620万元。拥有营运线路6条，线路里程195千米，全州线路日运行班次62个，日运送乘客量260人。2021年，公交公司完成营运里程64万千米。

河南县：河南县华泽城市公交服务有限公司。公司成立于2019年，主要业务是城乡公交。有1个科室、1个车队、1个保修厂，干部职工23人，营运车辆18台，生产用地为河南县优干路1号处，占地2公顷，固定资产原值800万元，净值700万元。拥有营运线路4条，线路里程283千米，全州线路日运行班次107个，日运送乘客量1325人次。2021年，公交公司完成营运里程70万千米。

黄南州隆祥客运有限公司。公司成立于2013年，资产总额0.3亿元，注册资金100万元，设职能部室5个。主要经营县际、市际、省际班线客运、农村班线客运、包车客运（县内、县际、市际、省际）等业务，具有国家客运AAA级经营资质。有客运线路17条，客运班车60台，日发班次58个，日均旅客发送量1280余人次，线路直达西宁、循化、兰州、临夏、夏河等省内外各地市，营运里程2983千米，货物运输通达全国各地。2021年公司车辆行驶总里程89万千米，发送旅客33万人次，总收入981万元。

2021年黄南州主要公交线路基本情况表

表41　　　　单位：元

城市	线路	发车站	终点站	发车时间	票价
同仁市	1路	唯哇	州民族高级中学（州民师）	7：03—18：58（每隔15分钟发一班）	1
	2路	加毛桥头	州民族高级中学（州民师）	7：00—20：06（每隔15分钟发一班）	1
	3路	唯哇	教育小区	7：00—19：28（每隔15分钟发一班）	1

续表41

城市	线路	发车站	终点站	发车时间	票价
同仁市	4路	热贡桥头	腾达驾校	6：50—19：00（每隔20分钟发一班）	3
	5路	热贡桥头	扎毛乡	7：00—17：00（每隔30分钟发一班）	3
	6路	热贡桥头	保安镇麻巴	6：40—18：40（每隔30分钟发一班）	3
尖扎县	1路	马克唐镇	康杨镇	8：00	5
	2路	马克唐镇	昂拉乡	8：30	2
	3路	马克唐镇	坎布拉镇	8：30	2
	4路	马克唐	德吉村	8：30	2
	5路	马克唐镇	措周乡	8：30	2
泽库县	1路	牧民定居点	幸福山	7：00（每隔15分钟发一班）	1
	2路	牧民定居点	敬老院	7：10（每隔15分钟发一班）	1
	3路	藏药制剂中心	第二幼儿园	7：00（每隔15分钟发一班）	1
	4路	好运加油站	多禾茂乡	7：30（每隔40分钟发一班）	5
	5路	好运加油站	麦秀镇	7：30（每隔40分钟发一班）	5
	6路	老疾控中心	宁秀镇	7：30（每隔40分钟发一班）	10
河南县	1路	民族中学	泽雄村委会	6：30	1
	赛尔龙乡	河南县	赛尔龙乡	7：30	10
	宁木特镇	河南县	宁木特镇	8：00	5
	柯生乡	河南县	柯生乡	8：00	15

【交运行业疫情防控】 利用汽车站LED电子屏、出租车顶灯、悬挂横幅、微信群等方式宣传新冠肺炎疫情防控知识。班线客运落实实名制购票、进站乘车全程戴口罩、测体温、车辆通风消毒等制度。10月，根据疫情实际，启动应急防控指挥体系，全州交通运输行业进入战时状态。强化动态管控措施，与省、州际班线B段交通运输部门沟通，及时停运省、州际客运班线，遏制和防范疫情通过交通运输工具传播。落实“一断三不断”要求，及时向社会公布本地交通通行管控情况及措施，在分区分级实施精准有效防控的同时畅通重要物资运输通道。因疫情防控到位，没有造成疫情通过交通运输方式传播。

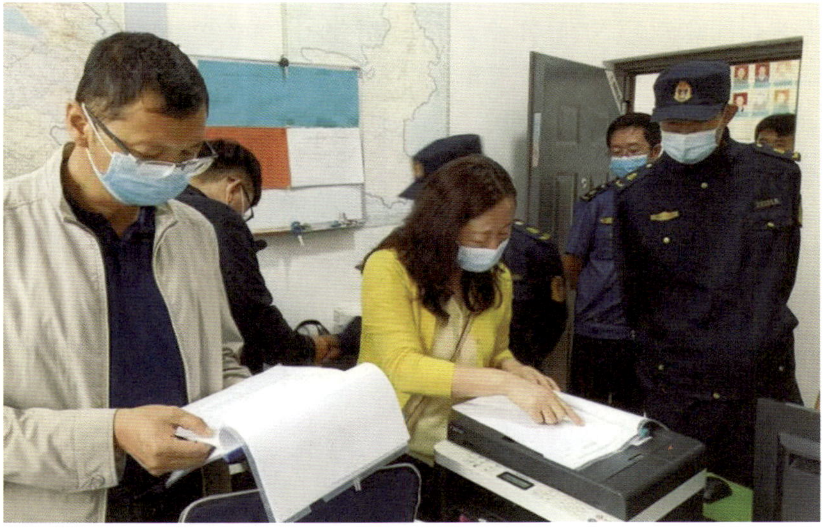

2021年8月4日，州交通运输局督导检查尖扎县道路运输疫情防控、安全生产及交通执法领域突出问题专项整治工作

【交运产业发展】 全州有汽车综合性能检测站3家，一、二类汽车维修企业3家，汽车维修工

作量1.58万辆次，维修工作量以年均2%以上速度增长。机动车驾驶员培训学校9家，其中二类驾校2家、三类驾校7家。全年培训机动车驾驶员4617人、从业资格人员1838人。农村客运市场乡镇通客车率100%，行政村通客车率100%，自然村通客车率100%。全州有出租公司4家，出租车615辆，从业人员790余人。

【安全生产】 与一市三县交通运输局和重点道路运输企业签订安全生产目标责任书，落实安全生产主体责任和行业监管责任。建立安全生产“日报平安”工作机制，组织召开季度全州安全生产形势分析会议，及时研判道路运输安全生产存在的问题和隐患，推动交通运输安全生产工作无缝对接，网络化管理。加强安全监管，持续加大客运企业、车辆、驾驶员的资质审查力度，全州班线客车、公交车、出租车动态监控设备安装率达100%。全州客运车辆入网率、上线车辆连通率、轨迹完整率及数据合格率均达95%以上，位居全省前列。开展交通运输领域隐患排查治理专项行动，重点开展超限超载、非法营运、水上运输违法案件专项打击，发生一起重特大道路交通安全生产事故。

（撰稿人：李艳凤）

国省道路管养

【概况】 青海省黄南公路段始建于1959年10月，隶属于青海省海东公路总段，至2021年有在册职工114人，各类养护设备、机械71台（辆）。承担307.67千米管养里程，其中国道213策磨线231.31千米、国道316长同线13.51千米、国道573泽兴线47千米、省道206平隆公路15.85千米；桥梁68座3774.41米，涵洞673道8425.62米，隧道4座2417米。段下设综合养护、生产、财务、机器设备4个业务办公室，古浪堤、保安、同仁、麦秀、泽库、河南6个公路养护工区，1个综合养护班和1个隧道监控所。

【路域环境整治】 常态化开展路域环境整治工作，全年累计清扫路面46612平方千米，捡拾白色垃圾2037.1千米，清理堆积物1274立方米，安装路域环境汉语藏语宣传标示牌48块，发放倡议书、宣传页1500余份，悬挂路域环境整治横幅15条，录制汉语藏语宣传音频、拍摄路域环境宣传微视频，召开路域环境协调会议6次，修剪路肩、护坡及边沟内蒿草82327平方米，回收防滑料487立方米。

【公路养护】 开展公路养护工作，累计清理疏通边沟267.28千米、4755.7立方米，疏通涵洞162道1638立方米，清理泥石流、塌方、落石7592.5立方米，清扫桥面（隧道路面）杂物40314.64平方米，清理桥梁伸缩缝80座203道、桥梁泄水孔85座1170处，预制安装桥栏杆12根、立柱6根，预制安装隧道电缆沟盖板30块，刷新桥梁护栏2305.24平方米，清洁维护隧道灯具、风机等机电设施。填补路基缺口1950立方米，清扫公路驿站185次，修补路面坑槽2126平方米。更换钢管护柱150根，钢管护柱贴膜100平方米，更换标志牌2块，更

2021年6月13日，青南公路段职工在省道206平隆公路清理泥石流

换砼护柱 140 根，更换里程碑 85 块、百米桩 384 块，更换波形梁端头 40 个，新增波形梁护栏 422 米。年内打造 12 千米党员示范路。

【生态养护】 完成生态及专项养护工程项目，其中蜂巢格室挡墙 2880 平方米，抗滑降噪超薄封层 67390.6 平方米，植生袋防护 10313 平方米，挂三维网喷播植草 11383 平方米，四新技术示范（抗滑降噪超薄封层）50321.2 平方米，路面标线补划 31111 平方米。

【应急保通】 完善应急保通机制和预案，成立保通领导小组，组建 88 人的应急保障队伍，组织开展汛期隐患排查和公路应急抢险保通演练，制定与交警、气象、路政、消防、防汛等部门的联动机制，协同开展对公路突发事件的预防和处置，利用互联网、微信等网络信息平台发布路况信息。全年召开养管协调会 9 次，开展联合治超宣传 8 次，联合安全隐患排查 5 次。汛期清理塌方、泥石流 7578 立方米，出动人员 83 人，各类机械 27 台（班）。撒铺防滑料 254 立方米，处理积冰 429.5 立方米、积雪 12446 立方米，撒铺融雪剂 81 吨，冬季保通累计 21 次，出动人员 288 人，机械 60 台（班）。

2021 年 8 月 26 日，黄南公路段职工在隆务峡清理泥石流

【公路安全生产】 签订安全生产目标责任书，开展“安全生产月”“安全生产万里行”等安全专项活动，加大安全设施及防护用品投入力度，落实安全经费专款专用。全年召开养护安全与应急工作安排会议 42 次，开展专项活动 18 次，隐患排查治理 9 次，全线增设安全渠化标线 7 处，自然灾害风险公路承载体普查工作整体完成 70%。定期组织召开安全生产例会，开展安全教育培训，观看电视专题片，学习《中华人民共和国安全生产法》等安全生产法律法规知识。全年未发生任何安全事故。

（撰稿人：苏 霞）

邮政运营

【概况】 中国邮政集团有限公司黄南州分公司内设六部一室，下辖四县一镇（坎布拉镇）5 个县分公司，当年全州员工 121 人，设县级以上邮政服务网点 5 个。截至年底，全州有 33 个普服网点，均按要求开办四项普服业务。网点覆盖全州一市三县 33 个乡镇；城市段道 18 个、乡邮农村段道 89 个，投递全程里程数 2750 千米。全州邮乐购站点 96 家、村邮站 75 家；32 个乡镇（含各县城关镇）262 个建制村均实现村村通邮。2021 年，全州邮政业务收入完成 1811 万元，同比增长 12.17%。

【邮政普遍服务】 为部分建制村数量较多的乡镇网点新增乡镇专职投递人员 6 名，全州 27 个乡镇网点中 22 个乡镇实现营投分营的运营模式；乡镇网点单人局所占比由 2020 年的 40.7% 下降到 18.5%；年内 1 个乡镇网点由委代办转为自办，委代办网点占比降低至 14.8%；为全州所有乡镇网点配备电脑、打印机、扫描枪等营业设备，为 27 个乡镇网点开通宽带网络，安装新一代渠道平台、易邮自提、邮乐购等系统，实现网点开办收寄业务从手工收寄、手机 App 收寄向电脑终端收寄的转变。全年普通邮件全程时限省内 T+3、T+5 日送达率均达到 99.14%，5 个县（镇）分公司均实现党报党刊当日见报，6 个边远地区建制村投递频次由周 1 频改为周 3 频，建制村投递频次达标率达到 95.8%。邮快合作不断向纵深发展，乡镇覆盖率达 100%，建制村覆盖率 70.88%，高于全省指标 11.8 个百分点。重新修订乡镇网点运营及建制村投递考核管理等办法，落实考核激励政策，保障普服达标。开展辖内机要从业人员机要业务处理合规性、机要保密安全管理规定执行情况等专项自查，确保机要通信安全。

【代理金融类业务】 以“请进来、走出去”的方式拓客户，以“亮晒营销战况”营造氛围，以“早计划、晚总结”强化每日管控。每月组织各网点开展“比贡献、亮业绩、促发展”爆点 PK 赛营销活动，在网点之间、员工之间形成你追我赶的热烈氛围。全年累计销售保险 263.7 万元，同比增幅达 227.24%。开展“金融+包快”大走访活动，由县分公司总经理+客户经理+驻点人员挨家挨户进行走访，宣传金融、寄递业务，开发客户，累计走访客户千余户，发放宣传折页 500 份，新开户 96 户，加办手机银行 160 户，快捷绑卡 85 户。全年代理金融业务新增 1672 万元，邮政代理市场占有率 7.71%，新增额市场占有率 19.62%。

【寄递业务】 结合各县分公司当地特色产品，要求“一县一品”专项开发当地特产寄递业务，成立营销小组，在当地唐卡画院、农业合作社、藏药生产企业等建档立卡，销号式开发营销，利用邮政自身优势，为客户提供特快、快包、物流等多种服务，助力当地特产“走出去”。提前安排部署“极速鲜”业务，走访交易市场，在虫草市场、牛羊肉市场增设临时收寄网点，为客户提供现场收寄、眼同封装、现场打包的优质服务，解决客户疑虑，确保邮件安全，全年寄递“极速鲜”鲜虫草 1257 件。加强“警邮合作”，与州公安交警支队沟通，成功开办身份证便民通业务，全州办证 22283 件，其中通过身份证便民通邮寄 2291 件。以网点为单位，组织金融、寄递人员摸排周边牛羊肉及生鲜类客户，开展销号式走访，完善客户信息，满足客户需求，把寄递客户转化为金融客户，把金融客户转化为寄递客户，发挥邮政协同优势，为客户提供个性化服务，共享客户信息，共同维护客户，增强客户黏性。利用州内各县盛产新鲜蔬菜、水果的有利优势，要求各单位走访当地农户，了解当地农产品的价格、产量、成熟季节和销售渠道等，组织各单位走访当地单位食堂、小区物业、社区团购等，在全州进行营销。全年全州寄递业务收入累计完成 535 万元，同比增长 33.42%。

【渠道建设】 坚持以建制村商超开发为重点，分类开展商品批销，夯实渠道建设，协同金融、寄递等共同发展，提升站点质量。累计建成邮乐购站点 96 个，其中批销站点 15 个、优质站点 3 个。站点分别叠加批销、便民缴费、代收自提、扫码付、掌柜会员等业务。走访当地市场，挖掘河南县阿米雪品牌咖啡、天然野花蜂蜜、尖扎昂拉去皮核桃、西北骄牦牛肉粒等特色农产品，筛选地方农产品并布放至州及各县域振兴馆内，馆内商品达 186 种，年内累计实现订单 949 单。借用“邮掌柜”App，让乡镇、建制村商超（小卖部）邮乐购站点掌柜实现线上进货自由，为当地农户（牧户）带来便利。落实好 2020 年州政府工作报告中确定的十件民生实事——实施“邮政快递村村通”工程，实现乡镇快递服务全覆盖，通过与当地 11 家快递企业沟通、协商后签订合作协议。全年累计转寄邮件 2.36 万件，累计转投邮件 18.99 万件。

【邮政基础性业务】 *函件业务*。开展各类专项营销活动，实现收入 82.34 万元；督导各单位做好日常销售及项目开发，累计实现 4.19 万元；以“六一”国际儿童节为契机，为单位员工孩童订购儿童节礼物，实现文创产品 0.89 万元；河南县分公司为“那达慕”盛会举办提供邮政服务，定制那达慕邀请函 400 份。全年累计实现函件媒体业务收入 40.99 万元，同比增长 33.7%。

报刊业务。州城区分公司持续跟进特警支队采购馆配图书需求，实现要数 200 册；以“党史学习教育”为契机，开展图书销售。强化专业经营质量发展，组

织开展报刊业务欠费专项收缴工作。全年一次性报刊大收订流转额实现533万元，日常收订实现流转额42万元，累计完成报刊订阅流转额575万元。

集邮业务。2021年生肖贺岁、新邮预定两项项目累计实现销售72万元，收入占比达到86%；集邮网厅产品累计上架23款，强化“集邮上新日”营销，集邮线上业务实现销售12.5万元；把握警察节邮票发行契机，营销系列主题邮品；以建党百年营销宣传为重点，实现总公司产品、省自制邮册销售3.65万元；成功开发《辉煌历程》邮册100册；围绕地方重大项目、重大活动，开发《西域圣境 神韵黄南》定制邮册300册；成功开发建设银行黄南分行定制版年册500册。

增值业务。全年全州税务双代业务累计代开税务发票1552张，开票金额41.44万元；订购航票176张，航意险59张。

分销业务。开展“福至新春——年货节”营销活动，实现收入10.30万元；开展“一月一品”——三亚杧果、广西隆安火龙果、循化线椒、重庆奉节脐橙等项目购销活动，实现收入9.70万元；开展“亲情粽”营销活动，实现收入16.86万元；开展“思乡月”营销活动，实现收入23.38万元；组织开展进单位、进部队、进企业等活动，加大宣传力度，不断促进政企融合发展。

【项目协同发展】 将惠农合作项目与农村电商等便民业务进行叠加，提升站点质量。通过发展商超，绑定邮政金融绿卡、布放扫码付，建立与商超的资金支付和结算关系。累计发放邮政绿卡164张，加办手机银行134户，布放扫码付98户，沉淀资金103万元。与驻军部队联系，开展军队喜报、军包等寄递工作，全年寄递879件。加强邮银协同，利用邮政手机银行转账免费、大额存单、保险基金理财等金融产品的灵活优势，转化客户，揽收资金。累计转化寄递客户42户、税务客户24户。

【服务质量管理】 制定重点质量指标管控实施方案及通信质量、服务质量“双优”（通信质量优、服务质量优）劳动竞赛办法，明确奖惩措施，提升智能跟单异常发生率、包裹快递及时妥投率、揽投部特安邮件主动客服占比等通信服务质量重点管控指标，年内未发生机要文件丢失损毁及通信服务质量事故，重点通信服务质量指标保持稳定。制定窗口服务体验提升年活动实施方案，做好窗口对标服务体验工作，年内同仁市夏琼中路支局被省分公司确定为全省客户体验示范网点。强化监督检查力度，累计出检23天，下发视察报告书28份，督导整改历次检查中存在问题。采取现场指导、以查代训、集中培训等培训方式，提升网点人员服务能力，组织开展集中视频培训5次、现场以培代查式培训6次。

【邮政基础管理】 财务管理。通过调整揽投人员计件薪酬、人员属性调整等措施，剖析全流程、各环节，在收、投、管理支撑三大环节上取得明显成果，较上年分别下降17.05%、8.65%、40%。寄递三大环节均控制在州分公司、省公司目标值范围内。

人力资源管理。开展劳务承揽、派遣合同集中采购、签订工作；及时补充空缺岗位人员，保证生产队伍稳定；按照选人用人制度相关要求，年内提任四级正领导1人，平级调整四级正领导人员1人、四级副领导人员2人，公开竞聘选拔四级副领导人员2人。开展重点岗位人员“重大事

2021年11月11日，州邮政分公司为奋战在“双十一”一线员工送去慰问品

项报告”工作，及时掌握领导干部相关动态。完成任期制与契约化试点工作，推行任期制和契约化管理，与全州四级副以上领导人员签订聘任协议。

工程管理。装修坎布拉综合营业大厅、职工周转房和州分公司清真食堂，改善员工办公生活条件。完成河南及尖扎仓储项目验收及整改，将揽投部搬迁至新址，提升邮件处理能力。配合同仁市住建局完成州邮政家属院小区改造，粉刷州分公司办公楼、尖扎县办公楼临街立面，提升网点服务形象。

采购管理。按照《中国邮政集团有限公司黄南州分公司采购审批决策流程办法》，加强采购管理，完善决策机制，提高决策效率。

【邮政安全管理】 深化“平安邮政建设”，落实企业全员安全生产责任，逐级签订安全生产责任书、消防安全责任书，签订率达100%。健全安全生产责任制，落实一岗双责制度，严格遵守岗位安全操作规程，确保安全生产。结合州分公司工作实际，组织开展多种形式的应急预案演练12次，更新灭火器56具，更换234具，新增电警棍等防爆器材，配备防爆器材架6架。专项检查全州33个网点监控储存时限达标情况，机要室加装红外报警设备等；持续做好风险防控，通过形式多样的风险合规培训及警示教育活动，营造人人合规的氛围，让合规成为员工的自觉行为。开展常规综合检查、专项检查及治理活动，持续加强员工行为排查、预警监测、异常信用行为监测。落实金融从业人员岗位轮换制度、营业主管派驻制度，制定营业主管履职考评办法，强化对综合柜员日常履职管理。严格按照监管机构要求持续做好案防、消保、反洗钱等工作。

（撰稿人：吉慧香）

邮政管理

【概况】 2021年，黄南州有乡镇邮政中转站（乡镇邮政所）27个，乡村投递段道89条，快递分支机构24家，末端网点18个，已备案末端网点14个（其中乡镇级快递末端网点11个），农村公共取送点7个，有职工308人；邮路17条，邮路总长度994万千米，农村投递线路总长度3779万千米，邮政信筒信箱34个；全州有邮政集邮销售点5处，邮储网点21处，智能快件箱累计建设13组。截至年底，黄南州邮政管理局业务总量完成2439.26万元，同比增长28.53%；业务收入（不包含邮政储蓄银行直接营业收入）完成3305.58万元，同比增长24.94%。

【邮政业务发展】 邮政服务业务。邮政服务业务总量累计完成1344.03万元，同比增长12.05%；邮政寄递服务业务量累计完成434万件，同比下降24.36%；邮政寄递服务业务收入累计完成452.03万元，同比增长15.72%。

快递服务业务。快递服务企业业务量累计完成29.99万件，同比增长78.09%；业务收入累计完成1667.66万元，同比增长68.53%。其中，同城业务量累计完成4.13万件，同比增长302.52%；异地业务量累计完成25.85万件，同比增长63.51%；国际及港澳台业务累计完成17件，同比增长88.89%。全州邮寄税务发票寄递1522件，警邮寄递业务140件。

【邮政普遍服务与管理】 邮政普遍服务和特殊服务监管。邮政营业场所监控设备覆盖率提升至100%，21个乡镇邮政营业场所实现营投分离。每日在建制村投递打卡监督系统审核全州建制村投递情况，并按时审核建制村坐标更改和未打卡原因，对存在的问题，定时通报县级邮政分公司，争取建制村应投必投。通过开展建制村直接通邮检查和多次核实认定，将建制村边远地区由原18个减少至17个。全年受理营业场所就近迁址2起，邮政营业场所备案信息变更登记23起。结合邮政局所专项检查的问题整改情况，统一分等分级调整33个邮政营业场所。

邮政服务乡村振兴和脱贫攻坚。推进落实电子商务与快递物流协同发展政策，年内落实出口补贴6.56万元，2021年全州通过寄递渠道出口的农特产品达9.87万件（其中唐卡1.6万件、牛羊肉1.8万件、虫草0.45万件、藏药2万件、藏香0.7万件、奶制品1.02

万件、民族服饰2.3万件）。年底会同泽库县政府、工信局召开电子商务进农村综合示范项目三级物流体系建设对接会，为电商企业和快递企业搭建沟通桥梁，现场咨询了解投入使用的电子商务物流配送快递服务站的运营、管理模式。协调具备泽库县产业园区开辟物流分拣区域和场地，免除入驻产业园区寄递企业房租。针对产业园区资金充裕、车辆充足等有利条件，向泽库县产业园区争取投递三轮车3辆用于快件配送。

机要通信安全运行管理。联合州机要保密局制定印发《2021年黄南州邮政机要通信监督管理工作措施》，要求各级邮政企业贯彻落实，检查机要通信网点8处次（其中联合检查4处次），出检16人次，发现问题6个，下达责令改正通知书6份。企业逐一报送整改回报单后，复查6项安全隐患，经复查，企业整改情况良好。

【快邮合作】 在全州范围内以不同区域、不同价格因地制宜实行“快邮合作”运行模式，对农牧区结合道路环境尚好的同仁市、尖扎两县分别按0.8元、0.9元确定直投资费，对海拔较高、路途较远的泽库县、河南县按1元确定直投资费，打破多年合作僵局，解决“最后一公里”服务瓶颈，实现邮政、快递企业互利共赢。截至12月31日，黄南州“快邮合作”覆盖的33个乡镇，乡镇覆盖率达100%。“快邮合作”服务覆盖185个建制村，覆盖率达70.88%。各县邮政分公司累计贴单投递快件2.2万件，直接投递快件18.5万件，累计收入达35.4万元，涉及顺丰、申通、圆通、韵达、京东、中通、百世、德邦、极兔9个快递品牌。

2021年11月7日，州邮政管理局联合州禁毒支队，尖扎县禁毒大队、生态环境保护局开展“禁毒百日攻坚行动”联合检查、行业生态环保监管联合检查

【邮政运营监管】 社会监督员管理和指导。全年开展社会监督活动129人次，反馈监督报告129份，监督邮政服务网点75个，走访156人次，反馈各类存在问题3个，提出建议和意见1条。

纪特邮票发行销售监督检查。组织开展《辛丑年》《中华人民共和国民法典》等15种纪特邮票的监督检查，参与监督检查的邮政管理部门工作人员36人次，检查零售网点18处次，发现违法问题1例，下发责令改正通知书1份。

邮政专用标志车辆检查。结合省局《关于开展西部和农村地区邮政普遍服务基础设施建设项目“回头看”监督检查工作的通知》，开展邮政专用标志车辆专项监督检查，检查3家县邮政分公司，抽查车辆8台。

【快递行业规范服务】 行业绿色发展。开展绿色包装治理专项检查，全面摸底本辖区邮政、快递企业“9792”工程落实情况，实地查看非绿色包装用品存量，现场要求各企业负责人将绿色包装采购纳入日常采购计划，使用有生产监制单位、循环标识的包装用品。协调州政府印发《黄南州加快推进快递包装绿色转型实施方案》，及时下发《〈邮件快件包装管理办法〉宣贯方案》，召开工作推进会安排部署重金属和特定物质超标包装袋与过度包装专项治理工作，开展以《邮件快件包装管理办法》宣贯为主要内容的“邮来已久　绿动未来”系列宣传活动，开展邮快件包装操作规范培训，提升行业从业人员生态环保意识，加强绿色服务理念，开展2021年开展重金属和特定物质超标包装袋与过度包装专项治理“回头看”、邮件快件过度包装和随意包装专项治理和塑料污染专项治理等工作，现阶段全州邮政营业场所配备包装废弃物回收装置率100%，电商快件不再二次包装比例达到99%，可循环快递箱

（盒）使用量达到 258 个。在 2021 年旺季服务保障动员部署会上，重点解读《邮件快件绿色包装规范》。

邮快件“三不”治理。抓好辖区快递企业“三不”（不着地、不抛件、不摆地摊）整治工作，及时下发《关于印发进一步规范末端投递秩序专项治理行动方案》，专项检查所辖四县邮政、快递企业开展末端投递秩序，针对存在的抛扔快件行为下发责令改正通知书 3 件。

电商物流协同发展。衔接协调工信局等部门推进落实全州电子商务与快递物流协同发展政策，全年落实出口补贴 6.56 万元。

2021 年黄南州快递企业分支机构一览表（同仁市）

表 42

地区	序号	企业名称	性质	营业场所地址	负责人
同仁市	1	青海顺丰速运有限公司黄南州分公司	民营	同仁市年都乎乡年都乎村康乐北路与河南路交会处	南卡才项
	2	青海圆必通速递有限公司同仁分公司	民营	同仁市隆务镇东山路	王正栋
	3	青海申通快递有限公司同仁分公司	民营	同仁市隆务镇年都乎市场 96 号	桑斗加
	4	青海彪韵快递有限公司同仁分公司	民营	同仁市铁吾村东山路 10 号	官却尖措
	5	西宁海都中通速递服务有限公司同仁市分公司	民营	同仁市隆务镇康乐北路延伸段卫生小区门口	杜彦可
	6	青海德邦物流有限公司黄南州同仁市营业部	民营	同仁市迎宾大道年都乎新市场	辛东彦
	7	青海京邦达物流科技有限公司黄南分公司营业部	民营	同仁市年都乎乡	白相忠
	8	青海极兔供应链有限公司黄南同仁营业部	民营	同仁市迎宾大道年都乎新市场第 71 号	久西杰
尖扎县	9	西宁海都中通速递服务有限公司尖扎县分公司	中通	尖扎县马克唐镇铁岭路	万玛
	10	青海顺丰速运有限公司黄南州分公司尖扎营业部	顺丰	尖扎县商业街苹果园小区第九幢 11 单元 A-28 商铺	黄海珍
	11	青海圆必通速递有限公司尖扎分公司	圆通	尖扎县马克唐镇铁岭路	多杰才让
	12	青海申通快递有限公司尖扎分公司	申通	尖扎县马克唐镇铁岭路	才让多杰
	13	青海京邦达物流科技有限公司尖扎分公司营业部	中通	尖扎县马克唐镇马克唐村 40 号	范志明
	14	青海彪韵快递有限公司尖扎分公司	韵达	尖扎县马克唐镇兴隆街延伸段商住楼北侧 5 号楼	达哇
	15	青海极兔供应链有限公司尖扎分公司	极兔	尖扎县铁岭路木材加工厂隔壁	周国龙
河南县	16	青海顺丰速运有限公司黄南州分公司河南营业部	顺丰	河南县城	俞文
	17	青海极兔供应链有限公司河南分公司	极兔	河南县雪莲路蒙旗佳苑小区斜对面商铺房	冷智

续表42

地区	序号	企业名称	性质	营业场所地址	负责人
泽库县	18	青海极兔供应链有限公司泽库分公司	极兔	泽库县泽曲镇迎宾路93号	仁青东智
	19	青海顺丰速运有限公司黄南州分公司河南营业部	顺丰	泽库县泽曲镇交通运输	仁青扎西

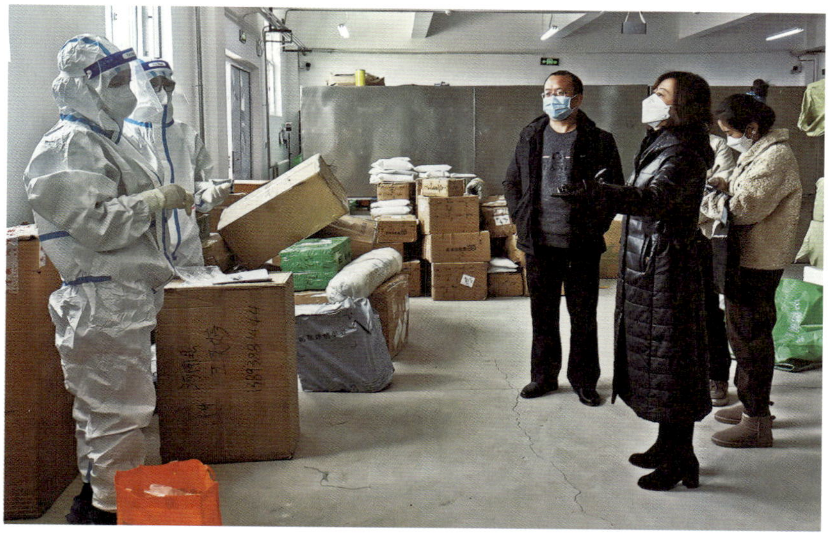

2021年11月16日，州邮政管理局监督检查泽库、河南两县邮政快递企业疫情防控、安全生产及“四不”专项治理落实情况

【快递业诚信文化创建】　推进诚信邮政建设，强化行业普法宣传，利用微信工作群、门户网站等渠道编发宣贯解读法律法规重点条款，树牢企业安全意识。以开展座谈会、送法进企业、送法进村等多种形式宣贯《邮政业寄递安全监督管理办法》，发放宣传资料500余份。加快实施快递行业失信主体“黑名单”制度，完善行业“信用修复机制”，规范信息归集制度，促进诚信黄南、诚信行业建设。

【快递业务经营许可管理】　在快递业务经营许可管理系统中增加实地核查人员，按照实地核查工作要点完成4家新增快递分支机构（同仁极兔、尖扎极兔、尖扎京东、尖扎德邦）的实地核查工作并核发分支机构名录。快递业务经营许可时限到期，州邮政管理局及时按照省局工作要求完成实地核查工作，并在许可企业许可证完成更换后及时下发新的分支机构名录。加强快递企业负责人许可事项、备案事项的实操能力，重点解读《快递业务经营许可管理办法》《快递末端网点备案暂行规定》《快递业务经营许可实地核查工作要点》。

【寄递安全领域检查】　结合安全生产专项整治三年行动，印发《黄南州邮政快递业安全生产工作具体措施》《2021年黄南州邮政快递业“安全生产月”和“安全生产万里行”活动实施方案》《本地区邮政快递业2021年“全民禁毒宣传月”实施方案》，部署开展日常、专项、联合检查单位78家次，出动检查156人次，查处违法违规行为为44起，下达责令改正通知书20份，约谈告诫10起，行政处罚4起，其中罚金2.1万元、责令停业整顿5日。

（撰稿人：公巴扎西）

生态环保

生态建设综述

【概况】 2021年，黄南州生态环境局围绕州委、州政府打造“山水黄南”、高质量推进“三区建设”战略部署，坚持生态优先、绿色发展，协同推进疫情防控、经济社会发展和生态环境保护工作，完成各项目标任务。年内印发执行生态文明法规制度4个，编制生态环境保护规划2个。截至年底，全州有全国生态文明建设示范县1个（河南县）、省级生态文明示范乡镇8个、省级生态文明示范村43个。

【生态文明体系建设】 在全省率先印发执行《黄南州国家机关生态环境保护责任清单》，为落实生态环境保护“党政同责、一岗双责”，为打好污染防治攻坚战提供制度保障。制定印发《加快推进把青藏高原打造成为全国乃至国际生态文明高地黄南行动方案》，全方位推动生态文明建设。编制完善《黄南州中央生态环境保护督察反馈意见整改工作领导小组工作规则（试行）》《黄南州中央生态环境保护督察整改销号工作规则（试行）》等配套文件，为生态环境问题督查整改工作提供制度遵循。高质量编制完成《黄南州“十四五”生态环境保护规划》《黄南州重点流域“十四五”水生态环境保护专项规划》，为构建和实现“山水黄南”生态环境治理体系建设奠定基础。与州纪委监委建立工作联系机制，不断完善环保督察追责问责机制，推动各级党委政府环境保护主体责任落实。

2021年6月4日，黄南州“6·5”世界环境日主题活动启动仪式在热贡文化广场举行

【生态文明创建】 10月，黄南州获“国家生态文明建设示范区”称号，成为青海首个创建文明示范区的市（州）。河南县在成功创建国家生态文明示范县的基础上，跻身全国第五批“绿水青山就是金山银山”实践创新基地，全州生态文明创建工作实现历史性跨越。截至年底，累计申报省级生态文明示范乡镇15个、示范村75个，创建总数和创建率均保持在全省前列。

【生态环境宣传】 利用“6·5”世界环境日、生物多样性日、全国低碳日等契机，面对社区群众、游客群体、干部职工先后开展环保设施向公众开放5次，召开新闻发布会2次，开展大型文艺演出4次，印发宣传资料17万余份。在省、州电视台，学习强国，青海新闻网，青海生态之窗，《黄南报》等大众媒体平台宣传50余次。搭建微信公众号、新浪官方微博等网络平台，每日更新全州生态环境保护工作动态，打破以往发放宣传单的单一模式，宣传教育活动形式更趋多样化，极大地调动群众参与度和积极性，群众满意度达95%以上。

（撰稿人：周亚男）

林业生态

【概况】 黄南州林业工作由州林业和草原局负责，内设综合管理科和资源管理科2个科，下属正科级公益一类事业单位州麦秀林场、州林业站（挂州森林病虫害防治检疫中心、州草原站牌子）。2021年，黄南州林业用地面积949807.33公顷，占辖区总面积的50.25%，其中有林地65926.67公顷、灌木林地486446.67公顷、疏林地2956.67公顷、未成林造林地 8566.67 公顷、宜林地 384606.67 公顷、苗圃地 166.67 公顷、其他 1137.31 公顷。全州有 15 个国有林场，天然林面积占 95% 以上，活立木蓄积 814.95 万立方米，森林覆盖率 29.43%。黄南州 2021 年度林草重点工作综合考评排名全省第二，在 15 个分项重点工作考评中，林草重点工程、有害生物防治、野生动植物管理等 10 项工作均排名全省前三。

2021 年国土绿化动员大会

【国土绿化】 国土绿化成就。州、县林草部门按照《黄南州深入推进国土绿化工作方案》安排，组织开展国土绿化工作。截至年底，完成国土绿化面积 33273.33 公顷，其中乔木造林 1206.67 公顷，灌木造林 1266.67 公顷，森林抚育 13400 公顷、低效林改造 6433.33 公顷、森林质量精准提升 9600 公顷、退化林分修复 1366.67 公顷。同仁市完成国土绿化 7400 公顷，其中人工造林 906.67 公顷（乔木造林 440 公顷、灌木造林 466.67 公顷），森林经营 6433.33 公顷（森林抚育 2000 公顷，低效林改造 2200 公顷，森林质量精准提升 1866.67 公顷，三北退化林分修复 366.67 公顷）；尖扎县完成国土绿化 20466.67 公顷，其中人工造林 1466.67 公顷（人工乔木造林 666.67 公顷、灌木造林 800 公顷）、森林经营 19000 公顷（森林抚育 8333.33 公顷、低效林改造 3333.33 公顷、森林质量精准提升 6666.67 公顷、三北退化林分修复 666.67 公顷）；泽库县完成国土绿化 2166.67 公顷，其中森林经营 2166.67 公顷（森林抚育 1000 公顷、低效林改造 900 公顷、森林质量精准提升 266.67 公顷）；河南县完成国土绿化 1900 公顷，其中人工造林 100 公顷、森林经营 1800 公顷（森林抚育 666.67 公顷、森林质量精准提升 800 公顷、三北退化林分修复 333.33 公顷）；州本级完成森林抚育 1000 公顷；麦秀林场完成森林抚育 400 公顷。

多部门协同绿化。县、乡党委政府协调落实造林绿化地块；水利部门提前踏查造林现场，找水源布管网，确保造林灌溉用水；交通部门提前介入，边设计边施工，打通造林地简易道路，保证造林苗木运输和施工通道；各机关、企事业单位、社会团体参与造林，保证造林绿化顺利推进。截至年底，同仁、尖扎造林区配套蓄水池、管网等水利设施及简易道路的面积 955.33 公顷，投资 1122.8 万元，建设造林区简易道路 38.4 千米，蓄水池 4 座，水利管网 118.87 千米。

森林城镇和森林乡村建设。按照"让人多的地方树多，生产生活的地方先绿"原则，推进森林城镇和森林乡村建设。年内实施尖扎县马克唐森林城镇建设项目、同仁市扎毛乡扎毛村森林乡村建设项目。

【义务植树】 动员州、县机关单位、驻训部队、武警及在校学生和社会各界人士在全州范围内开展"全民动员植绿增绿"义务植树大会战活动，完成义务植树 95 万株，参与人数达 13.28 万人次，义务植树尽责率达到 95.7%，其中同仁 47 万株、尖扎 47 万株、河南 0.5 万株、泽库 0.5 万株。完成防沙治沙 333.33 公顷。

【森林资源保护管理】 森林资源管护机制。与一市三县签订保护发展森林资源目标责任制森林管护任务责任书（2021—2025 年）。督促一市三县编制 2021 年天然林保护修复实施方案和国家森林生态效益补偿基金实施方案，按方案要求开展管护和建设，各项内容按期顺利完成，确保 257560 公顷国家重点公益林和 305033.33 公顷天然林的安全。开展林地草地湿地数据与国土"三调"数据对接融合及国家公益林优化工作，推进林草资源精准化、

2021年6月16日，《黄南藏族自治州林木管护条例》（修订）立法专家论证会召开

规范化管理。联合西北院开展全州林草生态综合监测评价工作，统筹调查、核实和监测评价全州森林、草原、湿地、荒漠化（沙化）体系的57个现地，实现林草生态监测数据统一采集、统一处理、综合评价。

森林督查违法图斑整改。对一市三县2018—2020年森林督查违法图斑情况进行回头看整改，按照省级要求完成图斑汇总和排查上报工作。组织州、县森林督查人员参加青海省打击毁林专项行动和2021年森林督查暨森林资源管理“一张图”年度更新培训班。根据全省森林、草原、湿地资源管理工作问题约谈会议及《关于挂牌督办第一批违法使用林地项目的通知》精神，及时按州政府领导批示要求，对2018—2020年森林督查发现的各地尚未整改销号的68起（其中同仁22起、河南3起、泽库43起）违法用地项目下发挂牌督办通知，召开由各市（县）林草局分管负责人参加的专题会议，就贯彻落实约谈会议及挂牌督办事项进行再安排再部署，针对反馈问题举一反三，及时督促相关市（县）林草部门制定整改落实方案。

建设项目使用林地审核审批和林木采伐限额管理。全年向省林草局上报永久和临时占用林地申请13项，申请拟征占用林地面积124.70公顷。配合支持西成铁路、张汶高速、玛尔当水电站、国道310尖扎至共和公路（牙什尕至阿什贡段坎布拉隧道群）等国家重点工程建设，协助配合建设单位上报办理林地草地征占用手续。协助开展天然气进州使用林草地、黄南民用机场选址前期及生态综合牧光储一体园区规划项目选址坐标核实等工作。

《黄南藏族自治州林木管护条例》修订。完成《黄南藏族自治州林木管护条例》修订稿，6月16日，召开《黄南藏族自治州林木管护条例》立法专家论证会，进一步修改完善条例草案清样稿；条例（草案）通过州政府常务会议及州委常委会审议，正在进一步修改完善。

【野生动物保护】 加强全州各林区野生动物分布区巡护检查，未发现野生动物疫情情况。在坎布拉镇牛滩街救助野生鸟类画眉2只、石鸡4只，并送往救助中心实施收容救护。救治麦秀林区1只受伤的国家一级保护动物胡兀鹫，救治康复后开展“爱鸟护鸟大舞台、有你参与更精彩”签名留念活动暨国家一级保护动物野

2021年4月18日，野生动植物保护宣传进校园活动开展

外放飞仪式进行放飞。

【野生动物疫源疫病监测】 开展辖区内主要湿地野生动物水禽高致病性禽流感和野生动物兽类小反刍兽疫监测，在境内黄河流域湿地、隆务河流域湿地、泽曲湿地、洮河源湿地经过16个湿地鸟类疫病监测点（9个固定监测点、7个临时监测点）35期次监测（截至10月，监测每月至少2次），累计观察到各类野生鸟1.54万只，其中涉禽12种、雁鸭类22种，未发现异常死亡鸟体和禽流感疫病疫情。在辖区内四市县野生动物兽类主要活动天然林区及高山荒漠区，1月至4月和10月至12月小反刍疫病易发期，通过州林业站人员定点监测和各地生态管护员日常保护巡查监测，发现狼、狗獾、藏狐、野猪、岩羊、中华鬣羚、林麝、马鹿、雪豹等兽类正常活动，并观察监测到全州野猪、岩羊分布区的种群数量有所增加。截至10月，除个别狐狸正常老死外，未发现有小反刍疫病疫情发生。野生动物疫源疫病监测出动车辆39台次，监测人员140余人次。

【林业执法】 印发《关于贯彻落实〈黄南藏族自治州人民代表大会常务委员会关于严禁非法猎捕、交易野生动物，革除滥食野生动物陋习的决定〉的通知》。联合州公安局印发《黄南州“绿盾2021专项整治”工作方案》，按实施方案有序开展执法检查行动，对辖区54个育苗单位和个体经营户全面进行苗木产地检疫、调运检疫执法检查；对29个木材经营加工厂、3家摩托车经销店、18家家具店、3座寺庙、物流场所4个、9家建筑工地、其他5家购进经营的木材制品、木质家具、木质包装材料、光缆等进行违法调运、带病虫害疫情检疫执法检查；对辖区内一市三县实施的各类造林绿化工程区用苗现地、途中蹲守进行落地检疫和复检检查；对尖扎县、同仁市主要城镇花卉、果苗市场进行检疫执法检查。根据全省《关于开展青海省“清风行动”的通知》文件要求，联合农牧、政法委、公安、交通等7部门及时成立黄南州“清风行动”工作领导小组，召开“清风行动”联席工作推进会，印发《黄南州“清风行动”工作实施方案》，督促各市（县）成立相应的联合工作机制，3月16—18日，州级督导小组检查各市（县）“清风行动”工作情况，督促各地开展打击破坏野生动物资源违法犯罪“清风行动”。各市（县）检查组多次检查辖区内的集贸市场、超市、餐饮、五金店等场所出售、收购、运输、食用野生动物的行为，巡查野生动物栖息地。全年出动执法人员290余人次，排查餐饮、集贸市场、药店等场所40余家、鹿场2处、水产养殖场7家，收缴猎套4个，捕鱼网4条、垂钓工具3套；巡逻野生动物栖息地20处。在“清风行动”期间侦破危害珍贵野生动物岩羊案1起，抓获犯罪嫌疑人3人，缴获小口径枪1支。

【森林草原防灭火】 层层部署落实各项森林草原防火防控措施，构建“党政同责、部门分工负责、领导干部包干负责”的责任体系和“州—县—乡—村—社”五级包干的网格化管理体系，确保分片清晰、责任到人。在节假日和疫情防控期间，各级林草长对森林草原防火工作再安排、再部署、再落实，加强森林草原防火工作的组织领导，层层签订2021年冬2022年春森林草原防灭火工作目标责任书、防灭火承诺书，落实各项森林草原管护措施，做到防患于未然。加大森林草原防火宣传教育，利用电视网络等媒体和微信公众号、户外电子屏、乡村大喇叭、防火宣传车、警示牌、张贴标语等方式，在重点区域、重要部位、重点乡镇、村（社）等涉林区域开展全时段、多轮次的森林草原防灭火宣传教育和警示教育；在黄南先锋、云端黄南平台发布《春节期间森林草原防火安全提示》等线上宣传信息2000余条，安排州、县电视台定时播放汉语藏语《关于森林防火期禁止林区一切野外用火的通告》，营造群防群治工作氛围。向各市（县）印发《黄南州开展林区牧区输配电设施火灾隐患专项排查治理工作方案》，督促电力企业排查分布在全州各林区和草原的电力线路火灾隐患；各市（县）和林场突出重点部位，重点登记进入林区人员、旅游人员、煨桑人员，从源头上防止森林草原火灾发生。全年巡查巡护1714人，巡查巡护4302人次，设置防火隔离带672千米，设置禁火区123处，拆除和优化经幡、煨桑台154个。组织电力部门排查林区和山区电力线路火灾隐患316处，排查并消除火灾隐患448处，其中煨桑台340处，经幡、拉则等隐患108处，割除道旁杂草165千米余。推进“防火码”推广工作，设置防火码扫码点139处，全州卡口扫码量达到15389个，卡口启用率100%。成立县级以上指挥部5个、半专业扑火队伍53支2967人。建成115个森林草原防火视频监控点，储备灭火器345台、灭火弹15848发、灭火水枪513把、高压水泵17套、消防水带111米。州（县）防火办严格执行24小时值班备勤制度和领导带班制度，确保24小时坚守岗位，做到日报告和登记等工作，每日有事报事、无事报平安。年内各林草区、湿地及新造林区未发生一起重大的森林草原火灾。

【森林病虫害防控】 防控目标。年初，州政府与各县人民政府、林业行政主管部门层层签订目标责任书。将松材线虫病等重大林业有害生物预防目标、林业有害生物防控目标“四率”（主要林业有害生物成灾率控制在4‰以下，无公害防治率达85%以上，测报准确率达到90%以上，种苗产地检疫率达到100%）指标、防控面积任务全部纳入政府目标考核范围，落实“双线”目标责任制。州、市（县）林业有害生物防控工作领导小组随时督促检查和指导各地开展防控工作。全年无公害防治率96.55%、测报准确率96%、种苗产地检疫率100%，全州种苗应施检疫面积329.73公顷，实施种苗产地检疫329.73公顷；松木及其制品调入复检率达100%，未发生松材线虫等重大林业有害生物疫情。

监测预报措施。全州3个国家级中心测报点、2个省级中心测报点和15个一般测报点根据年初制订的监测预报工作方案计划，落实各测报站点的病虫情测报任务。通过监测踏查线路119条，标准样地57个、临时样地95个，开展有害生物（包括松材线虫病）监测预报工作。全年发送林业有害生物工作简报112期，在“中国林草防治网”采纳37期；网络直报虫情动态信息27期、短期预报27次，发生历期调查14次。在省政府办公厅公布的2021年林业有害生物防控目标管理履责情况综合考评结果通报中，黄南州政府排名全省第一。

林业有害生物发生。全州林业有害生物总发生面积17020公顷，发生率12.51%，同比下降2433.33公顷。总体发生量按危害程度分，轻度11526.67公顷、中度4433.33公顷、重度1060公顷；按种类分，病害2286.67公顷、虫害10066.67公顷、鼠害1440公顷、有害植物3226.67公顷；按地区分，尖扎县4273.33公顷、同仁市5600公顷、泽库县1466.67公顷、麦秀林场4453.33公顷、河南县1226.67公顷。年度无林业有害生物发生危害成灾面积。

林业有害生物防治。4—9月防治期，采用人工捕杀、喷雾以及信息素、营林措施等综合防治，累计完成防控各类林业有害生物面积9380公顷（其中防治8426.67公顷、预防面积953.33公顷）。其中，尖扎县防治3086.67公顷，同仁市防控2840公顷（防治2400公顷、预防440公顷），泽库县防治766.67公顷（包括州级应急防控100公顷），河南县防控1220公顷，州属麦秀林场防控1466.67公顷（防治953.33公顷、预防513.33公顷）。

【林业重点工程建设】 林业重点项目投资。争取落实林草项目投资57523.56万元，同比增长20.5%，创历史新高，其中林业项目投资19358.56万元。截至年底，完成林草重点生态项目投资53061.86万元，其中各类林业重点项目完成投资16593.16万元。重点生态工程完成投资16840.39万元，其中国土绿化项目全部实施完成。

林草项目库建设。储备全州林业和草原项目19个大项102个子项目，总投资达545539万元。编制完成《黄南州“十四五”林业和草原发展规划》《黄河黄南州流域林草生态保护和高质量发展规划（2021—2035年）》《青海省黄南州黄河流域同仁—尖扎段生态修复综合治理中央财政支持国土绿化试点示范项目实施方案》《黄南州黄河隆务河流域绿色长廊专项规划》，为全州林草生态保护和建设高质量发展奠定基础。

【林木种苗培育】 截至年底，全州有合作社及苗圃54处（国有苗圃10处、合作社及个体苗圃44处），育苗面积达473.01公顷。有良种基地1处，为麦秀林场紫果云杉良种基地母树林，主要树种为紫果云杉，总面积266.67公顷，良种示范林面积200公顷，可采种面积200公顷。4月20日至6月20日，检查与抽查尖扎县洛哇林场、冬果林场、坎布拉林场，同仁市东西山林场，泽库县国土资源和环保局、和日苗圃、麦秀林场二大队苗圃质量，抽查的主要树种为青海云杉、祁连圆柏、白榆、油松等苗木，抽查12批次，苗木合格率91.7%。国有苗圃和合作社均开展林木种苗质量自检工作，自检率100%。全州各造林项目中达不到合同约定指标，退回不合格苗木0.21万株，清退无“两证一签”1批次苗木0.92万株。

【林业科技推广】 完成《干旱山地造林技术集成与示范推广项目》23.33公顷，苗木成活率、生长量、土壤含水量的调查工作；完成三江源二期林业有害生物防控项目；开展同仁市2021年重点生态区域保护人工造林地块落实技术指导，尖扎县2021年重点生态区域工程封山育林退化林修复地块落实技术指导。

【林业经济】 截至2021年底，黄南州经济林种植面积2239.2公顷。其中，同仁市经济林种植面积1106.67公顷，以黄果经济林为主；尖扎县经济林种植面积1132.53公顷，以核桃、杂果经济林为主，种植大黄、党参、黄芪、当归等药材等面积415.33公顷。全年全州林业特色经济林产值达979万元，中药、藏药材产值达492万元。扶持和引导群众开展经济林培育和林业合作社建设，在营造林工程中利用当地合作社苗木427.45万株，为群众增收3131.28万元。其中，同仁市调运苗木94.45万株，全部为本地合作社苗木，为群众增收467.28万元；尖扎县调运苗木333万株，全部为本地合作社苗木，为群众增收2664万元。

（撰稿人：王宏钰）

草原生态

【概况】 黄南州草原管理工作由州林业和草原局负责管理，下设州林业站挂州草原站牌子，负责具体事务。2021年，黄南州草原总面积1649700公顷，占土地总面积的90.64%，其中可利用草原面积157.8万公顷，占草原总面积的95.65%。截至年底，草原综合植被盖度为68.9%。全年完成治理退化草原面积27333.33公顷，完成省下达黄南州生态文明目标考核指标的100%。

【草原有害生物监测预警】 草原有害生物普查。3月起，开展草原有害生物普查。7月底前，成立州级普查领导小组，编制工作方案和技术方案，同时督导各市（县）做好相关工作准备，健全工作机构。8月中旬，制定印发《黄南州草原有害生物普查工作方案和技术方案》。8—10月，组织编制草原有害生物工作底图，进行实地走访踏查，确定普查路线、打卡点，设置标准样地，并报省、州级审定。11月起，开展地下鼠、地面鼠的外业调查。此次普查持续到2023年12月结束。

春夏季草原虫害基数调查。在春夏季草原虫害发生期，会同各县草原站技术人员调查草原虫害常发区域，及时给省、州业务主管部门上报调查数据，为开展防治工作提供依据，每周按时上报虫害周报。5月31日至6月9日，实地调查各市（县）草原毛虫发生危害情况，经调查，全州发生面积18万公顷，危害面积14.2万公顷。其中，河南县发生面积83333.33公顷，危害面积59333.33公顷；泽库县发生面积8万公顷，危害面积6.8万公顷；同仁市发生面积16666.67公顷，危害面积13333.33公顷。7月8—12日，实地调查各县草原蝗虫发生危害情况，经调查，全州蝗虫害发生面积34666.67公顷，其中危害面积12000公顷，主要危害区尖扎县发生面积8666.67公顷，危害面积0公顷；河南县发生面积26000公顷，危害面积0公顷。开展秋季草原鼠虫毒草发生及危害情况基数野外调查，完成进行数据汇总、上报工作。

草原预测预报。建立严格的预测预报报告制度，在虫害发生季节实行虫灾24小时值班，指定专人负责虫害调查及报告工作，按要求按时上报周报和专报。在鼠虫害防治期间实行严格的督察制度，全方位督促检查防治工作。同时，制定各市（县）预测预报制度，进行目标责任制管理，调动基层测报站和测报人员的积极性。

【草原资源保护和管理】 草原征占用审批和监督管理。做好草原征占用审核，办理草原征占用17起，其中长期草原征占用15起、临时草原征占用2起。主要是河南县文体旅游广电局承建的河南县李恰如景区建设项目长期征占用草原0.90公顷，建设地点位于河南县柯生乡；中铁隧道局集团有限公司承建的国道310线尖扎至共和段公路工程JGSG-1合同段临时性工程建设项目临时占用草原12.37公顷，建设地点位于尖扎县坎布拉镇古日羊麻村；青海省交通建设管理有限公司承建的省道308线大角满（青甘界）至瓜什则段公路改建工程长期征占用草原92.56公顷，建设地点位于同仁市瓜什则乡、多哇镇；青海省交通建设工程集团有限公司承建的关于G0611张掖至汶川高速同仁至赛尔龙段公路TSEPC-1标临时性工程建设项目临时征占用草原13.33公顷，建设地点位于泽库县麦秀镇赛龙村；青海省交通建设管理有限公司承建的国道310线尖扎至共和段公路工程长期征占用草原8.16公顷，建设地点位于尖扎县坎布拉镇；青海省交通建设管理有限公司承建的马克唐镇至康杨镇二级公路工程永久性使用草原12.76公顷，建设地点位于尖扎县马克唐镇、康杨镇；青海菏泽燃气有限公司承建的黄南、海南州七县天然气利用工程（一期）项目长期征占用草原0.44公顷，建设地点位于同仁市、尖扎县；青海省交通建设管理有限公司承建的G0611张掖至汶川高速青海省同仁至赛尔龙（青甘界）段控制性工程先行使用草原项目长期征占用草原11.41公顷，建设地点位于河南县赛尔龙乡，同仁市隆务镇、扎毛乡、曲库乎乡、加吾乡、西卜沙林场；河南县文体旅游广电局承建的河南县吉岗山景区建设项目长期征占用草原0.93公顷，建设地点位于河南县托叶玛乡；河南县文体旅游广电局承建的河南县圣湖、仙女洞景区建设项目长期征占用草原0.66公顷，建设地点位于河南县多松乡；河南县天裕市政工程有限公司承建的河南县天裕市政工程有限公司沥青拌和站项目长期征占用草原1.59公顷，建设地点位于河南县优干宁镇；国网青海省电力公司黄化供电公司承建的同仁330千伏变电站项目长期征占用草原3.30公顷，建设地点位于同仁市年都乎乡、黄乃亥乡和尖扎县昂拉乡、当顺乡、尖扎滩乡；国网青海省电力公司建设公司承建的河南县赛尔龙35千伏变电站工程项目长期征占用草原0.10公顷，建设地点位于河南县赛尔龙乡赛尔龙村；国网青海省电力公司黄化供电公司承建的河南县多松35千伏变电站工程项目长期征占用草原0.14公顷，建设地点位于河南县多松乡拉让村；青海省交通建设管理有限公司承建的G0611张掖至汶川高速青海省同仁至赛尔龙（青甘界）段公路工程项目长期征占用788.51公顷，建设地点位于河南县、泽库县和同仁市；同仁市发展和改革局承建的同仁市第二生活垃圾处理厂项目长期征占用9.61公顷，建设地点位于同仁市；泽库县扶贫开发投资有限责任公司承建的“十三五”村级光伏扶贫项目长期征占用0.26公顷，建设地点位于泽库县泽曲镇。所有项目全部通过州级审核，由省级下达审核同意书。

草原法治宣传。年内各县开展草原法律法规宣传活动5场次，累计悬挂宣传横幅10条，摆放展板15个，发放草原法宣传资料1000余份，受教育人数2000余人次，进一步宣传普及草原法律法规知识，增强全社会依法保护草原的意识。

草原管护员业务培训。按照《青海省草原管护员管理暂行办法》等有关规定和林草局的安排及要求，年内各县举办草原管护员培训班4期，培训人数150余人。通过培训，使管护员们吃透政策，掌握职责、流程、方法和措施，提高管护员的政策水平和业务能力。

【林草长制】 在2020年印发实施《黄南州全面推进林草长制实施意见》的基础上，州上成立以州委、州政府主要领导为总林长，州委、州人大、州政府、州政协分管负责人为副总林长，州委、州政府相关部门和各市县政府主要负责人为成员的林草长制工作领导小组；召开州委书记主持、

2021 年 11 月 1 日，黄南州召开林草长制第一次工作会议

州长安排部署全州全面推进林草长制工作的林草长制专题会议，审议印发《黄南州林草长制州级会议制度（试行）》《黄南州林草长制州级督办制度（试行）》《黄南州林草长制信息通报制度（试行）》《黄南州林草长巡查制度（试行）》《黄南州林草长制工作考核办法（试行）》，全面推进全州林草长制工作。截至年底，全州各市（县都）全部成立林草长制工作领导小组，召开专题会议，印发市（县）级林草长制工作实施意见、工作方案及相关制度。

【草原重点工程建设】 争取落实草原项目投资 14538 万元，截至年底，完成各类草原重点项目完成投资 12851.7 万元；重点生态工程完成投资 16840.39 万元，其中草原生态保护建设项目（包括 2020 年第一、二批退牧还草项目，2021 年第一批中央林业草原生态保护恢复项目）完成退化草原生态修复治理 4.56 万公顷、草原围栏建设 3 万公顷、草原虫害防治 82666.67 公顷、草原毒害草防治 74000 公顷、草原鼠害防治 9 万公顷。

退牧还草工程。完成 2020 年退牧还草工程，建设休牧围栏 6666.67 公顷，划区轮牧围栏 23333.33 公顷，退化草原改良 14000 公顷，黑土滩治理 1333.33 公顷，人工种草 3333.33 公顷，毒害草治理 44000 公顷。总投资 16700 万元。完成县级自查验收和州级复核，并通过省级验收。

退化草原人工种草生态修复项目。完成 2020 年第一批退化草地人工种草生态修复项目，严重退化草原人工种草 1666.67 公顷，中轻度退化草原改良种草 1333.33 公顷，沙化草原改良 333.33 公顷，防治草原虫害 26666.67 公顷，防治草原毒草 13333.33 公顷，废弃定居点生态修复 266.67 公顷。总投资 3475 万元。完成 2020 年第二批退化草地人工种草生态修复项目，治理黑土坡 1333.33 公顷，退化草原补播 4000 公顷，防治草原鼠害 63333.33 公顷，防治草原虫害 29333.33 公顷，防治草原毒草 16666.67 公顷。总投资 3845 万元。2 个项目通过省级验收。

（撰稿人：王宏钰）

水生态

【水土保持工程建设】 全年开工新建水土保持工程 7 项，其中同仁市羊智沟小流域综合治理工程，投资 1539 万元；同仁市保安镇银扎木沟小流域综合治理工程，投资 849 万元，已建成发挥效益，治理水土流失面积 1889 公顷；同仁市曲库乎乡古德沟小流域综合治理工程（一期），投资 836 万元，已建成发挥效益，治理水土流失面积 1857 公顷；尖扎县尖扎滩乡石乃亥小流域综合治理工程，投资 675 万元，已建成发挥效益，治理水土流失面积 1500 公顷；泽库县多禾茂乡多和日小流域综合治理工程，投资 594 万元，已建成发挥效益，治理水土流失面积 1320 公顷；河南县柯生乡香扎寺小流域综合治理工程，投资 770 万元，已建成发挥效益，治理水土流失面积 1712 公顷；河南县宁木特镇小流域综合治理工程，投资 805 万元，已建成发挥效益，治理水土流失面积 1790 公顷。

【河道治理建设】 全年建设河道治理工程 9 项。其中，同仁市扎毛河（立仓—牙什当村）河道治理二期工程，总投资814万元，完成治理河道6.5千米，保护扎毛乡政府所在地365户1245人、宗格寺220名僧侣的财产和生命安全，保护耕地53.7公顷、林地13公顷；同仁市城北新区防洪工程，工程总投资14217万元，开工前期准备工作基本就绪；尖扎县加让沟三期治理工程，总投资3186万元，建成防洪堤10.47千米，设置堤涵管42座，牲畜饮水道42座，已发挥防洪、生态、美化环境效益；泽库县尕群曲河道治理工程，总投资1663万元，已完成投资1347万元，基本完成建设任务，该河道可抵御十年一遇洪水，保护尕强村及沿域138户1057人生命财产安全，保护草场70.5公顷和国道227线安全；泽库县宁秀曲河道治理一期工程，总投资2453万元，基本完成工程建设任务，建成防洪堤11.2千米、暗涵6座、其他建筑物8座，通过工程建设，防止水土流失，保护项目区群众的生命财产安全；河南县沃合特河河道治理工程（宁木特段），总投资1794万元，治理河道11.73千米，建成防洪堤8.67千米、潜水坝6座；河南县延曲河二期治理工程，总投资2746万元，建成并发挥效益，治理河道10.99千米，踏步12座；河南县泽曲河宁木特段河道治理工程，总投资1200万元，完成总工程量的80%，治理河道3.13千米；河南县泽曲河县城段河道治理工程，总投资3580万元，完成70%建设任务，治理河道6.78千米，修建防洪堤8.5千米。

【节水改造】 根据水利部节水行动总体思路、主要目标、工作要点，编制完成黄南州“十四五”节水规划、2021年全州节水实施方案。合理调整一市三县最严格水资源管理控制指标，实施计划用水和定额管理，实行用水总量和强度双控，将节水目标纳入地方政府年度目标责任考核。截至年底，全州经济社会用水总量5874万立方米，在省级下达用水总量1亿立方米的红线内，万元生产总值用水量、万元工业增加值用水量较2015年分别下降14.79%、24.71%，农田灌溉水有效利用系数达到0.5051，比2020年提高0.002。加强州管取用水6个单位监督检查，组织力量收集、统计和复核节水数据，摸清查实全州灌区数量、实际灌溉面积、节水灌溉面积、计量设施安装以及农村牧区人饮计量设施安装、水费收缴等情况。州本级及一市三县水利局节水机关单位建设工作通过省级验收。同仁市、尖扎县县域节水型社会达标建设工作通过省级验收。

【水保监督检查】 进一步发挥水行政主管部门和水土保持管理机构监察督导作用，联合省、州、市（县）水土保持部门现场监督检查水土保持工作，并召开座谈会80余次，下达水土保持检查通知单71份，下发征收水土保持补偿费通知书48份，征收水土保持补偿费260万元，州本级已返还水土保持补偿费102.4万元。按照水利部、黄河水利委员会、省水利厅和省水土保持中心统一部署，于2020年9月启动黄河流域生产建设项目水土保持专项整治行动，截至2021年底，累计梳理排查水土保持建设违规违法项目57个，完成整改项目57个；国家水土保持重点工程在建项目1项、2021年竣工的4项图斑精细化核查工作，现场无人机复核年内完成，国家水土保持重点工程图斑精细化成果报表正在编制之中。完成州、市（县）水保部门国家水土保持重点工程年度信息化监管任务。

【河湖长制】 召开河湖长制工作推进会1次，州委常委会专题研究河湖长制工作1次，发布州

2021年7月28日，黄委山东河务局总工程师赵东（右四）到尖扎县黄河干流检查指导河湖“四乱”清查整治工作

级总河湖长令1次，印发方案、通知及措施类文件12份。加强全过程目标管理，建立“一个体系、四长统管、六项制度”的“146”工作机制，河湖长制重点任务分解到各级政府、河湖长办及责任部门，确保每条河流都有相应河长负责、各项工作都有章可循。全州市（县）总河湖长10余次在黄河干流及主要支流督查指导、现场办公，协调解决重难点问题21个。强化岸线利用、河道采砂等规划约束，修订“一河一策”“一湖一策”实施方案，完成130条河道和13座水利工程划线定界，划界总长度4120千米。开展河湖生态大排查、大清理、大整治，实施“清河洁水进行时”“清违整治回头看”“城乡环境洁净美”“携手推进大保护，共同治理母亲河”等攻坚行动7项，整改完成上级流域管理机构反馈问题3个。推动河湖长制与美丽乡村建设有效衔接，抓实286个行政村综合环境整治项目，深化垃圾集中转运、分类处理处置、面源污染治理等工作，增配分类收集箱（岗亭）1967个、环卫车辆39台，治理修缮流经36个镇村14条沟渠。同仁市污水处理厂原位提标技术示范项目、隆务河沿线污水管道改扩建完成率73%，新建主支管12.5千米，改造或封堵入河排污口22处，全州4个水功能区水质达标率100%，流域9个断面水质稳定向好。2021年，州水务局获水利部全面推行河长制湖长制工作先进集体。

（撰稿人：桓林邦、张祎）

环境保护

【概况】 2021年，黄南州有污染源企业378家，其中工业企业污染源165家、规模化畜禽养殖场56家、集中式污染治理设施24家、入河排污口18家、生活源锅炉84台、移动源加油站31家。全州环境空气质量达标天数比例为99.6%；可吸入颗粒物（PM10）年均浓度为40微克每立方米，同比下降14.9%；细颗粒物（PM2.5）平均浓度21微克每立方米，同比持平。全州水环境质量总体向好，境内主要流域监测的12个断面水质均达到或优于Ⅲ类水质标准，无劣Ⅴ类水质断面。地表水省控断面水质均优于Ⅱ类，水质状况优；6个县级及以上城市集中式饮用水源地水质指标均达到《地表水环境质量标准》（GB 3838—2002）表1中Ⅲ类标准、表2补充项目标准和表3特定优选项目标准；地下水型水源地水质达标率100%。全州土壤环境安全保持稳定，未发生任何土壤污染事件。全州化学需氧量减排完成目标任务的5.5倍，氨氮减排完成目标任务的7.6倍，挥发性有机物减排完成目标任务的3.7倍，氮氧化物减排完成目标任务的2.7倍。绿色发展指标显著提升，污染防治攻坚考核位列全省前四，总体考核为良好。

【空气环境质量】 制定《黄南州大气污染防治工作方案》，强化建筑工地扬尘污染、机动车尾气污染、燃煤小锅炉淘汰、秸秆禁烧治理，累计出动执法人员79人次，加大重点领域污染环境行为执法力度，淘汰10蒸吨以下燃煤锅炉7台。投资511万元，实施黄南州环境空气质量第三方精准监管服务项目。全年空气优良天数达363天，环境空气质量持续改善，环境空气质量同比改善幅度位列全省前三。

【水环境质量】 制定《黄南州水污染防治工作方案》，重点做好河湖长制管理、水环境治理和水体保护，加大城镇污水处理厂提标改造，加强城区河道治理，保护饮用水源地、保障群众用水安全。投资2.55亿元，实施水环境治理与生态修复工程，推进黄河、隆务河、洮河、泽曲河流域的水资源保护、水污染防治、水环境治理、水生态修复。

【土壤环境质量】 发挥以项目建设推进土壤污染防治和修复工作，实施尖扎县保下藏成山砂石厂、尖扎县坎布拉镇唐家拉卡历史遗留砂石料厂、泽库县多确壳金矿、拉依沟金矿以及夏卜浪铅锌矿历史遗留等恢复治理工程，严控土壤环境安全风险。加强固体废物与危险废物监督管理，严格实行危险废物申报制，规范暂存、运输及处置过程，防范废弃医疗垃圾流向市场。全州危险废物转移处置率100%，环境监管排污许可核发率100%，加油站油气回收装置安装率100%，医疗废物收集率100%，城镇生活污水处理达标率100%，城镇生活垃圾无害化处理率90%。

【环境项目投资】 年内累计组织编制环境项目文本25个，申请中央和省级专项资金6.8亿元，其中水污染防治8个、土壤污染防治5个、大气污染防治8个、农村环境治理项目4个。累计争取到中央专项资金30757.86万元，占全省资金总盘的21.76%。其中，中央水污染防治专项资金25592.86万元，中央土壤专项资金4654万元，中央大气污染防治专项资金511万元。完成固定资产投资8050万元。

【生态环境监测】 例行监测黄河干流、洮河、巴曲河、泽曲河、隆务河、大夏河等6条主要河流，同仁市、尖扎县等4个城市主要饮用水源，监测重点排污企业6家次，获有效监测数据128个。发布环境质量简报30期、重点污染源监测公报2期。

【生态环境执法】 全年累计出动执法人员1376人次，检查企业435家次，下达限期整改通知书54份，行政处罚案件5起，处罚金额104万元。完成6起生态环境损害赔偿案例，赔偿金额143.19万元。受理办结各类环境信访案件52件，办结率达100%。疫情防控期间，累计出动200余人次，监督检查全州医疗废物处置、医疗废水和城镇污水处理等重点领域，及时调度摸清全州医疗废物、污水处置设施能力和运行情况，保障疫情防控期间生态环境安全。

【环保督察问题整改】 完成两轮次中央生态环境保护督察反馈的12项问题和68件群众信访举报案件的整改销号。汲取木里煤矿非法开采事件、三江源垃圾带和果洛沙场侵蚀三江源等舆情问题经验教训，在全州范围内开展生态环境领域问题大排查大整治"回头看"、全州生态环境领域专项巡察、道路交通沿线生活垃圾及污水排查整治等工作，解决一批历史环境遗留问题。

【营商环境优化】 深化生态环境改革，畅通"绿色通道"，推行"一网办、简化办、马上办""不见面"审批，环评审批事项由原来的60天和30天缩短为30天和15天，实现群众"零跑路""少走弯路"的工作模式。严格建设项目环境准入，实施以排污许可制为核心的固定污染源管理制度，完成376张排污许可证登记、核发工作，实现固定污染源排污许可全覆盖。主动上门帮助指导建设单位做好建设项目登记表备案和报告表（书）37份，得到企业、项目单位的广泛好评。

【农村环境综合整治】 将改善农村人居环境作为为民办实事的一项重要举措，以实施乡村振兴战略为契机，多方整合资金资源，落实农村环境综合整治项目1719万元，采购吸污车5辆、压缩车8辆、垃圾转运车26辆、垃圾桶1894个、垃圾斗57个、垃圾分类岗亭16个，修建农村污水管网2712米、垃圾中转站1座、厕所13座，农村环境综合整治工作实现全覆盖。

（撰稿人：周亚男）

自然保护地生态

【概况】 黄南州林业和草原局挂三江源自然保护地黄南州管理局牌子，负责自然保护地生态管理工作。2021年，全州有国家级和省级自然保护地9个（其中国家级7个、省级2个），总面积为42.25万公顷。以三江源自然保护区（麦秀保护分区、中铁—军功保护分区）为主，另有麦秀、坎布拉2个国家森林公园，洮河源、泽曲2个国家湿地公园，坎布拉1个国家地质公园，黄河上游尖扎县黄河段1个特有鱼类国家级水产种质资源保护区，泽库和日1个国家沙漠公园，坎布拉、泽库和日、黄河走廊水利3个省级风景名胜区。湿地总面积81140.13公顷。三江源国家级自然保护区地理位置介于北纬31°39′~36°16′，东经89°24′~102°23′之间，属湿地类型的自然保护区，总面积39.5万平方千米，主要保护对象为藏羚羊、雪豹、兰科植物等。范围由相对完整的6个区域组成，其中包含泽库和河南2县，设麦秀、中铁—军功2个保护分区。

【三江源生态保护和建设二期项目】 争取落实三江源生态保护和建设二期项目投资 23627 万元。截至年底，三江源生态保护和建设二期项目完成投资 23617 万元。重点生态工程完成投资 16840.39 万元，其中三江源生态保护和建设二期项目完成黑土滩生态修复治理 1333.33 公顷，草原虫害防治 53333.33 公顷、鼠害防治 206666.67 公顷、湿地保护 3333.33 公顷。三江源生态保护和建设二期工程 2021 年度目标考核综合得分 96 分，获项目实施地区考核第一。

【国家公园示范省和自然保护地体系建设】 成立黄南州以国家公园为主体的自然保护地体系建设领导小组，为实现自然保护地整合优化提供组织保障，及时按照省上安排部署，开展自然保护地调查研究，将国家级和省级 8 类共 13 个自然保护地整合优化后形成 9 个自然保护地。协助省上完成《青海省自然保护整合优化预案》编制，全州需要整合优化的建议内容已纳入《青海自然保护地整合优化预案》，待审批。根据《青海省林业和草原局关于各市州进一步梳理自然保护地整合优化后仍存在的矛盾冲突问题的通知》文件要求，各市（县）对照整合优化预案附图反馈意见，待省局进行最后的整合优化。围绕全省国家公园示范省建设总体要求和“三年行动”计划，整体推进协调解决有关重大事项，督促指导有关工作落实。梳理现有自然保护地规划，科学合理确定各类自然保护地的建设数量，并与相关经济社会发展、国土空间、环境保护等专项规划相衔接。编制完成《青海河南吉岗山省级地质自然公园可行性研究报告》《青海省同仁市兰采省级森林公园可行性研究报告》《尖扎昂拉黄河河谷湿地保护与修复生态扶项目实施方案》，做到建设实施一批项目，谋划储备一批项目，理顺管理体制。建立生态旅游和体验体系，在国家公园、国家级自然保护区等重点自然保护地，根据实际需要建设宣教中心、科普教育馆、游客中心、解说中心等宣教场馆，配备展示设施，展示自然保护地生态系统、野生动植物、人文景观、科研及管理等必要信息，提高公共服务能力。“黄南州麦秀林场国家级生态教育基地”、泽库国家湿地国家公园湿地学校对全州生态教育工作凸显出重要作用。

【湿地保护管理和建设】 泽曲和洮河源国家湿地公园与青海大学建立长期稳定的合作关系，开展长期和系统性的科研监测工作，对具有特殊意义的湿地区域进行面积、类型、分布的调查，针对季节性植被生长情况及动物出没情况作定点和登记，组织专人每月检测湿地公园内的植物及水质，了解珍稀野生动物的食物、繁殖、生存状况及水流落差和水质变化情况，及时掌握湿地资源和野生动植物资源的详细情况，根据掌握的鸟类栖息状况，打造出适合栖息多种鸟类的栖息地，为湿地公园保护和管理工作提供科学依据，半年完成科研监测工作 10 次以上。7 月 6—8 日，邀请省级专家组成联合验收组对青海泽库泽曲国家湿地公园实施的 2018 年度、2019 年度、2020 年度湿地保护与恢复项目进行州级验收和省级绩效考评，项目均通过验收并考评为优秀，年底对洮河源国家湿地公园实施的湿地保护与恢复项目进行验收。加强湿地生态管护员管理和宣传工作，全州 57 名湿地生态管护员签订《2021 年度湿地生态管护合同》，明确任务，落实责任。各市（县）对管护员职责、保护湿地生态的必要性开展多次培训，全州建成湿地科普宣教馆 2 座，制作印刷宣传册 4600 余份，发放宣传单 3100 余张，建设湿地学校 2 座。

（撰稿人：王宏钰）

青海泽库泽曲国家湿地公园

科技　教育　体育

科学技术

【概况】 2021年，全州科技工作围绕农牧业增效、农牧民增收，深化科技体制改革，培育科技创新主体、科技创新平台建设，科技人才培养，重大科技项目攻关，科技成果转化运用开展。截至年底，建立国家农业科技园区1个，新培育认定3家省级科技型企业，总数达到8家，新认定1家省级众创空间企业，总数达到6家。争取中央、省级科技项目9项，资金达1240万元项，实施天津援建科技计划项目6项，经费300万元。

【农村科技】 打造尖扎县康杨镇巷道村“一村一品”产业链，连续5年帮扶实施巷道村“阉鸡养殖技术示范项目”，促进巷道村绿色阉鸡养殖业发展。投入绿色阉鸡养殖资金27万元，重点扶持贫困户38户、边缘户和有家禽类饲养经验的42户，发放阉鸡9000只。通过该项目实施，户均增收1.5万～2万元，巷道村增收150万～200万元。针对农牧区用电紧张的实际困难，争取新能源太阳路灯100盏，在泽库县三江源新村和尖扎县坎布拉乡直岗拉卡两个搬迁安置村实施新型能源技术引进项目，387户1458人收益，为群众夜间出行提供安全保障。在同仁市加吾乡吉仓东果种植专业合作社，实施马铃薯种植技术示范推广项目，选择2～3个马铃薯品种，筛选出1～2个适合黄南地区种植的优良品种，研制出适合同仁地区马铃薯种植的丰产栽培技术及田间管理措施，总结施用有机肥种植马铃薯的途径。围绕知识产权申报、2022年度科技项目申报、研发费用税前加计扣除、“三型”（科技型企业、高新技术企业、科技“小巨人”企业）企业认定、技术合同认定登记及相关奖励政策等方面需求，举办两期“科技创新政策专题”培训班，州、市（县）科技管理部门及事业单位科技工作者、科技特派员，部分科技型企业、农业科技园区、工业园区、科普示范基地、科技孵化器和众创空间负责人及专业技术人员80余人参加培训。

2021年4月15日，天津市农业科学院和农产品保鲜与加工技术研究所（国家农产品保鲜工程技术研究中心）在尖扎县开展培训和技术指导

【科技合作】 邀请山东林科院、天津农科院、农学院、青海大学专家学者到黄南州共同开展“学党史感党恩，我为群众办实事活动”。11名专家在黄南州11家企业、园区开展产业技术需求对接。与5家企业签订服务协议，为实现“产学研共赢”目标，共同推动黄南州科技创新能力和经济发展水平快速提升达成共识。在青海省第二届人才项目洽谈会上，与天津农科院、天津农学院、天津大学、山东林科院签订焙烤食品加工、芦笋高值化加工及综合利用、牦牛奶粉的研制、设施番茄新品种引进及高效栽培技术集成与示范、蔬菜废弃物高值化利用技术研发、绿色农牧产业转型升级关键技术示范推广、高原地区无花果良种引进及高效设施栽培技术研究与示范项目等人才引进项目10个。组织开展“津科助农”线上农牧业技术培训，近百名农业技术人员和双创人才参加专项培训活动，推动黄南州更多带头人和致富能人实现自主创业。

【科技人才】 向科技部争取“三区”（边远贫困地区、民族地区和革命老区）人才120人，补助经费240万元。被选派的各类科技人员发挥科技人员智力作用，在乡镇、联点帮扶村，田间地头，农牧户开展抗灾保畜、森林草原防火、备耕春播、春季植树造林、特色产业等技术指导和惠民政策宣讲，举办各类实用技术培训班 15 期，及时解决生产生活中的技术难题。

【科普宣传】 结合科技活动周、全国科普日、“科普大篷车万里行”、科技“三下乡”等大型活动，组织科普志愿者进农村牧区，通过图片展板、横幅、标语等形式，普及科学知识，展示科技成就，宣传科技方针政策，为基层群众带去农牧业实用技术、科技创新政策和疫情防控等科普知识。累计开展活动 120 场，展出展板 200 余块，悬挂宣传横幅 50 条，覆盖 28 个乡镇 33 个村、5 个社区，27 所学校、4 座寺庙。发放《黄南科普》及法律法规宣传册 4 万余份（册），受益干部群众 5 万余人次。联合州教育局在黄南州民族中学、黄南州民族高级中学、同仁市民族中学、隆务二寄校举办 4 期健康知识科普讲座，有 700 多名师生参加。

【科技“双创”】 10 月 19 日，由州科技局、州就业局主办与全国、全省同步举行以“以高质量创新创造、高水平创业就业”为主题的 2021 年大众创业创新活动周启动仪式暨“双创”工作交流会，团州委、州发展和改革委员会、州科技局、州就业局、州工信局、州文体旅游广电局、州乡村振兴局、州市场监督管理局有关领导，黄南州省级“众创空间”、科技型企业、青年创业代表 60 余人参加启动仪式暨“双创”工作交流。其间，龙树唐卡艺术众创空间、仁俊文创产业基地众创空间、青海圣光唐卡质量检验有限公司就“众创空间”、科技型企业运行、培育创业人员孵化、引领带动、取得的社会效益等方面进行经验交流，通过面对面座谈交流，分享创业体会，与创业人员讨论合作模式，为推动科技创新资源的合理流动，实现携手共赢，推动优势产业有效融合发展达成共识。组织企业园区申报“省级科技型企业”“省级众创空间”，以此获得更多的科技政策扶持。青海启龙商贸有限公司河南县启龙牧场、黄南州金海热贡艺术传承有限公司、泽库县雅棵生态农牧业资源开发有限责任公司 3 家企业被省科技厅认定为 2021 年科技型企业。刚坚文创众创空间被省科技厅认定“省级众创空间”。黄南州“省级科技型企业”“省级众创空间”从无到有，分别为 8 家、6 家。

【科技改革】 研究制定出台《进一步弘扬科学精神加强作风和学风建设的实施方案》《黄南州科技创新奖励实施细则》等科技创新改革政策措施，为深入实施创新驱动和“人才强州”发展战略，加快促进科技成果转化，有效发挥科技在推进“一优两高”“三区建设”“山水黄南”建设中的支撑引领作用提供良好的政策保障。

【科技成果】 全年取得省级科技成果 6 项，即“黄南州高寒牧区设施园区防控杂草研究”“黄南州饲用玉米引种筛选”“黄南州特色农作物套种模式研究与示范”“黄南州野生芦笋资源调查”“农牧区公共旱厕光伏供能与清洁设计产业化关键技术研究”“设施增温保温与蔬菜高效种植技术推广示范”。

（撰稿人：李　军）

教　育

【概况】 2021 年，黄南州重新核定各学校教师编制，合理配置教育资源，推动城乡教育均衡发展。针对教育系统建设项目消防验收遗留问题，坚持“因地制宜、先易后难，一县一思路、一校一策、一项一方案，分类推进”基调，在全省开创推广解决教育领域消防验收历史遗留问题“黄南经验”。实施学前教育普及普惠、义务教育城乡一体化发展、高中阶段教育普及攻坚、特殊教育提升计划，各学段教育普及水平得到明显提升。全年落实各类教育资助资金 1.61 亿元，同比下降 0.45%，惠及学生 6.23 万人。实施教育项目 62 个，投资 2.03 亿元。总投资 10.29 亿元的《黄南州优化教育布局方案》收尾，中小学学校总数 178 所优化为 113 所。截至年底，全州有各级各类学校 282 所，其中幼儿园 185 所、小学 78 所、初中 10 所、高中 7 所（其中普通高中 1 所、民族高中 6 所）、特殊教育学校 1 所、中等职业学校 1 所；在校生

67957 人，教职工 5140 人，其中专任老师 4364 人。完成学前教育毛入园率 97.94%，义务教育巩固率 96.82%，高中阶段毛入学率 85.12%，残疾儿童少年义务教育阶段入学率 95.9%和中职招生人数 1371 人，分别比年度目标任务增长 3.94%、0.32%、0.12%、1.4%和 71 人。

2021 年全州各级各类学校基本情况表

表 43　　单位：人

类别	毕业生数	招生数	在校生	教职工情况	
				小计	其中：专任教师
普通中等专业教育	912	1371	3911	41	40
高中	1814	2100	6009	477	450
初中	4066	4194	12610	1017	880
小学	4306	5493	29522	2175	1967
特殊教育学校	39	17	94	10	10
幼儿园教育	6002	5810	15811	1420	1017

【教育支出】 全年全州教育经费总支出 151197 万元，其中事业性经费支出 150704 万元（工资福利支出 92089 万元、对个人和家庭的补助支出 16859 万元、商品服务支出 18939 万元、资本性支出 22817 万元）。全州一般公共预算教育经费（事业费、基建经费和教育费附加）132948 万元，同比增长 1.69%。

各级教育生均一般公共预算教育事业费支出：中等职业学校 27002.79 元，同比下降 18.6%；普通高中 24817.75 元，同比增长 5.15%；普通初中 21362.44 元，同比增长 0.08%；普通小学 19643.24 元，同比下降 9.2%；幼儿园 9166.91 元，同比增长 0.14%。

各级教育生均一般公共预算公用经费支出：中等职业学校 21708.07 元，同比下降 25.12%；普通高中为 6631.86 元，同比增长 0.02%；普通初中 6407.49 元，同比增长 13.64%；普通小学 4694.15 元，同比下降 21.54%；幼儿园 4225.13 元，同比增长 17.71%。

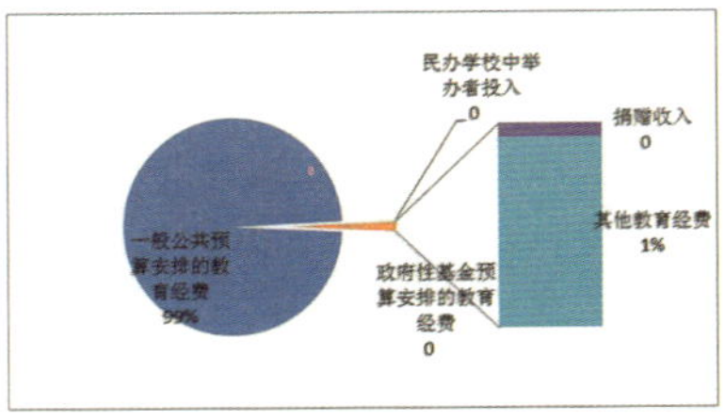

教育经费总投入

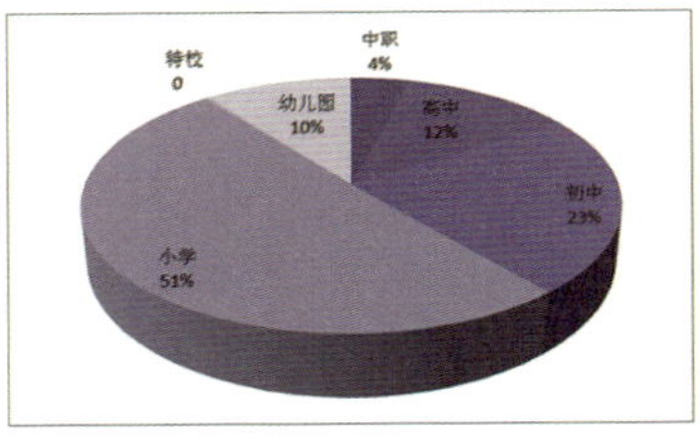

各级各类学校教育经费投入情况

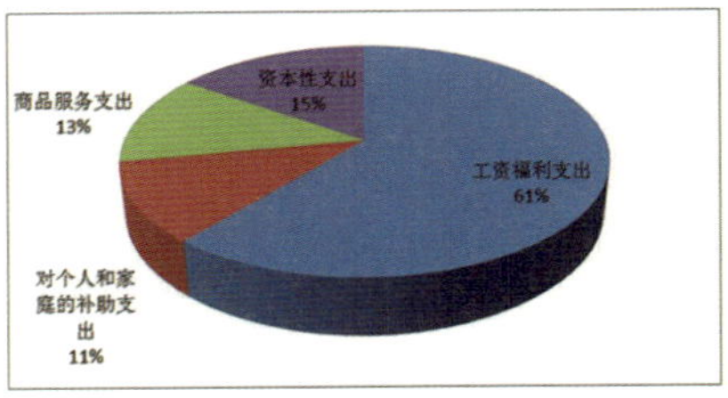

教育经费支出

【教育资助】 健全完善各学段贫困学生资助体系，继续落实教育惠民政策。全年落实各类教育资助资金 1.61 亿元，惠及学生 6.23 万人。各学段贫困家庭学生资助覆盖率达到 100%，无因贫失学辍学的义务教育阶段适龄人口。河南县委、县政府加大惠民政策，从 2016 年起根据《河南蒙古族自治县蒙旗优秀学子奖励办法》《河南蒙古族自治县优秀高考生奖励实施方案》，奖励当年考录博士生 2 万元、硕士生 1.5 万元、留学生 1 万元，并颁发“蒙旗优秀学子”荣誉证书。奖励当年考录一本学生 6000 元、二本（预科）3000 元、三本 2000 元，并颁发“河南县优秀高考生”荣誉证书。补助河南县户籍的城乡低保户（残疾、孤儿）在校本科生每生每年 3000 元、大专生每生每年 2000 元、高中生每生每年 1000 元。补助河南县户籍建档立卡贫困大专以上学生每生每年 4000 元，高中中职每生每年 3000 元。

【教师队伍建设】 年内全州

8062人次教师参加113期各级各类培训（70期包括国培、省培、州级、对口支援培训3792人次，12期县级培训2374人次，31期校级1896人次），组织全州教育局局长和校长专题培训班。38名省内定向公费师范毕业生纳编入岗，新招聘5名中职教师并引进1名特教教师，接收省内东部地区支教教师163名、天津支教教师27名、顶岗实习大学生165名，选派34名城镇教师到乡村学校支教。为1500余名教师发放各类补助近800万元，调动教职工工作积极性。探索实施雏鹰计划，对100名优秀临聘教师开展为期3个月的州内集中培训和天津跟岗研修，教师综合素质得到显著提高。州、市（县）学校开展教师节庆祝表彰系列活动，400余名教师获省、州、县级荣誉称号，表彰教育教学先进个人和集体并在全州宣传，营造尊师重教的良好社会风尚。

【教育科研】 抓好教学常规管理，规范基层学校教学行为，提高教师教学能力；加强学校教学管理，开展教学教研工作，检查基层学校《青海省中小学教学常规管理基本要求》落实情况。2021年黄南州教学质量分析暨教育工作会议期间，州教育局组织局机关干部、教研员20余人对2所校园进行突击检查，通过推门听课、现场考试、检查教师教案和作业管理等方式，深入剖析教育管理和教学质量发现的问题，以教职工大会形式对检查结果作通报，并对整改工作提出具体要求。组织开展以“聚焦学科核心素养，关注学生全面发展”为主题的2021年全州中小学教师教学能手评选暨岗位大练兵活动，择优推荐178名中小学教师参加州级终评，最终确定出105节州级优质课，并在初中教师岗位大练兵活动中择优推荐14名教师参加省级竞赛活动。组织开展2021年小学语文统编教材课例比赛暨论文评选活动，组织参加中学语文课教师课堂教学展评活动，推荐初中、高中各2名语文教师参加省级比赛；推荐19名藏语文教师为藏语文教材编写专家库人选；报送藏语文教育叙事和课后反思作品各12例；组织申报2021年度全省中小学教育教学研究课题，其中重点课题2个、一般课题1个。制定《黄南州进一步规范中小学课程实施计划的指导意见》，进一步规范学校课程设置，加强学校教学常规管理。组织第二届班主任经验及案例分析交流研讨会。开展班级管理工作，提升班主任的工作能力。

2021年11月30日，州委副书记、州长扎西才让（右三）在省教育厅汇报2021年黄南教育工作，并就教育厅支持黄南教育发展相关举措进行座谈

【教育推普工程】 推进三科统编教材使用工作，在全州所有中小学一、二、七、八年级统一使用“三科”统编教材的基础上，扩大年级和学科使用范围，语文统编教材使用率达到80%以上；数学等理科学科稳步使用统编教材。全州182所幼儿园基本实现国家通用语言保教工作全覆盖。年内组织各级教师及社会人员1700余人进行普通话水平测试，完成近1100人次普通话强化培训。组织全州250余名师生参加第五届青海省书画大赛，开展第一届以“传承中华经典，庆祝建党百年”为主题的全州书画大赛，352名师生参加，17名教师和139名学生获得荣誉。

【学前教育】 截至年底，全州有幼儿园185所，其中公办幼儿园172所、普惠性民办幼儿园13所，其中省级示范园1所、州级示范园7所，普惠性幼儿园占幼儿园总数的100%。全州在园幼儿15811人，普惠性幼儿园覆盖率（公办园和普惠性民办园在园幼儿占比）为100%，学前三年儿童毛入园率97.94%。以实施学前教育三年行动计划为契机，采取一系列有效措施，发展形式多样的学前教育，稳步推进学前教育改革发展，提高普及普惠水平，呈现出以公办园为骨干和示范，以民办园为主体、公办和民办齐头并进共同推动学前教育快速发展的良好局面。

2021年黄南州各市（县）学前教育基本情况表

表44

市（县）名称	园所总数（所）	在园幼儿数（人）	教职工数（人）	园长（人）	教师（人）
同仁市	89	5542	529	28	382
尖扎县	47	2982	288	9	219
泽库县	36	4954	343	13	260
河南县	13	2333	260	13	156
合计	185	15811	1420	63	1017

【义务教育】 全州有小学78所，同比减少6所；招生5493人，同比增加496人；毕业4306人，同比增加33人；在校生29522人，同比增加1041人；男女生53.91∶48.61；适龄儿童入学率100%；巩固率96.82%；教职工2025人，其中专任教师1817人；专任教师学历达标率100%；师生比1∶16.25。有初中10所，其中九年一贯制学校5所；招生4194人，同比增加11人；毕业4066人，同比增加80人；在校生12610人，同比增加44人；男女生比50.13∶49.87；专任教师880人，专任教师学历达标率100%；师生比1∶14.3。义务段学生均享受"两免一补"资助政策。严格执行义务教育法关于"适龄儿童、少年免试入学"规定，按划片、就近、免试原则招生，不采取任何形式的考试、测试（包括面试）选拔学生，不招收特长生，不办理尖子班等。严格要求各中小学按划分区域招生，根据适龄学生人数、学校分布、学校规模、交通状况等因素，按照免试就近入学原则，为每一所学校划定招生区域。父母亲或法定监护人在县城或其他乡镇务工的可随迁免试入学。坚决不允许拒绝或变相拒绝符合招生条件的学生，并优先保证外来务工人员随迁子女和军人子女就近入学。严格执行义务教育阶段无正当理由不能转学的规定，规范转学的条件和程序，禁止随意转学插班，对已经达到班额上限的中小学校或班级，原则上不得再接收转学学生，杜绝以转学为借口变相择校行为，防止人为造成大班额。对县域内的残疾适龄儿童，首先由专家委员会进行鉴定，并出具鉴定结果。适合随班就读的，就近入学，学校不得拒收；其他的通过特校、送交上门等形式接受义务教育。

2021年黄南州各市（县）初中、小学基本情况表

表45

县区名称	学校种类	学校数（所）	在校生数（人）	毕业生数（人）	教职工数（人）	专任教师数（人）
同仁市	小学	28	10651	1538	768	728
	初中	3	3826	1210	299	268
尖扎县	小学	17	6157	769	432	406
	初中	3	2249	751	207	170
泽库县	小学	24	8933	1395	543	539
	初中	2	3987	1278	265	262
河南县	小学	9	3781	604	432	294
	初中	2	1775	592	188	131
州直	初中	—	773	235	58	49

续表45

县区名称	学校种类	学校数（所）	在校生数（人）	毕业生数（人）	教职工数（人）	专任教师数（人）
合计	小学	78	29522	4306	2175	1967
	初中	10	12610	4066	1017	880

【高中教育】 全州有高中7所，其中完全中学5所；招生2100人，同比增加34人；毕业1814人，同比减少64人；专任教师450人，专任教师学历达标率100%；学生男女生比42.62∶57.38；师生比为1∶11.13。2021年全州义务教育阶段初中毕业生为4066人，升入高中阶段3753人，其中普通高中在校生2390人，中等职业教育在校生1363人。高中阶段毛入学率达86.66%。通过天津援助、省属院校共建，高职班招生人数为290人。通过学校布局调整，整合优质资源，缩小城乡间的差距，确保农牧区孩子"有学上"向"上好学"的实际需求。

2021年黄南州高中学校基本情况表

表46　　单位：人

学校名称	在校生	毕业生	教职工	专任教师	地址
同仁市民族中学	998	313	65	65	同仁市河东路
尖扎县第一民族中学	694	274	57	57	尖扎县黄河路
尖扎县第二民族中学	691	292	55	55	尖扎县申宝路72号
泽库县民族中学	966	199	75	75	泽库县平安路4号
黄南州民族高级中学	1074	329	88	79	年都乎乡郭么日村
黄南州民族中学	1171	319	110	92	同仁市夏琼北路17号
黄南州中学	415	88	27	27	同仁市夏琼南路12号

【特殊教育】 全州特殊教育学校有在籍学生94人，其中送教上门学生15人、在校学生79人。核定中小学教师编制10名，实有正式在编教职工10人，临聘教职工21人。教师学历合格率达到100%。师生比1∶9.4。学校根据学生残疾类型分智力障碍、听力障碍、言语障碍、脑瘫，小儿麻痹症等特殊儿童，开设11个班，其中听障2个班、培智9个班。在教学中使用康复功能室，对残疾儿童进行针对性的康复训练，个别学生在身体机能恢复方面取得成效。全州适龄残疾儿童少年有610人，已入学585人，其中随班就读316人、特校就读79人、送教上门190人，适龄残疾儿童少年入学率达到95.90%。

送教上门工作中，由"一对一"送教方式每学期不少于8次的工作要求，有计划、分阶段地训练每一位残疾生运动、感知、语言交往能力。康复训练中老师将动作分解，每一个动作都重复多次，反复演示，手把手教学，直到他们较熟练地掌握。老师们根据孩子不同情况，送教上门课程和内容主要为藏语、数学、汉语口语等基础性、常用性知识。建立送教学生的"一人一策"档案。

【职业教育】 以促进就业和适应产业发展需求为导向，贯彻落实立德树人根本任务，加强内涵建设，强化特色发展，推进产教深度融合，提升人才培养质量和社会服务能力。州职校新校区建设进展顺利，省卫院在州职校开设的护理、藏医药专业高职班招收大专生143名，省交院汽修专业、西宁城市学院学前教育专业高职班开班在即。天津4所职业院校打造州职校生态、旅游、电商、计算机4个专业项目有序推进，在校学生数5199人，其中电大在校生1061人，2021年招生录取1371人，学校教职员工总数152人，有专兼职教师125人，生师比1∶31。专任教师学历为大学本科及研究生以上学历（含在读）教师达91人，“双师”素质专任专业教师49名，双师型教师占专任教师比39%。重视学生毕业就业和终身发展所需的能力养成教育，从开展职业生涯规划、就业指导、创新创业等方面为毕业生提供后续管理服务和技术支撑。2021届毕业生912人，就业率达95%，未就业39人，毕业生对口单独招生升学人数150人，升学率达到16%。

【招生考试】 普通高考。全州实际参考人数2335人，按参考人数及考场分配要求，设3个考点、86个考场，其中文史类1188人（汉文科考生312人、藏文科考生876人）、理工类1147人（汉理科考生135人、藏理科考生1012人）。藏文理科考生占全州普通考生81%。建档立卡贫困考生374人。高考上线率99.6%。普通高考单考单招考试报名人数1189人，录取考生642人，录取率54%。

初中毕业暨升学考试。全州报名人数4000人（其中普通考生542人、民考民考生3458人），设5个考点、123个考场。招生学校11所，其中黄南州7所、省内1所、省外3所。招收高一新生2480人，占全州初中毕业生62%。

自学考试。全年举行2次高等教育自学考试，设2个考点、21个考场，报考考生369人1022科次。

高中学业水平考试。全年分2次进行，设10个考点、157个考场，参考人数4380人，报考科目24395科次（其中上半年7836科次、下半年16559科次）。

教师资格证考试。全年举行2次教师资格考试，设4个考点、89个考场。参加考试人数3001人，其中幼儿园459人、小学1851人、初级中学445人、高级中学222人、中职24人。

成人高考。全州设1个标准化考点、24个考场。参加考试人数706人，其中免试生24人［免试生指参加“选聘高校毕业生到村任职”、“三支一扶”（支教、支农、支医和扶贫）、“大学生志愿服务西部计划”、“农村义务教育阶段学校教师特设岗位计划”等项目服务期满并考核合格，以及应征入伍服义务兵役退役的普通高职（专科）毕业生，凭身份证、普通高职（专科）毕业证、士兵退役证或相关项目考核合格证，可申请免试就读青海省成人高校专升本］。考生中专升本532人，高起专174人（其中文科104人、理科70人）。

【学校布局调整】 坚持“整合资源、因地制宜、着眼长远、适度集中、规模办学和高起点统筹规划、高标准推进建设、分年度稳步实施”优化学校布局。方案计划，全州中小学总数由2018年的178所（包括教学点65个）调整到113所（包括教学点41个），调减率36.51%。截至年底，落实项目学校113所，开工学校112所，开工率99%，完工学校111所，完工率98%。校均规模由现在的228人扩大到414人，其中小学校均规模由现在的173人扩大到324人，初中校均规模由现在的822人扩大到984人。优化布局调整后，偏远地区薄弱学校全部消除，学校布局相对集中，中学基本设在县城（泽库民族中学西部分校除外），小学基本设在乡镇或县城，改善办学条件。

【教育基础设施建设】 续建项目。全年续建教育项目75个（其中州直4个、同仁18个、尖扎8个、泽库41个、河南4个），校舍建筑面积4.85万平方米，总投资3.06亿元。截至年底，开工项目75个，开工率100%；完工68个，完工率91%；完成投资1.6亿元，完成投资率52%。

新建项目。全年争取落实教育项目62个（其中州直2个、同仁10个、尖扎14个、泽库20个、河南16个），校舍建筑面积4.19万平方米，总投资2.11亿元。截至年底，开工项目23个，开工率37%；完成投资5486万元，完成投资率26%。

【黄南州职业技术学校新校区建设】 黄南州职业技术学校新校区项目于2018年9月完成征地工作，建设用地面积24.67公顷，总建筑面积11.09万平方米；计划学生规模5300人（其中对外培训学生1300人），新校区估算总投资为4.51亿元。截至2021年底，争取落实资金37295万元，完工子工程10个，其中综合楼18019平方米、民间传统工艺专业实训楼7500平方米、第一教学楼3661平方米、第二教学楼3473平方米、第四教学楼3473平方米、藏医藏药楼5930平方米、第一学生宿舍楼8097平方米、食堂和浴室楼4609平方米、附属配套3个大门、教师周转房1460平方米等；完成装饰装修阶段子工程4个，分别是第三教学楼3493平方米、第三学生宿舍楼8066平方米、篮球场、运动场建设项目；主体施工阶段子工程2个，分别是附属配套设施二期项目（附属用房223.6平方米）、风雨操场3505平方米。开工子工程2个，分别是锅炉房228.21平方米和连廊、活动室1555平方米。实施第二食堂3905平方米，处于前期工作阶段。初步解决供电、供水及排污问题。

【全州教育发展大会】 9月8日，召开全州教育发展大会，出台《黄南州关于新时期教育高质量发展的实施意见》、5个配套文件，突出思想政治教育和师德师风建设，解决幼儿教师待遇保障低、寄宿制学校后勤人员不足等历史欠账问题。推进“双减”工作落实，全州义务教育学校落实“五项管理”，拓展课后服务渠道，实现课后服务全覆盖、有需要的学生全覆盖。会议表彰全州教育教学工作先进集体21个、先进个人100人，对《黄南州关于加快推进新时代教育高质量发展的实施意见》及5个配套文件作说明，受表彰的先进集体和先进个人代表作交流发言，2021年新入职教师进行宣誓。

（撰稿人：扎西东智）

体　育

【概况】 2021年，黄南州有体育馆4个，乡镇行政村健身工程覆盖率100%；全民健身中心3个、健身广场32个。有国民体质监测点5个，人均体育场地面积3.2平方米。全州有青少年体育组织10个，有各级体育协会、团体及体育组织、俱乐部70个，长期会员达4000余人。全年举办大型体育赛事33次，经常参加体育锻炼人数达20万人，群众身体素质稳步增强。

【体育活动】 3月30日，开展州文体旅游广电系统职工运动会；4月16日，开展青海省甲级联赛（黄南赛区）暨州“民族团结杯”足球赛；5月27日，开展州检察院趣味运动会；6月26日，开展三对三篮球赛；7月20日，开展庆祝中国共产党成立100周年暨2021年全州“民族团结杯”职工篮球赛；9月28日，开展州第三届残疾人运动会；10月14日，开展州直机关登山赛。按照一县一特色体育赛事要求，河南县重点打造“那达慕”大会赛事活动，尖扎县重点打造“铁人三项”赛事活动，同仁市重点打造马术表演（骑马点火枪）和农牧民篮球赛事，泽库县重点打造“草原盛会”民族传统体育运动会。

【群众体育】 推广居家科学健身方法，宣传和引导群众参加“健康青海人·健身抗疫情”线上运动会，组织人员在快手、抖音等网络平台发布居家健身视频70余个。继续推进大型体育场馆免费低收费开放工作，提高场馆运营管理能力和公共服务水平。全州各类体育场及外围设施累计锻炼人次达20万人次以上，指导支持各地区较大规模的全民健身赛事及活动33项。新增单项体育协会3个，全州各类体育社团组织达70个，长期会员达4000余人。开展体质监测工作，宣传和指导干部群众科学开展体育健身活动，免费体质监测人数达500余人，出具运动健身处方500余份。

【竞技体育】 1月9日，组队参加省首届冰雪运动会。7月19日，参加省中长跑竞走训练营暨第十届田径耐力项目高原地区对抗赛，获男子5000米第五名、男子3000米第六名、女子3000米第六名、女子5000米第三名；8月6日，在省青少年足球锦标赛上获乙组冠军和季军。

9月8—17日，参加省第七届少数民族传统体育运动会。此次民运会以“庆百年华诞、迎民族盛会、展河湟风采”为主题，设民族武术、押加、拔河、举沙袋、民族式射箭、民族式摔跤、民族马术、藏棋、篮球、足球、羽毛球、乒乓球等12个竞赛、表演项目，黄南州派出2支代表队218

2021 年 9 月 15 日，青海省第七届少数民族传统体育运动会黄南州代表队藏棋比赛在乐都参赛

名运动员参赛，包括 137 名黄南州代表队运动员和 81 名河南县代表队运动员。州组织州民族歌舞剧团精心编排开幕式驻停节目《古韵》。运动会中，羽毛球项目获男双、女双第三名和团体 2 个第三名，表演项目获竞技类第二名，拔河项目获第三名，举沙袋项目获 90 千克第三名，押加项目获 100 千克第三名、95 千克第三名，乒乓球项目获女子团体第二名、男子单打第三名、女子单打 2 个第三名，民族武术成人男子组传统拳术项目获第三名，射箭项目获复合弓第三名、牛角弓第二名、反曲弓第二名，藏棋孜玖项目获团体第二名、个人获 2 个第三名，足球项目获第二名、篮球项目获第三名，民族马术项目 3000 米获第二名、5000 米获第三名、团体获道德风尚奖；全州 30 名优秀运动员获国家运动员资格等级证书，其中 6 人获国家一级运动员资格等级证书，24 人二级获国家二级运动员资格等级证书。

【体育产业】 推进体育与文化旅游以及相关行业的融合发展，推进尖扎县坎布拉镇体育休闲特色小镇建设，制定“五彩神箭”寻根之旅、黄河廊道精品游、草原风情游等体育旅游精品线路。通过品牌赛事拉动旅游消费，持续办好河南县那达慕、尖扎黄河国际“铁人三项”挑战赛等品牌赛事，吸引省内外 10 万人现场观赛，网络直播浏览量达 1200 万，进一步提升黄南州知名度。鼓励和引导社会力量参与体育产业发展，年内成立州摔跤柔道俱乐部、尖扎县民族体育用品开发有限公司等体育产业企业 7 家，全州现有各类体育用品经营户 41 家。

【体育场馆建设】 按照把握机遇、补齐短板，释放体育发展潜力和动能要求，多渠道争取体育基础设施项目。总投资 8750 万元，实施 2021 年坎布拉游泳馆、孵化基地、观景台等 10 个项目；总投资 1000 万元，实施黄南东山健身步道项目；开展 8 个乡镇街道的健身场地设施的提升改造和 4 个村（社）健身设施安装工作，群众体育基础设施条件持续提升。

【体育后备人才培养】 黄南州联合教育部门落实《学校体育工作条例》，开展足球、篮球、射箭等体育运动进校园，培养儿童青少年体育运动与习惯。州、县两级开设足球、篮球和中长跑青少年培训班 7 期，培训人数 300 人，年内向上级体育学校输送运动员 11 名。坚持体育场馆免费低收入开放，资金使用支出严格按照《大型场馆免费低收入开放补助资金管理办法的通知》要求，主要用于场馆维修、场馆内开展各种体育活动，丰富群众业余文化生活。

（撰稿人：刘 伟）

文化

综　述

【概况】　2021年，黄南州有国家级文化产业示范基地2家、省级文旅产业示范基地12家，大多数文化产业基地（园区）运营情况良好，管理规范，发展较好，创意设计、工艺美术、艺术品等产业特征较突出，能够较好地体现黄南地区文化与创意、设计、科技融合发展新气象。主要以唐卡、堆绣、壁画、雕塑热贡艺术的创作形式为核心，加大艺术品销售、装裱、包装、原料加工、原料销售等配套产业以及文化观光、艺术休闲、民俗体验等产业发展力度，实现旅游商品、民族工艺品、艺术体验店、餐饮住宿等诸多收益渠道，形成多功能综合型的文化集群，推动热贡艺术产业与其他产业共同发展。截至年底，全州有文旅企业592家（其中文化旅游消费重点企业50家、州级文化旅游产业园区3个），从业人员4.17万人。全州文化旅游产业营业收入达13.07亿元，同比增长3.73%，民族手工业销售收入6.9亿元，同比增长4.5%。

【文化产业】　支持和引导黄南州乡村旅游提质升级，做好2021年乡村旅游发展补助资金申报工作，将同仁龙树画苑、热贡更登画院等4家企业纳入全省文化旅游产业项目引导资金补助范围，对黄南州梦土文化旅游产业有限公司、尖扎县藏家大院、泽库县黑帐篷部落文化公司、河南县阿木乎蒙藏传统文化旅游接待点等10家申报乡村旅游接待点项目，尖扎县昂拉乡德吉村、泽库县和日镇和日村申报全国乡村旅游重点村项目，同仁市保安镇东干木村乡村旅游景区、尖扎县能科景区、青海聚能瀞度饮料股份有限公司申报乡村旅游景区项目，争取乡村旅游发展补助资金205万元。以旅游消费试点城市工作为抓手，加大文旅企业培育和扶持力度，激发文旅消费，带动当地群众就业。

【藏戏“非遗”文化】　2月4日，在藏戏传习中心举办的2021年春节、藏历新年《山水春歌》上演出州民族歌舞剧团藏戏歌舞《泽雄拉格日》。州民族歌舞剧团精排大型传统藏戏《意卓拉姆》，是国家艺术基金年度舞台艺术创作资助项目，庆祝中国共产党成立100周年“百年百部”传统精品复排计划重点扶持的作品和青海省文化艺术奖作品，在2021年获第六届全国少数民族文艺会演优秀剧目奖。新创大型藏戏剧本《金城公主》。实施《黄南民间藏戏集》影像资料保护包装项目，此项目将为黄南藏戏“非遗”保护工作奉献出首个专业影像资料。从黄南地区20余家民间剧团的30多台民间藏戏剧目中选取10台剧目实施黄南民间藏戏数字化保护工程。出版《黄南藏戏剧本集》，完成该书整理工作，于12月由北京民族出版社正式出版。全书收录36部黄南地区历来传统藏戏剧本，分为上中下册，共有1500页，38万字。

2021年全州藏戏演出队伍一览表

表47

序号	隶属	队伍名称	地域	演职人员数（人）	演出场次（场次）
1	州级	青海省藏剧团（黄南州民族歌舞剧团）	黄南	78（含临聘18）	87
2	民间	泽库县格萨尔艺术团	泽库	35	6
3	民间	同仁市扎毛乡牙什当藏戏团	同仁	32	6
4	民间	同仁市浪加藏戏团	同仁	33	6
5	民间	同仁市江什加藏戏团	同仁	34	6
6	民间	泽库县和日寺藏戏团	泽库	34	6
7	民间	同仁市双朋西雪拉藏戏团	同仁	30	6

续表47

序号	隶属	队伍名称	地域	演职人员数（人）	演出场次（场次）
8	民间	河南县西倾乌兰牧骑藏戏团	河南	34	6
9	民间	同仁市双朋娘加民间藏戏团	同仁	40	6
10	民间	同仁市双处藏戏团	同仁	30	6
11	民间	同仁市逸夫中学少儿藏戏团	同仁	25	—
12	民间	泽库县果盖寺民间藏戏团	泽库	40	6
13	民间	尖扎县拉茂德庆寺藏戏团	尖扎	24	—
14	民间	尖扎县尖仓村民间藏戏团	尖扎	38	6
15	民间	同仁市双朋西根顿曲培中学藏戏团	同仁	28	2
16	民间	泽库县第一民族中学	泽库	27	2

【文物管理】 截至年底，全州查明地上地下文化遗存409处（古遗址244处、古建筑100处、古墓葬27处、石窟寺及石刻4处、近现代重要史迹及代表性建筑27、其他7处）。全州有全国、省级、县级文物保护单位120处。其中，有全国重点文物保护单位4处（隆务寺、保安古屯田寨堡古建筑群、和日寺石经墙及和日寺、昂拉千户院），占全省国保单位51处的8%；省级文物保护单位有41处，占全省省保单位466处的9%；县级文物保护单位75处，占全省县级文保单位1276处的6%。认定的可移动文物9154件，其中一级文物2件、二级文物32件、三级文物66件。

文物基础工作。申报全州4个国保单位2021年文物本体修缮、保护规划编制、三防、展示利用等保护项目计划。全国重点文物单位隆务寺及保安古屯田寨堡古建筑群等10个文物保护维修工程项目顺利通过终验。组织实施保安古屯田寨堡古建筑群——郭么日古堡和吾屯古堡堡墙维修工程、郭么日古堡消防工程、保安古屯田寨堡古建筑群防雷工程、河南县拉卡寺忏悔殿院落保护维修工程、河南县达参寺马头金刚殿保护维修工程等项目竣工验收。把昂拉千户院作为全州红色旅游资源进行重点打造，推进2000万元的昂拉千户院综合利用项目以及周边环境整治项目，其中保护修缮项目1350万元中400万元资金已下达实施；争取天津援建资金300万元，主要在昂拉千户院建设控制地带以外建设昂拉乡红色教育基地建设项目；新建黄南州博物馆、黄南州非物质文化遗产博物馆项目主体年底验收。

文保单位“四有”基础工作。邀请省文物专家从文物建筑特色、历史价值、艺术价值等方面认定26处省级文物保护单位的文物本体95处，其中同仁市29处、泽库县4处、河南县29处、尖扎县33处。

黄河流域文化遗址保护。组织成立文物资源调查组，配合省上专家组在各市（县）完成黄南州黄河流域资源调查工作。编制《青海省黄南州黄河文化保护传承和弘扬专项规划》，逐步推动黄河流域重点文物单位保护和利用。

文物宣传。州、县文物部门策划组织开展以“‘非遗’传承·健康生活”为主题的“文化和自然遗产日”和以“文物赋彩，全面小康”为主题国际博物馆日活动，通过文艺演出、成果展览、文创产品展示、免费参观、知识竞赛、发放宣传手册等系列宣传活动，强化文物保护宣传。

【文化遗产保护】 *“非遗”项目名录保护*。健全完善黄南州“四级”“非遗”项目名录保护体系，从州政府公布的四批州级“非遗”项目名录中，经过反复研究筛选后，各市（县）推荐八大类39项州级“非遗”项目申报第六批省级“非遗”项目，其中民间文学类2项、传统音乐类3项、传统舞蹈类1项、传统体育游艺与杂技类2项、传统美术类3项、传统技艺类16项、传统医药类7项、传统民俗类5项。8月底，邀请5名省、州专家评从

“非遗”项目的分布区域、历史渊源、发展传承、重要价值等方面进行文本和视频的评审论证，提出详细的修改意见、建议。最终争取30项州级“非遗”项目推荐上报省级“非遗”项目。

“非遗”代表性项目资源调查。科学、准确、全面调查全州701项非物质文化遗产代表性项目和资源，包括项目名称、编号、类别、实践方式及特征、流布区域、传承脉络、文化意义、社会功能及图片等基本情况，重点调查黄河流域内四级“非遗”名录项目及其当前的存续状况和下一步保护措施，掌握其种类、数量、分布情况和存续状况，完善“非遗”档案。

州级“非遗”项目代表性传承人认定。开展黄南州第四批州级非物质文化遗产项目代表性传承人申报和推荐工作，认定州级“非遗”项目代表性传承人118人，其中同仁市45人、河南县22人、尖扎县26人、泽库县25人。完成11名国家级“非遗”项目代表性传承人和43名省级“非遗”项目代表性传承人的年度考核工作。

“非遗”传习中心建设。统筹利用国家“非遗”专项资金，推进27家非物质文化遗产代表性项目传习中心和36家“非遗”宣传展示点建设，并给予相应的扶

2021年7月27日晚，由州委、州政府主办，州文体旅游局承办的第三届青海·热贡文化旅游节在热贡文化广场盛大开幕

持补助资金，形成集传承、体验、教育、培训、旅游等功能于一体的“非遗”传习中心。

完善理论研究体系。统筹整合“非遗”资源和专项资金15万元，创办《热贡艺术研究》杂志，年内出版发行藏语汉语2期。投入48万元，支持州热贡文化协会出版《热贡艺术——当代百名工艺美术师作品选》《黄南州“非遗”研究泽库篇》、“非遗”散文集《一个人的河流》。

非物质文化遗产传播普及。拍摄制作《黄南“非遗”宣传片》，利用州热贡文化协会开展非物质文化遗产热贡艺术传统技艺培训5期550人，组织“非遗”传承人在文化和自然遗产日期间开展丰富多彩的宣传展示展演活动。组织开展第三届中国藏戏艺术周，邀请西藏自治区及青海、甘肃、云南、四川等四省藏戏团围绕各流派经典藏戏剧目展演，开展传承和发展藏戏表演艺术成果展示、经验交流、剧目推介等活动，展演藏戏节目51场次、观众达2.1万人次。下拨国家“非遗”保护专项资金支持一市三县开展“非遗”传习设施修缮，建设“非遗”传习中心、“非遗”宣传展示点、开展“非遗”展示展演活动、举办“非遗”技艺培训班、“非遗”进校园、“非遗”进景区、资料整理及资源调查记录、整体性宣传以及“非遗”项目的保护、传承与研究等工作。

2021年黄南州国家级非物质文化遗产一览表

表48

序号	遗产名称	类别	属地	公布时间	公布文号
1	热贡艺术	传统美术	同仁市	2006年5月	国发〔2006〕18号

续表48

序号	遗产名称	类别	属地	公布时间	公布文号
2	藏戏（黄南藏戏）	传统戏剧	黄南州	2006 年 5 月	国发〔2006〕18 号
3	土族於菟	传统舞蹈	同仁市	2006 年 5 月	国发〔2006〕18 号
4	热贡六月会	民俗	同仁市	2006 年 5 月	国发〔2006〕18 号
5	石雕（泽库和日寺石刻）	传统技艺	泽库县	2008 年 6 月	国发〔2008〕19 号
6	同仁刻版印刷技艺	传统技艺	同仁市	2011 年 5 月	国发〔2011〕24 号
7	尖扎达顿宴	民俗	尖扎县	2021 年 5 月	国发〔2021〕8 号
8	蒙古包制作技艺	传统技艺	河南县	2021 年 5 月	国发〔2021〕8 号

【文化服务设施建设】 坚持从补齐项目短板入手，实现 32 个乡镇综合文化站、255 个农（牧）家书屋、166 个文化信息资源共享工程全覆盖，初步建成州、县、乡、村四级公共文化服务体系。

【文化队伍建设】 加强群众文化继承人培育力度，利用文化图书馆艺术辅导优势，置办教学用具及教学设备，开办美术、书法、器乐、声乐、舞蹈培训班，每年培训学员近百名。扶持和引导民间文化演出队伍，成立民间歌舞和藏戏团 3 个。成立黄南州文化旅游协会，在行业主管部门与会员之间架起友谊桥梁，为黄南州文化旅游资源宣传推介和推广营销搭建新平台。截至年底，全州有“三区”人才 130 人，其中州级 24 人、同仁 34 人、尖扎 26 人、泽库 23 人、河南 23 人。组建文化志愿服务队伍 10 支，结合节庆假日组织举办综合性文化活动 250 余场次，业余文艺团队 1 支，业余书画创作 2 人，摄影（像）1 人。设有乌兰牧骑艺术团和西倾乌兰牧骑藏戏团。

【文化活动】 *大型文旅活动*。组织举办中国共产党成立 100 周年献礼、第三届青海·热贡文化旅游节、河南县第 22 届“那达慕”盛会暨天堂河曲“天骄杯”传统耐力赛马大会、热贡“六月会”、第三届中国藏戏艺术周等。

迎建党 100 周年系列活动。开展庆祝中国共产党成立 100 周年学党史、传精神、跟党走为主题的 2021 年隆务地区夏日广场文化活动启动仪式，“红色百年　共绘新时代”喜迎中国共产党成立 100 周年中学生书法大赛活动，“迎百年华诞·颂祖国华章”主题庆祝中国共产党成立 100 周年全省国有文艺院团优秀舞台艺术作品《山水黄南》展演活动，文化市场综合行政执法部门开展“4·26”世界知识产权日宣传活动。

“5·19”系列活动。举办以黄南主会场展厅“西域胜境·神韵黄南”为主题的迎节日、展产品、促活动，2021 年“中国旅游日”热贡唐卡艺术之都千人徒步文化体验游活动，尖扎县康杨镇城上村开展“新农村、新旅游、新文化”主题乡村旅游文化启动仪式，2021 年“中国旅游日”唱支山歌给党听群众歌咏活动，2021 年“中国旅游日”唱着山歌给党听暨大美青海文艺骑兵下乡宣传活动青海省藏剧团·黄南州民族歌舞剧团以“迎百年华诞·颂祖国华章”主题庆祝中国共产党成立 100 周年活动，全国部分省、市文化馆联盟单位以“唱支山歌给党听”民歌大会暨“文化动车·丝路情——全国行”活动，加快乡村旅游产业、推进文化旅游全域发展。

各市（县）文旅活动。各市（县）文化旅游部门相继举办尖扎达顿文化旅游节、同仁热贡六月盛会民俗文化旅游节、泽库游牧民俗文化旅游节、河南那达慕文化旅游节等文化旅游品牌。2 月 1 日，州文化馆应同仁市慢性病疗养院的邀请，参加第 68 届“世界防治麻风病日”和第 34 届“中国麻风节”庆祝慰问活动。3 月 5 日，由州文体旅游广电局主办，州文化馆承办的“庆建党百年　展巾帼风采　学雷锋精神”系列活动在热贡文化广场举行。4 月 21 日，由州政府、州文体旅游广电局主办，同仁市文体旅游广电局、州文化馆、同仁市文化馆

承办的黄南州庆祝中国共产党成立100周年学党史、传精神、跟党走为主题的2021年隆务地区夏日广场文化活动启动仪式在热贡文化广场举行。4月29日，由团州委、州文化馆主办，州妇联、州总工会及各市（县）团委协办的“庆五四、迎建党百年华诞”文艺会演在热贡文化广场举行。6月24日，由州文体旅游广电局主办，一市三县文体旅游广电局，州文化馆、一市三县文化馆承办的庆祝中国共产党成立100周年一市三县文艺会演在热贡文化广场举行。9月26日，由天津市文化和旅游局指导，天津市滨海新区文化和旅游局、黄南州文体旅游广电局主办，黄南州文化馆、同仁市文化馆、热贡民族文化宫承办的2021年春雨工程之“滨海名家进黄南”文化交流展演活动在吾屯村热贡民族文化宫举行。10月，由州文体旅游广电局主办，州文化馆承办举办全州第十届藏族棋艺比赛。

【州图书馆】 黄南州图书馆面积50万平方米，书刊馆藏量130989册，当年新增2700册，年借阅3622册次，年借阅人员流量6103人次。6月初，州图书馆在同仁市扎毛乡德庆寺新增图书流动点。至年底有图书流动点25个，分布于州属各机关单位、学校、社区、部队、画院、寺庙，在同仁地区12个乡镇、7所学校提供免费送书服务。全年采编部采购藏汉文图书2532册；开架阅览室下架632册旧书，新书验收、盖章、上架2532册；为图书流动点配送各类图书1562册；资料室装订报纸36种，接待资料查询者256人次，查询资料697册；少儿报刊阅览室下架21种杂志、18种报纸并打包入库，上架成人各类杂志60种、少儿杂志20种，报纸上架36种，接待读者3245人次，借阅3153册。

同泽库县图书馆工作人员开展5次阅读活动、1次培训活动，协助完成电子阅览室管理工作。在第二十六个世界读书日，开展以“吟诵经典百家·成就华彩人生”为主题的“4·23”世界读书日阅读宣传活动，读者通过扫描州图书馆移动图书馆App二维码，按阶段学习阅读84个优质视频与1200余本著作的“21天阅读打卡”获得相应奖品，以新颖的方式提高广大读者阅读的兴趣与乐趣。利用微信公众平台、移动图书馆、百链云图书馆等网络平台，为读者推送“好书推荐”、四史教育等一系列网络资源，让读者足不出户即可享受到黄南州图书馆优质阅读资源。在中国共产党成立100周年之际，组织馆员开展以“庆百年·铭党史·阅经典·迎七一”为主题的特色活动，开展图书进军营，由采编室、资料室前往武警二支队赠送各类书籍，其中新书、杂志154册。7月7日，州图书馆组织全体馆员及退休干部在循化县红光村革命教育基地参观学习，追溯红色记忆。

【州新华书店】 黄南州新华书店［青海省新华发行（集团）黄南州有限公司］是青海省新华发行集团有限公司下属子公司，在黄南州区域内有4家所属县分公司，分别是青海省新华发行（集团）黄南州有限公司、青海省新华发行（集团）黄南州有限公司尖扎分公司、青海省新华发行（集团）黄南州有限公司泽库分公司、青海省新华发行（集团）黄南州有限公司河南分公司。2021年，实现主营业务收入（含文化用品6.29万元）1601.72万元，同比增加97.63万元。其中，教材实际完成销售762.55万元，教辅实际完成销售586.87万元，同比增加167.64万元，一般图书（含杂志）实际完成销售252.30万元，租金收入104.25万元。全年实现利润总额144.05万元，同比增加48.08万元，增长50%；实际完成营业利润120.9万元，同比增加80.54万元。年内纳入政采云系统，实现网上销售3笔53242.2万元。

严格把控出版物进货关、质量关，杜绝盗版图书、非法出版物流入书店，保证读者购书质量及文化需求。教材保证存量保量，教辅保证应订尽发。全年配送72个行政村、36个寺庙农牧家书屋图书6372册，约26万元。开展流动售书、全民阅读等活动10余次。

（撰稿人：刘海风）

【博物馆】 黄南州有2家博物馆。其中，黄南州热贡艺术博物馆于2013年建成，位于同仁市，占地14995万元，总投资7000万元，主要展品为唐卡、泥塑、佛像等，为国家三级博物馆，年参观12万人次。黄河南蒙古历史文化博物馆于2013年建成，位于河南县察汗丹津大街成吉思汗文化广场，占地15000平方米，总投资8980万元，主要展品为民族民俗文物、宗教、历史、民俗、铜器、银器、铁器、石器、骨器、书法、绘画等，年参观2.2万人次。年内申报州热贡艺术博物馆和黄河南蒙古族历史文化博物馆升级工作，全州各级博物馆在受新冠肺炎疫情影响闭馆期间，利用已有文博数字资源、微信公众号等渠道推出网上展览讲好文物故事，向社会公众提供安全便捷的在线服务。

（撰稿人：刘 伟）

热贡文化生态保护

【概况】 2021年12月，省编委批准黄南州热贡文化生态保护实验区管委会更名为黄南州热贡文化生态保护区管委会。截至年底，保护区有各级“非遗”名录项目701项，其中联合国教科文组织非物质文化遗产项目名录2项、国家级非物质文化遗产项目名录8项（当年新认定2项，分别是民俗类尖扎达顿宴、传统技艺类蒙古包营造技艺）、省级24项、州级219项、县级448项。有各级代表性传承人583人，其中国家级15人、省级43人、州级289人、县级236人；有各级工艺美术大师、民间工艺大师、民间工艺师1037人，其中国家级工艺美术大师8人，省级工艺美术大师34人、省级民间工艺大师20人、省级民间工艺师222人，州级工艺美术大师110人、州级民间工艺大师378人、州级工艺美术师62人、州级民间工艺师203人。有“非遗”传习中心126个、“非遗”宣传展示点78个、“非遗”示范户158个。

【“非遗”代表性项目保护】 管委会按照全国黄河流域生态文化保护要求，采取黄河流域“非遗”资源普查方式，开展“非遗”普查和“非遗”资源再调查活动，通过实地收集资料的方式重新普查、登记全州701项“非遗”名录项目。挖掘民间非物质文化遗产，挖掘确认押加体育、藏医煳儿美疗法、婚礼习俗、举沙袋体育、娘内节、传统牛角制作工艺品等7项非物质文化遗产资源，逐步将其纳入“非遗”名录体系之中加以保护，不断壮大四级“非遗”名录项目体系，夯实热贡文化底蕴。开展第六批省级非物质文化遗产代表性项目申报工作。筹备相关“非遗”项目资料，向青海省文旅厅申报30项省级“非遗”代表性项目，壮大省级“非遗”代表性项目体系。组织开展热贡艺术——藏式建筑彩绘的保护传承工作，协调同仁市文体旅游广电局发掘、研究以及传承推广藏式建筑彩绘，做好藏式建筑彩绘的图册出版前期工作。

【“非遗”代表性传承人保护】 管委会组织州文体旅游广电局开展第四批州级“非遗”名录项目代表性传承人认定工作，认定118名州级“非遗”名录项目代表性传承人，继续壮大“非遗”代表性传承人队伍。在已有“非遗”传习中心开展常规培训的基础上，组织州热贡文化协会开展热贡唐

2021年5月7—8日，州热管委在同仁市举办文创设计培训。图为青海师范大学老师主讲“热贡艺术元素智能提取与生成关键技术研究及应用”课题

卡、堆秀专项技艺培训，组织300名热贡艺人进行实地参观学习，邀请国家级“非遗”代表性传承人、中国工艺美术大师作为培训老师为培训学员进行授课，讲授他们在绘制热贡唐卡、堆秀、泥塑、雕刻等方面的精湛技艺和宝贵经验，提升参训学员绘画技艺。

【“非遗”传习场所建设】 通过广泛调研，准确掌握各市（县）“非遗”保护传承情况，精准制定“非遗”传习中心申报条件、规范审批程序，合理布局“非遗”传习场所建设，通过以点带面的方式辐射带动更多的艺人参与到“非遗”保护传承工作之中，帮助“非遗”传承人更好地开展“非遗”保护传承工作。对申报的68家文化企业从传习场所面积、学员数量、师资力量等方面进行评分，择优设置27个“非遗”传习中心、36个“非遗”宣传展示点。组织新建的“非遗”传习中心、“非遗”宣传展示点开展“非遗”项目技艺传习、培训工作，提高“非遗”传承人群技艺水平。

【热贡文化品牌培育活动】 7月27日，整合全州范围内13项文体旅游活动，协同州文体旅游广电局在同仁市举办第三届热贡文化旅游节，其中包括热贡六月会“勒如”民俗文化展演、第三届中国藏戏艺术周、第二届同仁市民俗文化旅游节、河南县2021“那达慕”盛会、泽库县草原游牧民俗文化旅游节、2021年第六届“五彩神箭”国际民族传统射箭邀请赛暨达顿文化节活动。集中展现黄南州丰富的文旅资源，提升热贡文化品牌影响力。7月27日至8月3日，在同仁市举办第三届中国藏戏艺术展演周，来自西藏、甘肃、青海各地的6个藏戏团进行藏戏展演，扩大藏戏传承群众基础。

【热贡文化宣传推广】 支持、引导热贡艺人在全国大中城市举办热贡艺术精品展，参加中国国际服务贸易交易会、中国国际投资贸易洽谈会、深圳文博会并在文博会上获金奖；开展热贡艺术展销工作，提升热贡文化知名度。4月20日，热贡画院唐卡传习中心在上海举办般若鎏金——娘本唐卡艺术特展。4月24日，在杭州举办“神光并现”青海热贡扎西朗灯唐卡艺术展。6月12日，在上海云间美术馆举办“桑吉才让妙笔丹青唐卡展”。8月8日，在上海静和艺术空间举办“自在人行——洛桑龙达大师唐卡艺术展”，为文化产业发展不断提供品牌支撑。7月10日至10月10日，在北京举办“隔山对话”唐卡艺术展，引导热贡艺人与尼泊尔等国外唐卡艺人开展艺术交流。

【“非遗”保护传承成果运用】 5月7—8日，组织由青海师范大学、合肥工业大学、武汉理工大学的教授、博士以及文创设计专家组成的文创设计团队为黄南州文化企业举办文创设计能力培训。从热贡艺术元素提取、热贡艺术与现代生活用品结合以及电脑辅助设计等方面向黄南州文创设计人员进行讲解，通过面对面提问和观看文创产品实物方式，解答黄南州文创设计过程中成本过高、产销不平衡等问题，为黄南州文创产品设计提出意见建议，达到不断提升黄南州文创设计能力、丰富黄南州文创产品的效果。5月19—21日，在青海师范大学举办文创产品展览活动，宣传推广黄南州“非遗”及文创产品，提升热贡文化知名度。

【“非遗”进校园】 协调在黄南州职业技术学校组织绘制、编印用于唐卡专业教学所用的唐卡画册。开展热贡艺术进校园活动，在同仁民族中学、同仁霍日加小学、同仁吾屯小学、同仁曲麻小学每周开展一节热贡艺术绘画课。开展藏戏进校园活动，在同仁民族中学、第二寄宿制学习、黄南州民族高中、同仁逸夫中学、曲库乎寄宿制小学、瓜什则寄宿制小学、坎布拉镇尕吾昂寄宿制小学开展藏戏会演。开展达顿宴进校园活动，在尖扎县昂拉乡达拉卡完小、坎布拉镇尕吾昂完小、达拉卡完小分别开展达顿宴展演活动，营造“非遗”保护传承工作氛围。

（撰稿人：般廷华）

广播电视

【概况】 黄南州广播电视工作由州文体旅游广电局负责。2021年，黄南州组织各市（县）安装户户通312套，有效提升部分群众收听广播电视节目的质量，广播、电视覆盖率分别达98.65%、98.62%。年内投资150万元，组织实施黄南州广播电视台应急广播平台建设。

【新闻宣传报道】 围绕省、州中心工作，推出形式多样的主题报道、系列报道、跟踪报道和深度报道。以《黄南新闻》为龙头，推出《时政新闻》《新春走基层》《开局“十四五”开启新征程》《奋斗百年路 启航新征程》《党史学习教育在基层》《热烈庆祝中国共产党成立100周年》《聚焦黄南党代会》《黄南两会》《两会特别报道》《代表访谈》《两会花絮》《民族团结在黄南》《扫黑除恶（黄南法制）》等新闻栏目，报道重点工作。全年播出电视新闻3979条，其中汉语新闻2063条、藏语新闻1916条，藏语汉语微信公众号推送2736条，向云端黄南、黄南新闻网、青海省广播电视台长云网、青海藏语广播电视新闻网以及天津滨海电视台发稿302条次。播出生态、科技、卫生、文明、廉洁、扫黑除恶、安全生产等各类公益广告、标语120条145次。

【广电安全播出】 建立健全新闻宣传监管机制，落实播出节目实行播前三级审查和重播重审制，把好政治关、政策关、事实关、导向关。落实岗位责任制和安全播出值班制度，加强应急预案演练，提升关键部位、关键环节、关键岗位在岗人员应急处置能力，为广播电视安全播出工作提供组织保障。开展非法销售、安装和使用卫星地面接收设施专项整治行动，形成打击非法销售、安装和使用卫星地面接收设施专项整治行动的高压态势。年内州、县广电部门牵头组织相关单位检查广播电视销售（维修）、宾馆等各类经营场所180个，出动执法人员400余人次，收缴非法卫星电视接收器59套。

【节目改革】 围绕省、州中心工作，推出形式多样的主题报道、系列报道、跟踪报道和深度报道，在官方微信公众号上进行播发及转发。加强线上抖音、快手、视频号等线上短视频平台，面对新冠肺炎疫情，打响抗击新冠肺炎疫情舆论引导和宣传战役，及时播发权威信息，主动回应社会关切，推出各类新闻栏目，深入报道重点工作，营造干事创业、奋力赶超的舆论氛围。全年央视《新闻联播》播出黄南新闻3条；省台播出各类黄南新闻97条，其中青海卫视《青海新闻联播》播出51条，安多卫视《藏语新闻联播》播出46条。

（撰稿人：刘 伟）

民族语言文字工作

【概况】 黄南州民族语文工作中心系州人民政府管理的公益一类正县级单位，内设综合部（语文室）、翻译部、古籍部3个正科级机构。2021年，州民族语文工作中心贯彻落实党的民族语文政策及《黄南藏族自治州自治条例》《黄南藏族自治州藏语文工作条例》，推进民族语文翻译及审核、民族古籍文献保护与抢救、社会市面用文规范化管理、《青海·热贡》《黄南公报》（藏文版）编辑出版等重点工作。3月，在十三

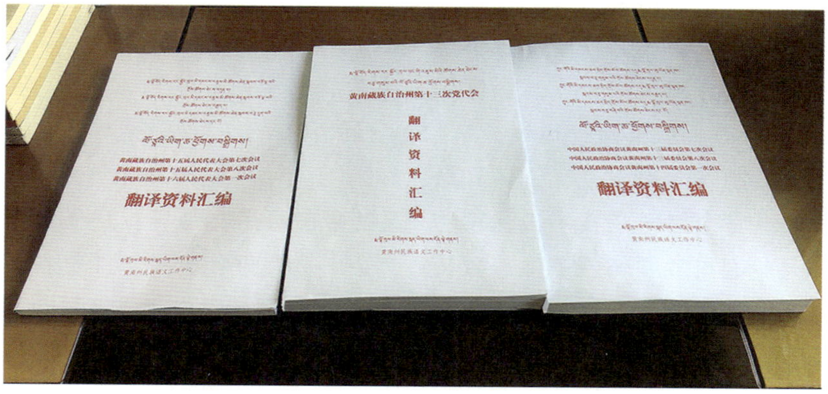

《黄南藏族自治州第十三次党代会翻译资料汇编》

届全国人大四次会议上，州民族语文工作重心翻译部部长才让多杰被抽调参加2021年全国“两会”民族语文翻译工作。

【民族语文翻译】 **重大会议材料报告翻译。**完成2021年换届之年的所有翻译任务，包括州第十三次党代会，州第十五届人大七次、八次会议，州第十六届人大一次会议，政协州第十三届委员会七次、八次会议，政协州第十四届委员会一次会议的文字翻译及审核、同步翻译和同声传译等工作，为基层党代表、人大代表和政协委员们正确理解州党代会、两会精神实质发挥语言文字翻译的桥梁纽带作用。

州直部门大型材料翻译。协助州直部门完成《黄南州党史学习教育读本》《黄南州庆祝中国共产党成立100周年宣传标语及庆典主持词》《黄南州第一次全国自然灾害综合风险普查》《中国建设银行“裕农通”》《中华人民共和国档案法》《信访常识读本》《保密平台机构目录》《食品药品、质量安全管理制度》《黄南州城镇市容和环境卫生管理条例》《黄南州健康扶贫宣传手册》《黄南州扫黑除恶专项治理宣传手册》《黄南州创建全国民族团结进步示范州宣传展板》《中国共产党农村基层组织工作条例》《黄南州科学技术知识读本》《黄南州各领域扫黑除恶宣传手册》《黄南州残疾儿童康复救助办法》《黄南州农牧区包虫病防治手册》等大型材料翻译任务。

疫情相关材料翻译。协助州疫情防控处置工作指挥部办公室翻译《黄南州新型冠状病毒肺炎疫情防控处置工作指挥部通告》《黄南州疾病预防控制中心紧急提示》《新型冠状病毒预防措施》《公共交通工具如何做好预防工作》《居家医学观察》《新型冠状病毒肺炎疫情期间健康出行须知》《新型冠状病毒科普小知识》《因其他疾病就医时如何做好防护》《致全州各级党组织和广大党员干部的一封信》等相关文件资料，并集中审核疫情防控翻译初稿及州直各单位防控处置宣传标语，为全州疫情防控创造民族语言文字服务的便利。

社会用文翻译。针对群众需求，设置“极速翻译服务岗”，及时向州直部门和市民群众提供门牌、标语、公章等社会用文高效的翻译服务，以“最快”的工作效率向市民提供高质量、零误差翻译服务。全年翻译及审核各类牌匾标语150人次。

党史学习教育资料翻译。激发全体干部爱国爱党热情，推动党史学习教育与民族语文翻译深度融合，形成在翻译中加深学习，在学习中精准翻译的良好氛围，高质量翻译及出版《共产党宣言》，发放至全州基层党组织。全年翻译各类资料字数累计达100余万字。

【社会市面用文督导】 做好市（县）一级两会期间文件资料及提案议案翻译工作，成立两会文件翻译检查指导组，在河南县、同仁市进行检查指导。检查“一府两院”工作报告、决议及代表证、工作证、文件袋、签到卡、横幅、简报等“两会”期间的所有藏文材料。检查中，指出译文排版比较混乱，校对不够严谨等普遍存在的突出问题，并提出具体整改措施和目标要求，确保代表委员们正确理解“两会”精神和报告内容。

贯彻《黄南州社会市面用文藏汉两种文字并用管理办法》，促进社会市面用文规范化、双文化，探索试行市面用文街长制，分片负责街面各类标牌督导工作，经常查看各机关事业单位，省驻州各单位，市（县）城主街道、服务窗口及大厅等所有文字表示的藏语汉语使用情况，及时督促整改错误。11月26—27日，黄南州社会市面用文督导组、州民族语文工作中心主要负责人在泽库、河南、同仁、尖扎检查督导藏汉双文规范使用情况，听取各市（县）政府及相关部门藏语汉语并用管理和藏文翻译前置审核情况的汇报，采取实地查看、资料查阅、座谈交流、意见反馈等方式进行，确保社会市面用文自查自纠工作落到实处。印发《藏语术语公报汇编》《汉藏对照新词术语》《黄南藏族自治州藏语文工作条例》《黄南州社会市面用文藏汉两种文字并用管理办法》单行本，宣传社会市面用文相关规定和要求。严格执行翻译前置审核制度，健全与四市（县）民族语文部门的协作机制，加大社会市面用文清查力度。通过有效措施，提升全州干部群众规范使用藏语汉语的意识，规范、统一各类牌匾标识。

【民族语文两刊出版】 完成2021年《青海·热贡》年刊的编辑出版、《黄南公报》（藏文版）季刊的翻译出版任务。2021年《青海·热贡》以习近平新时代中国特色社会主义思想为指导，深入落实中央第七次西藏工作座谈会精神，重点宣传热贡文化生态及地方民生实事、地区名人名著等为主线，全方位展示黄南地区灿烂的历史文化和民族文化，内容涵盖历史、文化、民俗、人物、山水、访谈等多领域，反映黄南深厚的文化底蕴，独具学术性和可读性，为打造“西域胜境 神韵黄南”发挥重要作用。2021年《黄南公报》（藏文版）以服务全州社会经济发展为己任，宣传党的政策、法律法规，全方位、多角度传递黄南各领域重大发展成果，及时反映州委、州政府新的工作思路，自治州各项建设以及亮点。

2021年11月，民族古籍资料室建成（职工书屋）

【民族古籍整理与保护】 落实《传承和弘扬中华优秀传统文化的总体意见》工作，全面、系统普查全州尚未出版的民族古籍文献。隆务寺卡索印经中心收藏的木刻版古籍3.2万块（其中人工刻板31100块、机械刻板900块）纳入整理保护规划；搜集整理散落在各大寺庙或民间古籍线索目录，具体数据不详，其中赞宝玛洛藏龙热加措提供的古籍线索目录有4份记录，约22本1467页；搜集泽库嘉扬活佛文集约21本。搜集珍贵手抄及木刻版民族古籍113卷，整理古籍珍本《智旺久美叁旦文集》（共四卷），有序推进出版前期工作。编制完成《黄南民族古籍抢救和保护“十四五”规划纲要》《黄南民族古籍搜集和整理五年工作方案》。打造古籍资料室和职工书屋为一体的阅览室，购置中华大藏经《甘珠尔》、《伯东班钦全集》、《丹珠尔》（精装版）等古籍珍本，党和国家领导人及伟人文集、政治理论读本、世界名著、汉藏翻译工具书等6000余册，将所有图书逐本整理、分类、编号，健全图书借阅制度。经过近两年搜集、整理、编辑、审稿，年初正式出版《历代德钦洛智合仓文集》（共8卷10册），高质量召开发行座谈会。

【修订《黄南藏族自治州藏语文工作条例》】 根据2021年州委全面依法治州委员会立法协调小组第二次会议暨州人大常委会立法推进会安排部署，州民族语文工作中心有序推进修订《黄南州藏语文工作条例》（简称《条例》）的前期准备、学习检索、调研考察、意见征求、起草修改、审查论证、提请审议等工作。在《条例》修订工作中，州民族语文工作中心坚持以习近平新时代中国特色社会主义思想为指导，落实新时代党的治藏方略，进一步加强全州各民族交往交流交融，铸牢中华民族共同体意识，加强藏语文健康发展，遵循“不抵触、有特色、切实际、可操作”的立法原则，梳理总结当前藏语文工作中存在的主要问题，为修订《条例》提出切实有效的工作措施。

（撰稿人：多杰加）

黄南报社

【概况】 2021年，黄南报社把网络平台作为宣传重要阵地，发挥“快、全、新”优势，用微视频、图解、海报、短视频等受众喜闻乐见的形式，用更生动、更贴近的方式，制作推出更多融媒产品，增强党报导向性、权威性，提高党报传播力、影响力，提升报纸质量水平。全年《黄南报》出版52期，刊发各类稿件1500余篇、专栏120余次、文学副刊35版、图片300余幅、公益海报40余次。《黄南藏文报》出版52期，刊发各类稿件800余篇、图片400余幅、公益海报30余次。编发两报微信2200余条，云端500余条。围绕重点工作制作发送抖音62条。汉藏文微信活跃用户1万余人。发行汉文报纸3400余份、藏文报纸7700余份。《黄南报数字报》与纸质同步出版52期，链接在黄南州政府网站与黄南新闻网，并在黄南报微信公众平台上浏览，由专人负责上传及维护管理。年内黄南报社编辑部荣获全国“巾帼文明岗”，1人入选“全国优秀报人风采人物”，1人获黄南州“优秀新闻工作者”，1人获黄南州“好记者”；消息《“菌俏”产业富农户》获青海新闻奖二等奖，通讯《一生的追随 八旬老党员冯青玉的红色故事》获黄南州“好新闻”，图片《热贡於菟》获青海省首届“民族团结进步杯”生态文明摄影优秀奖，并参展北京民族文化宫，短视频《色彩斑斓的调色盘》、图片《森林秋色》在全省摄影作品“秋影如诗 秋诗如画”中入展。青海藏文报视频《发现》栏目中采访介绍黄南报社记者才让本对摄影工作的学习钻研及成绩，时长14分钟。

【重要宣传报道】 抓好中央和省委一号文件，省、州委全体会议，省、州两会的学习、宣传、贯彻工作。社编委会在上级主管部门安排部署下，策划报道方案，抽调精干力量，以消息、社论、评论、侧记、综述等文体宣传报道全州各地区、各部门、各单位学习、宣传、贯彻省州重要会议情况。强化州委常委会、州委中心组理论学习会和州“四大班子”宣传报道工作，重点宣传报道省委书记、省人大常委会主任王建军在参加省十三届人大六次会议黄南代表团审议强调的“打造共同富裕的黄南样板”重要指示批示。做好党的十九届五中、六中全会精神宣传报道工作，根据全会精神要点，宣传报道全州“十三五”总结和“十四五”衔接、党的百年奋斗重大成就和历史经验，为开启“第二个百年”奋斗历程提供思想引领和舆论支撑。

2021年11月23日，黄南报社编委会开展排版、摄影、视频技术交流

【主题宣传报道】 及时开辟“庆祝中国共产党成立一百周年”“奋斗百年路 启航新征程”总栏目（包含“学党史悟思想办实事开新局”“贯彻总要求 检验精气神”“共产党人的精神谱系”3个子栏目），不间断深度采写报道全州党史学习教育各阶段专题研讨、专题民主生活会（组织生活会）、党史学习教育巡回指导、聆听中央宣讲团宣讲报告、“促百分百达标、迎党百年华诞”等。开设“红色故事”“我为群众办实事”“黄南历史记忆”“我看建党百年新成就”“百年征程波澜壮阔，百年初心历久弥坚”“中国共产党在黄南的光辉历程”“庆祝建党百年摄影展”“黄南州‘两优一先’风采录”“聚焦州十三次党代会”等专栏，扩大党史

学习教育宣传覆盖面。全年《黄南报》《黄南藏文报》刊发“奋斗百年路 启航新征程”专版100余个版面、500余篇（件）图文，“黄南报微信公众号”“黄南藏文报微信公众号”刊发相关稿件600余件。其中，庆祝中国共产党成立100周年当期（7月2日见报）扩版为16个版面，报道中央“庆祝中国共产党成立一百周年庆祝大会”“黄南州‘两优一先’表彰大会”（消息、表彰决定、侧记、系列庆祝活动掠影、“十三五”成果回顾、红色故事、视频、公益海报）等新闻动态，集中展示中国共产党成立100周年来黄南州取得的重大成就。

【经济建设宣传报道】 做好对口援青、“山水黄南”“德吉村”“拉格日模式”等重大素材的策划报道任务。继续开辟“两地情”专栏、专版30余期（篇），连续不间断刊发援青指挥部消息、援青干部工作动态、援青项目建设进程、回访交流、救助病患、扶残助残、人才引进、能力提升等新闻稿件，“两地情”成为《黄南报》品牌栏目。按照省委定位共同富裕的黄南样板，做好“两山”理论报道阐释，宣传黄南脱贫攻坚易地搬迁样板“德吉村”“拉格日”的成功实践，做到传统媒体深度报道和新兴媒体适时报道的有效统一，以政策的亲和力引领各族干群听党话、感党恩、跟党走的信心决心。抓牢重大民生工程的宣传报道，及时宣传报道西成铁路甘青隧道、张汶高速（同赛段）、天然气入州、马康公路、甘青大通道等重大民生工程。

【疫情防控宣传报道】 按照州疫情防控处置工作指挥部安排部署，开辟“疫情防控”“同心战‘疫’黄南在行动”“特别关注”“科普黄南”栏目，在报纸和微信上及时刊发省州疫情防控处置工作指挥部通告、州党政领导督导检查防疫单位、慰问卡点值守人员、典型案例通报、防疫纪律、疫苗接种、核酸检测等内容，安排记者跟进采访刊发红十字会、餐饮业、工商界爱心人士为卡点值守人员赠送“爱心午餐”和生活、防疫物资新闻稿件。其间，在报纸、微信公众号、视频号、抖音等平台采写编发《“疫”往无前 黄南交警在行动》《黄南州各领域专家人才齐上阵抗疫情》《爱心餐 温暖“疫”线》《勠力同心战疫情 政协委员在行动》《黄南红十字会 情系“疫”线守护温暖》《供电部门 “点亮”防疫检查点》等优秀防疫新闻稿件，以党报人的担当和使命助力疫情防控大局稳定。

（撰稿人：郝青宁）

档　案

【概况】 黄南州档案馆建筑面积6912平方米、库房面积1840平方米，馆藏档案资料7万余卷（件、册），当年接收文书档案1115卷24024件、会计档案380卷入馆、实物档案59件、报刊资料160册。有档案管理人员7人。2021年，黄南州档案局馆树牢“为党管档、为国守史、为民服务”的档案职责使命，完善档案工作体制，提升档案行政执法能力，创建档案馆（室）工作新格局，加大档案收集整理力度，拓展档案馆公共服务功能，创新档案利用服务形式，扩大档案利用服务范围、档案实体安全等工作，更好地服务党和国家工作大局，服务于人民群众。

【学习培训】 5月27日至6月2日，组织黄南州、一市三县档案局、馆及州直立档单位37名档案管理人员在延安接受红色教育及相关档案业务知识培训；9月9日，邀请省档案局馆专家进行新修订《档案法》专题讲座，州、市（县）档案局、馆及全州部分立档单位128名档案管理人员参加培训；11月23—24日，州县档案局馆及全州各级立档单位组织档案工作人员220余人参加为期2天的“十四五”全国档案事业发展规划公益大讲堂在线培训；设26个在线培训会场；10月，在州直及一市三县举办不同规模档案业务培训班4期，累计培训人数达500余人次。全年通过“请进来、走出去”等方式举办不同层次、不同规模的档案业务培训班7期。

【档案管理】 按照州委、州政府打造的“三区建设”“一核三治”黄南发展新模式，及时跟踪监督、检查各类档案的收集、整理、归档工作，开展收集、整理、接收反映黄南地区政治、经济、文化、生态等文献资料、声像、科技及实物等门类档案资料，进一步丰富馆藏内容，优化馆藏结构，推进全州档案工作健康有序发展。强化档案业务监管，跟踪指导黄南州水电公司5个水电站增效扩容改造工程、尖坎公路南宗沟段等重点建设项目档案的收集、整理、归档工作，部分项目档案通过验收；组织州直各级立档单位联合协作，分门类、分阶段、分任务规范整理文书、会计、科技、声像、实物档案和资料。6月23日，州档案馆、尖扎县档案馆接收捐赠1944年中共陕甘宁中央局布制的《中国共产党入党誓词》1幅、中共七大到十九大各个时期印制的《中国共产党章程》、1952年版《中国人民政治协商会议共同纲领》、1954—1982年《中华人民共和国宪法》、1958年版《中国共产党简史》、新中国第一代海军服等46件珍贵红色档案资料，并向委托捐赠人梁沛仲、梁沛轩颁发档案收藏证书和尖扎县档案馆义务讲解员聘书。7月26日，州档案局组织召开脱贫攻坚和疫情防控档案（以下简称“两类”档案）专题会议，对接州乡村振兴局、州卫健委“两类”档案整理归集工作，抽调专人分组负责对全州“两类”档案整理归集进行业务指导和专题培训。成立州、市（县）“新冠肺炎疫情及脱贫攻坚”档案工作领导小组办公室专项档案整理专班，开展“两类”档案的收集、整理和移交进馆工作。累计整理脱贫攻坚档案案卷、目录14288件（条）；卷内目录135016条（件）；户档案目录10869条346790条（件）、照片231张；全州收集整理疫情防控档案9279件359盒、照片1648张、实物76件、光盘120张。

2021年10月27日，州委副书记李晓燕（左二）调研州档案馆

【档案利用服务】 收集整理黄南州建政以来历届党代会、人民代表大会、政协会议档案文献资料，以简介形式联合黄南电视台、黄南报推出《黄南红色档案》41期予以刊播，制作《奋进黄南》成就宣传展板，利用15个篇章展现黄南建政以来辉煌发展史，供全州广大党员干部了解学习。落实档案利用制度，加强利用服务，年内接待查档利用126人次，提供档案1306卷（件）。转变档案服务方式，“面对面”了解全州立档单位档案管理情况，“点对点”帮助解决档案管理工作中的难题，围绕基层档案工作需要，部署安排“三重”（重要人物、重大活动、重点建设）档案收集、整理、归档进馆，以“带教模式”逐步规范基层档案工作，跟进一市三县扶贫，土地确权民生档案，乡、村级档案的指导工作，提升基层档案工作管理水平。

【档案挖掘】 开展档案开发利用工作，挖掘和记录黄南州奋斗历程，征集编印第一部《黄南荣誉档案》，反映黄南州建政以来政治、经济、社会、文化等各项事业取得的辉煌成就，宣传展示各条战线上涌现出来的先进集体和典型人物。挖掘老党员、老干部的历史财富，对抗美援朝老战士海发源、梁洪泉和黄南籍八旬老党员阮海等革命老同志的事迹开展口述档案征集拍摄工作，陆续在黄南智慧党建平台、黄南电视台、黄南报社等媒体平台刊播，

《忠魂颂歌》《穿越火线》红色短片在中央七套军事频道播出。《档案记录历史 赓续红色精神——忠魂颂歌》红色短片获青海省广播电视局举办的“百年潮·看青海”短视频大奖赛三等奖，作品在青海卫视、学习强国青海分平台、青海长云网、中国藏族网通、西宁网络电视台、持证县级融媒体中心等视听平台分批展播，经省委组织部审核以党员远程电教片已向中组部推荐。红色短片《今昔之感》经州政协审核向省政协推荐，由省政协推荐全国政协文史办推荐为黄南文史短片。编辑出版《风帆高扬——黄南州档案局庆祝中国共产党成立100周年“口述”资料汇编》。

【档案宣传】 发挥“档案记录历史、传承文明、服务社会、造福于民”作用，丰富拓延党史学习教育载体，喜迎中国共产党成立100周年。6月9—15日，在第14个“6·9”国际档案日之际，州档案局馆及一市三县档案局馆、省自然资源博物馆在青海省自然资源博物馆联合举办为期一周的“档案话百年”国际档案日宣传展览系列活动，州纪委监委、州税务局等51家州直机关党员干部和离退休老党员、老干部代表及青海省内其他单位党组织和公众等1000余人观展。在第34个“9·5”《中华人民共和国档案法》宣传日期间，开展《中华人民共和国档案法》宣传日“五个一”系列宣传活动。通过悬挂横幅、布置展板、发放新修订《中华人民共和国档案法》宣传材料；制作“档案知识有奖竞答”小程序，在微信公众号开展新修订的《中华人民共和国档案法》及档案知识有奖答题活动；围绕档案法、档案知识，以“学法用法 档案伴我行”档案主题，广泛开展征文活动，做到保护利用和传承“红色档案”与党史学习教育高度融合，“红色档案”工作被青海省党史学习教育领导小组办公室以《铭刻“红色印记” 珍藏精神财富》专期采编。

【档案监督检查】 4—6月，州档案局对全州各级立档单位2020年度档案行政执法监督检查问题整改开展复检工作，及时跟踪指导、督促检查40家各级机关、企事业单位和乡（镇）、村（社区）问题整改情况，规范和掌握全州各立档单位档案管理工作的实际情况，促进档案业务监管提档升级。

10月26日至11月16日，贯彻落实新修订《中华人民共和国档案法》，对州直和一市三县17家立档单位开展为期1个月的档案行政执法检查及业务指导工作，分别从档案工作日常管理、档案室管理、档案管理人员岗位设置、档案工作经费投入、档案管理设施设备等情况展开检查督导。

12月14日，省委办公厅（省档案局）档案行政执法检查暨档案工作调研指导全州档案机构改革后档案工作开展情况，在州委二楼会议室召开档案工作座谈会，州委组织部、州机构编制委员会、州人力资源和社会保障局、州发展和改革委、州财政局，同仁市委办公室（市档案馆）、市委组织部、市机构编制委员会、市人力资源和社会保障局、市发改委、市财政局主要负责人参加座谈会。

12月15—17日，省委办公厅档案行政执法检查暨档案工作调研组着重从贯彻落实习近平总书记关于做好档案工作的重要批示精神、全州立档单位贯彻落实新修订《中华人民共和国档案法》情况、贯彻执行《“十四五”青海省档案事业发展规划》、档案馆运行机制、馆库建设、档案安全、信息化建设7个方面检查、调研州档案局馆、一市三县档案馆、部分立档单位档案工作开展情况。

（撰稿人：冶 功）

2021年12月16日，省委办公厅档案行政执法检查暨档案工作调研组调研指导档案工作座谈会在泽库县召开

志鉴编修

【概况】 2021年，黄南州党史研究室（黄南州地方志办公室）出版发行《黄南藏族自治州志（1991—2010）》，四市（县）二轮志书编纂相继完成。州及四市（县）2021年鉴全部完成终审，进入印刷出版程序。12月，中国地方志指导小组、中国地方志学会通报表扬第八届全国地方志优秀成果（年鉴类），《黄南年鉴（2020）》获评全国特等年鉴。

2021年9月23日，黄南州举行《黄南藏族自治州志（1991—2010）》出版发行仪式

【二轮志书出版】 州党史研究室（州地方志办公室）贯彻落实《全国地方志事业发展规划纲要》《青海省地方志事业发展“十三五”规划纲要》，以“资政、存史、育人”为己任，以“修名志、创精品”为目标，严格依法修志，实施品牌建设和质量管理体系，印刷出版《黄南藏族自治州志（1991—2010）》，于9月23日举办公开出版发行仪式，向州直各单位、各市（县）赠送《黄南藏族自治州志（1991—2010）》300余本。《尖扎县志》《泽库县志》相继完成出版。《同仁县志》《河南县志》进入出版发行程序。

【综合年鉴编纂】 采用“三提前”（提前完成、提前部署、提前审核）、“三六九”（3月启动组稿、6月开始编纂修改、9月进入出版）工作方法，严把编纂、审改、出版等各节点工作流程，围绕打造一流年鉴目标，下半年借助全省地方志办公室主任会议、交流会时机，加强与省志办的沟通交流，通过汇报工作、反映问题、争取支持等方式，对《黄南年鉴（2021）》实施品牌管理，优化流程、规范要求、调整改版编纂格式，使之更具史料性、可读性、指导性。截至12月底，《黄南年鉴（2021）》编纂完成进入出版发行程序，四市（县）年鉴全部编纂完成。

【全省地方志机构负责人座谈会在黄南召开】 9月23日，黄南州承办全省地方志机构负责人座谈会，省地方志办公室主任杨松义出席并讲话，全省两市六州地方志办公室及党史研究室主要负责人及省志办部分处社负责人、黄南州及各市（县）党史研究室负责人参加。杨松义对近年来黄南州地方志工作给予充分肯定。

（撰稿人：毛　婕）

卫生健康

卫生健康事业综述

【概况】 黄南州卫生健康工作由州卫生健康委员会负责。2021年，全州有各类医疗卫生机构471家（所、个）。其中，州、县两级综合医院4家，藏医院4家，妇幼保健院5家，疾病预防控制中心5家，卫生监督所5家，采供血机构1家，慢性病防治院1家，个体诊所113家，民营医院13家，乡镇卫生院39所，村卫生室287个。每千人拥有卫生技术人员4.3人、执业（助理）医师2.22人，平均每千人拥有病床6.2张。医疗卫生机构有床位1765张，同比增加29张，有卫生人员1365人，其中，卫生技术人员968人，包括执业医师175人、注册护士87人；全年门、急诊人次399592人，出院人次22002人。全州医疗卫生机构固定资产总值59547.8万元，100万元以上设备33台（件），万元以上设备1276台（件），医疗基础设施建设14.36万平方米，年业务总收入1.84亿元。

2021年黄南州医疗卫生机构一览表

表49

区划	综合性医院（家）	藏医院（家）	民办医院（家）	个体诊所（所）	卫生室（个）
州直属	1	1	—	—	—
同仁市	—	—	8	38	92
尖扎县	1	1	3	32	86
泽库县	1	1	2	30	64
河南县	1	1*	0	13	39
合计	4	4	13	113	281

注：“*”处为河南蒙古族自治县蒙藏医院。

【卫生规划与建设】 全年实施医疗卫生建设项目27个（其中新建10个、续建17个），总投资74819万元，总建筑面积136616.76平方米，主要包括州藏医院整体搬迁二期项目、州藏医院中医特色重点医院建设项目、黄南州传染病医院等。加强省县共建临床重点专科项目建设。依托对口援青、青南支医等优势资源，加强公立医院技术水平及救治能力，县域内就诊率达到86%以上，基层医疗卫生机构诊疗人次数占医疗卫生机构诊疗总人次数的比例较2020年度提高3个百分点。推进城市医疗集团建设，省第五人民医院与河南县签订业务托管协议，通过专科建设、人才培养、信息化建设等提升服务能力。在此基础上，前期投入638万元，搭建黄南州卫生信息化建设平台，为实现全州各医疗单位卫生业务数据汇总和决策分析等医疗信息化奠定坚实基础。综合医院全部接入省级全民健康信息平台并实现互联互通。持续推进县级藏医医院牵头建设县域紧密型医共体，带动区域内藏医药发展。泽库县藏医院牵头组建县域内紧密型医共体，以藏医馆为依托，强化藏医药适宜技术服务，带动县域内藏医药健康发展。年内全州藏医院创建藏医特色科室4个，其中2家康复科为重点专科，建成康复科4个。制定印发政策性文件，推进藏医药传承创新发展，全州95%以上的乡镇卫生院和80%以上的村卫生室能提供藏医药服务，推广推拿、按摩、火罐、熏蒸、刮痧、蜡疗、外敷等，火针疗法及密集型压痛点银质针疗法等藏医药适宜技术。各藏医院研发的自主加工藏药制剂857种，取得省级备案制剂批准文号584种，年制剂药品生产量达到80吨，创建藏医特色科室4个。支持藏医药事业发展，促推医疗机构自制制剂纳入全省医保目录政策支付范围，满足广大群众对藏医药用药需求，经省医疗保障局批准，黄南州医疗机构186种院内自制制剂纳入青海省基本医疗保险药品目录，另481种院内自制制剂也进入复审审批阶段。全州乡镇卫生院藏医药收入占比较2020年度提高8个百分点。

【卫生专项监督】 全年出动卫生监督员11506人次、车辆415车次，累计监督检查公共场所374户次，监督覆盖率91%；生活饮用水87户次，监督覆盖率86%；学校卫生240户次，监督覆盖率99%；传染病防治240户次，监督覆盖率95%；医疗卫生283户次，核查医疗机构资质283所次，核查医务人员资质283人次，监督覆盖率95%；血液安全3户次，监督覆盖率100%；放射卫生13户次，监督覆盖率100%；职业卫生27户次，监督覆盖率100%。行政处罚案件25件，其中医疗卫生13件，罚款14.08万元，查处无证行医1家，没收非法所得1万元。全州累计检查医疗机构及公共场所356户次，督导各市（县）物流公司15家次，下达《卫生监督意见书》157份，责令停业整顿13家。下达国家监督抽检任务74家，完成73家，关闭1家，完成率98.56%，完结率100%。监督抽检公共场所顾客用品用具及空气质量27项，监测结果上报州卫健委。在监督执法过程中，运用手持移动执法终端、全过程记录仪等先进的执法设备，规范执法行为，落实事中事后监管，做到卫生监督执法全面公开、全程留痕，实现责任可追溯，接受社会监督。举办、参加各类卫生监督员培训13次，培训人数达390人次，培训合格率100%，提升全州卫生监督执法人员整体素质。探索信用监管工作新模式，落实年度信用体系建设重点任务，完善以执业准入注册、不良执业行为记录为基础的医疗卫生行业信用记录数据库。年内全州卫生监督信息网络报告全面、及时、准确率达100%。全州有职业病用人单位27家，职业病危害项目申报系统及省平台均录入27家，监督检查覆盖率达到100%，下达《卫生监督意见书》7份，警告1家，责令其限期整改。

【基层卫生管理】 全州基层有乡镇卫生院39所、村卫生室281个，实现医疗资源全覆盖，全年乡镇卫生院门诊人次84552人次。陆续制定出台《关于加强黄南州医疗卫生人才队伍建设实施意见》《黄南州创建人民满意医院、乡镇卫生院实施方案》《黄南州公立医院、乡镇卫生院院长年薪制实施意见》《黄南州医疗机构医务人员全面推进依法执业管理暂行规定》《黄南州基本公共卫生服务资金使用暂时规定》等政策配套性文件。落实医疗服务能力提升公立医院综合改革补助资金1830万元、中藏医药传承与发展补助资金311万元；落实州级公立医院临聘人员工资补助450万元、尖扎县医共体临聘人员工资补助332万元。开展卫生系列专业技术人员职称制度改革，通过“双定向”岗位落实副高级待遇2人。落实公立医院科室设置、中层干部任命、人员招聘等内部管理自主权。前期投入638万元搭建黄南州卫生信息化建设平台，为实现全州各医疗单位卫生业务数据汇总和决策分析等医疗信息化奠定坚实基础。综合医院全部接入省级全民健康信息平台并实现互联互通。争取特别疫情国债中央预算内资金6600万元，对一市三县综合医院和州人民医院传染病区进行改造。

各市（县）卫健局、各乡镇卫生院定期组织对乡村医生开展专业知识、公共卫生等知识及技能的培训，覆盖率达到100%。各市（县）政府均制定印发《乡村医生管理办法》，明确人员准入与退出、执业注册、管理、考核及补助发放等内容。全州340名乡村医生的补助标准按照每人每年13000元发放，考取国家执业（助理）医师资格或取得中专及以上医学专业学历的乡村医生再增加补助1000元；年底财政部门为每个村卫生室发放1000元的水、电、暖补贴，并对考核合格且承担公共卫生的乡村医生，将人均65元基本公共卫生服务补助经费中的40%和实行基本药物补助资金，考核后作为乡村医生从事公共卫生服务绩效。选派村医分别到省卫生职业技术学校和玉树州八一职业技术学校进行订单定向免费村医培训，并针对部分无乡村医生从业资格证的村医在州医院全科医师培训基地开办全州乡村医生综合业务培训班和乡镇卫生院业务骨干培训班，邀请省卫健系统老师授课，为91名乡村医生颁发乡村医生执业证书。加强乡村医生管理，根据《乡村医生从业管理条例》规定，乡村医生执业证书每满5年必须申请执业再注册。按照由乡村医生本人提出申请，填写《乡村医生执业再注册申请表》，再由其所在地乡镇卫生院收集，统一报送卫生行政部门审核。据统计，基本完成黄南州乡村医生执业再注册的申请材料受理、审核、发证及档案保存工作。按照《关于认真做好老年乡村医生生活补贴相关工作的通知》，对截至2015年12月31日前退出乡村医生岗位且年满60周岁以上的270名乡村医生，每年按标准发放老年乡医生活补贴到个人账户。

【疾病预防控制与地方病防治】 2021年，全州报告乙类法定传染病11种2988列，发病率1081.8/10万，同比上升3.14%。其中，肝炎485.9/10万，同比上升27.1%；肺结核182.8/10万，同比下降16.5%，痢疾9.4/10万，同比下降26.8%。丙类传染病7种531例，发病率192.2/10万，同比下降25.6%。其中，手足口病170例，同比上升70%；其他感染性腹泻187例，同比下降22.7%；流行性腮腺炎91例，同比下降65.3%；风疹3例，同比持平；流行性感冒14例，同比上升7.7%；包虫病2例，同比下降0.61%。卡介苗接种率99.85%、脊灰接种率99.68%、百白破接种率99.45%、含麻成分疫苗接种率99.39%、乙肝接种率99.29%，A群流脑接种率99.35%，A+C群流脑疫苗接种率99.31%。完成在押人员H抗体检测131人，自愿咨询检测2018人；开展居民户食用盐监测1229份，合格1177份，合格碘盐食用率94.35；调查8~12岁在校儿童14638人，氟斑牙患者68例，患病率0.46%，16岁以上成人118262人，发现氟骨症患者308例。全州无重大传染病暴发流行，区域内医疗机构重大传染病网络直报率达100%。鼠疫工作方面，采集旱獭血清材料930份，结果为阴性。截至年底，全州未发生鼠疫疫情。结核病工作方面，报告肺结核患者和疑似肺结核患者总体到位率95%，非定点医疗机构发现结核病患者和疑似患者向定点医疗机构转诊率95%，肺结核患者治愈率67%。包虫病工作方面，全州人群B超筛查10561人，学生等重点人群筛查4861人，包虫病监测点人群筛查2586人次；全州包虫病患者规范管理369人，完成86.5%。

2021年8月8日，州市疾控中心在同仁市瓜什则乡对自毙旱獭进行取材检验

【妇幼健康管理】 推行农牧区妇女“两癌”筛查项目，截至年底，完成宫颈癌筛查4278人，乳腺癌筛查4093人。孕产妇系统管理管理3949人，管理率90%。2021年全省孕产妇死亡率和婴儿死亡率分别控制在23.5/10万和6.9‰，全州总活产数4388人，孕产妇死亡1人，孕产妇死亡率22.7/10万，新生儿死亡20人，死亡率4.56‰。落实预防艾滋病、梅毒、乙肝母婴传播项目，截至年底，艾滋病、梅毒、乙肝孕期检测3648人，孕早期检测率45%，婚前医学检查1407对。实施农牧区育龄妇女增补叶酸预防神经管缺陷项目，全年服用叶酸3907人。开展0~6岁儿童眼保健和视力检查27020人。

【卫生应急】 强化机制保障，及时制定完善《黄南州全员核酸检测应急预案》《黄南州新冠肺

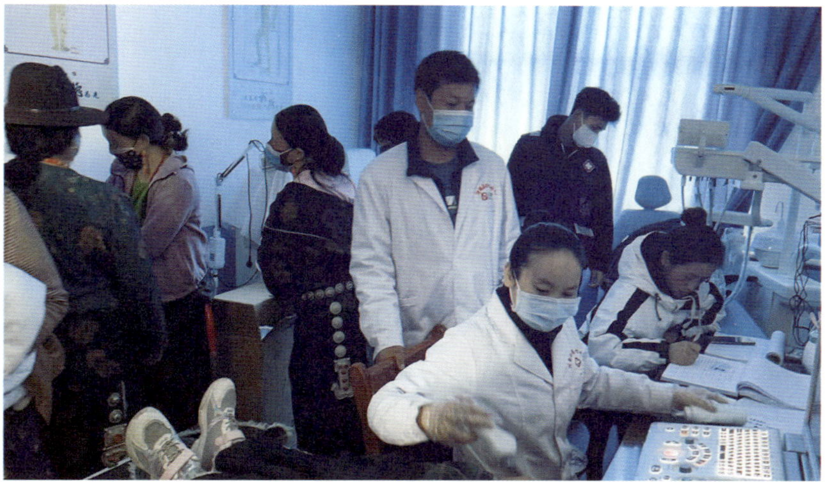

2021年9月13日，河南县妇计中心在柯生乡卫生院给柯生乡镇的农村妇女提供两癌筛查和婚检服务

炎医疗救治工作应急预案》等，绘制全州全员核酸检测作战图、流程图，实行挂图作战，建立更加完善的应对处置机制。强化队伍保障，组建成立专家指导组、院感防控指导组、医疗救治支援组、后勤保障指导组、流行病学调查指导组、传染病执法监督指导组、核酸采样支援组、核酸检测技术指导组，做好联防联控、监测研判、督导检查等工作。落实省级应急物资保障体系建设特殊转移支付补助资金617万元，解决200万元用于一市三县应急物资储备。

【卫生健康监管】　结合“健康黄南蓝盾护航行动”，开展无证行医、“黑诊所”专项整治行动、集中开展打击“两非”专项行动，净化医疗市场。年内，立案查处各类行政处罚案件25起，结案8起，罚款2.4万元。开展执法检查1187户次，监督覆盖率86.56%，下达卫生监督意见书349份。实施打击欺诈骗保专项整治，检查定点医药机构192家，处理42家，追回医保基金18.11万元，不断规范各医疗卫生机构服务行为和参保人员就医行为。

【公共卫生政务公开】　实施行政执法公示制度，开通门户微信平台，依法编制、公布本部门信息，在微信平台中开设“政策法规”公开专栏，推进财务信息公开，行政权力运行信息公开，公共卫生、计划生育领域资源配置信息公开，行业公共服务信息公开和公共监管信息公开，并按照有关规定的要求公开财政预决算信息、年度政府信息公开报告、重点领域服务事项等内容。把门户微信平台打造成为州卫健委发布信息、公开政务、为公众提供在线服务的窗口和了解黄南州卫生健康工作的重要渠道。

【医政医管】　落实制定医院章程制定工作，完善医院制度，全州8家公立医院完成制定医院章程。8家医疗机构设立发热门诊，预检分诊，在流感监测系统上传发热门诊信息，确保发热门诊在疫情防控的“哨点”作用。开展核酸检测实验室建设工作。所有县级综合医院与上级医院、支援医院对接，实现远程医疗全覆盖，开展远程会诊、远程心电、远程影像等工作，提高疾病就诊能力。开展青南支医对口帮扶工作，各相关单位经与青南支医支援医院协商，与支援医院达成一致意见，签订符合各医院实际的支援协议，年内青海省红十字医院、省交通医院、省第五人民医院、省藏医院等8家医疗机构派驻31名涉及内科、外科、管理、护理等核心专业的专家入驻黄南州人民医院、黄南州藏医院、泽库县人民医院、河南县人民医院开展为期1年的对口帮扶工作。工作期间，各医疗专家协助科室完善相关制度和管理工作，开展医疗服务、学科建设、公共卫生、深化改革工作。各专家结合各自专业从各自领域，从多发病、常见病着手，以“传、帮、带”等多种途径，加强培养年轻医师、抓好核心制度的落实、规范三级查房制度及病历书写、突破新的业务项目等一系列医疗卫生工作。针对黄南州常见病、多发病和外转病人较多且儿科、妇科、麻醉等专业短板，省红十字医院、省心脑血管病专科医院等5家医院和州人民医院以“需求导向、双向选择”原则，采用“1+N”的组团方式进行帮扶。推进互联网+医疗健康工作，启动全州各级医疗卫生机构、医师、护士申领电子证照工作。

【爱国卫生工作】　按照“综合整治、舆论先行”要求，州政府召开全州城乡环境卫生整治“洁净美”专项行动。加快构建从部门到乡镇、从社会到个人全方位推进实施健康美丽黄南行动的社会联动新格局，进一步提高群众环卫意识，带动群众创建美好新环境。由州委宣传部、州生态环境局、州爱卫办等9个部门联合以爱国卫生宣传月宣传活动为契机，各成员单位采取丰富多彩的宣传形式和措施，广泛宣传爱国卫生、生态环保、病媒生物、新冠肺炎、春季传染病等方面的知识，提高居民的健康素养水平及防病意识。建立“州县两级考核联动、县乡村三级管理、州县乡村四级落实”的爱卫工作机制，实施季度考核排位、年终评估奖惩，巩固开展每周五环境整治日活动。推进医疗废弃物规范化处置，州、县、乡医疗机构医疗废弃物由州医疗废弃物处理中心集中处理。推进创建省级卫生城镇、乡村工作，年内创建省级卫生乡镇8个、省级卫生村24个。

【蒙藏医药工作】 全州有蒙藏医医疗机构4家，占全州医疗机构的50%；有蒙藏医执业医师（含助理执业医师）203人，占全州执业医师的30.54%；有蒙藏医医疗机构床位528张，占全州床位数的33.43%；病床使用率63.4%。全州蒙藏医门诊工作量9.21万人次，门急诊诊疗人数9.21人次，占全州门急诊诊疗人数的23.05%；出院人数7426人次，占全州出院人数的33.75%；住院工作量7426人次，同比下降14.3%。蒙藏医门诊平均费用137.82元，同比下降8.9%；每个住院日平均费用586.3元，其中蒙藏医日住院费用382元。每个出院者费用6285.09元，同比下降2.5%。

【老龄健康工作】 *老龄事业规划*。贯彻实施《黄南州老龄事业“十四五”发展规划》，规划从社会保障、为老服务、宜居环境、社会养老服务、老年人福利等方面，助推老龄事业发展，明确阶段性重点任务，着眼于2022年、2035年和2050年三个阶段性目标，构建“人、财、物、科技、环境”5个方面组成的政策框架，细化27项重点任务，建立30项能力评价指标。州发展和改革委员会编制完成《黄南州“一老一小”整体解决方案》。

养老保险与补贴。州各级人社部门完善机关事业单位养老保险、城镇企业职工养老保险、城乡居民养老保险养老金发放制度，按时足额发放率和社会化发放率继续保持100%。建立企业退休人员死亡后遗属抚恤金制度和城乡居民待遇享受人员死亡后一次性丧葬补助金制度。2005—2021年连续调整机关企事业单位退休人员养老金，2012—2019年连续8年调整城乡居民基础养老金；截至年底，全州70岁以上老龄补贴资金累计为798.87万元，惠及12925名老年人。落实农牧区计划生育特殊家庭奖励扶助政策，为全州55岁以上的28名独生子女伤残和死亡家庭落实扶助金27万余元。全年下达养老项目9项，总投资4215万元。其中，应对人口老龄化新建养老机构项目7项，总投资3600万元；养老提升项目2项，总投资615万元。

养老服务。定期为入住养老机构的老年人提供健康服务，并开通就医、转诊绿色通道，为养老机构老人提供就医便利。全年全州39家基层医疗机构开展家庭医生签约服务，按照一年一签的原则，签约的各卫生医疗机构定期不定期为居家养老老年人开展健康养身、常见多发病和慢性疾病的预防保健知识教育。截至年底，签约率和履约率均达99.44%；为65岁以上老年人提供健康管理，安排约188万元资金开展免费健康体检，近18120名老年人受益。全年老年人健康体检15303人，体检率84.5%；全州7家二级及以上医疗机构、1家三级医疗机构创建5家老年友善医疗机构、3家老年医学科，配备专业技术人员39人。全州有10家敬老院（州级1家、县级4家、乡级5家），有床位688张，保障247名集中供养特困老年人的基本生活。印发《黄南州开展建设老年友善医疗机构工作的实施方案》，围绕加强智能技术运用知识宣传、开展老年人智能技术教育培训、优化传统为老服务方式等内容，做好“智慧助老”工作。疫情防控期间，为解决老年人因智能技术运用遇到的外出、就医困难等问题提供方便，倡导老年友善文化，加强老年友善管理，强化老年友善服务，优化老年友善环境。完善“健康码”管理，在医院入口设置老年患者“健康码”绿色通道，配备专人帮助老年人进行健康码查询操作；各级

医疗机构开展各种形式的健康养老服务，均为老年人开通就医绿色通道。发挥藏医药服务优势，开展藏医健康服务，全州推进乡镇卫生院藏医馆建设，发挥藏医药服务在预防保健养生特色优势，为老年人开展医疗、护理、养生、康复服务。加大爱国卫生运动及环境卫生综合整治重点工作，广泛宣传动员，提高老年人的健康素养水平及防病意识。

敬老爱老活动。动员社会各界在“敬老月”期间广泛开展走访慰问、老年维权、文化体育等活动；针对人口老龄化趋势、应对新时代老龄化事业等方面开展国情省情教育，发挥“银发宣讲团”团队作用，组织退休老干部在基层宣讲中共十九届六中全会精神和党的历史，让老干部发挥余热；开展老年人防范电信网络诈骗宣传教育活动，提升老年人识骗防骗能力；“两节”前，州老干部局、州卫健委联合组织心血管及老年病专家医疗队一行30人在黄南州驻西宁老干部服务所和黄南小区为离退休的老干部开展义诊活动，用实际行动关爱离退休老干部的身体健康。在全州所辖部分乡镇内开展老年人生活抽样调查工作，主要以入户走访、扫描二维码、电子问卷等形式收集数据，调查全市老年人家庭179户。

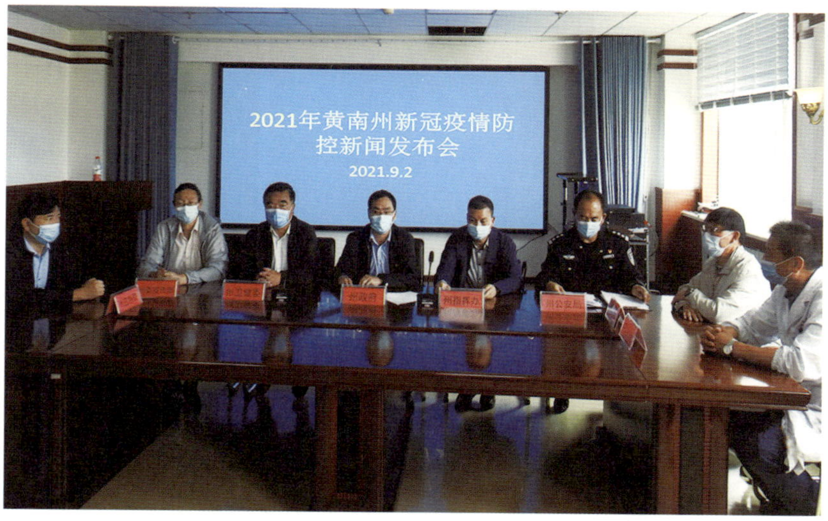

2021年9月2日，2021年黄南州新冠肺炎疫情防控新闻发布会举行

【新冠肺炎疫情防控】 制定完善《黄南州新冠肺炎医疗救治工作应急预案》等10个应急预案；投入4100万元，实施县级医院传染病区、发热门诊等改造升级项目；解决200万元用于一市三县应急物资储备，及时下达应急物资保障体系建设特殊转移支付补助617万元，构建防疫物资动态调整储存模式；全州可开展核酸检测的医疗卫生机构从疫情初期的1家增加到9家，实现核酸检测实验室建设市（县）级全覆盖，日检测量9.76万人份，可在24小时内实现核酸检测全员覆盖；组织州、县、乡三级医疗机构专业技术人员核酸采样检测和信息录入使用能力培训，累计培训达716人次；召开5次州疫情指挥部疫苗接种专题会议，层层签订责任书。截至年底，全州总接种525783人次，其中第一针253197人次、第二针231856人次、第三针40730人次，全面完成全人群接种任务。

（撰稿人：斗拉加）

人口和计划生育

【概况】 截至2021年底，全州总人口28.6万人，当年出生人数3599人，死亡数1028人，已婚育龄妇女58174人。青海省人口宏观与决策分析系统常住人口覆盖率99.8%，户籍人口管理率96%。妇幼健康服务系统推送出生人口信息及时处理率100%。死亡登记覆盖率53%。出生登记覆盖率94%。全州2021年享受奖励扶助制度对象1297人（其中新增69人），退出54人，特别扶助制度对象29人，“少生快富工程”放弃三孩111户，全部录入“三项制度”管理系统中，待资金下达后及时发放到人到户。计划生育“三项制度”奖扶资金发放到位率100%，“三项制度”奖励扶助对象信息完整与符合率100%。计划生育特殊家庭医生签约、就医绿色通道“三个全覆盖”均达100%。

【计生宣传】 实施“康福家行

动新家庭计划”项目工作，各市（县）制定印发“康福家行动新家庭计划”项目实施方案和项目活动计划，并在市（县）、乡两级通过集中培训、入户宣传，个别交流等方式开展“家庭保健”“科学育儿”“关怀扶助”“青少年健康发展”“关爱女孩”等专题培训活动，举办培训60余期；组织各乡镇卫计办以“三八”国际妇女节、“六一”国际儿童节、“5·15”国际家庭日、“7·11”世界人口日、“10·11”国际女童日等为契机，开展长期性广泛宣传计划生育有关生育法规及奖励扶助政策、生殖保健等方面的知识和维护妇女、儿童权益的宣传理念。开展宣传活动上百余期，发放《青海省人口与计划生育条例》、《奖励扶助政策》及健康知识宣传手册等10万余份，开展生殖健康咨询服务3.4万余人次，免费义诊7.6万人次，群众对计划生育法律法规、奖励扶助政策、健康知识等知晓率达93%以上。

【计生服务】 基层通过入户采集、办事采集、共享采集、协作采集等方法，确保全员人口数据库常住人口覆盖率和数据准确率均达95%以上。健全家庭基本信息档案，以各乡镇计生专干和村（居）委会计生宣传员建立帮扶“双岗”联系人制度，与特殊家庭成员每年保持经常性联系不少于15次。各乡镇家庭医生服务团队将特殊家庭成员作为家庭医生签约服务重点对象，不定期开展入户宣传政策，重点关注特殊家庭成员生理和心理健康状况，提供有针对性的医疗卫生服务，确保计生特殊家庭成员家庭医生签约服务全覆盖。在同仁市第二幼儿园增设托幼班，将同仁市妇幼保健计划生育服务中心建设成为市级示范性婴幼儿照护服务指导机构，为婴幼儿及其家长（看护者）提供多元化指导服务。推进标准化母婴设施建设；落实产假、陪产假等政策，按规定落实哺乳假等工作；各用人单位为孕期和哺乳期妇女提供灵活的工作时间安排。围绕保障“母婴安全”，以提高母婴保健服务质量为目标，推进妇幼健康各项工作。

【计生奖励扶持】 三孩政策实施后，各市（县）对人口监测数据分析研究，调整完善现有奖励扶助相关政策措施，营造生育友好的社会环境，在“幼有所育”上取得新进展。8月1日起，取消社会抚养费征收工作，部分乡镇卫计办均开展三孩生育登记服务工作。年内计划生育手术减免费及计生经费全部纳入财政预算，为落实法律法规规定的各项奖励优惠政策及市（县）乡计划生育技术服务提供保障。

【计生目标管理考核】 年初，召开全州卫生健康工作安排部署会，各市（县）政府与各乡镇政府签订2021年计划生育目标责任书，明确乡镇政府和各乡镇卫生院、乡镇卫计办目标任务考评细则，州级兑现四市（县）完成计划生育目标责任制地区考核奖金18万元。制定《2021年黄南州计划生育目标管理责任制考核评估办法》，组织工作人员分别进行半年考核，进一步强化责任追究，增强各级干部的责任意识。各市（县）人口计划生育领导小组进一步细化考核办法，明确乡镇政府和各乡镇卫生院、卫计办目标任务，为完成全州计划生育工作任务提供保证。

2021年黄南州计划生育三项制度人数汇总表

表50

地区	奖励扶助				特别扶助					少生快富
	扶助人数（人）				扶助人数（人）					扶助户数（户）
	合计	半边户	本年新增	本年退出	合计	伤残	死亡	本年新增	本年退出	
黄南州	1297	14	69	54	29	3	26	2	—	111
同仁市	459	3	25	10	10	—	10	—	—	15

续表50

地区	奖励扶助				特别扶助					少生快富
	扶助人数（人）				扶助人数（人）					扶助户数（户）
	合计	半边户	本年新增	本年退出	合计	伤残	死亡	本年新增	本年退出	
尖扎县	309	9	23	12	14	1	13	2	—	0
泽库县	300	2	5	5	—	—	—	—	—	11
河南县	229	—	16	27	5	2	3	—	—	85

【计生协会工作】 贯彻落实大健康理念，坚持预防为主方针，以家庭健康促进为抓手，组织开展系列主题推进活动，举办家庭健康大会，开展健康家庭建设活动，继续深化家庭健康试点工作，树立工作示范典型。推动家庭健康服务中心建设，培训家庭健康指导员，举办家庭健康大讲堂，组织动员基层会员群众掌握健康知识，提高家庭健康素养，养成健康生活方式，助力营造政府、社会、个人共建共享的社会环境。配合中国计生协开展“健康知识进万家”工作试点，开发推广“健康知识进万家”小程序，为基层计生协赋能，搭建起健康知识进入家庭的桥梁，在城乡基层和广大家庭，传播健康理念，普及健康知识。

以开展“暖心行动”为重点，落实精神慰藉、走访慰问、志愿服务、保险保障四项制度，推动落实双岗联系人、就医绿色通道、家庭医生签约三项制度，推进计生特殊家庭帮扶工作常态化、制度化、规范化。通过共建、自建等多种形式，逐步加大“暖心家园”帮扶阵地建设。推动各地争取财政支持，加快建立和完善失独老人住院护理补贴险、计生家庭意外伤害险等保险工作。

完善各市（县）计生协会网络组织，开展协会会员“一对一”帮扶计生特殊对象，组织开展“5·29”协会日、“10·28”国际男性健康日等宣传活动，在元旦、春节、端午节、中秋节期间开展计生特殊家庭慰问活动，并以各类活动等为契机，以群众喜闻乐见的文艺表演、现场咨询讲解、免费义诊、发放宣传资料及宣传实物等形式，宣传家庭保健、养老照顾、家庭文化、科学育儿、优生优育、避孕节育等卫生计生优惠政策。年内州、县卫生健康部门免费为群众发放各类宣传品及宣传折页10万余份（册），其中，发放《青海省人口与计划生育条例》、《奖励扶助政策》及健康知识宣传手册等7.5万余份，制作洗漱包、笔袋、雨伞、湿巾等宣传实物，促进新型家庭文化走进千家万户，增强新婚育观念在群众中的传播力度。累计开展生殖健康咨询服务3.4万余人次，免费义诊7.6万人次。

（撰稿人：斗拉加）

主要医疗机构

【黄南州人民医院】 基本情况。医院位于同仁市东山路，于1957年建成开诊。医院建筑面积5万平方米，固定资产1.95亿元。2021年，在职职工156人，其中正高级职称7人、副高级职称40人、中级职称41人，实际开放床位300张，年门诊量107142人次，住院病人7177人次。拥有大型医疗设备1.5T核磁、64排CT、胃镜、DR、数字减影仪等，开展新业务12项。截至2021年底，全院接诊门诊患者63340人次，急诊25787人次，发热门诊核酸检测43802人次，住院患者7177人次，完成手术1803例；体检19867人次，各类检验217970人次，影像检查62028人次；超声检查47061人次、心电检查12908人次，成分输血红细胞悬液646U（1U等于200毫升），血浆31970毫升，不规则抗体筛查1950人。开放总床日数109500天，病床使

2021年7月6日，州委副书记、州长扎西才让（右一）调研黄南州人民医院各项工作

用率60.29%，出院患者平均住院9.11天，出入院诊断符合率99.43%，治愈好转率98.84%，危重病人抢救3414人次，成功率99.57%。全年总收入14550.03万元（包含财政专项，其中医疗收入6058.64万元），总支出12487.1万元。全年上报传染病1180例，其中乙类传染病874例、丙类传染病197例、其他传染病109例，无甲类传染病。与同仁市13个乡镇卫生院签订医联体协议，建立业务对口帮扶和协作机制。截至年底，有316个病种纳入临床路径管理，临床路径管理的出院病例数4444人次，入径率98.11%，完成率67%，达到国家要求。年内新增144孔扩增仪，采取单检和混检两种方法提升核酸检测效率。分设核酸检测区域，将愿检尽检、应检尽检人群、住院患者、本院职工分开，防止交叉感染风险。

卫生专业技术人员培养。年内组织院内继续教育21次，累计培训1000余人次。新冠肺炎疫情防控期间培训全体医护人员10次，培训800余人次。选派院内6名业务骨干在天津第五中心医院、省医院、二医院、省红十字医院等上级医院进修学习。州医院与北京大学滨海医院中心实验室签订“高原特色医学研究所建设与科技人才培养项目”。通过2021年“校园引才”成功引进首个全日制硕士研究生。借助省级青南支医、天津市卫生援青医学专家“组团式”帮扶的技术优势，通过带教查房、手术指导、疑难病例讨论、专题学术讲座、多学科沙龙等多种形式，规范诊疗行为，提高技术水平，拓展服务项目，带出一支“带不走的”学科技术队伍。签订第三方委托书，组建287人的核酸采样后备人员库，强化培训和实战演练准备随时应战，为大规模全员核酸检测做好准备。年内州医院卫生专业技术人员中取得执业（助理）医师资格的有7人。

重点和特色专科建设。加强“胸痛、卒中、创伤、危重孕产妇救治、危重儿童和新生儿救治”五大中心建设。儿科建成“危重新生儿救治中心”，产科建成“危重孕产妇救治中心”，妇科被评为省级“青海省临床重点专科”；在此基础上，依托天津援青和青南支医技术力量加强心脏介入、重症医学科、急诊科、麻醉科、骨科、消化内科等专科建设。通过开展“进一步改善医疗服务行动计划”“优质护理服务行动计划”，定期组织院长业务查房，规范院内三级质控，每月召开医疗质量持续改进会议，采取PDCA（循环式品质管理流程）管理工具，保障医疗质量、医疗安全，提升病案质量、诊疗水平。发挥天津援青专家及青南支医专家作用，开展新业务、新技术14项、高难度手术25例。改造血透室、超声科、胃镜室、抽血室等，优化就诊流程，为开展新业务提供场所，改善医务人员工作环境和患者就医环境。建成危重新生儿救治中心，解决黄南地区新生儿科业务空白，降低新生儿危重症死亡率。邀请天津市眼科医院、西宁市第一人民医院专家来源开展白内障免费复明手术，减免手术和人工晶体费用182100元，59名患者重见光明。

【黄南州藏医院】 基本情况。医院位于同仁市德合隆中路2号，始建于1959年，医院建筑面积6170.47平方米，固定资产5198.7

万元。2021 年，在职职工 54 人，其中，正高级职称 2 人、副高级职称 13 人、中级职称 18 人，实际开放床位 143 张，年门诊量 34848 人次，住院病人 2361 人次。拥有大型医疗设备 2 等，开展新业务 20 项。医院现有内设藏医肝病专科（国家级）、胃肠科专科（省级）、心血管专科（省级）、妇科重点专科（省级）等 9 个临床科室。有藏药院内制剂品种 255 种，其中备案注册 156 种（89 种制剂被纳入国家乙类医保目录），藏药制剂年产量达到 20 吨，同比增长 22.8%。全年州藏医院门诊达 4 万余人次，门诊次均费用 137 元；住院 2500 余人次，次均费用 6455 元，平均住院 10.72 天。药占比 38%，病床使用率 50.2%。

学术交流。全年举办多层次学术讲座 28 次，邀请省内外名医专家授课培训 12 期，院内专家业务培训 16 期；组织召开《藏医鸟类动物本草》论证会，《黄南州藏医药发展概况》《藏医植物本草图鉴》编撰工作启动会，完成《藏医秘方甘露荟萃》《黄南州藏医药发展概况》出版选题。

解决编外聘用人员薪酬待遇。争取州财政每年拨付 150 万元，减轻医院编外聘用人员工资负担，编外聘用人员平均工资 3600 元左右，同时为 82 名编外聘用人员缴纳三险，25 名聘用人员享受公益性岗位待遇，做到待遇留人。

专科建设。开展藏医头泻疗法、鼻泻疗法、脉泻疗法、催吐疗法、椎科迦杂疗法、小儿肝垂复位疗法、隆擦秀聂疗法、察枣曼斗疗法、岐黄针疗法等 9 种中藏医特色治疗新项目新技术。检验科开展铁蛋白、叶酸、维生素 VB12 等 3 种新项目。新配制院内制剂藏药“木布涂剂”“十八味果愣散”“金尼萨克涂剂”“面瘫精华油”“多孜涂剂”“隆秀涂剂”“坎展涂剂”“哲珍涂剂”等 8 种藏药制剂产品，开展 20 余项新业务运用推广各科室，取得良好成效。取得“非遗”项目 3 项，藏药制剂产品省内 6 家医疗机构调剂使用，制剂品种中在州药品检验所抽检 4 批，全省制剂评价性抽检 3 批，检测合格率达到 100%。在疫情防控工作中，组织防疫专家组整理藏医古籍文献，针对新冠肺炎的疫情特点配制研发出防瘟九黑散、防瘟喷剂（外用）、防瘟熏香（外用）等防疫藏药产品，分别为省、市、州、县奋战在防疫一线及环保、学校、疫情防控集中隔离点、敬老院及养老中心等 3000 多名人员送去价值 16 万余元的防疫制剂产品。

设施设备投入。争取专项资金投入 500 余万元，采购消化道内窥镜、五分类血细胞分析仪、化学发光仪、冲击波治疗仪、耳鼻喉综合治疗台及高频电刀仪、低碳冷凝热水锅炉等设备。中央预算内投资 1 亿元，建设黄南州藏医院中医特色重点医院建设项目，总建筑面积 1.4 万平方米，建设制剂中心（建筑面积 6000 平方米）、藏医传承诊疗中心（建筑面积 8000 平方米）及配套附属设施、诊疗信息平台建设、医院设备购置等，该项目于 12 月底正式开工建设。

【州妇幼保健院】 州妇幼保健和计划生育服务中心为州卫生健康委员会管理的公益一类事业单位，机构规格为正科级，经费形式为全额拨款。业务用房面积 5200 平方米，于 2019 年 9 月投入使用。主要业务范围为承担妇女儿童和计划生育服务工作；承担妇女儿童的基本医疗服务工作；承担全州计划生育药具储备和发放工作；承担全州妇幼保健信息的统计工作；承担全州妇幼保健计划生育的技术指导工作。核定州妇幼保健和计划生育服务中心全额拨款事业编制 12 人，其中正科级领导职数 1 人、副科级领导职数 1 人。

【州疾控中心】 基本情况。州疾病预防控制中心组建于 2002 年 11 月，设有传染病科、免疫规划科、检验科、地方病科、慢非科、健康教育科、信息科、公共卫生科、办公室、总务科 10 个科室。正式职工中专业技术人员 27 人（已聘任正高职称 1 人、副高 12 人、中级 6 人、初级 8 人），管理人员 1 人，工勤人员 2 人；医师 12 人、技师 9 人、护师 2 人、药师 1 人、营养师 1 人。主要承担全州传染病、寄生虫病、地方病等的预防与控制；突发公共卫生事件和灾害疫情应急处置；疫情及健康相关因素监测与干预；公众健康和营养状况监测与评价；健康教育与健康促进技术咨询服务；疾病预防控制技术管理与应用研究指导；疾病病原生物检测、鉴定和物理、化学因子检测、评价等工作。中心设有理化试验室

(包括色谱室、光谱室、化学分析室)、微生物实验室(包括结核参比室、病毒室、细菌室、HIV抗体筛查中心实验室、PCR实验室),拥有电感耦合等离子质谱仪(ICP-MS)、液相色谱质谱联用仪、气相色谱质谱联用仪、超高相液相色谱仪、离子色谱仪、石墨炉原子吸收分光光度仪、核酸提取仪、实时荧光PCR仪、倒置显微镜、脉冲场凝胶电泳、流式细胞仪等一批较先进的仪器设备。

疾病预防控制。做好各类传染病检测、鼠疫监测工作及新冠肺炎疫情常态化防控工作,完善各项应急准备工作,随时应对新冠病毒疫情和突发公共卫生事件处置,加强应急值班值守,在疫情防控中取得一定的成效,确保"零"输入。在全州学生结核病筛查工作中,尖扎、河南两县引入目前国内最新的结核菌筛查试验—结核菌融合蛋白(EC)皮肤试验代替传统的结核菌素试验(PPD)开展初筛,此举有效提高结核病的筛查准确性和早期发现结核分枝杆菌潜伏感染者的能力,将结核菌融合蛋白(EC)运用到学生结核病筛查中,在全省属于首创。每日进行新冠疫苗接种和信息上报,做好麻疹防控和脊髓灰质炎野毒株输入防范工作。新冠疫苗接种方面黄南州全人群第二剂次接种率86.74%,完成2021年省级要求完成78%以上人群全程接种的目标任务。开展新型冠状病毒肺炎核酸检测、食品安全风险监测、食源性疾病、流感监测(重点毒株培养)、饮用水水质检测及其他传染病的监测检测等工作。强化死因和肿瘤等监测工作,定期开展查漏补报,加强人员培训和督导,加强严重精神障碍患者管理,组织专科医师配合精防人员定期诊断随访。持续开展包虫病、地方病防治全覆盖调查及监测工作,动态掌握各市(县)防治措施落实情况,病情变化趋势,评价防治效果。建立和完善地方病监测体系,开展地方病监测与调查工作,组织开展对项目执行进度、资金使用情况、项目实施效果的督导检查、项目培训、健康教育等工作。

【州中心血站】 基本情况。2021年,全州无偿献血(全血)486人次,累计采血总量1.53万毫升,同比减少20%。其中,400毫升献血188人次,占献血总量的38.68%。供应临床总血量1685U,其中去白红细胞悬液1275U、血浆410U,同比减少5.24%。其中临床用血100%来自无偿献血,无偿献血100%来自街头自愿无偿献血。成分输血率100%。

无偿献血宣传。2021年,通过媒体、微信平台、公众号、电子屏、短信、宣传单、展板、横幅、张贴海报、电话预约、无偿献血系列活动等形式开展无偿献血知识宣传,发送各类无偿献血短信500余条,发放无偿献血倡议书1000份、宣传单1000份,其中刊登《西海都市报》2期、《青海献血》8期、《中国输血报》2期、黄南电视台4期、《黄南报》8期等媒体报道20余次。协同共青团黄南州委开展无偿献血志愿服务活动,与热贡社区开展倡议志愿无偿献血服务活动,与武警支队开展"同庆新春佳节,共叙鱼水情深"为主题的无偿献血活动。制定无偿献血宣传工作计划,编印献血知识及宣传册,发放宣传资料,无偿献血人员显著增加,保障临床急救用血。通过各种网络平台、媒体进行无偿献血宣传,开展街头和固定献血点宣传招募活动;通过向献血者反馈检测结果、发放满意度调查问卷、赠送特殊礼品、电话或短信给予宣传者提醒等形式,号召广大群众参与到无偿献血事业中,拓展固定献血者队伍;定期给献血者发送节假日期间或生日之际祝福短语,在全州范围内营造"我献血、我健康、我献血、我快乐"的良好氛围。

(撰稿人:斗拉加)

安全应急救灾

安全生产管理

【概况】 2021年，黄南州发生各类生产安全事故4起（同仁市1起、泽库县3起），同比增加100%。其中，道路交通生产安全事故3起、其他事故1起。死亡4人（同仁市1人、泽库县3人），同比下降20%。道路交通直接损失3.9万元。年内未发生较大以上生产安全事故，全州安全生产形势平稳有序。

2021年黄南州安全生产事故相关情况统计表

表51

行业	事故起数		死亡人数		受伤人数		直接经济损失	
	当年	比上年±	当年	比上年±	当年	比上年±	当年	比上年±
同仁市	1	100%	1	100%	0	0	1.3	100%
尖扎县	0	0	0	0	0	0	0	0
泽库县	3	200%	3	-25%	0	0	3.9	-25%
河南县	0	-100%	0	0	0	0	0	0
合计	4	200%	4	-20%	0	0	0	-20%

【安全工作部署】 召开全州安全生产工作部署会、上半年安全生产分析研判会、季度分析研判会以及重要节点安排部署会等会议，分析研判存在的问题风险，安排部署重点工作。州、市（县）、乡各级层层签订《2021年度安全生产工作目标责任书》，持续构建“管行业必须管安全、管业务必须管安全、管生产经营必须管安全”的安全生产责任体系。州委常委会、州政府常务会先后18次将安全生产工作列入会议议题，听取安全生产工作汇报，分析存在的风险隐患、研究解决存在的问题、高位谋划重点攻坚的任务。利用党政各级中心组学习会，对各市（县）党政正职、政府常务、各成员单位主要负责人进行安全生产知识培训，编印发放学习手册，提高各地各部门应急处突能力和风险研判能力。州委第十三届一次党代会上，新一届州委班子把防范化解重大安全风险和提高全州综合应急救援能力列入重要议事日程，就各市（县）党政领导班子进一步落实总体国家安全观、统筹发展和安全、增强机遇意识和风险意识、树立底线思维作出具体安排，为全州各地下好先手棋、打好主动仗，有效防范化解各类风险挑战打下基础。

2021年10月19日，河南县举办新《中华人民共和国安全生产法》专题培训会

【安全隐患排查】 州委、州政府主要领导29次带队在各级各类生产企业进行安全检查，从落实企业主体责任、健全规章制度、汲取事故教训等方面对企业提出要求，会同专家分析问题根源、查摆薄弱环节、提出整改方案，

树牢安全生产不马虎、不放松、不随便的“三不”意识，把“人民至上、生命至上”理念落在实处。结合时间节点及重点工作任务推进进度，印发《关于对安全风险防控工作综合督导检查中排查出的安全隐患进行整改的通知》《关于做好庆祝建党100周年活动期间安全防范工作的通知》《黄南州安全生产隐患大排查大整治工作实施方案》《关于做好中秋、国庆期间安全生产工作的通知》等文件，督促各生产经营单位落实安全生产主体责任，指导各安全生产监管单位狠抓安全生产各项措施落实。通过州、县专项检查、部门联合执法等形式，加大两会、庆祝中国共产党成立100周年活动期间，国庆、中秋、防火防汛期等重要时段、重点部位的执法检查力度，形成重要节点督导同常态化检查有机结合的工作机制。各地各主管部门就检查中发现的重点工作任务推进情况和隐患整治情况形成专报上报州政府督察室，形成工作推进有方向、排查整治有重点的良好局面。

【安全隐患整改】 *企业隐患排查整改*。结合建筑施工、道路交通、农业机械等重点领域安全生产中存在的问题和薄弱环节，应急、交通、住建、消防、公安等部门15次进行拉网式联合排查整治非煤矿山、危化品、道路交通、水上交通、寺庙文物古建筑消防重点行业领域隐患，建立问题隐患整改责任清单，加大督查督办力度，形成隐患整改闭环管理机制。成立全州安全生产专项整治三年行动工作专班，推进“1+2”（聘请安全专家诊脉+州、县两级行政执法）模式，着重从危化品、非煤矿山、工贸企业各类证件是否齐全、安全管理制度是否完善、建立的应急救援预案是否符合要求等12个方面对辖区内的企业进行隐患排查。检查企业62家次，其中非煤矿山21家次、加油站22家次、工贸企业19家次，下发整改指令书34份，均完成整改。由州安委办牵头，组织市监、住建、交通、文旅等重点行业部门和众安公司专家组成4个安全生产综合督查组，综合督查各地各行业、各相关企业贯彻落实国务院、省安委会相关安全生产工作电视电话会议精神情况，检查重点企业29家，查出共性问题3条、安全生产隐患127条，其中存在的安全生产隐患分别为高层建筑领域11条、非煤矿山53条、危化品领域14条、购物中心12条、客运站8条、在建施工单位17条、其他领域12条。针对排查出的隐患和问题，督查组及时向各地各企业做出问题反馈，现场下达整改通知书29份。督促州辖各企业建立健全“一企一策”安全风险台账，落实分级属地监管责任，建立健全非煤矿山安全生产分片联系指导制度，防控重大安全风险，防范和遏制事故发生，确保全州安全生产形势稳定。

矿井安全隐患排查整改。吸取海北州柴达尔“8·14”煤矿冒顶事故等教训，州安办协同省厅2名非煤矿山领域安全专家等人员现场执法检查指导恰冬铜矿山存在的风井坍塌、尾矿库防渗漏、防坠落等方面的突出问题。针对存在的风井地面井口以下73米至123米之间发生坍塌，三、四中段回风线路及安全出口堵塞，斜井四中段至五中段塌方53米（已清理42米），尾矿库低标高3425米，三中段以下矿体均低于尾矿库低标高等问题，检查组当场暂扣矿山和尾矿库安全生产许可证，下发整改指令书，督促完成整改。

保障性住房隐患排查整改。针对同仁市为满足保障性住房需要，将金热贡佳苑（原汽修厂高层）两栋原为34层高、272户户型的高层建筑改装为现住户745户（其中州市保障房住户651户、商品房住户94户），存在住户密度大、改装隔断材料耐火极限达不到要求、消防设施老旧、安全疏散困难、存在重大消防火灾隐患和住户多电梯使用频次高、电梯故障多发的重大安全隐患，州长扎西才让现场办公，责令州市住建部门制订整改方案，彻底解决老大难问题。同仁市住建局拟定《金热贡佳苑保障房清退工作实施方案》《金热贡佳苑保障房改造安置方案》，逐步清退保障性住房住户，还原建筑施工设计，降低安全隐患。

【安全违规处罚】 对尖扎县1家社会加油站因未履行安全生产“三同时”手续和未办理危险化学品经营许可证的违法行为，给予停止供应生产用电和罚款18万元的处罚。对2家中石油加油站因主要负责人和安全管理人员未取得安全生产知识和管理能力考核合格证，以及未制订应急预案的违法违纪行为，给予主管安全生产负责人罚款 3.8 万元、安全生产管理人员 1.5 万元的处罚。对未取得危险化学品经营许可证的黄南亿博新型燃料销售有限公司作出查封加油设备、停止供应生产用电和罚款 17.29 万元的行政处罚。对河南县 1 家砂石场因未履行安全生产“三同时”手续给予关停和停止供应生产用电的行政处罚。组织市（县）应急管理、公安部门和省烟花爆竹协会专家检查全州烟花爆竹销售点 134 家次，发现安全隐患 15 处，整改 15 处；查处非法运输储存销售烟花爆竹案件 3 起，行政拘留 3 人，收缴不合格烟花爆竹 326 箱。

【安全宣传培训】 制定下发《黄南州 2021 年安全生产宣传教育“七进”活动工作方案》《2021 年黄南州“安全生产月”和“安全生产万里行”活动方案》等文件，在全州各地各部门开展安全生产宣传活动，弘扬安全发展理念，凝聚全社会安全发展共识。利用州县电视台、黄南报、微信公众号等媒体，开设专题专栏宣传安全生产法规知识，利用广场大屏幕滚动播放安全生产警示教育片。在中央、省级和州、县主要媒体平台推送、报送综合新闻、通告、倡议书、科普知识等 4300 余篇（条）。聘请专家召开以“落实安全责任，推动安全发展”为主题的州委理论学习中心组（扩大）学习会。州委理论学习中心组成员，州委各部门、州直各单位、各人民团体主要负责人及部门负责安全生产工作的 220 余人参加学习。

【安全警示教育】 结合“6·14”湖北省十堰燃气爆炸事故、“8·14”海北州刚察县柴达尔煤矿冒顶事故等案例，州、县、乡各地各部门层层召开安全生产警示教育会，教育引导安全生产管理部门的干部职工及各企业责任人汲取事故教训，树牢安全发展理念。全州各地各部门各企业观看《生命重于泰山——学习习近平总书记关于安全生产重要论述》电视专题片，深刻认识公共安全是社会安定、社会秩序良好的重要体现，是人民安居乐业的重要保障，坚持底线思维，坚决克服麻痹思想和侥幸心理，时刻绷紧安全生产这根弦，树牢安全生产红线，做到安全生产警钟长鸣、常抓不懈。针对个别企业安全生产主体责任意识淡薄、主要负责人安全生产专业知识匮乏等问题，进行安全生产业务知识培训和企业主要负责人警示约谈，让其认识到“安全生产无小事，防微杜渐是关键”。敦促企业建立安全管理长效机制，制定安全评估体系，压实企业安全生产主体责任。全年新培训企业负责人 3 人、安全管理人员 50 人、企业员工 50 人。

（撰稿人：才旦多杰）

应急管理

【应急预案编发】 成立由州长为组长、常务副州长为副组长，各成员单位负责人为成员的黄南州公共事件总体应急预案编制领导小组，开展总体应急预案和专项应急预案编制工作。黄南州在全省率先完成《黄南藏族自治州公共事件总体应急预案》和 37 个《黄南州公共事件专项应急预案》编制发放工作，实现黄南州突发公共事件预案体系

2021 年 1 月 26 日，黄南州召开 2021 年全州应急管理工作会议

“从无到有”的重大突破，捋顺各级应急处置和决策指挥体系。

【应急体系规划】 州委、州政府就黄南州“十四五”综合规划和应急管理专项规划进行同安排、同部署。根据省委、省政府，州委、州政府及省应急厅关于编制“应急体系建设‘十四五’规划”的相关要求，编制完成《黄南州“十四五”应急体系建设规划》，做到把安全发展贯穿到全州上下立足新发展阶段、贯彻新发展理念、构建新发展格局、推动高质量发展，打造共同富裕的黄南样板的全过程。

【应急实战演练】 根据“安全第一、预防为主、综合治理”的安全生产管理工作指导方针，各行业部门开展森林草原防灭火、防汛抗旱、反恐演练、隧道灭火、危险化学品泄漏处突、突发公共卫生事件等大型实战应急演练17次，通过实际决策、行动和操作，完成真实应急响应过程，检验和提高相关人员的临场组织指挥、队伍调动、应急处置技能和后勤保障等应急能力。全年政府层面组织大型应急演练1次，各类生产经营单位组织演练17次，参加观摩人员120人。

【防火防汛】 与气象等部门共同发布预警预报信息6期、汛情通报5期，准确预警5次雷电及大到暴雨降水等灾害天气，实现汛期受灾人员零伤亡。紧盯春节、清明等重要节点，开展重点林场节前节后森林草原防灭火隐患排查及整改落实情况督查4次。截至年底，全州各林草区、湿地及新造林区未发生一起大的森林草原火情案件。

【自然灾害普查】 举办黄南州第一次全国自然灾害综合风险普查培训班2期，州、市（县）各成员单位204人次参加培训，落实风险普查保障资金94万元，并从8个重点单位抽调工作人员，实现州普查办实体化办公。截至年底，完成数据词条上报及录入4451条，完成率100%，实现灾害数据调查全覆盖，并着手开展数据质量检测核查工作。

【应急助力疫情防控】 州应急局立足围绕疫情防控和为民办实事原则，为全州22个疫情卡点，紧急调拨20平方米棉帐篷22顶、火炉22具，多方筹措资金为曲玛村村民及青年路社区防疫一线人员发放防疫口罩、84消毒液、酒精消毒液共计1万余元防疫物资。根据疫情防控工作需要和党委政府要求，及时调拨帐篷、折叠床等物资，支持抗疫斗争。截至年底，全州应急管理系统累计调拨棉帐篷46顶、棉大衣174件、防寒服20件、折叠床30张、毛毯10毡、棉被褥44套、火炉22具。

（撰稿人：才旦多杰）

消防救援

【概况】 2021年，州消防救援支队接警出动119起，其中火灾71起、抢险救援22起、社会救助26起，出动车辆231辆次，出动警力1332人次，抢救疏散被困人员12人，抢救财产价值900余万元，未发生较大以上火灾事故。检查各类单位1166家，发现整改火灾隐患569处，挂牌3家重大火灾隐患单位，处罚29起，罚款29.5万元。发布《跟我学消防》《藏语汉语微课堂》消防科普原创作品24期，在省、州级主流媒体等刊发稿件185篇，印制张贴2万余份消防安全宣传海报，发放宣传资料3万余份，发送消防安全提示信息2条，受众群众达10万余人。

【应急救援能力建设】 各级消防救援队伍学习业务理论，研究战略战术，强化协同指挥，出台练兵机制，做到周周有测试、每月有考核，季度有比武，年底有总结，确保练兵计划按目标落实，按计划推进。加强九大类灾害专业队伍建设，加强地震、山岳、水域、道路交通4支专业队伍建设，构建功能齐全、反应迅速的专业救援力量体系。重点组织开展体能教练员培训、数字化预案培训、舟艇驾驶员培训、绳索技术培训、地震灾害救援培训等10余项培训内容，培养一批“能教会做、业务娴熟”的专业救援人才，提升优化全州消防队伍“专家型”指挥员、“工匠型”消防员占比。完成青海省“高原砺剑-

2021”重特大地震跨区域综合实战拉动演练，有效检验队伍实战水平，受到省委、省政府高度肯定。州消防救援支队牵头州委统战、发改、民宗、工信、公安等14个部门印发《黄南州宗教活动场所火灾防控联席工作机制》。州住建、公安、应急、水利、气象、地震、消防等组织开展高层、寺庙、水域、低温冰冻雨雪灾害等实战拉动演练9次，全州各级消防救援队伍开展各类单位场所熟悉演练347次。发挥综合性联勤联动机制成效，印发《黄南州灭火与应急救援联动机制》文件，州应急、住建、环保、地震、气象、消防等行业专家召开应急救援技术交流会10次。

【社会面火灾防控】 州、市（县）两级党委政府召开15次专题会议、10次工作联席会议分析研判全州消防安全形势和部署消防安全专项整治三年行动、2021年冬2022年春火灾防控等工作，州、市（县）两级主要领导多次听取消防工作专题汇报并部署消防工作，各级领导亲自带队开展重点时段、重要节假日消防安全检查24次，督导检查单位60余家。将消防安全责任制落实情况纳入年度领导班子和领导干部年度目标责任考核体系中，完成各市（县）政府和州直各部门消防工作考核工作。州政府发布实施黄南州“十四五”消防救援事业发展规划，为推动“十四五”期间消防救援事业得到长足发展奠定“源头”保障。州民宗、住建、卫健、文旅、消防等部门组织全州医疗机构、唐卡画院、易燃易爆、宾馆饭店、高层建筑等场所召开消防安全警示约谈会32次；组织召开文物古建筑、综合性商业市场、医疗机构、物业服务企业等重点场所消防安全标准化管理现场会11次。州政法委将消防安全工作融入“多网合一”综治网格化管理平台，上线黄南州社会治安综合治理信息系统——消防部分，联合开展消防检查及宣传教育23次，构建网络化、社会化、信息化的基层消防管理体系。州长扎西才让召集住建、应急、消防等有关部门，专题调研消防安全专项整治三年行动，实地督导重大火灾隐患单位整改，明确短期、中期、长期整改目标，落实各部门整改责任。州市监、消防机构联合印发《黄南州消防救援机构与市场监督管理局消防产品监督管理联合工作机制》，发挥职能部门联合执法的整体效能；州公安局、消防救援支队在全省第一时间举办市州级消防刑侦火灾调查联合演练比武竞赛活动，贯彻落实中办、国办关于深化消防执法改革的意见，推动火灾调查协作工作高质量发展，为全省提供可复制推广的火灾调查协作流程样板。出台《黄南州消防救援机构便民利民服务七项措施》《黄南州消防监督工作量化管理考评实施办法（试行）》《黄南州消防产品业务骨干人才培养计划》，在全省落实消防执法改革中“先人一步”。

【消防宣传】 以线上线下宣传为突破点，打造融媒体宣传矩阵，州委宣传部、消防机构联合印发《关于进一步做好消防安全宣传教育引导工作的通知》，建立全州融媒体联动机制，形成社会化、常态化消防宣传新格局。州、市（县）两级政府及州委宣传部、州教育局、州委党校、州司法局等职能部门，将消防宣传教育纳入“党校培训”“三下乡”“乡村振兴”建设和全民普法教育内容。发挥“四支力量”、消防志愿服务队等优势力量，强化消防宣传“五进”工作。累计开展消防安全培训120余次，指导疏散逃生演练200余次，受益群众5万余人。全州建成5个消防主题公园和主题街道建设，4个消防救援站科普点定期对外开放；26个新时代文明实践中心、党群服务中心、重点单位等场所消防宣传点常态化开展消防宣传，受教育群众达3.3万余人次，发放宣传资料15万余份；创新以H5动画形式举行线上黄南州2021年“119”消防宣传月启动仪式，巧借消防宣传车开展科普千里行、百部爱国电影展等活动，打造累计观看人数4万余人次的“网红”移动消防宣传阵地。率先开展全州消防安全常识知晓率调查，公众消防常识知晓率达71.43%。

【消防支队演练与竞赛】 3月29日至4月1日，全省“砺剑高原”重特大地震跨区域实战拉动演练在尖扎县坎布拉镇举行。州消防救援支队第一时间集结一支轻型地震救援队17车76人前往灾区，在为期3天的演练中，完成各项参演任务。

9月17日，黄南州2021年度消防刑侦火灾调查联合演练比武

2021 年 7 月 14 日，消防救援支队在同仁市年都乎加油站开展消防综合演练

竞赛拉开帷幕，省消防救援总队副总队长李芳，州委常委、常务副州长肖顺琛，副州长、公安局局长李勇出席仪式。比武竞赛有效推动火灾调查协作工作高质量发展，提升综合执法办案水平，维护群众合法权益。

9 月 23 日，州消防救援支队 2021 年“庆百年华诞、练消防精兵”全员岗位练兵比武竞赛拉开帷幕。支队长吴彬、政治委员负永堂参加开幕式，州应急管理局局长王子广出席开幕式并致辞。

（撰稿人：温恒心）

防震减灾

【概况】 2021 年 5 月，州地震局由州政府办公室管理整建制划入到州应急管理局管理，进一步提升全州防震减灾体制机制、监测预报、震害防御、应急救援能力。年内同仁地震台测震、前兆台网观测数据连续率均保持在 99%以上，测震资料在 2021 年全省地震监测资料评比中位列区域台第一。全年监测到甘、青、川交界地区 6 级以上地震 2 次，分别是 5 月 22 日青海玛多 7.4 级地震、9 月 16 日四川泸县 6.0 级地震；监测到州内地震 187 次，其中河南 161 次、尖扎 3 次、同仁 6 次、泽库 17 次，最高震级为 6 月 24 日 12 时 51 分河南 3.6 级地震。州地震局获全国防震减灾工作优秀奖，全省防震减灾目标考核二等奖、“防震减灾保障工作先进单位”荣誉称号、防震减灾基层治理先进单位优秀奖荣誉称号。

【防震减灾体制机制建设】 调整州防震减灾工作领导小组，组织召开 3 次全州防震减灾领导小组扩大会议，专题安排部署全州防震减灾工作。制定印发《2021 年度黄南州防震减灾工作重点任务分工方案》《关于进一步加强全州防震减灾工作实施方案的通知》等文件，就各项工作进一步细化明确。5 月，省委机构编制委员会印发《关于调整省以下地震机构管理体制有关事宜的通知》，州委机构编制委员会下发《关于调整黄南州地震机构管理体制有关事宜的通知》，将州地震局由州政府办公室管理整建制调整到州应急管理局管理，并根据省应急管理厅、省地震局《关于建立防震减灾救灾协调工作机制的通知》，州应急管理局、州地震局联合下发《关于建立防震减灾救灾协调工作机制的通知》，进一步理顺防震减灾体制机制。

【地震应急设施设备建设】 应急管理部门建有州、市（县）、乡三级物资储备库 7 个，其中州级 2 所、市（县）级 4 所、乡级 1 所，新建黄南州应急保障物资综合管理库，总投资 4900 万元，总面积 5600 平方米，争取抗疫特别国债资金 2689 万元，采购 9 类 35510 件应急救援物资，争取中央自然灾害救助资金 400 万元，农村住房保险省级补助资金 50 万元，确保一旦发生地震灾害，受灾群众能在第一时间得到基本生活救助。利用学校、广场、停车场、公园等公共场所设置 422 处应急避难场所。

【地震监测预报】 制定《2021 年黄南州震情监视跟踪和应急准备工作实施方案》《关于对全州地震监测设施和地震环境保护范

围进行备案工作的函》等文件。全州有14个地震监测台站。完成青海烈度速报与预警工程项目黄南段6个地震监测站的设备安装、调试和全州7处宏观观测点地震观测保护标识设立工作。建立完善震情月会商制度，向州委、州政府、省地震局提交年中地震趋势分析会商报告2份，完成月震情报告12期、震情16期，为州委、州政府决策提供依据，重新布局调整现有地震监测室及地震预警项目服务器，达到业务工作规范化、标准化运行。派员3人次参加地震监测业务能力培训班5次。

【地震应急救援体系建设】 修订《黄南州地震灾害应急预案》《黄南州地震局地震应急预案》，明确各级政府、关部门职责，完善跨部门、跨地区、跨行业的应急物资储备、调拨、紧急配送机制，确保地震应急救援和救灾工作快速、协调、高效、有序开展。3月30日，在尖扎县坎布拉镇举行青海省“高原砺剑-2021”重特大地震跨区综合实战拉动演练活动，检验黄南州地震灾害事故实战救援能力和社会应急力量联勤联动水平。年内组织开展河南县地震应急综合演练等大型演练3场次，提高政府抗震救灾指挥和社会公众应急避险、自救互救能力。实行24小时值班制度和领导带班制度，做到应急值班网络上下畅通，严格按照突发事件信息接受、采集和报送工作程序，强化应急值班信息查询、研判、跟踪和汇报工作，保证震情、灾情信息报送效率。

【地震灾害预防】 交通部门排查州内主要救援道路、桥梁、涵洞隐患情况，重点排查隆务峡、麦秀山区等救援通道“咽喉点”。强化应急交通指挥调控能力，建立地震应急交通管控和抗震救灾专用通道专项应对方案。水利部门组织专业技术力量勘查可能存在安全隐患的水利设施，制定域内最大的扎毛水库专项应对处置方案，严密监控；其余4座水库在汛期空库运行，完成发生地震灾害时应急供水方案；开展汛前安全生产大检查，整改问题和隐患；州、市（县）、乡三级防汛部门实施24小时值班制。住建部门开展建筑物抗震能力风险排查，特别针对农牧区老旧房屋及不具备抗震能力建筑物的隐患进行调查判定，制定专项应急处置方案。开展农牧区民居建筑工程抗震技术咨询服务，指导农牧民按相关建设规范和示范图集建设安全住房。自然资源部门排查重点地质灾害隐患点187处，其中省级重大地质灾害隐患点26处，设置地质灾害警示牌41块，上报“险情专报”34期，发布地质灾害气象预警信息9期。卫生部门组建各级地震现场医疗救护队伍和卫生防疫队伍；州、市（县）医疗部门均储备用于应急医疗的药品药械，制订地震应急专项应对方案，保证在第一时间赶赴地震现场开展救治工作，为开展地震应急救援做准备。

果洛州玛多县7.4级地震发生后，州防震减灾领导小组办公室发挥议事协调作用，召开专题会议，安排部署抗震救灾工作。全州各行业部门按照州委、州政府决策部署，就各自领域迅速开展风险隐患排查评估。州地震局组织专业人员排查各市（县）地震监测点、宏观观测点、预警项目实施情况，对排查出的问题及时进行整改。

2021年3月30日，州委副书记、州长乔学智（前左三）在青海省“高原砺剑-2021”重特大地震跨区综合实战拉动演练”活动现场听取演练单位应急救援装备器材介绍

【建设工程抗震设防行政审批】 将建设工程抗震设防行政审批工

作纳入州行政服务中心，实现抗震设防要求的审核管理，新建工程均达到基本烈度设防要求，学校、医院等人员密集场所提高设防参数。年内提供州内拟建机场、通用机场中候选建设地带所涉及的地震带、地震构造、历史地震等方面问题基础数据资料，供建设方参考。

【地震重点工程】 地震灾害风险普查。成立黄南州第一次地震灾害风险普查工作领导小组，印发《黄南州第一次地震灾害风险普查工作方案》《关于申请第一次地震灾害风险普查补助资金的请示》等文件，细化工作任务，明确工作职责，强化经费保障，推进地震灾害风险普查工作。年内完成黄南州境内 1978—2020 年历史地震灾害灾情调查及州境内重大地震灾害事件调查并形成地震目录及有关境内重大地震灾害事件的文字资料。

地震易发区房屋设施加固工程。制定印发《黄南州地震易发区房屋设施加固工程实施方案的通知》《关于建立地震易发区房屋设施加固工程工作清单制度和总结 2020 年工作进展的通知》等指导性文件，第一时间组建采集队伍，邀请省级专业人员举办黄南州房屋设施抗震设防信息采集工作培训班，注册信息管理员及采集员 36 人，录入加固工程信息采集 116 项，新建工程信息采集 71 项。

2021 年 10 月 13 日，黄南州防震减灾科普示范基地揭牌

【防震减灾科普宣传】 开展防震减灾宣传周、防灾减灾日、唐山地震纪念日等防震减灾科普宣传活动，联合州科协结合《全民科学素质纲要行动计划实施方案（2021—2025）》，在全州 33 个乡镇、学校、社区、军营、机关开展防震减灾科普宣传“八进”活动，并在重要时间节点开展形式多样的地震知识科普宣传 30 余次，召开防震减灾知识讲座 8 场次，挂横幅 40 余条，发放防震减灾各类宣传资料和宣传品 2 万余份。发挥示范学校、社区的示范带头作用，开展示范学校“回头看”工作，全州有 3 所学校被推送参加省防震减灾科普示范学校创建评选活动。组织专家在一市三县开展以“防震减灾，以人为本”为主题的全州防震减灾知识讲座暨“三网一员”培训班 4 场次，培训人员达到 800 余人。

【防震减灾科普示范基地揭牌】 10 月 13 日，由州科协、科技局、地震局依托黄南地震监测中心站共同建设的防震减灾科普示范基地揭牌。该科普基地位于同仁市隆务镇西山脚下黄南地震监测中心站，分为图片展览区、地震监测仪器陈列展区两部分。图片展区展出包括地球内部构造、大陆漂移、板块运动、地震基础知识及国内外历史大震、地震宏观异常识别等知识在内共 28 组宣传挂图；地震监测仪器陈列展区展出包括 DD-1 地震记录及其配套设备、通信电台、陶瓷偏角仪、垂直摆、DSQ 水管仪、SS-Y 伸缩仪等监测通信设备，摆设于 4 个玻璃展柜内。展出的地震监测设备从机械到电子，从早期的数据遥测传输到现在数字传输，见证着地震监测设备和通信方式的飞速发展。

（撰稿人：张　斌）

气象保障服务

【概况】 2021年，黄南州建有区域自动站、交通站、土壤水分站等各类天气监测站108个，建有区域自动气象站的乡镇数100%，气象观测自动化率100%，年内将同仁市黄乃亥乡政府、兰采乡林管站、尖扎县昂拉乡多加办事处单雨量升级6要素自动气象站。地面观测设备稳定运行率99.87%；观测资料到报率100%，数据可用率99.96%。4个国家级自动站业务可用性达到99.96%，区域自动站业务可用性达到98.34%。开展全州重大气象灾害预警、网络安全和气象数据安全自查及网络视频应急演练、综合气象观测应急演练工作，完成综合观测质量内外审核、天元系统信息录入、冻土平行观测及业务平台核查等工作，3名内审员被省气象局聘为第一任观测质量管理体系省级内审员。

【气象预报】 年内气象预报24小时晴雨准确率84.7%，最高气温准确率75%，最低气温准确率73.6%。发布暴雪、雷电、暴雨、道路结冰、寒潮、森林草原火险等预警信号87站次，其中暴雨准确率88.6%，平均时间提前量47分钟，暴雪准确率91.7%，平均时间提前量117分钟。汛期内密切关注天气变化，加强灾害性天气联防联报和会商机制，利用青海省突发事件预警发布系统和手机短信平台做好短时临近预报和预警服务。与州自然资源、水利、应急管理等部门进行灾害性天气会商，联合发布地质灾害风险预警5期、山洪灾害气象风险预警4期、应急预警提醒5期。

7月25—26日，青海省出现2021年入汛以来最强降水天气过程，降水中心出现在尖扎县多加办事处监测站，降水量达93.3毫米，全州有14个监测站达到暴雨量级，35个监测站达到大雨量级。过程前期，23日发布重要天气报告，预计7月25—26日有一次中到大雨天气过程，全州大部中到大雨，局地暴雨，累计降水量30~50毫米，降水中心尖扎黄河沿岸一带，小时最大降水量15~30毫米，并伴有短时强降水、雷暴大风、冰雹等强对流天气。过程期间，指导各市（县）气象局发布预警信号15站次，均通过青海省突发事件预警信息发布系统向决策和社会公众发布，其中雷电平均提前量34分钟，暴雨平均提前量157分钟。过程结束后，根据此次主要气象灾害的分布范围、影响程度、造成的损失、形成的原因进行分析和评估，形成《7月25—26日黄南地区大到暴雨天气监测分析及影响评估》决策服务材料，及时报送州政府相关领导，为政府决策提供科学依据。此次重大天气过程取得良好服务效果，获州政府领导批示。

【气象服务】 上级决策服务。州委、州政府领导多次听取气象工作汇报，肯定汛期气象服务、重大活动气象保障服务工作。全年为州委、州政府等党政机关提供决策服务产品有气候趋势预测专题服务、重要天气报告、决策服务信息以及灾害预警信息等各类气象服务产品255期3564份，副州长更智才让批示气象决策服务材料9次，决策服务产品预测准确、针对性强、服务及时有效。入汛后，全州出现的每一次强降水天气过程和雨情影响均通过纸质版、电子邮件、气象短信121发布平台、微信微博等多种形式向决策部门及社会公众及时发布。

农牧业气象服务。根据《2021年气象为农服务工作任务分工台账》《黄南州气象局2021年河南、泽库绿色有机畜牧业气象服务方案》安排部署，开展农业气象灾害监测预报预警、有机畜牧业气象服务需求和牧事活动调查，密切关注北部农业区墒情动态，依托“智能网格预报”平台，做好关键农牧事活动农用天气预报和灾害性、转折性天气的预报服务及评估工作。针对春耕春播和秋收秋种气象服务需求，制作专题气象服务材料，发布《春耕春播专题气象服务》7期、《秋收秋种专题气象服务》5期、《农牧业干旱监测快报》2期、《农业气象监测信息》3期、《农用天气预报》6期，制作影响农牧业关键时高影响天气评估《气象信息快报》9期、《有机畜牧业专项气象服务信息》《牧业气象服务信息》19期。

生态气象服务。州气象台围绕生态经济高质量发展、生态文明高标准建设和“山水黄南”发展战略，利用风云4号气象卫星资料以及多类气象资料信息平台、“天气眼”实景观测系统等多手段探测，依托“青海省生态与农业监测平台"，发布暴雪、暴雨、森林草原火险、道路结冰等预警信息，强化气象防灾减灾的第一道防线，持续提升气象监测预警在生态保护中的作用。年内制作发布《2020年度生态气象监测公报》1份、《积雪遥感评估》4期、《森林草原火险趋势预评估》2期。加强与省气象科学研究所、省气象台会商研判，通过决策材料形式向州委、州政府及农牧局报送《南部牧区牧草返青预测》《南部牧区牧草枯黄期预测》气象服务产品，分析气象条件对牧草生长发育的影响和长势状况评述，根据气候预测提出生产建议，提供牧草黄枯期预测服务。

公共气象服务。针对春运、疫情防控、中高考等开展专项气象服务，向交通和教育部门提供《春运气象服务专报》《高考专题天气预报》等气象服务，为春运工作等提供气象保障。高质量完成黄南州庆祝中国共产党成立100周年系列活动、热贡文化旅游节、河南那达慕、尖扎民族传统射箭精英赛等重大活动气象保障服务，第三届青海·热贡文化旅游节活动领导小组向州气象局发感谢信。借助气象短信平台发布重要天气报告、雨情信息、每日天气预报、预警信号等各类气象信息约764条，近60万人次接收。"黄南气象"微博粉丝数达7.3万人，发布气象信息730条；"黄南天气"微信公众号年内发布94条，阅读量0.9万人次。

2021年6月8日，州、县气象局联合开展泽库县人影作业点安全检查

【人影作业管理】 州政府印发《黄南州推进人工影响天气工作高质量发展实施方案》《2021年黄南州人工影响天气工作计划》，人影作业在水源涵养、草场植被恢复、生态修复方面发挥重要作用。加强人影工作组织和管理力度，州政府与各县政府签订人影安全责任书，完成辖区内全部固定和流动作业点安全等级评定。6月23日至7月7日，成立联合检查组，检查全州人影作业安全生产工作；9月初，同仁、尖扎、泽库市（县）气象局组织开展人影作业安全事故处置应急演练，提升作业人员应急处置能力，确保作业期不发生重大安全事故。截至年底，全州布设5个人工增雨点、7个人工防雹作业点，尖扎、同仁在防雹期内开展防雹作业35次，总耗弹量703发，作业期间炮控农耕区11666.67公顷未遭受冰雹灾害。6—8月，泽库开展人工增雨作业6次，消耗火箭弹药33枚、烟条45根。

【主要气象灾害】 2021年，黄南州出现的主要气象灾害有大风、雪灾、洪涝，多发生在河南县、同仁市。

大风。1月6日，受大风天气影响，根据河南县应急管理局调查统计，河南县多松乡、宁木特镇3户15人受灾，其中1户房屋损坏、1户1顶帐篷损坏、1户围墙倒塌，直接经济损失1.88万元。1月17日，受大风天气影响，造成柯生乡、托叶玛乡、多松乡的3户12人受灾，损坏房屋7间，造成房屋墙面有裂缝以及房顶砖瓦被掀开、封闭式玻璃破碎，直接经济损失2万元。1月27日，受大风天气影响，造成多松乡1户4人受灾，严重损坏房屋2间，房屋墙面分裂及房顶砖瓦掀开，直接经济损失2万元。10月，河南县优干宁镇、宁木特镇、多松乡及赛尔龙乡受到不同程度的大风灾害，根据河南县应急管理局调查，全县受灾11个村，牧民47户，其中3户牧民的玻璃房损坏，44户牧民帐篷损坏，直接经济损失11.5万元。

雪灾。4月7日，河南县受雪灾影响，造成优干宁镇、赛尔龙乡、托叶玛乡、宁木特镇、多松乡11户61人受灾，牲畜死亡羊96只、牛7头，受损（4户）11间砖混结构房屋，直接经济损失

30.30 万元。

洪涝。7 月 25 日，同仁地区出现大到暴雨，部分乡镇短时强降水引发洪涝及泥石流、山体滑坡等次生灾害，保安镇双处村、扎娘庄、全都村多处路段发生滑坡塌方和路面塌陷，总长 100 米左右；加吾乡加吾岗村农户周某措家因右侧山坡塌方，导致房屋安全受到威胁；曲么村村内硬化路部分坍塌，总长 40 米，无人员伤亡报告。8 月 12 日，河南县出现 19.6 毫米的降水，小时最大雨强 3.5 毫米，因降水造成优干宁镇参美村受到洪涝灾害，导致 1 户 3 人受灾，倒塌 2 间砖房，直接经济损失 3 万元。

2021 年 7 月 22 日，全州气象部门重大气象灾害预警应急演练指挥现场

【气象防灾减灾】 健全基层防灾工作机构和基层防灾队伍建设，4 个市（县）33 个乡镇实现气象防灾减灾管理机构全覆盖，33 个乡镇 292 个村（社区）实现气象信息员配置全覆盖，完成 308 名气象信息员培训。州政府印发实施《黄南州气象灾害应急预案》，完成气象灾害防御作战图更新及上墙，地方部门换届后及时更新预警信息服务对象数据库，建立重大气象灾害“叫应”制度、气象灾害预警服务留痕管理制度、基层气象防灾减灾监督考核制度。参加全省自然灾害综合风险普查及基层防灾减灾业务培训，制定《黄南州气象灾害综合风险普查实施方案》，成立风险普查领导小组和 4 个技术小组，完成全国第一次自然灾害风险普查气象灾害数据汇交任务，并形成全州气象灾害数据库。创建尖扎坎布拉镇俄家台社区、泽库县民主路社区为 2020 年全国综合防灾减灾示范社区。利用世界气象日、防灾减灾日、科技活动周等开展“进学校、进社区、进乡村、进军营、进寺庙”活动，通过科普展板视频、现场答疑、手机短信平台、电视天气预报、“两微一端”等方式开展气象科普宣传，提高人民群众防灾减灾意识和能力。活动制作宣传标语 15 条，发放科普宣传材料 5000 余份，在各类媒体刊登宣传稿件 250 余条。

【气象现代化建设】 印发实施《黄南藏族自治州气象事业“十四五”发展规划》；州政府办印发《推进黄南气象事业高质量发展若干措施》。完成新一代天气雷达及防灾减灾业务用房建设项目，天气雷达投入业务运行；建成现代化、集约化的预报业务平台和藏语汉语天气预报制作发布系统，提升预报预警能力和防灾减灾水平。印发 2021 年气象现代化建设短板台账、重点工作和增量方案，召开 4 次专题会议督促气象现代化工作，在新标准下州级气象现代化综合考评得分 75.49 分，县级 81.76 分。州局连续 11 年被州委、州政府评为“支持地方经济社会发展先进单位”。州气象局印发《气象科技工作计划》，征集自筹科研项目 18 项，立项科研项目 7 项；省局科研项目 12 项，立项科研项目 4 项。全年州气象局发表论文 16 篇，省气象学会交流学术论文 8 篇。组建州级创新团队，攻关强对流天气预报预警精准化和服务精细化难题。

（撰稿人：线得娟、邢子毅）

社会生活

劳动就业服务与保障

【概况】 2021年，黄南州城镇新增就业1636人，其中失业人员再就业951人，困难人员就业167人，农牧区劳动力转移就业21709人，实现劳务收入2.1亿元；高校毕业生就业894人，就业率94%；开展城乡劳动力技能培训7511人；全州城镇登记失业率1.61%，稳定在3.5%以内。发放2541名下岗失业人员和灵活就业人员社会保险补贴2566.46万元，岗位补贴3092人3561.50万元，职业培训补贴9093人1019.19万元，城镇失业人员和高校毕业生创业贷款21人285万元。城镇新增就业、农牧区劳动力转移就业、高校毕业生就业率指标任务完成情况，企业职工养老保险、城乡居民养老保险、失业保险、工伤保险指标完成情况均位居海北、玉树、果洛三州之前。创新打造“窗口社保”“网上社保”“上门社保”服务，社保公共服务事项“一网通办”线上办理量居全省前列。首次组织开展校园引才5人。全州乡村教师实现应聘尽聘。建立并常态化落实事业单位人员任前谈心谈话制度。黄南州代表青海省顺利通过国家对保障农民工工资支付工作的实地核查。黄南州在省信访局上访的群众、国家欠薪平台和社会网络上反映的欠薪案件为全省最低。全州未发生重大集体讨薪和极端讨薪事件。

【创业就业】 围绕“稳”“保”

2021年6月24日，黄南州创业孵化基地揭牌仪式举行

“促”要求，落实落细各项惠民政策，制定下发加强高校毕业生就业工作的通知，多方式引导鼓励高校毕业生自主创业。在“热贡艺术”“瓜什则酸奶”“同仁市黄果”等省级劳务品牌和优胜奖基础上，培育和发展“河南县乐乐玛蒙族服饰和产品”“泽库县人参果”“尖扎县德吉村乡村旅游”等劳务品牌。落实中央、省委、省政府稳就业措施，制定出台涉及劳动力技能培训、高校毕业生就业、农民工务工等一系列措施。发放创业贷款120万元。组织开展线上线下公共就业服务活动68场次，发放各类宣传资料3万余份，发布岗位信息1.34万余条，提供就业岗位6.8万个，现场实现就业230人。全州城乡劳动力技能培训后就业率在80%以上。

【劳动执法监察】 多途径宣传劳动维权法律知识，制定《黄南州关于进一步做好稳就业和农民工务工工作的具体措施》，强化农民工工作协调机制，压实行业主管部门责任，开展全州续建、新建工程建设

2021年7月5日，黄南州代表青海省迎接全国保障农民工工资支付实地核查

领域项目拉网式欠薪隐患排查。及时化解纠纷，加强执法监察，规范工资支付，全州受理查处拖欠农民工工资投诉案件251件，涉及农民工1603人，1377.81万元，清欠率达100%。强化部门联动，严厉打击根治欠薪领域违法行为，在省政府信访接待中心上访的群众持续下降，在全国欠薪线索核处平台和社会网络舆情上反应的欠薪案件为全省最低。全州劳动保障监察举报投诉案件结案率在96%以上，拖欠农民工工资举报投诉案件结案率在98%以上，未发生重大集体讨薪和极端讨薪事件。

【劳动争议仲裁】 全年受理劳动争议案件2起，按期结案率100%，其中调解结案2起，调解率100%。全州受理信访案件120余人次，维护企业和劳动者合法权益，达到“握手言和”的目的，为构建全州和谐劳动关系奠定基础。

【劳动技能培训】 按照每人500~2万元的培训补贴标准，培训下岗失业人员。培训城乡劳动力8240人，涉及唐卡及特色藏餐、民族舞蹈等多个专业。健全5013户易地扶贫搬迁脱贫户和监测帮扶户就业台账，通过多渠道帮扶5141户10148名劳动力，实现每个搬迁家庭至少1个劳动力稳定就业的目标。依托热贡文化特色劳务品牌，吸纳带动就业4.16万人。建成并顺利启动运营州及同仁市具有热贡文化特色的创业孵化基地，孵化初创企业43家，就地就近带动就业150余人。克服疫情影响，异地劳务输出1027人，兑现培训补贴925.8万元。抓好培训学校监管，提高技能培训质量，全州城乡劳动力技能培训后就业率80%以上，同比提升明显。

【社会保险事业】 推进全民参保计划，完善全民参保长效机制，提前和超额完成各项年度任务目标，均位居海北、玉树、果洛三州前列。全州实现企业职工养老保险、城乡居民养老保险、失业保险、工伤保险参保20344人、129858人、13415人、32880人，分别完成年度目标任务的106.27%、100%、105.42%、115.51%。新开工工程建设项目工伤保险参保率100%。各项社保待遇发放率100%。及时调整各项社保待遇，累计发放各项社会保险待遇7.5亿元。继续执行延续阶段性降低失业、工伤保险费率政策，为750家企业减征失业保险费1500万元，为720户企业减免工伤保险费805万元。人社部门加强与公安等部门数据共享机制，从源头上解决“三项核查”问题。开展全州经办风险防控联动检查和基金风险排查专项整治工作；创新打造“窗口社保”“网上社保”“上门社保”服务，社保公共服务事项“一网通办”线上办理量居全省前列。

2021年黄南州社会保险参保情况表

表52

保险类别	参保人数（人）	净增参保人（人）	征缴保险基金（万元）	全年支出（万元）	发放及时率（%）
企业职工基本养老保险	20344	1200	13663.78	15066.39	100
城乡居民社会养老保险	129858	3	6181.7	4734.47	100
机关事业单位养老保险	17409	—	27205.76	53753.96	100
医疗保险	—	—	—	—	—
工伤保险	32880	4415	844.1	911.59	100
失业保险	13415	691	1649.36	545.68	100
生育保险	—	—	—	—	—

（撰稿人：陈昊星）

医疗保障

【概况】 2021年，黄南州基本医疗保险（职工+城乡）实际参保人数达252661人。其中，全州城镇职工基本医疗保险实际参保26735人，生育保险实际参保16409人，城乡居民基本医疗保险实际参保225926人。城镇职工医疗保险基金收入38545.6万元，支出职工医疗保险费（含个人账户）25943.32万元，基金累计结余68772.13万元；城乡居民基本医疗保险基金收入22050.38万元，支出城乡医疗保险费17997.06万元、大病保险1475.23万元，基金当期结余2578.09万元；医疗救助基金支出7799.64万元。全州基本医疗保险参保人数较2020年度扩面2524人，率先在全省8个市州中完成城乡居民基本医疗保险省定参保扩面工作目标任务。

【医保政策宣传】 各级医疗保障部门发挥微信公众号、抖音、“今日头条”等网络新媒体作用，宣传医疗保障政策和惠民措施，利用医疗保障政策集中宣传月和日常宣传工作开展，组织各有关部门、商保公司和定点医药机构宣传《医疗保障基金使用监督管理条例》，解读医保政策和各项惠民措施，在基层一线开展义诊服务和免费发放药品等活动，提升农牧民群众对医保政策的知晓率和覆盖面，强化医保基金行政监管的重要性和必要性。年内发放藏语汉语宣传资料10万余份，组织医疗机构义诊服务7600余人次，发放药品及疫情防控物资10.39万元。

【医保改革】 按照省医保局核定尖扎县县域紧密型医共体医保总额付费指标，拨付医共体总医院（尖扎县人民医院）周转金1301.85万元、预付基本医保资金400万元、医疗救助预付金90万元，完成尖扎县县域紧密型医共体建设。推进支付方式改革，核定西宁地区13家三级甲等和乙等定点医疗机构城镇职工总额预付控制指标4729.54万元，有效遏制医疗费用不合理增长现象。促推医疗机构自制制剂纳入全省医保目录政策支付范围，经省医疗保障局批准，全州186种院内自制制剂纳入省基本医疗保险药品目录。年内协助省医保局完成全省医疗保障信息平台在黄南州顺利上线，建立州直及一市三县医疗保障2018—2020年数字化电子历史档案，形成实体档案1467盒、图像文件288911页。

【医保服务】 全年城镇职工和城乡居民跨省异地就医直接结算1720人，发生医疗总费用1837.92万元，医保基金支付1411.76万元，异地就医直接结算报销比例76.81%，异地就医手工报销1039人，异地就医直接结算率62.34%。落实医疗保障派驻专员制度，抽调商保公司6名工作人员分别进驻州内5家公立医院开展医保政策宣传、解释。发展“互联网+医保”线上业务，发挥医保电子凭证方便快捷、应用丰富、安全可靠等优势作用，全州医保电子凭证激活率在95%以上，66家零售药店先行试点人脸识别直接结算，通过“刷卡”、“刷码”、“刷脸”和身份证即时结算。

【医保基金监管】 加大对商保公司经办城乡居民基本医疗保险、大病保险和医疗救助业务日常监管和绩效考核工作，医疗费用结算抽查复审率在50%以上，及时反馈检查中发现的问题，督促相关单位立行立改，落实整改任务。执行预拨周转金制度，年内拨付19家医疗机构各类医保周转金4043.9万元、82家医疗机构城乡

2021年6月22日，省医疗保障局调研黄南州医疗保障工作并召开座谈会

居民预付医保资金3850.5万元、医疗救助预付金719万元，减轻医疗机构垫资压力，做到对医疗机构按月（按季）100%医保结算，实现医保精细精准精确化管理。针对审计反馈问题，通过对有关医疗机构负责人约谈提醒、向死亡职工家属发出《催缴通知书》和与基金开户银行沟通、协商、调整计息利率等措施，追回医保基金197.52万元，率先在全省各市（州）完成审计反馈问题整改落实。

【打击欺诈骗保】 贯彻执行《医疗保障基金使用监督管理条例》，开展打击欺诈骗保专项治理，落实政府购买医保基金监管服务，委托第三方对州内20家定点医疗机构进行飞行检查和现场检查，防止基金“跑冒滴漏”。联合公安、卫健部门开展打击欺诈骗保专项整治行动，重点打击医疗保障领域“假病人”“假病情”“假票据”等欺诈骗保行为。检查州域内定点医药机构197家，处理医药机构105家，查处违规医保基金238.96万元。配合做好省级飞行检查，开展州域内11家定点医疗机构年度医保基金监管飞行检查，核查违规金额287.87万元。

【定点医药机构准入】 通过医保定点互认、现场实地评估、政府网站公示，全州定点医药机构达到764家，其中西宁地区医药机构363家（医疗机构126家、零售药店237家）、州域内定点医药机构279家（同仁市97家、尖扎县119家、泽库县35家、河南县28家）、天津市定点医药机构3家、甘肃省定点医疗机构15家，基本实现州、市（县）、乡（镇）三级医保服务网络全覆盖。

【医保助力疫情防控】 动态调整新冠肺炎核酸检测项目支付价格，单检每人次下降到40元，混检每人次下降到10元。加大医保疫情防控周转资金拨付力度，全年拨付州内8家公立医院900万元预付周转资金，解决疫情防控期间各公立医疗机构资金垫支和周转困难。及时核算并按时上划城镇职工疫苗费用专项预算资金263.86万元，下拨各市（县）3—12月疫苗接种费用41.05万元，城乡居民疫苗费用专项预算资金3321.05万元，城乡疫苗接种58.26万剂次费用466.2万元。制定《关于严格规范新冠疫情防控期间州内定点医药机构服务行为的通知》《关于进一步做好疫情防控有关工作的通知》《关于新冠疫情防控期间医疗保险业务经办的温馨提示》，改进业务办理流程，减少经办手续，推行“不见面办、便民办、延期办”，方便群众办事。

【医保脱贫攻坚成果巩固】 核查全州特困人员、农村低保对象、返贫致贫人口以及脱贫不稳定且纳入民政和乡村振兴部门农村低收入人口监测范围人员参加2021年度城乡居民基本医疗保险情况，全额资助及代缴61720人个人缴费1938.01万元。实现5万多名建档立卡脱贫人员100%资助参保，患者100%享受医疗保障待遇，住院实际报付比例稳定在90%以上的基础上，执行脱贫人口在5年过渡期内各项医疗保障扶贫倾斜政策，持续巩固医疗保障脱贫攻坚成果，助力乡村振兴。年内州医疗保障局被省委、省政府评为“青海省脱贫攻坚先进集体”。

（撰稿人：李　峰）

社会救助与福利

【概况】 2021年，黄南州落实致贫返贫监测预警和长效帮扶机制，关注脱贫不稳定户、边缘易致贫户、收入骤减或支出骤增户的基本生活状况，对符合条件的灵活运用城乡低保、临时救助等方式给予救助，做到“主动发现、及时救助”。用足用活各项兜底保障政策，健全并落实低保渐退、就业成本扣减等机制，确保动态管理下的“应保尽保、应救尽救”。创新社会救助机制，制定出台《黄南州改革完善社会救助制度的实施方案》，完善按户保和按“单人户”相结合的低保制度，将低收入贫困家庭中符合“单人户”条件的，纳入最低生活保障。完成最低生活保障行政审批权限下放改革试点工作，全年发放各类困难群众救助资金3.7亿元。

2021年1月12—30日，州、县民政局业务骨干组成检查组检查一市三县民政系统2019—2020年政府购买社会救助经办服务事务性工作资金使用情况

【最低生活保障】 2021年，黄南州城市最低生活保障标准每月680元；农村牧区最低生活保障标准达到每年5184元（每月432元），州非深度贫困地区困难家庭A类每人每年5076元（每月423元）、B类每人每年4228元（每月369元）、C类每人每年3132元（每月212元）。深度贫困地区A类每人每年5184元（每月432元）、B类每人每年4695元（每月391元）、C类每人每年3396元（每月283元）。截至年底，全州符合低保条件的有1839户61287人。发放城镇低保资金3575万元，享受对象3709户5686人；发放农村低保资金1.81亿元，享受对象14045户53060人。

【社会救助制度改革】 细化低保对象认定办法，分类确定家庭经济状况核查时限要求；优化低保审核审批程序，形成标准化的办事流程和指南，让困难群众“救助有门、受助及时”。落实特困人员认定办法，完善特困人员自理能力评估方式，健全特困人员照料服务工作机制，保障好特困人员权益。建立临时救助备用金制度，健全临时救助快速响应机制，开通救助申请绿色通道，建设民政服务诉求热线，对困难群众遇到的突发性、临时性、紧迫性急难事项，采取先发放救助资金后补办手续的形式及时给予救助，发挥临时救助“救急难”作用。加强救助领域改革创新，实行低保审批权限下放，推行低保申请就近办理。

【临时救助】 临时救助单笔金额创纪录，针对群众困难，启动“特事特办、一事一议”机制，及时进行救助，一次性发放3万余元的救助资金3次，5万元救助资金的2次，最高一笔达到14.09万元。全年累计发放临时救助资金2792.3万元，救助16771人次。

【特困人员救助】 落实特困人员救助供养办法，为全州1172名特困供养人员发放特困供养资金1924.8万元。落实残疾人两项补贴，为全州8223名残疾人发放困难残疾人生活补贴662.9万元，为4728名重度残疾人发放护理补贴476.4万元。困难群众冬季一次性取暖补贴发放到位，覆盖城镇低保3707户、农村低保13975户，供养特困人员1147户，共发放资金1585.78万元。救助城市生活无着落的流浪乞讨人员167人次，发放流浪乞讨救助金9.53万元。

【特困供养】 将特困供养未成年人年龄从16周岁延长至18周岁。全州有特困供养对象1211人，运营的敬老院10所，较好地满足老年群体的养老服务需求。依托已建成的村（牧）委会、党员活动室和闲置的小学校舍等，建成59个农村牧区互助幸福院，服务动态老人399名。争取247万元，实施黄南州1号养护楼消防能力提升建设项目；争取中石化援建资金680万元，实施泽库县西部敬老院工程项目；争取7个社区嵌入式养老服务设施建设项目资金3600万元、尖扎县老年活动中心建设项目资金980万元，3个老年互助幸福院建设项目资金180万元。

【居家养老服务】 加快推进以居家为基础、社区为依托、医养相结合的养老服务体系建设，提升养老服务质量水平，抓好养老服务机构和设施星级评定、养老护理员队伍建设工作，实现老有所养、老有所医、老有所安。实施居家养老服务，覆盖一市三县的8个居家养老服务机构解决6440名老年人餐饮、就医、保洁、精神慰藉等日常生活照料服务问题。

【孤儿救助】 建立儿童救助保护部门协调机制，召开全州未成年人保护工作领导小组第一次会议，推进未成年人保护工作。截至年底，全州有城乡孤儿144人，福利机构集中供养孤儿达到每人每月1408元，社会散居孤儿达到每人每月1008元，为各类困境儿童发放保障金561.26万元。建立“儿童之家”301个，做好“12349”儿童救助保护热线运行工作，办理登记收养孤儿9例。

【慈善工作】 全州有福利彩票销售点7个。年内争取52万元慈善资金资助贫困学生71名。争取省福利慈善医院为黄南州福利机构137名学生进行免费健康体检。组织全州17名先天性心脏病儿童患者在天津市进行免费手术治疗。

（撰稿人：刘月玲）

民政事务

【概况】 2021年，黄南藏族自治州辖一市三县（同仁市、尖扎县、泽库县、河南蒙古族自治县），12个镇、21个乡、30个居民委员会、262个村（牧）民委员会、自然村884个。截至年底，全州累计有社会团体127个、民办非企业单位79个。年内新登记社会团体8个、民办非企业单位10个，登记备案农村经济协会129个。

【区划地名管理】 优化行政区划设置和新型城镇化建设工作，持续推进同仁市瓜什则乡，尖扎县昂拉乡、尖扎滩乡，泽库县多禾茂乡，河南县赛尔龙乡五乡撤乡建镇工作。推进同仁撤县设市后的区划调整工作，同仁市各单位乡镇及其他机构相继完成挂牌；完成部分行政事业单位机构调整、职能划转工作。进一步转化全国第二次地名普查成果，完成行政区划图审核审查工作，出版2021版黄南州行政区划图。

【基层政权建设】 推进基层社会治理体系和治理能力现代化，强化乡镇政府服务能力建设，深化街道服务管理创新，构建适应国家治理和藏区社会治理现代化的基层政权建设新格局。推进乡镇一站式服务中心和一体化在线政务平台建设。不断完善党领导的基层群众自治制度，健全以社区（村）党组织为领导，基层群众自治组织和村（居）务监督组织为基础，群团组织、其他经济社会组织等为纽带和补充的组织体系。围绕“兰西城市群”“三区建设”区域协调发展总体布局，着眼构建“山水黄南”、城镇化空间发展新格局，推动行政区划管理体制创新。完成村（社区）“两委”换届选举工作，全州249个村实现“一肩挑”，占全州村总数95.4%，全州30个社区均实现“一肩挑”。通过组建民情理事会、明确“一事一议”制度、搭建沟通交流平台，明确协商主体，规范协商内容、程序，形成民事民议、民事民办、民事民管的多层次基层协商格局。申报河南县优干宁镇延巴社区为全国村级议事协商创新实验试点，12月8日经民政部办公厅确认为全国村级议事协商创新实验试点。下发《关于开展社区减负工作的通知》，清理、压缩、整合面向社区延伸设立的工作机构、检查评比、考核达标、台账报表、盖章证明等事项，依法厘清乡镇政府与社区居民委员会的权责边界，目前除突发事件，社区常规准入工作41项。开展清理“万能章”工作，助力社区减负增效，取消证明事项198项。

2021年3月3日，全州民政工作会议召开

【婚姻登记与殡葬服务】 深化殡葬改革，建立健全殡葬服务制度，弘扬文明节俭、生态环保殡葬新理念。深化婚俗改革试点工作，完善婚姻登记系统功能，提升婚姻登记和管理水平。完成婚姻登记服务改革工作，根据省民政厅跨省通办工作要求，撤销全州 33 个乡镇的婚姻登记职能，完成率 100%。全年办理结婚登记 3040 对，离婚登记 338 对，婚姻登记合格率 100%。依法办理收养登记 2 次。火化尸体 108 具。

【社会行政管理】 加强行政区域界线管理，开展州内各市（县）级行政区域界线联检工作，及时排查、消除边界地区矛盾纠纷隐患，维护边界地区社会稳定，深化平安边界建设。健全、完善社会组织管理制度，强化社会组织党的建设，培育发展壮大社会组织，推进社会组织健康规范有序发展。全年开展民间组织年鉴活动 1 次，举办民间组织负责人培训班 5 次，培训 58 人次。

【浙江大学城市学院第四期社区党组织书记（居委会主任）培训班】 4 月 26—30 日，州民政局组织 30 名新任社区党组织书记（主任）参加省民政厅在浙江大学城市学院举办的第四期社区党组织书记（居委会主任）培训班。培训以理论授课与社区实地观摩相结合的方式进行，理论课程主要围绕党建引领社区自治与共治、社会治理的热点与难点问题、社会治理创新、智慧社区建设、社区网格化管理思路与方法等内容展开培训，实地观摩以现场参观学习为主，社区党组织书记（主任）分别参观杭州市拱墅区长庆街道王马社区、杭州市拱墅区文晖街道现代城社区，了解大型城市新型的社区建设与管理模式。观摩学习期间，参训人员与当地社区工作人员进行现场互动，积极请教问题，交流学习经验。

（撰稿人：刘月玲）

2021 年黄南州本级社会团体情况登记表

表 53

序号	名称	业务主管单位	成立时间	类别	法人代表	会员数		地址
1	州佛教协会	州民族宗教事务委员会	1993 年 7 月 19 日	专业性	夏日仓·丹增久美	—	73	同仁市夏琼中路 10 号
2	州气象学会	州气象局	2005 年 8 月 16 日	学术性	苟日多杰	7	56	同仁市泽库路 9 号
3	州林学会	州林业环保局	1980 年 7 月 1 日	学术性	史全顺	45	—	同仁市热贡路 14 号
4	州藏医学会	州卫生局	1992 年 12 月 1 日	学术性	久　先	115	—	同仁市德合隆中路 2 号
5	州野生动物保护协会	州林业环保局	1997 年 12 月 1 日	行业性	梅华青	63	—	同仁市热贡路 14 号
6	州消费者协会	州工商局	1997 年 1 月 2 日	联合性	董国成	12	32	州工商局
7	州民间文化艺术研究协会	州文联	2011 年 7 月 29 日	学术性	银杰加	—	58	同仁市夏琼中路 11 号
8	州伊斯兰教协会	州宗教局	2010 年 10 月 11 日	联合性	马克胜	—	42	同仁市夏琼中路
9	州建筑学会	州建设局	2008 年 5 月 10 日	行业性	赵鸿生	35	108	同仁市德合隆北路延伸段
10	州射箭协会	州文体局	2010 年 10 月 8 日	行业性	周加才让	—	9	同仁市夏琼中路 10 号

续表53

序号	名称	业务主管单位	成立时间	类别	法人代表	会员数		地址
11	州农学会	州农牧局	2012 年 6 月 15 日	专业性	王跃忠	5	38	同仁市夏琼北路 38 号
12	音乐舞蹈戏剧家协会	州文联	2005 年 10 月 12 日	专业性	仁青加	—	51	文联
13	州作家协会	州文联	2011 年 6 月 24 日	专业性	多杰才旦	—	76	同仁市德合隆南路 50 号
14	州个体私营经济协会	州工商局	2003 年 5 月 16 日	行业性	李庚安	190	530	同仁市德合隆路 42 号
15	州慈善会	州民政局	2005 年 12 月 20 日	行业性	万　玛	30	4	同仁市夏琼中路 10 号
16	州更登桑布慈善协会	州民族高中	2007 年 5 月 28 日	联合性	更　登	—	173	同仁市夏琼北路 16 号
17	州检察官协会	州检察院	2008 年 12 月 1 日	行业性	苟军德变更为韩幸生	—	68	同仁市夏琼南路 10 号
18	州草原学会	州农牧局	2008 年 12 月 25 日	学术性	马正炳	5	55	同仁市夏琼北路 38 号
19	州畜牧兽医学会	州农牧局	2009 年 9 月 8 日	学术性	焕　角	5	157	同仁市夏琼北路 38 号
20	州银行业协会	州银监局	2010 年 8 月 30 日	行业性	李海东	8 家银行	—	同仁市德合隆北路
21	州社会工作协会	州民政局	2012 年 5 月 15 日	行业性	万　玛	1	64	尖扎县商业街 118 号
22	州红十字会	—	2011 年 5 月 4 日	行业性	周泽加	—	993	政府
23	宗喀巴公益事业协会	州民宗委	2012 年 5 月 20 日	联合性	斯宏卫	34	92	同仁市夏琼中路 10 号
24	宗喀巴公益事业协会	州文化体育局	2012 年 10 月 16 日	专业性	桑　本	—	56	儿童福利院
25	州热贡吾屯上庄传统雕塑文化发展协会	州文化体育局	2013 年 8 月 9 日	专业性	完德卡	—	—	同仁市吾屯上庄村
26	州青年志愿者协会	团州委	2013 年 7 月 21 日	行业性	李海波	20	180	同仁市康乐北路州政府 3 号楼
27	州健康促进与教育协会	州卫健委	2014 年 1 月 15 日	联合性	周先才让	13	58	尖扎县（原农牧推广中心）
28	州文化旅游服务商会	州工商联	2015 年 7 月 21 日	行业协会商会	彭毛次旦	18	—	尖扎县滨河南路 2 号
29	州水电开发商会	州工商联	2015 年 7 月 27 日	行业协会商会	李严学	12	—	同仁市夏琼中路 11 号

续表53

序号	名称	业务主管单位	成立时间	类别	法人代表	会员数		地址
30	州热贡唐卡艺术营销商会	州工商联	2015年8月21日	行业协会商会	扎西当周	32	50	同仁市迎宾大道胜利大桥斜对面
31	州建筑行业商会	州工商联	2015年11月23日	行业协会商会	俞云齐	15	—	同仁市中山路
32	州书法家协会	州文联	2015年11月23日	专业性	韩　麒	—	84	同仁市隆务镇康乐北路小水电公司家属院
33	州摄影家协会	州文联	2015年12月10日	专业性	张旭英	60	10	同仁市交警小区2号楼2单元102
34	州农畜产品加工营销商会	州工商联	2016年1月11日	行业协会商会	马正福	0	27	同仁市农牧局综合楼
35	州贸易商会	州工商联	2016年1月26日	行业协会商会	卢结武	—	23	同仁市康乐市场
36	州热贡文化协会	州文体广电局	2016年7月14日	行业性	娘　本	—	50	同仁市德合隆北路以西青年大道以南博物馆三楼两间房间
37	州爱心搬运工志愿者协会	—	2016年7月1日	联合性	热却尼玛	—	50	同仁市惠民小区
38	州热贡文化艺术产品营销协会	州文体广电局	2016年4月14日	专业性	扎　西	19	40	同仁市迎宾大道胜利大桥斜对面
39	州党外知识分子联谊会	州委统战部	2017年3月3日	联合性	尚朝清	2	50	州委统战部
40	州美容美发行业协会	—	2018年11月13日	行业性	仁青吉	150	50	同仁市康乐南路20号
41	州青年创业协会	团州委	2018年1月23日	联合性	旦正项秀	—	—	同仁市德合隆南路热贡文化风情街梦土电子商务运营中心
42	州足球运动协会	文体广电局	2018年1月23日	专业性	公巴才郎	—	—	同仁市夏琼北路16号
43	州篮球运动协会	文体广电局	2018年6月5日	专业性	旦正多杰	50	—	同仁市夏琼北路
44	州法官协会	州法院	2013年1月18日	专业性	尹玉海	—	—	同仁市雪莲东路1号
45	州田径运动协会	州文化体育广电局	2019年1月14日	专业性	桑斗多杰	—	—	文化体育广电局
46	州原生态藏族民歌艺术协会	州群艺馆	2018年4月24日	专业性	尕措吉	—	—	国税局家属院三单元301室
47	州体育总会	州文体广电局	2019年1月15日	专业性	李　刚	—	—	同仁市青年大道

续表53

序号	名称	业务主管单位	成立时间	类别	法人代表	会员数		地址
48	州美术家协会	州文联	2019年8月9日	学术性	闹日加	—	—	民族中学
49	州武术协会	州文体广电局	2019年8月13日	专业性	桑杰当知	—	50	尖扎县商业西街苹果园小区9号商住楼
50	州搏击健身协会	州文体广电局	2020年4月20日	专业性	岳琪家	—	—	同仁市金色谷地
51	州青年企业家商会	州工商联	2020年8月7日	行业性	刘　祥	31	—	同仁市德合隆北路
52	州热贡锅庄舞协会	州文体广电局	2020年8月7日	专业性	夏吾措	52	—	同仁市四合吉村三队四合院
53	州绿色有机农牧业发展联盟	州农牧局	2020年12月4日	联合性	李德存	0	33	同仁市东格尔路1号
54	州红珊瑚热贡民间文化艺术协会	州文体广电局	2021年3月9日	行业性	李　华	52	—	体育馆一楼
55	州老干部骥枥反曲弓射箭协会	州文体广电局	2021年3月9日	行业性	仁青先	50	—	同仁市体育场57号
56	州审计学会	州审计局	2021年7月19日	专业性	谭　涛	—	50	同仁市康乐北路延伸段州政府3号楼
57	州文化旅游协会	州文体旅游广电局	2021年10月21日	行业性	马进才	—	53	同仁市人事小区704室

（撰稿人：刘月玲）

住房公积金管理

【概况】 2021年，黄南州新开住房公积金账户单位119家，净增单位20家；新开户职工2216人，净增职工357人；实缴单位658家、实缴职工1.50万人、缴存额4.37亿元，分别同比增长3.13%、2.74%、8.71%。年末缴存总额34.11亿元，同比增加14.69%；缴存余额13.55亿元，同比增长6.69%。受委托办理住房公积金缴存业务的银行4家。2.48万名缴存职工提取住房公积金3.53亿元，同比下降2.75%；提取额占当年缴存额的80.78%，同比减少9.52个百分点。年末提取总额20.56亿元，同比增加20.66%。全年发放个人住房贷款697笔3.87亿元，同比分别增长7.56%、13.16%。回收个人住房贷款1.76亿元。累计发放个人住房贷款1.43万笔27.80亿元，贷款余额11.50亿元，分别同比增长5.15%、16.22%、22.47%。个人住房贷款余额占缴存余额的84.92%，同比增加10.93个百分点；受委托办理住房公积金个人住房贷款业务的银行4家。公积金业务收入4394万元，业务支出3288万元，实现增值收益1106万元。贷款风险准备金663万元，累计8961.33万元；风险准备金40.55万元，累计432.13万元。

【电子档案管理】 为满足中心档案管理规范化的需求，推动整体技术架构、数据标准、门户管理、用户权限管理、安全防护体系以及线上线下系统平台六项统一，实现黄南州住房公积金归集、提取、贷款的业务、财务、资金三账联动、实时结算。10月，完成电子档案前期招投标工作，为黄南州住房公积金精细管理、精准服务和资金安全奠定基础。

【公积金缴存管理】　贯彻落实《省政府办公厅关于扩大住房公积金制度覆盖面的指导意见》精神，扩大住房公积金制度覆盖面和增加归集总量，让更多的城镇居民从住房公积金渠道筹集到购房资金，让他们享受到住房公积金制度的普惠性。推动黄南州住房公积金制度向签订劳动合同的从业人员、非公有制单位职工、个体工商户和自由职业者等新市民覆盖。截至12月底，为全州97家单位1498名财政聘用人员和公益性岗位人员缴存公积金443.08万元；自主缴存3人，缴存金额1.81万元。

2021年住房公积金主要业务开展情况一览表

表54

州市县	归集				贷款				提取			
	归集单位（家）	归集金额（亿元）	累计归集金额	累计归集余额	放贷笔数（笔）	放贷金额（亿元）	累计放贷金额（亿元）	累计放贷余额（亿元）	提取人数（万人）	提取金额（亿元）	累计提取金额（亿元）	累计提取人数（万人次）
合计	685	4.37	34.11	13.55	697	3.87	27.80	11.50	2.48	3.53	20.56	9.99

【公积金清理】　经核查比对，有部分缴存职工在工作调动后、退休、单位下岗等原因，已建立住房公积金账户，但没有及时将住房公积金余额办理转移或者提取，导致留有长期封存账户，形成“睡眠账户”。为保护职工财产权，避免遗忘、不易查询、资金闲置等问题，为群众办实事、办好事、办身边事，落实《住房公积金管理条例》相关规定，安排对长期封存人员账户清理工作，通过打电话、寻找原单位、相关同事、市（县）人事局，发放公告等办法，办理好此类公积金业务，保障缴存人的合法权益。年底清退封存人员56人，退还资金金额16.49万元；并户5人，并户资金1.71万元。

【公积金跨省通办】　按照“跨省通办”工作视频会议相关工作要求，在系统总结本地和外地“跨省通办”工作经验做法的基础上，推进服务资源下沉，缩小服务半径，解决职工住房公积金实际问题，实现“就近办”，建立完善长效工作机制，设立专人专岗负责的“跨省通办”绿色窗口，以办理跨省业务、寄送相关跨省资料，实现与异地住房公积金管理中心高效协同，进一步加强各部门之间的沟通，扩大信息数据共享应用范围，巩固“全程网办”“跨省通办”工作效果，为黄南州广大缴存职工提供优质高效服务。

【公积金信息化建设】　黄南州缴存单位及职工可不受地域限制，通过微信公众号“青海住房公积金12329”线上办理查询个人住房公积金缴存、贷款信息，出具贷款职工住房公积金缴存使用证明、正常退休提取住房公积金、住房公积金单位登记开户、住房公积金单位及个人缴存信息变更、购房提取住房公积金、开具住房公积金个人住房贷款全部还清证明、提前还清住房公积金贷款等业务。

2021年4月，黄南州住房公积金管理中心实现“跨省通办”各项业务

【公积金风险防控】 排查住房公积金政策执行情况检查及风险隐患排查，整改发现问题、疑点。加强住房公积金贷款风险抵御能力，推动全省住房公积金贷款数据接入人民银行征信系统。建立健全缴存职工个人征信体系，按照征信系统的各项指标要求，配合做好接入前的各项测试等准备工作。按照住建部《关于加强住房公积金廉政风险防控工作的通知》《廉政风险防控指引》要求，开展廉政风险自查工作，保障住房公积金安全规范运行。按照省厅监管处对公积金骗提套取整治工作的部署，建立排查长效机制，加大违规骗提套取住房公积金违法行为打击力度，履行住房公积金监督、管理职责。贯彻落实住建部颁布的《住房公积金归集业务标准》《住房公积金提取业务标准》《住房公积金个人住房贷款业务规范》《住房公积金资金管理业务标准》等国家标准和规范，规范归集、提取、贷款业务，保障缴存职工购买首套和改善型自住房贷款需求，杜绝“门难进、脸难看、话难讲、事难办”“推、托、怕、贪”等现象发生。执行住房公积金服务承诺制、限时办结制、一次性告知制等工作制度，提高住房公积金服务水平，发挥住房公积金制度作用。

【公积金政策宣传】 加强公积金政策宣传工作，通过利用青海住房公积金“12329”公众号发布消息，利用黄南电视台开展“我为群众办实事”实践活动专题采访；在宣传地点悬挂横幅，摆放展板，发放公积金各类宣传资料，讲解住房公积金提取、贷款的政策和办理程序，并向前来咨询的干部职工现场答疑解惑，提高住房公积金提取、贷款业务的知晓率。年内对外宣传 10 余次，发放各类宣传资料 4000 余份，悬挂横幅 10 条，摆放展板 8 块，现场解答各类咨询 200 余条，接听咨询电话 3500 余次。

【全州住房公积金管理委员会全体会议】 12 月 22 日，州住房公积金管理委员会召开全体会议，听取《黄南州住房公积金管理中心 2021 年度工作报告》，审议《关于住房公积金相关问题请示》，安排部署 2022 年工作。州委常委、常务副州长、州住房公积金管委会主任肖顺琛出席并讲话。

（撰稿人：白　洁）

退役军人事务管理

【概况】 2021 年，黄南州有退役军人 2386 人，建立退役军人服务中心（站）51 个，其中州级退役军人服务中心 1 个、市（县）级退役军人服务中心 4 个、乡镇级退役军人服务站 33 个、村（社区）级退役军人服务站 13 个，实现服务保障机构全覆盖。全州有烈士陵园 4 个，在册历年烈士 173 人。黄南州退役军人事务局被退役军人事务部、中央军委政治工作部评为“全国退役军人服务保障先进单位”，成功创建“州级文明单位”。

【优抚安置】 全年全州发放军休干部补助资金、自主择业军转干部退役金、军转干部和无军籍职工各类补助金，发放自主就业退役士兵一次性经济补助金、优抚对象抚恤和生活补助资金、义务兵家庭优待金。筹集资金，组织优抚对象在异地短期疗养。为困难退役军人和优抚对象申请帮扶资金。为符合条件退役士兵补缴医疗保险补助资金，发放优抚对象抚恤和生活补助资金。完成残疾军人、国家机关人员、人民警察残疾证核换发工作。筹集资金，为参战老兵、伤残军人、在乡老复员军人等重点优抚对象集中开展巡诊医疗活动。河南、泽库、尖扎三县为退役军人办理乘坐市（县）内公共汽车“免费卡”，为新兵入伍举行欢送仪式，为立功受奖军人送喜报，为退役军人家庭悬挂光荣牌。州、市（县）退役军人事务部门设置专门窗口，为退役士兵提供组织关系接转、养老保险续接等“一站式”服务。落实州荣军院地方配套建设资金。建立常态化联系退役军人工作机制，落实“四关爱”“五关爱”“六必访”工作制度，年内走访慰问退役军人和重点优抚对象，发放慰问金。

【双拥工作】 召开黄南州双拥工作领导小组第三次全体（扩大）会议，落实“双清单”制度。邀请州委党校、法律专业人

2021年5月31日，黄南州双拥工作领导小组第三次全体（扩大）会议召开

员在驻州部队开展党史、法律、科技、文化、服务“进军营”活动。组织开展群众性文体活动，年内筹集资金，承办全省退役军人庆祝中国共产党成立100周年“建行杯”射箭邀请赛。

【烈士公祭】　组织开展清明祭扫、“9·30”烈士纪念日活动，州、市（县）直机关各部门主要负责人、驻地部队和机关企事业单位干部及群众、学生代表5800余人参加公祭活动。研究制定《黄南州贯彻落实〈青海省烈士纪念设施规划建设修缮管理维护工作实施方案〉的若干措施》，组织开展烈士纪念设施和散葬烈士墓管护情况专项检查行动，落实同仁市烈士陵园提档升级改造资金825元。

【服务保障体系建设】　州退役军人事务局聚焦“五有、六化”建设目标，推动退役军人服务中心（站）建设，年内申请评星晋级退役军人服务中心10家。落实资金，为州、市（县）退役军人服务中心配备服务保障用车。持续推动30人以上乡镇、100人以上村（社区）服务站创建“退役军人之家”工作，年内落实经费44万元，创建“退役军人之家”12家，落实活动用房455平方米，落实兼职工作人员24人。加强与企业工会组织的联系沟通，利用现有资源，投入资金16万元，在全省率先建立电信企业“退役军人之家”。

【退役军人就业创业扶持】　州退役军人事务局按照“条件公开、自愿申报、择优认定、社会公示”原则，从省、州有培训资质、师资力量强、培训设施优、社会信誉度高的10家培训机构确定为黄南州退役军人教育培训基地，建立州级退役军人承训机构目录。利用微信公众号，推送退役军人就业信息，提供用工岗位。印发《退役军人就业创业政策宣传册》。组织开展退役军人招聘会8次，年内多名退役士兵实现稳定就业。坚持待遇保障与现实表现挂钩，把退役士兵回乡后的政治表现、遵纪守法和诚信行为作为参加技能培训的主要依据，筹集资金，为退役士兵举办汽车驾驶技能培训班。协调就业部门扶持退役军人企业2家，发放创业贷款30万元。协调州辖农商行为退役军人发放退役军人创业贷款，带动就业创业310人。

【退役军人党员教育管理】　州退役军人事务局排查州辖退役军人“口袋党员”“失联党员”，完成退役军人党员建档立卡任务。制定《黄南州退役军人党员教育管理若干措施》，填补黄南州乃至全省退役军人党员教育管理无单项规章制度的“空白”。筹集资金30.5万元，组织举办机关（企事业）在职退役军人党员培训班、自主择业军转干部党员党性教育专题培训班、“兵支书”“兵委员”政治理论培训班，组织退役军人分期举办“政策宣讲员”培训班。为军休干部和自主择业军转干部订购党史学习教育资料，印制《退役军人保障法（藏语汉语版）》《黄南州退役军人服务指南》等宣传册1.5万余份。筹集资金12万元，拍摄制作《黄南优秀退役军人风采录》《全国双拥模范县先进事迹》宣传片，会同有关部门制作《健在抗美援朝老战士生平介绍》微视频。争取资金2万元，慰问困难退役军人党员20名。为50年以上党龄的退役军人老党员颁发“光荣在党50年”纪念章。

（撰稿人：多杰才让）

民族宗教事务

【概况】　黄南州有汉族、藏族、蒙古族、回族、土族等24个民族，少数民族人口占93.26%（藏族人口占68.6%）。全州有佛教、伊斯兰教等宗教，信教人数25.2万人，其中佛教信教人数23.2万人、伊斯兰教信教人数2万人。全州有批准开放的宗教活动场所114处、宗教教职人员4839名；全州民间信仰活动场所263处，民间宗教人员3210名。2021年，黄南州、尖扎县被评为年度全省藏传佛教寺庙社会管理工作优秀地区，尖扎县昂荣寺、泽库县多杰宗寺、河南县香扎寺3座藏传佛教寺庙被评为年度全省创建藏传佛教“和谐绿色美丽健康”寺庙活动先进集体；金巴尖措、次成尖措等10名宗教教职人员获年度全省藏传佛教遵行“四条标准”先进个人称号。

【宗教规范化建设】　贯彻执行《宗教事务条例》，坚持宗教中国化，落实寺庙管理“三种模式”，依法规范管理宗教事务，引导宗教与社会主义社会相适应。州委主要领导带队调研统战民宗领域新情况、新问题，形成专题调研报告，省委常委、统战部部长公保扎西作出肯定批示。制定出台《黄南州藏传佛教民间信仰活动处所管理暂行办法（试行）》，修订完善《黄南州藏传佛教教职人员请销假制度》《黄南州藏传佛教社会流散宗教教职人员管理办法》《黄南州藏传佛教外来学经人员管理办法》，宗教事务管理更趋制度化、规范化。开展统战民宗各领域“七个一”主题教育系列活动，以宗教场所“六进”、民族团结“十二进”活动为载体，通过观看红色电影、开展演讲比赛、举行“永远跟党走”、宗教活动场所升国旗仪式等主题活动。启动宗教活动场所法治宣传教育“百寺千讲”活动，其间，各宗教活动场所开展法治宣讲253场次，召开座谈会32次，参与宗教教职人员3403人次，入舍宣讲600余人次，发放宣传材料1万余份，宣传教育面达98%。12月22—24日，组织开展《宗教事务条例》、《藏传佛教活佛转世管理办法》和青年宗教教职人员培训班及寺庙活佛、阿訇、经师及民管会主任培训班各1期，参训人员达310人，提高宗教教职人员国家意识和法治意识、公民意识。持续推进宗教领域疫情防控工作，动员全州宗教教职人员接种新冠病毒疫苗，做到应接尽接。开展寺庙基础设施建设总体设计规划，114座寺庙“智慧消防”项目纳入全州“十四五”发展规划，预计总投资达到3.33亿元。争取州红十字会等州直有关部门支持，为4座寺庙100余名高龄和贫困宗教教职人员解决电热炕140个。

【支持民族经济与社会事业】　争取落实少数民族发展和社会创新项目资金4350万元，实施完成民族领域各类项目35个。开展《中国民族年鉴（2020）》《民族统计年报》等的资料搜集、撰稿和上报工作。黄南州籍俄多、马祥成入选全国少数民族参观团参加中国共产党成立100周年庆祝大会。黄南州推选的第六届全国少数民族文艺会演参演剧目藏戏《意卓拉姆》在央视网和国家民委门户网站同步演播，并获优秀剧目。青海省第七届少数民族传统体育运动会闭幕式上举行民族运动会会旗交接仪式，黄南州获2025年青海省第八届少数民族传统体育运动会举办权，州委副书记、州长扎西才让出席仪式并接旗。

2021年11月12日，州佛教协会慰问甘青边境疫情防控一线人员

【佛教协会工作】　州佛教协会发布《关于减轻藏传佛教信教群众宗教负担的倡议书》，倡导佛教界争做宗教减负的宣传者、践行者和推动者。召开以“坚持藏传佛教中国化方向，加强佛教教风建设”为主题的第六届常务理事会第三次会议，总结州佛教协会2020年主要工作，部署2021年工作，研究确定第七届佛教论坛主题。成功举办以“弘扬爱国爱教优良传统，推进藏传佛教中国化方向”为主题的州第七届佛教论坛暨第三届佛教界“民族团结杯”书法展，交流心得、启迪智慧、碰撞思想、增进共识。在隆务寺广场开展寒冬“献爱心、送温暖”慰问活动，向30名藏族、汉族、回族、土族等民族环卫工人发放1万元慰问品。组织宗教界人士在多哇镇、瓜什则乡等疫情防控执勤点和州疫情指挥部、隆务寺管委会等部分单位送去慰问物资和慰问金3.2万元。组织召开全州佛教界代表人士学习贯彻全国宗教工作会议和中共十九届六中全会精神，激发宗教界爱党爱国爱社会主义热情。

【伊斯兰教协会工作】　根据省伊斯兰教协会《关于开展“善行斋月·爱心行动”慈善活动》工作要求，向17座伊斯兰教清真寺捐资捐物7.3万元，走访慰问困难群众200余人。建立阿訇台账、完善信息，登记造册112名持证阿訇。对396名朝觐报名人员进行实名登记、资格复审、信息补录工作，并全部录入全省朝觐报名网站系统。联合相关部门，专项检查521家清真食品餐饮企业食品安全，登记造册清真食品经营主体、经营状况，做到底数清、情况明，保障全州清真食品生产经营活动规范有序。

（撰稿人：郭晓敏）

乡村振兴

【概况】　2021年6月1日，黄南州乡村振兴局挂牌成立，为黄南州政府工作部门，下设办公室、项目管理监督科、统计与社会扶贫科3个科室。核定行政编制9人，其中领导职数为局长1人（正县级）、副局长2人（副县级），正科级领导职数3人；机关工勤人员事业编制1人。黄南藏族自治州扶贫开发服务中心为局下属的公益一类事业单位，机构规格为正科级，经费形式为全额拨款，核定事业编制5人，其中领导职数正科级1人、副科级1人。2021年全州印发《黄南州财政专项扶贫资金及产业扶贫项目资产清查评估工作方案》，累计盘点2013—2020年中央、省、州、县财政扶贫资金63.31亿元，项目3217个。

【巩固脱贫攻坚成果】　优化推进组织体系衔接，成立以州委、州政府主要领导为“双组长”的乡村振兴工作领导小组，设乡村产业振兴、组织和人才振兴等7个工作组，逐级压实责任，推动工作落实。以乡村振兴为引领，举办基层党支部书记和党员集中轮训等能力提升培训班50期，组织2300余名党员干部全面系统学习领会习近平总书记关于“三农”工作、乡村振兴的重要论述和重要指示精神，提升基层党员干部推动乡村振兴的实战能力。强化工作体系衔接，选派369名驻村第一书记和工作队员在124个重点村驻村帮扶。推行“支部进网、党员联户”模式，整合各类资金4196万元，实施“抓乡促村”提标升级工程等一系列举措，

2021年11月17日，全州乡村振兴领导小组暨巩固脱贫攻坚成果后评估安排部署会召开

推进村级组织“六个基本”建设。

【返贫监测】 紧盯三类重点监测对象，按照“农户主动申报、干部走访排查、部门筛查比对”相结合的原则，集中开展2次“三类人员”摸底排查工作，持续抓好防贫止贫工作，实现动态监测帮扶动态“清零”。投入资金800余万元，构建起重点预警、未贫先防、及时止返的“防贫坝”，累计为451人支付防贫资金390万元。持续加强农村低收入人口常态化帮扶，通过完善低保救助、临时救助、社会救助、专项帮扶等保障措施，推进“重点预警、未贫先防、及时止返”，坚决守住不发生规模性返贫的底线。

【乡村建设】 基础教育。完善州、县义务教育质量监测机制，稳步实施初中学业水平考试与评价制度改革，实施高中教育普及攻坚，持续扩大高中学校资源供给等措施，投入资金6763万元推进实施教育项目22个，不断提高基础教育办学质量。落实控辍保学“双线责任制”，强化监督检查，实现动态清零目标。

易地搬迁。开展易地扶贫搬迁安置住房排查摸底，通过分类建立台账，开辟绿色通道，落实搬迁群众不动产登记、测量等税费减免政策，100%完成全州7374户易地搬迁不动产发证工作，保障搬迁群众合法权益。坚持搬迁安置与产业结构调整、城镇化建设和乡村振兴统筹推进，落实易地扶贫搬迁后续扶持资金1600万元，持续加强搬迁群众后续扶持力度，确保搬迁与脱贫、安居与乐业“两个同步”。

家庭医生签约服务。持续推进家庭医生签约服务，全州“双签约”服务签约率达100%，履约率达90%以上。全州822名35种大病患者、1955名25种慢病患者及1名重病兜底患者救治率均达到100%。

【农村稳岗就业】 聚焦脱贫劳动力和边缘易致贫劳动力，及时建立和完善跟踪调度和就业服务保障机制，全州脱贫及边缘易致贫群众务工规模达到20683人。严格把控标准，新认定帮扶车间（工坊）87家，清退27家达不到现行标准的帮扶车间，有效带动从业人员达到2447人。把发展产业作为促进脱贫群众稳定增收的主渠道，围绕打造绿色有机农畜产品输出地、国际生态旅游目的地，组织实施一批标准化生产基地建设，农畜产品加工、流通、功能拓展、品牌打造等产业类项目67项，脱贫群众持续稳定增收的基础不断夯实。

【农村集体经济发展】 制定出台《黄南州推动村集体经济高质量发展的若干措施》，推动全州262个村在“破零”基础上继续壮大提升，全州村集体经济年收益超5600万元，村均收益达到21万元。持续推动脱贫地区农畜产品对接销售，实现销售额3.4亿元。坚持按照“产业兴旺、生态宜居、乡风文明、治理有效、生活富裕”总要求，投入资金1.16亿元，组织实施17个试点村、6个旅游试点村、4个试点乡镇的产业类项目18项、基础设施类项目23项。

（撰稿人：阿源兴）

水库移民

【概况】 黄南州水库移民工作由州自然资源局负责实施。截至2021年底，全州有移民1480户5482人，均在尖扎县。发放后期扶持直补资金328.98万元。全州受理移民来信来访1件，办结1件，办结率100%。实施移民安置项目6项，总投资3465万元。其中，续建总计4项，总投资2515万元；新建2项，总投资950万元。

【移民人口调减与直补金发放】 尖扎县李家峡、直岗拉卡、公伯峡、康杨水电站后期扶持人口流动上半年核减18人，下半年核减2人，共计20人，核减后应享受后期扶持资金人数总计5482人，完成后扶人口一户一档建档立卡工作。尖扎县库区移民后期扶持直补资金发放涉及3镇3乡19个行政村，直补总人数5482人，根据后扶人口核减情况，上半年实际发放直补资金164.52万元，下半年实际发放直补资金164.46万元，全年合计发放直补资金 328.98 万元。

【移民信访办理】 尖扎县措周乡石乃亥村群众反映地下水位上升灾害问题，尖扎县移民安置部门积极担当作为，把该项问题作为解决群众困难，处理遗留问题的重点工作任务，主动多次协调黄河水电开发有限公司协商处理方案，邀请电站业主及相关专家到现场实地勘察，委托青海核工业地质局对措周乡石乃亥村及村干口村地下水位上升灾害进行调查勘测，并于 5 月出具地下水位上升灾害调查评价报告，为群众解决地质灾害问题提供有力依据。

【移民安置区产业发展成效】 将项目工作重心从基础设施建设向产业发展转变，实施昂拉乡拉毛移民安置村、夏藏滩二村规模性经济林产业发展项目。其中，拉毛村经济林面积约 13.33 公顷，夏藏滩经济林约 26.67 公顷，均种植水蜜桃、花椒、大结杏、苹果、李子等经济效益较好，群众认可的高产类经济苗木。7 月，省林业厅、自然资源厅、省移民局及州政府相关领导多次实地查看，对实施的移民产业发展项目给予高度评价，并作为林业改革及移民产业发展的典型示范点。

（撰稿人：索南东智）

精神文明建设

【概况】 2021 年，黄南州加强社会主义精神文明建设，不断提升全州各族人民群众获得感、幸福感、安全感，全州精神面貌焕然一新。完德尖措获评全国全省“道德模范”，州发改委尕玛德青、河南县索南才让获得青海省第四届道德模范提名奖，河南县辅警张彬彬被评为第七批全国岗位学雷锋标兵；河南县荷日恒村“四小四大推动新时代文明实践走深走实”作为全省唯一村级案例入选中央文明办新时代文明实践典型案例，是全州精神文明创建工作取得扎实成效的集中体现。全年命名州级文明县城 4 个、文明村镇 40 个、文明校园 15 个、文明单位 131 个（含文明景区 4 个、两新组织 2 个）、文明家庭 50 户。

【社会主义核心价值观普及】 开展“我们的价值观”等公益宣传 112 场次，编写通俗读本 3 个，编排文化精品 12 部，制作核心价值观迎春彩门、大型灯笼、红旗灯箱等 1000 余个，藏语和汉语价值观挂历、提包、海报等 18.3 万份（条），增设核心价值观标语牌、广告栏、建筑围挡等 5700 余块，张贴核心价值观对联 1800 余副，在公路交通要道两侧设计制作大型喷绘广告牌 8 个，建成富有深刻内涵、地域特色、精神引领的主题街道等阵地 18 个，打造社会主义核心价值观示范点 13 个。开展“我们的节日”主题活动，举办“烈士纪念日”公祭活动、扫墓活动，缅怀革命先烈，赓续红色血脉。开展“童心向党”教育实践活动，引导青少年从小听党话、感党恩、跟党走，厚植爱党、爱国、爱社会主义的情感。“七一”中国共产党建党日，举办《红色经典 礼献百年》百人诵读演出活动，激发党员和群众爱党、爱国、爱社会主义的热情。

【文明创建】 9 月起，开展文明县城、文明村镇、文明校园、文明单位和文明家庭等群众性精神

黄南州文明单位测评现场

文明创建活动。州文明办从严把关各申报单位和家庭近三年有关情况，实行“五看、九审、一征求、一审议、一公示”机制，即年度目标责任考核看等级、党风廉政建设看评价、综合考评看位次、基础工作看平时、评审意见看结论，州纪委监委，州委组织部、州委政法委，州法院、州发展和改革委员会、州公安局、州生态环境局、州应急管理局、州信访局9个单位共同审核把关，征求州委各常委意见，召开州文明委会议进行审议，州电视台、黄南报社进行公示。经过严格规范评选，州委、州政府最终命名州级各文明主体240个。

【文明新风倡导与树立】 以抵制天价彩礼、厚葬薄养、大操大办、铺张浪费为着力点，开展移风易俗、弘扬时代新风行动。从教育、制度、监督等方面继续探索常态长效的措施和途径，倡导婚事新办、丧事简办，减轻群众经济和精神负担。各驻村干部、各市（县）文明办等着眼立规矩，指导全州各村、社区修订村规民约、居民公约，发挥红白理事会、村民议事会、道德评议会、禁毒禁赌会等自治组织作用，常态开展监督检查、相互评议评价、给予激励惩戒等，形成系统化自我约束机制。组织广大干部群众学习身边的典型，宣传推广全国道德模范完德尖措、拾金不昧的“城市美容师”斗格吉、“中华水塔”守望人多杰等身边的先进典型事迹，推动道德模范、先进人物崇高精神走进基层，发挥榜样感召人、影响人、带动人的重要作用，强化示范引领作用，带动形成“好人好事有人夸、坏人坏事有人抓、新风正气传得开、陈规陋习必须改”的局面。

【新时代文明实践中心建设】

阵地建设。州文明办组织开展常态化组织指导，督促检查各市（县）新时代文明实践中心建设工作。市（县）、乡（镇）、村（社区）三级联动，加快新时代文明实践中心（所、站）建设力度。截至年底，县级层面借助群团协同化改革打造新时代文明实践中心4个、村镇层面依托党群服务中心打造实践所36个、实践站254个，全部实行挂牌运行管理。

志愿服务机制建设。弘扬志愿服务精神，开展乡村振兴、爱国教育、道德建设“三工作”，推进理论宣讲、爱国教育、文化体育、科技科普、医疗卫生、法律服务活动，推动志愿服务全民化、常态化。全州累计组建文明实践志愿服务队861支，其中县级142支、乡（镇）级64支、村级655支，文明实践志愿者14082人，累计开展志愿服务活动1189次，活动参与人数累计达7万余人次。

【向全国道德模范完德尖措学习宣传活动】 11月5日，第八届全国道德模范及提名奖获得者名单公布，黄南州推荐的候选人完德尖措获全国助人为乐模范荣誉称

完德尖措工作现场

号。为充分发挥道德模范感召人、影响人、带动人的重要作用，通过身边的先进典型激励和引导广大干部群众，全州广泛开展向全国道德模范完德尖措学习宣传活动。电视台、报社等新闻媒体设置重要版面，传播道德模范事迹和精神，全州各单位组织学习道德模范精神，感悟和学习崇高精神品质。通过学习宣传活动，不断提高广大干部群众的思想觉悟、道德水准、文明素养，把榜样力量转化为群众的生动实践，激发全社会向上向善的正能量。

（撰稿人：杨成霞）

市县概览

同仁市

2021年7月14日，同仁市第二届人民代表大会第一次会议召开

【综述】 同仁，藏语称“热贡”，意为“梦想成真的金色谷地”，位于九曲黄河第一弯，青藏高原和黄土高原的交错地带。地处青海省东南部，北纬35°01′~35°47，东经101°38~102°27′之间，东西宽75千米，南北长85千米。东邻甘肃省夏河县，西连青海省贵德县，南接泽库县，北与循化县、尖扎县接壤，距省会西宁市160千米，是甘、青、川三省交会的枢纽地带和州府所在地。总面积3275平方千米，占全州面积的17.96%，占全省面积的0.45%。辖隆务、保安、多哇3个镇，兰采、双朋西、扎毛、黄乃亥、曲库乎、年都乎、瓜什则、加吾8个乡，72个行政村、8个社区、362个农牧业生产合作社；全市总人口29782户102354人。其中，城镇人口51611人，农村人口50743人；主要民族有藏族、汉族、土族、回族、撒拉族、蒙古族等。辖区依法登记寺庙（庙）38座，其中藏传佛教寺庙36座、汉传佛教寺庙1座、伊斯兰教清真寺1座。境内大小河流11条，最高海拔（尕玛日岗）4971米，最低海拔（麻巴峡口）2160米。属大陆性高原大陆性气候区、冷温半干旱气候。气候温润，雨量充沛。2021年平均气温7.2℃，年总降水量432.8毫米，年日照总时数2220.7小时，年日照百分率50%，光照适中。

全市有耕地面积7506.67公顷；天然草地31.8万公顷，其中可利用草地面积30万公顷；林地面积213729.6公顷、非林地面积113770.4公顷，林木覆盖率35.37%，林木绿化率39.8%。各类牲畜存栏44.51万头（只），能繁母畜24.51万头只，母畜比例55.06%；出栏各类牲畜18.57万头（只），奶类产量1.01吨，肉类产量5835吨。已定名野生动物150余种，野生药用植物200余种，已探明发现金属矿10余种，其中开发利用5种。是“热贡艺术”发祥地，素有“西域胜境”、世界唐卡之都、安多藏文化的原生地、藏族画家之乡、中国民族民间艺术之乡之称，被文化和旅游局公布为国家级AAAA级旅游景区。境内有全国重点文物保护单位隆务寺、历史文化和地方特色突出的民族聚居地隆务古城、有着中国边疆屯兵史上活化石之称的保安古屯田寨堡群等。2021年获“中国民间文化艺术之乡”、“中国藏族热贡神舞之乡”、“省级食品安全示范市”、青海省第二批“法治文化建设示范点”称号。被国家信访局评为信访工作“三无”县（市、区、旗）。

2021年，全市完成地区生产总值402643.78万元，同比增长3.1%。其中，第一产业增加值63543.50万元，同比增长4.6%；第二产业增加值48844.80万元，同比下降11.5%；第三产业增加值290255.48万元，同比增长5.5%。社会消费品零售总额101524.7万元，同比增长7.8%；市属固定资产投资同比增长6.9%；全体居民人均可支配收入22060元，同比增长8.8%。居民消费价格呈稳中略涨的态势，上涨1.3%，涨幅比上年缩小1.3个百分点，与全省平均水平持平。

【农牧业发展】 优化调整种植业结构，完成农作物播种面积7406.67公顷，种植黑青稞666.67公顷、马铃薯673.33公顷、中药、藏药材686.67公顷、黄果梨62.87公顷。以规模养殖场、家庭牧场、养殖大户为重点，累计免疫牛24.7万头、羊64.29万只、猪0.25万头。调运有机肥1.33万吨，推行绿色防控代替化学防治行动，绿色防控面积2000公顷。推广“拉格日”模式，实施4个乡镇6个生态畜牧业合作社股份制提升改造，开展牦牛藏羊原产地质量可追溯体系建设和草原牲畜有机认证，完成藏羊佩戴耳标15.2万只、牦牛佩戴耳标0.73万头，多哇镇、瓜什则乡通过草原牲畜有机认证。落实耕地保护制度，新建高标准农田272公顷。完成“非粮化”耕地666.67公顷、撂荒地533.33公顷摸排工作。以隆务河谷金黄果、中药、藏药材种植为主线，高标准打造黄果梨、中药、藏药材“两个万亩”特色种植基地。成功申报“同仁青稞”“同仁蕨麻”“同仁胡麻”“同仁豌豆”4个国字号品牌、12家省级示范性专业合作社、3家省级示范性家庭农牧场。举办第四届农业援青暨经验交流现场观摩会、同仁市首届“农民丰收节”，展示各类特色农畜产品70余种。全年粮食产量持续稳定在1.6万吨以上，蔬菜产量达0.36万吨，各类牲畜存栏45.72万头（只）、出栏18万头（只），肉类产量0.57万吨，奶类产量1.02万吨。

【乡村振兴】 健全防止返贫动态监测和帮扶机制，完成130户491人风险消除标注工作，新识别监测对象2户11人。接续推进易地搬迁后续帮扶，投入扶贫资金330万元，建立5个文化扶贫车间，扶持带动76名易地搬迁户在产业发展中受益。争取资金399.55万元，完成多哇镇尖德村161户同步搬迁户围墙、大门建设和62户易地搬迁户门前道路硬化。鼓励贫困群众就近就业和外出务工，脱贫人口累计就业5526人。利用光伏收益1228.8万元，开发保洁员、村务协助员等岗位，吸纳1024人就业，实现有劳动力脱贫家庭公益性岗位全覆盖。落实“雨露计划”短期技能培训及大学生资助政策，开办短期技能培训班27期，培训1350人，“雨露计划”大学生补助申报工作完成444名，落实资金386.5万元。实施乡村振兴项目库建设，储备项目68项，整合涉农资金2.1亿元。落实财政衔接资金1.89亿元，筹措乡村振兴二类费用500万元，实施各类项目46项，资金支付率达到93.42%。完成巩固脱贫攻坚成果第三方省级验收工作，推进脱贫攻坚档案收集归档移交和清产核资。

【生态文明】 在东西山等5个国有林区、隆务河谷地带开展大规模春秋季造林等国土绿化行动，完成国土绿化7926.66公顷。推行“生态建设+乡村振兴”模式，优先采购本地区23家合作社优质苗木322万株，为群众增收2254万元。推进秸秆综合利用、燃煤小锅炉整治等大气、水、土壤污染专项治理，空气质量持续改善，全市环境空气质量达标天数比例达96.3%。推进流域污染防治工作，全市水环境质量总体呈稳中向好趋势，境内主要流域监测断面水质均达到Ⅱ类水质标准，水功能区达标率、2个集中式饮用水水源地水质达标率、生活污水处理厂排放达标率均为100%。加快创建全域“无废”城市建设，在扎毛乡投入使用全州首个乡村垃圾环保焚烧炉，实现区域生活垃圾无害化处理。推进城乡垃圾集中处置、医疗废弃物分类处理工作，“三同时”（同时设计、同时施工、同时投产）执行率达100%。统筹退耕还林和水土保持项目，构建山水林田路综合治理水土保持防护体系，投资3583万元实施保安镇银扎木沟、曲库乎乡古德沟、兰采乡羊智沟小流域水土保持综合治理工程，治理水土流失面积7200公顷。推进河湖长制，重点加大河道非法采砂等破坏水环境的违法行为查处力度，各级河湖长累计巡河3500余人次。推进河湖“清四乱”专项行动，开展“清河行动”90余次，发动人数1.8万人次，清理河道520余千米，清除生活垃圾和建筑垃圾约280吨。

【项目建设】 全年全市在建项目233项，总投资83.51亿元。同仁330千伏输变电工程、城北新区地下综合管廊二期、同仁市瓜什则乡400兆瓦“光牧储”综合一体化发电项目、乡镇清洁能源供热、天然气等重大项目开工建设；郭么日大桥、五期集中供暖等多年难开工、难落地项目实现破冰建设；唐卡艺术小镇、污水处理厂提标升级、海绵城市文化广场、第二生活垃圾填埋场、城北新区防洪综合治理、迎宾大道两侧景观环境提升等项目有序推进。调整、补充、完善全市项

2021年8月24日，同仁市召开中小微企业座谈会

文化产业收入9.73亿元，同比增长8%；旅游收入达16亿元，同比下降5.3%；旅游人数达311万人次，同比下降4.3%。

目库，专项投入1000万元做好有意向投资项目前期工作，“十四五”项目库总储备项目890项，资金总量1000亿元。申报2022年各类项目130项，总投资37.65亿元。加大招商引资力度，参加“青洽会”等活动，签约项目6项、资金20.65亿元，落地7.88亿元。落地的同仁市瓜什则乡400兆瓦“光牧储”综合一体化发电项目完成投资7.75亿元，总投资23亿元，征占土地1014.07公顷。实施黄乃亥乡“村村通”、市民族中学校园安全通道设施、多哇镇民族团结运动场3个对口支援项目，总投资2610万元。

【文化旅游】　依托乡村旅游、民俗文化游、节庆游等资源，谋划制定市域精品旅游线路5条，开发“草原风情+马鹿观赏+民俗体验”为一体的草原观赏休闲地——扎毛乡，为游客提供全方位、沉浸式文化体验，竖起文旅融合新地标。打造集餐饮、休闲、娱乐、体验等为一体的旅游景区，龙树画苑、扎毛乡景区通过国家AAA级旅游景区初审，扎毛乡扎毛村被评为“国家级生态文化村”并入选“全国乡村旅游重点村镇”，年都乎乡郭么日村被评为“国家级历史文化名村”，隆务镇吾屯村入选“青海省第二批乡村旅游重点村”，隆务镇隆务老城区入选“青海省首批旅游休闲街区”，同仁市获“中国藏族热贡神舞之乡”称号。开展黄河流域非遗资源普查，做好非物质文化遗产综合传习中心和宣传展示点认定工作。新增非物质文化遗产综合传习中心12所、宣传展示点22家，同仁市（热贡艺术）成功入选2021—2023年度“中国民间文化艺术之乡”。组织开展“热贡文化旅游节”、“热贡六月会”、“5·19”中国旅游日世界唐卡艺术之都千人徒步文化体验游等文旅活动，参加“西域胜境·神韵黄南”文化旅游资源上海专场推介会，提升“大美青海·文化同仁”品牌竞争力和影响力。全市文化旅游从业人员达3.26万人，

【城乡改造】　启动撤县设市后城市功能提升工程和全省文明城市创建工作，实施城区公厕提标升级工程，升级改造新建城区公厕15座，安装移动式环保公厕20座，改造面积约1000平方米，投入使用11座；投资4120万元，实施同仁市体育场停车场建设项目前期工作。实施45个老旧小区2102户综合整治建设项目和8个乡镇29个村1990户农牧民居住条件改善工程。推进省部共建高原美丽城镇示范省试点建设，成功申报27个国家级传统村落集中连片保护利用项目，获中央补助资金1.35亿元；投资1330万元，实施完成4个乡镇7个村高原美丽乡村建设项目。海绵城市建设项目申报工作取得阶段性成果，同仁市成为全省海绵城市建设项目申报唯一备选区。开展市域内违章建筑和交通秩序整治工作，拆除违章建筑100余平方米，查处无证驾驶、醉驾等79起，渣土车违规行为49起，行政处罚13起，现场警告违反交通规则行人2310人次。推进“街长制”工作，将全市城区划分为23个街区，明确市政府主要领导为总街长，23名副县级领导为街长，在街道醒目位置设立街长制标识牌，推进城市精细化管理工作落细落小落实。开展环境卫生综合整治，累计清运垃圾4.86万吨，处理4.62万吨，垃圾处理率95%。开

展垃圾分类试点工作，推动实施厨余垃圾处理建设项目，逐步打造形成垃圾填埋场、餐厨垃圾处理厂并行的垃圾处理格局。

【民生保障】 投入资金864.9万元，建设疫情防控升级改造项目，购置核酸速测仪2台，核酸检测速度全州“最快”。推进新冠疫苗接种工作，累计接种19.6万人次。实施健康同仁行动，加强医共体和医联体建设，推进优质医疗资源共享，累计门诊就诊4.57万人次，住院717人次，业务总收入554.26万元。加强基层卫生机构标准化建设，完成市疾病预防中心与市妇幼保健计划生育服务中心整体搬迁。开展爱国卫生运动，做好省级卫生城市复审，加快国家级卫生城市创建步伐。制定并落实教育高质量发展若干措施等“1+5”政策，每年增加投入2000万元支持教育高质量发展。持续优化教育布局调整，城北幼儿园、市第二民族中学建成投用，新增学位1200余个，补配幼儿园后勤及保教人员285名，调拨429名临聘人员充实到各学校开展安保、后勤等非教学任务，基本实现“两教一保”。推进“异地办班”工作，在天津第100中学开办同仁籍高中班，40名学生获得优质教育。实施积极的就业政策，全市城镇新增就业452人，农村劳动力转移就业9600人次，全市离校未就业应往届高校毕业生就业率达93.7%。投入200万元，为1330名临聘人员缴纳住房公积金和工伤保险，解决211名辅警工资135万元，承担地方消防救援队伍工资255万元，并逐项列入2022年财政预算予以保障。城乡居民医疗保险参保73482人，年度目标完成率100.73%。落实社会救助政策，发放临时救助资金740.6万元、城乡低保金8145.1万元。启动实施“暖心早餐”工程，每年投入120余万元，为526名环卫工人等劳动者提供免费早餐。

【社会治理】 围绕涉藏地区社会治理示范区建设，坚持“一核三治”社会治理模式，完成虫草采挖、中国共产党成立100周年庆祝活动等期间社会稳定工作。推进平安同仁建设，开展矛盾纠纷排查，累计排查出重点人员277名，排查调解各类矛盾纠纷326起，城南派出所被命名为省级“枫桥式公安派出所”。深化民族团结进步教育，成功创建全国民族团结进步示范市。推进法治同仁建设，市司法局被省委宣传部、省司法厅评为2016—2020年全省普法工作先进集体；同仁市被评为全省普法先进市，获青海省第二批“法治文化建设示范点”称号。常态化开展扫黑除恶专项斗争，建设智慧安防城市一期项目，提升市域社会治理科学化、精细化、智能化水平。加强司法所组织队伍、基础保障，年都乎乡司法所被授予“全国模范司法所”称号。做好社会面管控工作，累计受理各类治安案件288起，查处259起；立案各类刑事案件251起，破获97起。开展夜间清查整治活动，检查宾馆881家、娱乐场所386家、加油站413家、工地67处、寄递物流226家、客运站15家。

【政府效能建设】 落实重大事项请示报告制度，以实际行动践行党史学习教育和“我为群众办实事”活动。自觉接受市人大法律监督、市政协民主监督和社会监督，人大代表建议和政协委员提案办复率均达100%。进一步深化“放管服”改革，提升“互联网+政务服务”水平，发放“多证合一”营业执照332份、“二证合一”营业执照981份，全程电子化登记系统自助申请营业执照895份。修改完善政务服务事项要素，提升政务服务事项数据质量，全年全市政务服务事项642项，网上可办614项，网办率95.6%；进驻政务服务大厅行政许可事项178项，网上可办156项，网办率90%；进驻政务服务大厅公共服务事项155项，网上可办144项，网办率92.9%。

【乡镇概况】 **隆务镇** 隆务镇是州、市政府所在地，镇政府驻地建成区面积7.5平方千米。位于州境东北部，市域中部，隆务河畔，处于青海农业区与南部牧业区，地理坐标北纬35°51′，东经102°01′。是一个多民族聚居区，居住着藏族、汉族、土族、回族、撒拉族、保安族等10余个民族。总面积221.6平方千米，其中耕地734.50公顷，人均占有耕地面积0.02公顷；草场9346.65公顷，人均占有草场面积0.20公顷。有主河流1条（隆务河），最高海拔4767米，最低海拔113

米，平均海拔 2440 米。年平均气温 5.2℃，年均降水 425.7 毫米，年均日照 2413.1 ~ 2634.9 小时，属冷温干旱气候区。截至 2021 年底，全镇辖 11 个行政村、7 个社区、20 个自然村，总人口 19053 户 46204 人，其中农村人口 1996 户 8895 人、居民人口 17057 户 37309 人，流动人口 4927 人。全年粮食作物播种面积 182.29 公顷，总产量 677 吨。年末牲畜存栏 17458 头（只、匹），其中羊 13239 只、牛 3848 头、猪 471 只。药材种植面积 12.46 公顷，其中中药、藏药材一年生 0.22 公顷、多年生 12.26 公顷。农村用电量 198 万千瓦时。农民人均收入 13760 元，同比增加 961 元。镇内有单位 168 家、学校 24 所（其中职业学校 1 所、中学 6 所、小学 9 所、幼儿园 8 所）、医疗机构 4 个、贸易市场 7 座、寺庙 5 座（其中藏传佛教寺庙 4 座、清真寺 1 座）。适龄儿童入学率达 100%，被评为青海省民族团结进步示范乡镇、消防工作先进单位、民兵工作先进单位，黄南州“七五”普法先进乡镇、文明乡镇，同仁市妇联工作“优秀单位”。

保安镇　保安镇位于市境北部，距市政府驻地 15 千米。最高海拔 3778 米，最低海拔 2100 米，平均海拔 2939 米，是以藏族为主的多民族聚居区。总面积 324.9 平方千米，其中耕地 1262.67 公顷，人均占有耕地面积 0.11 公顷；草场面积 3.05 万公顷，可利用草场面积 2.93 万公顷，人均占有草场面积 2.5 公顷。辖 1 个社区、14 个行政村、38 个自然村。总人口 3272 户 11246 人。其中，女 5863 人、藏族 10383 人，非农业人口 2720 人，人口自然增长率 0.66%。2021 年，全镇实现生产总值 12500 亿元，粮食作物播种面积 993.33 公顷，总产 357.75 万吨。年末牲畜存栏 80626 头（只、匹），其中羊 26667 只、牛 7420 头、马 11 匹。有水库 5 座，总蓄水能力 1000 万立方米。农业机械总动力 5600 千瓦。农村用电量 818.33 万千瓦时。农民人均收入 12044.3 元，同比增加 843 元。有中学 1 处、小学 3 处、幼儿园 11 所，在校学生 1143 人，适龄儿童入学率 100%。无医院。有 14 个村达到小康水平，小康水平值 89%。保安镇被评为州级文明乡镇、青年民族团结进步先进集体，同仁市民族团结进步乡镇、文明乡镇、先进基层党组织、征兵先进单位。

多哇镇　多哇镇位于市境东南部，距市政府驻地 91 千米。最高海拔 4767 米，最低海拔 2160 米，平均海拔 3200 米。属冷温干旱气候，草地植被覆盖面积达 90%以上。总面积 935 平方千米，无耕地；草场面积 9.6 万公顷，可利用草场面积 8.9 万公顷，人均占有草场面积 12 公顷。辖 6 个行政村、27 个自然村。总人口 1546 户 7035 人，其中，女 3472 人，人口自然增长率 0.1%。2021 年，全镇实现生产总值 8080.5 万元，同比增长 7%。全年粮食作物播种面积 4450 公顷，造林 4 公顷，森林覆盖率 25%，年末牲畜存栏 93877 头（只、匹），其中羊 58100 只、牛 35016 头、马 761 匹，出栏牲畜 11265 头（只），出栏率 12%，畜牧业总产值 574 万元。农村用电量 39.51 万千瓦时。农民人均收入 12546.82 元，同比增加 820.82 元。有幼儿园 1 所，在校学生 1062 人，适龄儿童入学率 100%；医院 1 所。6 个村达到小康水平，小康水平值 100%。多哇镇被评为全国脱贫攻坚先进集体、青海省先进基层党组织、省级卫生乡镇。

年都乎乡　年都乎乡位于市境北部，距市政府驻地 15 千米。最高海拔 4100 米，最低海拔 2540 米，平均海拔 3320 米。总面积 120.8 平方千米，其中耕地 667.2 公顷，人均占有耕地面积 0.07 公顷；草场面积 1.09 万公顷，可利用草场面积 1.09 万公顷，人均占有草场面积 1 公顷。辖 6 个行政村，15 个自然村。总人口 2377 户 10132 人。其中，女 5169 人，藏族、蒙古族、土族等民族 4762 人，非农业人口 3035 人，人口自然增长率 8%。2021 年，全乡实现生产总值 4480.32 万元，同比增长 15%。全年粮食作物播种面积 667.2 公顷，总产 3162.5 万吨，种植业产值 820.17 万元。全年造林 1000 公顷。年末牲畜存栏 18289 头（只），其中羊 11946 只、牛 6343 头，出栏牲畜 5486 头（只），出栏率 30%，畜牧业总产值 3157.6 万元。农村用电量 3.15 万千瓦时。农民人均收入 12063 元，同比增加 789 元。有小学 6 处，在校学生 1145 人，适龄儿童入学率 100%。有医院 1 处。

曲库乎乡　曲库乎乡位于市境南部，距市政府驻地 14 千米。

最高海拔3600米，最低海拔1896米，平均海拔2748米。总面积233.1平方千米。有耕地872.42公顷，人均占有耕地面积0.10公顷；草场面积2.32万公顷，可利用草场面积2.10万公顷，人均占有草场面积2.52公顷。辖8个行政村，13个自然村。总人口1761户8321人。其中，女3650人，藏、蒙、土等民族8321人，非农业人口97人，人口自然增长率2.30‰。2021年，全乡实现生产总值9061.89万元，同比增长8.27%，全年粮食作物播种面积722.57公顷，总产416.49万吨，种植业产值309.31万元。全年造林366.67公顷。年末牲畜存栏22705头（只、匹），其中羊18433只、牛4244头、马28匹，出栏牲畜1544头（只），出栏率6%，畜牧业总产值300.5万元。农村用电量195千瓦时。农民人均收入10890.38元，同比增加600元。小学12处，在校学生766人，适龄儿童入学率100%。有医院1处。8个村达到小康水平，小康水平值100%。曲库乎乡被评为全省先进基层党组织、县级精神文明乡镇。

兰采乡　兰采乡位于市境西部，距市政府驻地68千米。最高海拔4767米，最低海拔2200米。总面积452.52平方千米。有耕地87.33公顷，人均占有耕地面积0.08公顷；草场面积38400公顷，可利用草场面积38000公顷，人均占有草场面积8.39公顷。辖3个行政村，8个自然村；总人口1258户5722人，为纯藏族村落，非农业人口4577人。2021年，全乡实现生产总值7160.6万元，同比增长16.9%。全年粮食作物面积75.4公顷、油料作物面积43.6公顷，种植青稞25.4公顷、小麦44.93公顷、马铃薯5.07公顷、油菜43.6公顷，产青稞32吨、马铃薯8吨、小麦36吨、油菜6吨。年末牛存栏24061头，出栏量3007头，出栏率12.5%；羊存栏39968只，出栏5675只，出栏率14.2%。畜牧业总产值382.43万元。农民人均收入12000元，同比增加1540元。有小学4处，在校学生661人，适龄儿童入学率100%。有卫生院1处。有3个村达到小康水平。被州委、市委评为先进基层党组织，被市创建办评为民族团结先进集体，兰采乡被市妇联评为优秀乡镇。

扎毛乡　扎毛乡位于市境西南部，距市政府驻地32千米。最高海拔3400米，最低海拔2700米，平均海拔3000米，总面积216平方千米。属冷温气候，浅山地区属凉温半干旱气候。终年高寒少雨，长年最高气温22℃，最低气温-10℃。有耕地153.73公顷，人均占有耕地面积0.03公顷；草场面积31.84万公顷，可利用草场面积29.9万公顷，人均占有草场面积591万公顷。辖4个行政村，9个自然村。总人口1091户5150人。其中，女2632人，藏族、蒙古族、土族等民族5150人，非农业人口12人，人口自然增长率6.6‰。2021年，全乡实现生产总值4700万元，同比增长0.9%。全年粮食作物播种面积2306公顷，种植业产值450万元。年末牲畜存栏2.56万头（只、匹），其中羊13000只、牛12500头、马88匹，出栏牲畜306头（只），出栏率12.74%。有水库1座，农业机械总动力0.69千瓦。农村用电量79.25万千瓦时。农民人均收入11070元，同比增加1108元。小学1处，在校学生295人，适龄儿童入学率100%。有医院1处。

瓜什则乡　瓜什则乡属纯牧业乡，位于市境东部，距市政府所在地48千米，乡域平均海拔3500米。全乡草场面积40020公顷，可利用草场面积31800公顷。全乡辖6个行政村、42个自然村。总人口1189户5106人，其中脱贫户239户1040人，监测户18户74人。6个行政村发展牦牛养殖、屋顶光伏等村集体产业，村集体经济收益达95.05万元。农牧民人均可支配收入12866.23元，同比增长7%。乡政府驻地有藏传佛教（格鲁派）寺庙瓜什则寺，移建于1726年，具有300多年的历史，为同仁市第二大寺庙，有活佛2人、僧侣153人，僧舍116院。

加吾乡　加吾乡位于市境东南部，距市政府驻地9千米。属半农半牧区，气候干燥，昼夜温差较大。是一个以农业为主、农牧结合的小块农业乡。最高海拔3500米，最低海拔2800米，平均海拔3000米。总面积175平方千米。有耕地14744公顷，人均占有耕地面积0.21公顷；草场面积1.22万公顷，可利用草场面积1.16万公顷。辖6个行政村、23个自然村。总人口有960户5001人（均为藏族）。其中，女2458人，非农业人口3503人。2021

年，全乡实现生产总值6381.2万元，粮食作物播种面积8696公顷，年末牲畜存栏15524头（只），其中羊12443只、牛3081头。农村用电量113万千瓦时。农民人均收入1.12万元，同比增长9%。小学6所、幼儿园2所，在校学生291人，适龄儿童入学率100%。卫生院1处。被评为州级文明村镇。

黄乃亥乡　位于市西北部，距县政府驻地24千米。平均海拔2970米。总面积85平方千米，其中耕地996.6公顷，人均占有耕地面积0.32公顷；草场面积0.68万公顷，可利用草场面积0.68万公顷，人均占有草场面积2.16公顷。辖4个行政村，9个自然村，4个村（居）民委员会；有723户3143人。其中，女1063人，藏族3143人，人口自然增长率0.19%。2021年，全乡实现生产总值3480万元，同比增长7%。全年粮食作物播种面积876公顷，总产1440吨，种植业产值633.6万元。年末牲畜存栏5425头（只），其中羊4231只、牛1194头，猪613头，出栏牲畜2783头（只），出栏率46%，畜牧业总产值1835万元。农村用电量59.1万千瓦时。农民人均收入11098元，比上年增加726元。有学校8所，其中中学1所、小学6所、幼儿园1所，义务教育在校学生276名，适龄儿童入学率100%。有卫生院1所。4个村全部达到小康水平，小康水平值100%。

双朋西乡　双朋西乡位于市东南部，距隆务镇33千米。最高海拔3945米，最低海拔2660米，平均海拔2850米。同夏公路横穿境内，交通便利。辖区总面积250.97平方千米。辖4个行政村、9个自然村。总人口720户3661人（均为藏族），其中女1868人。有寄宿制学校1所、幼儿园4所；寺庙3座，有活佛4人、僧侣46人。全年农作物播种面积670公顷，其中粮食作物477.07公顷（小麦205.53公顷、青稞157.47公顷、豌豆33.33公顷、马铃薯80.73公顷）、经济作物139.6公顷（油菜139.6公顷）、其他作物53.33公顷（青饲33.33公顷、中药材20公顷），粮、经、饲的比例趋于合理。草场总面积146677.35公顷，各类牲畜存栏56527头（只、匹），出栏数6519头（只、匹）；能繁母畜数7689头（只），仔畜成活数7535头（只、匹），仔畜成活率98%。农民人均收入10486元。有卫生院1处。

（撰稿人：才让卓玛）

尖扎县

【综述】　尖扎县位于青海省东南部，黄南藏族自治州北部，地理坐标北纬35°39′20″~36°10′00″、东经101°37′43″~102°08′40″。东北与化隆回族自治县相望，东南与循化撒拉族自治县接壤，南与同仁市毗邻，西与贵德县相连。境内总海拔3500米以上，最低海拔1960米，最高海拔4614米，相对高差2654米。县境南北长约87千米，东西宽约48千米，总面积1714平方千米，占黄南州总面积的9.57%，占青海省总面积的0.24%。辖马克唐、康杨、坎布拉3个镇，贾加、措周、昂拉、能科、当顺、尖扎滩6个乡，87个行政村、10个社区居民委员会，总人口58655人，人口出生率15.89‰，死亡率6.65‰，自然增长率9.24‰。是多民族聚居区，主要民族有藏族、回族、汉族等。有藏传佛教寺庙20座，其中格鲁派寺庙16座、宁玛派寺庙4座。地处黄土高原与青藏高原的过渡带，属高原凉温型半干旱气候。2021年平均气温9.1℃，年总降水量384.7毫米，年日照总时数2381小时，年日照百分率54%。县政府驻地马克唐镇，北距省会西宁市106千米，南距州府驻地隆务镇62千米，海拔1990米。

全县耕地面积0.41万公顷、林地面积7.6万公顷、草场面积13.8万公顷，有保护区面积4.01万公顷，有野生动物100余种，乔木、灌木、草本植物85科870余种，其中有经济价值的药用植物50余种。年内举办中国黄河“溯源之旅”铁人三项系列赛暨青海·尖扎黄河国际铁人三项挑战赛等国际赛事、全省乡村旅游现场会等大型文化体育活动，参加在西宁、天津、上海等地举办的“西域胜境·神韵黄南”文化旅游资源推介会，参加央视《魅力中国城》《中国推介》等栏目。

获“2017—2020年度全国群众体育先进单位”“高原铁三之城”称号，康杨镇城上村获“全省乡村旅游重点村”称号，能科乡德乾村获全省“乡村振兴示范村”“乡村旅游重点村”称号。

全年全县完成地区生产总值28.93亿元，同比下降3.7%；农林牧渔业总产值4.23亿元，工业增加值12.48亿元，同比下降13%；地方一般公共预算收入1.89亿元，比2020年同期同口径下降0.5%；地方一般公共预算支出25.23亿元，同比下降5.16%；实现社会消费品零售总额1.89亿元，同比增长7.8%；全体居民人均可支配收入达20580元，同比增长8.7%，其中城镇、农村居民人均可支配收入分别达35357元和12148元、增长5.8%和9.0%。全县金融机构各项存款余额38.09亿元，同比增长16.06%；各项贷款余额18.24亿元，同比增加1.27亿元，增长7.48%。

【农牧产业发展】 持续推广旱作农业综合栽培技术、优质油菜技术、脱毒马铃薯栽培技术、机播条播和旱作沟播技术。投资340万元开展藏区“菜篮子”项目，引进国内其他省市高效流水槽，实现沿黄部分地区高密度养殖，提高产量，有效回收养殖过程中鱼体产生的粪便，降低养殖排放。利用川、浅、脑3个种植类型的气候、自然等优势资源，按照“一乡一业、一村一品”思路，通过粮食连片种植方式，发展“色彩农业”。在能科乡连片种植油菜200.1公顷。当顺乡、马克唐镇、措周乡等地区集中连片种植黑青稞733.7公顷。贾加乡南当村集中连片种植地膜覆盖马铃薯20.01公顷。措周乡、坎布拉镇、康杨镇推广粮改饲项目，种植饲草667公顷；推广种植芦笋86.71公顷、藏茶40.02公顷、无刺花椒20.01公顷、大果樱桃20.01公顷。推进农作物种质资源普查与收集，收集县域内农作物种质资源样品23份。借鉴泽库县拉格日生态畜牧业合作社成功经验，在全县22个生态畜牧业合作社推广“拉格日”模式，重点推进尖扎滩乡五星村生态畜牧业专业合作社股份制改造工作，投资390万元建设“四位一体”生态环保畜棚。尖扎“娃娃菜、辣椒、番茄、寒富苹果、南瓜”等5个农产品获“国家A级”绿色食品认证。尖扎县被评为“青海省食品和农畜产品质量安全示范县”。

【乡村振兴】 落实防止返贫动态监测帮扶“2411”（制定出台动态监测和帮扶《实施方案》，建立健全防返贫监测信息平台，明确监测帮扶认定4项程序，完善1套预警机制和1套针对性帮扶举措）工作机制，守住不发生规模性返贫的底线；整合各类专项资金1.95亿元实施项目85项，在全州率先完成扶贫资产确权移交工作；建成三江源生态产业园区6~12号厂房，新吸纳5家企业入驻，解决脱贫群众就业岗位100余个；发展分户式光伏、乡村旅游、乡村民宿、特色采摘等产业，培育专业合作社217家，持续推进脱贫村村集体经济项目，带动群众实现增收。高质量通过国家巩固拓展脱贫攻坚成果后评估、乡村振兴绩效考核。争取衔接资金3300万元计划新建13号、14号、15号厂房，用于发展壮大产业规模、易地扶贫搬迁后续扶持等项目。多杰贸易公司、大藏经、达顿藏茶种植专业合作社等18家企业入驻，年产值规模6000万元左右。

【生态文明】 坚持统筹山水林田湖草综合治理，以三江源国家公园体制试点建设为契机，推进自然保护地体系构建，筑牢生态

2021年6月2日，尖扎县乡村振兴局挂牌成立

安全屏障，建成以生态修复和环境保护为主要功能的生态体系。完成国土绿化21800公顷，草原有害生物防控6666.67公顷，退牧还草3333.33公顷，森林覆盖率提高至36.6%。完成全县黑土滩治理、草原虫害防治、天然林资源保护和重点公益林生态效益补偿及森林抚育、封山育林、人工造林等生态环境项目。重拳治理环境污染，加大污染源普查、垃圾禁焚、扬尘治理等管控力度，城镇空气质量达到Ⅱ级标准。开展生活污水治理、饮用水水源地保护区规范化建设、农村环境整治、“洁净美”专项行动等工作，县域生态环境明显改善。打好“蓝天保卫战”，强化对重点行业、重点企业监督管理，结合“双随机”执法检查、环保督察反馈问题整改等工作在一线督导检查扬尘和挥发性有机物治理，抓好氮氧化物和颗粒物控制。马克唐镇环境空气优良天数达92%以上。加强饮用水水源地监管，增多水质监测频次，强化城乡人口聚居区水污染控制、推进水污染治理和水生态修复，黄河大桥和麦什扎大桥断水面水质符合地表水Ⅱ类标准，地表水优良率达100%，无劣Ⅴ水质断面产生。科学规范处置企业遗留废渣，完成19家企业年度危险废物规范化考核，规范化抽查率90%以上，医疗废物处置率100%。落实优化主体功能区布局，统筹协调生态、农牧、城镇三类空间布局，以乡镇为单元构建尖扎县主体功能区，包括重点生态功能区、农牧产品主产区和城市化发展区三类分区。其中，重点生态功能区涉及1个乡镇，面积16933.71公顷；农牧产品主产区面积涉及7个乡镇；城市化发展区涉及3个乡镇，面积13283.57公顷。实现“县乡（镇）村”三级生态管护员全覆盖。落实县、乡、村三级河湖长巡河人员148人，累计开展巡河护河406次，设立三级公示牌82块、湖长公示牌20块，围绕河湖长制六大任务，明确时间节点、挂图作战，完成20件河湖“四乱”问题整治任务；编制《尖扎县河湖管理范围划定工作实施方案》，完成11条县管河道图上划界任务。落实县、乡、村3级林草长243人，累计开展林草巡查管护376人次。

【项目投资建设】　成立重点项目管理工作协调推进领导小组，不断规范项目建设和管理。全年开复工项目165项，投入资金22.77亿元。马康、马措公路竣工通车；开工建设黄南、海南两州七县天然气利用项目（一期）管道输送工程、乡镇清洁能源供热等100项新建项目；实施纳浪寺水库干渠维修改造、尖扎滩乡石乃亥小流域综合治理等65项续建项目；引进招商引资项目7项，签约资金达3.58亿元；实施天津市、中国华能集团援建项目18项。累计完成全社会固定资产投资20.15亿元，同比增长7.2%。

【文化旅游】　启动尖扎县省级全域旅游示范区创建工作，编制完成《尖扎县全域旅游发展规划》。协同中央电视台、青海广播电视台、黄南电视台等中央、省、州新闻媒体策划报道《沿着高速看中国》《德吉村里找幸福》《尖扎五谷画·点亮美好生活》《铁人三项》等22项反映尖扎经济社会和文化旅游发展成果专题报道。中央电视台13和17频道3次宣传报道德吉村和县域文化旅游，青海电视台7次宣传报道尖扎经济社会和文化旅游发展成果。打造昂拉乡德吉村、坎布拉镇直岗拉卡村、能科乡德乾村等28个乡村旅游景点。年内成功承办全省乡村旅游工作现场会。全年接待国内外游客262万余人次，同比增长16.9%，旅游综合收入达6.94亿元，同比增长10.6%。完成旅游投资2.36亿元。

【城乡建设】　以建设“整洁干净、美丽宜居、文明有序、风情浓郁”的城乡环境为目标，实施藏区重点项目34项，总投资5.68亿元。建设实施总投资2443.5万元的8个高原美丽乡村。协助各乡镇排查87个行政村农房安全隐患，发现一户，鉴定一户，改造一户，做到村不漏户，户不漏房，实现动态清零。截至年底，累计排查11945户。争取实施危房（抗震）改造指标120户。抓好文明城市创建工作，加大县城主次干道、商业街区、公园广场、市场等重点区域清扫力度。清理破损陈旧广告40余处，新装井盖17套，维修塌陷井盖15套，维修沉陷路面20余处、护栏10余处。

【民生保障】　持续深化教育改革，在全州率先实施“三科+数学”改革模式，在民族学校一至七年级、高一年级推广使用国家通用语言文字版数学教材，并在小学和初中全面推广使用；医药卫生体制改革各项工作走在全州前列。完成城乡劳动力职业技能培训2325人次，完成转移就业7773人次，转移就业人员收入达10073万元，年人均收入达1.29万元。劳务经纪人组织带领322名务工人员在西海诺木洪转采摘枸杞，其中贫困劳动力123人，劳务经纪人享受补贴24650元。实名登记高校毕业生239人，实现就业221人，未就业14人，高校毕业生总体就业率达94.02%。

【改革与创新】 推进“放管服”改革和“双随机一公开”，新设立“一件事”窗口，在省政务服务网公布5个“一件事”套餐办事指南。继续扩大“互联网+区块链+代理记账”覆盖面，87个村村级财务均纳入平台代理记账，覆盖面和应用率走在全州前列。盘活财政存量资金5376万元，偿还债务本息8107万元。打造智能化、便民化为一体的社保服务体系，新增“青海省电子税务（WEB端）”社保费申报缴费功能，布放“惠农通”服务点75个，打造“税银合作”试点，构建覆盖“实体、网上、掌上、柜面”的缴费服务体系，顺利通过“州级信用县”验收。

【社会治理】 探索实行“综治中心+”模式，持续推进视频监控服务保障系统向基层延伸，在重点部位安装监控探头，稳步推进3个试点小区智慧小区监控探头、智能垃圾分类、门禁等项目建设，为1193名网格员办理网络信息数据卡，在全州率先实现基层网格员手持终端全覆盖配齐使用，初步形成县乡村+网格员互联互通的综治信息网络体系。开展政法队伍教育整顿工作，其间收集政法各部门自查线索90条，全部处理完毕，按照“自查从宽”政策处理53名干警。加强特殊人群管控工作，落实51名重点人员全集中法治培训班、走访谈话等帮教管控措施；全年受理矛盾纠纷187件，调处183件，化解率98%，经调解挽回经济损失255万余元；县司法局被省委全面依法治省委员会守法普法协调小组、省委宣传部、省司法厅评为2016—2020年全省依法治理创建活动先进集体。常态化开展扫黑除恶专项斗争，营造黑恶势力“人人喊打”的舆论态势和常态化开展扫黑除恶斗争的良好宣传舆论导向。完成红蓝对抗演练，召开维稳形势分析会6次，开展各类应急演练3次，重新梳理组乡村两级应急处突队伍，督促各乡镇围绕涉藏突发事件制定应急预案；对23项重大事项、重大活动及重大决策进行风险评估；加强寺庙、校园风险防范和舆情监管，重点加强宣传教育、巡逻值守、重点僧侣管控、宗教活动管理和寺庙五防五查等工作，有效防范各类风险隐患。

【新冠肺炎疫情防控】 实行疫情防控双组长制，及时调整充实县疫情防控指挥体系，召开指挥部会议、专题会议42次。与10个乡镇（街道办事处）、35个成员单位签订疫情防控目标责任书、疫苗接种目标责任书，明确工作职责任务，压实压紧乡镇、部门、单位、个人“四方”责任。加强人员管控，守住守牢“外防输入”防线。发挥村社网格化管理作用，落实落细农牧区防控“五有一网格”管控措施，开展返青

2021年3月10日，尖扎县召开2020年度文明创建工作表彰会暨2021年尖扎县精神文明建设工作部署会。图为受表彰的群众集体合影

来县人员风险排查，所有在外人员提前摸排登记，详细掌握行程轨迹。全年完成核酸检测83237人份，结果均为阴性。全县各类人群接种新冠病毒疫苗96764针次。其中，第一针接种50890针次，接种率87.48%；第二针接种39628针次，接种率83.91%；第三针接种6246针次。

【乡镇概况】 马克唐镇 马克唐镇位于县境东缘的黄河西岸，东与化隆县群科镇毗邻，南与昂拉乡为邻，西与措周乡相连，北与康杨镇接壤，是尖扎县政治、经济、文化中心，是县政府所在地。距离省会西宁市120千米，距州府同仁市70千米。全镇海拔2084米，总面积74平方千米，是一个以藏族为主，汉族、回族、撒拉族、土族等多民族共同聚居的农业镇。辖14个行政村、5个社区居委会。全镇常住人口8930户23739人。2021年，实现生产总值2630万元，同比增长4.2%。劳务经济及第二产业完成530.1万元，同比增长9%。第三产业完成1530万元，同比增长7.2%。完成农业增加值5%，农牧民人均纯收入达6880元，同比增长4.5%。

康杨镇 康杨镇地处青海省东南部、尖扎县北部，南与措周乡、贾加乡毗邻，西与坎布拉镇接壤，北与化隆县牙什尕镇、群科镇隔黄河相望。距离县府、州府、省会分别为28千米、93千米、108千米，处于贵循公路、阿赛高速公路、平李公路沿线，是黄南州北大门。地势西高东低，最低海拔1960米，最高海拔4614米，相对高差2654米。辖13个行政村和2个社区居委会。全镇2905户9326人，是一个多民族聚居的商贸集镇。辖区九年一贯制学校1所、村级完全小学1所、幼儿园4所，卫生室13所、中心卫生院1所。有16个党支部，其中农村党支部13个、社区党支部2个、机关党支部1个；有党员305人，其中农民党员248人。全镇养殖牛、羊规模6.2万头（只），围绕牛羊养殖及牛羊肉销售，建成以“伊丰”为代表的生产、包装、加工线上销售渠道；持续加强家畜养殖业、土鸡（巷道村分户散养璇鸡）、冷水鱼养殖、保鲜仓储（黄河红保鲜冷库）等专业合作社的扶持力度，特色养殖专业合作组织逐步壮大，生产经营组织化程度日益提高。

坎布拉镇 坎布拉镇位于县境西北的黄河右岸，东与康杨镇相连，东北隔黄河与化隆县相望，西与贵德县毗邻。全镇总面积约374平方千米，其中景区面积152平方千米。坎布拉景区被冠以“国家森林公园”“国家地质公园”“黄河水利风景区”、藏传佛教后弘期发祥地之一等称号。坎布拉下辖21个行政村、2个社区居委会。全镇有3992户10758人。有党支部16个，其中镇机关党支部1个、农村党支部12个、社区党支部2个、卫生院党支部1个。有党员405人，其中女党员84人。全年完成固定资产投资3013万元。依托坎布拉景区得天独厚的旅游资源，厚重的文化资源，成功举办黄南州农民采摘节两届、五彩神箭邀请赛1届；组织景区4个村60余人在省内外旅游业先进地区考察学习，引导农民主动参与旅游开发，投资240万元修建坎布拉镇农家乐服务接待中心并完成外立面改造。

昂拉乡 昂拉乡地处县域东部的黄河之滨，东与华隆县德恒隆乡毗邻，南与当顺乡接壤，西北与能科乡相连，北与马克唐镇为邻。平均海拔2124.4米。面积71.7平方千米。辖10个行政村，总人口1312户5935人，是一个藏、回共同聚居的农业乡。全乡有中心完小1所、教学点1所，卫生院1个。有11个党支部，其中农村党支部有10个。党员246人，其中农牧民党员216人。全年完成固定资产投资550万元，人均年收入达12273.36元，同比增长8%。2021年获全国脱贫攻坚先进集体、青海省民族团结示范乡镇、省级卫生乡镇等荣誉称号。昂拉“果馍切”被世界纪录认证机构认证为“世界最大土烧馍”。

当顺乡 当顺乡位于尖扎县南部，距县城39千米。西北与能科乡为邻，西南与尖扎滩乡接壤，北与昂拉乡相望，东北、东南与循化县、同仁市相连。海拔2120米，面积174.80平方千米。辖8个行政村。总人口441户1321人，有村级小学2所、卫生院1个。全乡有党基层组织10个，其中党委1个、党支部9个。有党员136人，其中农牧民党员118人。年内东果村争取中央扶持资金50万元购买藏系羊170只，东果、古什当、拉德3个村每村100

万元发展资金入股尖扎滩乡萨嘎尼哈光伏电站，每村年收益达15万元以上，村集体经济全部实现“破零”；完成投资52.5万元的拉德村居住条件改善工程。投资144.53万元实施古浪河村美丽乡村建设项目。

贾加乡　贾加乡位于县境西北部，东连康杨镇，南接措周乡，北邻多加乡，西依申宝山与贵德县常牧乡接壤。境内申宝山海拔4614米，是尖扎县群山之巅，安中河即源于此山。平均海拔2740米，总面积119.47平方千米。辖4个村民委员会、10个自然社。总人口521户1592人。有4所村级小学，1个乡属卫生院、4个卫生室。有5个党支部，其中农村党支部4个、机关党支部1个。有党员128人，其中农牧民党员114人。全年完成固定资产投资550万元，同比增长11%。全乡农村居民人均可支配收入达9700元，同比增长7%。全乡存栏牦牛5100头、羊4300只，粮食总产量达940吨。

措周乡　措周乡位于县境中部，东与马克唐镇接壤，南、西南与能科、尖扎滩两乡为邻，北与贾加乡相连。最高海拔3100米，平均海拔2400米。总面积192平方千米，属浅脑山区。四洋河、加让河源于措周，流经马克唐镇注入黄河。辖5个行政村，24个自然社，2座寺庙（古哇寺、昂茸寺）。全乡有1369户3513人，有村级小学4所、卫生院1个。有5个党支部，农村党员217人。年内开展全域无垃圾暨农村环境综合大整治行动，累计出动垃圾清运车48台次、手推垃圾车156台次、铲车15台次，清理各类垃圾151吨，清扫路面240千米，参与干部群众2800余人次。利用“河湖长制度”App加大巡河力度，年内累计开展巡河560余次。

能科乡　能科乡地处县境中部，东接昂拉，南连当顺乡，西邻尖扎滩乡。海拔3040米，总面积76.08平方千米。辖4个行政村，有12个农牧民专业合作社。总人口456户1167人。乡级学校1所、村级小学2所。有5个党支部，其中农村党支部4个；党员150人，其中农牧民党员130人。全乡固定资产投资681.94万元，完成率达123.9%。德欠村获全省巩固拓展脱贫攻坚全面推进乡村振兴试点村、全省第二批乡村旅游重点村称号，“能科九景”被评为国家AAA级旅游景区。

尖扎滩乡　尖扎滩乡位于县境南部，东与能科乡相连，西、北与贵德县常牧乡接壤，南与同仁市兰采、黄乃亥乡为邻，东南与同仁市保安镇相望。境内有高山盆地尖扎滩，撒莫河、奴让河和多条径流。色尖杂、泽饮、吞果、折戈里、戈尕等大山纵横盘桓，海拔在3800米以上，平均海拔3320米，总面积642平方千米。辖8个行政村，20个自然社。全乡有1591户4254人。有村级小学2所、幼儿园1所。乡党委下辖1个机关党支部、8个村党支部，有党员206人，其中女党员10人、少数民族党员203人。全乡草场面积5.21万公顷，其中可利用草场面积4.9万公顷，2021年全乡畜牧业发展态势良好。成立尖扎滩乡生态有机畜牧业发展协会，7家合作社入会，共计入股草场4.92万公顷，牦牛13247头、藏羊39204只。年内取得生态有机认证转换证，建立智慧牛羊追溯体系，产品的质量有保证，消费者更放心。

（撰稿人：任喜元）

泽库县

【综述】　泽库，藏语意为“泽曲谷地”，因黄河一级支流泽曲河及其多条支脉流经县域而得县名。地处昆仑山系西倾山北麓，位于青海省东南部、黄南州中南部，东与甘肃省夏河县毗邻，南连河南县，西靠同德县，东北与同仁市接壤，地理坐标在北纬34°45′~35°32′、东经100°34′~102°08′。县域东西长142千米，南北宽85千米，距州府所在地同仁市隆务镇97千米，距省会西宁285千米。县政府驻地泽曲镇。总面积6550平方千米。全县辖4个镇（和日、麦秀、宁秀、泽曲）、3个乡（多禾茂、王家、西卜沙）、1个社区（恰科日）、1个管委会（巴滩），64个行政村，340个牧业合作社。总人口22725户79996人，有藏族、回族、土族、蒙古族、撒拉族、满族、东乡族、保安族、黎族、壮族10个少数民族，其中藏族79067人，占总人口的98.84%。批准登记的藏传佛教寺庙7座、宗教活动场所16处。县境最高点杂玛日岗山海拔4971米，最低点海拔2800米，相对高差2171米，平均海拔3700米。全年无绝对无霜期，冬长无夏，春秋相连，多雪灾；平均气温-0.2℃，年降水量510.4毫米。年内极端高温21.3℃，极端低温-26.0℃；出现2次扬沙天气、1次浮尘天气。境内全年日照时数为2566~2675小时，年太阳总辐射量每平方厘米145~156千卡。

泽库县为三江源国家自然保护区，有大小河流30余条，分属泽曲河、巴河、隆务河3个水系。境内重要水功能区、地表水、集中式饮用水源地水质达标率分别为91%、90%、100%，水库水质赶超Ⅲ类。已探明矿产20余种，具有较高的开发利用价值。野生动物有苏门羚、旱獭、水獭、猞猁、麝、雪鸡、兀鹫、秃鹫、金雕等，野生植物200余种，其中湿地野生动物96种、湿地高级植物118种。全县天然草原植被覆盖度达87.62%，可利用草场面积近66.67万公顷，牧草等级达到2等5级，是泽库县作为青南畜牧业重要基地的基本保障。全县耕地面积3933.33公顷、林地面积11.30万公顷、湿地面积39200公顷；草场面积65.67万公顷，可利用草场面积60.87万公顷，占草场总面积的92.7%，人均占有草场8.2公顷。境内有和日石经墙、幸福山人文生态景区2个国家AAA级旅游景区，和日村获评“全国乡村旅游重点村”；获批州级“非遗”名录项目28项，评定省级工艺美术大师7名、州级工艺美术大师16名；黑帐篷文化部落等4家文旅企业成为省级四星级乡村旅游接待点，培育全省民族手工艺品加工基地4家、全州文化消费先进企业5家。泽库县12兆瓦村级光伏扶贫电站投资8268万元，占地约22.67公顷，总装机容量12兆瓦，发电量达5157.86万千瓦时。年内泽库县成功入围国家能源局整县推进屋顶分布式光伏开发试点县。

全年全县完成地区生产总值20.74亿元，同比增长3.8%。其中，第一产业11.18亿元，同比增长4.6%；第二产业2.36亿元，同比下降9.3%；第三产业7.2亿元，同比增长7.1%。实现规模以上工业增加值0.18亿元，同比增长0.8%。完成固定资产投资同比增长1.3%，全体居民人均可支配收入15658元，同比增长10%；城镇居民可支配收入36532元，同比增长5.8%；全县农村居民人均可支配收入9777元，同比增长9.2%。

【生态环境】 推进措日更国家草原自然公园建设规划编制工作，打造以国家公园为主体林草资源保护体系。年内重点生态工程投资金额达1.2亿元，完成人工造林2166.67公顷，高原鼢鼠防治33333.33公顷，草原毛虫防控4万公顷，黑土滩治理8000公顷，治理沙化土地333.33公顷、退化草地13333.33公顷，建成巴滩牧场高标准农田843.66公顷。拉伊沟金矿生态恢复治理成果明显，总投资1600万元西卜沙生活垃圾填埋场投入使用，永久基本农田得到有效保护。雪豹、黑颈鹤频繁现身，生物多样性特征显著。发挥3492名生态管护员作用，建成草原监测点22个、森林草原管护站8个，定期不定期监测县域森林草原生态保护建设工程区、禁牧休牧及防火区、森林草原鼠虫害重点发生区域，及时掌握动态，确保防治信息渠道畅通，落实防灭火责任。发挥驻村第一书记和工作队员的桥梁作用，依托“两讲三促、四下乡”“森林草原普法宣传月”等活动，组织各部门技术人员，县、乡、村三级草原生态管护员在各村宣讲森林草原生态保护的重要性、必要性以及森林草原有害生物防治基本知识，全民生态保护意识明显提高。

总投资2600万元燃煤锅炉及供热管网改造项目竣工投用，落实“六个100%”防尘措施，全县空气质量优良天数比例达到98%。泽曲河、曲玛日河道治理项目成效明显，河湖长通过手机App发挥作用，依法关停4家沙石料场，水功能区达标率达100%，泽曲河、巴河断面达标率达100%。持续深化农牧区人居环境整治专项行动，开展村庄清洁行动，宁秀镇拉格日村、麦秀镇尕让村、和日镇司么村、王家乡旗龙村、泽曲镇东科日村、西卜沙乡红旗村、多禾茂乡加仓村获全省“最美村庄”称号。

【乡村振兴】 成立县乡村振兴战略工作领导小组，制定印发《关于实现巩固拓展脱贫攻坚成果同乡村振兴有效衔接工作方案》，落实衔接资金2.29亿元，实施项目38个，提升产业发展、基础设

泽库牦牛

施、稳岗就业水平。落实资金 8439.5 万元，专项扶持产业发展，全县村集体经济收益超 1800 万元，村均收益达到 29 万元，年收入 50 万元以上村达到 8 个，光伏产业实现收益 1574.7 万元。发放“530”（5 万元、3 年期、全额贴息、免抵押、免担保贷款）扶贫小额信贷资金 8419 笔 3.52 亿元，落实贴息资金 1052.32 万元，首次发放 2 笔“富民贷”24.5 万元。发放社会救助资金 8205 户 34834 人 1.15 亿元，各类困难群众实现应保尽保、应救尽救。落实“雨露计划”大学生补助 715 万元，惠及脱贫家庭大学生 949 人。完成“雨露计划”短期技能培训 338 人、致富带头人能力提升 25 人，认定就业帮扶车间 19 个，就地就近吸纳贫困劳动力 546 人，全县脱贫人口、边缘易致贫人口就业人数达到 9342 人。投入资金 2850 万元，打造宁秀镇乡村振兴试点镇，和日村乡村振兴旅游试点村，环科日村、团结村、措日更村、曲玛日村乡村振兴试点村。

【绿色农牧业发展】 推进国家级现代农业（牦牛）产业园建设，健全农牧业服务体系，农畜产品检验检测服务中心、冷链集散中心进入收尾阶段，牦牛乳制品加工园、饲料研发及加工储藏物流基地、乡镇兽医站、良种繁育中心建设稳步推进，“37 个基地”标准化养殖水平全面提升。投入资金 1395 万元，提升生态畜牧业合作社基础设施水平，持续推进生态畜牧业合作社股份制改造，巩固提升“拉格日”模式，农作物播种面积 5906.67 公顷，农牧业总产值 13.2 亿元。整合村级产业振兴扶持资金 2000 万元，建设西卜沙乳制品生产线及宁秀等 5 个乡镇 7 个村集体牛羊屠宰分割标准化生产线 1 条，全省首个村集体股份经济合作联合社在西卜沙挂牌成立，首家“泽优牧品”授权直营店落户西宁，实现农畜产品“优质优价”。推进牦牛藏羊追溯体系建设，建立县、乡两级农产品质量安全监管机构，严格食用农畜产品合格证制度，开启农畜产品质量监管新模式。组织优质企业参展十九届中国畜牧业博览会，提升“泽优牧品”知名度，泽库牦牛品牌价值高达 18.05 亿元，泽库羊入选全国畜禽十大优质种质资源名单，跻身全国牦牛全产业链典型县。

【文化旅游】 高标准编制《泽库县全域旅游发展规划》，推进省级全域旅游示范县创建，综合性“非遗”展馆开工建设，青藏生

2021 年 4 月 27 日，由县文体旅游广电局主办、文化图书馆承办的以“奋斗百年路　启航新征程”主题的送书下乡活动开展

态文明博物馆、和日石经墙景区旅游基础设施建设等重点文旅项目接近尾声。成功举办青海省第三届藏族谚语演说邀请赛，开展“非遗”进校园活动、建党百年主题摄影书画展、中学生诗歌朗诵大赛、文艺轻骑兵下乡、戏曲进村活动。组织文旅企业参加上海、天津、西宁等地旅游推介会，开展泽库县第三届“非遗”成果展演系列文化活动。《中国少数民族文物图谱青海黄南·泽库卷》、泽库历史人物传奇故事长篇小说《诺尔果久赛传奇》编印发行。成功申报国家级AAA级旅游景区2个、省级星级乡村旅游接待点2个、全省文化和旅游融合发展示范点1个、全省乡村旅游重点村1个、全州乡村旅游重点村1个。全年接待游客40万人次，实现旅游收入1.08亿元，同比增长10.5%，文化和旅游产业收入达2833万元，县产业园区获评“全州文化旅游特色产品研发基地”。

【城乡建设】 立足乡村振兴，宁秀、和日、西卜沙生态美丽乡镇建设项目完工，有序开展泽曲镇、麦秀镇、和日镇功能提升和风貌改造工程前期工作，王家乡高原美丽城镇建设获评2021年全省高原美丽城镇建设优秀项目，获奖励资金440万元。总投资4790万元，推进泽曲镇迎宾大道、宁秀镇南环路、和日镇德吉路建设；推进泽曲镇至泽雄完小路段建设。公共停车场、供水管网、污水管网、供热管网等一批项目建成投用。40套公租房、88套乡镇干部周转房分配入住，“泽雄佳苑”一期房地产开发有序推进，泽曲镇羊玛日村、和日镇智合茂村高原美丽乡村建设项目和415户农牧民居住提升改善工程全面完成。提升推广“街长制”，在王家乡探索建立城市管理站，有效提升城镇管理水平和服务能力。

【民生保障】 突出抓好重点就业创业工作，城镇新增就业443人，城乡劳动力技能培训1400人，农牧区富余劳动力转移就业2526人，高校毕业生总体就业率达到91%，城镇登记失业率控制在1.15%以内。深化医药卫生体制改革，县医院感染性疾病科（病区）建设项目投用，平均住院日由8.6天下降至6.5天。出台《泽库县教育教学质量提升五年攻坚行动计划》，制定“1+7”配套文件，东格尔寄宿制完小和8所幼儿园建成投用，学前毛入园率达98.65%。天津异地高中班规模达120人。投入资金1.02亿元，实施教育基建项目26个。启动环卫工人爱心早餐工程，城乡低保人均标准分别提高5%和8%。全年县财政用于民生支出19.23亿元，占一般公共预算支出的87.37%。

【深化改革】 率先在青南牧区完成“三会”制度建设，供销社改革得到省级层面肯定，实现销售总额3769万元，同比增长36.3%。推进预算一体化，打好防范化解重大风险攻坚战，化解政府债务7156.04万元，整合涉农资金19951.72万元，盘活财政存量资金2.51亿元。推行“马上办、网上办、就近办、一次办”，建立“政务服务大厅+税务+社保+医保”集中联办机制，加快推进“互联网+政务服务”，全年受理办件11700余条，办结率达98.6%，网上可办率达90%。深化商事制度改革，个体工商户实现当天发照，企业实现1.5个工作日内发照，新办营业执照569份，市场主体达到5072户。年内压减“三公”经费5%。组织县内优秀企业参加“2021年青洽会”，签约资金3.35亿元。谋划光伏产业，入围全国整县推进屋顶分布式光伏开发试点县，编制完成3万公顷10800兆瓦集中光伏产业园规划。

【社会治理】 择优招录警务辅助人员55人，探索社会治理现代化管理模式，升级网安指挥系统，初步构建网络系统、指挥中心和智慧城市体系。持续深化平安泽库建设，扫黑除恶“六清行动”取得阶段性成效，区域治安状况明显好转。为2万余人提供免费法律援助服务，有效化解民生领域信访问题，获评全国“三无”信访县。启动“八五”普法，深化行政执法体制改革，推进法治政府建设，和日村获评“全国民主法治示范村”。开展民族团结进步创建“十二进”活动，全国民族团结进步示范区创建取得阶段性成效。开展安全隐患排查整治，推进“青冷链”App安全提升行动，启动阿赛公路区间测速，重拳打击电信网络诈骗，道路安全事故同比下降60%，食品、网络等重点领域安全形势持续向好。

【林草长制】 推进黑土滩治理、湿地保护、草原有害生物防控、草原综合治理、国土绿化等生态保护和修复重点生态工程，实施草畜平衡制度，壮大规范林草生态管护员队伍，依法加强林草监督管理，推进林草长制各项工作落实，科学精细化推进生态保护建设。结合实际，设立四级林草长、副林草长，将3492名生态管护员确定为具体管护人，按照就近原则，划分责任片区，管护责任具体到人，进行严格管护，形成县、乡、村、社四级+生态管护员的森林草原资源保护管理和建设利用的“五级联护”模式。将所有林地草地纳入管理体系，强化林业和草原生态项目的后期管护力度，研究制定《泽库县全面推行林草长制工作实施方案》，明确建立林草长制的指导思想、基本原则、实施范围、主要目标、组织体系、主要任务、保障体系，做到以制度管人、以制度管事。强化四级联动，部门协同，划清责任边界，明细责任内容，在县级林草长制体系下，县级领导干部实行包乡联村制度，乡镇实行包村联社制度，村级分组监督社级林草的责任落实，社级负责管护区域内林草管护员的管护责任落实，林草管护员负责具体管护。按照“分级负责、协助联动”原则，构建起县、乡、村、社四级林草长制体系，各级林草长负责督促指导本责任区内森林草原资源保护发展工作，协调解决森林草原资源保护发展重大问题，依法查处各类破坏森林草原资源的违法犯罪行为。

【精神文明建设】 召开全县宣传思想文化工作会议，表彰全县宣传思想暨精神文明工作先进个人、新闻工作者、优秀网评员、优秀宣讲员、道德模范、五星级文明户。组织开展“文明村镇”“五星级文明户”评选活动，评选出县级文明村社42个、文明乡镇6家、五星级文明户14367户、州级文明单位19家、文明乡镇2家、文明村社5个。组织开展“我身边的好人”评选表彰等活动，评选道德模范12名。推进“一县一中心，一乡一所，一村一站”三级服务管理体系建设，打造县级新时代文明实践中心、实践活动点各1个，乡镇文明实践所9个，行政村文明实践站64个，实现全覆盖。成立“新时代文明实践站志愿服务队”“党员先锋服务队”“团员志愿服务队”“巾帼志愿服务队”等85支志愿服务队伍，志愿者人数达677人。经常性开展政策宣讲等志愿服务活动，社会主义核心价值观深入人心。

【党史学习教育】 成立县党史学习教育领导小组及办公室，组织召开党史学习教育动员大会，印发《泽库县党史学习教育学习计划》《泽库县党史学习教育领导小组关于开展党史学习教育的工作方案》，建立泽库县党史学习教育工作任务清单，开展党史学习教育。活动期间，召开领导小组会议4次、领导小组办公室会议10次，县委班子成员带头讲党课4次，各党委（党组）书记主动讲党课106次，理论学习中心组集中学习指定的规定篇目及习近平总书记系列重要讲话、传达中央、省、州有关会议和文件精神等22次，各乡镇、各单位、各部门开展党史学习会678次，每天个人自学1小时，每周集中学习2个半天，撰写心得体会1290余篇。党员利用“学习强国”、青海干部网络学院、黄南先锋等平台进行学习；在“泽库宣传”“泽库县融媒体中心”开设党史天天读专题栏目，刊载各类文章和视频495个，阅读量达43.7万人次。党史办公室组织摄制“学习‘七一’讲话，凝聚奋进力量”解读习近平总书记“七一”重要讲话，党员干部谈认识系列小视频6期，以“促百分百达标、迎百年华诞”以评促建活动为平台，开展“党员亮身份”“党支部、党员承诺践诺”等活动，建立党员示范岗，亮党员身份、亮庄严承诺、亮服务标准、亮积极作为，为群众办实事办好事、办身边事，形成“以学促评、以评促建、以建促优”的能干事、想干事、干成事的良好氛围。举办以“重温历史守初心、诵读红书践使命”为主题的经典诵读比赛，各党支部通过参观西路红军和循化县红光村、中国工农红军西路军纪念馆、十世班禅故居爱国主义教育基地、尖扎县昂拉千户纪念馆，观看红色影片《金刚川》，开展以“铭记历史、缅怀英烈，学党史、祭英烈”主题党日活动、“学党史，树家风”主题讲座、“铭记百年辉煌史·开启奋斗新征程”党史知识竞赛、“书香泽库·红色阅读永远跟党走”主题阅读日、“礼赞建党百周年·携手共进新征程”主题党日暨“两优一先”表彰活动，举办主题作品展、演讲比赛、体育活动等的主题党日活动193次，观看红色电影117场次，制作大型宣传牌5块，营造党史学习教育氛围。

【乡镇概况】 泽曲镇　泽曲镇位于县境中南部，距离省会西宁287千米，州府所在地隆务镇93千米。最高海拔4971米，最低海拔2890米，平均海拔3650米。总面积989.96平方千米；草场面积9.5万公顷，可利用草场面积8.9万公顷，人均占有草场面积5.24公顷。辖8个行政村、14个村（居）民委员会，有6061户18150人，分布有藏族、汉族、回族、土族、蒙古族、撒拉族、满族、东乡族、壮族、保安族、黎族11个民族。其中，女8782人，藏族、汉族、土族17687人，非农业人口2339人，人口自然增长率0.15%。年末牲畜存栏41596头（只、匹），其中羊3158只、牛38196头、马242匹，出栏牲畜6508头（只）。牧民人均纯收入9215.9元，同比增长7%。有小学1处，在校学生951人，适龄儿童入学率100%。有卫生院1处。8个村达到小康水平。全年农牧民人均可支配收入9215.9元，同比增长7%。完成固定资产投资5003万元。

麦秀镇　麦秀镇被当地世居藏民称“多福顿”，意为“富强”之地，因地大物博、矿产资源丰富而得名。位于县城东北部35千米处，距州府所在地60千米，镇政府驻地赛龙村。东北与同仁市扎毛乡、兰采乡接壤，南与同仁市多哇镇相望，西与海南州贵德县常牧镇、贵南县过玛营镇为邻，南与泽库县多禾茂乡、西卜沙乡、恰科日社区、泽曲镇、王家乡毗连。总面积1422平方千米，其中草场总面积12.13万公顷，可利用草场面积9.53万公顷（是全州虫草产量最高的乡镇）。地处三江源核心保护区和缓冲区，全境多半为高山。辖龙藏、赛龙、哈藏、贡青、多龙、尕让6个牧委会和多福顿社区。截至2021年年底，全镇有3478户13841人，其中劳动力7796人（男3745人、女4051人），以藏族为主。辖区内动植物、矿产及旅游资源丰富，珍贵禽兽主要有苏门羚、旱獭、水獭、猞猁、麝、雪鸡、兀鹫、金雕等。野生植物200余种，主要有冬虫夏草、佛手参、雪莲、大黄、贝母、秦艽、茵陈、远志、马勃、蕨麻、蘑菇等。已探明的主要矿种有金、铜、锑、铅及花岗岩、石灰石等20余种，储量丰富、品质优良，开发利用价值高。

和日镇　和日镇位于县城西68千米的南巴滩次哈吾曲沟口周毛多则塘，“周毛多则塘”藏语意为“周毛积石滩”。东与泽曲镇为邻，南、西与宁秀乡毗连，北与王家乡接壤，区域面积1099.79平方千米，地形地貌呈东西狭长地形，地势由东向西倾斜；境内大部分地区海拔3300～4000米，和日镇境内矿产资源主要有金、砷、银等，砂石料丰富，可开采储量1.5亿立方米；水资源丰富，地下水资源可利用量984.4万立方米。属大陆性高原气候，受海拔高度及地形影响，冷季漫长而干冷，暖季短促而凉爽，气温日差大。全镇总人口2739户11372人，境内以藏族为主，占98%以上。下辖11个行政村、2个社区，有学校3所、寺庙1座、宗教活动点1处，派出所、司法所、卫生院和银行（信用社）各1处，有14个党支部410名党员，村“两委”班子成员110人，其中村党支部成员43人、村委会成员67人。镇政府工作人员中公务员20人，事业单位人员11人、各类临聘人员9人，大学生青南计划志愿者1人。全镇总面积1037.47平方千米，草场面积16.20万公顷，其中可利用草场面积9.67公顷，黑土滩面积10.92万公顷；年末牲畜存栏82375头（只、匹），其中牛57672头、羊23922只、马781匹；年末牲畜出栏31115头（只、匹），其中牛13603头、羊17435、马77匹，出栏率37%。全年生产总值8700.06万元，其中牧业收入为5783.98万元、农业收入1231.86万元、其他收入1684.22万元。

宁秀镇　宁秀镇地处县域西部，东邻泽库县巴滩牧场，南接河南县优干宁镇，西靠同德县唐谷镇，北依省牧草良种繁殖场。境内山峦起伏，有大小河流7条，黄河一级支流泽曲河发源于境内，气候适宜，地势平坦。平均海拔3812米，最低海拔3200米，最高海拔4425米。辖15个行政村64个牧业合作社，4374户18326人。其中，贫困户1221户5327人，女8796人，藏族18326人；性别比为100∶92。全年户籍人口出生366人，死亡39人，自然增长率

2.01%。生产总值达6554万元，完成固定资产投资5003万元。年末牲畜存栏头137785头（只、匹），其中牛102559头、马1144匹、羊34082只，出栏牲畜27664头（只），出栏率20.04%，畜牧业总产值4787万元。农民人均收入9168元，同比增加168元。中学1处、小学5处，适龄儿童入学率100%，卫生院1处。全镇草场总面积10.4万公顷，可利用草场8万公顷，耕地面积1800公顷，退耕还林（草）面积698.67公顷；生态保护禁牧面积61926.67公顷，草畜平衡面积52280公顷，草场以高寒草甸、高山蒿草等杂草为主。镇政府所在地红城村海拔3381米，地势平坦开阔，气候适宜，可种植蔬菜、油菜、青稞等作物，种活松树、白杨、高山红柳等苗木。智格日村自2003年生态移民搬迁之后，开始调整产业结构，露天种植马铃薯、葱、萝卜、韭菜、白菜、油白菜等农作物；两用暖棚试种成功辣子、茄子、黄瓜、芹菜、菜花、西红柿、刀豆、菜瓜、西瓜、玉米等农作物。

多禾茂乡　多禾茂乡位于县域东南部，东倚同仁市多哇镇、甘肃省夏河县，南靠河南县，西连西卜沙乡，北接麦秀镇。乡政府所在地为多禾藏尕社，藏语意为“白色石山”，因地貌得名。辖区平均海拔3600米，无绝对无霜期，冬长无夏，春秋相连，牧草生长期150天左右，是以藏族为主体民族的纯牧业乡。全乡总面积1294平方千米，辖7个行政村，有村级生态畜牧业专业合作社7个，总人口2513户9464人。全乡总占地面积约1294.42平方千米，草场总面积11.4万公顷；林地总面积21326.67公顷，其中集体林面积14600公顷、国有林面积6726.67公顷，人均占有林地2.4公顷。有3所小学，教师59人，在校生1209人；乡卫生院1所，医护人员8人；乡属派出所1所，公安民警4人、协警2人、村警7人；乡信用社1所，工作人员6人；格鲁派寺庙多杰宗寺1个，僧侣127名；宁玛派宗教活动点2处，其中俄改宗教活动点有僧侣139名、德钦宗教活动点有僧侣58名。全乡牛存栏69327头，出栏13865头；羊存栏32283只，出栏6457只。畜牧业总产值达9593.67万元。全年实现生产总值19140.96万元，同比增长10%；常住居民人均可支配收入9630.26元，同比增长9%。

王家乡　王家乡位于县域西部，地形呈镰刀形，东西长，南北窄，境内平均海拔3300米。地处两州（黄南州、海南州）、三县（泽库县、同德县、贵南县）、六乡镇（和日镇、宁秀乡、麦秀镇，贵南县森多镇、塔秀乡，同德县尕巴松多镇）交界处，最高海拔3700米，最低海拔3200米，平均海拔3450米，距泽库县城93千米。总面积531.67平方千米，其中草场面积5.05万公顷、耕地2226.67公顷，人均占有耕地面积0.48公顷。辖4个行政村、23个自然村，有1041户4591人，人口自然增长率17.76‰。年末牲畜存栏9.3万头（只），出栏3万头（只）。牧民人均纯收入9230元，同比增长9.2%。小学1处，在校学生358人，适龄儿童入学率100%。卫生院1处，4个村达到小康水平。完成固定资产投资3052万元。肉类总产量129吨。

西卜沙乡　西卜沙乡位于县域东部，东与多禾茂乡毗邻，南与河南县优干宁镇阿毛合村相望，西与泽曲镇措干村相连，北与麦秀镇赛龙村接壤，距泽库县城26千米，平均海拔3700米左右。境内冷季漫长干冷，暖季短促温凉，大风天气多，日夜温差大，降水集中，光照强烈。下辖3个行政村。全乡总面积187.40平方千米，草场面积1.8万公顷，其中可利用草场1.7万公顷，人均草场面积5.43公顷，有牲畜2.21万头（只）。全乡总人口795户3252人，牧业人数占总人口的96.7%，以藏族为主，占总人口的99.9%以上。有基层党支部4个，其中机关党支部1个、村级党支部3个；党员109人，其中牧民党员91人，占党员总数的83.4%。有小学1处，在校学生363人，适龄儿童入学率100%。有卫生院1处。3个村均达到小康水平，小康水平值100%。西卜沙乡被评为州级精神文明乡镇。全年全乡固定资产投资2293万元；有生态畜牧业专业合作社3个。各类牲畜存栏数16368头（匹、只），其中牛15843头、马205匹、羊320只；出栏650头（只）。全年生产总值3156.48万元，牧民人均可支配收入达到8074.5元。

恰科日社区　恰科日社区距县城东部7千米，东南与泽库县西卜沙乡、河南县接壤，西北与泽曲镇、麦秀镇毗邻，有大小河流32条，湖1个（措日更湖），黄河一级支流泽曲河发源于境内，气候适宜，地势平坦。平均海拔3700米，最低海拔3200米，最高海拔4200米。总草场面积42486.67公顷，可利用草场面积38853.33公顷，辖措E更村、果什则村、角乎村、而尖村、尕贡村、雄让村和智合龙村7个行政村。总人口1972户6807人。其中，男3437人、女3370人，小学文化2061人，初中文化853人，高中及以上文化238人；劳动力资源总数5105人，从业人数4756人，其中男2349人、女2407人。死亡32人，乡辖3所学校（泽雄堂完小、恰科日中心幼儿园、金银滩幼儿园）在校生330人，适龄儿童入学率90%。有司法所1所，寺庙2座（泽库县恰科日固定活动场所、泽库县恰科日社区瓜什则赛钦埃端郎），卫生院1处（恰科日社区卫生院），7个村达到小康水平。截至年底，全乡地区生产总值5995.48万元，其中牧业收入3707.1万元、其他收入2288.37万元；人均收入达8807.8元。截至年底，泽库县恰科日社区总投资580万元的宗巴雍姆藏文化餐饮中心，总投资950万元的金星酒店，总投资930万元的泽库县叶堂有机生态畜产品开发有限公司建设项目已入库，完成总投资2455万元，完成率81.8%。全年各类牲畜存栏36088头（只、匹），其中马233匹、牛32035头、羊3820只，人均牲畜数5头（只、匹）。出栏牲畜13282头（只），畜牧业总产值3707.1万元。

巴滩牧场管理委员会 巴滩牧场管委会位于县域西部，距县府所在地71千米，东北分别于泽曲镇、和日镇相连，西南与宁秀乡接壤、与同德县相交，呈条形分布，东西长18千米，南北宽52千米，交通便利。辖区总面积2353.33平方千米，平均海拔为3463米，场部所在地尕叶合村地势平坦，气候宜人。草场总面积23533.33公顷，其中可利用草场面积22333.33公顷、耕地1200公顷。人均占有草场面积约13.2公顷。全场主要以藏族为主，无旅游业，产业以草地生态畜牧业为主。有建制乡镇机关党委1个，党委成员7名；村级党支部和村委会各3个，村“两委”班子成员15人，党员117人。辖内设亚日齐、尕叶合、秀恰3个行政村。有学校2所（巴滩牧场中心完小、巴滩牧场幼儿园），学校教师13人，地方特岗教师3人，自聘代课教师及后勤工作人员21人。设司法所1所，临时聘用1人，实行双重管理原则。全管委会总人口478户1852人，人口结构为纯藏族人口，全民信仰佛教。全管委会有干部职工22人，其中正式干部职工9人，政府聘用及单位自聘工作人员13人；领导职数3人，其中正科级2人、副科级1人。2021年，管委会有牲畜29527头（只），其中牛19273头、羊10111只、马143匹，人均占有牲畜15.6头（只），各类疫苗注射密度达100%。境内主要珍稀禽兽有苏门羚、旱獭、麝、雪鸡、兀鹫、金雕等。野生植物200余种，主要有冬虫夏草、佛手参、雪莲、大黄、贝母、秦艽、茵陈、远志、马勃、蕨麻、蘑菇等。

（撰稿人：完德多杰）

河南蒙古族自治县

【综述】 河南蒙古族自治县是青海省唯一的蒙古族自治县，位于青海省东南部、青藏高原东北隅、九曲黄河第一右旋大弯曲的弦部南端，地理坐标在北纬34°05′~34°56，东经100°53~102°16′之间，是三江源国家级自然保护区重要组成部分。大部分地区海拔3600米以上，其中海拔4000米以上的山就有40多座。辖2个镇（优干宁镇、宁木特镇），4个乡（赛尔龙乡、柯生乡、多松乡、托叶玛乡），39个村（牧）民委员会、4个社区居民委员会，135个牧业社。年末户籍人口总数41609人。其中，城镇人口6490人、乡村人口35119人；少数民族人口40823人，其中蒙古族39069人，占总人口93.9%。年平均气温0.9℃，年降水量607.4毫米，年极端最高气温23.4℃、最低气温-28.9℃。县东西长127.67千米，南北宽94.36千米，土地总面积6700.23平方千米，占全省总面积的0.89%。县域内天然草原面积6615平方千米，占全县总面积的

97.5%，优良草场分布集中，草质优良，地势平缓，水源充足，是全省优良的牧场之一；林地面积356.87平方千米，占全县土地面积的5.10%，是典型贫林县。矿产资源缺乏，已发现有黄铁、黑铁、辉锑、石膏、芒硝、泥炭、金、锰、铜、汞等十几种。河南县三大畜种分别为河曲马、欧拉羊、雪多牦牛，被誉为“河曲马的故乡，欧拉羊的家园”。全县水资源总量14.25亿平方米，流域面积100平方千米以上的河流有22条23段，河流总数69条，纳入河湖长制的49条。有水电站5座，其中正常运行1座，多年平均发电量18000万千瓦时。县境内野生动植物种类较多，其中野生植物在300种以上。境内旅游资源丰富，白螺湖于2020年12月被评为国家AAA级旅游景区。另有圣湖、仙女洞景点、吉岗山风景区、双鱼湖风景区、洮河源湿地公园、李恰如山风景区等自然景点，曲格亲王府、曲格寺等人文景观。

全年全县完成地区产总值20.52亿元，按可比价格计算，同比增长1.9%。其中，第一产业增加值10.22亿元，按可比价计算（下同），同比增长4.6%；第二产业增加值3.43亿元，下降11.9%；第三产业增加值6.87亿元，增长5.3%。农林牧渔业总产值13.07亿元，同比增长4.61%。全县规模以上工业企业完成工业产值69757.2万元，同比增长3.9%，实现工业增加值13616.83万元，按可比价计算，同比下降0.8%；规模以下工业企业增加值同比增长3.7%。完成地方公共财政预算收入4251万元，同比增长8.92%；地方公共财政支出167849万元，下降12.38%；用于民生支出12.97亿元，占财政总支出的79%。固定资产投资13.07亿元，500万元以上固定资产投资同比增长6.6%，民间投资同比增长36.5%。实现社会消费品零售总额17924.3万元，同比增长7.8%。全县常住居民人均可支配收入21820.6元，同比增长8.9%。城镇常住居民人均可支配收入37880.7元，同比增长5.9%；农村常住居民人均可支配收入13863.3元，同比增长9.1%。金融机构各项存款余额163302.84万元，同比下降10.36%；各项贷款余额122855.7万元，同比增长14.3%。各类牲畜存栏54.28万头（只），同比下降0.49%；出栏各类牲畜26.23万头（只），同比增长1.67%。投资40.63亿元，整合城乡建设项目148个。城镇新增就业281人，农牧民劳动力转移就业1808人，城镇登记失业率仅为2.37%。九年义务教育巩固率达100%。

【产业发展】 以高质量推进“五大产业”为抓手，进一步明确全县畜牧业发展指导思想、发展定位、目标任务。完成3个生态有机畜牧业合作社股份制改造，与科研单位合作开展产品研发、技术推广、人才培养等工作，14个有机畜产品获中国有机食品和绿色食品“双认证”，河南县被列入首批国家农业现代化示范区。加大水产品研发力度，扶持壮大纯净水小微企业3家，水产业年产值达4.87亿元。举办第22届“那达慕”盛会，柯生乡双鱼湖景区和黄河南蒙古历史文化博物馆被评为国家AAA级旅游景区，优干宁镇阿木乎村列入全省乡村旅游重点村。建设完成蒙藏医院“一站一室两中心”，各乡镇卫生院中藏医馆实现全覆盖，蒙藏药业年产值达0.3亿元。开辟3条省县乡村物流专线，培育电子商务快递物流服务点5个，乡村快递物流实现全覆盖，形成县乡村三级统一配送体系。

【乡村振兴】 持续巩固拓展脱贫攻坚成果同乡村振兴有效衔接，筛选实施项目33项，到位资金1.27亿元，项目安排率、开工率

2021年7月27日，河南三江源大数据平台

均为100%，资金支付率达95%。坚持外出务工和就近就业的方式，实现就业2306人，开展技能培训5次，建档立卡户250人。通过临时救助、安排公益性岗位、纳入低保等方式，有107户376人“三类人员”消除返贫风险。发放“530”贷款529笔1594.2万元，贴息127.98万元；合作社贷款发放39笔8520万元，贴息302.13万元。持续实施“企业+村集体经济+贫困户”的阳光增收模式，贫困村光伏扶贫项目累计发电量达2602.81万千瓦时，分配收益1120万元，每村每年集体收入35万元。2月，宁木特镇人民政府被党中央、国务院授予全国脱贫攻坚先进集体荣誉称号。

【城乡建设】 推动宁木特镇卫拉村、托叶玛乡宁赛村、多松乡拉让村等5个高原美丽乡村和柯生乡生态美丽乡镇建设，更换智能路灯548盏，提标改造厕所22座。推进农牧区房屋安全隐患排查工作，农牧民居住条件改善工程、抗震改造项目基本完成。全面实施优干宁镇给水管网提标改造工程和供水厂提标改造项目，全力保障群众饮水安全。按照“县道县养、乡道乡养、村道村养”的原则，集中养护公路257.1千米，新建公交站亭20座，统筹划定路边停车位726个。开展城市“牛皮癣”“蜘蛛网”专项治理，城市精细化管理水平不断提升。

【生态建设】 牢固树立生态环境保护就是“国之大者”理念，全面巩固“河湖长制”“林草长制”成效，退化草地治理、公益林（天然林）管护、国土绿化、水土流失综合治理等工作全面完成，草原综合植被覆盖度达71.7%，稳居全州第一。推进草原碳汇开发方法学研究，推动清洁能源利用和管网扩建工程，完成乡镇清洁能源供暖项目，实现二氧化硫、氮氧化物等污染物“零排放”。创新开展环境卫生综合整治，生活垃圾资源化利用及无害化处置项目正式启动，两轮次中央生态环保督察问题整改全面清零，获评全国“绿水青山就是金山银山”实践创新基地。

【民生福祉】 全县财政用于民生支出达12.97亿元，民生支出占79%。年初承诺的10类30项民生实事工程全部办结。常态化疫情防控有力有序，疫苗接种年度目标超额完成，坚决守住“零输入、零感染”的底线。投资111.3万元，为乡镇卫生院配发救护车6辆。新开办3所幼儿园，首批天津“异地办班”40名高考学生，本科上线26人，上线率达65%，升学率创历史新高。各类保险参保率均超额完成，环卫工人“爱心早餐”工程全面启动。民生兜底保障作用发挥有效，社会救助水平不断提升，救助率达100%。开展公共就业和人才服务专项行动，全力做好根治欠薪工作，各族群众幸福指数不断提升。

【惠民实事】 开展惠民办实事工作，主要包括教育强基工程、生态提升工程、住房安全工程、幸福家园工程、民生保障工程、品质兴农工程、交通惠民工程、文旅融合工程、健康河南工程和老年服务工程。其中，教育强基工程：完成河南县第二幼儿园、多松乡幼儿园建设项目；实施县民族中学阶梯教室和宁一完小附属设施建设项目；争取启动省内异地建校办学工作。生态提升工程：加快推动《河南县野生动植物保护管理办法》立法进程；实施三江源生态保护工程和国土绿化巩固提升三年行动，完成治理

2021年7月，县新农村建设服务中心干部职工及环卫摩托车队在洮河源国家湿地公园生态绿洲湾区庆祝建党百年活动暨“绿水青山就是金山银山”为主题的环保知识宣传活动

退化草原1.8万公顷，国土绿化940公顷；建设完成泽曲河、延曲河等河道治理项目；加快实施污水处理厂提标改造和尾水处理项目；实施河南县宁木特镇小流域水土流失综合治理、柯生乡香扎寺北山小流域水土流失综合治理项目。住房安全工程：实施牧民住户居住条件改善工程；实施牧区住房抗震改造项目。幸福家园工程：完成四个高原美丽宜居乡村建设项目；加快推进柯生乡生态美丽乡镇项目；加快实施宁木特镇高原美丽城镇建设。民生保障工程：城镇新增就业260人以上，农牧区劳动力转移就业1800人次以上，城镇登记失业率、居民消费价格涨幅控制在州定目标以内；继续扩大基本养老、失业、工伤保险覆盖面，深入推进根治欠薪；深化殡葬领域改革，推进殡葬事业健康发展，完成殡仪馆设备提升改造。品质兴农工程：建设活畜交易市场，打造青甘川牲畜交易集散中心；推进建设河南县牦牛藏羊原产地可追溯试点工程。交通惠民工程：建设河南县宁木特镇至黄河沿扶贫旅游公路；建设河南县托叶玛乡文群村通村公路工程、宁木特镇周龙村林区道路建设项目；实施河南县汽车站整体搬迁项目。文旅融合工程：实施河南县足球场项目，实现足球场建设向村延伸；实施完成黄河大峡谷、李恰如山游客集散中心；举办第22届“那达慕”盛会，积极推进蒙古大营建设，全力打造“那达慕”主题公园，扎实做好“赛马之县”申报工作。健康河南工程：实施县人民医院整体搬迁项目；加快推进蒙藏医院制剂中心和药浴楼项目投入使用；实施天津援建的县城自来水厂水质净化项目。老年服务工程：进一步完善干休所基础设施和车辆保障工作；加快推进老干部服务中心建设。完善政府购买养老服务制度，进一步推进政府购买养老服务工作，健全完善困难人员救助机制。

【项目建设】 全年实施新续建项目148项，完成固定资产投资13.07亿元。其中，县城排洪渠二期工程、优干宁镇巴彦乌拉路南段道路整治工程、2021年三江源生态保护、县第二垃圾填埋场等一大批重点项目全部完工；河南县商业步行街及察罕丹津大街风貌改造、那达慕贵宾楼建设、蒙古大营、泽曲河县城段河道治理工程等一批重大项目稳步推进。藏区专项、以工代赈、生态文明建设、文化旅游发展、社会服务设施兜底工程等投资13.25亿元的56个项目纳入省、州重点支持项目盘子。

【社会治理】 按照“突出重点、提质增效”要求，“三保”支出均达运转标准。推进新时代“枫桥经验”河南化，常态化开展“下基层转作风、担使命履职责”活动，健全多元化解机制，调解各类矛盾纠纷38件，办结信访案件13起，县内及边界区域更加和谐稳定。扫黑除恶斗争进入常态化，动态化管控重点人员。推进智慧小区建设，建成社区综治中心和公共法律服务中心、站、室，建成全州首个“消防主题公益街”，安全生产形势稳定向好。依法严格审批宗教活动场所，加强寺庙法治化、规范化、社会化管理，全县社会大局稳定和谐的局面更加巩固。

【乡镇概况】 优干宁镇 优干宁镇位于县城西北部，东与甘肃省甘南州夏河县科才镇为邻，南、西与宁木特镇相连，北与黄南州泽库县泽曲镇、恰科日社区接壤，是县府所在地，区域面积2242.52平方千米。坐标为北纬34°44′，东经101°35′，东西长67千米、南北宽53千米，平均海拔3520米，属纯牧业镇。2021年底全镇人口4370户13971人，蒙古族占常住人口的99%。优干宁镇畜牧业以饲养牲畜为主，草场面积14.02万公顷，辖10个行政村（阿木乎、吉仁、泽雄、德日隆、参美、智后茂、多特、南旗、秀甲、荷日恒）、4个社区（延巴、江源、河曲、赛日旦）、2所学校和1座藏传佛教寺庙。截至2021年底，有建档立卡脱贫户396户1562人；全镇人均可支配收入15433元，拥有各类牲畜存栏14.12万头（只），出栏率达52.8%，商品率48.08%，母畜比例58.6%。全镇村集体产业12个，涉及牲畜养殖、商铺出租、牧家乐等方面，其中5个非贫困村集体经济收益开发公益性岗位15个。

宁木特镇 宁木特镇属纯牧业镇，总人口2466户10882人。有11个牧委会，42个牧业合作社，寄宿制小学3所、幼儿园1所、经济社会发展服务中心、农牧业技术服务站、卫生院、农商银行、派出所、司法所、林业站、敬老院各1

所。有11个基层党支部和1个机关支部，有党员358人、预备党员35人、积极分子27人。镇政府有干部职工77人，其中行政编制18人、事业编制11人、临聘人员有48人。宁木特镇草场总面积17.49万公顷，拥有各类牲畜总数为103455头（只、匹），其中牛67779头、羊33534只、马2142匹。

赛尔龙乡　赛尔龙乡位于县域东部地区，距县城64千米，东邻甘肃省碌曲县，西接河南县优干宁镇，南依河南县托叶玛乡、柯生乡，北靠甘肃省夏河县。海拔3320米。四面环山，洮河常年不冻，气温较为温和。阿赛公路穿境而过，交通便利，是通往甘肃、四川的交通要道。也是河曲马、苏乎欧拉羊和雪多牦牛的故乡。全乡总面积1036.07平方千米，占全县总面积的14.81%；其中可利用草场94566.67公顷，占全县可利用草场面积的15.77%。截至2021年底，各类牲畜72497头（只、匹），其中牛37527头、羊33347只、马1623匹。赛尔龙乡辖赛尔龙村、兰龙村、尖克村、尕庆村、尕克村等5个行政村。乡机关内设党政办、财政所、脱贫攻坚办、安办、交管站、民政所、计生办、警务室、大调解中心、经济发展办、代管中心、农业服务中心、社会事业服务中心。2021年末在编在岗公务员10人，经济发展中心10人，农牧业技术服务站4人，总人口3714人，1053户，蒙古族人口占比达到99%。全乡共有5个村民委员会、18个社，1座寺庙和1所小学。

柯生乡　柯生乡位于河南县南部92千米处，东与甘肃省玛曲县接壤，西与该县多松乡为邻，南与甘肃省玛曲县欧拉秀玛乡隔黄河相望，北与该县托叶玛乡、赛尔龙乡毗连，总面积1091.93平方千米，其中草场总面积10.91万公顷，可利用草场99040公顷。乡政府所在地海拔3425米，辖4个行政村，寄宿制学校1所，幼儿园1所，寺庙1座。民族以蒙古族为主。截至2021年底，全乡实现生产总值6504.51万元，同比增长2%。全乡总人口694户3290人，人均可支配收入16371.31元，牲畜72542头（只、匹）（其中牛35016头、羊35418只、马2108匹）。全乡有5个基层党支部、1个机关支部，有党员129人，其中乡机关党支部22人、牧民党员107人；乡政府工作人员65人，其中行政编制19人、事业编制8人、临聘18人、公益性岗位20人。年内，柯生乡获黄南州先进基层党组织、黄南州社会治理工作先进集体、“青海省民族团结示范村”荣誉称号。

多松乡　多松乡位于县域西南部，南与甘肃省玛曲县接壤，距县府驻地63千米，辖区面积577.9平方千米，可利用草场面积53133.33公顷；全乡共712户2858人，以蒙古族为主，占总人口的99.9%，下辖多松、夏日达哇、拉让3个牧委会，乡完全小学、乡农牧业技术服务站、乡农牧业经济社会发展服务中心、乡卫生院、乡信用社等5个事业单位及企业站所。截至2021年底，全乡牲畜存栏59900头（匹、只），其中牛17761头、羊41753只、马386匹，牲畜出栏27132头（匹），其中牛10135头、羊16997只、马162匹。年内基础民生工程投入1314.9万元。全乡低保户118户，发放低保户资金145.72万元。临时救助250户640人，总救助金额117.41万元。总计牲畜保险63449只774636.3元。

托叶玛乡　托叶玛乡位于县域中部，东面、北面分别与赛尔龙乡、优干宁镇邻接，西面与多松乡、柯生乡毗连，地理坐标为北纬34°25′~34°47′，东经101°18′~101°55′，乡境长72千米、宽20千米，境内多系丘陵、滩地及少量山地，地势较为平缓开阔。辖区总面积约878.08平方千米，下辖托叶玛、文群、曲海、夏吾特、宁赛、曲龙6个行政村，21个牧业合作社，境内有1座藏传佛教寺庙、1所学校以及乡卫生院、兽医站、派出所、司法所、信用社、经济社会发展服务中心。截至年底，总人口1337户5134人，人均纯收入13374.85元。全乡草场总面积约8.53万公顷，占全县总面积的12.27%；可利用草场面积6.29万公顷，占全县可利用草场面积的13.08%；牲畜存栏约5.9万头（只、匹）。托叶玛、宁赛和曲海3个村为贫困村，有贫困户203户793人，贫困发生率16%。全乡有党支部7个，党员365人，预备党员18人。其中，女党员49人，占党员数的13.4%；机关党员44人（女党员21人）、牧民党员321人（女党员28人）。全乡有干部职工58人，其中行政编制18人、事业编制6人、临聘人员34人。

（撰稿人：杨太多尖参）

附录

荣誉表彰

2021 年获国家、省级荣誉表彰先进个人名单

表 55

序号	姓名	荣誉称号	表彰时间	授予部门	职务
1	陈　敏	全国脱贫攻坚先进个人	2021 年 2 月	中共中央、国务院	河南县妇女联合会主席
2	崔羲洋	全国税务系统精神文明建设先进工作者	2021 年 1 月	国家税务总局	黄南州税务局机关党委副书记
3	却旦加卜	全国公安系统二级英模	2021 年 1 月	公安部	河南县公安局三级警长
4	扎　西	全国五一劳动奖章	2021 年 4 月	中华全国总工会	青海吐蕃藏文化有限公司热贡艺术带头人、省级二级工艺美术师
5	陈　静	2020 年全国优秀共青团干部	2021 年 5 月	共青团中央	尖扎县第二民族中学教师
6	曲吉多杰	全国残疾人工作先进个人	2021 年 7 月	国务院残疾人工作委员会	河南县残疾人联合会干部
7	秦明武	脱贫攻坚二等功	2021 年 8 月	国家税务总局	黄南州税务局四级高级主办
8	吴　俊	全国水利扶贫先进个人	2021 年 8 月	水利部	黄南州水利局副局长
9	索　南	第十一届中华慈善奖	2021 年 9 月	民政部	河南赛尔龙乡尕庆村村民
10	肉旦加	全国司法所模范个人	2021 年 10 月	司法部	泽库县司法局和日司法所所长
11	旦正措	全国人社系统优质服务先进个人	2021 年 12 月	人力资源和社会保障部	河南县就业局管理九级职员
12	拉加才让	2021 年全省党政办公厅（室）系统先进个人	2021 年 5 月	省委、省政府	河南县委办公室副主任
13	惠吉龙	2021 年全省党政办公厅（室）系统先进个人	2021 年 5 月	省委、省政府	河南县政府办公室副主任
14	陈有伟	全省党政办公厅（室）系统“先进个人”	2021 年 5 月	省委、省政府	泽库县委办公室主任
15	鲍德乾	全省党政办公厅（室）系统“先进个人”	2021 年 5 月	省委、省政府	泽库县政府办公室副主任
16	昂青南加	青海省脱贫攻坚先进个人	2021 年 6 月	省委、省政府	河南县应急管理局局长
17	马乃吉	青海省脱贫攻坚先进个人	2021 年 6 月	省委、省政府	河南宁木特镇副镇长
18	多　科	青海省脱贫攻坚先进个人	2021 年 6 月	省委、省政府	河南县城市管理局局长
19	康学明	青海省脱贫攻坚先进个人	2021 年 6 月	省委、省政府	黄南州总工会主任科员
20	张振才	全省脱贫攻坚先进个人	2021 年 6 月	省委、省政府	泽库县委副书记（挂职）
21	关却扎西	全省脱贫攻坚先进个人	2021 年 6 月	省委、省政府	泽库县委常委、县政府副县长
22	金海业	全省脱贫攻坚先进个人	2021 年 6 月	省委、省政府	泽曲镇羊玛日村第一书记

续表55

序号	姓名	荣誉称号	表彰时间	授予部门	职务
23	南拉加	全省脱贫攻坚先进个人	2021 年 6 月	省委、省政府	泽库县和日镇环科日村党支部书记
24	黄海侠	全省脱贫攻坚先进个人	2021 年 6 月	省委、省政府	泽库县宁秀镇红城村第一书记
25	娘吉加	全省脱贫攻坚先进个人	2021 年 6 月	省委、省政府	泽库县宁秀镇经济服务中心干部
26	当知布加	全省脱贫攻坚先进个人	2021 年 6 月	省委、省政府	多禾茂乡多禾日村第一书记
27	扎西措毛	全省优秀党务工作者	2021 年 6 月	省委	黄南州人民检察院党组成员、副检察长
28	陈德伟	全省优秀共产党员	2021 年 6 月	省委	黄南州委组织部副部长、老干部局长

2021 年青海省优秀共产党员、优秀党务工作者、先进基层党组织表彰对象（黄南州）

表 56

表彰项目	拟表彰对象	职务
优秀共产党员（7 人）	张剑利	黄南州扶贫开发局党组书记、局长
	王增琪	黄南州中学党支部副书记
	陈德伟	同仁市委副书记
	李　玲（女）	尖扎县卫生健康局党组书记、局长
	扎西加（藏族）	泽库县扶贫开发局扶贫服务中心主任
	夏吾桑杰（藏族）	同仁市隆务镇党委书记
	索南杭智（藏族）	尖扎县纪委信访室主任
优秀党务工作者（6 人）	马玉梅（女，回族）	同仁市隆务镇青年路社区党支部书记、居委会主任
	郝祖功（藏族）	黄南州坎布拉景区管理委员会党支部宣传委员
	扎西措毛（女，藏族）	黄南州人民检察院党支部书记
	花日措（女，藏族）	尖扎县马克唐镇申宝路社区党支部书记、居委会主任
	钟　麒	河南县委组织部副部长
	才让卡（藏族）	泽库县宁秀镇党委副书记
先进基层党组织（9 个）	同仁市多哇镇党委	—
	黄南州人力资源和社会保障局党总支	—
	同仁市曲库乎乡党委	—
	河南县托叶玛乡党委	—
	尖扎县昂拉乡德吉村党支部	—
	泽库县和日镇吉龙村党支部	—
	同仁市保安镇新城村党支部	—
	河南县赛尔龙乡兰龙村党支部	—
	黄南州卫生健康委机关党委	—

黄南州优秀共产党员、优秀党务工作者、先进基层党组织名单

一、优秀共产党员（36 名）

拉 公 加　同仁市双朋西乡党委书记
南 措 吉　同仁市生态环境局副局长
加　　科　同仁市瓜什则乡尕什加村党支部书记、村委会主任
桑杰卓玛　同仁市住房和城乡建设局一级科员
才 让 加　同仁市年都乎乡尕沙日村党支部书记、村委会主任
马 育 林　同仁市热贡购物中心、青海育林商贸有限公司经理
马 宏 伟　同仁市公安局政委
梁 洪 泉　尖扎县教育局（退休干部）
冯 青 玉　原黄南州妇保站计划生育办公室主任（离休干部）
马　　军　尖扎县公安局四级警长
桑杰卓玛　尖扎县扶贫局副局长
李 玉 栋　国网黄化供电公司所属青海黄化电业实业有限公司副总经理
仁增多杰　尖扎县坎布拉镇多加办事处（退休干部）
拉龙志太　尖扎县当顺乡东当村党支部书记、村委会主任
俄　　多　泽库县宁秀镇拉格日村党支部书记、村委会主任
张 振 才　泽库县委副书记（援青干部）
仁青才郎　泽库县卫生健康局局长
杨忠嘉灿　泽库县麦秀镇党委副书记、镇长
青　　措　原泽库县人大常委会副主任（退休干部）
仁青卓玛　河南县卫生健康局局长
南 吉 措　河南县中心幼儿园园长
张 全 寿　河南县农牧水利和科技局局长
索　　南　河南县赛尔龙乡尕庆村党员
关却才旦　河南县优干宁镇秀甲村党支部书记、村委会主任
多 杰 加　河南县青年创业联合会党支部书记、会长
格桑嘉措　青海格桑热贡传播中心董事长
仁青才让　黄南州民族高级中学党支部专职副书记
汪　　翔　黄南州教育局副局长、州职校校长（援青干部）
完玛才让　黄南州委办公室综合二科科长
多 杰 加　黄南州民族语文工作中心综合部部长
张 爱 英　黄南州纪委监委第二监督检查室副主任
郭 庆 振　黄南州农牧局副局长
才 多 加　黄南州应急管理局应急救援科科长

张　　峰　黄南州人大常委会专委会办公室主任
李　　军　黄南州科技局产业发展与创新体系建设科科长
李　　攀　武警青海省总队黄南支队政治工作处主任

二、优秀党务工作者（20 名）

马 晓 芸　同仁市政府办公室副主任
王 洪 英　同仁市委政法委副书记
楼　　岚　同仁市纪委监委监委委员、办公室主任
才让扎西　同仁市黄乃亥乡组织委员
何　　旺　尖扎县委组织部副部长
拉 华 太　尖扎县措周乡党委书记
葛　　鸣　尖扎县财政局党组书记、局长
沙 尔 东　尖扎县康杨镇崖湾村党支部书记、村委会主任
东曲措毛　泽库县人民检察院政治部主任
周 剑 平　泽库县宁秀镇兽医站管理九级职员
索南龙主　泽库县泽曲镇组织委员
黄 维 军　河南县托叶玛乡党委书记
王　　林　河南县优干宁镇延巴社区“两委”委员
旦乔扎西　河南县宁木特镇夏拉村党支部书记、村委会主任
确藏卓玛　黄南州特殊教育学校党支部书记
石　　虹　黄南州政府办公室综合科科长
曼 康 吉　黄南州委党校办公室副主任
李 念 鸿　黄南州人民医院党建办副主任
李 洪 娇　中国邮政集团有限公司黄南州分公司综合党务干部
邱 建 彪　河南县人民武装部政治工作科科长

三、先进基层党组织（30 个）

中共同仁市加吾乡委员会
中共同仁市兰采乡委员会
中共同仁市委组织部支部委员会
中共同仁市三完小支部委员会
中共同仁市卫生健康局支部委员会
中共尖扎县马克唐镇马克唐村支部委员会
中共尖扎县人民医院支部委员会
中共尖扎县坎布拉镇委员会
中共尖扎县税务局第一支部委员会
中共尖扎县人民法院支部委员会
中共泽库县宁秀镇拉格日村支部委员会
中共泽库县泽曲镇民主路社区支部委员会
中共泽库县第二民族中学支部委员会
中共泽库县公安局第二支部委员会
中共泽库县藏医院支部委员会
中共河南蒙古族自治县纪委监委支部委员会
中共河南蒙古族自治县委宣传部支部委员会
中共河南蒙古族自治县审计局支部委员会
中共河南蒙古族自治县民族中学支部委员会
中共河南蒙古族自治县柯生乡委员会
中共黄南州水电开发有限责任公司委员会
中共黄南州教育局委员会
中共国家税务总局黄南州税务局机关委员会
中共黄南州中级人民法院支部委员会
中共黄南州审计局支部委员会
中共黄南州消防救援支队委员会
中共黄南公路段支部委员会
中共黄南州委办公室总支部委员会
中共黄南州政务服务监督管理局支部委员会
中共黄南州机关事务局支部委员会

法规文件

黄南藏族自治州自治条例

（1987年10月12日黄南藏族自治州第九届人民代表大会第二次会议通过，1987年12月26日青海省第六届人民代表大会常务委员会第三十次会议批准。根据2004年2月27日黄南藏族自治州第十二届人民代表大会第六次会议通过，2004年9月25日青海省第十届人民代表大会常务委员会第十二次会议批准的《黄南藏族自治州人民代表大会关于修改〈黄南藏族自治州自治条例〉的决定》的决议修正。2021年3月12日黄南藏族自治州第十五届人民代表大会第七次会议通过，2021年7月28日青海省第十三届人民代表大会常务委员会第二十六次会议批准。）

目　录

第一章　总　则

第一条　为保证民族自治地方依法行使自治权，保障各民族的合法权益，根据宪法、《中华人民共和国民族区域自治法》和有关法律法规，结合自治州实际，制定本条例。

第二条　自治州是青海省管辖区域内藏族实行区域自治的地方。

自治州辖同仁市、尖扎县、泽库县和河南蒙古族自治县。

自治州州府设在同仁市。

第三条　自治州的自治机关是自治州人民代表大会和自治州人民政府。

自治机关依照宪法、民族区域自治法和有关法律规定，行使下设区、县的市的地方国家机关的职权，同时行使自治权。

第四条 自治机关带领全州各族人民，在中国共产党的领导下，以马克思列宁主义、毛泽东思想、邓小平理论、“三个代表”重要思想、科学发展观、习近平新时代中国特色社会主义思想为指导，坚持以人民为中心，坚持生态保护优先，推动高质量发展，创造高品质生活，建设团结富裕文明和谐美丽的民族自治地方。

第五条 自治机关维护社会主义法制统一和尊严，依法治州，保证宪法、法律在本地方的遵守和执行。

自治机关根据本州实际，在不违背宪法和法律的原则下，制定特殊政策，促进自治州经济社会发展，提高各族人民的物质文化生活水平。

上级国家机关的决议、决定、命令和指示，如有不适合自治州实际情况的，报经该上级国家机关批准，可以变通执行或者停止执行。

第六条 自治州坚持各民族共同团结奋斗、共同繁荣发展，教育引导各族群众增强对伟大祖国、中华民族、中华文化、中国共产党、中国特色社会主义的认同，促进各民族交往交流交融，铸牢中华民族共同体意识。

第七条 自治州坚持各民族一律平等。保障各民族都有使用和发展自己的语言文字的自由，都有保持或者改革自己的风俗习惯的自由。禁止对任何民族的歧视和压迫，禁止破坏民族团结和制造民族分裂的行为。

第八条 自治州各级国家机关工作人员执行职务时，根据工作需要应当使用国家通用语言文字和民族语言文字。

第九条 自治机关保障各民族公民有宗教信仰自由。任何国家机关、社会团体和个人不得强制公民信仰宗教或者不信仰宗教，不得歧视信仰宗教的公民和不信仰宗教的公民。

第十条 自治州尊重和保障河南蒙古族自治县依照宪法和法律的规定行使自治权，支持自治县发展经济社会各项事业。

第十一条 自治州各级国家机关、社会团体、企业事业单位、其他组织和公民应当遵守本条例。

第二章 自治机关和其他地方国家机关

第十二条 自治州人民代表大会是自治州的地方国家权力机关。

自治州人民代表大会的代表依法选举产生。

自治州人民代表大会根据工作需要，设立专门委员会。

自治州人民代表大会依照当地民族的政治、经济和文化的特点，制定自治条例、单行条例和地方性法规，报省人民代表大会常务委员会批准后生效。

第十三条 自治州人民代表大会常务委员会是自治州人民代表大会常设机关，对自治州人民代表大会负责并报告工作。

自治州的人民代表大会常务委员会应当有藏族公民担任主任或者副主任。

自治州人民代表大会常务委员会根据工作需要，设立办事机构、工作机构。

自治州人民代表大会常务委员会可以依法制定地方性法规。

第十四条 自治州人民政府是自治州人民代表大会的执行机关，是自治州的地方国家行政机关。

自治州人民政府对自治州人民代表大会和青海省人民政府负责并报告工作。在自治州人民代表大会闭会期间，对自治州人民代表大会常务委员会负责并报告工作。

自治州人民政府实行州长负责制。自治州州长由藏族公民担任。自治州人民政府的其他组成人员中，应当合理配备藏族和其他少数民族的人员。

第十五条 自治州监察委员会是行使国家监察职能的专责机关，由自治州人民代表大会产生，对自治州人民代表大会及其常务委员会和上一级监察委员会负责，并接受其监督。

第十六条 自治州中级人民法院是自治州审判机关，由自治州人民代表大会产生，对自治州人民代表大会及其常务委员会负责并报告工作。自治州中级人民法院监督下级人民法院的审判工作。

第十七条 自治州人民检察院是自治州法律监督机关，由自治州人民代表大会产生，对自治州人民代表大会及其常务委员会负责并报告工作，并对上级人民检察院负责。自治州人民检察院领导下级人民检察院的工作。

第十八条 自治州监察委员会、中级人民法院和人民检察院依照法律规定独立行使监察权、审判权、检察权，不受行政机关、社会团体和个人的干涉。

第十九条 自治州保障各民族公民都有用本民族语言文字进行诉讼的权利。司法机关办理案件，应当为不通晓国家通用语言文字或少数民族语言文字的诉讼参与人提供翻译。

第二十条 自治州的监察委员会、中级人民法院和人民检察院的领导成员和工作人员中，应当合理配备藏族和其他少数民族人员。

第三章　经济建设

第二十一条 自治机关坚持创新、协调、绿色、开放、共享的新发展理念，根据自治州实际，制定国民经济和社会发展规划以及相应的政策措施，自主安排和管理地方性的经济建设事业。

第二十二条 自治机关优化自治州的产业结构，推进特色优势产业发展，促进现代生态农牧业、文化旅游产业和民族手工业等实体经济的发展，构建具有区域竞争力的特色产业体系。

第二十三条 自治州完善现代企业制度，深化国有企业混合所有制改革，引导产业园区体系建设。培育节能环保、信息应用、生物医药等新产业新业态，促进工业产品创新升级，推进中小微企业高质量发展。

自治州发展水电产业，推进水光互补微网建设。培育壮大光伏、风力发电等新能源产业。提高牛羊肉、中藏药、冷水鱼等传统产业精深加工水平，加快有机畜牧业和绿色轻工业园区建设。

第二十四条 自治州完善数字经济发展政策，加大新型基础设施建设投入，促进互联网、云计算、大数据、人工智能等新兴信息技术与实体经济融合发展。

第二十五条 自治机关巩固完善农村牧区基本经营制度，落实农村土地所有权、承包权、经营权分置制度，保持农村牧区土地草场承包关系稳定并长期不变。

第二十六条 自治州内草场承包经营权受法律保护，按照自愿有偿原则依法流转。草场承包经营者应当实行划区轮牧，合理配置畜群，均衡利用草原。

自治州加强草原保护和建设，依法实行禁牧、休牧制度，禁止开垦草原和非法占用草原。

第二十七条 自治机关优化农牧业发展布局，构建现代畜禽养殖和加工流通体系，推动有机农牧业示范区建设。发展牦牛、藏羊标准化养殖加工基地、标准化专业合作社、企业专属牧场和家庭牧场。推进黄果、中藏药、有机饲料种植基地建设，培育休闲农牧业、观光农牧业和定制农牧业。加强农畜产品品牌化建设，促进现代生态农牧业创新发展。

第二十八条 自治机关制定文化旅游融合发展规划，促进文化旅游融合示范区建设，充分发挥自然风光、名胜古迹、历史文物、历史人物、民族文化等文化旅游资源优势，合理开发具有民族特点、地方特色的文化旅游产品。

推进国家级热贡文化生态保护区、国家级历史文化名城名村和最美大草原等文化旅游精品景区基础设施及配套设施建设，促进旅游大环线发展。推进全域旅游示范区、国家级特色小镇、高原美丽乡村建设，推进唐卡博览会、热贡艺术节、五彩神箭赛、那达慕等文旅活动品牌建设，培育特色节庆产业，加快乡村旅游发展。

第二十九条 自治机关实施文化产业数字化战略，扶持热贡文化的产业发展和市场开发，推进国家级文化品牌建设。

第三十条 自治机关优化营商环境，制定和完善招商引资政策，提升服务市场主体能力，鼓励各类经济组织和个人投资兴业。

自治州区域内开发资源、兴办企业，应当照顾自治州的经济权益，扶持地方经济发展，安排好当地人民群众的生产和生活。

自治机关重视安全生产，保障公民的生命财产安全。

第三十一条 自治州构建综合立体交通运输网络，加快公路、铁路、航空等交通网络建设，优化路网结构，促进与兰西城市群、成渝地区双城经济圈的便捷联通。

推进城乡客运一体化建设，完善农村公路管理养护体制机制，保障农村公路安全畅通。

第三十二条 自治州优化现代服务业布局，制定扶持商贸服务业发展的优惠政策，发展信息中介、物流配送、电子商务等现代商贸服务业，提升服务业发展水平。

第三十三条 自治州实施乡村振兴战略，建立健全城乡融合发展体制机制和政策措施，推动公共服务资源向农牧区倾斜，推进农业农村现代化。

自治州巩固拓展脱贫攻坚成果同乡村振兴有效衔接，健全防止返贫监测和帮扶机制。

第三十四条 自治机关充分利用国家对口支援政策，加强与对口支援地区的合作交流。

对口支援地区的援助资金重点用于支持自治州民生事业发展和公共基础设施建设。

第三十五条 自治州完善城镇建设规划，加快建设以人为核心的新型城镇化，提升城镇综合承载能力和城镇品位。

第三十六条 自治机关依法管理自治州的财政，提高财政保障能力。建立和完善科学、规范、透明的预算制度，自主安排和统筹使用属于自治州的财政收入，优先保障民生支出。

第三十七条 自治机关落实普惠金融政策，支持各类金融机构设立分支机构和地方金融从业机构，健全农村牧区金融服务体系。

第四章 生态环境保护

第三十八条 自治州坚持生态文明理念，坚持生态优先绿色发展战略，加强自然资源管理和生态环境保护，按照国家总体布局，科学编制保护规划，促进人口、资源和环境协调与可持续发展。

第三十九条 自治机关依法保护和管理矿藏、水流、森林、山岭、草原、野生动植物等自然资源。

第四十条 自治机关完善国土空间规划和用途统筹协调管控制度，统筹划定落实生态保护红线、永久基本农田、城镇开发边界等空间管控边界。

第四十一条 自治机关实施国土绿化行动，加强森林、草原、湿地、荒漠生态系统修复和保护，改善城乡人居环境。

自治机关统筹山水林田湖草沙系统治理，推进三江源生态保护建设工程和重点流域生态治理、小流域综合治理和水利风景区建设。落实天然林、人工林、重要水源地保护措施，促进生态系统原真性、完整性保护。

第四十二条 自治机关加强区域内黄河流域的生态环境保护，统筹推进区域内黄河流域的综合治理，加强水污染防治和生态环境修复、饮用水水源保护和防洪减灾体系建设，确保黄河流域生态安全和高质量发展。

第四十三条 自治机关应当完善生物多样性保护体系和保护网络，防止外来有害物种入侵，维护生态安全和生态平衡。

自治机关建立健全野生动物保护工作机制，禁止猎捕、杀害、食用、出售、购买、利用国家和本省重点保护野生动物及其制品，引导各族群众革除滥食野生动物陋习。

第四十四条 自治机关坚持城乡环境污染综合整治，推进环境污染治理设施和项目建设，防治环境污染和其他公害。

自治州健全城乡垃圾分类及污水处理机制，促进城乡生态环境保护和治理一体化建设。

第四十五条 自治机关应当落实生态环境保护责任，建立健全生态环境保护考核奖惩制度。

第五章　社会民生事业

第四十六条 自治机关积极发展各项社会事业，完善公共服务体系，促进公共服务均等化。

第四十七条 自治机关坚持教育优先战略，办好学前教育，巩固义务教育，普及高中阶段教育，发展现代职业教育，支持发展继续教育、特殊教育，促进教育教学改革。

第四十八条 自治机关加强教师思想政治教育和业务能力建设，维护和保障教师合法权益，提高教师的社会地位。

自治机关均衡配置城乡教育资源，落实乡村教师优惠政策，稳定乡村教师队伍。

鼓励和支持社会团体、企业事业单位、集体经济组织及个人自愿捐资助学或者集资办学。

第四十九条 自治州加强国家通用语言文字教育，确保少数民族学生基本掌握和使用国家通用语言文字。

自治州尊重和保障少数民族使用本民族语言文字接受教育的权利，提高少数民族语言文字教育水平。

第五十条 自治州各级国家机关、社会团体和事业单位的公章、牌匾、标识、网站名称以及公共道路、公共服务窗口等，应当使用国家通用语言文字和藏语言文字。

河南蒙古族自治县根据实际需要执行。

自治机关应当加强编译机构建设，提升藏、蒙、汉语言的翻译和文字的编译水平。

第五十一条 自治机关制定科学技术发展规划，完善科技创新机制，鼓励和支持科学技术研究开发，普及科学技术知识，加强科学技术协作，推动科技成果转化和应用。

第五十二条 自治机关引导各民族在文化上相互尊重、相互欣赏、相互学习、相互借鉴。鼓励开展对藏族、蒙古族和其他少数民族的语言文字、宗教、历史、文学、艺术、民俗等方面的研究，推动各民族文化的传承保护和创新交融。

第五十三条 自治机关发展具有民族特色的文学艺术、新闻出版、广播电影电视、新媒体等文化事业。

自治机关推进公共文化服务体系一体建设，创新实施文化惠民工程，推动公共文化数字化建设，完善图书馆、博物馆、文化馆、影剧院、科技馆等公共文化基础设施建设，实现县乡村公共文化服务全覆盖。

第五十四条 自治机关依法保护和利用名胜古迹、历史文物、传统村落及其他重要文化遗产。

自治机关推进国家级热贡文化生态保护区建设，加强热贡艺术、黄南藏戏、热贡六月会、土族於菟、和日石刻、达顿宴、蒙古包营造技艺等非物质文化遗产的传承、保护和利用。鼓励和支持社会团体、研究机构、学校、企业事业单位和个人参与非物质文化遗产保护工作。

第五十五条 自治机关发展医疗卫生事业，优化配置医疗卫生资源。构建和完善公共卫生体系，提高医疗技术水平和服务能力，满足各族群众医疗卫生服务需求。

自治机关加强疾病预防控制体系建设，健全传染病疫情和突发公共卫生事件监测预警机制，科学制定应急预案。

自治机关加强妇女儿童保健工作，提高妇女儿童保健服务能力。

自治机关加强食品药品安全监督管理，保障人民群众饮食用药安全。

第五十六条 自治机关发展中医药和藏蒙民族医药事业，支持民族医药研究和传承，加强民族医药品牌开发和知识产权保护，扶持藏蒙医药产业发展。

第五十七条 自治机关制定符合实际的创新创业扶持政策，完善公共就业服务体系，促进高质量就业。

第五十八条 自治机关发展体育事业，加强城乡体育设施建设，开展全民健身活动和民族传统体育活动，提高各族群众的身体素质和健康水平。

第五十九条 自治机关统筹发展社会救助、社会福利和慈善事业，推进康养事业，健全养老服务制度，完善社会保障体系。

自治机关保障未成年人、妇女、老年人、残疾人的合法权益，关爱留守儿童、孤儿、孤寡老人。

自治机关依法落实退役军人安置和就业创业政策，加强现役军人、退役军人、烈属军属的优待抚恤，加强烈士褒扬、纪念设施的管理保护工作。

第六章 社会治理

第六十条 自治州推进社会治理体系和治理能力现代化，坚持和完善党委领导、政府负责、民主协商、社会协同、公众参与、法治保障、科技支撑的社会治理体系。

自治机关健全以基层党组织建设为核心，自治、法治、德治相结合的城乡基层治理体系，完善居民公约、村规民约、寺规僧约等基层治理制度，提高基层群众自我治理能力。

第六十一条 自治机关弘扬社会主义核心价值观，加强社会主义精神文明建设，教育和引导各族群众遵从公序良俗，摒除陈规陋习，推动移风易俗，倡导文明健康的生活方式，提高各民族群众的思想觉悟、道德水准和文明素养。

第六十二条 自治机关推进民族团结进步事业，坚持开展民族团结进步先进地区、先进单位和先进个人创建活动。

第六十三条 自治机关推动建立互嵌式的社会结构和社区环境，创造各族群众共居、共学、共事、共乐的社会条件，促进各民族和睦相处、和衷共济、和谐发展。

自治机关完善少数民族流动人口服务管理体系，依法保障城市少数民族公民的合法权益。

第六十四条 自治机关推进民族事务治理现代化，依法妥善处理涉及民族因素的案、事件，保证各族公民平等享有权利、平等履行义务，保障民族事务治理在法治轨道上运行。

第六十五条 自治机关依法规范宗教事务管理，提高宗教工作法治化水平，保护正常的宗教活动，积极引导宗教与社会主义社会相适应。

第六十六条 自治机关禁止任何组织和个人利用宗教进行危害国家安全、破坏社会秩序、损害公民身体健康、干涉公民婚姻自由、妨碍国家司法和教育制度，以及其他损害国家利益、社会公共利益和公民合法权益的活动。

自治州各宗教坚持中国化方向，坚持独立、自主、自办，宗教团体、宗教院校、宗教活动场所和宗教事务不受外国势力的支配。

第六十七条 自治机关禁止任何组织和个人利用互联网、图书报刊、音像制品、社交软件等载体危害国家安全、破坏民族团结、宣扬极端思想、扰乱社会秩序。

任何组织和个人不得宣扬、支持、资助宗教极端主义，不得利用宗教破坏民族团结、分裂国家和进行恐怖活动。

第六十八条 自治机关坚持总体国家安全观，加强国家安全人民防线建设，开展国家安全教育，增强全民国家安全意识，建立健全国家安全风险研判、防控协同、防范化解机制，提高防范和抵御国家安全风险的能力。

自治机关健全重大舆情和突发事件舆论引导机制，加强网络综合治理，维护网络安全。

第六十九条 自治机关加强国防动员和后备力量建设。落实兵役制度，推进民兵建设，开展全民国防教育，积极推动军民融合发展。

第七十条 自治机关推进公共法律服务体系建设，均衡配置城乡基本公共法律服务资源，提升公共法律服务能力和水平。

自治机关完善社会矛盾纠纷多元预防调处化解综合机制，加强矛盾排查和风险研判，依法有效化解社会矛盾纠纷。

第七十一条 自治机关应当建立健全自然灾害、事故灾难防范和处置工作机制，提升监测预警水平，提高应急处置能力，推进自然灾害、事故灾难防范和处置工作科学化、规范化，保障人民生命财产安全。

第七章 人才队伍建设

第七十二条 自治机关实施人才强州战略，改善人才供给结构，优化人才发展环境，建立健全人才队伍激励机制，重视人才培养、引进和使用，落实人才工作待遇，完善人才评价和服务保障体系。

自治机关建立健全人才流动机制，鼓励引导人才到艰苦边远地区和基层服务。

第七十三条 自治机关建立健全乡村人才振兴体制机制，加快培养农牧业生产经营人才、农村牧区二三产业发展人才、乡村公共服务人才、乡村治理人才、农牧科技人才，发挥各类主体在乡村人才培养中的作用。

第七十四条 自治机关加强人才队伍建设，注重培养、选拔和使用少数民族干部、年轻干部和妇女干部。

第七十五条 自治机关尊重科学技术工作者的创造性劳动，保护知识产权，鼓励发明创新。对在科学研究和科学技术推广运用中取得显著成效的单位和个人给予奖励。

第七十六条 自治机关应当鼓励各族干部学习国家通用语言文字和藏语言文字，提升公共服务行业人员运用国家通用语言文字和藏语言文字能力。

第七十七条 自治州招录公务员或招聘事业单位工作人员时，对少数民族报考人员可依照法律规定和有关政策予以适当照顾。

自治州对本地工作的各类人才和作出特殊贡献的人员的配偶、子女，在就业、就学等方面给予适当照顾，具体办法由自治州人民政府制定。

第七十八条 自治州人民政府应当制定和实施符合自治州实际的干部职工作息、休养、体检、供氧、供暖等关心关爱干部职工的政策措施。

第八章 附 则

第七十九条 自治州建州于一九五三年十二月二十二日，确定每年十月十五日为建州纪念日，放假一天。

自治州尊重各民族的传统节日。藏历新年、开斋节等民族传统节日放假时间，由自治州人民政府另行规定。

第八十条 本条例自 2021 年 10 月 1 日起施行。

州委文件

表 57

文号序号	文件标题	发文日期
黄发〔2021〕1 号	关于印发《关于全面推进乡村振兴加快农牧业农牧区现代化的若干措施》的通知	2021 年 3 月 5 日
黄发〔2021〕2 号	关于制定国民经济和社会发展第十四个五年规划和二〇三五年远景目标的建议	2021 年 1 月 19 日
黄发〔2021〕5 号	中共黄南州委关于开展党建学习教育的实施方案的通知	2021 年 4 月 9 日
黄发〔2021〕8 号	关于印发《黄南州落实〈省委省政府关于全面贯彻落实习近平总书记参加十三届全国人大四次会议青海代表团审议时重要讲话精神的若干措施〉任务分工》的通知	2021 年 6 月 15 日
黄发〔2021〕10 号	关于表彰优秀共产党员、优秀党务工作者、先进基层党组织的决定	2021 年 6 月 9 日
黄发〔2021〕14 号	关于黄南州教育教学工作先进集体和先进个人的表彰决定	2021 年 9 月 7 日
黄发〔2021〕15 号	关于印发《黄南州实现巩固拓展脱贫攻坚成果同乡村振兴有关衔接的实施方案》的通知	2021 年 9 月 14 日
黄发〔2021〕18 号	关于全面加强新时代大中小学劳动教育的意见的实施方案的通知	2021 年 11 月 2 日
黄发〔2021〕19 号	关于转发《州委宣传部　州司法局关于在全州公民中开展法治宣传教育的第八个五年规（2021—2025 年）》的通知	2021 年 11 月 22 日
黄委〔2021〕12 号	关于同意州政协 2021 年度重点协商计划的批复	2021 年 1 月 21 日
黄委〔2021〕13 号	关于贯彻落实省委十三届九次全体会议精神情况的报告	2021 年 1 月 21 日
黄委〔2021〕24 号	关于 2020 年度经济社会发展目标完成情况的报告	2021 年 2 月 8 日
黄委〔2021〕25 号	关于黄南州 2020 年地方政府隐性债务化解工作情况的报告	2021 年 2 月 24 日
黄委〔2021〕27 号	关于黄南州推荐全国优秀党员、优秀党务工作者、先进基层党组织工作的报告	2021 年 2 月 24 日
黄委〔2021〕43 号	关于成立黄南州庆祝中国共产党成立 100 周年活动领导小组及组成人员任职的通知	2021 年 3 月 3 日
黄委〔2021〕44 号	关于成立州委党史学习教育领导小组及组成人员任职的通知	2021 年 3 月 3 日
黄委〔2021〕52 号	关于黄南州各市县 2020 年度省对县脱贫攻坚绩效考核目标任务完成情况的报告	2021 年 3 月 11 日
黄委〔2021〕55 号	关于设立黄南州供销合作社联合社的通知	2021 年 7 月 8 日
黄委〔2021〕57 号	关于开展黄南州“两优一先”评选表彰活动的请示	2021 年 3 月 26 日
黄委〔2021〕125 号	关于中国共产党黄南藏族自治州第十三次代表大会代表选举工作有关事宜的通知	2021 年 6 月 17 日
黄委〔2021〕126 号	关于同意成立中共黄南藏族自治州乡村振兴局党组的批复	2021 年 6 月 22 日

续表57

文号序号	文件标题	发文日期
黄委〔2021〕151 号	关于州委提名到各选举单位参选的州第十三次党代表大会代表的通知	2021 年 6 月 22 日
黄委〔2021〕180 号	黄南州各市（县）党政正职选举结果的报告	2021 年 7 月 19 日
黄委〔2021〕205 号	关于黄南州委、纪委换届选举结果的报告	2021 年 8 月 7 日
黄委〔2021〕206 号	关于中国共产党黄南藏族自治州第十三次代表大会有关情况的报告	2021 年 8 月 10 日
黄委〔2021〕214 号	关于 2020 年度黄南州污染防治攻坚战成效考核自评情况的报告	2021 年 8 月 12 日
黄委〔2021〕216 号	关于黄南州政协领导班子换届选举结果的报告	2021 年 8 月 14 日
黄委〔2021〕217 号	关于黄南州人大、政府领导班子和监委主任、副主任、法检“两长”换届选举结果的报告	2021 年 8 月 15 日
黄委〔2021〕218 号	黄南州领导班子换届选举结果的报告	2021 年 8 月 15 日
黄委〔2021〕233 号	关于十三届州委各常委工作分工的通知	2021 年 8 月 19 日
黄委〔2021〕236 号	关于中国共产党中国邮政集团公司黄南州分公司第一届委员会委员和纪律检查委员会委员候选人预备人选的批复	2021 年 8 月 19 日
黄委〔2021〕266 号	关于 2021 年 1—9 月份地方政府隐性债务化解情况的报告	2021 年 10 月 27 日
黄委〔2021〕267 号	关于上报《2021 年上半年州委落实党风廉政建设主体责任情况》的报告	2021 年 11 月 5 日
黄委〔2021〕269 号	关于印发《十三届州委巡察工作规划（2021—2026 年）》的通知	2021 年 9 月 28 日
黄委〔2021〕275 号	关于呈报黄南州委 2021 年工作总结的报告	2021 年 11 月 17 日
黄委〔2021〕286 号	关于黄南州庆祝中国共产党成立 100 周年活动总结的报告	2021 年 12 月 2 日
黄办发〔2021〕1 号	关于印发《2021 年全州千名干部下乡开展“巩固拓展脱贫攻坚成果全面推进乡村振兴”活动方案》的通知	2021 年 2 月 24 日
黄办发〔2021〕2 号	关于印发《关于在全州开展“五项教育”迎党百年华诞主题活动实施方案》的通知	2021 年 1 月 18 日
黄办发〔2021〕6 号	关于印发《黄南州促进藏医药传承创新发展的实施方案》的通知	2021 年 5 月 12 日
黄办发〔2021〕8 号	关于印发《黄南藏族自治州人民代表大会换届选举工作实施方案》的通知	2021 年 6 月 1 日
黄办发〔2021〕9 号	关于印发《政协黄南藏族自治州第十四届委员会换届工作方案》的通知	2021 年 6 月 1 日
黄办发〔2021〕10 号	关于印发《各市县和州直部门、省驻州单位 2021 年度考核目标任务》的通知	2021 年 6 月 23 日
黄办发〔2021〕12 号	关于印发《黄南州乡村振兴示范村（乡镇）建设行动计划方案》的通知	2021 年 8 月 4 日
黄办发〔2021〕13 号	关于印发《关于黄南州深化新时代中小学思想政治理论课建设的实施方案》的通知	2021 年 9 月 6 日
黄办发〔2021〕14 号	关于印发《黄南州全面深化新时代教师队伍建设改革实施办法》的通知	2021 年 9 月 6 日
黄办发〔2021〕15 号	关于印发《黄南州加快发展学前教育的实施方案》的通知	2021 年 9 月 6 日
黄办发〔2021〕17 号	关于印发《黄南州新发展阶段全面深化改革工作的若干措施》的通知	2021 年 9 月 9 日
黄办发〔2021〕19 号	关于上半年全州经济形势和做好下半上经济工作的建设的通知	2021 年 9 月 23 日
黄办发〔2021〕20 号	关于印发《黄南州州级国家机关有关部门生态环境保护责任清单》的通知	2021 年 9 月 24 日

续表57

文号序号	文件标题	发文日期
黄办发〔2021〕25 号	关于常态化开展不合格党员处置工作的通知	2021 年 11 月 5 日
黄办发〔2021〕26 号	关于印发《黄南州民政局职能配置内设机构和人员编制规定》的通知	2021 年 11 月 10 日
黄办发〔2021〕27 号	关于印发《黄南州供销合作社联合社职能配置内设机构和人员编制规定》的通知	2021 年 11 月 10 日
黄办发〔2021〕29 号	关于印发《中共黄南州委关于中共青海省委〈法治社会建设实施纲要（2020—2025 年）的实施意见〉的贯彻措施》的通知	2021 年 11 月 12 日
黄办发〔2021〕30 号	关于转发州政协党组《关于推进全州乡镇政协委员联络室实体化、规范化运行的指导意见》的通知	2021 年 11 月 18 日
黄办发〔2021〕31 号	关于印发《黄南州党的十九届六中全会精神学习宣传工作实施方案》的通知	2021 年 12 月 6 日
黄办发〔2021〕32 号	关于印发《黄南州实施乡镇机构改革工作安排及任务分工》的通知	2021 年 12 月 7 日
黄办发〔2021〕34 号	关于印发《关于从严落实党组织结对共建帮村党员干部结对认亲帮户“双帮”工作机制实施方案》的通知	2021 年 12 月 23 日
黄办发〔2021〕35 号	关于印发《黄南州贯彻落实〈2010—2020 年干部教育培训改革纲要〉的实施意见》的通知	2021 年 12 月 15 日
黄办发〔2021〕36 号	关于印发《黄南州优秀拔尖人才评选暂行办法》的通知	2021 年 12 月 15 日
黄办发〔2021〕37 号	关于印发《黄南州引进人才与智力工作暂行办法》的通知	2021 年 12 月 15 日
黄办发〔2021〕38 号	关于印发《进一步加强和改进新形势下机关党建工作的意见》的通知	2021 年 12 月 19 日
黄办字〔2021〕2 号	关于各级力量下沉全力做好村（居）民委员会换届选举工作的通知	2021 年 9 月 6 日
黄办字〔2021〕3 号	关于进一步加强制止餐饮浪费行为工作的通知	2021 年 9 月 6 日
黄办字〔2021〕4 号	关于印发《〈黄南年鉴〉（2021 年）组稿方案》通知	2021 年 9 月 9 日
黄办字〔2021〕5 号	关于 2020 年度全州党风廉政建设主体责任监督责任检查考核情况的通报	2021 年 9 月 23 日
黄办字〔2021〕6 号	关于印发《黄南州委党校行政办学质量评估反馈意见建设整改措施》的通知	2021 年 9 月 24 日
黄办字〔2021〕7 号	关于申报黄南州 2021 年度表彰活动计划的报告	2021 年 12 月 2 日
黄办字〔2021〕8 号	关于上报《州委办公室领导班子整改落实州委第七轮第一巡察组巡察反馈意见情况的报告》和《州委办公室领导班子主要负责同志组织落实州委巡察反馈意见整改工作情况的报告》的报告	2021 年 1 月 29 日
黄办字〔2021〕9 号	关于印发《省委十三届九次全会对黄南州意识形态工作述职点评意见的整改方案》的通知	2021 年 2 月 1 日
黄办字〔2021〕10 号	关于启用黄南藏族自治州人民代表大会常务委员会等新印章的通知	2021 年 2 月 1 日
黄办字〔2021〕11 号	关于印发《2020 年度州委常委班子民主生活会问题整改落实责任分工》的通知	2021 年 2 月 2 日
黄办字〔2021〕13 号	关于开展贯彻省委主要领导讲话精神调研活动的通知	2021 年 2 月 7 日
黄办字〔2021〕15 号	关于印发《关于在全州各级党组织开展“促百分百达标、迎党百年华诞”以评促建活动实施方案》的通知	2021 年 2 月 8 日

续表57

文号序号	文件标题	发文日期
黄办发〔2020〕16 号	关于印发《省委十三届九次全会对黄南州党风廉政建设责任制点评意见整改方案》的通知	2021 年 2 月 8 日
黄办字〔2021〕18 号	关于印发《省委十三届九次全会对黄南州基层党建工作点评意见整改方案》的通知	2021 年 2 月 22 日
黄办字〔2021〕20 号	关于确定州级领导联系督导重点项目的通知	2021 年 2 月 23 日
黄办字〔2021〕22 号	关于调整部分议事协调机构组长副组长的通知	2021 年 3 月 10 日
黄办字〔2021〕23 号	关于进一步做好州委文件起草审核工作的通知	2021 年 3 月 17 日
黄办字〔2021〕26 号	关于调整州直党政机关公务接待范围等有关工作的通知	2021 年 3 月 30 日
黄办字〔2021〕29 号	关于调整州直党政机关公务接待范围等有关工作的通知	2021 年 4 月 8 日
黄办字〔2021〕31 号	关于启用中共黄南州委党史学习教育领导小组、中共黄南州委党史学习教育领导小组办公室印章的通知	2021 年 4 月 12 日
黄办字〔2021〕33 号	关于解决州委国家委员会办公室编制的请示	2021 年 4 月 23 日
黄办字〔2021〕34 号	关于印发《贯彻落实省政府主要领导在黄南调研工作时讲话精神工作方案》的通知	2021 年 4 月 26 日
黄办字〔2021〕38 号	关于印发《关于深入整治形式主义做好 2021 年为基层减负工作及任务分工方案》的通知	2021 年 4 月 30 日
黄办字〔2021〕39 号	关于印发《黄南州生活垃圾分类和处置工作实施方案》的通知	2021 年 5 月 7 日
黄办字〔2021〕42 号	关于印发《黄南州 2021 年督查检查考核年度计划》的通知	2021 年 5 月 21 日
黄办字〔2021〕43 号	关于召开中共黄南州委十二届十二次全体会议的通知	2021 年 5 月 24 日
黄办字〔2021〕49 号	关于印发《关于在 2021 年“七一”前夕组织开展走访慰问活动方案》和《关于召开全州优秀共产党员、优秀党务工作者、先进基层党组织表彰大会工作方案》的通知	2021 年 6 月 16 日
黄办字〔2021〕52 号	印发《关于在全州开展“庆七一·迎党百年华诞”系列主题党日活动方案》的通知	2021 年 6 月 23 日
黄办字〔2021〕53 号	关于全州综治中心运行情况的通报	2021 年 6 月 30 日
黄办字〔2021〕54 号	关于印发《黄南州庆祝中国共产党成立 100 周年理论研讨会工作方案》的通知	2021 年 7 月 5 日
黄办字〔2021〕55 号	关于印发青藏川（市）第七次联席会议筹备工作总体方案的通知	2021 年 7 月 6 日
黄办字〔2021〕56 号	关于启用中共黄南藏族自治州乡村振兴局党组印章的通知	2021 年 7 月 8 日
黄办字〔2021〕57 号	关于印发《全州道路交通沿线生活垃圾排查整治工作方案》的通知	2021 年 7 月 9 日
黄办字〔2021〕58 号	关于成立中共黄南州第十三次代表大会秘书处工作机构的通知	2021 年 7 月 14 日
黄办字〔2021〕60 号	关于召开中共黄南州十二届委员会第十三次全体会议的通知	2021 年 7 月 27 日
黄办字〔2021〕61 号	关于印发《黄南州贯彻落实〈青海省强化知识产权保护实施方案〉责任分工方案》的通知	2021 年 8 月 2 日
黄办字〔2021〕62 号	关于召开中国共产党黄南藏族自治州第十三次代表大会的通知	2021 年 8 月 6 日
黄办字〔2021〕63 号	关于州新冠肺炎疫情防控指挥部抽调人员继续到岗工作的通知	2021 年 8 月 19 日
黄办字〔2021〕64 号	关于十三届州委各常委工作分工的请示	2021 年 8 月 19 日

续表57

文号序号	文件标题	发文日期
黄办字〔2021〕69 号	关于成立黄南州国家农业科技园区建设协调小组及其管理委员会的通知	2021 年 9 月 1 日
黄办字〔2021〕72 号	关于调整黄南州推进软件正版化工作领导小组成人员通知	2021 年 9 月 13 日
黄办字〔2021〕74 号	关于调整《中国共产党黄南历史（1949—1978）》编纂委员会组成人员的通知	2021 年 9 月 16 日
黄办字〔2021〕77 号	关于 2021 年上半年公文错情的通报	2021 年 9 月 30 日
黄办字〔2021〕79 号	关于成立黄南州推进群团协同化建设工作领导小组的通知	2021 年 10 月 8 日
黄办字〔2021〕82 号	关于印发《黄南州群团工作联席会议制度（试行）》的通知	2021 年 10 月 11 日
黄办字〔2021〕83 号	关于印发《黄南州机构改革和机构编制管理工作联席会议制度》等文件的通知	2021 年 10 月 18 日
黄办字〔2021〕85 号	关于成立黄南州全面推行林草长制工作领导小组的通知	2021 年 10 月 20 日
黄办字〔2021〕86 号	关于启用黄南藏族自治州乡村振兴领导小组及黄南藏族自治州乡村振兴领导小组办公室印章的通知	2021 年 10 月 21 日
黄办字〔2021〕91 号	关于印发《黄南州村集体经济收益资金管理使用暂行办法》的通知	2021 年 11 月 1 日
黄办字〔2021〕95 号	关于州党史研究室公务用车制度改革有关意见的批复	2021 年 10 月 18 日
黄办字〔2021〕96 号	关于州档案局公务用车制度改革有关意见的批复	2021 年 11 月 17 日
黄办字〔2021〕102 号	关于印发《全州党政机关及事业单位办公用房专项整治方案》的通知	2021 年 11 月 25 日
黄办字〔2021〕103 号	关于成立黄南州民族团结进步示范区创建活动领导小组的通知	2021 年 12 月 9 日
黄办字〔2021〕104 号	关于启用中共黄南州委网络安全和信息化委员会等印章的通知	2021 年 12 月 11 日
黄办字〔2021〕108 号	关于启用黄南藏族自治州网络舆情信息中心印章的通知	2021 年 12 月 21 日
黄办字〔2021〕109 号	关于学习宣传全国道德模范完德尖措同志先进事迹的通知	2021 年 12 月 22 日
黄办字〔2021〕113 号	关于印发《省级生态环境保护督察组在黄南州督察期间协调工作方案》的通知	2021 年 12 月 28 日

州委工作通报

表 58

文件期号	文件标题	发文日期
第 2 期	王振昌同志在企业家座谈会上的讲话	2021 年 1 月 11 日
第 7 期	王振昌同志在州委办公室党支部组织生活会上的讲话	2021 年 1 月 19 日
第 8 期	王振昌同志在州委第 131 次常委会会议上的讲话	2021 年 2 月 8 日
第 11 期	王振昌、乔学智、力本嘉同志在州委农村牧区工作会议上的讲话	2021 年 3 月 1 日
第 15 期	王振昌同志在州第十五届人民代表大会第七次会议上的讲话	2021 年 3 月 15 日

续表58

文件期号	文件标题	发文日期
第 16 期	在全州组织工作会议暨“促百分百达标、迎党百年华诞”以评促建活动动员部署会上的讲话	2021 年 3 月 17 日
第 17 期	力本嘉同志在全州信访工作会议上的讲话	2021 年 3 月 17 日
第 18 期	王耀春同志在十二届州委第九轮巡察动员会上的讲话	2021 年 4 月 25 日
第 19 期	王耀春同志在州委理论学习中心组学习会暨党史学习教育第一次专题学习研讨会上的讲话	2021 年 4 月 29 日
第 23 期	王耀春同志在全州新冠肺炎疫情防控处置工作指挥部第 24 次会议（视频）上的讲话	2021 年 5 月 18 日
第 26 期	王耀春同志在州全面推行河湖长制工作领导小组会议上的讲话	2021 年 5 月 27 日
第 34 期	王耀春同志在州委理论学习中心组专题学习会上的讲话	2021 年 7 月 19 日
第 36 期	在中国共产党黄南藏族自治州第十三次代表大会上的报告	2021 年 8 月 10 日
第 37 期	王耀春同志在州委十三届一次全体会议上的讲话	2021 年 8 月 11 日
第 38 期	王耀春同志在十三届州委第 1 次常委会会议上的讲话	2021 年 8 月 25 日
第 41 期	王耀春、扎西才让同志在州目标考核领导小组（扩大）会议暨全州重点项目工作推进会上的讲话	2021 年 10 月 14 日
第 43 期	王耀春、扎西才让同志在全州林草长制第一次工作会议上的讲话	2021 年 11 月 5 日
第 49 期	在全州中小学党建工作推进会上的讲话	2021 年 12 月 29 日
第 50 期	在州委农村牧区工作领导小组会议上的讲话	2021 年 12 月 30 日

人大常委会文件

表 59

文件号	文件题名	文件日期
黄人大常发〔2021〕6 号	黄南藏族自治州人民代表大会常务委员会关于召开黄南藏族自治州第十五届人民代表大会第七次会议的决定	2021 年 3 月 2 日
黄人大常发〔2021〕15 号	黄南藏族自治州第十五届人民代表大会常务委员会同意调整州人民政府关于 2020 年州本级一般公共预算的决议	2021 年 3 月 12 日
黄人大常发〔2021〕19 号	黄南藏族自治州人民代表大会常务委员会关于召开黄南藏族自治州第十五届人民代表大会第八次会议的决定	2021 年 4 月 29 日
黄人大常发〔2021〕20 号	黄南藏族自治州人大常委会关于报请批准《黄南藏族自治州自治条例》的报告	2021 年 6 月 15 日
黄人大常发〔2021〕21 号	黄南藏族自治州人民代表大会常务委员会关于召开黄南藏族自治州第十六届人民代表大会第一次会议的决定	2021 年 7 月 28 日

续表59

文件号	文件题名	文件日期
黄人大常发〔2021〕23号	黄南藏族自治州第十五届人民代表大会常务委员会关于黄南州2021年上半年国民经济和社会发展计划执行情况报告的审议意见	2021年7月30日
黄人大常发〔2021〕24号	黄南藏族自治州第十五届人民代表大会常务委员会关于黄南州2021年上半年财政预算执行情况报告的审议意见	2021年7月30日
黄人大常发〔2021〕25号	黄南藏族自治州第十五届人民代表大会常务委员会关于黄南州审计工作专项报告的审议意见	2021年7月30日
黄人大常发〔2021〕26号	黄南藏族自治州第十五届人民代表大会常务委员会关于全州检察机关认罪认罚从宽制度实施情况专项报告的审议意见	2021年7月30日
黄人大常发〔2021〕27号	黄南藏族自治州第十五届人民代表大会常务委员会执法检查组关于全州贯彻实施《中华人民共和国固体废物污染环境防治法》情况的审议意见	2021年7月30日
黄人大常发〔2021〕28号	黄南藏族自治州第十五届人民代表大会常务委员会代表资格审查委员会关于黄南藏族自治州第十六届人民代表大会代表资格审查报告	2021年7月30日
黄人大常发〔2021〕29号	黄南藏族自治州第十五届人民代表大会常务委员会关于全州医保基金运行管理情况专项报告的审议意见书	2021年8月6日
黄人大常发〔2021〕31号	黄南藏族自治州人民代表大会常务委员会关于印发《黄南藏族自治州人民代表大会常务委员会工作规则》的通知	2021年8月26日
黄人大常发〔2021〕33号	黄南藏族自治州人民代表大会常务委员会关于印发《黄南州人大常委会专题询问办法（试行）》的通知	2021年8月26日
黄人大常发〔2021〕43号	黄南州人大常委会关于《州人民政府2020年州本级财政决算（草案）报告》的审议意见	2021年11月5日
黄人大常发〔2021〕44号	黄南州人大常委会关于州人民政府《2020年度黄南州本级预算执行和其他财政收支情况的审计工作报告》及《关于2019年度州本级预算执行和其他财政收支审计查出问题整改情况的报告》的审议意见	2021年11月5日
黄人大常发〔2021〕45号	黄南州人大常委会关于批准2020年州本级财政决算的决议	2021年11月5日
黄人大常发〔2021〕46号	黄南州人大常委会关于督办州十五届人大七次会议代表建议办理情况的通报	2021年11月5日
黄人大常发〔2021〕47号	关于对全州“乡镇人大建设年”提升行动暨“两室一平台”规范化建设督查情况的通报	2021年11月5日
黄人大常发〔2021〕50号	黄南藏族自治州第十六届人民代表大会常务委员会关于开展全州突发公共卫生事件应急管理工作和传染病防治法律法规实施情况专项工作报告的审议意见书	2021年11月5日
黄人大常发〔2021〕51号	黄南藏族自治州人民代表大会常务委员会关于开展第八个五年法治宣传教育的决议	2021年11月5日
黄人大常发〔2021〕53号	黄南州人大常委会关于州人民政府关于调整2021年州本级新增地方政府债券支出预算的审议意见	2021年12月27日
黄人大常发〔2021〕54号	黄南藏族自治州第十六届人民代表大会常务委员会同意调整州人民政府关于2021年州本级一般公共预算的决议	2021年12月27日

续表59

文件号	文件题名	文件日期
黄人大常发〔2021〕55号	关于印发《黄南州人大常委会关于县级以上人民政府向本级人民代表大会或者人民代表大会常务委员会报告生态环境状况和环境保护目标完成情况办法》的通知	2021年12月23日
黄人大常发〔2021〕56号	关于补选李忠为青海省第十三届人民代表大会代表的报告	2021年12月24日
黄人大常发〔2021〕57号	黄南州人大常委会关于黄南州2020年国有资产管理情况综合报告的审议意见	2021年12月27日
黄人大常发〔2021〕58号	黄南州人大常委会关于黄南州2020年自然资源国有资产管理情况报告的审查意见	2021年12月27日
黄人大常发〔2021〕59号	黄南州第十六届人大常委会代表资格审查委员会关于州十六届人民代表大会代表变动情况及补选代表的代表资格审查报告	2021年12月27日
黄人大常发〔2021〕60号	黄南藏族自治州人大常委会对《黄南州2021年度环境状况和环境保护目标完成情况报告》的审议意见	2021年12月23日
黄人大常发〔2021〕61号	关于印发《黄南州人民代表大会常务委员会组成人员履职管理办法》的通知	2021年12月27日
黄人大常发〔2021〕62号	黄南藏族自治州第十六届人民代表大会常务委员会第三次会议《关于检查〈中华人民共和国未成年人保护法〉实施情况的执法检查报告》的审议意见	2021年12月27日
黄人大常发〔2021〕64号	关于印发《黄南藏族自治州人大常委会关于黄南州监察委员会开展扶贫领域腐败和作风问题专项治理的工作报告》审议意见的通知	2021年12月28日

政府文件

表60

顺序号	文件题名	文件日期
黄政〔2021〕1号	关于报送“四好农村公路”建设及“路长制”落实情况审议意见办理情况的报告	2021年1月5日
黄政〔2021〕2号	关于尖扎县措周35千伏变电站项目建设用地的请示	2021年1月6日
黄政〔2021〕3号	关于黄南州2020年消防工作总结的报告	2021年1月12日
黄政〔2021〕6号	关于贯彻实施《中华人民共和国科学普及法》审议意见落实情况的报告	2021年3月1日
黄政〔2021〕9号	关于调整2020年州本级地方一般公共预算收入的议案	2021年3月11日
黄政〔2021〕10号	关于印发省州政府工作报告和民生实事工程主要任务分工方案的通知	
黄政〔2021〕12号	关于举办青藏川滇甘交界地区州（市）长第七次联席会议的请示	2021年4月7日
黄政〔2021〕14号	关于同仁撤县设市组织实施情况的报告	2021年5月21日

续表60

顺序号	文件题名	文件日期
黄政〔2021〕15号	关于举办庆祝中国共产党100周年暨河南蒙古族自治县第22届“那达慕”盛会的请示	2021年5月31日
黄政〔2021〕16号	关于审批《同仁市土地征收成片开发方案（2021年度）的请示》	2021年6月1日
黄政〔2021〕17号	关于对同仁市保安镇浪加村哈日欠土地开发（占补平衡）项目竣工验收的意见789	2021年6月8日
黄政〔2021〕18号	关于对同仁市兰采乡兰采村南湘滩土地开发（占补平衡）项目竣工验收的意见	2021年6月8日
黄政〔2021〕21号	关于尖扎县2020年度第一批次城镇建设用地的请示	2021年6月28日
黄政〔2021〕24号	关于上报黄南州草原生态保护补助奖励政策审计反馈问题核查核实情况的报告	2021年7月2日
黄政〔2021〕27号	关于2021年上半年工作总结和下半年工作要点的报告	2021年7月14日
黄政〔2021〕28号	关于取消和调整10项行政审批等事项的决定	2021年7月28日
黄政〔2021〕30号	关于召开全省乡村旅游工作现场会的请示	2021年8月4日
黄政〔2021〕31号	关于同仁330千伏输变电工程项目建设用地的请示	2021年8月4日
黄政〔2021〕32号	关于河南县嘉嘉加油站建设项目用地的请示	2021年8月6日
黄政〔2021〕35号	关于州政府领导分工的通知	2021年8月15日
黄政〔2021〕36号	关于审查《G0611张掖至汶川高速同仁至赛尔龙（青甘界）段公路工程涉及同仁市土地用途调整方案暨永久基本农田补划方案》的请示	2021年8月20日
黄政〔2021〕37号	关于省道308线大角满（青甘界）至瓜什则段公路改建工程建设项目用地的请示	2021年8月27日
黄政〔2021〕38号	关于印发《黄南州关于加快发展现代职业教育实施方案》的通知	2021年9月2日
黄政〔2021〕40号	关于呈报《黄南州草原生态保护补助奖励政策审计反馈问题核查核实“回头看”工作情况》的报告	2021年10月13日
黄政〔2021〕41号	关于同仁市2021年度第二批次城镇建设用地的请示	2021年10月19日
黄政〔2021〕42号	关于尖扎县马克唐镇至康杨镇二级公路建设用地的请示	2021年10月19日
黄政〔2021〕44号	关于2021年工作总结和2022年工作要点的报告	2021年10月26日
黄政〔2021〕45号	关于印发黄南州人民政府工作规则等制度的通知	2021年11月2日
黄政〔2021〕46号	关于印发黄南州突发事件总体预案及黄南州突发事件部门专项应急预案的通知	2021年11月12日
黄政〔2021〕49号	关于上报黄南州草原生态保护补助奖励政策执行情况全面排查工作的报告	2021年11月19日
黄政〔2021〕50号	关于提请审议《黄南藏族自治州林木管护条例（草案）》的议案	2021年11月19日
黄政〔2021〕51号	关于提请审议《黄南藏族自治州城乡社区治理条例（草案）》的议案	2021年11月19日
黄政〔2021〕55号	关于提请审议《黄南藏族自治州水资源保护条例（草案）》的议案	2021年12月3日
黄政〔2021〕56号	关于授予尖扎县、泽库县州级“信用县”荣誉称号的决定	2021年12月3日
黄政〔2021〕58号	关于全州贯彻实施《中华人民共和国固体废物污染环境防治法》情况的报告	2021年12月16日

政协文件

表 61

文号	文件题目	文件日期
黄协〔2021〕3 号	关于调整政协第十三届黄南藏族自治州委员会各副主席工作分工的通知	2021 年 3 月 29 日
黄协〔2021〕4 号	关于表彰州政协十三届六次会议以来优秀提案的决定	2021 年 4 月 28 日
黄协〔2021〕5 号	关于表彰 2020 年度提案办理先进单位和优秀联络员的决定	2021 年 4 月 28 日
黄协〔2021〕6 号	关于印发《全州政协关于开展提质增效三年行动 2021 年实施方案》的通知	2021 年 5 月 7 日
黄协〔2021〕7 号	中国人民政治协商会议第十四届黄南藏族自治州委员会关于设置专门委员会的决定	2021 年 8 月 18 日
黄协党〔2021〕3 号	关于印发《黄南州政协党组 2020 年度民主生活会整改工作方案》的通知	2021 年 2 月 1 日
黄协党〔2021〕6 号	关于召开政协第十三届黄南藏族自治州委员会第七次会议的请示	2021 年 2 月 26 日
黄协党〔2021〕7 号	关于设立黄南州政协文史资料馆的请示	2021 年 3 月 23 日
黄协党〔2021〕8 号	关于《政协第十三届黄南藏族自治州委员会第七次会议委员建议》的报告	2021 年 3 月 30 日
黄协党〔2021〕9 号	关于印发《中共黄南州政协党组 2021 年工作要点》的通知	2021 年 3 月 21 日
黄协党〔2021〕10 号	关于印发《黄南州政协关于开展党史学习教育的实施方案》的通知	2021 年 4 月 20 日
黄协党〔2021〕13 号	关于发挥宗教在社会治理中的积极作用情况的调研报告	2021 年 6 月 11 日
黄协党〔2021〕14 号	关于印发《州政协干部职工网络行为十不准》的通知	2021 年 7 月 13 日
黄协党〔2021〕18 号	关于深化教育体制改革情况的调研报告	2021 年 8 月 24 日
黄协党〔2021〕20 号	关于《政协第十四届黄南藏族自治州委员会第一次会议委员建议》的报告	2021 年 9 月 28 日
黄协党〔2021〕21 号	关于印发《政协第十四届黄南藏族自治州委员会领导班子成员分工》的通知	2021 年 10 月 20 日
黄协党〔2021〕22 号	关于加强传统村落保护、助力乡村文化繁荣发展情况的调研报告	2021 年 11 月 2 日
黄协党〔2021〕23 号	关于批转《关于推进全州乡镇政协委员联络室实体化、规范化运行的指导意见》的请示	2021 年 11 月 3 日
黄协党〔2021〕25 号	关于黄南州乡村卫生服务一体化工作调研视察报告	2021 年 12 月 27 日
黄协党〔2021〕26 号	关于开展创建绿色有机农畜产品示范州情况的视察报告	2021 年 12 月 27 日
黄协党〔2021〕27 号	关于黄南州开展省部共建高原美丽城镇示范区建设情况的视察报告	2021 年 12 月 27 日
黄协党〔2021〕28 号	关于助推脱贫攻坚成果与乡村振兴有效衔接调研情况的报告	2021 年 12 月 27 日
黄协党〔2021〕18 号	关于推进移风易俗、树立文明乡风情况的调研报告	2021 年 12 月 27 日

统计资料

黄南州生产总值

表 62　　单位：万元

	按当年价格		按可比价格计算		
	本年	上年	本年	上年	较上年±（%）
生产总值	1104494	1093914	1106496	1093914	1.2
第一产业	308276	302698	316536	302698	4.6
第二产业	257351	276301	246284	276301	-10.9
工业	156527	162291	149714	162291	-7.7
建筑业	100824	114009	96570	114009	-15.3
第三产业	538867	514915	543676	514915	5.6

备注：以上数据为初步核算数。

分地区生产总值

表 63　　单位：万元

	按当年价格		按可比价格计算		
	本年	上年	本年	上年	较上年±（%）
生产总值	1104494	1093914	1106496	1093914	1.2
同仁	402644	389464	401464	389464	3.1
尖扎	289254	297208	286243	297208	-3.7
泽库	207387	202664	210297	202664	3.8
河南	205209	204578	208492	204578	1.9

备注：以上数据为初步核算数。

2014—2021 年分地区规模以上工业增加值完成情况

表 64　　　　单位：万元

地区	2014 年	2015 年	2016 年	2017 年	2018 年	2019 年	2020 年	2021 年
全州合计	118457	115086	93016	82431	123814	144527	174195	142563
同仁	1139	1293	2308	2365				
尖扎	115493	102053	75597	67720	106636	129402	156833	124809
泽库	1877	1472	1142	1772				
河南	2964	13033	17419	14711	14162	12360	13913	13617

2014—2021 年分地区财政收支表

表 65　　　　单位：万元

	2014 年		2015 年		2016 年		2017 年		2018 年		2019 年		2020 年		2021 年	
	收入	支出	收入	支出	收入	支出	收入	支出	收入	支出	收入	支出	收入	支出	收入	支出
合计	25331	572290	34811	689902	39343	717495	35101	734929	31609	860416	34822	1090294	47429	1196192	48573	1102147
其中：同仁	7150	137417	9341	180307	10232	181204	8945	186273	6918	240537	7488	318683	11303	329818	11898	285984
尖扎	8587	136148	11060	136708	11458	142130	10617	157730	9387	163759	10374	215338	19084	265995	18983	252267
泽库	1586	111587	3813	148334	4211	154461	2627	161307	3114	195372	3385	239022	3905	211837	3048	220127
河南	2270	100679	4394	118966	5264	134685	3865	129315	3066	146204	3282	168337	3903	191555	4251	167849
州属	5221	86459	6203	105587	8178	105015	9047	100304	9124	114544	10293	148914	9234	196987	10393	175920

2014—2021 年总户数、总人口

表 66　　　　单位：户、人

		合计	同仁	尖扎	泽库	河南
2014	总户数	88155	31811	22344	22120	11880
	总人口	266541	96322	57171	72212	40836
2015	总户数	91124	32485	23043	23278	12318
	总人口	268822	97132	57666	72787	41237

续表66

		合计	同仁	尖扎	泽库	河南
2016	总户数	89168	32950	22459	22068	11691
	总人口	271460	98100	58061	73542	41757
2017	总户数	89629	33350	22271	22262	11746
	总人口	274204	99095	58647	74284	42178
2018	总户数	89428	33379	22121	22225	11703
	总人口	276825	100042	59208	74994	42581
2019	总户数	85735	29986	21905	22186	11658
	总人口	280229	101172	60136	75816	43105
2020	总户数	86864	30232	18553	24019	14060
	总人口	276215	101519	58173	75659	40864
2021	总户数	86132	29782	21625	22763	11962
	总人口	278515	102354	58655	76285	41221

2021年全体居民人均可支配收入

表 67 单位：元

指标名称	全体	城镇	农村
可支配收入	19991	3793	11678. 5
一、工资性收入	10616. 1	24001	4110
（一）工资	9872. 2	22044	3955
1. 按月发放的工资	6677. 8	16585	1861. 8
2. 补发工资	52. 8	113	23. 5
3. 不按月发放的奖金津贴过节费等	31416	5346	2069. 9
（二）实物福利	23. 7	10. 5	30
（三）其他	720. 2	1946	124. 3
1. 住房公积金	689. 5	1880. 5	110. 6
2. 自由职业劳动所得	0. 1	0. 3	
3. 其他劳动所得	30. 6	65. 4	13. 6
二、经营净收入	5363. 3	6796. 3	4666. 7
（一）第一产业经营净收入	2828. 3	1486	3481. 5
1. 农业	4. 5	-10. 6	11. 9
2. 林业	512	262. 3	633. 36

续表67

指标名称	全体	城镇	农村
3. 牧业	2357. 8	1234. 5	2903. 9
4. 渔业	-45. 5	-67. 6	
（二）第二产业经营净收入	66. 7	-3	100. 5
（三）第三产业经营净收入	2467. 8	5313	1084. 7
1. 批发和零售业	1091. 2	2821	250. 3
2. 交通运输仓储和邮政业	69	124. 8	41. . 9
3. 住宿和餐饮业	393. 8	1072. 8	63. 7
4. 居民服务修理和其他服务业	508. 8	1260. 9	143. 2
5. 其他	383. 7	34. 1	553. 6
三、财产净收入	703. 1	1271. 4	426. 8
（一）利息净收入	-33. 8	-74. 3	-14. 1
（二）红利收入	82. 1	34. 6	105. 2
（三）转让承包土地经营权租金净收入	260. 5	240	270. 4
（四）出租房屋财产性收入	210. 2	538. 8	50. 5
（五）出租机械专利版权等资产的收入			
（六）其他财产净收入	-2. 2	3. 5	-5
（七）房屋虚拟租金	172	525. 9	
四、转移净收入	3309	5024	2475. 5
（一）转移性收入	4245. 5	7101. 8	2857
1. 养老金或离退休金	2179. 8	5545. 5	5443. 8
（1）离退休金	1952. 3	5347. 4	301. 9
（2）（城镇）居民社会养老保险	27	61. 4	10. 3
（3）新型农村养老保险	177. 6	115	207. 9
（4）其他养老金	22. 9	21. 4	23. 7
2. 社会救济和补助	735	439. 9	878. 5
（1）最低生活保障费	616	363. 6	738. 8
（2）五保户救助金	3. 1	4. 7	
（3）扶贫款	1. 9	2. 8	
（4）救灾款	0. 6	0. 8	
（5）抚恤金	0. 2	0. 2	
（6）其他社会救济收入	39. 3	42. 5	37. 8
3. 政策性生活补贴	61. 2	77. 6	53. 2
4. 报销医疗费	130. 4	155. 3	118. 3
5. 家庭外出从业人员寄回带回收入	100. 4	128. 2	86. 9

续表67

指标名称	全体	城镇	农村
6. 赡养收入	125.5	143.6	116.7
7. 其他经常转移收入	44	92.9	20.3
8. 从政府和组织得到的实物产品和服务折价	8.6	2.2	11.6
9. 现金政策性惠农补贴	860.6	516.7	1027.7
(二) 转移性支出	936.3	2077.5	381.6
1. 个人所得税	50.5	152.5	1
2. 社会保障支出	860.5	1861.7	373.9
(1) 个人缴纳的养老保险	488.3	1255.4	115.4
(2) 个人缴纳的医疗保险	326.4	467.5	257.8
(3) 个人缴纳的失业保险	15.9	47.2	0.6
(4) 其他社会保障支出	30	91.6	
3. 外来从业人员寄给家人的支出	8.9	27.2	
4. 赡养支出	7.6	20.5	1.3
5. 其他转移性支出	8.00	15.6	5.5

2014—2021年黄南州社会消费品零售总额

表68　　单位：万元、%

地区	指标＼年份	2014年	2015年	2016年	2017年	2018年	2019年	2020年	2021年
全州	社会消费品零售总额	89840.0	100945.0	113430.3	125736.6	135450.0	143505.0	144985.7	156330.3
	比上年增长	14.4	12.4	12.4	10.8	7.7	6.0	1.0	7.8
同仁	社会消费品零售总额	30822.8	34451.4	39234.8	43785.0	62883.6	66577.9	69957.2	73161.2
	比上年增长	14.9	11.8	13.9	11.6	43.6	5.9	5.1	4.6
尖扎	社会消费品零售总额	11279.2	12603.1	14209.4	15825.0	16389.7	17356.7	17536.7	18904.7
	比上年增长	14.8	11.7	12.7	11.4	3.6	5.9	1.0	7.8

续表68

地区	指标＼年份	2014 年	2015 年	2016 年	2017 年	2018 年	2019 年	2020 年	2021 年
泽库	社会消费品零售总额	10758. 2	12102. 2	13480. 3	15023. 7	15584. 9	16504. 4	16675. 8	17976. 6
	比上年增长	13. 0	12. 5	11. 4	11. 4	3. 7	5. 9	1. 0	7. 8
河南	社会消费品零售总额	10839. 9	12109. 8	13475. 9	15006. 4	15539. 5	16456. 3	16627. 2	17924. 3
	比上年增长	12. 8	11. 7	11. 3	11. 4	3. 6	5. 9	1. 0	7. 8
州本级	社会消费品零售总额	26139. 9	29678. 5	33029. 9	36096. 5	25052. 3	26609. 8	24188. 8	28363. 5
	比上年增长	14. 8	13. 5	11. 3	9. 3	-30. 6	6. 2	-9. 1	17. 3

2020 年、2021 年全州城镇居民人均可支配收入和消费支出表

表 69

指标名称	单位	2021 年	2020 年	增幅（%）
一、可支配收入	元	37093	35021	5. 9
（一）工资性收入	元	24001	22826	5. 1
（二）经营净收入	元	6796	6290	8. 0
（三）财产净收入	元	1271	1109	14. 6
（四）转移净收入	元	5024	4795	4. 8
二、消费支出	元	18895	18023	4. 8
（一）食品烟酒	元	6342	5948	6. 6
（二）衣着	元	1857	1751	6. 1
（三）居住	元	3183	3116	2. 2
（四）生活用品及服务	元	1698	1647	3. 1
（五）交通通信	元	2406	2572	-6. 5
（六）教育文化娱乐	元	1434	1293	10. 9
（七）医疗保健	元	972	1211	-19. 7
（八）其他用品和服务	元	1003	485	106. 8

2014—2021年主要农产品产量

表70 单位：吨

		全州	同仁市	尖扎县	泽库县
粮食总产量	2014年	29400	15400	14000	
	2015年	29410	15151	14259	
	2016年	29751	14949	13849	953
	2017年	44596	25267	18090	1239
	2018年	29841	14593	14546	702
	2019年	30694	16211	12683	1800
	2020年	31911	15114	14597	2200
	2021年	28964	13360	12646	2658
年均增速（%）		-0.21	-2.01	-1.44	
1. 小麦	2014年	18311	8375	9936	
	2015年	18782	8585	10197	
	2016年	18178	8116	10062	
	2017年	16493	7148	9345	
	2018年	17146	6888	10258	
	2019年	16428	8576	7852	
	2020年	17228	8133	9095	
	2021年	15505	7505	8000	
年均增速（%）		-2.35	-2.22	-3.96	
2. 青稞	2014年	3019	2361	658	
	2015年	3236	2511	725	
	2016年	4079	2334	792	
	2017年	3226	1208	779	1239
	2018年	4007	2500	811	696
	2019年	5490	2360	1330	1800
	2020年	8321	4206	1915	2200
	2021年	9377	3869	2550	2958
年均增速（%）		17.57	7.31	21.35	

续表70

		全州	同仁市	尖扎县	泽库县
(二) 豆类	2014 年	1117	483	634	
	2015 年	1293	516	777	
	2016 年	908	228	680	
	2017 年	1173	183	990	
	2018 年	1168	71	1097	
	2019 年	774	18	756	
	2020 年	992	324	668	
	2021 年	722	346	376	
年均增速 (%)		-6.04	-4.65	-7.19	
1. 豌豆	2014 年	1117	483	634	
	2015 年	1293	516	777	
	2016 年	908	228	680	
	2017 年	1173	183	990	
	2018 年	1168	71	1097	
	2019 年	774	18	756	
	2020 年	992	324	376	
	2021 年	722	346	668	
年均增速 (%)		-6.04	-4.65	0.75	
(二) 马铃薯	2014 年	5614	3814	1800	
	2015 年	5165	3083	2082	
	2016 年	5525	3665	1860	
	2017 年	22051	15737	6314	
	2018 年	5847	4313	1534	
	2019 年	5641	4206	1435	
	2020 年	4149	2381	1768	
	2021 年	2920	1552	1368	
年均增速 (%)		-8.92	-12.05	-3.84	
二、油料作物	2014 年	6233	3464	836	1933
	2015 年	5928	3171	822	1935
	2016 年	5656	2922	799	1935
	2017 年	5366	2787	895	1684
	2018 年	6389	3016	993	2380
	2019 年	5084	2861	863	1360
	2020 年	5847	2871	726	2250
	2021 年	7177	3055	1000	3122
年均增速 (%)		2.04	-1.78	2.59	7.09

续表70

		全州	同仁市	尖扎县	泽库县
三、蔬菜	2014 年	11182	6365	4809	8
	2015 年	13012	7000	6000	12
	2016 年	12808	6696	6100	12
	2017 年	14545	7246	7284	15
	2018 年	13421	6472	6931	18
	2019 年	11849	5100	6730	19
	2020 年	16060	7813	8247	
	2021 年	16944	8192	8752	
年均增速（%）		6. 12	3. 67	8. 93	

2014—2021 年牲畜存栏头数

表 71

单位：万头（只）

		全州	同仁市	尖扎县	泽库县	河南县
牲畜存栏头数	2014 年	200. 99	40. 25	20. 31	70. 25	70. 18
	2015 年	195. 36	38. 99	19. 44	65. 95	70. 98
	2016 年	188. 29	39. 21	16. 95	60. 7	71. 43
	2017 年	176. 13	39. 43	16. 78	56. 54	63. 38
	2018 年	167. 52	41. 22	16. 62	53. 96	55. 72
	2019 年	163. 7	41. 2	16. 6	54. 96	50. 94
	2020 年	168. 52	44. 41	15. 32	54. 23	54. 56
	2021 年	169. 47	45. 63	16. 58	52. 99	54. 28
年均增速（%）		-2. 41	1. 81	-2. 86	-3. 95	-3. 60
其中：牛	2014 年	56. 55	6. 33	3. 79	16. 06	30. 37
	2015 年	59. 1	6. 04	3. 62	17. 1	32. 34
	2016 年	60. 1	5. 53	3. 36	19. 49	31. 72
	2017 年	58. 03	4. 83	3. 29	21. 69	28. 22
	2018 年	57. 17	4. 72	2. 81	23. 42	26. 22
	2019 年	61. 14	4. 16	5. 8	27. 19	26. 99
	2020 年	80. 45	7. 59	4. 48	38. 08	30. 3
	2021 年	83. 02	10. 26	4. 5	37. 46	30. 8
年均增速（%）		5. 64	7. 14	2. 48	12. 86	0. 20

续表71

羊	2014 年	144.44	33.92	16.52	54.19	39.81
	2015 年	136.26	32.95	15.82	48.85	38.64
	2016 年	128.19	33.68	13.59	41.21	39.71
	2017 年	118.1	34.6	13.49	34.85	35.16
	2018 年	110.35	36.5	13.81	30.54	29.5
	2019 年	102.56	37.04	13.8	27.77	23.95
	2020 年	88.07	36.81	10.85	16.15	24.26
	2021 年	86.45	35.37	12.08	15.53	23.48
年均增速（%）		-7.07	0.60	-4.37	-16.35	-7.26

索 引

使用说明

一、本索引采用内容分析索引法，按索引数字、汉语拼音字母顺序排列。

二、索引词条后的数字表示内容所在的页码。

A

B

C

D

E

F

G

H

J

K

L

M

N

P

Q

R

S

T

W

X

Y

Z